Otto Seemann

Götter und Heroen der Griechen

REPRINT – VERLAG
LEIPZIG

Die zum Teil geminderte Druckqualität ist auf den
Erhaltungszustand der Originalvorlage zurückzuführen

© **REPRINT-VERLAG-LEIPZIG**
Volker Hennig, Goseberg 22–24, 37603 Holzminden
ISBN 3-8262-1904-X

Reprint der Originalausgabe von 1869
nach dem Exemplar des Verlagsarchives

Lektorat: Andreas Bäslack, Leipzig
Einbandgestaltung: Jens Röblitz, Leipzig
Gesamtfertigung: Westermann Druck Zwickau GmbH

DIE
GÖTTER UND HEROEN

NEBST EINER ÜBERSICHT DER

CULTUSSTÄTTEN UND RELIGIONSGEBRÄUCHE

DER

GRIECHEN.

EINE VORSCHULE DER KUNSTMYTHOLOGIE.

VON

OTTO SEEMANN,
OBERLEHRER AM GYMNASIUM ZU ESSEN.

MIT 153 HOLZSCHNITTEN.

LEIPZIG,
VERLAG VON E. A. SEEMANN.
1869.

MEINEM VEREHRTEN FREUNDE

OTTO von GONTARD,
KÖNIGL. MAJOR IM 10. HANNOVERISGHEN FELD - ARTILLERIE - REGIMENT,

IN LIEBE UND TREUE

ZUGEEIGNET.

V o r r e d e.

Die Vorreden sind zwar so ziemlich aus der Mode gekommen. Gleichwohl möchte ich dieses Buch nicht in die Welt hinaussenden, ohne mit kurzen Worten anzudeuten, welche Absicht mir bei Abfassung desselben vorgeschwebt hat. Zunächst hoffe und wünsche ich damit den Schülern der oberen Klassen höherer Bildungsanstalten ein weiteres Förderungsmittel für das Verständnis der griechischen und römischen Classiker an die Hand gegeben und ihnen das Eindringen in den Geist und das Wesen des Alterthums erleichtert zu haben. Es fehlt zwar nicht an populär-wissenschaftlichen Darstellungen der griechischen Mythologie, welche dem Verständnisse reiferer Gymnasialschüler angepasst sind, allein es existirt meines Wissens kein einziges Buch dieser Art, welches sich die Aufgabe stellte, dieselben zugleich in die Vorhallen der Kunstmythologie einzuführen. In der beneidenswerthen Lage, durch öfteres Anschauen von Originalwerken der griechischen und römischen Plastik oder doch wenigstens guter Gypsabgüsse schon früh den Geschmack zu läutern und den schlummernden Kunstsinn zu wecken, befindet sich nur eine ganz verschwindend geringe Anzahl junger Leute, welche in grossen Residenzen oder Universitätsstädten aufwachsen. Dagegen verlassen jährlich Hunderte von ihnen unsere höheren Schulen, ohne eine nur leidlich genügende Anschauung davon gewonnen zu haben, wie die Gottheiten, deren

Namen sie fast täglich in ihren Classikern zu Gesicht bekamen, von den Alten plastisch dargestellt wurden. Und während sie auf's genaliste unterrichtet wurden, wie die Alten bei der Belagerung von Städten verfuhren oder wie ein römisches Lager eingerichtet war, blieb ihnen der Name eines Phidias, Polyklet, Praxiteles fast unbekannt. Sollte hierin nicht ein unerträglicher Mangel liegen und sollte es nicht höchst wünschenswerth sein, dass bei der Erklärung der alten Classiker etwas mehr auf die Kunst der Alten Rücksicht genommen würde, um dadurch neben der Ausbildung des Verstandes, welche natürlich höchster Zweck unserer Mittelschulen ist, auch den Sinn für das Schöne bei der reiferen Jugend zu wecken und zu beleben? Sollte es mir gelungen sein, nach dieser Seite hin eine fruchtbringende Anregung gegeben zu haben, so würde ich mich dadurch für die Mühe, welche die Abfassung dieses Werkes verursacht hat, hinlänglich belohnt sehen.

Weiterhin hoffe ich aber auch angehenden Jüngern der Kunst und dem grösseren gebildeten Publikum ein nützliches und vielleicht sogar einigermaassen unterhaltendes Hülfsbuch geboten zu haben, um das Verständnis unserer eigenen Classiker, deren ganzes Denken und Fühlen ja innigst von dem Geiste des Alterthums durchdrungen ist, zu erleichtern.

Schliesslich verfehle ich nicht, Herrn Professor C. von Lützow in Wien für die dem vorliegenden Werke geschenkte wohlwollende Theilnahme und die vielen freundlichst ertheilten Winke und Rathschläge meinen verbindlichsten Dank abzustatten. Möchte sich dasselbe eines solchen Meisters der Archäologie nicht ganz unwerth erweisen!

Essen, im October 1868.

Der Verfasser.

INHALTS-VERZEICHNIS.

VIII   Inhalts-Verzeichnis.

Zweite Abtheilung: Die gottesdienstliche Verfassung der Griechen.

Verzeichnis der Abbildungen.

GRIECHISCHE MYTHOLOGIE.

EINLEITUNG.

1. Inhalt der griechischen Mythologie.

Mythologie nennen wir diejenige Wissenschaft, welche uns die Kunde von den Mythen der alten heidnischen Völker, d. i. den bei ihnen verbreiteten Sagen und Vorstellungen über Geburt, Leben und Thaten der Götter und Heroen vermittelt. Unser deutsches Wort Sage ist im Grunde nichts weiter als eine Uebersetzung des griechischen Mythos, nur ist man stillschweigend übereingekommen, diejenigen poetischen Erzählungen, welche das Leben und die Thaten der Götter zum Inhalt haben und ganz oder überwiegend idealler Natur sind, vorzugsweise mit dem Namen Mythen zu bezeichnen, während die Erzählungen von den Thaten der Heroen gewöhnlich Sagen genannt werden. Beide unterscheiden sich von dem Märchen auf das allerbestimmteste. Denn während letzteres nur ein willkürliches Produkt der schaffenden Phantasie ist, liegt jenen stets ein faktischer Vorgang oder ein historisches Element zu Grunde, so schwer, ja unmöglich es auch nach den mancherlei Umgestaltungen und Entstellungen, welche die Mythen durch die dichterische Thätigkeit der Phantasie erfahren haben, oft sein mag, bis zu jenem innersten Kerne derselben vorzudringen und denselben bloss zu legen. Denn wir kennen die wenigsten Mythen in ihrer ursprünglichen Gestalt. Ehe sie durch schriftliche Aufzeichnung fixirt wurden, hatten sie schon mit der zunehmenden geistigen Bildung des Volkes vielfache Umgestaltungen erfahren, und die Dichter selbst haben sich nicht gescheut durch Hinzusetzen oder Hinwegnehmen dieses oder jenes Zuges sie ihren Zwecken gemäss zu verändern und umzubilden.

Die älteren griechischen Mythen sind wohl durchgängig ursprünglich physischer Natur, d. h. sie gehen aus von der Beobachtung des Wirkens und Schaffens der Naturkräfte, in welchen die reiche

1*

Phantasie jenes lebhaften und hochbegabten Volkes Handlungen und
Zustände beseelter Wesen erblickte, die man nach menschlicher Weise
denken und handeln liess. So entstanden bei der grossen Mannigfaltigkeit der griechischen Landschaften und ihrer durch die gebirgige
Natur des Landes bedingten Abgeschlossenheit aus den als göttlich
angeschauten Naturmächten des Himmels, der Erde und des Wassers
durch Beobachtung ihrer einzelnen Erscheinungen und Wirkungen
eine zahllose Menge von Einzelwesen, die theils eine allgemeine Geltung
und Verehrung besassen, theils auf eine lokale Bedeutung beschränkt
blieben. Um dieses durch ein Beispiel zu erläutern, so ist der alte
pelasgische Naturgott Hermes eine besondere Erscheinung des allgemeinen Himmelsgottes Zeus, insofern er die als Regen sich äussernde
befruchtende Kraft des Himmels bedeutet. Nichts natürlicher, als dass
in der mythologischen Genealogie Zeus sein Vater heisst, der ihn mit
der Maja, einer der regenbringenden Plejaden, erzeugt. Aus dieser
einfachen Naturanschauung entwickelten sich nun, als die fortgeschrit-
teneren Culturzustände eine innigere Beziehung der Gottheit zu dem
menschlichen Leben erheischten, eine Menge von anderen Vorstellungen.
Das Geräusch des plätschernden Regens erweckt die Vorstellung von
einem Gotte, der mit emsiger Geschäftigkeit der Welt den Willen
seines Vaters Zeus und der übrigen olympischen Götter verkündigt;
die einfache Thatsache, dass der Regen in die Tiefe der Erde hinein-
dringt, ruft den Mythos von dem zur Unterwelt hinabsteigenden, die
Seelen der Verstorbenen geleitenden Gotte ins Leben; die Beobachtung
des mit heimlich schleichender Gewalt sich wie ein dichter Nebel
über Berg und Thal ausbreitenden Regens erweckt die Vorstellung von
der diebischen und hinterlistigen Natur des Gottes, welche dann wiederum
eine Menge der sinnreichsten Erzählungen ins Dasein gerufen hat.[1]

Es möge dieses eine Beispiel, dem sich leicht eine grosse Menge
anderer anreihen liessen, genügen, um die Entstehung des Mythos
aus der sinnbildlichen (symbolischen) Naturauffassung eines die Dinge
um sich her noch mit kindlicher Einfalt betrachtenden und beobachtenden Volkes erkennen zu lassen. Alle die vielen künstlichen Systeme,
welche man früher zur Erklärung der griechischen Mythologie aufgestellt hat,*) werden durch diese Ansicht, welche die heutige Wissen-

---

*) Das merkwürdigste, freilich auch oberflächlichste unter diesen Systemen
ist der Euhemerismus, so genannt nach seinem Urheber Euhemeros, einem ums Jahr
300 v. Chr. am Hofe des makedonischen Königs Kassandros lebenden atheistischen

schaft als die einzig richtige anerkennt, und die auch namentlich durch
eine sorgfältige Vergleichung der verwandten indo-germanischen Mytho-
logien bestätigt worden ist, beseitigt, und es gibt überhaupt, wie schon
Preller richtig gezeigt hat, nichts Verkehrteres, als in den vielfach
verschlungenen und aus den verschiedensten (auch ausländischen)
Elementen gemischten griechischen Mythen überall einen und denselben Inhalt suchen zu wollen.*)

Jahrhunderte mögen freilich vergangen sein, bis die anfängliche
Natursymbolik einer tieferen, ethischen Auffassung der Götterwelt
wich. Die Vorstellung blosser personificirter Naturgewalten ohne
sittlichen Gehalt konnte dem religiösen Bedürfnisse nur so lange
genügen, als das Volk noch auf einer verhältnismässig niedrigen
Stufe der Cultur stand und so zu sagen im Zustande der Naturgebun-
denheit verharrte. Sobald man aber aus den ältesten patriarchalischen
Verhältnissen, wo Jagd, Viehzucht und Ackerbau die ausschliesslichen
Beschäftigungen der Menschen bildeten, heraustrat, Staaten sich bildeten, durch Wanderungen, kriegerische und friedliche Berührungen
mit dem Auslande der geistige Horizont sich erweiterte, so dass der
Mensch sich als eine sittlich freie, nicht an den engen Kreislauf des
Naturlebens gebundene, sondern zur Herrschaft über die Natur be-
rufene Persönlichkeit erkennen lernte, da mussten auch die Götter
sich nothwendig zu selbstbewussten und nach sittlichen Gesetzen
handelnden Wesen umgestalten. Sie streiften allmählich die ihnen an-
haftenden Naturbezüge ab, nahmen eine reinere, festere menschliche
Gestalt an und bildeten, nachdem man sie durch künstlich ersonnene
Genealogien in die engste Beziehung zu einander gesetzt hatte, zuletzt
einen förmlichen nach jeder Beziehung hin geordneten und geregelten
Staat. Wann freilich diese Umbildung der Mythen, die Zurückdrängung
der ursprünglichen Naturbedeutung durch den Anthropomorphismus,
ihren Anfang genommen habe, wird sich bei dem Mangel an historischen Nachrichten über die Urzeit des hellenischen Volkes schwerlich
je mit Bestimmtheit nachweisen lassen. In ihren wesentlichen Grundzügen vollendet scheint sie schon bald nach der grossen politischen

Philosophen, der alle vorhandenen Mythen historisch deuten wollte, d. h. sie für
nichts weiter hielt, als eine bloss poetische Einkleidung historischer Thatsachen.
Die Götter sind demnach Menschen, denen man wegen ihrer grossen Macht und
Weisheit nach dem Tode göttliche Verehrung erwies.
*) Griechische Mythologie, Leipzig 1854, Bd. I. p. 3.

Umwälzung zu sein, welche der Heraklidenzug des dorischen Stammes
um das Jahr 1100 hervorrief. Sonst könnte uns nicht schon in den
Gesängen des Homer, den später als 900 v. Chr. zu setzen die gewich-
tigsten Gründe verbieten, und in den Werken des etwas jüngeren
böotischen Sängers Hesiod ein vollkommen in sich abgeschlossenes
Göttersystem entgegentreten, welches durch alle nachfolgenden Jahrhunderte bis zum Verfalle der griechischen Religion im Ganzen und
Grossen bestehen blieb, wenn auch die Vorstellungen von den Göttern
im Einzelnen sich durch den Einfluss der Dichter sowohl wie der
plastischen Künstler noch bedeutend läuterten; reiner und erhabener
wurden. Interessant ist es dabei, die Wechselbezüge der Dichtkunst
und der Plastik zu beobachten. Je mehr nämlich die Vorstellungen
der Griechen von ihren Göttern sich läuterten und klärten, je be-
stimmtere Eigenschaften und persönliche Charakterzüge sich bei ihnen
ausprägten, eine desto festere und ausgeprägtere Form nahmen auch
die plastischen Darstellungen der Götter und Heroen an, und wiederum
wirkten die erhabenen Idealschöpfungen eines Phidias, Polyklet und
Anderer veredelnd und läuternd auf die Vorstellungen der Menge zurück.

Bestimmt sich abgrenzende Epochen in diesem Gestaltungs- und
Entwickelungsprocesse der griechischen Mythen aufzustellen ist eine
äusserst schwierige, ja fast unmögliche Aufgabe, weil es an festen,
thatsächlichen Anhaltspunkten fehlt, auf welche eine solche Eintheilung
mit Sicherheit basirt werden könnte, die erste Bildung und spätere
Umbildung der Mythen vielmehr einen sehr allmählichen und unmerk-
lichen Verlauf genommen hat. Dazu kommt ferner der Umstand, dass
die wenigsten griechischen Gottheiten von Anfang an bei allen
griechischen Stämmen und in allen griechischen Landschaften in
gleichem Ansehen standen, sondern meistens zuerst nur lokale Verehrung genossen, bis der zunehmende Handelsverkehr zwischen den
verschiedenen Stämmen und Gemeinwesen, namentlich aber die immer
allgemeiner werdenden und einer grösseren Betheiligung sich erfreuenden Nationalspiele, endlich der begeisterte Aufschwung, welchen die
Nation in Folge der so ruhmvoll abgeschlagenen Angriffe der Perser
nahm, ein immer lebhafteres Gefühl der nationalen Zusammengehörigkeit herausbildeten und den Austausch oder die Verschmelzung
mancher bis dahin bloss landschaftlichen Culte herbeiführten. Da die
nachfolgende Darstellung jedoch keineswegs eine Geschichte der
Mythologie, welche mit einer Geschichte der griechischen Religion

übereinkommen würde, bezweckt, sondern nur auf diejenigen religiösen Vorstellungen und Cultusformen Rücksicht genommen werden soll, wie sie sich in der geschichtlichen Zeit durch den vereinigten und sich wechselseitig bedingenden Einfluss von Kunst und Poesie fest gestaltet haben, so kann hier von einer Periodengliederung abgesehen und der Streit über eine zweckmässige Festsetzung derselben den gelehrten Bearbeitungen der Mythologie überlassen werden. Vielmehr behalten wir die althergebrachte Eintheilung in Theogonie, Götter-welt und Heroengeschichte bei.

2. Allgemeine Vorstellungen der Griechen von dem Wesen der Götter.

Es wird angemessen sein, ehe wir zu der Darstellung der einzelnen griechischen Gottheiten übergehen, zuerst ein allgemeines Bild zu ent-werfen von den Vorstellungen, welche die Griechen über das Wesen und die Natur ihrer Götter hatten. Die Grundzüge zu diesem Bilde finden sich schon wesentlich in den Gedichten des Homer, in denen uns, wie oben erwähnt wurde, das System des griechischen Götterstaates mit dem obersten Lenker Zeus an der Spitze bereits fertig entgegentritt.

Hiernach sind die Götter, was zunächst ihre äussere Erscheinung betrifft, Wesen, welche einen dem menschlichen Leibe vollkommen gleich gebildeten Leib haben, nur dachte man sich ihre Gestalt grösser, schöner und majestätischer, als die menschliche. Alles Ungeheuerliche aber ist schon, weil es aufhört, schön zu sein, von der Götterwelt des Olympos ausgeschlossen und gehört lediglich der vor der Herr-schaft des Zeus existirenden untergegangenen Götterwelt an.*)

Wie an Grösse und Schönheit, so übertreffen die Götter die Menschen natürlich auch an Kraft und Stärke. Wenn Zeus nur seine ambrosischen Locken schüttelt, so erbebt der ganze Olympos, und so

---

*) Es scheint mit dieser Behauptung im Widerspruch zu stehen, dass z. B. bei Homer (Ilias 21, 407) von Ares gesagt wird, er habe im Falle sieben Plethra bedeckt, was eine Körperlänge von 700 griechischen Fuss voraussetzen würde. Allein solchen Vorstellungen, die ein Zurückgehen auf eine ältere Naturauffassung bekunden, begegnet man hier und dort in den homerischen Gedichten, und es lassen sich daraus keineswegs allgemeine Folgerungen über die Vorstellungen von der Grösse der Götter herleiten. Ebendahin gehört auch, wenn es an einer anderen Stelle (Ilias 5, 859) heisst, Ares habe gebrüllt wie 10,000 Mann. Es ist dies nur ein steigernder Ausdruck des Dichters.

sind auch verhältnismässig die übrigen Götter und Göttinnen mit
grosser Körperstärke ausgerüstet. Wenn sie auch ihrer Leiblichkeit
wegen an den Raum gebunden sind, so können sie doch räumliche
Entfernungen mit der grössten Schnelligkeit durchmessen. Im Nu
schwingt sich Athena von den Felsenhöhen des Olympos nach Ithaka
hernieder und der Meerbeherrscher Poseidon gelangt in drei bis vier
Schritten von dem thrakischen Samos nach Aegä auf Euböa.

Die Götter sind zwar auf demselben natürlichen Wege wie die
Menschen geboren und haben sich allmählich körperlich und geistig
entwickelt, nur ist dieser Entwickelungsprocess ein ungleich rascherer
bei ihnen, als bei den Menschen. So steigt z. B. der neugeborene
Hermes aus seiner Wiege, um die Rinder des Apollon zu stehlen, und
nachdem er des Morgens zur Welt gekommen, spielt er schon des
Mittags auf der von ihm erfundenen Lyra. Nachdem sie aber einmal
zur vollen Reife ihrer körperlichen Entwickelung gelangt sind, hat
die Zeit keinen Einfluss mehr auf sie, ewige Jugend und Unsterblichkeit
ist ihr seliges Loos. Gegenüber dem von vielfacher Noth und Qual
heimgesuchten Menschengeschlechte sind sie die Leichtlebenden, Seligen,
die jeden ihrer Wünsche leicht befriedigen können. Doch schliesst dies
nicht aus, dass sie nicht auch Schmerz und Kummer empfinden. Wie
ihr Leib verwundbar ist, so wird auch ihre Seele von unangenehmen
Empfindungen aller Art berührt, wie denn überhaupt die Griechen
ihre Götter allen menschlichen Affekten unterworfen sein liessen. Ja
dieselben verfallen nicht selten in menschliche Laster und Leiden-
schaften, als Betrug und Lüge, Hass, Neid, Grausamkeit, Eifersucht
u. a. m. Heilig und gerecht, wie wir uns das höchste Wesen denken,
sind also die griechischen Götter nicht, noch weniger wird ihnen
Allmacht und Allwissenheit zugeschrieben. Im Punkte der Macht
und des Wissens stehen sie fast nicht viel höher als die Feen, Hexen
und Zauberer der alten Zeit. Sie vermögen zwar viel und „viel ist
ihnen bewusst", sie vermögen willkürlich in den Gang der Natur
einzugreifen, Stürme, Krankheiten und andere schlimme Uebel plötzlich
zu erregen, sich und Andere in beliebige Gestalten zu verwandeln und
was dergleichen Dinge mehr sind, aber selbst Zeus, dem doch eine
viel höhere Macht beigelegt wird, als den übrigen Göttern, von dessen
Rathschluss und Willen schliesslich die ganze Weltregierung ausgeht,
ist dem von Ewigkeit her bestimmten Schicksalswillen oder, was dasselbe sagen will, dem allgemeinen Naturgesetz unterworfen, und die

Möglichkeit ihn zu täuschen und zu hintergehen ist keineswegs ausgeschlossen.

Am meisten den Menschen ähnlich erscheinen die Götter durch ihre leiblichen Bedürfnisse, da sie sich sowohl durch den Schlaf erquicken, als auch durch Speise und Trank stärken müssen. Freilich sind sie nicht in demselben Maasse wie die Menschen von diesen Bedürfnissen abhängig, auch nehmen sie nicht irdische Speise und Trank zu sich, sondern Ambrosia und Nektar. Meistens versammeln sie sich zu gemeinsamem Schmause in dem Palaste des Zeus auf den luftigen Höhen des Olympos und lassen sich hier, auf goldenen Stühlen sitzend, von der blühenden Hebe bedienen. Wie der Nahrung, so bedürfen sie natürlich auch der Kleidung, auf welche die Göttinnen sogar, auch darin wie in manchen andern Eigenschaften den Töchtern Evas gleich, eine ausserordentliche Sorgfalt verwenden. Wenn dagegen die spätere Kunst es liebt, die Götter nur wenig bekleidet oder ganz nackt darzustellen, so wäre es sehr unrichtig, daraus den Schluss ziehen zu wollen, dass der Volksglaube der Griechen sich die Götter als nackt einherwandelnd gedacht habe.

Fragt man nach der Beschäftigung der Götter, so besteht diese eigentlich in süssem Nichtsthun, sie suchen sich aber, gleich den Mächtigen dieser Erde, die Zeit durch allerlei Kurzweil zu vertreiben, indem ein Jeder seinen besonderen Liebhabereien nachgeht, auch bleibt es nicht aus, dass sie sich manchmal untereinander zanken. Ja es kommen sogar, um die Einförmigkeit des Götterdaseins zu unterbrechen, bisweilen kleine Verschwörungen vor, wie die zur Zeit des trojanischen Krieges von der Hera mit Poseidon und Athena gegen Zeus gestiftete, von welcher die Ilias im funfzehnten Buche erzählt.

Sämmtliche Götter und Göttinnen sind aber, wie gesagt, zu einem grossen Ganzen vereinigt, dessen Haupt und lebendiger Mittelpunkt der Vater der Menschen und König der Götter Zeus ist, doch steht ihm eine specielle Herrschaft nur über die himmlischen Götter zu, während die Gottheiten des Meeres und der Gewässer dem Poseidon, die irdischen und unterirdischen aber dem Hades oder Pluton untergeben sind.

ERSTER ABSCHNITT.

KOSMOGONIE UND THEOGONIE.

Die Welt des olympischen Götterstaates, wie sie von Zeus in schönster Ordnung und Harmonie gelenkt und regiert wird, ist nach dem Glauben der Griechen nicht eine von Ewigkeit her seiende, sondern erst aus schweren Kämpfen und Umwälzungen ging die bestehende Weltordnung und die auf den Trümmern einer gestürzten Götterwelt errichtete Herrschaft des Zeus hervor. Nur muss man sich, wie Preller[*]) nachgewiesen hat, die Sache nicht so denken, als wenn jene sogenannten theogonischen Götter in dem Glauben und in der Vorstellung der Griechen früher vorhanden gewesen wären, als die eigentlichen Cultusgötter, sondern die kosmogonischen und theogonischen Sagen verdanken wohl dem Bestreben ihren Ursprung, die uralte Tradition von gewaltigen Naturrevolutionen, aus denen die gegenwärtige Bildung der Erdoberfläche hervorging, poetisch zu gestalten, indem man sie als eben so gewaltige Götterkämpfe auffasste, aus denen Zeus, d. i. die verkörperte gegenwärtige Weltordnung, als Sieger hervorging.

Ueber die Entstehung der Welt (Kosmogonie) hatten die alten Griechen vielfach dunkle und sich zum Theil widersprechende Vorstellungen. Die geläufigste ist die hesiodeische Ansicht[**]), nach welcher die Welt entstanden ist aus dem Chaos, dem unermesslichen finstern und leeren Weltraume. Aus dessen dunklem Schoosse trat nämlich zuerst die breitbrüstige Gäa (Erde) hervor, als der feste Urgrund aller Dinge, durch deren Entstehung sich zugleich der Tartaros abson-

---

[*]) a. a. O. p. 5.
[**]) Hesiods Theogonie, die wichtigste Quelle für die kosmogonischen und theogonischen Sagen der Griechen, hat schon früh allerlei Zusätze und Interpolationen erfahren, so dass es unmöglich ist, die ursprüngliche Gestalt des Gedichtes nachzuweisen.

derte, der leere und finstere Abgrund unterhalb der Erde, und endlich
als dritte Urpotenz Eros, der dunkle schöpferische Liebesdrang,
dem alles organische Leben seinen Ursprung verdankt. Nun ging
aus dem Schoosse des Chaos zuerst eine neue Zwillingsgeburt hervor,
der Erebos nämlich (Urfinsternis) und Nyx (der weibliche Gegensatz
des Erebos, die Nacht). Dann begibt sich das grösste Wunder der
Weltschöpfung: Erebos und Nyx erzeugen aus sich das Urlicht, welches
wiederum in geschlechtlicher Sonderung als Aither (Himmelsglanz)
und Hemera (Tag) auftritt. Gäa aber erzeugte aus sich selber den
Uranos (Himmel), die Gebirge und den Pontos (Weltmeer). Indem
sich so Himmel, Erde und Meer in bestimmten Grenzen von einander
sondern, vollendet sich die Weltschöpfung und Gäa, nachdem sie sich
dem Uranos vermählt, bevölkert nun diese neue Welt mit einer Reihe
göttlicher Wesen, den Titanen, welche somit als das älteste Göttterge-
schlecht erscheinen.

Die Zahl der Titanen wird verschieden angegeben; nach Hesiod
sind ihrer zwölf, nämlich sechs männliche und sechs weibliche, die sowohl im Himmel, als auf der Erde und im Meere ihren Wohnsitz nehmen.
Die sechs männlichen heissen: Ökeanos, Koios, Kreios, Hyperion,
Japetos und Kronos; die sechs weiblichen: Theia, Rheia, Themis,
Mnemosyne, Phoibe und Tethys. Ausser diesen Titanen, deren
Bedeutung zum Theil dunkel ist, die man sich aber ohne Zweifel alle
als gigantische Wesen von kolossaler Kraft vorstellte, gebar dann Gäa
dem Uranos die drei Kyklopen Brontes, Steropes und Arges und
die drei Hekatoncheiren (Centimanen) Kottos, Briareus und Gyges.
Auch diese bezeichnen gewiss gewaltige Elementarmächte, wie z. B.
der andere Name des Briareus, Aegäon, mit Sicherheit schliessen lässt,
dass man sich in ihm die stürmische Kraft des aufgeregten ägäischen
Meeres personificirt dachte, während die Namen der Kyklopen auf die
Erscheinung des Gewitters hindeuten. Ganz zweifellos endlich ist unter
den Titanen die Bedeutung des Okeanos und des Hyperion. Der erstere von diesen ist der mächtige in sich selbst zurückfliessende Strom,
welcher die Erdscheibe umgibt und aus welchem alle Flüsse und Gewässer der Erde ihren Ursprung nehmen, Hyperion aber, der Hoch-
wandelnde, ist nur eine frühere Phase des Sonnengottes Helios, mit
welchem ihn die spätere Dichtung auch identificirte.

Ferner gebiert Gäa von dem Pontos die fabelhaften Meeresgottheiten Nereus, Thaumas, Phorkys, Keto und Eurybie, die wie-

derum eine zahlreiche Nachkommenschaft aufzuweisen haben, indem
Nereus sich mit der Okeanide Doris, Thaumas mit der Elektra,
Phorkys mit der Keto, Eurybie mit dem Titanen Kreios verbindet.
Unter ihnen repräsentirt Nereus das Meer in seiner freundlichen Er-
scheinung, Thaumas das Majestätische desselben, während Phorkys und
Keto die Schrecknisse des Meeres personificiren. Diejenigen unter die-
sem zahlreichen Geschlechte der Wassergeister, welche einen wirklichen
Cultus gehabt haben oder für die Kunst von einiger Bedeutung sind,
werden weiter unten Berücksichtigung finden.

Mehrere der Titanen gehen wieder unter sich Verbindungen ein,
Okeanos mit der Tethys, Hyperion mit der Theia, Koios mit der Phoibe,
Krónos mit der Rheia, die auch eine reiche Nachkommenschaft erzielen.
Von Okeanos und der Tethys stammen die zahlreichen Flüsse der Erde
und 3000 Meernymphen (Okeaniden), von Hyperion und Theia die
Lichtgottheiten Helios (Sonne), Selene (Mond) und Eos (Morgen-
röthe), von Koios und Phoibe die Nachtgottheiten Leto (die dunkle
Nacht) und Asteria (die Sternennacht), unter denen die erstere als
Mutter des Apollon und der Artemis eine besondere Wichtigkeit hat.
Das hervorragendste Titanenpaar unter allen sind aber Kronos und
Rheia, weil sie den Uebergang bilden zu der Weltherrschaft des ihrer
Ehe entsprossenen Zeus.

Uranos nämlich, so erzählt die Sage, fürchtete, dass seine jüngstgeborenen Söhne, die gewaltigen Kyklopen und Hekatoncheiren, ihm
die Herrschaft der Welt entreissen möchten und verbarg sie daher
gleich nach ihrer Geburt in die Tiefen der Erde. Gäa aber, darüber
erzürnt, wiegelte nun ihre älteren Söhne, die Titanen, gegen den eigenen Vater auf. Keiner liess sich bereit finden zu einer Gewaltthat gegen
denselben, ausser dem jüngsten und verschlagensten unter ihnen, Kronos. Dieser lauerte, von seiner Mutter mit einem aus Eisen verfertigten
Sichelmesser (Harpe)*) versehen, im heimlichen Versteck seinem Vater
Uranos auf, überfiel den Arglosen, verstümmelte ihn grausam und be-
raubte ihn der Herrschaft. Willig erkennen nun die übrigen Titanen
und die von ihm befreiten Kyklopen und Hekatoncheiren den neuen
Herrscher an; doch sollte seine Herrschaft nicht lange währen. Der
Fluch des Vaters, der ein gleiches Schicksal auf des Kronos Haupt be-

---

*) Eine Abbildung dieses zum Beschneiden der Weinreben gebrauchten Messers
findet man in dem verdienstlichen Werke von Guhl und Koner, Leben der Griechen
und Römer p. 285.

schworen hatte, wie er selbst von ihm erduldet, sollte an ihm in Erfüllung gehen, so listig er es auch anstellen mochte, seinem Verhäng-
nisse zu entgehen. Um nämlich jede Möglichkeit auszuschliessen, dass
er von seinen Kindern vom Throne gestossen werden könne, verschlang
er dieselben gleich nach der Geburt. Auch die Kyklopen und Hekatoncheiren fesselte er wieder, aus Furcht vor ihrer grossen Stärke.
Tiefbekümmert aber über das schreckliche Schicksal ihrer Kinder war

Fig. 1. Rheia und Kronos. Von einer Ara des Capitolinischen Museums.

das Mutterherz der Rheia (Rhea), der Gattin des Kronos. Fünf Kinder,
Hestia, Demeter, Hera, Hades und Poseidon waren schon von
dem grausamen Vater verschlungen worden und kein Bitten und Flehen
der trostlosen Mutter hatte seinen harten Sinn beugen können. Als sie
nun ihren dritten und jüngsten Sohn Zeus geboren, verbarg sie denselben sorgfältig vor den Blicken des argwöhnischen Kronos, und als er
das neugeborene Kind zu sehen begehrte, reichte sie ihm statt desselben

einen in Windeln gehüllten Stein, den er auch in gutem Glauben verschlang.

Eine bildliche Darstellung dieser Begebenheit findet sich auf der einen
Seitenfläche einer im Capitolinischen Museum zu Rom aufbewahrten Ara.*)
Rheia steht hier vor dem sitzenden Kronos, der den eingehüllten Stein aus
ihren Händen entgegennimmt. Die etwas schelmische Miene der ersteren bildet
zu dem finstern Ernst des Weltbeherrschers einen hübschen Contrast. (Fig. 1.)

So ward der künftige Weltbeherrscher gerettet und seine Mutter
liess ihn nun in einer Grotte des Berges Dikte auf Kreta von den

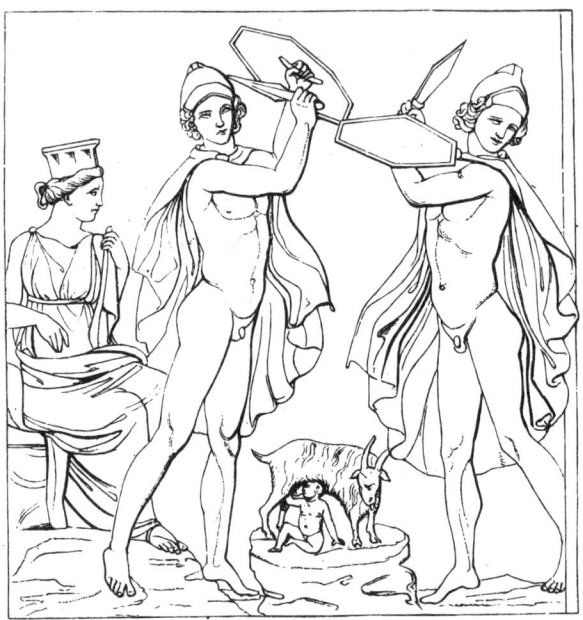

Fig. 2. Rheia, der Zeusknabe und die Kureten.
Von einer Ara des Capitolinischen Museums.

Nymphen Adrastea und Ida pflegen. Eine Ziege, Amalthea, diente
ihm hier als Amme und Bienen trugen ihm Honig zu. Damit aber das
Geschrei des Kindes nicht den Verdacht des Vaters von Neuem rege
machte, mussten die Kureten, priesterliche Diener der Rhea, mit Schwert
und Schild bewaffnet und kriegerische Tänze aufführend, durch das
Klirren ihrer Waffen die Stimme des Kindes übertönen.

---

*) Braun, Vorschule der Kunstmythologie p. 3.

Auch diese Scene versinnlicht uns eine Darstellung auf einer zweiten Seitenfläche der erwähnten Ara im Capitolinischen Museum. Zwischen zwei tanzenden Jünglingen, die nur mit einem leichten Mäntelchen bekleidet sind und mit den Schwertern gegen ihre Schilde schlagen, hindurch erblickt man im Hintergrunde die Ziege Amalthea, aus deren Euter der junge Zeus begierig trinkt. Zur Linken sitzt eine ernst und besorgt nach ihm hinblickende Figur, mit einer Thurmkrone auf dem Haupte, die von Braun als Personification der Insel Kreta erklärt wird, aber auch die idäische Bergmutter Rhea-Kybele selber sein könnte (Fig. 2).

So wuchs Zeus in der Verborgenheit zu einem starken und gewaltigen Götterjüngling heran. Seine erste That war die Bezwingung des grausamen Vaters, den er durch ein auf den Rath der Gäa ihm eingegebenes Mittel nöthigte, die früher von ihm verschluckten Kinder wieder von sich zu geben. Dann begann er mit Hülfe seiner Brüder und der von ihm befreiten Kyklopen, welche ihm dafür die Blitze und Donnerkeile verfertigen, den Kampf gegen die übrigen Titanen, welcher noch zehn Jahre dauerte. Doch traten einige der Titanen, wie O k e a n o s mit seiner Tochter S t y x und deren Kindern, sowie T h e m i s, M n e m o s y n e und H y p e r i o n auf die Seite des Zeus. Erst nachdem er die furchtbaren Hekatoncheiren aus dem Tartaros zur Hülfe herbeigeholt, vermag Zeus die Titanen zu besiegen, die nun von ihm in den Tartaros hinabgestürzt werden. Hier sitzen sie in ihrem finstern Gefängnisse, das Poseidon mit ehernen Pforten verschlossen hat, von den Hekatoncheiren bewacht, und können nun nicht weiter den heitern Frieden der Olympier stören.

Als den Ort dieser gewaltigen Götterkämpfe dachte man sich Thessalien, dasjenige Land, welches die deutlichsten Spuren alter Erdrevolutionen an sich trägt. Zeus und die Seinigen kämpfen vom Olympos, die Titanen von dem gegenüberliegenden Berge Othrys.

So häufig die Titanomachie von den griechischen Dichtern besungen worden ist, so wenig scheint sich die Kunst an einer Darstellung derselben versucht zu haben, weil auch die kühnste Phantasie sich nicht an die Lösung einer so gewaltigen Aufgabe heranwagte, wie denn auch von den Titanen, weil sie keine Cultusgötter waren, nur einzelne, namentlich Gäa, Rhea und Kronos Beachtung Seitens der Kunst gefunden haben. Eine Darstellung der Hochzeit des Kronos und der Rhea ist erhalten auf einem merkwürdigen Pompejanischen Gemälde des Museums zu Neapel (Fig. 3).

Gäa findet sich auf geschnittenen Steinen, Gemmen und Münzen nicht selten dargestellt, oft als eine an einen Globus gelehnte Figur mit Füllhorn. Noch häufiger war Rhea, besonders seit man sie mit der phrygischen

Erdmutter Kybele zu identificiren angefangen hatte, Gegenstand bildlicher
Darstellung, wovon weiter unten die Rede sein wird. Kronos wird, wie
auf der erwähnten Ara im Capitolinischen Museum, so auch sonst gewöhnlich mit verhülltem Hinterhaupt, wodurch die Verschlossenheit seiner Gedanken symbolisch angedeutet werden soll, und mit dem Sichelmesser in
der Hand dargestellt, mit letzterem schwerlich wegen der an seinem Vater

Fig. 3. Hochzeit des Kronos und der Rheia.
Pompejanisches Wandgemälde im Nationalmuseum zu Neapel.

Uranos verübten Frevelthat, sondern weil man ihn als Erntegott auffasste.
Eine wohlerhaltene Büste des Kronos mit ernstem und finsterem Ausdrucke
des Gesichts bewahrt das vatikanische Museum in Rom (Fig. 4), woselbst
auch der Torso einer früher im Palast Ruspoli befindlichen Statue desselben
zu sehen ist.   Der verschlossene und despotische Sinn des Göttervaters
kommt auch bei dieser letzteren Statue, deren Kopf noch gut erhalten
ist, zum unzweifelhaften Ausdruck. (Beide abgebildet bei Braun, Taf. 34

und 35). Eine Bronzestatuette des Kronos, welche ihn nackt, in lauernder Haltung, mit dem Sichelmesser in der Linken darstellt, bewahrt die Gallerie zu Florenz (Fig. 5).

Nachdem nun Zeus die ihm widerstrebenden Titanen bezwungen und sich der Weltherrschaft bemächtigt hatte, theilte er die letztere mit seinen Brüdern Poseidon und Hades in der Art, dass er dem ersteren die Herrschaft über das Meer und die Gewässer verlieh, den letzteren aber zum König des unterweltlichen Schattenreiches einsetzte.

Fig. 4. Kronosbüste. Vatikanisches Museum.

Die Erde und der hohe Olymp sollten allen gemeinsam sein. Doch war die neue Ordnung der Dinge noch keineswegs gesichert. Die noch immer grollende Gäa erzeugte mit dem Tartaros ihren jüngsten, an riesiger Grösse und Kraft alle ihre ältern Kinder weit überragenden Sohn, den Typhoeus, ein schreckliches Ungeheuer mit hundert feuerspeienden Drachenhäuptern, und sandte ihn aus, um den Zeus wieder vom Throne zu stürzen. Ein gewaltiger Kampf erhob sich, der Himmel und Erde erzittern machte und vor dessen Tosen selbst die gefesselten Titanen im Tartaros erbebten. Endlich aber bezwang Zeus das grausige Ungethüm durch seine unaufhörlich geschleuderten

Blitze und stürzte es ebenfalls zu den überwundenen Titanen in
den Tartaros hinab. Spätere Dichter (bei den Griechen Pindar,
bei den Römern Virgil) sangen, dass Zeus den
Berg Aetna über den halbverbrannten Leib
des Typhoeus gestürzt habe. In den tiefen
Klüften dieses Berges hört man ihn noch
immer stöhnen und ächzen und von Zeit zu
Zeit speit er in ohnmächtiger Wuth Feuer und
Flammen aus.

Fig. 5. Kronos.
Bronzefigur im Museum zu
Florenz.

Einige Dichter, unter denen jedoch Homer
nicht ist, sangen auch noch von einem Kampfe
der Giganten gegen die Weltherrschaft des
Zeus. Nach Hesiod waren sie entstanden aus
den Blutstropfen, welche von dem durch Kronos verstümmelten Leibe des Uranos zur Erde
niederrannen, und hatten riesige Leiber und
eine Körperkraft, die sie befähigte, Berge
über einander zu thürmen. Wahrscheinlich
sind sie eine Personifikation der früher, wie
es scheint, in Griechenland sehr häufigen
Erdbeben. Die namhaftesten unter ihnen
sind Alkyoneus, Porphyrion, Enkelados
und Pallas. Von den phlegräischen Gefil-
den in Thessalien aus eröffnen sie den
Kampf gegen die Götter des Olympos. Eine
heisse Schlacht entbrennt, an welcher sich alle Götter betheiligen,
doch unterliegen die Giganten erst, nachdem Athena den Herakles
herbeigeholt hat, weil die Erde ihre Söhne gegen die Waffen der
Götter gefeit hatte.

Ethisch gefasst ist die Gigantomachie nur eine Wiederholung der
Titanomachie, weshalb Giganten und Titanen bei den Späteren auch häufig
verwechselt wurden. Die griechische Kunst hat sich derselben mit einer
gewissen Vorliebe bemächtigt. So berichtet Pausanias von einem Giebelschmucke des Schatzhauses zu Olympia, welches diesen Kampf darstellte,
ferner von einem denselben Gegenstand behandelnden Friese des Argivischen Heratempels. Endlich hatte des *Phidias* Meisterhand auf der
inneren Fläche des Schildes seiner Athena Parthenos auf der Akropolis zu
Athen den Kampf der Götter und Giganten in ciselirter Arbeit dargestellt.
In allen diesen älteren Werken waren die Giganten in ihrer Bildung und

Gestalt von andern Göttern und Helden nicht verschieden. Erst die spätere Kunst hat sie mit schuppigen Drachenleibern und Drachenfüssen dargestellt. So findet man sie auf dem berühmten Cameo des Museums zu Neapel, welcher die Namensinschrift des Künstlers *Athenion* trägt (Fig. 6), ferner auf einem grossen Sarkophag-Relief der Pio-Clementinischen Sammlung des Vatikan, wo der blitzschleudernde Zeus selbst nicht sichtbar ist.

Fig. 6. Cameo des Athenion. Vatikan.

ZWEITER ABSCHNITT.

DIE GÖTTER.

I. Die Götter des Olympos.

A. Hauptgötter.

1. Zeus.

Die griechischen Götter ordnen sich am übersichtlichsten, wenn man sie in himmlische, in Gottheiten des Meeres und in chthonische Gottheiten eintheilt. Die ganze Götterwelt spaltet sich in drei getrennte Reiche, die von den drei Kronossöhnen Zeus, Poseidon und Hades beherrscht werden. An der Spitze des ganzen Weltalls steht aber als höchster Lenker und Herrscher Zeus, dem auch seine älteren Brüder wegen seiner grösseren Stärke und Weisheit willigen Gehorsam leisten. Als eigentlicher Himmelsgott ist er der Vater alles Lebens in der Natur, dessen gnädige Hand Segen und Fülle spendet. Alle Erscheinungen der Luftregionen gehen von ihm aus. Namentlich sammelt und zerstreut er die Wolken, schleudert Blitze, erregt den Donner, sendet Regen, Hagel, Schnee und den befruchtenden Thau auf die Erde hinab. Als Donnergott schwingt er die Aegis, womit er Sturm und Wetter hervorbringt. Der geläufigsten Vorstellung zufolge, wie sie uns in Homers Ilias begegnet, war die Aegis ein von Hephästos verfertigter, mit hundert Quasten besetzter, unzerbrechlicher Schild, an dessen Mitte das schreckliche Haupt der Gorgo angebracht war. Wichtiger als die Naturseite des höchsten Gottes ist aber seine ethische Bedeutung. In ihm verkörpert sich gewissermassen die sittliche Weltordnung, die auf unwandelbaren und unumstösslichen Gesetzen beruht, über deren Aufrechthaltung Zeus mit heiliger Strenge wacht. Wie er daher in gesetzmässiger Ordnung, nicht nach Art seines Vaters Kronos mit Laune und Willkür, den Götterstaat lenkt und regiert, so ist er auch für die Menschen der

Hort und Schirm aller staatlichen Ordnung. Von ihm haben die Könige auf Erden ihre Herrschaft und ihre Rechte, ihm sind sie für eine gewissenhafte Führung ihres Amtes verantwortlich. Denn schwer straft er diejenigen unter ihnen, welche sich voll Frevelmuth überheben und Recht und Gesetz beugen. Schön drückt dieses gerechte Walten des Zeus die Sage dadurch aus, dass sie die Themis, Dike und Nemesis an seinen Thron versetzt und sich mit ihm berathen lässt. Er ist daher auch der besondere Beschützer der Raths- und Volksversammlungen, über deren ordnungsmässigen Verlauf er wacht und denen er weise Beschlüsse eingibt. Da der Eidschwur eine der wichtigsten Stützen der staatlichen Ordnung ist, so wacht er als Zeus Horkios auch darüber und bestraft das Verbrechen des Meineides. Und wie alle bürgerlichen und staatlichen Genossenschaften sich seines Schutzes erfreuen, so ist er auch der specielle Hort und Beschützer derjenigen Verbindung, welche den Kern und die Grundlage alles staatlichen Wesens bildet, der Familie. Jeder Hausvater war daher in einem gewissen Sinne ein Priester des Zeus und brachte ihm an dem in der Mitte des Hofes befindlichen Altare regelmässige Opfer dar. An diesem Altare fanden alle Fremdlinge, alle Flüchtigen und Schutzflehenden Hülfe und Schutz. Als Xenios beschirmt Zeus alle Wanderer, alle Hülflosen und Bettler und bestraft diejenigen, welche den Fremdling mitleidlos von ihrer Schwelle weisen und das altehrwürdige Gastrecht verletzen.

Da man gewohnt war Alles, was im Himmel und auf Erden geschah, auf die Rathschlüsse des Zeus zurückzuführen, so ergibt sich als natürliche Folge, dass man ihm auch ein absolutes Wissen der Zukunft beilegte und daher alle Weissagung und alle Andeutungen der Zukunft auf ihn zurückführte. Er ist also auch der höchste Orakelgott, dessen Willen man aus allerlei Himmels- und Lufterscheinungen zu erforschen strebte, der sowohl selbst ein Orakel zu Dodona in Epirus hatte, welches das älteste Griechenlands war, als auch durch den Mund seines Lieblingssohnes Apollon seine Aussprüche ertheilte.

Kein anderer Gott ist so frühe allgemeiner Nationalgott der Griechen gewesen, wie Zeus, sein Cultus war überall verbreitet, wenn auch einige besonders alte Cultusstätten eine hervorragende Bedeutung haben. Die älteste unter denselben war wohl das bereits erwähnte Dodona, wo der pelasgische Zeus schon zu einer Zeit verehrt wurde, als man noch keine Tempel in Griechenland kannte. Die berühmte heilige Eiche zu Dodona am Fusse des Berges Tomaros war hier der Wohnsitz

des Gottes. Doch wurde er auch auf dem Gipfel dieses Berges verehrt,
wie denn überhaupt Berghöhen naturgemäss die ältesten Cultusstätten
des Gottes waren. Zu erwähnen sind als besonders berühmt der schnee-
bedeckte Berg Kyllene im nördlichen Arkadien, Ithome in Messenien,
Taygetos in Sparta, Lykaion an der arkadisch-messenischen Grenze,
wo ein uralter Altar des Zeus Lykaios stand und in späterer Zeit auch
Festspiele ihm zu Ehren gefeiert wurden. Dann war eine alte Cultusstätte des Zeusdienstes Kreta, wohin schon die theogonischen Sagen
von der Geburt des Zeus weisen. Der Dienst des Gottes scheint hier
reiner Naturdienst geblieben zu sein und hatte den orgiastischen Charakter der vorderasiatischen Culte. Man feierte das Erwachen der
Natur im Frühling als Geburtsfest des Zeus, das Absterben derselben
beim herannahenden Winter als den Tod des Gottes, das erstere mit
ausgelassener Fröhlichkeit unter Waffentänzen und lärmender Musik,
den letzeren unter ebenso maasslosen Aeusserungen der Trauer. Es erklärt sich aus dieser Auffassung, wie man auf der Insel das Grab des
Gottes zeigen konnte.

Als hellenischer Nationalgott in seiner späteren ethischen Verklärung hatte Zeus seine Hauptcultusstätte in Olympia am nördlichen
Ufer des Alpheios in Elis. Hier wurden bekanntlich die berühmten
Spiele gefeiert, welche nach jenem Orte ihren Namen haben und von
denen weiter unten die Rede sein wird, hier war auch die Stätte, wo
das berühmteste Bild des Gottes, aus Phidias Hand hervorgegangen,
aufgestellt war, welches einmal wenigstens im Leben geschaut zu haben
den Griechen ebenso Herzenssache war, als dies dem gläubigen Musel-
mann noch heute der Besuch der Kaaba ist.

Ehe wir jedoch näher an die Betrachtung dieses und anderer bildlichen Darstellungen des höchsten Gottes der Griechen herantreten, wird
es nöthig sein, uns etwas in der zahlreichen Familie desselben umzusehen. Es ist dem Zeus bekanntlich von der Sage eine grosse Anzahl
theils unsterblicher, theils sterblicher Gemahlinnen und eine ungewöhn-
lich reiche Nachkommenschaft beigelegt worden. Nichts kann nun
thörichter sein, als daraus die Folgerung herleiten zu wollen, dass der
Grieche sich seinen höchsten Nationalgott als ein sinnlich lüsternes
Wesen, als eine Art von Don Juan vorgestellt habe. Nichts hat dem
griechischen Bewusstsein ferner gelegen, wenn sich auch die Komödie
gelegentlich einen kleinen Scherz über die vielen Liebschaften des
Gottes erlaubt. Es erklärt sich vielmehr die Thatsache theils aus dem

Vorhandensein so vieler von einander unabhängiger Lokalculte, theils aus dem Umstande, dass die lebhafte griechische Phantasie sich jedes Erschaffen unter dem Bilde des Erzeugens vorstellt. Um dies durch ein Beispiel deutlicher zu machen, so ist der Himmelsgott die letzte Ursache, oder wie wir ja auch bildlich sagen könnten, der Vater aller Vegetation auf Erden. Der Mythos aber drückt diese Thatsache so aus, dass er dem Zeus die Demeter (Göttin des Ackerbaus) zur Gemahlin gibt und Persephone, d. i. eben die Vegetation, die Frucht dieser Verbindung sein lässt. In der theogonischen Sage, wie sie Hesiod uns überliefert hat, ist Zeus' älteste Gemahlin die Metis (Klugheit). Er verschlingt sie, weil er fürchtet, sie werde einen Sohn gebären, der ihm die mühsam errungene Weltherrschaft wieder entreisse, und gebiert nun aus seinem Haupte die Pallas Athena. Seine zweite göttliche Gemahlin, nach Hesiod, mit dem jedoch Pindar nicht übereinstimmt, war Themis, mit welcher er die Horen und Mören erzeugte. Die Gemahlin des dodonäischen Zeus ist Dione, die Mutter der Aphrodite und nach Einigen auch des Dionysos, während die am meisten verbreitete Tradition die Semele zur Mutter des Dionysos macht. Der arkadische Zeus hat die Maja zur Gemahlin, die Frucht dieser Verbindung ist Hermes. Andere göttliche Gemahlinnen des Zeus sind Eurynome, die Mutter der Chariten, Mnemosyne, die Mutter der Musen, Leto, die Mutter des Apollon und der Artemis; Demeter wurde schon oben erwähnt. Unter allen göttlichen Gemahlinnen ist nach Hesiod die jüngste seine Schwester Hera, mit welcher er den Ares, Hephästos und die Hebe erzeugt. In ihr erkennt die spätere Mythologie die einzige legitime Gattin des olympischen Zeus, die seine Ehre und seinen Thron als Himmelskönigin theilt. Von den sterblichen Müttern der Zeussöhne wurde schon Semele erwähnt, die übrigen, als die Leda, Danaë, Alkmene, Europa, werden in der Heroengeschichte Berücksichtigung finden.

Was nun die bildlichen Darstellungen des Zeus betrifft, so ist es begreiflich, dass sich die Kunst zu allen Zeiten und in den mannigfaltigsten Formen mit ihm beschäftigt hat und dass bei der grossen Verbreitung seines Cultus und der Menge seiner Tempel namentlich Statuen dieses Gottes in unglaublicher Menge in Griechenland vorhanden waren. Die herrlichste und staunenswürdigste unter allen aber war die berühmte Zeusstatue des Phidias im Tempel zu Olympia, welcher schon oben gedacht worden ist.

Phidias, ein Athener von Geburt, nach der gewöhnlichen Annahme gegen 500 v. Chr. geboren, der grösste Plastiker aller Zeiten, vollendete

das colossale Götterbild, über dessen wunderbare Schönheit in ganz
Griechenland nur eine Stimme gewesen zu sein scheint, kurz vor dem
Ausbruche des peloponnesischen Krieges und vor seinem im 69. Lebensjahre
erfolgten Tode. Er schuf mit demselben den Idealtypus des Zeus, welcher
alle weiteren bildlichen Darstellungen des Gottes dergestalt beherrschte,
dass kein Künstler es wagen mochte, in einem wesentlichen Stücke von
dem Kerngehalt desselben abzuweichen. Die auf erhabenem Throne sitzende
Figur war über 40 Fuss hoch und aus Gold und Elfenbein gebildet. In
der Rechten hielt der Gott eine Siegesgöttin, die gleichfalls aus Gold und
Elfenbein zusammengesetzt war, in der Linken das königliche Scepter,
welches mit allen Arten von Metallen geschmückt war und auf dessen
Spitze ein Adler sich wiegte. Der von dem Oberkörper bis auf die Hüften
hinabgeglittene Mantel war von Gold und mit emaillirten Blumen verziert,
von Gold waren auch die Sandalen und die Locken des Hauptes, durch
welche sich ein grün emaillirter Olivenkranz wand. Von der erhabenen
Majestät, welche der Künstler über das Antlitz ausgegossen hatte, kann
man sich nach den vorhandenen Beschreibungen und späteren nachahmen-
den Versuchen der Kunst nur noch eine schwache Vorstellung machen.
Phidias hatte es sich zur Aufgabe gesetzt, nicht nur den allgewaltigen
Olymposbeherrscher zur Anschauung zu bringen, dem an Kraft des Leibes
und Tiefe des Verstandes Niemand gleichkommt, sondern auch den gnädigen und huldreichen Vater der Götter und Menschen, den gütigen Spender
alles Segens und Gedeihens. Das über der Stirn gerade emporsteigende
und dann gleichmässig zu beiden Seiten herabfallende Haupthaar gab dem
Gesichte etwas Löwenartiges und einen Ausdruck von selbstbewusster
Kraft, der noch gesteigert wurde durch die hohe Stirn und die kräftigen
Formen der Nase, während gleichzeitig ein dem leise geöffneten Mund um-
schwebender freundlicher Zug einen mildtröstenden Eindruck hervorbrachte.
Ein fast ebenso bedeutendes Kunstwerk war der prachtvolle Thronsessel,
auf welchem die Figur sass. Denn derselbe war mit einer Fülle von
plastischen und farbigen Bildern geschmückt, wie auch die Seiten der Basis,
auf welcher er stand, und der Schemel, auf welchem die Füsse des Gottes
ruhten. Die fromme Sage berichtet, dass Phidias, als er sein Werk vollendet hatte, den Gott um ein Zeichen angefleht habe, dass ihm sein Werk
gefalle. Da habe Zeus vom umwölkten Himmel einen Blitzstrahl durch das
offene Dach des Tempels niederfahren lassen und sich auf diese Weise
selbst zu seinem Abbilde bekannt.

Das wunderbare Meisterwerk des Phidias, der Stolz ganz Griechenlands,
erhielt sich, wenn auch nicht ganz unversehrt, mehr als acht Jahrhunderte.
Der berühmte Reisende Pausanias, der um die Zeit der Antonine lebte,
sah es noch wohlerhalten und es ist wahrscheinlich erst in der Feuersbrunst
zu Grunde gegangen, die unter der Regierung des Theodosius II. den Tempel zu Olympia zerstörte.

Unter den noch erhaltenen Zeusbildern nimmt durch ihre hohe Schönheit die im vorigen Jahrhundert im Otricoli aufgefundene Zeusmaske von

carrarischem Marmor, welche dem Vatikanischen Museum einverleibt wurde, den ersten Rang ein (Fig. 7). Früher war man sehr geneigt, in dem Zeus von Otricoli eine direkte Nachahmung des Werkes von Phidias zu sehen, von welcher Ansicht man jedoch in neuerer Zeit mehr und mehr zurückgekommen ist. Gewisse Grundzüge des Urtypus, wenn auch in einer mehr individualisirten Umbildung, dürften darin aber doch erhalten sein. In

Fig. 7. Zeus von Otricoli. Vatikanisches Museum.

dem Ausdrucke dieses Gesichts vereinigen sich ruhige Majestät und freundliche Milde zu wunderbarer Harmonie. Besonders bemerkenswerth ist die schmale und hohe Stirn, welche durch eine tiefe Furche in eine obere und untere Hälfte getheilt ist. Sie verräth ebenso sehr den durchdringenden Verstand des Weisen, wie das energische Wollen des im Kampfe des Lebens gestählten Mannes. Die sehr edel geformte Nase bildet mit der Stirn einen ganz leise nach aussen gezogenen Winkel. Der Mund ist˙ leicht geöffnet,

was die Freundlichkeit des Ausdruckes ungemein erhöht. Die Behandlung
des üppigen Bart- und Haupthaares ist leicht und genial, das mähnenartige
Emporsteigen des Haupthaares für Zeus besonders charakteristisch.

Eine schwache Vorstellung von der grossartigen Composition des Phidias
gewährt vielleicht der sogenannte Jupiter Verospi, eine aus dem Palast

Fig. 8. Jupiter Verospi. Vatikanisches Museum.

Verospi stammende, jetzt im Vatikanischen Museum aufbewahrte sitzende
Colossalstatue von Marmor (Fig. 8). Wir haben hier freilich kein Werk
ersten Ranges vor uns, vielmehr erscheint der Ausdruck des Gesichtes,

wenn man die Büste von Otricoli dagegen hält, als nichtssagend. Zeus hält in der Rechten den Donnerkeil, in der Linken das mit einem Adler gekrönte Scepter. Sein getreuer Begleiter, der Adler, schaut „halb neugierig, halb dienstfertig", wie Braun treffend bemerkt, unter dem Thron hervor. Die ganze Haltung der Figur macht den Eindruck stolzer und majestätischer Ruhe.

Zu den noch vorhandenen Zeusbüsten, welche den Phidias'schen Idealtypus, wenn auch in erheblich abgeschwächter Weise, wiedergeben, gehört ferner die in Pompeji aufgefundene, dem Museum von Neapel einverleibte Marmorbüste. Auch diese, wie sehr die Composition ähnlich ist, kommt der Maske von Otricoli an kräftiger Schönheit des Ausdruckes nicht gleich.

Auch die Malerei hat sich im Alterthum häufig an der Darstellung des Zeus, sowohl einzeln als in Gruppirungen, versucht. Doch ist von den Werken der vielen grossen Künstler, die wir dem Namen nach kennen, kein einziges erhalten worden. Nur einige pompejanische und herkulanische Wandgemälde bilden den schwachen Ueberrest der reichen Fülle von Kunstwerken, welche das Alterthum auch auf diesem Gebiete besass.

Unter den griechischen Malern, von denen wir wissen, dass sie der Darstellung des Zeus ihren Pinsel geliehen haben, steht der Name des *Zeuxis* obenan. Er hatte dem Bericht des Plinius (35, 63) zufolge den Zeus auf dem Throne sitzend, von allen Göttern des Olympos umgeben, gemalt.

Zeuxis aus Heraklea (vermuthlich dem in Bithynien gelegenen Orte dieses Namens) gebürtig, blühte um die Zeit des peloponnesischen Krieges, war an verschiedenen Orten Griechenlands thätig und soll zuletzt in Ephesos gelebt haben. Von ihm datirt ein bedeutender Fortschritt in der Technik der Malerei, namentlich soll er zuerst in der Vertheilung von Licht und Schatten richtigere Grundsätze angewendet haben. Er war auf seinen erlangten Ruhm so stolz, dass er zuletzt seine Gemälde verschenkte, weil sich kein würdiger Preis für dieselben ansetzen lasse.

Unter den erhaltenen Wandgemälden stellt ein pompejanisches (bei Braun Taf. 11) den Zeus auf dem Throne sitzend, in ruhig sinnender Haltung, den Kopf mit der rechten Hand gestützt dar. In der Linken hält er nachlässig das Scepter, der Oberkörper ist völlig unbekleidet, das Himation bis auf die Hüften hinabgeglitten. Neben ihm sitzt sein Adler.

Bedeutender an Kunstwerth als dieses ist ein zweites pompejanisches Wandgemälde (Braun: Taf. 14), auf welchem der gleichfalls thronende Zeus von einer hinter ihm schwebenden Siegesgöttin mit dem Lorbeerkranze geschmückt wird (Fig. 9). Die Rechte hält den auf dem Schoosse ruhenden Donnerkeil, die Linke das auf den Boden gestemmte Scepter. Die kräftige und schöngewölbte Brust ist auch hier unbekleidet, der Faltenwurf des Himations schöner und malerischer als auf dem ersterwähnten Bilde. Links vom Throne ruht auf einer viereckigen Platte die Weltkugel, das Symbol seiner Herrschaft, rechts vor ihm sitzt der Adler, ein Pfeilbündel in den mächtigen Fängen haltend.

Zu diesen pompejanischen Wandgemälden gesellt sich noch ein in Herkulanum aufgefundenes (Braun: Taf. 15), welches den Zeus auf Wolken
gelagert mit zürnendem Ausdrucke des Gesichts darstellt. Von hinten naht
sich ihm der Liebesgott, um ihn zu versöhnen.

Ausserdem haben sich noch eine grosse Menge von Vasengemälden,
Bronzen, Gemmen und Münzen erhalten, welche in den verschiedenen

Fig. 9. Zeus von der Siegesgöttin bekränzt. Pompejanisches Wandgemälde.

grossen Museen Europas auf bewahrt uns einen ziemlich vollständigen Begriff geben können, wie die alte Kunst das Wesen des Zeus zur Darstellung
zu bringen suchte.

Unter den Bronzen gilt eine bei Paramythia in Epirus aufgefundene,
gegenwärtig im Besitz des britischen Museums, für die schönste (Braun:

Taf. 13). Zeus erscheint hier stehend und völlig unbekleidet, die Linke hielt eine Schale, die Rechte das Scepter. Der Gliederbau ist ausserordentlich kräftig, aus dem Antlitz spricht Gnade und Majestät.

Aus einer Vergleichung aller noch vorhandenen Kunstdenkmäler, auf welchen uns die Gestalt des höchsten hellenischen Gottes begegnet, ergibt sich, dass die alte Kunst den Zeus vorzugsweise als den gnädigen Lenker der Welt darzustellen liebt, der seiner Kraft sich bewusst in stolzer und seliger Ruhe in den Höhen des Himmels thront. Charakteristisch ist für ihn der volle zu beiden Seiten der mächtig gewölbten Stirn mähnenartig herabfallende Haarwurf, der in reichen Locken herabwallende kräftige Bart, die breite und edelgeformte Brust. Stehende Attribute desselben sind das Scepter als Zeichen seiner Königsherrschaft, der Donnerkeil, der ihn begleitende Adler, auch bisweilen auf der Hand, die Opferschale (Patere) als Zeichen des Cultus, die Kugel unter oder neben dem Sessel als das Sinnbild des von ihm beherrschten Weltalls, endlich die Nike als Zeichen des Macht und Sieg verleihenden Gottes. Sein Haupt schmückt bald ein Eichenkranz, bald der Oelzweig, bald die Binde als Andeutung seiner Königsgewalt. In Gruppen erscheint Zeus bald mit der Hera, er stehend, sie sitzend, bald mit Athena, mit Athena und Herakles, mit den Mören, den Horen, den Musen, oder umgeben von der ganzen Götterversammlung, wie auf einer der vier Seitenflächen der schon mehrfach erwähnten Capitolinischen Ara. Auf Vasen und Reliefs endlich findet man häufig mythologische Scenen aus der Geschichte des Gottes, wie Zeus den Ganymedes küssend, oder als Stier mit der Europa auf dem Rücken, als Schwan die Leda umarmend, mit Giganten kämpfend u. s. f. Manche dieser Denkmäler werden noch im weiteren Verfolg unserer Darstellung Erwähnung finden. Hier machen wir nur noch aufmerksam auf ein in alterthümlichem Style gehaltenes Relief von einem vierseitigen Altar in der Villa Albani, welches die Hochzeit des Zeus und der Hera vorstellt. Dem feierlichen Zuge voran geht Artemis als Hochzeitsgöttin, gefolgt von ihrer Mutter Leto, dann kommt das Brautpaar, Hera mit bräutlichem Schleier und den Blick verschämt zur Erde senkend, hinterher die übrigen Götter.

2. Hera.

Nach Homer ist Hera die älteste, nach Hesiod die jüngste unter den drei Töchtern des Kronos und der Rheia. Ihre Naturbedeutung scheint schon früh zurückgetreten zu sein. Der geistvolle Alterthumsforscher K. O. Müller hat sie für eine ursprüngliche Erdgöttin zu erklären versucht, ist aber mit dieser Ansicht nicht durchgedrungen. Man nimmt sie allgemein für eine Repräsentantin der Luft oder der Atmosphäre und glaubt, dass ihr Name, wie das lateinische hera, sie als Herrin, Gebieterin bezeichne. Neben ihrem Gemahle Zeus gebietet sie über alle Erscheinungen des Himmels, über Donner und Blitz,

sendet Stürme und Nebel und theilt als Himmelskönigin mit ihm alle
Ehren seiner Stellung. Denn sie geniesst eines besonderen Ansehens
unter den Himmelsbewohnern, die sich bei ihrem Erscheinen, wie vor
Zeus selbst, ehrfurchtsvoll von ihren Sitzen erheben. Ihr eheliches
Verhältniss zu Zeus bildete den Mittelpunkt aller auf sie bezüglichen
Mythen und gab den Dichtern einen reichlichen und ergiebigen Stoff
zu allerlei ernsten und scherzhaften Gedichten. Sie besangen namentlich die heilige Hochzeit des Zeus und der Hera, deren Andenken
auch an allen Cultusstätten der Göttin zur Zeit des Frühlings mit
festlichen Opfern und Hochzeitsgebräuchen gefeiert wurde. Sie
besangen aber auch gern die ehelichen Zerwürfnisse des himmlischen Paares und die Verfolgungen, welche sie den sterblichen
Frauen, die sich der Gunst des Zeus zu erfreuen hatten, zu Theil
werden liess. Daher ist es gekommen, dass in dem Bilde der Göttin
die Vorstellung von ihrer wilden Eifersucht und Zanksucht vorherrschend geworden ist, so wenig dies sonst in dem Cultus der Göttin
seine Berechtigung findet. In ihrer sittlichen Bedeutung repräsentirt
sie die Heiligkeit des ehelichen Bundes; der hohe sittliche Adel des
die Treue dieses Bundes mit unverbrüchlicher Strenge bewahrenden
Weibes findet in ihr seinen erhabensten Ausdruck. Sie ist daher
speciell die Stifterin der Ehen, wacht über deren Heilighaltung,
verleiht den Kindersegen und lässt den Gebärenden ihren wirksamen
Schutz angedeihen.

Der Cultus der Hera war ursprünglich wohl nicht sehr verbreitet.
Seine Wiege war Argos, weshalb die Göttin auch vorzugsweise die
argivische genannt wird. Argos, Mykene und Sparta werden schon
von Homer als ihre liebsten Städte bezeichnet. Ferner war ihr Dienst
in Korinth, in Böotien, auf Euböa, besonders aber auf der Insel Samos
uralt. Für die unteritalischen Griechen endlich war ihr Tempel auf
dem Vorgebirge Lakinion in der Nähe von Kroton der Mittelpunkt des
Heradienstes. Ihr berühmtestes Heiligthum war das Heräon zwischen
Argos und Mykene, wo sich das hochberühmte chryselefantine Colossal-
bild der Göttin, von der Hand des Polyklet gebildet, befand.

Polyklet, aus Sikyon gebürtig, nächst seinem Zeitgenossen Phidias der
gepriesenste Künstler des ganzen Alterthums, hat in derselben Weise den
Idealtypus der Hera geschaffen und begründet, wie Phidias der Schöpfer
des Zeusideals geworden ist. Er war auch Erzgiesser und Architekt und
lebte zu Argos, wo er Begründer einer berühmten Kunstschule wurde.
Seine Hera war eine Colossalstatue aus Gold und Elfenbein, nur nicht so

gross wie das Zeusbild in Olympia; die Göttin sass auf einem Throne, die
Stirn mit dem Stephanos geschmückt, auf welchem Relieffiguren der Horen
und Chariten angebracht waren. In der einen Hand trug sie einen Granatapfel, nach gewöhnlicher Annahme das Symbol der ehelichen Liebe und
Fruchtbarkeit, wogegen Bötticher mit triftigen Gründen dargethan hat, dass
damit der Triumph der Hera über die durch Genuss eines Granatkerns an
die Unterwelt gefesselte Persephone bezeichnet werden sollte, in der andern
Hand als Zeichen ihrer königlichen Herrschaft das Scepter, auf welchem der
ihr geheiligte Kuckuk sass. Die Figur war mit einem Chiton bekleidet, der
nur Hals und Arme frei liess, zu ihren Füssen war ein Löwenfell ausgebreitet, als Andeutung ihres Triumphes über den Herakles. Weinreben-

Fig. 10.   Juno Ludovisi.

zweige, mit welchen man das Bild der Göttin an ihrem Feste kränzte,
zeigten ihren dritten Triumph über den ihr nicht minder verhassten Dionysos
an. Mit diesem Werke des älteren Polyklet war der classische Idealtypus
der Hera ein für alle Male endgültig festgestellt und wenn auch andere
bedeutende Künstler der besten Zeit, *Kallimachos*, *Alkamenes* und *Praxiteles*
sich an der Darstellung der hehren Götterkönigin versucht haben, so
weisen doch alle vorhandenen Denkmäler auf einen einheitlichen Typus
hin, dem Polyklets Werk zu Grunde zu liegen scheint.

Unter den vorhandenen auf die Hera bezüglichen Denkmälern hat keines
eine grössere Berühmtheit erlangt und ist allgemeiner durch Abgüsse ver-

breitet, als die Colossalbüste der sogenannten Juno Ludovisi, der Hauptschmuck der Antikensammlung der Villa Ludovisi, die, wenn sie auch gerade keine Nachbildung der Hera des Polyklet ist, doch jedenfalls von
einem bedeutenden Künstler herrührt. Dieses herrliche Antlitz verräth auf
den ersten Blick nicht nur die Göttin, sondern die Götterkönigin, so hoheit-

Fig. 11. Barberinische Juno. Vatikanisches Museum.

blickend, so ehrfurchtgebietend schaut es uns entgegen. Es ist [das vollkommene Ideal der gereiften Frauenschönheit, eine wunderbare Verschmelzung von Anmuth und Würde (Fig. 10).

    Wir können es uns nicht versagen, über dieses gepriesene Werk eine
Bemerkung Schillers im funfzehnten Briefe über die ästhetische Erziehung

des Menschengeschlechts wörtlich zu citiren: „Es ist weder Anmuth, noch ist es Würde, was aus dem herrlichen Antlitz einer Juno Ludovisi zu uns spricht; es ist keines von beiden, weil es beides ist. Indem der weibliche

Fig. 12. Farnesische Statue. Museum zu Neapel.

Gott unsere Anbetung heischt, entzündet das gottgleiche Weib unsere Liebe; aber indem wir uns der himmlischen Holdseligkeit aufgelöst hingeben, schreckt die himmlische Selbstgenügsamkeit uns zurück."

Dieselben edlen Züge und denselben majestätischen Ausdruck des Gesichts zeigt auch die bei Präneste ausgegrabene Büste mit hoher Stephane,
von welcher ein Abdruck bei Müller, Denkm. II Taf. IV. Fig. 55, vorliegt.
Auch sie weist auf das Polykletische Urbild zurück.

Eine etwas jugendlichere und zugleich strengere Auffassung der Göttin,
eine bräutliche Hera (*νυμφευομένη*), wie nach Pausanias das Werk des
Kallimachos zu Plataeae gewesen sein soll, begegnet uns in der sogenannten
Farnesischen Büste der Hera, welche das Museum von Neapel aufbewahrt (Braun, Taf. 24). „Macht der Ludovisische Marmor, sagt Braun, den
Eindruck schwellender Blüthenpracht, so lässt sich der Farnesische einer
eben aufbrechenden Knospe vergleichen". Im Uebrigen finden sich die
charakteristischen Merkmale der Ludovisischen Hera hier noch schärfer ausgeprägt, das stark vortretende Kinn, welches unbeugsame Entschlossen-
heit des Willens verkündet, die etwas aufgeworfenen Lippen, die scharf
markirten Nasenflügel, die grossen und gewölbten Augen, die hohe, edle
Stirn.   Man hat die Büste neuerdings mit Recht als die dem Ideale des
Polyklet am nächsten kommende Nachbildung bezeichnet.

Unter den erhaltenen Statuen ist die Barberinische Juno in der Vatikanischen Sammlung die berühmteste (Fig. 11, nach Braun). Es ist eine stehende
Figur von übermenschlicher Grösse, die Rechte stützt sich auf das Scepter,
die Linke hält eine Opferschale.   Das ernste und doch milde Antlitz ist
leise vorwärts geneigt, als nähme die Göttin Opfer und Gebete der Sterblichen gnädig entgegen. Das Haupt ist mit dem halbmondförmigen Diadem
geschmückt, das Costüm der Chiton, welcher nur Arme, Hals und den
oberen Theil der Brust bloss lässt, und ein Himation, das um die Mitte der
Gestalt liegend auch einen Theil des linken Armes bedeckt. Der Faltenwurf
der Gewandmasse ist von besonderer Schönheit, weshalb in der Barberinischen
Juno die Nachahmung eines berühmten Urbildes der grossen Zeit zu vermuthen ist.

Ist der Ausdruck der Barberinischen Juno vorwiegend ein milder, so
begegnet uns feierlicher Ernst und eine echt königliche Würde in der vormals Farnesischen Statue des Museums in Neapel (Fig. 12, nach Braun).
„Es ist, sagt Braun von dieser Statue, als ob wir sie dem mächtigen Olymposbeherrscher, dem grossen Donnerer selbst, mit jener Unerschrockenheit und
Festigkeit gegenübertreten sähen, welche Homer mit so erhabenen Zügen
schildert." Der Faltenwurf der reichen Gewandung ist hier besonders gross-
artig.   Noch lebensvoller aber ist derselbe in einem griechischen Torso
der akademischen Sammlung in Wien, der das Motiv der Farnesischen
Statue genau wiederholt.

Die alte Kunst scheint die Hera vorzugsweise als Götterkönigin,
seltener als Mutter aufgefasst zu haben. In dieser letzteren Eigenschaft,
den kleinen Ares säugend, erscheint sie in einer Statue der Pio-Clementinischen Sammlung des Vatikan, mit hoher Stephane und weichen, zärtliche Mutterliebe athmenden Zügen des Gesichts. (Müller, Denkm. II Taf.
V. Fig. 62).

Ausser den genannten Denkmälern sind noch verschiedene Reliefdarstellungen, Münzen, Vasengemälde und pompejanische Gemälde erhalten,
der Grundtypus ist aber überall derselbe. Die stehenden Attribute sind
Scepter und Diadem als Zeichen der königlichen Würde, der an den Statuen
der vollendeten Kunst freilich meistens weggelassene Schleier, welcher die
verheirathete Frau andeutet, die Opferschale (Patere), endlich der Pfau
zu ihren Füssen.

3. Pallas Athena.

Ueber die Geburt der Athena waren verschiedene theogonische
Sagen vorhanden. Die bekannteste wurde schon erwähnt, dass nämlich
Zeus sie aus seinem Haupte geboren habe (S. 23). Als die Stunde der
Geburt gekommen war, musste ihm Hephästos oder nach einer anderen
Tradition Prometheus mit einem Beile das Haupt spalten, aus welchem sie
nun in vollem Waffenschmuck mit gezückter Lanze und einen Schlacht-
gesang anstimmend hervorspringt. Ein gewaltiger Aufruhr der ganzen
Natur, ein Erbeben der Erde und Brausen des Meeres begleiteten
diesen Akt der Geburt der gewaltigen Kriegsgöttin. Hesiod, ein
homerischer Hymnus, Pindar und Stesichorus haben dieselbe besonders schön besungen.

Ihrer Naturseite nach ist Athena eine Göttin des reinen, lichten
Aethers, in welchem die Alten die höchste und mächtigste Naturkraft
erblickten. Sie ist also ihrem Vater Zeus nahe verwandt, ein Licht
und Leben in der Natur erzeugendes, segenspendendes Wesen. Auch
bei ihr scheint die Naturbedeutung früh zurückgetreten zu sein, und
man verehrte sie nun in ihrer ethischen Verklärung als Göttin der
Weisheit, als eine besondere Manifestation der besonnenen und scharf-
blickenden Klugheit, mit welcher der Vater Zeus die Geschicke der
ganzen Welt lenkt und regiert. Es ist daher natürlich, dass sie als
Lieblingstochter des Zeus erscheint, gleichsam als seine rechte Hand,
deren er sich zur Ausführung seiner weisen, das Wohl der Staaten wie
der Individuen fördernden Absichten bedient.

Aus dieser Grundauffassung ergeben sich leicht die verschiedenartigen Seiten ihres Wesens. Sie ist zunächst Beschirmerin und Erhalterin der Staaten, und Alles, was das Gedeihen derselben in Krieg
und Frieden fördert, geht von ihr aus, ist ihr Werk und ihre Erfindung. Daher erscheint sie sowohl als Kriegs- wie als Friedensgöttin.
Sie ist Kriegsgöttin, insofern als der Krieg zur gerechten Abwehr
fremden Angriffs oder um höherer Interessen willen manchmal eine

Nothwendigkeit ist und eine kluge und geschickte Leitung desselben
dem Staate grossen Vortheil zu bringen vermag. Sie verleiht Beute
in Feindesland und beschirmt daheim Städte und Burgen, feuert das
Heer an zu muthigem Kampfe und verleiht den Sieg. Bei Homer
erscheint sie als die wohlthätige Beschützerin und Beratherin einzelner
Helden, denen sie besonders gewogen ist, als des Odysseus, des Achill
und Diomedes. Auch ältere Heroen, wie Herakles, Perseus, Bellerophon
und Jason hatten ihre wirksame Hülfe in gefährlichen Lagen erfahren.
Sie hat die Menschen die Zucht und Bändigung der Rosse, Wagen und
Schiffsbau gelehrt und hat die Kriegstrompete und Flöte erfunden. Auch
der kriegerische Waffentanz, der ihr zu Ehren an den Panathenäen
aufgeführt zu werden pflegte, rührte von ihr selber her. Sie hatte
ihn zuerst zur Feier der Besiegung der Giganten getanzt. Als Kriegsgöttin trägt sie regelmässig ausser Helm, Schild und Lanze das schreckliche Gorgoneion oder die Aegis. Bei Homer erscheint die Aegis noch
als der Schild des Zeus, den sie dann von ihm entleiht, in den späteren
Dichtungen und Denkmälern der Kunst aber als ein mit Drachen-
schuppen und Schlangen umsäumter Panzer, in dessen Mitte sich das
von Perseus ihr überlassene Haupt der Medusa befindet, welches
bekanntlich die Eigenschaft besitzt, Jeden, der es anblickt, in Stein
zu verwandeln.

Nicht minder segensreich erweist sich aber Athena als Friedensgöttin. Alles, was in leiblichen wie in geistigen Dingen die Wohlfahrt
und Cultur des Menschengeschlechts fördert, dachte man sich von
ihr ausgehend oder unter ihrer Einwirkung stehend. Wie sie in der
Sage vom Erichthonios oder Erechtheus als mütterliche Pflegerin
dieses attischen Landesheroen erscheint, so verleiht sie überhaupt
der Landesjugend fröhliches Wachsthum und Gedeihen, gibt gesunde
Luft und wehrt bösen Krankheiten (Athena Hygieia). Dann aber
förderte sie die menschliche Cultur durch eine Menge der nützlichsten
Erfindungen. Sie gab den Menschen den Rechen und den Pflug und
lehrte zuerst die Kraft des Stieres für den Ackerbau nutzbar zu
machen, sie lehrte ferner auch alle weiblichen Kunstfertigkeiten, das
Spinnen der Wolle, das Weben und Färben der Gewänder, weshalb
man sie die kunstfertige Göttin (ἐργάνη) hiess. Auch alle künstliche
Schmuckarbeit, besonders der weibliche Schmuck, wurde von der
Athena hergeleitet, und spätere Dichter priesen sie als die Göttin
aller Gewerbe und Künste, aller Weisheit und Wissenschaft.

Es ist daher nicht zu verwundern, dass der Athenadienst in ganz Griechenland eine ausserordentlich grosse Verbreitung hatte. Nirgends aber wurde sie mehr verehrt, als in Athen, wo sie die eigentliche Landesgottheit war und wo sie in dem auf der Akropolis unter Perikles aus Pentelischem Marmor erbautem Parthenon,*) d. i. Tempel der jungfräulichen Göttin, ihr berühmtestes Heiligthum hatte, dessen Ueberreste noch heute das Staunen und die Bewunderung der Welt erregen. Athen und das attische Land war gewissermaassen die Privatdomaine der Göttin, welche sie sich der bekannten Sage nach im Kampfe mit dem Meerbeherrscher Poseidon erstritten hatte. Zeus hatte nämlich demjenigen von ihnen die Herrschaft über Attika bestimmt, welcher dem Lande das nützlichste Geschenk machen würde. Da erschuf Poseidon das Pferd, Athena aber liess den nutzbringenden Oelbaum aus der Erde aufspriessen und gewann damit den Sieg über ihren Nebenbuhler. Dieser von der Göttin ins Dasein gerufene heilige Oelbaum wurde in dem Tempelbezirk des Erechtheions auf der Burg gezeigt und war von so unverwüstlicher Lebenskraft, dass er, als die Perser ihn nach der Einnahme der Stadt durch Xerxes verbrannt hatten, sogleich wieder ein frisches Reis trieb. Andere berühmte Mittelpunkte des Athenacultus waren Argos und Korinth, ferner genoss die Göttin in Sparta, in Arkadien, Böotien, Thessalien und auf der Insel Rhodos eines hohen Ansehens.

Die Darstellung der Athena war daher auch zu allen Zeiten ein Lieblingsgegenstand der antiken Kunst und wir besitzen von ihr eine so reichhaltige Menge der vielfältigsten Kunstdarstellungen wie von keiner andern Göttin. Schon in der ältesten Zeit, als man weder den Erzguss noch Marmorstatuen kannte, sondern die Götterbilder aus Holz schnitzte, liebten es die Künstler vorzugsweise die Pallas darzustellen. Diese Holzbilder (ξόανα) zeigten die Göttin wohl meistentheils stehend mit gezücktem Speer und erhobenem Schilde als Vorkämpferin (πρόμαχος) und führten dann speciell den Namen Palladien. Der fromme Glaube betrachtete sie gern als vom Himmel gefallene (διοπετῆ), wie z. B. das berühmte troische Palladion, welches in der Ilias durch Odysseus und Diomedes mit List geraubt wird. Dieses trug freilich ausnahmsweise in der Linken nicht den Schild, sondern Rocken und Spindel und scheint, da Homer von Weihgeschenken, die ihm in den Schooss gelegt wurden, spricht, sitzend dargestellt gewesen zu sein. Diese Auffassung der Athena als einer zum Kampf gerüsteten Gottheit ist auch in der vorgeschrittenen altgriechischen Kunst entschieden

---

*) Die Baumeister desselben waren Iktinos und Kallikrates und vollendeten das grosse Werk nach sechzehnjähriger Arbeit im J. 437 v. Chr.

die vorherrschende gewesen, wie die erhaltenen archaistischen Vasengemälde zeigen. In der Blüthezeit der griechischen Kunst, dem perikleischen Zeitalter, wurde dagegen der Idealtypus der Göttin, wie er in der Folgezeit mit nur geringfügigen Modificationen festgehalten worden ist, durch denselben *Phidias*, welcher, wie wir sahen, das Zeusideal geschaffen hat, in dem berühmten Bilde der A t h e n a P a r t h e n o s festgestellt.

Dieses kostbare, aus Gold und Elfenbein gefertigte Bild wurde im Jahre 437 in der Cella des Parthenons auf der Akropolis von Athen aufgestellt. Es war eine stehende Figur, deren Höhe, wenn wir der Angabe des Pausanias Glauben schenken dürfen, 39 par. Fuss betrug. Die Göttin trug in der einen Hand eine Nike von 6 Fuss Höhe, in der andern den aus Gold gefertigten Speer. Sie war mit einem Chiton völlig bekleidet, was überhaupt bei allen Darstellungen dieser jungfräulichen Göttin Regel der Kunst ist. Die Brust bedeckte die Aegis, das Haupt ein Helm, auf welchem eine Sphinx gelagert war und an dessen beiden Seiten Greife in hohem Relief angebracht waren. Zu ihren Füssen, den Schaft der Lanze zum Theil umringelnd, wand sich die heilige Burgschlange, die als ein Bild des erdgeborenen Erichthonios angesehen wurde. Neben ihr am Boden stand angelehnt ihr Schild, auf dessen innerer Fläche der Kampf der Götter und Giganten in ciselirter Arbeit zu sehen war, während die Aussenfläche eine Amazonenschlacht darstellte. Letztere war besonders deswegen merkwürdig, weil unter den zahlreichen Figuren derselben der Künstler sein eigenes wie des Perikles Portrait angebracht hatte. Die tyrrhenischen Sohlen der Göttin waren mit einem Relief verziert, welches den Kampf der Lapithen und Kentauren versinnlichte, und die Basis endlich schmückte eine Darstellung der Geburt der Pandora. — Wie das berühmte Zeusbild in Olympia, ist auch die Athena Parthenos in den Stürmen der Völkerwanderung spurlos zu Grunde gegangen. Die letzte sichere Nachricht von ihrem Vorhandensein stammt aus dem Jahre 375 n. Chr.

Ausser diesem bedeutendsten Bilde der athenischen Landesgöttin schuf Phidias noch die bekannte eherne Colossalstatue der A t h e n a P r o m a c h o s, welche zwischen dem Erechtheion und Parthenon, beide Tempel überragend, stand und schon vom Vorgebirge Sunion her den ankommenden Schiffen sichtbar war. Es ist aber weder über die Höhe des Colossalbildes, noch über die Art der Darstellung bis jetzt etwas Sicheres ermittelt. Noch mehrere andere Bildnisse der hehren Zeustochter hat Phidias' Meisterhand geschaffen, eine chryselephantine Statue im Tempel zu Pellene, ein kleines Erzbild auf der Akropolis, von den Lemniern geweiht, welches die Göttin unbehelmt darstellte, endlich ein Akrolith der A t h e n a A r e i a zu Plataeae, an welcher Kopf, Hände und Füsse von pentelischem Marmor, die übrigen Theile von Holz waren, über welches man dünne Goldplatten gezogen hatte; es lässt sich indessen keine der vorhandenen Statuen und Büsten mit Sicherheit auf eins dieser letztgenannten Kunstwerke zurückführen.

In Beziehung aber auf die Athena Parthenos nimmt man allgemein an, dass das erhabene Ideal der reinen jungfräulichen Göttin, welches Phidias dieser Statue aufgeprägt hatte, sich am deutlichsten und schönsten wiederfinde in einer Athena-Büste der Münchener Glyptothek, welche vormals das Hauptkleinod der Villa Albani ausmachte (Fig. 13 nach Braun). Eine leidenschaftslose Ruhe ist über dieses schöne Antlitz ausgegossen, das die etwas gesenkten Blicke fest und unbeweglich auf einen Punkt zu richten scheint, wie wenn die Göttin in tiefes Nachdenken versunken wäre. Der etwas herbe Zug um die festgeschlossenen Lippen und das energisch vortretende Kinn sind besonders charakteristisch für die jungfräuliche Göttin, indem sich ihre völlige Erhabenheit über alle weibliche Schwäche und ihre ruhige Ent-

Fig. 13. Athenabüste. Münchener Glyptothek.

schlossenheit darin am schärfsten ausprägen. Auch beim Fehlen aller Attribute würde man sie an diesen Merkmalen unfehlbar erkennen. Der knapp anliegende Helm ist oben mit einer Schlange geziert, dem Symbol der Klugheit. Der mit sich bäumenden Schlangen umsäumte Brustharnisch, welcher wie ein Kragen über die Schulter herabfällt, wird in der Mitte zusammengehalten durch die Gorgonenmaske, das scheussliche Gegenbild des himmlisch reinen Antlitzes der Göttin.

Unter den vorhandenen Büsten der Athena verdienen noch hervorgehoben zu werden: erstlich die aus dem Grabmal Hadrians stammende, gegenwärtig in der Statuengallerie des Vatikanischen Museums (Braun Taf.
58), mit weichen, jugendlichen Formen, wenngleich auch hier der Ausdruck
ungemein ernst und ruhig ist. Den Helm zieren Widderköpfe an den
Vorderdecken und Greife an den Seitenwölbungen. Das Gorgoneion zieht
sich schärpenartig mehr einem Zierrath als einer Waffe gleichend von der
rechten Schulter quer über die Brust. Sodann birgt das Museum in Neapel
eine sehr schöne Pallasbüste aus Pompeji (Braun Taf. 56), an deren höchst
edel geformten Zügen das Auge sich nicht satt sehen kann. Hat die Vatikanische Büste einen entschieden mädchenhaften Ausdruck, so möchte
man diese Züge fast männlich nennen. Und doch ist derselbe ideale Grundtypus der geistesklaren, sich ihrer Kraft und Würde bewussten Göttin in
beiden Gesichtern wiederkehrend.

Von allen auf unsere Zeit gekommenen Pallasstatuen ist die berühmteste und schönste die sog. Pallas Giustiniani im Braccio-nuovo des Vatikans (Fig. 14, n. Braun). Die Rechte hält nachlässig den Speer, die Linke das
zurückgeschlagene, sowohl den linken Arm, wie einen Theil der Aegis ver-
hüllende Himation, wodurch die Göttin einen besonders friedlichen Charakter
erhält. Die Wangendecken ihres Helms schmücken auch hier wieder Widderköpfe, die obere Wölbung ziert eine Sphinx. Zu ihren Füssen windet sich
die heilige Burgschlange, weswegen man früher in irriger Deutung derselben dieses Bild als Minerva Medica zu bezeichnen pflegte. Wahrscheinlich
war sie ein Tempelbild, da sie in Rom an einer Stelle gefunden wurde, wo
früher ein Minervatempel stand. Ergänzt ist die rechte Hand und ein
Theil des Speeres. Sie ist jedenfalls römischen Ursprungs, aber vielleicht
nach einem griechischen Original gearbeitet.

Denselben Charakter der friedliebenden, leidenschaftslosen Göttin, an
welcher die ruhige Besonnenheit und Selbstbeherrschung einen wesentlichen
Charakterzug bildet, trägt auch eine bei Velletri gefundene Statue, früher
im Vatikan, jetzt im Capitolinischen Museum (Braun Taf. 62), welches
sich von der vorhergenannten nur durch Weglassung der Aegis und der
Schlange unterscheidet und daher gewöhnlich als Ergane, d. i. die kunstfertige und alle Werke des Friedens fördernde Göttin bezeichnet wird.

Dasselbe gilt von der gleichfalls bei Velletri gefundenen 9½ Fuss hohen Statue, welche eine der Hauptzierden des Louvre in Paris bildet (Braun
Taf. 60). Der bedeutsam erhobene rechte Arm deutet die segenspendende
Landesgöttin an, der linke Arm hielt vermuthlich früher eine Opferschale oder
eine Nike. In dem Ausdrucke des sanft geneigten Kopfes vereinigen sich ruhiger Ernst und freundliche Milde, wie dies bei allen Pallasköpfen der Fall
ist, denen das Ideal des Phidias zum Grunde liegt. Die Statue ist kein griechisches Originalwerk, sondern eine römische Copie, nach einem auf jeden Fall
ganz vorzüglichen Werke aus der besten Zeit der griechischen Kunst.

Denselben Grundtypus zeigen noch endlich die sogen. Farnesische Minerva im Museum von Neapel und die derselben offenbar nachgebildete

Hope'sche Minerva in London (Braun Taf. 65 und 65). Diesen gegenüber stehen einige erhaltene Pallasbilder, welche die Göttin als zum Kampfe gerüstet darstellen. So erscheint sie in einer wohlerhaltenen Statue aus Herculanum im Museum von Neapel (Braun Taf. 67). Charakteristisch ist hier das fehlende Himation, die vorschreitende Haltung des festaufgesetzten

Fig. 14. Pallas Giustiniani. Vatikan.

linken Fusses, der kühn vorgestreckte, die Aegis haltende linke Arm, die zum Wurf erhobene Rechte. Den mit hohem Kamm versehenen Helm schmücken zu beiden Seiten des Kammes Greife, das Symbol der Alles niederschmetternden Gewalt der Göttin, welches noch unterstützt wird durch

die auf dem Stirnbande angebrachte Gorgonenmaske. Der Blick der Göttin
ist ernst und fest auf den Feind gerichtet. Diese Auffassung eignet sich
augenscheinlich nicht für ein Tempelbild, weshalb die Vermuthung nahe
liegt, dass wir es hier mit einem Giebelschmucke zu thun haben.

Fig. 15. Athena Polias. Villa Albani.

Dieselbe kriegerische Haltung und den festen, auf den Feind gerichteten
Blick hat auch die berühmte im Louvre befindliche Statue, welche wegen
ihres Halsbandes Minerve au collier genannt zu werden pflegt. Die Göttin
hält hier in der Rechten den fest auf den Boden gestützten Speer, in der

Linken den Schild und ist mit einem etwas alterthümlich behandelten dorischen Chiton bekleidet (Müller, Denkm. II. Taf. XX n. 211).

Von besonderer Eigenthümlichkeit der Darstellung ist eine Athena Polias, die heilige Burgschlange fütternd, an der bereits erwähnten Barberinischen Candelaberbasis im Vatikan und eine Athena mit über den Kopf gezogenem Löwenfell statt des Helmes in der Villa Albani, in welcher sich vorzugsweise die kriegerische Göttin darstellt (Fig. 15). Der Kopf hat noch den spröden und herben Ausdruck der ältern Götterbilder, weshalb man diese herrliche Statue für ein Werk aus der Zeit des Phidias hält.

Noch erwähnen wir als eines besonders interessanten Denkmals der alten Kunst einer im J. 1859 in der Nähe des Pnyx zu Athen gefundenen Marmorstatuette, im Ministerium beim Conservator der Alterthümer daselbst befindlich, weil man in derselben eine Copie der berühmten Athena Parthenos des Phidias erkannt hat. Der Ausdruck feierlich religiösen Ernstes sowie die Einfachheit und Strenge der Composition sind für ein Tempelbild durchaus angemessen.

Eine viel freiere Compositionsweise hatte Phidias ohne Zweifel bei den Athenabildern auf den beiden Giebelfeldern des Parthenon angewendet. Aber leider ist die Mittelgruppe des östlichen Giebels, auf welchem die neugeborene Pallas dargestellt war, wie sie sich zum ersten Male den erstaunten Blicken der Olymposbewohner zeigte, spurlos verschwunden, während von der Pallas des westlichen Giebels, auf welchem sie dem in dem bekannten Streit um den Besitz des attischen Landes von ihr besiegten Poseidon triumphirend mit erhobenem Speere entgegentrat, wenigstens Fragmente der Brust und des Kopfs erhalten sind.

Ein höchst interessantes Denkmal der archaischen Kunst endlich, die ihren Gestalten noch kein innneres, geistiges Leben einzuhauchen wusste, ist die von dem Giebelfelde eines Tempels zu Aegina stammende Pallas der Münchener Glyptothek. Wir werden auf diese unter dem Namen der Aegineten berühmten Giebelgruppen, welche im Jahre 1811 durch eine Gesellschaft deutscher und englischer Forscher unter dem sie bedeckenden Tempelschutte hervorgezogen wurden, in der Heroensage bei Gelegenheit des trojanischen Krieges zurückkommen.

Gemmen und Münzen mit dem Bilde der Athena sind ungemein zahlreich vorhanden. Zu den bereits erwähnten Attributen kommen noch hinzu Eule und Hahn, jene das ernste Nachdenken, diese den Kampfesmuth symbolisch andeutend. Auch trägt sie bisweilen den Granatapfel.

4. Apollon.

Wie Athena die Lieblingstochter des Zeus ist, so heisst Apollon der liebste seiner Söhne. Ihn, den schönsten aller Götter, erzeugte der hohe Himmelsherrscher mit der Leto, einer Personification der dunklen Nacht. Denn nach einer uralten Vorstellung gebiert die

Finsternis aus ihrem Schoosse das Licht. Apollon aber ist ein Gott des Lichtes gleich anderen Zeussöhnen, und zwar der reinste und erhabenste Repräsentant dieser mächtigen Naturkraft. Die heilige Sage von seiner und seiner Schwester Artemis Geburt war ein häufig wiederkehrender Gegenstand der alten Dichtung und wurde vielfach variirt, wie auch der Ort der Geburt schwankte, bis endlich die Ansprüche von Delos allgemein anerkannt wurden. Die ältere Gestalt der Sage gibt der Hymnus auf den Delischen Apoll, der den Namen Homers trägt. Hiernach wird Apollon zwar auch erst nach langem Umherirren seiner Mutter geboren, aber nicht, weil die Eifersucht der Hera sie verfolgt, sondern weil man ihr aus Furcht vor der Erscheinung des gewaltigen Gottes die Aufnahme verweigert; endlich gelangt Leto nach der unfruchtbaren Felseninsel Delos. In einer weiteren Gestaltung der Sage, welche sie durch Pindar erhalten hat, ist Delos vor der Geburt des Apollon und der Artemis ein schwimmendes Eiland und muss erst mit ragenden Säulen auf dem Meeresgrunde befestigt werden, um als Geburtsstätte dienen zu können. Neun Tage und neun Nächte dauern die Wehen der Leto, bis unter dem Jubelruf der ihr hülfreiche Hand leistenden Göttinnen der herrliche Gott geboren ward, ein sinniger Zug der Dichtung, womit angedeutet werden soll, dass etwas wahrhaft Grosses nicht ohne bedeutende Anstrengung ins Leben gerufen werden kann. Das Motiv von der Eifersucht der Hera scheint schon früh in die Sage verwoben zu sein, die in dieser Gestalt am meisten aus der Mythensammlung des Apollodor*) bekannt ist. Als den Tag der Geburt Apollons feierten die Delier den siebenten des Monats Thargelion.

Als lichter Himmelsgott, dem alles Unreine und Unheilige zuwider ist, zieht nun Apollon gleich nach seiner Geburt aus, um den Kampf gegen die Mächte der Finsternis zu beginnen. Er erlegt mit seinen Pfeilen den Riesen Tityos, der die lüsternen Hände nach der Leto ausgestreckt hatte, und den Drachen Python, der in dem engen Pleistosthale bei Delphi als ein Menschen und Vieh verderbliches Ungeheuer hauste. In diesen Sagen offenbart sich die siegende Kraft der Frühlingswärme über die finstern Mächte des Winters. Nach der Erlegung des Python setzte er in Delphi sein berühmtes Orakel ein, um durch dasselbe den Willen seines Vaters Zeus zu verkünden.

---

*) Grammatiker und Philosoph, zu Athen geboren, blühte um 140 v. Chr.

Ebenso erlegt Apollon die übermüthigen Aloiden, Otos und Ephialtes, als sie, den Giganten gleich, den Himmel stürmen wollten. Der Gott erscheint in diesem Mythos als der siegreiche Bekämpfer alles Uebermuths und frevelhafter Gewaltthat.

Wie Apollon in den erwähnten Sagen als der Bekämpfer des Bösen und Unreinen erscheint, so zeigt er sich in andern, gleichfalls uralten Sagen als furchtbarer Todesgott, der böse Seuchen sendet und mit seinen ferntreffenden Pfeilen (daher sein Name Ἑκηβόλος, der Ferntreffende) Thiere und Menschen hinwegrafft. Es erklären sich diese Sagen leicht aus der Naturbedeutung des Gottes. Denn wie der wärmende Sonnenstrahl zwar den Winter und seine Schrecken verscheucht, so erweist er sich aber auch im weiteren Fortgange als versengend und tödtend, wie dies unter Anderen so schön dargestellt ist durch den Mythos vom Tode des lieblichen Knaben Hyakinthos, den Apollon liebte, aber unversehens mit dem Diskos tödtete (Ovid Metam. 10, 162 flg.).

Aus dieser Naturbedeutung des Apollon ergeben sich nun einige weitere Seiten seines Wesens. Zunächst ist er als Licht- und Sonnengott der Beschützer der Strassen und Häuser, und hatte als solcher zum Symbol einen zur Seite der Thür aufgestellten konischen Pfeiler. Ferner ist er Heerden- und Weidegott, von welchem viele Sagen idyllischen und bukolischen Inhalts erzählen. Wir erinnern hier nur an die Sagen von seinem Aufenthalt bei Admetos und beim troischen Könige Laomedon, welcher erst später als Sühne für die Ermordung des Python aufgefasst wurde. Dann ist der rüstige und thatkräftige Gott das ideale Vorbild der männlichen Jugend, die unter seiner schützenden Obhut steht.

Apollon ist aber auch ein kräftiger Heilgott, der, wie er Seuchen und Tod senden kann, auch die wirksamste Hülfe gegen alle leiblichen Uebel gewährt. Diese Seite seines Wesens ist weiter ausgeprägt worden in den Culten seiner Söhne Asklepios und Aristäos.

Zur reinsten sittlichen Verklärung gelangte aber der Begriff des Gottes in der Apollinischen Kathartik, Musik und Mantik. Wie er selbst der Sage nach sich von der Schuld, die er durch die Tödtung des Python auf sich geladen hatte, durch mehrjährige Busse reinigte, indem er Knechtsdienste beim Admetos nahm, so erscheint er nun auch der mit Sünde und Schuld belasteten Menschheit gegenüber als der versöhnende und erlösende Gott, als der einzige Hort, namentlich

aller von den Furien Verfolgten, wie das die Orestessage so schön
zeigt. Und auch die Apollinische Musik offenbart ihr eigentlichstes
Wesen in der das Gemüth beruhigenden Kraft dieser heiligen Kunst.
Das vorherrschende Instrument ist die Kithar oder Phorminx, welche
der Gott selbst mit der grössten Meisterschaft bei den olympischen
Göttermahlen zu schlagen pflegt, während die Musen ihren lieblichen
Gesang erschallen lassen. Apollon ist daher auch Vorsteher der Musen
(Musagetes) und bedeutende Sänger der mythischen Zeit, wie Orpheus
und Linos, macht die Sage zu seinen Söhnen.

Seine grösste Bedeutung erlangte Apollon aber für das ganze
griechische Volksleben als der Gott der Weissagung, weil seine Orakel
bis in die spätesten Zeiten hinab einen ausserordentlich grossen Einfluss
nicht nur auf die Politik der Staaten, sondern auch auf die Geschicke
der Familien geübt haben. Das charakteristische Merkmal der Apollinischen Mantik besteht darin, dass der Gott weniger durch äusserliche
Zeichen die Zukunft offenbart, als vielmehr durch Theopneustie, d. i.
Erzeugung eines ekstatischen, an Raserei grenzenden Zustandes in
der Seele derjenigen Person, durch deren Mund er seine Orakel verkünden will. Meistens waren es Frauen und Jungfrauen, die entweder
an den eigentlichen Orakelstätten oder auch als Sibyllen allein wohnend
im Namen des Gottes weissagten. Eine schöne Schilderung einer
solchen Inspiration durch den Orakelgott liefert Virgil im sechsten
Buche der Aeneis. Der Orakelstätten des Apollon gab es in der älteren
Zeit eine ungemein grosse Zahl, die sich theilweise eines grossen
Rufes und Einflusses erfreuten, wie das klarische Orakel bei Kolophon, das didymäische in der Nähe von Milet, das ismenische
bei Theben. Alle aber verdunkelte mit der Zeit das Orakel zu Delphi,
dessen Entscheidungen während eines langen Zeitraums der griechischen
Geschichte einen fast allmächtigen Einfluss übten, namentlich bei den
dorischen Stämmen. Die Verzückung der Pythia, so hiess die
weissagende Priesterin des delphischen Apoll, hatte hier auch eine
sichtbare physische Ursache. Auf dem oberen Felsenplateau der
Schlucht von Delphi nämlich, wo man noch jetzt Ueberreste des berühmten Tempels erblickt, befand sich ein Erdschlund, aus welchem
aufregende gasartige Dünste emporstiegen. An dieser Stelle war das
innere, für Laien unzugängliche Gemach (ἄδυτον) des Tempels. Unmittelbar über dem Schlund stand der hohe, goldene Dreifuss, d. h.
eine von drei Füssen getragene Bühne, in deren Mitte ein kreisrunder

Ausschnitt, der Sitz der Pythia, sich befand. Sie bestieg denselben, nachdem sie sich zuvor durch Baden in dem nahen kastalischen Quell und durch Kauen von Lorbeerblättern für die aufregende Wirkung der aufsteigenden Dünste empfänglicher gemacht hatte, mit dem Lorbeerkranze geschmückt, und gerieth dann bald in den 'erwähnten ekstatischen Zustand, der sich äusserlich durch Schäumen des Mundes und convulsivische Zuckungen des Körpers kenntlich machte. In diesem Zustande gab sie ihre räthselhaften Weissagungen, welche von einer eigens dazu bestellten Commission der Orakelpriester oder Propheten redigirt und in metrische Form gebracht wurden. Natürlich berief man zu dem Posten eines Orakelpriesters nur Leute von grosser Einsicht und die mit den öffentlichen Verhältnissen der griechischen Staaten sowohl wie des Auslandes ganz vertraut waren.

Dass D e l p h i eine Hauptcultusstätte des Apollinischen Dienstes war, versteht sich nach dem Gesagten von selbst. Der prachtvolle Tempel daselbst wurde zur Zeit der Pisistratiden, nachdem der alte abgebrannt war, von einem korinthischen Meister, Namens *Spintharos*, unter Aufsicht der aus Athen vertriebenen Alkmäoniden erbaut. Sein Reichthum wurde durch Schenkungen aller Art so gross, dass man den Werth seiner Schätze auf 10,000 Talente berechnete. Im sogenannten heiligen Kriege wurde er zuerst geplündert. In der Nähe desselben, auf dem krissäischen Felde, wurden die pythischen Spiele gefeiert, wovon weiter unten.

Eine nicht minder berühmte Cultusstätte des Apollon war D e l o s, sein Geburtsland. Die heiligen Stätten befanden sich am Fusse des Berges Kynthos (daher Apollo Cynthius), die ganze Insel war aber dem Gotte geweiht und es durfte deshalb kein Todter auf derselben beerdigt werden. Auch hier fanden alle vier Jahre heilige Festspiele statt, welche von Theseus eingesetzt worden sein sollen.

Ferner erwähnen wir noch als bedeutende Cultusstätte Apollons A m y k l a e in Lakonien, woselbst er einen Tempel hatte und eine colossale eherne Bildsäule. Zu dieser gehörte auch der berühmte Amykläische Thron, ein Werk des *Bathykles* von Magnesia, von welchem Pausanias eine genaue Beschreibung gibt.

Ausser diesen drei berühmtesten Cultusstätten hatte Apollon noch eine grosse Menge von Tempeln, nicht nur in allen Theilen Griechenlands, sondern auch Kleinasiens, und sein Dienst war so weit verbreitet, als die Griechen mit ihren Colonien vordrangen. Die Ansicht K. O.

Müllers, dass er eine vorwiegend dorische Gottheit gewesen, darf jetzt
wohl als widerlegt gelten.

In der dichterischen Anschauung sowohl wie in der bildenden Kunst
erscheint Apollon vorzugsweise als jugendlicher Gott, schön und kräftig,
von hohem Wuchs, majestätisch und heiter blickend, das Haupt von reich
herabfallenden blonden Locken bedeckt. Die ältere Kunst hat ihn reifer
und männlicher, mit kräftigerem Gliederbau und strengeren Zügen, jedoch

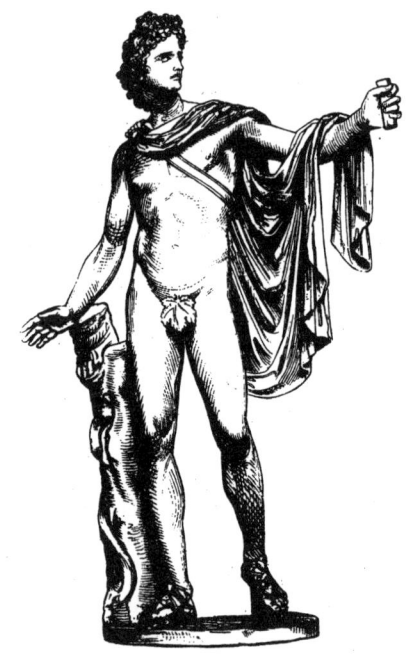

Fig. 16. Apoll von Belvedere. Vatikanische Sammlung.

ebenfalls unbärtig dargestellt, die spätere Kunst zog es vor, ihn als Knaben
oder reifenden Jüngling zu bilden. Für die Schöpfer des Idealtypus dieses
Gottes, wie er uns auf den meisten noch vorhandenen Denkmälern begegnet,
gelten vor vielen andern namhaften Künstlern die der jüngern Attischen
Schule angehörenden Meister Skopas und Praxiteles.

Skopas, aus Paros gebürtig, dessen Blüthezeit zwischen 390 und 340
v. Christo liegt, bildete den Apollon als pythischen Kitharöden in langem
Gewande. Diese Marmorstatue kam später nach Rom, wo sie eine Zierde
des palatinischen Tempels war.

Praxiteles, aus Athen, ein jüngerer Zeitgenosse des Skopas, verfertigte einen jugendlichen einer Eidechse nachstellenden Apollon aus Erz, (A. Sauroktonos), der vielfache Nachahmung gefunden hat.

In den erhaltenen Kunstdarstellungen des Apollon herrscht entweder die Auffassung des kämpfenden und rächenden Gottes vor, dann wird er meistens nackt oder halbnackt mit Bogen und Köcher dargestellt, oder er erscheint als friedlicher, versöhnender Gott, dann ist die Kithar sein stehendes Attribut und die Umhüllung mit der Chlamys ist vorherrschend. Zu der erstern Gattung gehört die schönste und berühmteste aller erhaltenen Apollostatuen, der sog. Apoll von Belvedere, eine Hauptzierde der Vatikanischen Sammlung, im J. 1503 bei Nettuno, dem alten Antium, gefunden (Fig. 16). Der Künstler hat den Gott in dem Momente aufgefasst, wo er nach Vollbringung irgend einer Grossthat (nach Winckelmann Erlegung des Drachen Python) siegreich hinwegschreitet und „sein Kampfzorn eben in selige Heiterkeit übergeht" (K. O. Müller). Eine neuere geistreiche Vermuthung sieht in den unsichtbaren Feinden, welchen der Gott gegenüberstehend zu denken ist, die Gallier, welche im J. 278 v. Chr. das delphische Heiligthum mit Plünderung bedrohten. Unterstützt wird dieselbe dadurch, dass nach neuerdings gemachten Entdeckungen die heutige Ergänzung unrichtig ist, der Gott statt des Bogens vielmehr in der Linken die mit dem Medusenkopf versehene Aegis, das Symbol der Furcht und des Schreckens, hielt. Einen Rest

Fig. 17. Apollokopf. Früher in der Sammlung Pourtalès.

der Aegis bemerkt man an der kleinen Bronze im Besitz des Grafen Stroganoff zu St. Petersburg, welche in Stellung und Haltung durchaus das Motiv des belvederischen Apollo zeigt. Die Statue ist durch häufige Gypsabgüsse weltbekannt. Winckelmann sah in ihr das Ideal göttlicher Schönheit und Würde. Das stolze Selbstbewusstsein des siegreichen Gottes ist im Ausdrucke des Gesichts sowohl wie in der ganzen Haltung des Körpers in der That unvergleichlich schön ausgeprägt. In der an dem nebenstehenden Baumstamme emporschleichenden Schlange sieht man eine symbolische Andeutung der von dem Gotte bekämpften Mächte der Finsternis. Dem Apoll von Belvedere verwandt ist ein wunderschöner Marmorkopf, früher im Besitze des Grafen Pourtalès-Gorgier, mit höchst edelgeformten Zügen (Fig. 17, nach Müller, Denkm. II, Taf. XI No. 123). Noch näher steht demselben, und zwar als Werk von entschieden griechischer Arbeit, ein Marmorkopf im Besitze des Bildhauers Steinhäuser in Rom.

Ein Kunstwerk von kaum minderer Schönheit ist ein jugendlicher vom Kampfe ausruhender Apoll, welcher, aus der Villa Medici in Rom stammend, sich in Florenz befindet (Braun, Taf. 40). Die Formen des völlig unbekleideten Körpers sind ausserordentlich zart und weich gehalten, mit dem linken Arme stützt er sich auf einen nebenstehenden Baumstamm, die linke Hand hält nachlässig und spielend den Bogen, während der rechte Arm in sinnender Haltung über das Haupt gelegt ist (Fig. 18.) Da dieser behaglich

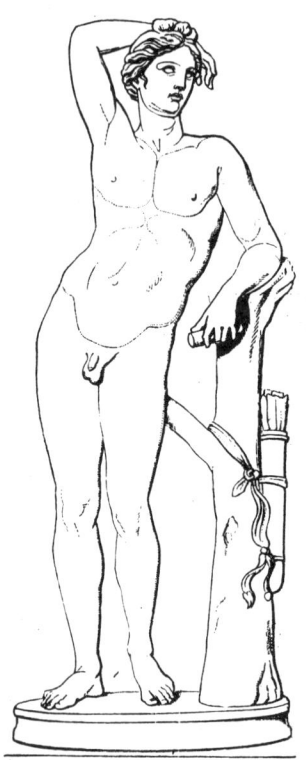

ruhende und träumerisch vor sich hinblickende Apoll in vielfachen Nachahmungen vorkommt, so kann man schliessen, dass ihm ein berühmtes Vorbild zu Grunde lag, vielleicht derjenige, welchen als im Gymnasium des lykischen Apollon zu Athen befindlich Lucian, Anach. 7., beschreibt.

Von ähnlicher Anmuth der Formengebung ist der Farnesische Apoll im Museum von Neapel. (Braun Taf. 43). Auch hier ist die nachlässigere Haltung des Körpers ermöglicht durch Aufstützen des linken Arms, wiewohl die Stütze nicht sichtbar wird, da der von der linken Schulter herabgleitende Mantel sie vollständig bedeckt. Der Gott ist musicirend dargestellt, die Linke hält die Phorminx, die Rechte gleitet über die Saiten. Der seelenvolle Ausdruck des seiner Kunst, wie es scheint, ganz hingegebenen Gottes ist wunderbar schön. Die Gans zu seinen Füssen — schon den Alten als musikliebendes Thier bekannt — scheint mit Entzücken den himmlischen Tönen zu lauschen.

Von männlicheren und kräftigeren Formen ist ein musicirender Apollon in der Sammlung des Lord Egremont (Braun, Taf. 47). Der Gott erscheint in vorschreitender Bewegung, die Rechte hält das Plektron, die Leier ist am linken Arme befestigt. Der ernste und sin-

Fig. 18. Apollino. Galerie zu Florenz.

nende Ausdruck des hehren Antlitzes wie auch der charakteristische Faltenwurf der die Gestalt ganz umhüllenden Chlamys deuten auf ein gewaltiges Ergriffensein, auf einen kühnen Flug der Gedanken.

Es erübrigt noch, der vortrefflichen Kunstwerke zu gedenken, welche Apollon in der Tracht eines pythischen Kitharöden mit langem ionischen Gewande darstellen. In diesen Darstellungen herrscht eine weiche, fast weibliche Formengebung und ein schwärmerischer Ausdruck des Gesichts vor. Die zwei bedeutendsten der erhaltenen Apollostatuen dieser Art sind

erstens der Apollon Kitharödos der Münchener Galerie, früher die barberinische Muse genannt, in ruhigerer Haltung, und zweitens der sogenannte
Apollo Musagetes der Vatikanischen Sammlung, in lebhafterer
tanzartiger Bewegung der Gestalt, welcher allgemein für eine Nachahmung

Fig. 19. Apollo Musagetes. Vatikan.

des Apollo Palatinus von *Skopas* gehalten wird (Fig. 19). Eine reine
himmlische Begeisterung herrscht in den Zügen des lorbeerbekränzten Gottes.
Die mächtige Leier, zu deren Tönen der Gott selbst zu singen scheint,
hängt an einem quer über die Brust laufenden Tragband und ist in sinniger
Weise mit dem Bilde des von Apollon im musischen Wettstreite überwun-

4*

Fig. 20.

denen Marsyas geziert. In verwandter Auffassung zeigt ihn das kleine Relief der nebenstehenden Münze von Delphi (Fig. 20).

Endlich verdient noch Erwähnung die anmuthige Composition des Apollon Sauroktonos (Eidechsentödter), welche in mehreren Nachahmungen erhalten ist, die man unzweifelhaft berechtigt ist, auf das bekannte Erzbild des *Praxiteles* zurückzuführen. Für die vorzüglichste dieser Art gilt die Marmorstatue der Vatikanischen Sammlung (Fig. 21). Die

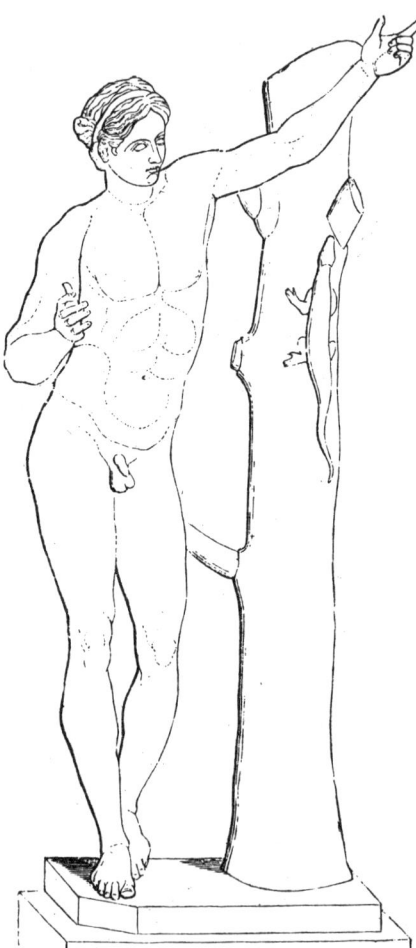

Fig. 21. Apollo Sauroktonos. Vatikan.

zarte Gestalt des auf der Grenze von Knaben- und Jünglings- alter stehenden Gottes lehnt sich nachlässig an einen Baumstamm, an welchem eine Eidechse em- porläuft, deren Bewegungen der Gott mit gespannten Blicken folgt, um sie im geeigneten Momente mit seinem Pfeile an den Baum zu spiessen. Diese genreartige Compositionsweise entspricht ganz dem Zeitalter des Praxiteles, „welches mit mehr Phantasie als Glauben be- gabt in den Göttern mehr lieb- liche poetische Ideale, als ernste Mächte des Lebens anschaute und bildete" (C. Friederichs).

Man kann sich keinen grösse- ren Contrast denken, als zwi- schen einem Sauroktonos und den alterthümlichen Apollonsta- tuen, welche uns als Denkmäler der Kunst des sechsten Jahr- hunderts erhalten sind, dem Apollon von Thera und Tenea. Der erstere von diesen beiden befindet sich im Theseion zu Athen und trägt den Namen von seinem Fundorte, der Insel Thera (Santorin), der südlichsten unter den Sporaden. Die zweite Statue wurde im J. 1846 in dem Dorfe Athiki, an der Stelle des alten Tenea in der Nähe von Korinth, gefunden und ist jetzt

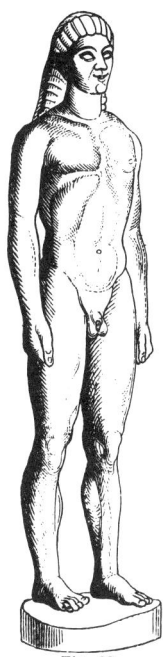

Fig. 22.
Apollo von Tenea.
München.

im Besitze der Glyptothek zu München. Da der Typus in diesen beiden Götterbildern, die man trotz des Fehlens aller Attribute aus mancherlei Gründen für Apollostatuen zu halten Ursache hat, im Wesentlichen derselbe ist, so wird die Abbildung eines von ihnen, wozu wir den Apoll von Tenea wählen (Fig. 22), hinreichen, um unsern Lesern einen Begriff von der Eigenthümlichkeit des archaischen Styles zu geben. Was zuerst an dieser Statue auffällt, ist die steife und stramme, man möchte sagen militärische Haltung der ganzen Figur. Wie ein durch das strenge Commandowort auf seine Stelle gebannter Soldat steht dieser Apollon da, den Kopf in unbeweglicher Haltung in die Höhe gereckt, die Brust herausgekehrt, die Arme straff am Leibe herunterhängend, das Gewicht des Körpers fest und gleichmässig auf beiden Beinen und Füssen ruhend. Auch der Ausdruck des Gesichts hat etwas Starres, was namentlich durch die vortretenden Augen und die fest auf einander gepressten Lippen bewirkt wird. Die einzige Regung seelischen Lebens zeigt sich in dem bei Götterbildern des alten Styls stereotyp wiederkehrenden Lächeln, wodurch man denselben Freundlichkeit und Anmuth zu verleihen trachtete.

Zwischen dem strengen Typus der ältesten Zeit und den schwungvoll bewegten, von musischer Begeisterung durchglühten Bildungen der durch Skopas eingeleiteten Epoche steht der Apollokopf einer Büste des Museo Chiaramonti (Fig. 23) gleichsam in der Mitte. O. Müller hielt ihn deshalb für die Nachbildung eines Originals aus Phidias'scher Zeit.

Dass Apollon auch in grösseren Compositionen und Gruppen ein Lieblingsgegenstand der Kunst war, bezeugen nicht nur Pausanias u. A., sondern beweisen auch die vielen erhaltenen Vasengemälde, Gemmen und Münzen. Der Wettstreit des Apollon mit dem Hermes um die Leier, der Kampf mit dem Drachen Python, die Besiegung und Züchtigung des Marsyas, die Sühnung des Orestes, Apollon in Umgebung der Musen, Leto mit ihren göttlichen Kindern auf dem Arme sind die

Fig. 23. Apollobüste. Museum Chiaramonti. am häufigsten wiederkehrenden Darstellun-

gen. Eine vortreffliche Gruppe dieser Art, Apollon mit seinem Liebling Hyakinthos, den er im Diskuswerfen zu unterrichten scheint, befindet sich in der Hope'schen Sammlung zu London (Müller, Denkm. II, Taf. XII n. 139).

Die wichtigsten Attribute des Gottes, Bogen, Pfeile, Köcher, Lorbeerkranz, Phorminx sind schon erwähnt worden. Zu diesen gesellen sich die Symbole der Weissagung, der Dreifuss und der Omphalos (Bild des Erdnabels im Tempel von Delphi, eine kuppelartige Erhebung aus Marmor), auf denen er häufig sitzend abgebildet wurde. Auch stehend auf dem Omphalos kommt er vor, z. B. in einer kürzlich im Dionysostheater zu Athen gefundenen Marmorstatue. Von Thieren sind ihm besonders heilig der Wolf, die Hirschkuh, die Fledermaus, der Schwan, der Delphin, letztere als gesangliebende Thiere.

5. Artemis.

In dem Namen Artemis, der etymologisch noch ganz unaufgeklärt ist, begegnen sich mancherlei ursprünglich verschiedenartige Vorstellungen. Wir haben es hier vorzugsweise mit der hellenischen Artemis zu thun, wie sie zur Zeit der Kunstblüthe Griechenlands von den Dichtern geschildert, von den plastischen Künstlern in Erz oder Marmor dargestellt worden ist. Als solche ist sie offenbar das weibliche Gegenbild ihres Zwillingsbruders Apollon, mit welchem sie nach ihrer Naturseite hin ganz übereinstimmt, da sie wie er eine reine, segenspendende, aber auch Tod und Verderben bringende Lichtgottheit ist. Wie Apollon fördert sie das Wachsthum und Gedeihen der jungen Saat und ist eine Freundin der Hirten, wie ihr göttlicher Bruder hasst sie alles Unreine und Böse und ist ebenso mit Bogen und Pfeilen bewaffnet, eine hurtige Pfeilschützin (ἰοχέαιρα), die sowohl gegen Ungethüme und Riesen kämpft, als den Uebermuth der Sterblichen züchtigt (Tödtung der Niobiden) und endlich als Todesgöttin mit sanften Pfeilen Frauen und Mädchen hinwegrafft. Wie Apollon unvermählt ist, so erscheint auch Artemis als jungfräuliche Göttin, weshalb die Kunst auch niemals gewagt hat, sie unbekleidet darzustellen. Ihre Lieblingsbeschäftigung ist die Jagd. Als rüstige Jägerin durchstreift sie in der Begleitung einer Schaar von Nymphen Berge und Wälder, durchschreitet kühn die rauschenden Bergströme und trotzt jeder Gefahr und Anstrengung. Wenn sie von der Jagd ruht, so liebt sie es, in frischen Quellen ein stärkendes Bad zu nehmen oder auf blumigen Auen mit ihren Nymphen, die sie alle um eines Hauptes Länge überragt, liebliche Reigentänze aufzuführen, und das Herz ihrer Mutter Leto zittert dann vor Freude, wenn sie den unschuldigen Spielen der schönen und stattlichen Tochter zuschaut*).

Nach der ethischen Seite hin hat sich der Begriff der Artemis nicht so vielfältig entwickelt und sie steht keineswegs in so engen Beziehungen zu dem menschlichen Leben in Staat und Familie, wie ihr Bruder Apollon. Sie ist Κουροτρόφος wie er, d. h. die Kinderpflege und Kinderzucht liegt ihr sehr am Herzen, daher namentlich die jungen Mädchen sie als Schutzgöttin verehrten und ihr vor der Hochzeit Geschenke darbrachten. Später hat man sie auch zu einer Beschützerin der Gebärenden gemacht und mit der Eileithyia identificirt. Auch kommt sie bei Homer einmal als Heilsgöttin vor, indem sie den verwundeten Aeneas (Il. 5, 447) heilt, aber viele andere geistige Seiten seines Wesens theilt sie mit ihrem Bruder nicht.

In späterer Zeit wurde Artemis auch als Mondgöttin betrachtet und mit der Selene identificirt. Ob dies aber eine ursprünglich in ihrem Wesen begründete, in der Blüthezeit des griechischen Culturlebens nur zurückgetretene Vorstellung war, oder ob man dazu gelangte, weil Artemis als Jägerin die mondhellen Nächte liebt, ist eine noch unausgemachte Frage.**) Von dem Cultus der hellenischen Artemis ursprünglich gänzlich verschieden sind noch einige andere, theils einheimische, theils ausländische Culte, deren wir nur im Vorübergehen erwähnen. Die Arkadier verehrten sie als Stammmutter ihres Geschlechts unter dem Namen Kalliste, sodann gab es an verschiedenen Orten Griechenlands einen Dienst der Artemis Orthia, einer finstern, grausamen Göttin, welcher in Lakonien Menschenopfer dargebracht wurden, bis Lykurg diesen Gebrauch abschaffte und statt dessen an dem jährlichen Feste der Göttin vor ihrem Bilde Knaben blutig peitschen liess. Es ist dieselbe Artemis, welcher die Tochter Agamemnon's, Iphigeneia, in Aulis geopfert werden sollte. Und weil die Scythen in Tauris ebenfalls eine Göttin mit blutigen Menschenopfern verehrten, so wurde sie mit dieser Artemis Orthia vermischt, und es entstand die durch Göthe's Iphigenie in Tauris so bekannt gewordene Sage, dass Iphigeneia von der Göttin nach Tauris versetzt worden sei und später in Begleitung ihres Bruders Orestes das

---

*) Ueber das Abenteuer mit Aktäon siehe unter den thebanischen Sagen.
**) Die erstere Annahme hat jedoch die bei weitem grössere Wahrscheinlichkeit für sich. Schon der Umstand, dass in ihrem Zwillingsbruder Apollon der Sonnengott unverkennbar ist, spricht deutlich dafür, dass Artemis ursprünglich Mondgöttin ist.

dortige Cultusbild der Göttin nach Griechenland gebracht habe. Die
taurische Artemis, wie sie seitdem auch hiess, wurde unter dem Bilde
einer Kuh verehrt, was auf eine Mondgöttin schliessen lässt.

Fig. 24. Pompejanische Artemis. Museum zu Neapel.

Auch die ephesische Artemis war der griechischen Göttin ursprünglich ganz fremd und ist nur, weil einige ähnliche Beziehungen
vorlagen, später mit ihr identificirt worden.

Der Artemis ist vor allen andern Thieren die Hirschkuh heilig, dann der Hund, ihr steter Jagdgefährte, ferner der Bär und der Eber. In der Kunst ist ihr Ideal wie das ihres Bruders Apollon ebenfalls von den Meistern der jüngeren attischen Schule, Skopas, Praxiteles, Timotheos u. A. entwickelt worden. Sie erscheint hiernach durchaus als jugendliche Göttin, schlank und leichtfüssig, Brust und Hüften ohne

Fig. 25. Diana von Versailles. Louvre.

weibliche Fülle. Die Beziehung zur Jagd ist entschieden vorwaltend, weshalb sie gewöhnlich mit Köcher und Bogen dargestellt wird, mit hoch aufgeschürztem Gewande und hohen kretischen Schuhen. Nur in Tempelbildern pflegte sie mit langherabfallendem Gewande dargestellt zu werden und trug dann ausser dem Bogen gewöhnlich noch eine Fackel, das Symbol der Licht und Leben verleihenden Göttin.

Ein interessantes Beispiel dieser mehr archaistischen Auffassung der
Artemis bewahrt uns eine in Pompeji*) aufgefundene Statue des Museums
von Neapel (Fig. 24). Der alterthümliche Styl charakterisirt sich durch
den starren und unbewegten Ernst der Mienen, wie durch die steife
Haltung der Arme, den spärlichen Faltenwurf des Gewandes und das Aufnehmen des letztern mit der Rechten. Auch die kunstlose Behandlung
des durch einen Metallreifen zusammengehaltenen und in einzelnen Flechten
auf die Schultern herabfallenden Haares ist entschieden alterthümlich. Dasselbe ist vergoldet, um blond zu erscheinen, was bei den Griechen bekanntlich als eine besondere Schönheit galt.

Die berühmteste unter den erhaltenen Statuen der Artemis ist die sogenannte Diana von Versailles, welche aus der Villa des Kaisers Hadrian
bei Tibur stammt und jetzt eine Hauptzierde der Sammlung des Louvre
bildet (Fig. 25). Nur der linke Arm ist ergänzt. Sie ist ein würdiges Seiten-
stück des Apoll von Belvedere, sowohl was die Grossartigkeit der Auffassung

Fig. 26 und 27. Münzdarstellungen.

als die geistvolle Behandlung des Gegenstandes betrifft. Die Göttin erscheint hier, ebenso wie auf unseren beiden Münzdarstellungen (Fig. 26 u. 27),
nicht als Verfolgerin, sondern als Beschützerin des Wildes. Sie ist in dem
Momente aufgefasst, wo sie einer verfolgten Hirschkuh zu Hülfe geeilt ist.
Nachdem sie das wehrlose Thier erreicht hat, hemmt sie ihren stürmischen
Lauf, mit edler Zornesmiene sich umschauend nach dem Verfolger. Mit der
rechten Hand langt sie nach einem der Pfeile ihres über dem Rücken
hängenden Köchers, die Linke hält den Bogen. Ihre Bekleidung ist der
aufgeschürzte dorische Chiton (ohne Aermel), das kleine Mäntelchen ist
gürtelartig um den Leib geschlagen, den Kopf ziert ein kammartig aufge-
stecktes Diadem (στεφάνη).**)

In besonders lebhafter Bewegung und in dem Momente aufgefasst, wo
sie ihren tödtlichen Pfeil abgesandt hat und nun gespannten Blickes demselben nachschaut, um die Wirkung zu beobachten, bringt uns die Artemis
eine schöne Statue der Pio-Clementinischen Sammlung im Vatikan
zur Anschauung (Fig. 28). Dass es ein Wild ist, dem sie ihr hurtiges Geschoss
nachgesendet hat, deutet der Jagdhund zu ihrer Seite an, der zur eifrigen
Verfolgung des verwundeten Thieres sich in Bewegung setzt. Der linke Arm,

---

*) Bei Müller, Handb. d. Arch. § 96, 9, als Herkulanische Artemis bezeichnet.
**) Ueber die Kopfzierden griechischer Frauen ist zu vergleichen Müller,
Handb. 340, 4.

der freilich wie auch der rechte neuere Ergänzung ist, hält noch straff ausgespannt den Bogen, der linke Fuss, der noch beim Abschiessen fest aufgesetzt war, hebt sich gleichsam triumphirend, wie denn auch die Miene der Göttin stolze Siegesfreudigkeit athmet. Die leidenschaftliche Erregtheit der Jägerin ist in dem wilden Faltenwurf des Chiton, welcher die kräftigen und blühenden Formen der Göttin durchscheinen lässt, und in den

Fig. 28. Bogenschiessende Diana. Pio-Clementinische Sammlung des Vatikan.

flatternden Zipfeln des um den Leib geschlungenen Mäntelchens zu einem besonders charakteristischen Ausdruck gebracht. Das über der Stirn vermittelst einer Schleife aufgesteckte Haar erinnert an die gleichmässige Behandlung auf den meisten Apollonstatuen.*) Fig 29 zeigt den Kopf der Statue in grösserem Massstabe.

---

*) Ueber den altionischen Haarputz des κόρυμβος vergleiche Müller, Handb. 330, 5.

Die sichere Pfeilschützin versinnlicht uns in dem Momente, wo sie
die Bogensehne anzieht, um den Pfeil zu entsenden, eine äusserst zierliche, in Pompeji gefundene Bronzestatuette des Museums in Neapel,
von welcher Braun, Taf. 50, eine Abbildung gegeben hat. Im Gesichtsausdruck sowohl wie in dem Gliederbau erscheint die Göttin hier sehr
jugendlich.

Fig. 29. Kopf der bogenschiessenden Diana. Vatikan.

Auf Gemmen, Vasen und Münzen haben sich ausserdem noch manche
eigenthümliche Abbildungen der Artemis erhalten, z. B. als Artemis
Tauropolos von Rindern gezogen, mit einer Fackel in der Hand und
der Mondsichel auf dem Haupte, auf einem geschnittenen Steine (b. Müller,
Denkm. II. Taf. XVI Fig. 176); auf einer Hirschkuh reitend und eine
Fackel tragend auf einer Münze der älteren Faustina (ebend. Fig. 171).

6. Ares.

Ares ist ein Sohn des Zeus und der Hera, der stürmische Kriegsgott, der den Krieg nach seiner verderblichen, menschenwegraffenden
Seite repräsentirt, wodurch er sich wesentlich von der Kriegsgöttin
Athena, der weisen Lenkerin der Schlachten, unterscheidet. Da er im
griechischen Cultus nur eine untergeordnete Stelle einnimmt, so hat sich
der Begriff dieses Gottes auch weit weniger entwickelt, als dies bei den
bisher besprochenen Gottheiten der Fall war. Ethische Bezüge hat
man ihm nicht untergelegt, vielmehr ist er im Ganzen auf der Stufe

einer blossen Abstraction des wilden Streites stehen geblieben, worin
auch der Grund zu suchen ist, dass die Kunst sich nicht viel mit ihm
befasst hat. Seine ursprüngliche Naturbedeutung lässt sich nicht mehr
klar erkennen; ohne Zweifel aber ist er ein Luft- und Himmelsgott und
bezeichnete wahrscheinlich im Gegensatz zu seinem Bruder Apollon,
dem Gotte des lichten, wolkenlosen Aethers, den stürmisch erregten
und bewölkten Himmel. Als seine Heimath wird von Homer Thracien
genannt, das Land rauher Winterstürme, bei dessen kriegerischen Bewohnern er auch in hohem Ansehen stand. Das Bild des rauhen Kriegsgottes tritt uns am vollständigsten ausgemalt in der Ilias entgegen.
Hier erscheint er als ein Gott, der an nichts mehr Freude hat, als an
wildem Schlachtgetümmel, und des Streitens und Mordens nicht satt werden kann. In Erz gepanzert vom Wirbel bis zur Zehe, mit wallendem
Helmbusch und hochgeschwungener Lanze, den stierledernen Schild in
der Linken, so tobt er durch die Reihen der Männer daher, mit unge-
stümer Kraft Alles vor sich niederwerfend, meistens zu Fuss, häufig
aber auch auf prächtigem Streitwagen, den ihm Phobos und Deimos
(Schrecken und Furcht), seine wilden Gefährten, anschirren. In der
Vorstellung der Dichter, welcher auch die plastischen Künstler sich
angeschlossen haben, erscheint er stets in voller Manneskraft, stark und
gross, aber nicht plump, vielmehr ist er flink und behende, und Homer
nennt ihn den schnellsten aller Götter. So stark er aber auch ist, wird
er doch im Kampfe von Athena besiegt, eine sinnige Andeutung, dass
besonnener Muth im Kriege mehr auszurichten vermag, als ungestüme
Kraft.

Mit diesem Bilde des Ares stimmen einige örtliche Sagen nicht
überein. In Theben, wo der Dienst des Gottes uralt war, ist er ein pest-
sendender Gott, Aphrodite gilt nach der thebanischen Sage als seine
Gemahlin, mit welcher er die Harmonia erzeugt, die Stammmutter der
Kadmeer durch ihre Verbindung mit Kadmos. Nach einer athenischen
Lokalsage hatte er dort die Veranlassung zur Einsetzung des Areopags
gegeben und wurde als Gott der Blutrache verehrt. Sonst war, wie
schon erwähnt, der Cultus des Ares in Griechenland wenig verbreitet.

Von namhaften Künstlern Griechenlands, welche den Ares plastisch
dargestellt haben, erwähnt Pausanias den *Alkamenes* als Verfertiger der
Aresstatue in dem Tempel dieses Gottes zu Athen, Plinius erzählt von
einem sitzenden Ares von colossaler Grösse in Rom, der dem *Skopas* zugeschrieben wurde.

Als eine Nachbildung dieses letztern Kunstwerkes gilt Vielen der **Mars
Ludovisi**, die berühmteste aller erhaltenen Aresstatuen (Fig. 30). Der Gott
ist hier vom Kampfe ruhend dargestellt und seiner sonstigen Natur zuwider
einer sentimentalen Stimmung hingegeben. Den Grund dieser Seelenstim-
mung verräth uns der zu seinen Füssen kauernde Liebesgott, welcher mit
schelmischer Schadenfreude zu ihm emporblickt. Wer der Gegenstand seiner

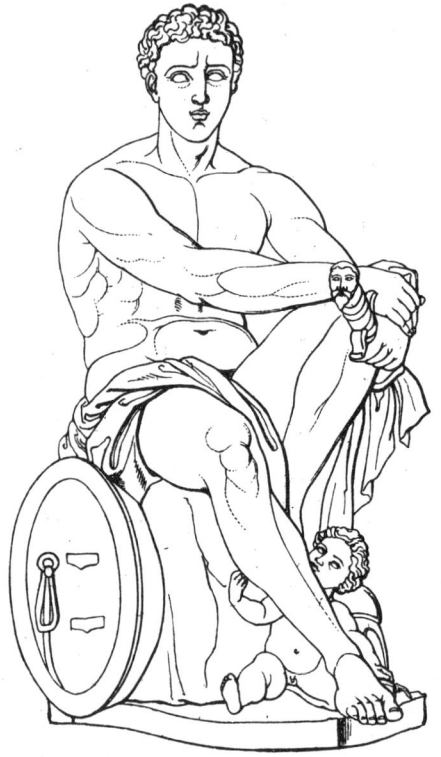

Fig. 30.   Mars Ludovisi.   Rom.

zarten Sehnsucht sei, ist nicht weiter angedeutet. Doch liegt es nahe, an
Aphrodite zu denken, von deren nahen Beziehungen zu Ares die epischen
Dichter so viel zu singen gewusst haben.*) Es ist ein schöner Zug der

---

*) C. Friederichs (Bausteine zur Geschichte der griechisch-römischen Plastik,
S. 256) hat die Vermuthung aufgestellt, dass Aphrodite hinter ihm gestanden habe,
den wiederum nach dem Kampfgetümmel Verlangenden mit zärtlichen Worten
zum Bleiben beredend. Es sind nämlich an der linken Schulter des Ares wirklich

alten Sage und Dichtung, dass der wildeste und unbändigste aller Götter der Zaubermacht der Liebesgöttin widerstandslos unterliegen muss. Der

Künstler wollte das anschaulich machen, indem er dem sonst wild und grimmig blickenden Gotte einen weichlichen und schmachtenden Ausdruck gab. Der Kriegsgott ist zwar durch keine besondere Attribute angedeutet, doch sind alle sonstigen charakteristischen Merkmale der Aresbildung vorhanden: das krause, kurzgelockte Haar, die kleinen Augen, die weit geöffnete Nase, als Merkmal der Leidenschaft, der kräftige Nacken, die derbe Muskulatur des Körpers. Der Situation angemessen hat der Gott seine Waffen abgelegt, nur das in der Scheide steckende Schwert hält er in seiner Linken. Ohne allen Zweifel ist dieser Ares ein griechisches Originalwerk.

Unzweifelhaft römischen Ursprungs ist dagegen der Mars Borghese in der Sammlung des Louvre. K. O. Müller u. A. haben ihn für einen Achill erklärt, und zwar für einen Achill, welchem Thetis die von Hephästos neu gefertigten Waffen überbringt. Dieser Vermuthung indessen scheint die fast traurige Haltung der Figur wenig zu entsprechen. Weit ansprechender ist die geistvolle Erklärung dieser schönen Statue von E. Braun (Vorsch. S. 56). Hiernach haben wir einen durch die List des Hephästos gefesselten Ares vor uns (Andeutung der Fessel der den linken Unterschenkel umschliessende Ring), und der melancholische Ausdruck des Gesichts erklärt sich durch die dem Gott widerfahrene Beschämung. Eine Unterstützung findet die Meinung, dass wir es mit einem Ares zu thun haben, sowohl in dem gedrungenen Gliederbau, wie in den Emblemen des Helmes, Wolfs-

Fig. 31. Aresbüste. Glyptothek zu München.

Fig. 32. Gemme. Lippert'sche Sammlung.

noch Ueberbleibsel einer zweiten Figur und weiter unten der Rest einer Stütze sichtbar. Diese Vermuthung ist in hohem Grade ansprechend. Von einer Nachbildung des Ares von Skopas würde man dann freilich abstrahiren müssen.

hunden auf dem Stirnbande und Greifen auf der Wölbung der Haube, welche Verzierungen auch wiederkehren an der herrlichen Marsbüste der **Münchener Glyptothek** (früher in der Villa Albani). In diesem ausdrucksvollen Kopfe ist wohl der Idealtypus des stürmischen Schlachtengottes, wie ihn die ausgebildete Kunst kannte, am reinsten bewahrt worden. (Fig. 31). Von jugendlich kräftiger Erscheinung, mit gewaltigem Nacken und drohendem Ausdruck, den Mund wie zum Streitruf geöffnet, zeigt er sich auf der beistehenden Gemme der **Lippert**'schen Sammlung (Fig. 32).

Aeltere Aresbildungen, wo er ganz geharnischt und bärtig erscheint, begegnen uns auf Reliefs, Gemmen und Münzen.

7. Aphrodite.

In dem Zwölfgötter-System pflegt dem Ares, dem Gotte des wilden Streites, sein natürlicher Gegenpol, **Aphrodite**, die Göttin der Liebe, gegenübergestellt zu werden. Eigentlich gehört sie aber allen drei Naturreichen gleichmässig an, wie schon durch ihre verschiedenen Bezeichnungen als Aphrodite **Urania**, **Pandemos** und **Pontia** hinlänglich angedeutet ist, in welchen gesonderten Beziehungen sie auch zu Knidos drei besondere Heiligthümer hatte. Ohne Zweifel sind für die Entwickelung des Begriffes dieser Gottheit syrisch-phönizische Einflüsse entscheidend gewesen. Historische Thatsache ist, dass ihr Cultus sich von der Insel Cypern aus, wo die Phönizier alte Kolonien hatten, zunächst über die griechischen Inseln des Archipels und die Hafenstädte des Festlandes verbreitet hat. Aus diesen orientalischen Einflüssen ist es zu erklären, dass der Begriff der Aphrodite, wenn auch die grobsinnlichen Formen und Vorstellungen des syrischen Astartedienstes unter der Einwirkung des hellenischen Geistes zurückgedrängt wurden, niemals ein rein hellenisches Gepräge erhalten hat. In Betreff der Abkunft der Aphrodite gab es sehr verschiedene Genealogien, unter denen zwei sich besondere Geltung verschafft haben. Nach der ersteren, welche sich bei Homer findet, war sie eine Tochter des Zeus und der **Dione**, einer bei den alten Pelasgern als Gemahlin des Himmelsgottes in hohem Ansehen stehenden Göttin der feuchten Natur, nach der letzteren aber war sie aus dem Schaume des durch die Verstümmelung der Geschlechtstheile des Uranos befruchteten Meeres geboren: die ruchloseste That wilden Hasses, von der jemals Himmel und Erde Zeuge waren, gab dem wunderlieblichsten Gebilde der Natur, der schönsten aller Göttinnen das Dasein. Von einem sanften Hauche des Zephyrs, wie die Dichter sangen, nach Kypros getragen, betrat sie dort, von den Horen des Frühlings empfangen, das Land, und die lieblichsten Blumen sprossten unter ihren sanften Tritten empor. Es ist begreiflich, dass die Geburt der holden Aphrodite ein Lieblingsgegenstand der griechischen Dichtung war. „Das Unbeschreibliche, hier ist's gethan" ist das unerschöpfliche Thema, welches die Dichter des Alterthums nicht müde werden zu variiren, und in dem enthusiastischen Lobe der auch den Weisesten bethörenden Anmuth der Göttin, an welche selbst die wilden Thiere des Waldes, Löwen und Panther, Wölfe und Bären, sich schmeichelnd und in Lämmer gewandelt herandrängen, begegnen sich der philosophisch-nüchterne Hesiod und die schwärmerische Sappho, der ernste Pindar und der muthwillige Anakreon.

Ihrem Grundbegriffe nach ist Aphrodite wohl eine Personifikation der schöpferischen Naturkraft, des das ganze All durchdringenden Werdetriebes, sie ist mit einem Worte der zu einem weiblichen Wesen umgestaltete kosmogonische Eros, welcher deshalb auch ganz zurücktrat und allmählich zu einem Sohne der Aphrodite gestempelt wurde. In der hellenischen Zeit aber verwischte sich dieser Begriff mehr und mehr, und sie ward in der Vorstellung der Dichter und Künstler lediglich zu einer Göttin der Schönheit und der geschlechtlichen Liebe. Man muss jedoch von dieser fast ausschliesslich gangbar gewordenen Vorstellung diejenige sondern, welche in dem Cultus ihre Wurzel hat. Wenn man auf diesen Rücksicht nimmt, so erscheint sie entweder als Aphrodite Urania, eine Segen und Fruchtbarkeit spendende Himmelsgöttin und Schöpferin der Harmonie im Kosmos, der man vorzugsweise auf Bergeshöhen, aber nur mit unblutigen Opfern diente, oder als Aphrodite Pandemos, eine Göttin des Frühlings, durch deren Wundermacht alle Keime und Triebe in der Natur und Pflanzenwelt sich regen, die aber auch in dem Menschenherzen das süsse Gefühl der Liebe weckt, oder endlich als Aphrodite Pontia, eine den Schiffern gnädige Gottheit, die über Sturm und Regen gebietet und den Schiffen eine stille und glückliche Fahrt bereitet. In dieser letzten Bedeutung wurde sie natürlich hauptsächlich von den Inselbewohnern und in den Hafenplätzen Kleinasiens und Griechenlands verehrt.

Aphrodite hat, weil sie so viel von den Dichtern besungen wurde, zu den mannigfaltigsten Sagen Veranlassung gegeben, die sich schwer in Einklang bringen lassen. Als ihr Gemahl wird bald Ares, bald Hephästos genannt. Die letztere, von Lemnos, der Hauptcultusstätte des Feuergottes, ausgegangene Sage wurde später von der Dichtung mit

Vorliebe aufgegriffen.*) Einmal lag wohl die abstrakte Vorstellung zu Grunde, dass mit dem künstlerischen Schaffen Anmuth und Schönheit verbunden sein müsse, sodann aber hatte es einen komischen Reiz, sich die mit allem Zauber weiblicher Schönheit übergossene Huldgöttin an Seite des hässlichsten unter allen Göttern des Olympos, des hinkenden, russigen Feuergottes zu denken. Diese wunderliche Verbindung führte dann weiter zu den ergötzlichen Geschichten von der Untreue der Aphrodite und den Veranstaltungen des eifersüchtigen Gemahls, um sie sammt ihrem Buhlen zu bestrafen, wovon Odyss. 8, 266 flg. ein bekanntes Beispiel gibt. Nachkommen aus der Ehe der Aphrodite und des Hephästos werden nicht erwähnt, dagegen werden Eros und Anteros, auch wohl Deimos und Phobos als Söhne der Aphrodite und des Ares genannt. In andern Sagen endlich wird Aphrodite mit dem Dionysos oder mit dem Hermes verbunden.

Auch von Heroen und Sterblichen, welche sich der Gunst der Göttin zu erfreuen hatten, wussten die Dichter viel zu singen und zu sagen. Syrischen oder nach Andern aegyptischen Ursprungs ist die Sage von der Liebe der Aphrodite zu dem schönen A d o n i s, welche auf ihrer Wanderung durch Griechenland die vielfachsten Variationen erfahren hat. Es liegt auch dieser Sage, wie so vielen andern, die Idee von dem Absterben der Vegetation im Herbst und dem Wiedererwachen der Natur im Frühling zu Grunde. Adonis wird auf der Jagd von einem Eber getödtet. Die Göttin findet endlich den getödteten Liebling, aber so grenzenlos ihr Schmerz ist, das entflohene Leben vermag sie nicht zurückzurufen. Nun gestattet Zeus auf ihre dringenden Bitten, dass Adonis die Hälfte des Jahres auf der Oberwelt weilen darf, während er die andere Hälfte oder nach einer andern Tradition vier Monate im Reiche des Todes und der Schatten zubringen muss. Ein hierauf bezügliches besonders von den Frauen gefeiertes Fest, die A d o n i e n, welches aus einem Trauerfeste über das Verschwinden des Adonis, und einem Freudenfeste über seine Rückkehr bestand, wurde nicht nur in Syrien und Palästina, sondern auch an vielen Orten Griechenlands, z. B. Athen, später auch in Rom unter mancherlei Abweichungen gefeiert.**)

---

*) In der Ilias kommt Aphrodite noch nicht als Gemahlin des Hephästos vor, auch Hesiod nennt als solche Aglaja, eine der Chariten.
**) Die Kunst hat von der Adonissage wenig Notiz genommen. Was von den vorhandenen Denkmälern darauf gedeutet werden kann, hat K. O. Müller, Handbuch § 378, Anm. 4, zusammengestellt. Näheres darüber unten im trojanischen Cyclus.

Bekannter ist die trojanische Sage, soweit Aphrodite darin eine Rolle spielt. Den trojanischen Königssohn Paris belohnte sie, weil er ihr in dem Streite mit der Hera und Athena den Preis der Schönheit zuerkannt hatte, damit, dass sie ihm das schönste Weib der Erde, die Helena, welche gleichsam ihr irdisches Abbild war, zur Gattin verschaffte, und gab dadurch die Veranlassung zum trojanischen Kriege. Auch dem Troerfürsten Anchises war sie in Liebe zugethan und wurde von ihm Mutter des frommen Helden Aeneas.

Gern nimmt sich die Göttin unglücklich Liebender an, wie sie z. B. dem Helden Peleus zum Besitze der Thetis verhilft. Dagegen straft sie aber auch erbarmungslos alle diejenigen, welche in Stolz und Uebermuth sich ihrer Zaubermacht widersetzen. So machte sie den athenischen Königssohn Hippolytos, weil er der Frauenminne beharrlich sein Herz verschloss, unglücklich durch die Liebe seiner Stiefmutter Phädra und führte endlich seinen tragischen Untergang herbei, ein Stoff, der vielfach von den Tragikern behandelt worden ist, wie die verloren gegangene Phaedra des Sophokles, ein gleichnamiges ebenfalls nicht mehr vorhandenes Trauerspiel des Euripides und der noch erhaltene Hippolytos desselben Dichters bezeugen. Ebenso bestrafte sie den stolzen Narkissos, weil er die Liebe der schönen Nymphe Echo verschmähte, durch eine unbefriedigte Selbstliebe, welche seinen frühen Tod herbeiführte.

Jede heftige und verzehrende Liebe erscheint überhaupt in der alten Sage als Werk der Aphrodite. So flösst sie der Medea die leidenschaftliche Liebe zum Jason, der Ariadne zum Theseus ein. Sie verleiht auch den Jungfrauen Anmuth und Liebreiz, wodurch sie die Männer gewinnen. Deshalb wurde sie neben der Hera als ehestiftende Göttin verehrt und war ebenso wie Artemis eine Beschützerin der Gebärenden.

Im Gefolge der Aphrodite erscheinen als ihre Dienerinnen die Horen und Chariten, welche sie ankleiden und schmücken. Ihr Hauptschmuck ist der Gürtel, durch welchen sie auch ihre Zaubermacht über Götter und Menschen ausübt. Auch Peitho, die Göttin schmeichelnder Ueberredung, erscheint gewöhnlich in der Umgebung der Liebesgöttin, wie z. B. auf einem bei Korinth gefundenen Relief von einem Tempelbrunnen, welches die Vermählung des Herakles und der Hebe darstellt. Hier führen Aphrodite und Peitho die jugendliche Braut dem Bräutigam

entgegen.*) Nicht weniger häufig sind Eros, Pothos und Himeros
bei Dichtern und in Darstellungen der Kunst Begleiter der Aphrodite,
denen sich noch als vierter Hymen oder Hymenaios gesellt, eine
Personifikation der Hochzeitslust. Himeros, der die Sehnsucht erweckt,
wird auf Bildwerken gewöhnlich mit einer Binde dargestellt, Pothos,
der die Sehnsucht zur Begierde steigert, mit einem Kranze, auch auf
einem Bocke reitend; Eros ist stets mit einem Bogen versehen, Hymen
mit der Hochzeitsfackel.

Aphrodite selbst ist von der alten Kunst ausserordentlich häufig dargestellt worden. Die ältere Kunst stellte sie (nach K. O. Müller) gern
thronend dar, mit Symbolen blühender Natur und üppiger Fruchtbarkeit in
den Händen; die Bekleidung war vollständig, nur dass etwa der Chiton die
linke Brust zum Theil frei liess, und zierlich, indem gerade bei der Aphrodite eine affectirte Grazie in Draperie und Bewegung zum Charakter gehörte. Auch die Phidiassische Zeit bewahrte der Aphrodite einen ehrwürdigen und heiligen Charakter,**) und es blieb erst der jüngern attischen
Kunst, deren Hauptrepräsentanten Skopas und Praxiteles sind, vorbehalten,

die Göttin von ihren ethischen Beziehungen loszulösen und ihren Bildern das
sinnliche Gepräge aufzudrücken, welches
seitdem der herrschende Typus geblieben
ist. Der Schöpfer dieses Idealtypus der
Aphrodite als Göttin der Liebe ist *Praxiteles*. Fünf verschiedene Aphrodite-Statuen
dieses Künstlers werden von den alten
Schriftstellern erwähnt, die erste Stelle
unter allen nahm aber die Knidische
ein, von welcher Plinius sagt, sie sei
nicht nur unter allen Statuen des Praxiteles die berühmteste, sondern sie sei
das erste aller vorhandenen Kunstwerke
der Erde. Auch Lukian,***) auf dessen

Fig. 33. Knidische Münze.

Urtheil gewiss ein grosses Gewicht gelegt werden darf, spricht in Ausdrücken der höchsten Begeisterung von diesem Götterbilde, welches in der

---

*) Ausführliche Beschreibung dieses schönen im Privatbesitze des Lord Guil-
ford befindlichen Denkmals der alten Kunst bei Overbeck, Gesch. der gr. Plastik
I. p. 126.
**) Von Phidias selbst werden drei Aphrodite-Statuen erwähnt, eine von
Gold und Elfenbein zu Elis, die den Fuss auf eine Schildkröte setzte, nach
Pausanias ein Symbol weiblicher Häuslichkeit, eine Urania aus parischem Marmor
in Athen, und endlich erzählt Plinius noch von einer Marmorstatue von aus-
gezeichneter Schönheit, welche zu Rom in den Bauten der Octavia aufgestellt war.
***) Berühmter rhetorischer Schriftsteller, aus Samosata, gegen 120 n. Chr.
geboren.

That ausserordentlich schön gewesen sein muss, da die Fremden von nah und fern nach Knidos hinströmten, um es zu sehen, und der König Niko- medes von Bithynien den Knidiern vergeblich die Bezahlung ihrer ganzen nicht unbeträchtlichen Staatsschuld für Ueberlassung des Bildes anbot. Die Statue war aus Marmor gebildet und von den Knidiern in einer eigens dazu erbauten Kapelle im Heiligthum ihrer Aphrodite Euplöa (die eine gute Fahrt verleihende) so aufgestellt, dass man die Schönheit des herrlichen Kunstwerkes von allen Seiten gleich gut ge- niessen konnte. Später soll sie nach Konstanti- nopel gekommen und dort durch eine Feuersbrunst zu Grunde gegangen sein. Aus Münzen der Knidier (Fig. 33), welche das Bild der Praxi- telischen Aphrodite zeigen, können wir uns jedoch mit Hinzunahme einiger vorhandenen Nach- bildungen und der Beschreibung Lukian's noch eine ziemlich genaue Vorstellung von derselben machen. Der Künstler hatte die Göttin völlig unbekleidet dargestellt, diese Nacktheit aber dadurch motivirt, dass die Göttin eben im Be- griffe ist in's Bad zu steigen. Während die Linke das abgestreifte Gewand auf eine neben- stehende Vase gleiten lässt, bedeckt die Rechte mit keuscher Schamhaftigkeit den Schooss. Die Furcht, von einem Lauscher überrascht zu werden, spricht sich in der ganzen Haltung der Figur unzweideutig aus. Dem Gesichte hatte der Künstler den Ausdruck eines sanften Lächelns gegeben, wobei der Mund sich ein wenig öffnete. Der schmachtende Blick (τὸ ὑγρὸν τῶν ὀφθαλμῶν, wie Lukian sagt), welchen Praxiteles seiner Aphro- dite verliehen hatte, ist seitdem für die Dar- stellungen der Göttin typisch geworden. Für Nachahmungen der knidischen Aphrodite hält man unter den noch vorhandenen Statuen eine neudrapirte in der Pio-Clementinischen Sammlung des Vatikan, eine aus dem Palast Braschi nach München gekommene und eine in der Villa

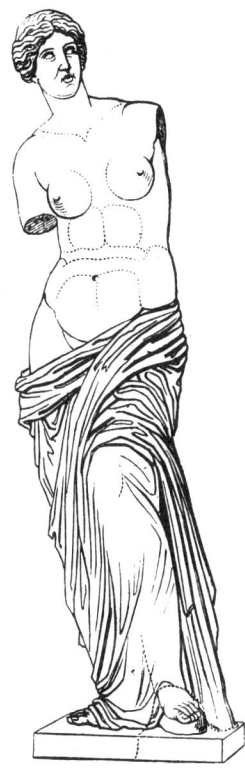

Fig. 34. Venus von Melos.
Louvre.

Ludovisi zu Rom befindliche, von welcher Braun, Vorsch. Taf. 77, eine Abbildung gegeben hat.

Von grosser Schönheit scheint auch eine bekleidete Aphrodite des Praxiteles zu Kos gewesen zu sein, da die Koer ihr vor der knidischen, als der Künstler ihnen zwischen beiden die Wahl liess, den Vorzug gaben. Sie war gleichfalls aus Marmor, wie auch eine dritte zu Thespiae, welche der knidischen in der Conception ähnlich gewesen sein soll. Von einer vierten Aphrodite des Praxiteles aus Erz, welche vor dem Tempel der

Felicitas in Rom aufgestellt war, sagt Plinius, dass sie der knidischen an
Schönheit gleichkomme. Eine fünfte endlich befand sich zu Alexandria am
Latmos in Karien.

Auch berühmte Gemälde, so wenig den Griechen im Allgemeinen die
Malerei zur Darstellung von Gottheiten geeignet schien, hatte man im
Alterthume von der Aphrodite. Unter diesen ist das berühmteste die

Fig. 35. Venus von Capua, (Venus victrix). Museum zu Neapel.

Aphrodite Anadyomene (d. i. die aus dem Meere auftauchende) des *Apelles*,
welche dieser grosse Künstler ursprünglich für den Tempel des Asklepios
auf Kos gemalt hatte. Kaiser Augustus liess das Bild später nach Rom
bringen und im Tempel des Caesar aufhängen, wo es schon zu Nero's
Zeiten bedeutend schadhaft geworden war. Dieser Gegenstand konnte allerdings nicht wohl anders als durch den Pinsel des Malers dargestellt werden.

Wenden wir uns jetzt den erhaltenen Darstellungen der Aphrodite zu, so kann bei der sehr grossen Anzahl derselben hier nur auf die bedeutendsten aufmerksam gemacht werden. Die noch vorhandenen directen Nachahmungen der knidischen Venus wurden schon oben erwähnt. Sie

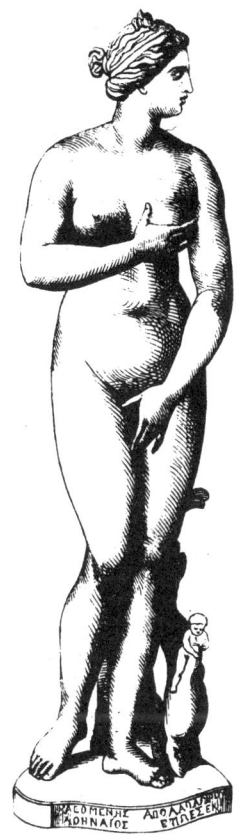

werden aber weit übertroffen durch die im Jahre 1820 auf der Insel Melos gefundene und der Sammlung des Louvre in Paris einverleibte Statue, welche den Oberkörper der Göttin unverhüllt zeigt, während der untere Theil von den Hüften abwärts von einem zarten Gewande umhüllt ist (Fig. 34). Da die Arme gänzlich zertrümmert sind, so lässt sich über die Idee, welche dem Künstler vorgeschwebt hat, etwas Sicheres nicht behaupten. Nach Millingen, welchem die meisten neueren Archäologen beigetreten sind, hielt sie in den Händen den blanken Erzschild des Ares und beschaute darin ihr eigenes liebliches Bild. Dagegen ist von anderer Seite geltend gemacht, dass nach der Haltung des Kopfes eine Bespiegelung wohl nicht denkbar sei, dass sie daher den Schild eher wie ein Zeichen des Triumphes in den Händen gehalten haben müsse. Der Ausdruck stolzen Selbstgefühls, welcher über das Gesicht ausgegossen ist, scheint allerdings diese Auffassung sehr zu begünstigen. Auch der keck und triumphirend auf den Helm des Kriegsgottes aufgesetzte Fuss stimmt ganz dazu. Nach K. O. Müllers Urtheil ist sie „von grandioser Schönheit, wenngleich nicht ohne Fehler", wobei der berühmte Archäolog wohl vorzugsweise den etwas lang gerathenen Hals im Auge gehabt hat.

Der Conception nach, wenn obige Deutung richtig ist, steht der melischen Aphrodite am

Fig. 36. Mediceische Venus. Florenz.

nächsten eine unter den Trümmern des Amphitheaters zu Capua aufgefundene Statue der Aphrodite, welche sich im Museum zu Neapel befindet (Fig. 35). Die Draperie ist wie bei der Venus von Melos, der linke Fuss gleichfalls fest aufgestützt auf eine Erhöhung, die sich hier als der Helm des Ares deutlich zu erkennen gibt. Die Körperformen des nackten Oberleibes sind nicht so fest und kräftig, aber auch der Ausdruck des Gesichtes weit lieblicher und gewinnender als bei der melischen Aphrodite.

Vor Auffindung der melischen Aphrodite galt mit den Recht als die vollendetste aller auf unsere Zeit gekommenen Statuen der Liebesgöttin die weltberühmte Mediceische Venus in Florenz, gefunden in Rom im Porticus der Octavia, als deren Urheber an dem Fussgestell ein athenischer Künstler, Namens *Kleomenes*, ange-

geben ist (Fig. 36). Ueber das Zeitalter dieses Künstlers ist zwar Sicheres nicht zu ermitteln, doch deutet der Styl, in welchem die Statue gearbeitet ist, unverkennbar auf das Zeitalter des Augustus hin. Auf eine Motivirung der völligen Nacktheit durch das zu nehmende oder genommene Bad hat der Künstler verzichten zu können geglaubt und selbst die Art und Weise, wie die Göttin ihre körperlichen Reize mit den Händen zu verbergen sucht, dient nur dazu, auf den Umstand, dass sie jeglicher Umhüllung entbehrt, recht aufmerksam zu machen. Darin liegt ein Raffinement, welches auf eine Zeit tiefer sittlicher Entartung deutet und einen scharfen Gegensatz begründet zu der einfachen Grösse und Naturwahrheit der alten Kunst. Die Formen des freundlich um sich blickenden Gesichts wie des ganzen Körpers überhaupt sind zwar von grossartiger Schönheit und vollendeter Regelmässigkeit, aber die Hoheit der Göttin, die uns aus der Venus von Melos und von Capua so unverkennbar entgegenstrahlt, prägt sich nicht darin aus. Die Liebesgöttin ist zudem noch angedeutet durch die Amoretten, welche auf dem ihr zur Stütze dienenden Delphin auf- und abklettern. Eine ähnliche, aus der Villa Albani stammende Marmorstatue befindet sich im Museum zu Dresden. Verwandt im Ausdruck ist die aus Villa Borghese stammenden Büste des Louvre. (Fig. 37).

Fig. 37. Venus-Büste. Louvre.

Fig. 38. Kauernde Venus. Vatikan.

Der Mediceischen an Schönheit der Formengebung kaum nachstehend, sie aber durch grössere Wahrheit und Natürlichkeit der Conception übertreffend, ist die sogenannte Capitolinische Venus, in Rom gefunden, ebenfalls völlig nackt, aber die Nacktheit wiederum motivirt durch das Einsteigen in das Bad, was durch ein neben ihr stehendes Salbgefäss und ein über dieses

Fig. 39. Venus genitrix. Villa Borghese.

gelegtes Badetuch genugsam angedeutet ist. Die Haltung der Hände ist wie bei der Mediceischen Statue, die Körperformen aber sind entwickelter, frauenhafter, die Züge des milden und freundlich blickenden Antlitzes tragen ein individuelleres Gepräge, das üppige und reiche Haar ist mit besonderer Zierlichkeit auf dem Scheitel in einen Knauf zusammengebunden. Man hält diese Aphrodite für ein griechisches Originalwerk der alexandrinischen Zeit.

Zu den vortrefflichsten aller erhaltenen Statuen der Aphrodite rechnet man ferner die sogenannte **kauernde Venus** (Vénus accroupie) der Pio-Clementinischen Sammlung im **Vatikan**. Die Göttin ist hier dargestellt, wie sie sich im Bade zusammenschmiegt (Fig. 38). Der Gliederbau ist ausserordentlich zart und jugendlich, um den kleinen und nicht vollen Mund spielt die vollendetste Anmuth, die ganze Composition macht einen äusserst harmonischen Eindruck. Man hält diese wie andere Bilder der kauernden Venus für Copien nach einem Werke des *Polycharmos*.

Zu erwähnen sind ferner einige Statuen, welche dem Aphroditenideale

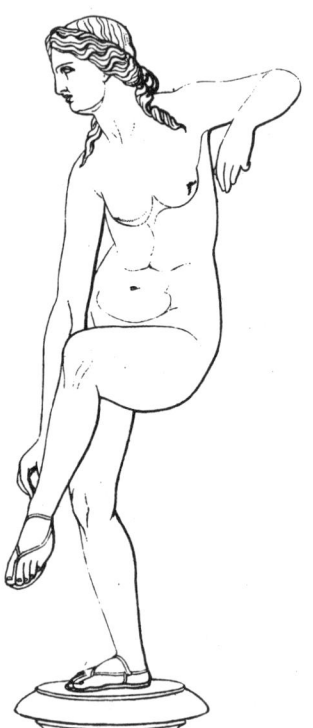

Fig. 40. Sandalenlösende Venus.
Münchener Glyptothek.

der älteren griechischen Kunst zu entsprechen scheinen, wonach sie mehr als mütterliche Gottheit (**Venus genitrix**) aufgefasst und dargestellt zu werden pflegte. Ein sehr schönes Exemplar dieser Gattung ist die Venus genitrix der **Villa Borghese**, (Fig. 39, nach Braun). Die Göttin ist hier mit einem dünnen, eng anschliessenden Chiton, welcher nur die linke Brust frei lässt, ganz bekleidet, mit einer höchst anmuthigen Bewegung des rechten Armes ist sie eben im Begriff, das hinten herabfallende Obergewand von derberem Stoff herüberzuziehen. Der Ausdruck schamhafter Sittsamkeit und matronaler Würde des vollen und im Vergleich zu dem Idealtypus des Praxiteles mehr rundlichen als schmalgeformten Antlitzes ist rührend und gewinnend zu gleicher Zeit. Andere Wiederholungen dieses Typus in Statuen der Vatikanischen Sammlung und des Louvre.

Endlich existirt noch eine ziemlich bedeutende Anzahl von Venusstatuen, welche in einem durchaus genreartigen Style gehalten sind. Ein besonders beliebtes Motiv ist das Ablösen der Sandale, in Bronze und Marmor vorkommend, wie die nebenstehend nach Lützow, Münchener Antiken Taf. 4, abgebildete (Fig. 40), oder die Göttin ist mit irgend einem Theile ihrer Toilette beschäftigt, ja sogar an einer sich die Nägel schneidenden Aphrodite, so wenig ästhetisch ein solches Motiv erscheinen mag, fehlt es nicht.

Die Attribute der Aphrodite sind ausserordentlich mannigfaltig, je nachdem die eine oder die andere Auffassung der Göttin vorherrscht.

Unter den Thieren sind ihr besonders die Taube, der Sperling und der Delphin heilig, aus dem Pflanzenreiche die Myrte, die Rose und der Apfel.

8. Hermes.

Hermes ist der Sohn des Zeus und der Maja (ursprünglich Erdmutter, daher häufig identificirt mit Gaea, nachher die älteste der Plejaden). Seine Heimath ist Arkadien, wo er in einer Grotte des Berges Kyllene geboren wurde, daher der Beiname „der Kyllenier". Man rechnet ihn gewöhnlich zu den zwölf grossen Gottheiten des Olympos, doch gehört er auch nach einer wichtigen Seite seines Wesens zu den chthonischen Göttern. Die Hauptquelle für seine Jugendgeschichte ist der irrthümlich Homer zugeschriebene Hymnus in Mercurium. Darin wird auf eine sehr ergötzliche Weise erzählt, wie schon gleich nach seiner Geburt der Gott die Grundzüge seines Wesens, Verschlagenheit und Gewandtheit, offenbart. Nach Götterart wunderbar rasch sich entwickelnd, springt er schon vier Stunden nach seiner Geburt seiner Mutter vom Schooss und erfindet die Lyra, indem er über die Schale einer vor der Höhle gefundenen Schildkröte Darmsaiten spannt, und besingt dann, mit dem Plektron die Saiten schlagend, die Liebe des Zeus und der Maja. Von einem unwiderstehlichen Gelüste nach Fleischkost ergriffen, eilt er dann gegen Abend, in sein Betttuch gehüllt, nach Pierien, wo die heiligen Heerden der Götter unter Apollon's Aufsicht weideten, und stiehlt 50 Rinder, die er in einer Höhle am Alpheios verbirgt, nachdem er zwei davon geopfert und an ihrem Fleische sich gütlich gethan hat. Hierauf wusste er jede Spur aufs sorgfältigste zu verwischen und ging dann in die Grotte seiner Mutter am Kyllene zurück, wo er sich ruhig wieder in seine Wiege legte. Aber Apollon merkte den an seiner Heerde verübten Diebstahl bald und eilte dem frechen Räuber nach, der nun den Unschuldigen spielte und die That hartnäckig leugnete. Indessen Apollon lässt sich dadurch nicht abweisen, sondern nöthigt den kleinen Schelm, mit ihm zum Olympos vor den Thron ihres Vaters Zeus zu gehen, damit dieser den Streit entscheide. Durch dessen Ausspruch bekommt hierauf Apollon seine Rinder wieder, überlässt sie aber dem jüngeren Bruder willig für die von diesem erfundene Lyra. So wird Hermes ein Heerden- und Weidegott, Apollon aber wendet sich nunmehr mit Eifer den musischen Künsten zu. Zum Zeichen ihrer völligen Versöhnung schenkte Apollon

dem Hermes ferner den goldenen, dreisprossigen Zauberstab, womit
er Glück und Segen spendet, wem er will, und lebt seitdem in steter
inniger Freundschaft mit dem jüngeren Bruder, so dass unter den
Göttern ihm keiner lieber ist als er, wie denn auch beide ihrem Vater
Zeus gleich liebe Söhne sind.

Bedeutet Apollon ursprünglich den freundlich-milden Sonnenschein,
so ist Hermes nach seiner physischen Bedeutung der Regen. Regen und
Sonnenschein sind beides Ausflüsse des höchsten Himmelsgottes und
erscheinen daher im Mythos naturgemäss als seine Söhne. Beide erscheinen aber auch nach Abstreifung ihrer Naturseite als gütige, dem
Menschengeschlecht heilbringende Wesen, und es ist deshalb erklärlich,
dass Hermes in seiner ideellen Gestalt gar viele Seiten seines Wesens
mit dem Apollon gemeinsam hat. Der Hauptunterschied besteht eben
darin, dass Apollon als Lichtgott zu einem Vertreter der höheren
Intelligenz des Geistes, der Regengott Hermes zu einem Repräsentanten
der praktischen Weltklugheit geworden ist, die schnell das Richtige
zu finden und mit unverdrossenem Eifer ihr Ziel zu erreichen weiss.

Die verschiedenen Seiten seines Wesens, die man schon bei Homer
ziemlich vollständig entwickelt findet, sind folgende. Zunächst ist der
Gott des fruchtbaren Regens eine Segen und Gedeihen spendende
Gottheit, schlechthin, er ist der Geber guter Gaben ($\delta\dot{\omega}\tau\omega\varrho\ \dot{\epsilon}\dot{\alpha}\omega\nu$) in
den verschiedenartigsten Verhältnissen des menschlichen Lebens. Als
solcher erweist er sich vorzugsweise, indem er die Heerden beschützt
und ihre Fruchtbarkeit fördert, denn der Reichthum zeigte sich in den
alten pelasgischen Zeiten am ersten im Besitze eines grossen Vieh-
standes, weshalb auch Il. XIV, 490, von dem durch grossen Heerden-
reichthum hervorragenden Trojaner Phorbas gesagt wird, dass ihn
Hermes vor allen Troern am meisten liebte. Als Hirtengott wurde er
namentlich in Arkadien, dem Vaterlande der Schafzucht, verehrt und
die vielen Sagen von dem Verkehre des Hermes mit den Nymphen
des Waldes und der Triften haben dort wahrscheinlich ihren Ursprung
gehabt.

Als Segenspender erweist er sich ferner, indem er Handel und
Wandel unter den Menschen fördert, Strassen und Wege beschützt.
Der Heerdengott ist um so geeigneter, ein Gott des merkantilischen
Verkehrs zu werden, als der älteste Handel Tauschhandel mit Vieh
war. Diese Seite seines Wesens ist von den Griechen, die zu allen
Zeiten ebenso schlaue als gewinnsüchtige Handelsleute waren, mit ganz

besonderer Vorliebe cultivirt worden und der Beutel wurde deshalb in späterer Zeit ein Hauptattribut des Gottes. In dieser Eigenschaft eines freundlichen Geleiters der wandernden Kaufleute und Beschützers der Strassen errichtete man ihm schon in den ältesten Zeiten Stein- haufen als Zeichen der Verehrung an den Seiten der Wege, indem es Brauch war, dass jeder Wanderer einem solchen, dem Hermes geheiligten Steinhaufen einen Stein hinzufügte *). Hieraus entstanden später die Hermen, einfache Steinpfeiler oder Holzpfähle mit einem oder auch mehreren Köpfen (letzteres bei Kreuzwegen), die zugleich als Wegweiser dienten. Allein Hermes geleitet und schützt nicht nur den Kaufmann auf der Reise, er giebt ihm auch Klugheit und Ver- schlagenheit, um Andere mit Erfolg zu überlisten. Und weil den Griechen, wo es sich um den eigenen Vortheil handelte, Lug und Trug, ja selbst Diebstahl und Meineid, wofern diese Mittel nur mit einer gewissen Leichtigkeit und Gewandtheit in Anwendung gebracht wurden, nicht gerade verwerflich schienen, so stempelten sie den Hermes geradezu zu einem Gotte der Diebe und Betrüger, ohne dabei an etwas Unmoralisches zu denken, wie sie denn ja von einer Ethik in unserm Sinne nie einen Begriff gehabt haben. Auch jeden zufälligen Gewinn, z. B. im Spiel, schrieb man dem Hermes zu und nannte ihn Hermaion.

Während Hermes so bedeutungsvoll in das Menschenleben ein- greift, erscheint er zugleich als der schnelle Bote des Zeus und als der gewandte Ausrichter seiner Befehle ($\delta\iota\acute{\alpha}\varkappa\tau o\varrho o\varsigma$). Nach dieser Seite seines Wesens ist er besonders von den epischen Dichtern mit Vorliebe geschildert worden. Mit Hilfe seiner goldenen Flügelschuhe gelangt er schneller als der Wind über Meere und Länder, um die Aufträge seines Vaters Zeus oder auch anderer Olympier auszurichten. So sendet ihn Zeus in der Odyssee zur Nymphe Kalypso, um ihr den Befehl zur Entlassung des Odysseus zu überbringen, und zum Aegisthos, um ihn vor der Ermordung Agamemnons zu warnen. Auch schwierigere Aufträge werden ihm bisweilen zu Theil, z. B. die Tödtung des hundert- äugigen Wächters der Io, wovon er bei Homer den stehenden Bei- namen Argostödter führt. Unzweifelhaft bedeutet in diesem Mythos der hundertäugige Argos den gestirnten Himmel. Der Regengott tödtet ihn, indem er ihn in dichtes Regengewölk hüllt und dadurch unsichtbar

---

*) Von dieser alterthümlichen Sitte leitet man auch am richtigsten den Namen des Gottes ab, denn $\overset{\text{'}}{\epsilon}\varrho\mu\alpha$ heisst ein Haufen.

macht. Der Bote und Herold der Götter ist als solcher ein Vorbild
aller irdischen Herolde, die in der Vorzeit für die Könige und Mächtigen der Erde die unentbehrlichen Vermittler und Unterhändler in
allerlei Geschäften waren, welche einen klugen und erfahrenen Mann
erforderten. Ihr besonderes Zeichen ist der Heroldstab*), mit welchem
daher auch Hermes beständig erscheint. Es ist derselbe Stab, den ihm
einst Apollon schenkte, aus drei Sprossen bestehend, von welchen die
eine die Handhabe bildete, die beiden andern sich gabelförmig ab-
zweigten und am Ende in einen Knoten verschlungen wurden. Erst
später hat man aus den letzteren Schlangen gemacht. Mit diesem
Stabe, welcher magische Kräfte besitzt, versenkt er nach Belieben
die Menschen in tiefen Schlummer und weckt auch die Schlafenden
wieder. Insbesondere aber geleitet er mit demselben die Seelen der
Verstorbenen zur Unterwelt hinab. Dies führt uns zu der weiteren
wichtigen Function des Hermes als P s y c h o p o m p o s (Seelenführer), durch
welche er den chthonischen Gottheiten angehört. Ohne Zweifel war
der Dienst des chthonischen Hermes uralt. Er führt die Seelen der
Verstorbenen nicht nur in den Hades hinab, sondern geleitet sie auch
in besonderen Fällen, wenn z. B. bei Todtenorakeln die Geister zum
Wahrsagen citirt wurden, auf die Oberwelt zurück. So ist er zum
Vermittler zwischen beiden sich sonst streng ausschliessenden Reichen
geworden, ähnlich wie Persephone, deren Begleiter er ist, wenn sie
auf die Oberwelt zurückkehrt, und mit welcher er in vielen lokalen
Sagen in der engsten Beziehung steht.

Da auch die Träume aus der Unterwelt kommen, so ist Hermes
natürlich derjenige, welcher den Schlafenden die Träume sendet.
Deshalb betete man zu ihm vor dem Schlafengehen und der Schlaftrunk
selbst, womit man den Gott um gute Träume bat, hiess Hermes.

Seine idealste Gestaltung endlich hat Hermes erhalten, als man
ihn zum speciellen Vorsteher der Jugenderziehung gemacht hatte. Und
in der That, welcher Gott hätte geeigneter erscheinen können, der
griechischen Jugend als lebendiges Vorbild hingestellt zu werden, als
der körperlich wie geistig gleich gewandte Götterbote? Als A g o n i o s
oder Vorsteher der Wettkämpfe ist er besonders in Athen hoch verehrt
worden. Die Palästren und Gymnasien galten als seine Stiftungen
und wurden deshalb stets mit seinen Bildern geschmückt. Er ist nicht

---

*) Das Symbol der Unverletzlichkeit.

nur selbst der hurtigste Läufer und geschickteste Diskoswerfer und Faustkämpfer, sondern verleiht auch den Jünglingen Kraft und Geschmeidigkeit des Körpers. Neben diesen körperlichen Vorzügen sind aber auch seine geistigen Eigenschaften geeignet, um ihn zu einem Ideale der Gymnasialjugend zu machen. Denn wenn er auch nicht, wie Apollon, ein Vertreter des höheren Geisteslebens ist, so besitzt er doch in eminentem Maasse jenen praktischen Verstand, auf welchen die Griechen einen so hohen Werth legten. Er ist in allen Verhältnissen und Situationen stets voll Geistesgegenwart, weiss immer das Richtige zu thun und auch zu sagen, was auch schon bei Homer Ilias IX, 443, als das höchste Ziel der Jugenderziehung hingestellt wird. Eine überzeugende und hinreissende Beredtsamkeit ergibt sich für Hermes schon aus seiner Eigenschaft als Götterherold; als Erfinder der Lyra ist er bereits erwähnt, weshalb also auch nach der rhetorischen und musischen Seite hin Hermes besonders geeignet erscheinen musste zu einem Vorsteher der Jugenderziehung.*) Später wurde diese Seite seines Wesens von Dichtern und Mythologen immer weiter ausgebildet, man machte ihn zum Erfinder der Sprache, der Buchstabenschrift und der Kunst die Sprachen auszulegen (Hermeneutik) und legte ihm in der alexandrinischen Zeit, als man ihn mit dem ägyptischen Anubis oder Thoyt zu identificiren angefangen hatte, noch allerlei astronomische und technische Erfindungen bei.

Die plastische Darstellung des Hermes hat mit der Entwickelung des Begriffes dieser Gottheit gleichen Schritt gehalten. Von den alterthümlichen Pfählen und Steinpfeilern, welche man mit einem bärtigen Kopfe und Symbolen der Fruchtbarkeit versah, ist schon die Rede gewesen. Aus diesen Hermen gingen die ersten künstlerischen Darstellungen des Gottes hervor, die ihn bald als Hirten, bald als Herold oder Götterboten auffassten. Die älteren Künstler bildeten ihn als kräftigen und bärtigen Mann, mit Chiton und Chlamys bekleidet. So war beispielsweise der Hermes des *Onatas*, den die Pheneaten in Arkadien nach Olympia geweiht hatten, er trug einen Widder unter dem Arme, als Vorsteher des der alten Sage nach von ihm erfundenen Opfers. Aehnlich war der Hermes Kriophoros des *Kalamis*, nur dass er den Widder auf der Schulter trug und in der Hand eine Opferschale hielt. Eine derartige alterthümliche Darstellung findet sich in der Pembroke'schen Sammlung zu Wiltonhouse (Fig. 41, nach Overbeck). Späterhin ward die Idee des gewandten Götterherolds in der Kunst

---

*) Die sämmtlichen musischen und gymnastischen Verdienste des Hermes finden sich schön zusammengefasst in der herrlichen Ode des Horaz: Mercuri facunde nepos I, 10.

vorherrschend, und nun erhielt Hermes eine mehr jugendliche Bildung. Den Idealtypus des Gottes schuf aber erst die jüngere attische Kunst*), welche sich den jugendlichen Götterbildungen mit besonderer Vorliebe zugewandt hat, indem sie ihn als den jugendlichen Epheben und Vorsteher der Ring-schulen auffasste. Hermes erscheint nun stets unbärtig, in der üppigsten Fülle jugendlicher Kraft, die Brust breit, die Gliedmaassen schlank und

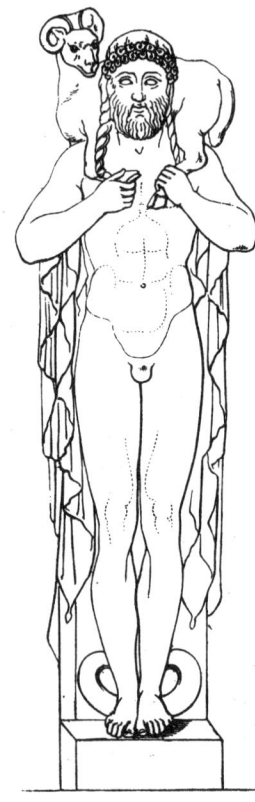

kräftig, das Haar leicht gekräuselt; Ohren, Mund und Augen sind klein, so dass Anmuth und Kraft sich in der körperlichen Erscheinung des Gottes auf eine wunderbare Weise vereinigen. Nimmt man hierzu den Ausdruck freundlichen Wohlwollens, welcher seine feinen Lippen umspielt, und den klugen forschenden Blick des sinnend vorwärts geneigten Hauptes, so hat man die Hauptmerkmale, welche den Idealtypus des Hermes ausmachen, bei einander.

Gehen wir jetzt zur Betrachtung der wichtigsten erhaltenen Denkmäler der Kunst über, so gilt als die schönste Darstellung des Hermes die lebensgrosse Bronzestatue des Museums zu Neapel, welche im Herkulanum gefunden worden ist. Der Gott ist hier als der geflügelte Bote des Zeus dargestellt und zwar in dem Momente, wo er sich zu kurzer Rast auf einem Felsensitze niedergelassen hat (Fig. 42). Denn dass seines Bleibens nicht lange ist, lehrt uns schon ein flüchtiger Anblick dieser herrlichen Göttergestalt. Der leicht aufgestützte rechte Arm, die nur leise den Boden berührenden Füsse, der vorwärts geneigte Oberkörper, Alles deutet darauf hin, dass der hurtige Diener des Zeus sich nur für wenige Augenblicke Ruhe gönnen will und die Zeit kaum erwarten kann, wo er seinen Auftrag ausgerichtet haben wird. Die Figur ist mit Ausnahme der Füsse, an welchen die Flügelschuhe befestigt sind, völlig

Fig. 41. Widdertragender Hermes. Wiltonhouse.

unbekleidet. Auch die Flügelschuhe sind streng genommen keine Schuhe, sondern nur kreuzweis über den Fuss geschlungene Riemen, an denen oben neben dem Knöchel zu beiden Seiten die Flügel sitzen. In der linken Hand, die nachlässig auf dem in die Höhe gezogenen Knie ruht, befand sich ehedem der bekannte

---

*) Den meisten Antheil an der Feststellung des Hermes-Ideals schreibt man dem Praxiteles zu, dessen Hermes das Dionysoskind tragend im Heräon zu Olympia hochberühmt war. Nachbildungen davon sind noch in Gemmen und Reliefs erhalten.

Heroldstab (Κηρίχιον). Ebenfalls auf Hermes, als Boten des Zeus, ist die schöne Statue des sandalenbindenden Jünglings zu deuten, welche in mehreren Sammlungen wiederkehrt und bisher gewöhnlich als Jason bezeichnet wurde.

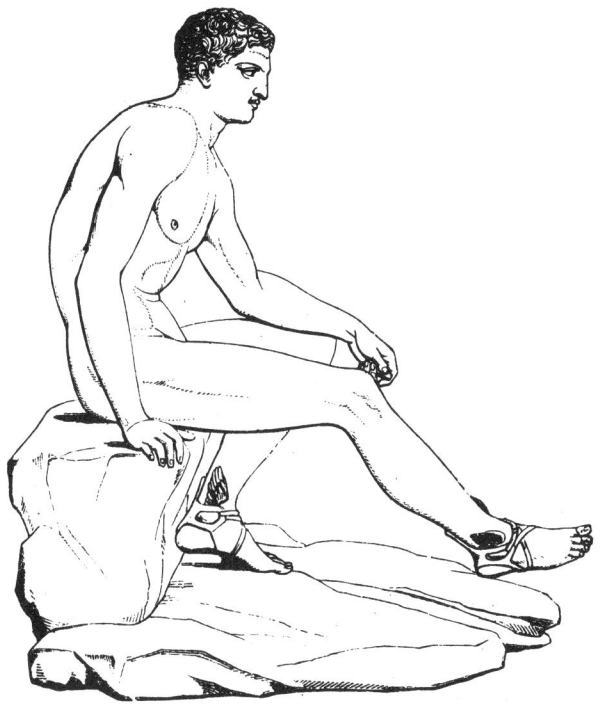

Fig. 42. Ruhender Hermes. Bronzestatue in Neapel.

Als Vorsteher der Palästra, wie der nebenstehende Palmbaum andeutet, lernen wir Hermes kennen in der berühmten Statue der Vatikanischen Sammlung, welche früher unter dem Namen des Antinous*) von Belvedere ging (Fig. 43). In dieser herrlich proportionirten, kräftigen Jünglingsgestalt tritt uns das Ideal des griechischen Epheben entgegen. Der Gott ist hier in stehender Haltung gebildet, seine einzige Bekleidung ist das kurze Ephebenmäntelchen, welches uns aber den Anblick des kräftigen und schönen

---

*) Antinous war ein schöner Jüngling aus Claudiopolis in Bithynien, den Kaiser Hadrian zärtlich liebte und dem er, als derselbe auf einer Reise durch Aegypten im Nil ertrunken war, Tempel und Statuen in Menge errichten liess. Einige sagen, Antinous habe absichtlich den Tod gesucht, um dadurch das Leben seines Gönners zu verlängern.

Gliederbaus in keiner Weise verkümmert, da es von der Schulter herab-
hängend um den linken Arm gewickelt ist. Von besonderer Schönheit ist
der höchst ausdrucksvolle Kopf, in dessen feingeschnittenem Antlitz sich
sinnender Ernst und milde Freundlichkeit zu einem wunderbaren Effekte
vereinigen. Die Arme sind leider verstümmelt, so dass bei dem Fehlen
aller eigentlichen Hermes-Attribute nur durch Vergleichung anderer ähn-

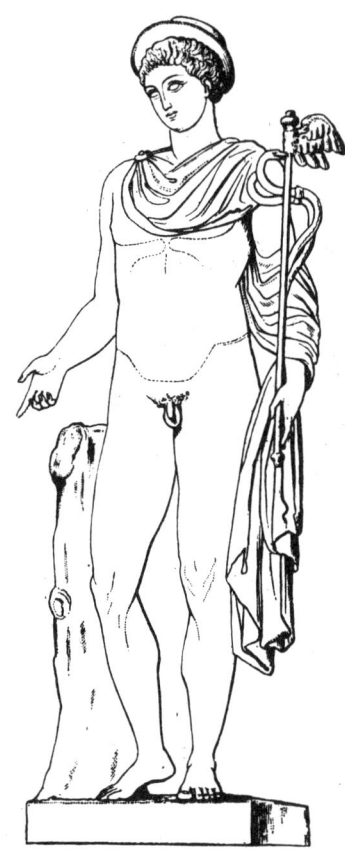

licher Statuen die Figur als Hermes
hat erkannt werden können. Auch
ist auf diese Weise nicht ersichtlich, welchen besonderen Moment der
Künstler hat darstellen wollen. Wahrscheinlich ist er als von den Anstrengungen der Palästra ausruhend
aufgefasst. Wenn kein griechisches
Originalwerk, so ist diese Statue jedenfalls nach einem bedeutenden Originale
copirt.

Dem Hermes von Belvedere kommt
in der Auffassung am nächsten der im
Palast Farnese zu Rom aufbewahrte,
wenn er auch an Kunstwerth bedeutend hinter jenem zurücksteht. Hier
waren aber ein Stück des Heroldstabes sowie die Ansätze der Flügelschuhe noch vorhanden, so dass er
mit Sicherheit als Hermes restaurirt
werden konnte. Wiederholt findet sich
dieser Typus auch in einem auf
Melos gefundenen Torso im Theseion
zu Athen.

Als Pfleger auch der musischen
Seite der Jugenderziehung tritt uns
Hermes entgegen in einer schönen
Marmorstatue des Vatikanischen
Museums, von welcher Braun, Taf. 94,
eine Abbildung gegeben hat. Kenntlich
wird er in dieser Eigenschaft durch die

Fig. 43. Hermes von Belvedere. Vatikan.

an den neben ihm stehenden Palmbaum
gelehnte Lyra, während ihn sonst als
Hermes ausser dem kräftigen und doch zierlichen Gliederbau und der
eigenthümlichen sinnenden Neigung des Hauptes die Kopfflügel charakterisiren, welche dieses Mal die Stelle der fehlenden Flügelschuhe vertreten.
Der mit Schlangen umwundene Caduceus ist moderne Ergänzung.

Eine anmuthige Darstellung des Hermes Logios, d. h. des Vorstehers
der rhetorischen Kunst, ist uns erhalten in dem Mercur Ludovisi (Fig.

44, nach Braun). Auch hier tritt uns die blühende Jünglingsgestalt des griechischen Epheben in voller Idealität entgegen. Die breite Brust, die stramme Muskulatur zeigen den geübten und in beständigen Uebungen erstarkten Ringkämpfer an. Um so lebhafter berührt uns der Contrast des rein geistigen Ausdruckes, welcher aus den Zügen des edelgeformten

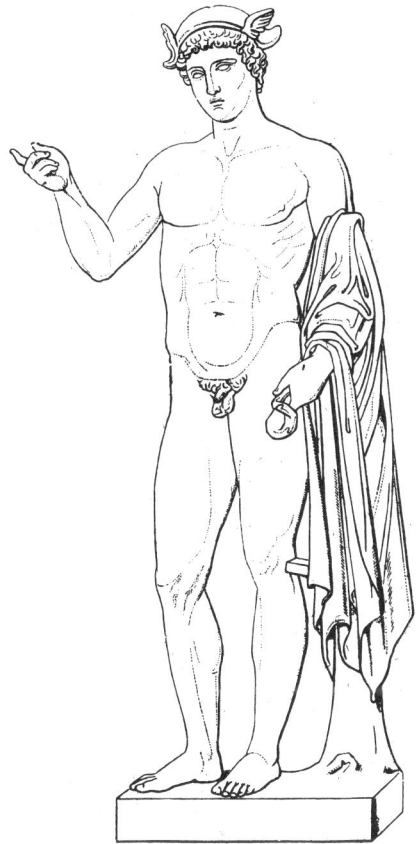

Fig. 44. Hermes Logios. Villa Ludovisi.

Antlitzes uns entgegenleuchtet. Der erhobene rechte Arm macht unverkennbar den Gestus des Redners, der mit ruhiger Klarheit seine Ansicht entwickelt. Keine Spur von Leidenschaftlichkeit oder Heftigkeit ist in seinen Mienen oder Geberden zu erkennen, eine wahrhaft göttliche Ruhe und Majestät ist über die ganze Gestalt ausgegossen. Die sanfte Neigung des Hauptes findet sich auch hier wieder. Die Flügel sind nicht am Kopfe selbst angebracht, sondern an dem bei Hermesköpfen so häufig vorkom-

menden Reisehute (Petasos), der in der hier vorliegenden Form (ohne Krämpe)
auch als Zeichen der Palästra galt.

Auch von Hermes, dem Opferanrichter, sind einige vortreffliche
Darstellungen auf unsere Zeit gekommen. Als solcher erscheint er auf einem
Relief des einen der Barberinischen Candelaber im Vatikan (Fig. 45,

Fig. 45. Hermes als Opferanrichter. Barberinische Candelaberbasis. Vatikan.

nach Braun). Die Rechte hält die Opferschale, die Linke fasst den Kopf des
von ihm zum Altar geführten Widders. Die Körperformen dieses Hermes
sind schlank und zierlich, die ganze Haltung offenbart eine wunderbare
Anmuth und Grazie, so dass es uns beim Anblicke dieser eleganten Gestalt begreiflich wird, warum die Griechen den Hermes als χαριδώτης

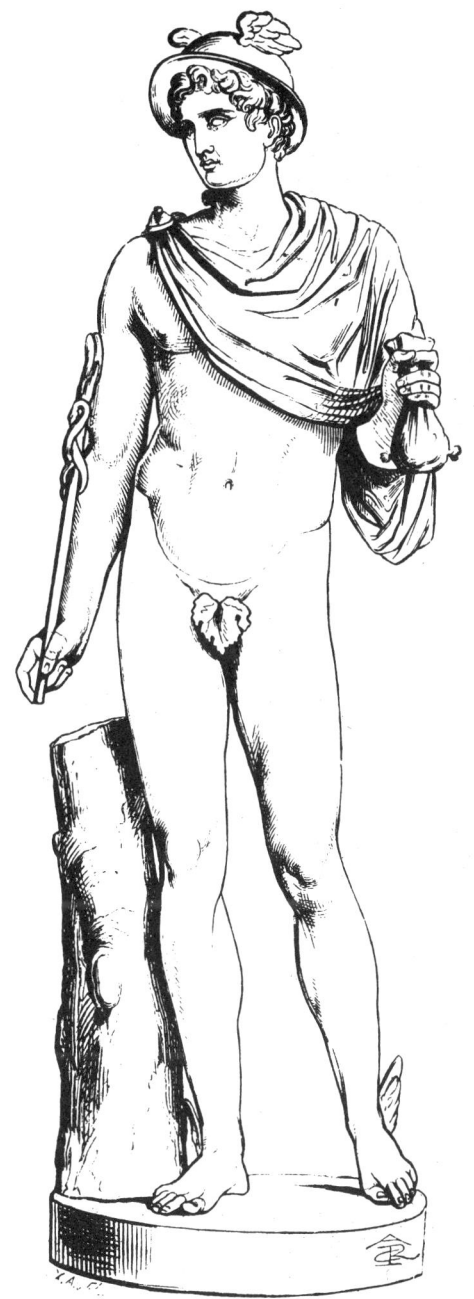

Fig. 46. Hermesstatue. Capitolinische Sammlung.

(Verleiher der Anmuth) verehrten, wie schon bei Homer, Odyss. XV, 320, erwähnt wird.

Als Gott des Handels und Verkehrs mit einem gefüllten Geldbeutel in der Rechten, während der ausgestreckte Zeigefinger der linken Hand auf Waaren hinzuweisen scheint, die er für das Geld einzuhandeln wünscht, versinnlicht den Hermes eine schöne Bronzestatuette des Britischen Museums (Braun, Taf. 96). Als Gott des Handels erscheint er auch in einer schönen Statue des Capitolinischen Museums (Fig. 46).

Unter den erhaltenen Büsten des Hermes nimmt eine hervorragende Stelle diejenige ein, welche sich im Britischen Museum (Fig. 47) befindet.

Der Künstler hat ihn in sehr jugendlichem Alter dargestellt, auf der Uebergangsstufe vom Knaben- zum Jünglingsalter. Gleichwohl aber sind die besonderen Eigenthümlichkeiten des Gottes schon so scharf und bestimmt ausgeprägt, tritt namentlich seine berechnende Klugheit in den feinen Linien der Nase und des Mundes so deutlich zu Tage, dass dieser ausdrucksvolle Kopf auch ohne Petasos sich sofort als Hermes zu erkennen gibt.

Reliefs, Gemmen, Vasen- und Wandgemälde, welche den Hermes theils allein, theils in Gruppen darstellen, sind ausserdem noch in grosser Zahl vorhanden. Gegenstände der Darstellung sind namentlich verschiedene mythologische Akte, wie der Rinderdiebstahl, die Erfindung der Lyra, die Tödtung des Argos (auf einer Vase von Volci), oder der Verkehr des Hermes mit schönen Nymphen, endlich seine Beziehungen zu andern Göttern und Heroen.

Fig. 47. Hermesbüste. British Museum.

9. Hephästos.

Der Feuer- und Künstlergott Hephästos spielt weder im griechischen Cultus noch in den Werken der antiken Kunst eine bedeutende Rolle. Der gewöhnlichen Annahme nach ist er ein Sohn des Zeus und der Hera. Weil er lahm und hässlich war, schämte seine Mutter sich seiner und warf ihn vom Himmel hinab in den Okeanos. Aber die Okeaniden Eurynome und Thetis erbarmten sich des Verstossenen und pflegten ihn neun Jahre lang in tiefer Meeresgrotte, wofür er ihnen viele kostbare Schmucksachen verfertigte. So erzählt Homer, Ilias XVIII, 394 flg. Wie er wieder in den Olymp zurückgekommen sei, wird bei Homer nirgends angedeutet, spätere Dichter aber wussten darüber ergötzliche Dinge zu berichten. Der komische Dichter Epicharmos*), welcher in seinen Dramen die Götter- und Heroensage zu travestiren liebte, erzählt uns, dass Hephästos seiner Mutter aus Rache für ihre lieblose Behandlung einen künstlich gefertigten goldenen Stuhl mit unsichtbaren Fesseln geschickt habe. Als sich nun Hera darauf setzte, wurde sie festgehalten und konnte trotz aller Anstrengungen nicht loskommen. Hephästos aber war durch keine Bitten zu bewegen, dass er die Mutter aus dieser traurigen Lage befreie, bis endlich Dionysos auf den Einfall kam, ihn trunken zu machen, worauf er auf einem Esel reitend in der Begleitung von Satyrn in den Olympos zurückkehrte und sich mit der Mutter aussöhnte. Diese Scene ist in mancherlei Variationen auf Vasengemälden zur Anschauung gebracht worden.**) Nach einer andern Fabel, welche ebenfalls in der Ilias erwähnt wird, war es nicht die Mutter, welche ihn aus dem Olympos warf, sondern, als er einst bei Gelegenheit eines zwischen Zeus und Hera ausgebrochenen Streites der Mutter zu Hülfe kommen wollte, ergriff ihn der erzürnte Himmelsbeherrscher beim Fusse und schleuderte ihn vom Olymp hinab. Einen ganzen Tag fiel der Unglückliche, bis er gegen Sonnenuntergang kaum noch athmend auf der Insel Lemnos anlangte. Da pflegten ihn die Sintier, welche jene Insel bewohnten, bis er wieder genesen war. Spätere Dichter sangen, dass er von diesem Sturze lahm geworden sei. Alle diese Mythen sind nur Variationen des einen Grundgedankens, dass das irdische Feuer in Gestalt des Blitzes von der Höhe des Himmels niedergefahren ist, der sich ja auch in der Sage vom Prometheus, einer vielleicht ursprünglich mit Hephästos identischen Gottheit, wiederfindet. —

Da Hephästos also die Elementarkraft des irdischen Feuers bedeutet, so werden auch alle Wirkungen desselben auf ihn zurückgeführt. Das Erdfeuer bricht aus den geöffneten Kratern der Vulkane hervor, also muss Hephästos im Innern der feuerspeienden Berge thätig sein, dort seine Essen und Schmieden haben. So erzählte die Sage von dem Berge Mosychlos auf Lemnos, der Hauptcultusstätte des Hephästos. Nicht minder bekannt ist durch seine Beziehung zu demselben Gotte der Berg Aetna in Sicilien. Da man die Beobachtung machte, dass in

---

*) Geboren um Ol. 60 auf der Insel Kos, lebte später in Syrakus, wo er unter Hiero blühte und gegen 450 v. Chr. starb.
**) Unter anderen auf der neuerdings bekannt gewordenen Vase des Ergotimos und Klitias in Florenz.

der Nähe feuerspeiender Berge der Wein besonders gut gerieth, so
bildete sich daraus die Sage von der innigen Freundschaft des Hephästos und Dionysos. Und weil die tellurische Wärme besonders im
Frühjahr auf die Entwickelung der Pflanzenkeime den grössten Einfluss
hat, so schrieb man auch diese Wirkung dem Hephästos zu und die Ein-
wohner von Attika nannten deshalb den Erichthonios einen Sohn desselben.

Die Hauptwirkung des irdischen Feuers äussert sich aber in seiner
Kraft die Metalle zu schmelzen und für den Gebrauch der Menschen
in Form von Geräthen und Werkzeugen allerlei Art nutzbar zu machen.
Deshalb klärte sich die Vorstellung von dem Wesen des Hephästos
mehr und mehr dahin ab, dass man ihn als den Meister aller kunst-
reichen Metallarbeiten ansah und zum Vorsteher der Handwerker und
Künstler machte. Dadurch tritt er in enge Beziehung zur Athena, und
es ist begreiflich, dass diese beiden Gottheiten in Athen, dem Hauptsitze
griechischer Civilisation, gemeinschaftliche Verehrung fanden und
gemeinschaftliche Feste hatten. Schon bei Homer ist diese Vorstellung ziemlich entwickelt, wenn auch bisweilen noch die alte
Naturbedeutung des Gottes sich geltend macht, wie in dem in der
Ilias *) geschilderten Kampfe mit dem Flussgotte Xanthos. Im Allgemeinen spielt Hephästos bei Homer keine wichtige Rolle, ein Beweis,
dass sein Cultus unter den Achäern, deren religiöse Anschauungen
vorzugsweise in den homerischen Gedichten niedergelegt sind, nicht
sehr verbreitet war. Meistens wird er dargestellt als der trotz seiner
lahmen Füsse im Uebrigen äusserst rüstige, Allen stets gefällige
Schmiedekünstler, der nicht nur auf der Höhe des Olympos sich selbst
einen prachtvollen ehernen Palast errichtet hat, in welchem sich auch
eine grosse Schmiedewerkstätte mit zwanzig künstlichen Blasebälgen
befindet, sondern auch den übrigen Göttern dort ihre unvergänglichen
Wohnungen baute. Auch stattete seine kunstreiche Hand den Olympos
mit allerlei wunderbaren Geräthschaften aus. So machte er wandelnde
Dreifüsse oder Tische, welche sich von selbst in den Speisesaal der
Götter und nach beendigter Tafel wieder zurückbegaben. Er selbst
bediente sich als Stütze beim Gehen zweier kunstreich von Gold verfertigter Mägde, denen er Sprache und Bewegung verliehen hatte.
Andere im Alterthum hochberühmte Arbeiten des Hephästos waren
die Aegis des Zeus, dessen Scepter, der Schild des Herakles, die Rüstung

---

*) Im XXI. Buche.

des Achilleus, worunter wiederum der Schild von besonderer Schönheit,
das Netz, worin er Ares und Aphrodite fing (Od. VIII, 293), u. a. m.

   Der Dienst des Hephästos war nicht sehr verbreitet. Dass Lemnos,
wo man ihm die Kabiren zu Schmiedegesellen gab, eine Hauptcultusstätte des Gottes war, wurde schon erwähnt. Gross war sein Ansehen

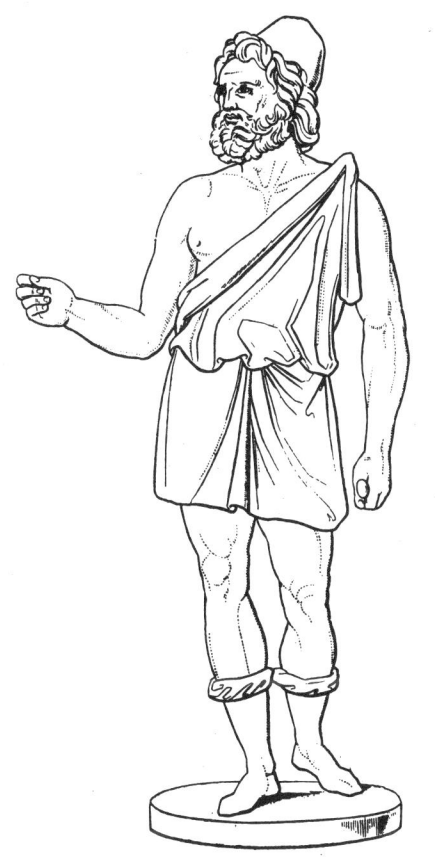

Fig. 48. Hephaestos. Bronzefigur im Britischen Museum.

in Athen, wo man ihm zu Ehren an verschiedenen Festen das beliebte
Spiel des Fackellaufs zu veranstalten pflegte. Die Jünglinge mussten
dann mit brennenden Fackeln bis an ein bestimmtes Ziel laufen, und
wer zuerst mit noch brennender Fackel anlangte, erhielt den Preis.
Ausserdem wurde er von den Griechen in Campanien und Sicilien

verehrt, was durch die dortigen feuerspeienden Berge sich sehr
natürlich erklärt.

Auch für die bildende Kunst scheint Hephästos eben kein
Lieblingsgegenstand gewesen zu sein, wie schon aus dem Umstande
hervorgeht, dass wir ausser einigen kleinen Bronzen keine einzige
antike Darstellung dieses Gottes besitzen. Erwähnt werden bei alten
Schriftstellern zwei Statuen des Hephästos aus der besten Zeit der
griechischen Kunst, die eine von *Alkamenes*, die andere von *Euphranor*.
Beide sollen sich ausgezeichnet haben durch die feine Art, wie die
Lahmheit des Gottes angedeutet war, ohne der Würde desselben oder
der Schönheit des Kunstwerkes Eintrag zu thun. Die ältere Kunst soll
ihn zwergartig dargestellt haben, die ausgebildete Kunst dagegen
stellt ihn dar als gereiften Mann, bärtig und kräftig. Kenntlich ist er an
der eiförmigen Werkmannskappe, dem kurzen Oberkleid der Handwerker
und niederen Bürger (Exomis), welches nur ein Armloch für den linken

Fig. 49. Hephästos-Kopf. Bronze in der
k. Preuss. Sammlung.

Arm hatte, während der rechte Arm
und die rechte Schulter nebst der
Hälfte der Brust ganz unbedeckt
blieb, und an dem Schmiedegeräth,
mehr noch als an diesen äussern Attributen an dem festen und scharfen
Blick des verschmitzten Auges, der
straff gespannten Nase und den
geschlossenen Lippen.

Am besten gibt den Typus des
Hephästos, wie er in der besten Zeit
der griechischen Kunst Geltung hatte,
wohl eine Bronze des Britischen
Museums wieder, von welcher Fig.
48 (nach Braun) eine Vorstellung gibt.
Sie zeigt die kräftig entwickelte Muskulatur des rüstigen Feuerarbeiters
verbunden mit dem sichern und ge-
übten Blick des erfahrenen Meisters. In dem Ausdrucke des Gesichts prägt
sich Intelligenz und energisches Wollen aus, welcher Eindruck noch verstärkt wird durch die faltenreiche Stirn und das kräftig darüber sich
erhebende Haupthaar.

Die diesem Gotte eigenthümliche Verschmiztheit findet sich wundervoll
ausgeprägt auf einer Dolce'schen Gemme, welche sich bei Braun (Taf. 100)
abgebildet findet.

Eine Marmorbüste dieses Gottes, welche in neuerer Zeit in Rom gefunden worden ist, befindet sich im Vatikan. Der Typus ist im Wesentlichen derselbe wie in der Bronze des Britischen Museums. Dasselbe gilt von dem schönen, intelligenten Kopf einer Bronze der königlich Preussischen Sammlung, welche wir nach Hirt nebenstehend abbilden (Fig. 49).

10. Hestia.

Hestia, die Göttin des Heerdfeuers, wird zuerst in der Hesiodischen Theogonie erwähnt, wo sie als die älteste Tochter des Kronos und der Rhea aufgeführt wird. Weder in der Ilias noch in der Odyssee kommt sie vor, weshalb man anzunehmen genöthigt ist, dass der Cultus dieser Göttin erst später Verbreitung gefunden hat. In dem Zwölfgöttersystem pflegt sie mit Hermes zusammengestellt zu werden, die Opfergöttin mit dem Opfergotte. Denn das Heerdfeuer hat seine nächste und wichtigste Bedeutung darin, dass es Opferfeuer ist, der Heerd ist zugleich der heilige Altar des Hauses, an welchem man die Bilder der Hausgötter aufzustellen pflegte und an welchem nach alter patriarchalischer Sitte der Hausvater bei allen wichtigen Familienereignissen als Priester das Opfer darbrachte. Kein Opfer wurde gebracht, an welcher nicht Hestia, in welcher man den lebendigen Mittelpunkt des ganzen Lebens der Familie ehrte, ihren Antheil erhalten hätte. „Besondere Veranlassung zur Verehrung der Hestia", sagt Petersen, „boten alle wichtigeren Veränderungen im häuslichen Leben: Abreise und Rückkehr, Aufnahme in's Haus, selbst bei den Sklaven, die überhaupt an dem häuslichen Gottesdienste der Hestia als Hausgenossen Theil hatten, wie Verlassen desselben, daher besonders Geburt, Namengebung, Hochzeit und Tod. Einer besonderen Heiligkeit erfreute sich ihr Altar als Asyl: zu ihm floh der Sklave aus Furcht vor Strafe; an ihm fand der Fremde, ja selbst der Feind des Hauses sicheren Schutz; denn die Verehrung der Hestia vereinigte alle Bewohner des Hauses, Freie wie Sklaven, und Fremde nicht weniger als die Hausgenossen".*)

Die Schutzgöttin des Hauses und der Familie wird naturgemäss auch zur Beschützerin jeder staatlichen Vereinigung. Deshalb war

---

*) Chr. Petersen, Hausgottesdienst der alten Griechen, in der Zeitschr. f. Alterthumskunde, 1851. Man vergleiche auch A. Preuner, Hestia-Vesta. Tübingen, 1864.

in den griechischen Staaten das Prytaneum, der Sitz der Regierung, der Hestia geweiht und sie hatte dort einen Altar, auf welchem ihr zu Ehren ein ewiges Feuer unterhalten wurde. Von diesem Altar pflegten

die Colonisten, welche zur Gründung einer neuen Ansiedelung die heimathlichen Fluren verliessen, Feuer mitzunehmen, eine schöne symbolische Andeutung des bleibenden geistigen Zusammenhangs zwischen der Colonie und dem Mutterstaat.

Und wie das Heerdfeuer des Prytaneums für die Staatsangehörigen gleichsam das sichtbare äussere Zeichen war, dass sie nur eine grosse Familie bildeten, so versinnlichte die Hestia des Tempels zu Delphi den Griechen ihren nationalen Zusammenhang und die Einheit des religiösen Bewusstseins. Ihr Opferheerd in diesem Tempel befand sich in der Halle vor der Orakelhöhle und auf demselben der bekannte Erdnabel (Omphalos) gleichsam als ihr Symbol, da nach dem Glauben der Griechen Delphi der Mittelpunkt der ganzen Erde war. Auch hier wurde der Hestia ein ewiges Feuer unterhalten, als das irdische Abbild jenes himmlischen Feuers, welches auf dem Heerde im Palaste des Zeus auf dem Olympos brannte.

Rein und lauter wie die Flamme war auch das Wesen der Göttin. Daher blieb sie nicht nur selbst eine Jungfrau, wiewohl nach der Sage Poseidon und Apollon um ihre Liebe warben, sondern

Fig. 50. Vesta Giustiniani. Sammlung Torlonia.

ihr Dienst musste auch durch Jungfrauen versehen werden. Besondere Tempel scheint sie nicht viele gehabt zu haben, da ihr ohnehin in jedem Tempel eine Stelle angewiesen war.

Dem keuschen und reinen Wesen der Göttin entsprechend konnte ihre plastische Darstellung gewiss nur den Ausdruck der strengsten Sittlichkeit an sich tragen. Man pflegte sie sitzend oder ruhig stehend abzubilden, mit einer Opferschale oder einem Scepter in der Hand. Statuen derselben scheinen nicht allzuhäufig gewesen sein, einer sitzenden Hestia des *Skopas*, welche nachher in den Servilianischen Gärten zu Rom aufgestellt war, erwähnt Plinius. Eine berühmte Hestia befand sich zu Paros, welche Tiberius später im Tempel der Concordia in Rom aufstellen liess. Wir können uns daher glücklich schätzen, von dieser Gottheit eine so vollkommene Darstellung noch zu besitzen, wie die Giustiniani'sche Vesta ist, so genannt nach ihrem früheren Aufbewahrungsorte, im Palast Giustiniani in Rom*) (Fig. 50). Diese berühmte Statue stellt die Göttin stehend dar, in ruhiger Haltung, mit einem sehr ernsten Ausdrucke des Gesichts, in welchem jungfräuliche Zurückhaltung und matronale Würde auf eine wunderbare Weise gemischt sind. Die rechte Hand ist in die Seite gestemmt, während die Linke mit dem Zeigefinger bedeutsam nach oben weist, als wolle sie die Menschen daran mahnen, wohin sie ihre Gedanken und Gebete zu richten haben. Der keusche und jungfräulich verschlossene Sinn der Göttin ist durch das Schleiertuch angedeutet, welches das Hinterhaupt bedeckend über die Schultern herabfällt. Dem einfachen und ruhigen Wesen der Hestia entspricht auch die höchst einfache, fast pfeilerartige Behandlung des Gewandes, welches selbst die Füsse ganz verhüllend bis zum Boden niederfällt. Der Eindruck des Ernsten, welchen diese Figur macht, wird noch verstärkt durch die über die Stirn herabfallenden Haare. Die Giustiniani'sche Vesta gilt für eine griechische Originalarbeit aus der besten Zeit.

Sonst findet sich Hestia (Vesta) noch verschiedentlich auf römischen Münzen, worunter eine Bronze-Münze der Sabina Augusta merkwürdig ist, welche die Göttin sitzend mit einem Palladion auf der rechten Hand darstellt. Auf einer volcentischen Vase von Sosias sitzt sie verschleiert auf einem Thron mit der Meergöttin Amphitrite.

---

*) Nach C. Friederichs' Angabe (Bausteine S. 97) jetzt im Besitze des Fürsten Torlonia in Rom.

B. Nebengötter.

1. Begleitende und dienende Umgebung.

a. Eros und Hymenäos.

Unter den Gottheiten, welche im Gefolge der Aphrodite zu erscheinen pflegen, wurden schon oben Eros, Pothos und Himeros erwähnt. Von diesen sind die beiden letzteren auf der Stufe allegorischer Wesen stehen geblieben, während Eros an verschiedenen Orten Griechenlands, namentlich zu Thespiae, neben der Aphrodite göttliche Verehrung genoss. Ursprünglich eine kosmogonische Gottheit wurde er von der späteren (nachhomerischen) Dichtung zu einem Sohne der Aphrodrite gemacht, von welchem sich die Liebesgöttin stets begleiten lässt und der ihr als williges Werkzeug dient, wenn sie das Gefühl der Liebe in dem Herzen eines Gottes oder Menschen erwecken will. Man dachte ihn sich als einen lieblichen, muthwilligen Knaben, mit einem goldenen Bogen und Pfeilen bewaffnet, welche er aus heimlichem Versteck abzuschiessen pflegt und deren unfehlbare Wirkung die verzehrenden, zugleich aber auch süssen Schmerzen der Liebe sind. Dieser Wirkung kann selbst Zeus, der mächtige Beherrscher des Olympos, nicht widerstehen, womit also die Liebe für die furchtbarste und gewaltigste Naturmacht erklärt wird. Es sind namentlich die erotischen Dichter, welche diese Vorstellungen weiter auszuführen lieben und Eros gern als einen höchst durchtriebenen Schalk darstellen, der aller muthwilligen Streiche voll ist, wenn ihm auch wegen seiner Schönheit und Liebenswürdigkeit Niemand ernstlich zürnen kann. Am meisten kehren diese und ähnliche Bilder in den Gedichten des Anakreon wieder, doch haben auch die tragischen Dichter, wie z. B. Sophokles in dem berühmten Chorgesange der Antigone (v. 775 u. flg. bei Wunder), es nicht verschmäht, die Allgewalt des Eros in ergreifenden Worten zu schildern.

Da Liebe ohne Gegenliebe keinen Zweck hat, so schuf die dichterische Phantasie dem Eros einen Bruder und Gefährten in dem Anteros, der natürlich ebenfalls zu einem Sohne der Aphrodite gemacht wurde. Da der kleine Eros, so heisst es in dem Mythos, nicht wachsen und gedeihen wollte, so gab ihm seine Mutter auf den Rath der Themis diesen Bruder und Gespielen, und nun erst gedieh der Knabe und war lustig, wenn der Bruder bei ihm war, aber traurig in dessen Abwesenheit.

Eros wurde nicht bloss als der Gott gefeiert, welcher die Liebe zwischen den beiden Geschlechtern entzündet, sondern galt auch als Stifter der Freundschaft und Liebe zwischen Jünglingen und Männern, weshalb sein Bild auch in den Gymnasien zwischen den Statuen des Hermes und Herakles aufgestellt zu werden pflegte und die Spartaner diesem Gotte vor der Schlacht opferten, womit sie sich gleichsam symbolisch zu treuem und liebendem Zusammenhalten in der Stunde der Gefahr verbanden.

Die sinnreiche Fabel von der Liebe des Eros zu der Psyche, der personificirten Menschenseele, welche am ausführlichsten in den Metamorphosen des Apuleius, eines philosophischen Schriftstellers aus der Zeit Kaiser Hadrians, erzählt wird, ist verhältnismässig späten Ursprungs, wurde aber von der spätern Kunst mit Vorliebe ausgebeutet.

Das künstlerische Ideal des Eros wurde durch die Meisterhand des *Praxiteles* geschaffen, der sich mit besonderer Vorliebe der Darstellung jugendlicher Gottheiten zuwendete und in seinen Schöpfungen bezaubernden Liebreiz wie kein griechischer Künstler vor ihm zum lebendigen Ausdrucke zu bringen wusste. Sein Eros aus pentelischem Marmor, als Knabe auf der Uebergangsstufe zum Jünglingsalter dargestellt (παῖς ἐν ὥρᾳ), mit vergoldeten Flügeln, war im Alterthum hochberühmt und wurde von dem Künstler selbst für eins seiner besten Werke gehalten. Von dem Kaiser Nero nach Rom gebracht und im Porticus der Octavia aufgestellt, ging er unter Titus durch eine Feuersbrunst zu Grunde. Noch andere Bilder des Eros soll Praxiteles verfertigt haben, ein zweites aus Marmor in Parion und zwei eherne, von welchen wir eine ausführliche Beschreibung des Callistratos besitzen. Ebenso haben die beiden berühmten Zeitgenossen des Praxiteles, *Skopas* und *Lysippos*, sich in Darstellungen des Eros versucht. Näheres wissen wir von diesen verloren gegangenen Statuen nicht, doch scheint man zwischen den für den Cultus bestimmten und den zu rein künstlerischen Zwecken verfertigten Bildern in dieser Weise unterschieden zu haben, dass in jenen nur der anmuthige Knabe, in diesen dagegen der lose Schalk zum Ausdrucke gelangte. Auch wurde in den profanen Bildern der späteren Zeit Eros immer jünger dargestellt, da die Kindergestalt besser zu den heiteren Scherzen, welche durch Anakreon u. A. über Eros in Umlauf gebracht worden waren, zu passen schien.

Unter den erhaltenen Darstellungen dieser Gottheit verdient an erster Stelle genannt zu werden der berühmte Torso von Centocelle im Vatikan, weil einige Wahrscheinlichkeit vorhanden ist, dass er eine Nachahmung

Fig. 51. Erostorso. Vatikan.

entweder der Thespischen oder der Parischen Statue des Praxiteles sei (Fig. 51). Welchen besonderen Moment der Künstler habe vergegenwärtigen wollen, lässt sich bei dem Fehlen der Arme und Beine nicht mehr erkennen. Das schöne Haupt des im angehenden Jünglingsalter dargestellten Gottes ist wie in sinnender Betrachtung sanft geneigt und hat einen melancholischen Ausdruck. Von besonderer Schönheit ist die Fülle des in Locken herabfallenden Haupthaares, welches nach altathenischer Sitte auf dem Scheitel in einen Knoten (κρώβυλος) verschlungen ist.

Dieselbe Wahrscheinlichkeit einer Nachahmung des Praxitelischen Urbildes hat auch eine noch ziemlich vollständig erhaltene Erosstatue im Museum zu Neapel für sich. Haltung, Ausdruck und Kopfputz sind wie bei dem Torso des Vatikan, das Flügelpaar ist auf Grund der noch vorhandenen Ansätze restaurirt.

Von den Erosstatuen, welche eine jugendlichere Auffassung des Gottes an sich tragen, gilt als besonders werthvoll trotz der trümmerhaften Gestalt, in welcher sie auf uns gekommen ist, der sogenannte bogenprüfende Eros des Capitolinischen Museums, in welchem Visconti eine Nachahmung des zu Thespiä aufgestellten ehernen Eros des Lysippos erkennen wollte. (Fig. 52) — Aus Vergleichungen mit einer Copie dieses Eros auf einer Gemme des Berliner Museums und einem in Venedig befindlichen Exemplar derselben Statue ergibt sich jedoch, dass die Restauration nicht richtig vorgenommen ist. Eros war nicht im Begriff den Bogen zu prüfen, sondern ihn zu biegen, um die Schlinge, in welcher die Sehne endet, an der einen Spitze zu befestigen. Der Bogen war der des Herakles, so dass also dem Gegenstande durch den Künstler eine scherzhafte Pointe gegeben worden ist.*)

---

*) Das Nähere darüber findet man bei C. Friederichs, Bausteine S. 348. Ueber dessen ansprechende Deutung des Erostorso als eines am Grabe trauernden Amor, ebend. S. 268.

Völlig als Knabe erscheint Eros in einer berühmten Marmorstatuette des Berliner Museums (bei Müller Denkm. II Taf. LI N. 649). Er hält hier in der Linken eine Handvoll Spielknöchelchen, die er, um keins zu verlieren, fest gegen die Brust drückt. Er hat dieselben dem Ganymedes im Spiele abgewonnen, worüber er, nach dem Ausdrucke des Gesichts zu schliessen, eine lebhafte Freude empfindet.

Von unendlicher Mannigfaltigkeit sind die verschiedenen Situationen, in welchen die alte Kunst den scherzenden Eros, besonders auf geschnittenen Steinen, darzustellen liebte. Alle bilden Variationen des Themas, dass die Liebe Alles zu überwinden vermag. Bald zerbricht Eros die Donnerkeile des Zeus, bald schleppt er die Insignien anderer Götter hinweg, bald schmückt er sich mit dem Schilde des Herakles und raubt ihm Keule und Löwenfell. Oder er spielt mit den wildesten Thieren, reitet auf Löwen, Tigern und Leoparden, spannt sie vor den Wagen, treibt sie mit Peitschen und Fackeln. Der Gedanke, dass die Liebe zu allerlei Spiel und Kurzweil aufgelegt ist, hat ebenfalls zu den anmuthigsten Compositionen geführt. Eros wird dargestellt als Fischer, als Jäger mit Hasen und Feldhühnern beladen, oder er ergötzt sich an dem Kampfe zweier Hähne, oder er kämpft mit einer Gans, fährt mit Schwänen, reitet auf einer Maus u. s. f. Die zahlreichsten Bilder hat die spätere Kunst an die Fabel von dem Verhältnisse zwischen Eros und Psyche

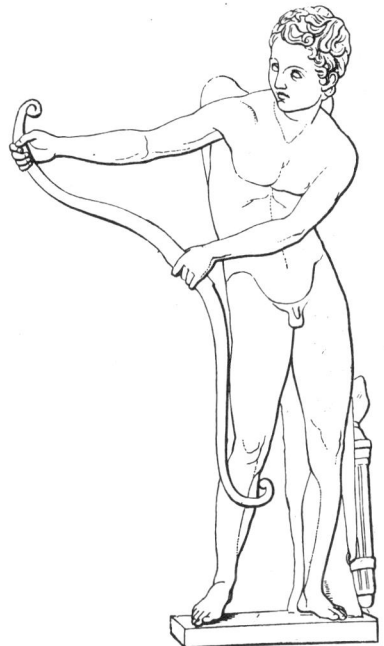

Fig. 52. Sogenannter bogenprüfender Eros. Capitolinisches Museum.

angeschlossen, indem der Gedanke, dass die Liebe sowohl beseligend als auch die Quelle der bittersten Leiden sein kann, der Phantasie des schaffenden Künstlers den reichsten Spielraum bot. Die Psyche selbst wird bald als geflügeltes Mädchen, bald auch bloss als Schmetterling abgebildet, bald sieht man sie in zärtlicher Umarmung mit dem Geliebten, bald wird sie auf's grausamste von ihm gepeinigt und gequält. Endlich bot auch der Gedanke an die nahen Beziehungen des Weines und der Liebe Stoff zu mancherlei künstlerischen Spielereien, indem Eros als Mundschenk dargestellt wird oder Trauben lesend oder sonst in Gesellschaft des Dionysos und des Silen weilend. Unter den vielen vorhandenen Gruppen dieser Art zeichnet sich durch Feinheit der Behandlung, indem jeder Gedanke einer

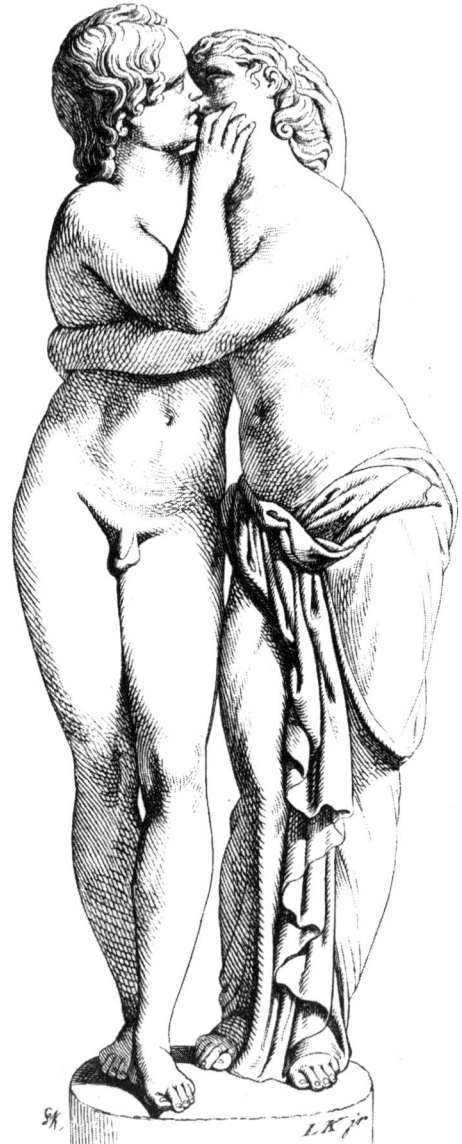

Fig. 53. Eros und Psyche. Marmorgruppe des Capitols.

sinnlichen Leidenschaft ferngehalten ist, die berühmte Capitolinische
Marmorgruppe aus, von welcher wir nebenstehend eine Abbildung

geben (Fig. 53). Sie wurde in Rom in wohlconservirtem Zustande gefunden, ergänzt ist nur die rechte Hand und der linke Fuss des Eros. Die liebende Hingabe der Psyche an den beseligenden Gott kann nicht zarter und rührender zugleich zum Ausdrucke gebracht werden, als es in diesem Marmor geschehen ist. Die Gruppe ist übrigens eine römische Copie, wie schon aus dem Weglassen der Flügel bei Eros sowohl wie Psyche geschlossen werden muss. — Eine höchst an-

Fig. 54. Eros und Psyche. Fogelberg'sche
Sammlung in München.

muthige Darstellung der von Eros umarmten Psyche findet sich in der kleinen Terracotta der Fogelberg'-schen Sammlung (Münchener Anti-ken, Taf. 22), von welcher Fig. 54 eine Abbildung gibt.

Die Kunst begnügte sich bald nicht mehr mit einem Eros, son-dern schuf der Eroten oder Amo-retten unzählig viele, die sie als liebliche geflügelte Kindergestalten bildete. Das wesentlichste Symbol des Eros ausser Bogen und Pfeilen ist die brennende Fackel. Unter den Blumen ist ihm die Rose ge-weiht, weshalb er auch häufig mit Rosen bekränzt erscheint, unter den Thieren besonders die Taube neben verschiedenen anderen aphro-disischen Thieren.

In der Umgebung der Aphro-dite und in der Gesellschaft des Eros pflegt auch Hymenäos zu erscheinen, eine Personifikation des Hochzeitsgesanges, welche nur die spätere Dichtung und Kunst kennt. Man machte ihn bald zu einem Sohne des Apollon und der Muse Kalliope, bald des Dionysos und der Aphrodite, noch Andere ersannen andere Fabeln über seine Geburt oder erklärten ihn für einen später vergötterten athenischen Jüngling. Darstellungen desselben sind nicht häufig; man bildete ihn als schönen Jüngling, ebenfalls geflügelt wie Eros, nur grösser und ernster, mit Rosen bekränzt oder einen Rosenkranz in der Hand haltend. Sein unerlässliches Attribut ist die Hochzeitsfackel.

b. Die Musen.

Ueber die Musen gab es, sowohl was ihren Ursprung als was ihre Zahl betrifft, verschiedene Traditionen. Nach der gewöhnlichen

Annahme, der auch Homer und Hesiod folgen, sind ihrer neun, die
potenzirte Dreizahl, und sie gelten als Töcher des Zeus und der Mnemosyne. Nach der Besiegung der Titanen nämlich, so erzählt uns Pindar,
baten die Himmelsbewohner bei Gelegenheit der Hochzeitsfeier des
Zeus und der Themis den ersteren, auf die Erschaffung himmlischer
Wesen Bedacht zu nehmen, welche das Andenken an so grosse Thaten
durch die Kunst des Gesanges zu verewigen vermöchten. Und Zeus

erzeugte nun mit der Mnemosyne, d. i.
Erinnerung, die neun Musen, die Gegen-
wärtiges, Vergangenes und Zukünftiges zu
singen wissen und durch ihre holden Gesänge, die Apollon mit seinem Zitherspiel
zu begleiten pflegt, die Herzen der Himmlischen erfreuen, wenn sie im hohen Palaste
des Vaters Zeus versammelt sind. Es ist
natürlich, dass die Erinnerung oder das
Gedächtnis bei noch rohen Naturvölkern,
welchen die Kunst des Schreibens unbekannt ist, eine wichtige Rolle spielt, und
es erklärt sich daher, dass man diese
Seelenkraft nicht nur zu einer Gottheit
machte, sondern ihr unter den ältesten
theogonischen Gottheiten eine Stelle anwies,
indem man sie für eine Titanide, eine
Tochter der Gäa und des Uranos erklärte.
Verehrt wurde Mnemosyne in Gemeinschaft
mit ihren Töchtern.

Die Kunst hat sie wohl nur selten zum
Gegenstande der Darstellung gewählt. Eine
auf der Plinthe mit ihrem Namen bezeichnete
Statue wurde zu Tivoli in der Villa des Cassius

Fig. 55. Mnemosyne. Vatikan.

mit einer Gruppe der Musen gefunden und befindet sich gegenwärtig im
Vatikan (Fig. 55). Es ist eine bis über die Hände verhüllte Figur, in
deren Zügen sich ernstes Nachsinnen ausdrückt.

Was die Musen selbst betrifft, so ist man hinsichtlich ihrer Naturbedeutung nicht mehr im Zweifel, dass sie ursprünglich Quellnymphen
waren. Der Musendienst stammt aus der Landschaft Pierien am östlichen Abhange des Olympos, von dessen steilen und felsigen Höhen eine

Menge melodisch rieselnder und rauschender Bächlein thalwärts hinab-
stürzen. Die Betrachtung dieser Naturmusik führte ganz von selbst zu
dem Glauben an diese gesangesfrohen Göttinnen, die nach Homer ihre
Wohnungen etwas unterhalb der Kuppe des Olympos nicht fern von
den Wohnungen der ewigseligen Götter haben, deren Sitz aber von Herodot auch auf den böotischen Berg Helikon verlegt wurde. In Askra

Fig. 56. Thalia. Vatikan.   Fig. 57. Euterpe. Vatikan.

am Fusse des Helikon war in einem Haine, welcher die berühmten
Quellen Aganippe und Hippukrene barg, ein Haupttheiligthum der
Musen. Ebenso wurde später der Berg Parnassos in Böotien als ihr
Wohnsitz betrachtet und der an dessen Fuss sprudelnde kastalische
Quell war ihnen heilig. Gewöhnlich erscheinen die Musen im Gefolge
des Apollon, welcher davon den Namen Musagetes führte, bisweilen

auch begleiten sie die Artemis. Von Haus aus sind sie nur singende Göttinnen, doch findet man hin und wieder, namentlich auf Vasenbildern, auch Musen, welche die Kithar oder die Flöte spielen. Auch treten sie in der älteren Poesie immer nur als Chor auf, und die besonde-

Fig. 58. Melpomene.

ren Funktionen, welche man ihnen als Vorsteherinnen dieses oder jenes Zweiges der Kunst zugewiesen hat, sind erst Erfindungen einer späteren Zeit. Ihre Namen sind Kleio oder Klio (Verherrlichung durch den Gesang), Melpomene (Verbindung von Musik, Gesang und Tanz), Terpsichore (die Freude am Tanz), Polyhymnia oder Polymnia) die Hymnenreiche), Thaleia oder Thalia (die blühende Festesfreude), Urania (die Himmlische, welche die hohen Thaten der Götter singt), Euterpe (die Heiterkeit, welche der Gesang wirkt), Erato (die Sehnsucht, welche er weckt), endlich Kalliope (die Schönstimmige), welche unter allen die vorzüglichste ist. Nach der wahrscheinlich erst in der Zeit der Alexandriner gemachten Vertheilung der Künste unter sie vertritt Kalliope die epische Poesie und die Wissenschaften überhaupt, ihre Attribute sind eine Tafel oder Rolle und ein Stilus; Klio ist Muse der Geschichte und wird gleichfalls mit einer Rolle in der Hand dargestellt, so dass die Entscheidung zwischen ihr und Kalliope bisweilen zweifelhaft ist, auch hat sie wohl eine Bücherkiste neben sich; Euterpe vertritt die lyrische Poesie und ist an der Doppelflöte kenntlich; Melpomene, die Muse der Tragödie, pflegt mit Heroenmaske, Keule oder Schwert und einem Kranze

von Weinlaub abgebildet zu werden; Terpsichore, die Muse der Tanz-
kunst, hat Lyra und Plektron; Erato, welcher die erotische Poesie, wie
auch Geometrie und Mimik zugetheilt sind, hält gewöhnlich ein grösseres
Saiteninstrument; Thalia ist Muse der Komödie und wird charakterisirt
durch die komische Maske, bakchisches Costüm (Epheukranz) und den
Krummstab (pedum); Polymnia vertritt die ernsten gottesdienstlichen
Gesänge und wird ohne Attributte dargestellt, sie ist kenntlich an der
dichteren Einhüllung und der ernst sinnenden Miene; Urania endlich,
die Muse der Astronomie, hält in der einen Hand einen Himmelsglobus,
in der andern ein Stäbchen.

Von den Musen gab es im Alterthume Darstellungen berühmter Künstler,
wie z. B. des *Lysippos* in einem Tempel zu Megara sowie des Rhodiers
Philiskos im Porticus der Octavia in Rom. Unter den erhaltenen Statuen-
gruppen nimmt die Vatikanische, welche mit der erwähnten Mnemosyne
zusammen in Tivoli gefunden worden ist, den ersten Rang ein (Fig. 56 stellt
aus dieser Gruppe die Thalia dar, Fig. 57 die Euterpe, Fig 58 die Melpomene).
Mit ihnen stimmen die später entdeckten in der Villa Borghese überein.
Minder bedeutende Gruppen sind in S. Ildefonso und in Stockholm.
Ausserdem kennen wir die Art sie darzustellen aus erhaltenen Münzen,
Vasengemälden, einem Herkulanischen Wandgemälde, auf welchem nur
Euterpe fehlt, und aus zahlreichen römischen Marmorreliefs, von denen
das berühmteste, die Apotheose Homers unter Begünstigung des Zeus,
Apollons und der Musen darstellend, welches unter den Ruinen von
Bovillae gefunden wurde, im Besitz des Britischen Museums ist.

c. Die Chariten.

Die Chariten bilden das gewöhnliche Gefolge der Liebesgöttin, als
deren Dienerinnen sie erscheinen, indem es ihr Geschäft ist, sie zu
schmücken und anzukleiden. Doch gesellen sie sich auch zu andern
Göttern, da alles Anmuthige und Reizende, mag es nun sinnlicher oder
geistiger Natur sein, von ihnen ausgeht, wie dies schon ihr Name, der
sie als die „Erfreuenden" bezeichnet, zur Genüge andeutet. Die Dreizahl derselben und ihre Namen Aglaja, Euphrosyne und Thalia
finden sich zuerst bei Hesiod, während Homer sich über ihre Zahl nicht
ausspricht, wohl aber der Charis d. i. der personificirten Anmuth, als
Gemahlin des Hephästos erwähnt und an einer anderen Stelle (Il. XIV,
267) die Pasithea als eine der jüngeren Chariten anführt. Nach der
allgemeinen Annahme gelten sie als Töchter des Zeus und der Okeanide
Eurynome, ihre Wohnung war auf dem Olymp neben der Wohnung

der Musen, zu denen sie, da Künste und Wissenschaften der Anmuth
nicht entbehren können, in einer natürlichen Beziehung stehen. Spätere
machten sie zu Töchtern des Dionysos und der Aphrodite. Ursprünglich
den Horen nahe verwandt, indem sie die schöne Frühlingszeit dar-
stellten, wie jene den Sommer, wurden sie später zu Geberinnen alles
dessen, was das menschliche Leben verschönert und angenehm macht.
Ohne sie gibt es keinen eigentlichen Lebensgenuss, deshalb mochten
selbst die seligen Götter sich ohne die Chariten nicht niedersetzen zum
festlichen Mahle, und wo fröhliche Menschen zusammenkamen bei festlichen Veranlassungen, da riefen sie die Chariten an und opferten ihnen
den ersten Becher, damit, wie hoch auch die Wellen der Freude gehen
möchten, doch der Anstand stets bewahrt bleibe. Musik, Beredtsamkeit,
Künste und Poesie erhielten erst durch die Chariten ihre höhere Weihe,
deshalb nennt Pindar seine Lieder ihr Geschenk, und man pflegte sie
mit Apollon, Hermes und den Musen gemeinsam zu verehren. Auch
Weisheit, Tapferkeit, mildes Wohlthun und Dankbarkeit, kurz alle
edlen Tugenden, welche den Menschen schmücken und bei Andern angenehm machen, gehen von ihnen aus.

Die älteste Cultusstätte der Chariten war Orchomenos in Böotien
(Pindar, Olymp. XIV.), wo ihnen Eteokles einen Tempel errichtet haben
soll, ein anderes uraltes Heiligthum derselben war zwischen Sparta und
Amyklä am Tiasaflusse, auch hatten sie Tempel zu Pergos und Delphi,
Byzanz, Perinthos und Elis, und ausserdem war ihnen in zahlreichen
Tempeln der Aphrodite, des Apollon und Hermes, ja selbst der Eumeniden und der Nemesis, um das Schreckliche dieser Gottheiten zu mildern, eine Stelle eingeräumt. Ihre Feste heissen Charitesien und wurden mit Tänzen gefeiert, wobei die besten Tänzer als Preis einen Ho-
nigkuchen bekamen. In Orchomenos wurde das Fest der Charitesien
auch mit poetischen Wettkämpfen gefeiert.

Die ältere Kunst stellte die Chariten zwar zierlich, aber doch stets
völlig bekleidet dar, im weiteren Fortgange der Entwickelung nahm man
die Draperie immer leichter, bis endlich zur Zeit des Skopas und Praxiteles, wo das Nackte immer mehr Eingang in die Kunst fand, auch die
Chariten jegliche Umhüllung wegwarfen. Charakterisirt werden sie weniger
durch bestimmte Attribute, als durch gegenseitiges Händegeben und Um-
armen. Als Beispiele der älteren Costümirung waren in Smyrna die
Chariten des *Bupalos* im Tempel der Nemesis berühmt, bekleidet stellte
sie auch *Sokrates*, der athenische Philosoph, der bekanntlich von Haus aus
Bildhauer war, am Eingange der Akropolis in Athen auf. Doch sind über-

haupt nur wenige alte Kunstwerke von ihnen erhalten. Die ältere Be-
handlungsweise lernen wir genügend kennen aus einer Reliefdarstellung
an dem berühmten Altare der Zwölfgötter aus der Villa Borghese im
Louvre zu Paris, wovon wir eine Abbildung beifügen (Fig. 59). Aehnlich
auf einem Marmorrelief des Vatikans mit ziemlich plumpen Figuren und auf
einem Basrelief im Besitze des Lord Guilford, von einer Korinthischen
Brunneneinfassung, die Versöhnung des Herakles und Apollon darstellend.

Fig. 59. Chariten vom Zwölfgötteraltar. Louvre.

Nackt gruppirt findet man sie in der Villa Borghese; noch berühmter ist die Gruppe im Palast Ruspoli in halber natürlicher Grösse mit
besonders schönen Köpfen. Eine sehr schöne Statuengruppe endlich findet
sich, wenngleich verstümmelt, in Siena in der bekannten Stellung, da
alle drei sich umarmt halten und zwei dem Beschauer das Gesicht, die
mittlere aber den Rücken zuwendet. Diese Art der Darstellung kehrt
besonders häufig auf Gemmen wieder, immer aber werden sie als blühende
Mädchen von schlanker und zierlicher Gestalt und mit dem Ausdrucke
heiterer Unschuld gebildet. In den Händen tragen sie häufig Blumen,
manentlich Rosen und Myrten.

d. Die Horen.

An die Chariten schliessen sich naturgemäss die ihnen verwandten
Horen an, ein ebenso fröhliches, zierliches Geschlecht wie jene, die Vor-

steherinnen der schönen Jahreszeiten. Nach Hesiod sind ihrer ebenfalls drei, Eunomia, Dike und Eirene und sie heissen die Töchter des Zeus und der Themis. Da die Horen den regelmässigen Gang der Natur in dem Wechsel der Jahreszeiten bezeichnen, so muss ihre Mutter wohl Themis sein, das personificirte ewige Gesetz der Weltordnung, welche man deshalb auch als Tochter des Uranos und der Gäa unter die allerältesten Gottheiten setzte. Als Vertreterin aller gesetzlichen Ordnung bei Göttern und Menschen beruft Themis im Auftrage des Zeus die Versammlungen der Himmelsbewohner und waltet ebenso in den irdischen Verhältnissen als Vorsteherin der Volksversammlungen und als Schützerin des Gastrechts.

Wiewohl sie an verschiedenen Orten Griechenlands Heiligthümer hatte, so scheinen doch Abbildungen dieser Göttin äusserst selten gewesen zu sein, da Pausanias nur einer einzigen Statue derselben, nämlich der des *Dorykleidas* im Tempel der Hera zu Olympia, erwähnt. Es ist daher nicht zu verwundern, dass wir kaum eine mit Sicherheit nachweisbare Darstellung der Themis aus dem Alterthum besitzen. Eine Gemme des Berliner Museums, die man allgemein als Themis nimmt, stellt sie dar mit einer Wage in der rechten Hand und einem Palmzweig im linken Arm.

Wie Themis, so erscheinen auch ihre Töchter, die Horen, in einem untergeordneten und dienenden Verhältnisse. Bei Homer sind sie Dienerinnen des Zeus, welche die Thore des Himmels bewachen, indem sie dieselben bald mit dichten Wolken verschliessen, bald die Wolken wieder hinwegschieben. Sie erscheinen aber auch als Dienerinnen der Hera, da sie ihr (Il. VIII, 433) die Rosse ausschirren, ferner als Begleiterinnen der Aphrodite, sowie des Apollon und der Musen. Ihr Naturbegriff trat bald hinter dem ethischen zurück, wie ja auch schon aus den Namen, welche die Gesetzmässigkeit, das Recht und den Frieden bedeuten, klar hervorgeht, und sie wurden nun verehrt als die Hüterinnen aller gesetzlichen Ordnung in den menschlichen Verhältnissen, unter deren Schutze alles Edle, Schöne und Gute gedeiht. Sie streifen also nahe an die Bedeutung der Chariten heran, weshalb sie auch vielfach mit denselben verwechselt wurden.

Ueber die Verehrung der Horen bei den Griechen sind wir wenig unterrichtet. Die Athener feierten ihnen zu Ehren ein besonderes Fest, die Horäen, verehrten aber nur zwei Horen, Thallo, die Hore der Blüthe, und Karpo, die Hore der gezeitigten Frucht. Ausserdem wird ihre Verehrung in Korinth, Argos und Olympia bezeugt. Die sonst allge-

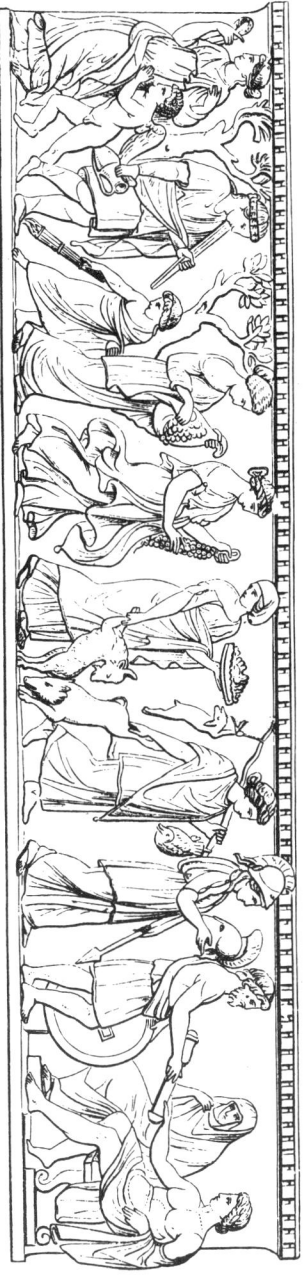

Fig. 60. Die Horen. Relief aus der Villa Albani.

mein angenommene Dreizahl ist wohl nicht daraus zu erklären, dass man in Griechenland nur drei Jahreszeiten angenommen hätte, vielmehr waren die Horen ursprünglich blosse Sommergöttinnen und repräsentirten gemeinsam den regelmässigen Umlauf des Jahres, nicht einzeln besondere Jahreszeiten. Erst in späterer Zeit nahm man den vier Jahreszeiten entsprechend auch vier Horen an, ja noch später theilte man das Jahr in noch mehr Abschnitte und beschränkte die Zahl der Horen nicht mehr.

In den Darstellungen der Kunst, die keineswegs häufig sind, herrscht die Dreizahl vor. Man bildete die Horen gewöhnlich als liebliche Jungfrauen, hochgeschürzt und tanzend, mit Blumen, Früchten und Kränzen geschmückt, später gab man ihnen auch Attribute, welche die verschiedenen Jahreszeiten erkennen liessen.

So erscheinen die vier Horen auf einem Relief der Villa Albani (Fig. 60), welches entweder die Hochzeit des Peleus und der Thetis, oder des Kadmos und der Harmonia darstellt, den Brautleuten Geschenke bringend. Die Hore des Winters hat an einem über die linke Schulter gelegten Tragholz einen Hasen und eine Ente hängen, während sie mit der rechten Hand einen Eber nach sich zieht, die Hore des Herbstes trägt in der linken Hand einen Korb mit Früchten, mit der rechten hält sie eine Ziege gefasst, die Hore des Sommers trägt Früchte in dem Bausch ihres Gewandes und die Hore des Frühlings Blumengewinde (Müller Denkm. II. Taf. LXXV, 961).

Eine archaische Darstellung der drei Horen findet man auf demselben Altar der Zwölfgötter im Louvre, der auf einer andern seiner drei Seiten das Bild der Chariten, auf der dritten die Mören zeigt. Auch ein Marmorrelief im Louvre, aus der Villa Albani stammend, zeigt sie in diesem alterthümlichen Style; hier sind sie mit dem verwandten Dionysos zusammengestellt, dem sie in tanzender Bewegung folgen.

e. Nike.

Die ursprüngliche Bedeutung der Nike ist nach Preller's Vermuthung der Blitz, daher sie von Zeus unzertrennlich ist, dessen berühmte Colossalstatue zu Olympia auch eine Nike in der Rechten trug. In der Theogonie ist sie eine Tochter des Titanen Pallas (Umschwung des Himmels) und der Styx (Eiseskälte). Weil sie in dem Kampfe gegen die Titanen mit ihren Geschwistern Zelos, Bia und Kratos dem Zeus zu Hülfe eilte, geniesst sie auch mit ihnen der Ehre, auf dem Olympos zu wohnen und neben dem Himmelsbeherrscher zu sitzen. Weiterhin erscheint sie aber auch in der Umgebung der Pallas, die von den Athenern selbst auch als Siegesgöttin verehrt wurde. Besondere Tempel und Feste scheint sie nicht viele gehabt zu haben, da sie gemeiniglich eben nur im Gefolge der ihr gebietenden Gottheiten erscheint. Auf der Akropolis zu Athen befand sich ein Tempel der ungeflügelten Siegesgöttin (Nike Apteros) von sehr kleinen Dimensionen, indem derselbe nur 18 $^1/_4$ F. breit und 27 F. lang war.

Die Kunst pflegte sonst die Nike allgemein geflügelt darzustellen und als jugendliches weibliches Wesen, ihre Attribute sind Palmzweig und Lorbeerkranz, Waffen und ein ganzes Tropäon. Auf Vasen und kleineren Bildwerken sind uns häufige Darstellungen der Nike erhalten, auf denen sie meistens schwebend, bisweilen auch stehend Siegeskränze austheilt, auch in Pompejanischen Gemälden, dagegen sind grössere Statuen sehr selten. Berühmt ist die prächtige Bronzestatue der Victoria in Brescia, im Motiv der Stellung und Bewegung der Venus von Melos nahestehend. Eine schöne Bronze bewahrt ferner das Casseler Museum. Auch ist von den leider sehr verstümmelten Sculpturen des Parthenongiebels auf der Akropolis eine geflügelte Nike neuerdings wieder aufgefunden. Weit ausgedehnter war die Verehrung und bildliche Darstellung der römischen Victoria.

f. Iris.

Iris ist ursprünglich nichts als eine Personifikation des Regenbogens, verwandelt sich aber dann, weil der Regenbogen gleichsam eine

Himmel und Erde verbindende Brücke ist, in die leichtbeschwingte
Götterbotin, in welcher Eigenschaft sie uns schon bei Homer entgegentritt. Nach der Theogonie Hesiods ist sie eine Tochter des Meergottes
Thaumas und der Okeanide Elektra; Homer gedenkt ihrer Abstammung nicht. Wenn dem Inselvolk der Griechen der Regenbogen aus
dem Meere aufzusteigen schien, so liegt das eben in der Natur der Verhältnisse. In der Ilias erscheint sie noch als allgemeine Götterbotin,
wenn sie auch meistens von Zeus und der Hera ausgesendet wird, später
scheint sie mehr zu einer besonderen Dienerin der Hera herabgesunken
zu sein. Ihre Schnelligkeit ist erstaunlich gross; wie Hagel oder Schnee,
der aus den Wolken stürzt, sagt Homer, fährt sie daher von einem Ende
der Welt zum andern, ja selbst bis zum tiefsten Grunde des Meeres und
in die Tiefen der Unterwelt taucht sie hinab, um die Aufträge der
Himmlischen auszurichten. Nachhomerische Dichter gaben ihr daher,
um ihre grosse Schnelligkeit zu erklären, goldene Flügel, und diese
fanden auch in den Darstellungen der Kunst allmählich allgemein
Eingang. Wegen dieser Flügel ist sie der Nike ähnlich und nur durch
das Attribut des Heroldstabes (caduceus) mit Sicherheit von derselben
zu unterscheiden. Cultusgottheit ist sie natürlich nie gewesen.

Auch Iris hatte, der Nike auf der linken Seite des östlichen Giebelfeldes
des Parthenon entsprechend, auf der rechten Seite einen Platz und war dort
dargestellt als Verkünderin der Geburt der Athena. Die freilich sehr be-
schädigte Figur bewahrt das Britische Museum.

g. Hebe.

Auch Hebe, die Tochter des Zeus und der Hera, wird gewöhnlich
zu den dienenden Gottheiten gerechnet, obgleich ihr, schon dieser Abstammung wegen, eine solche untergeordnete Stellung in keiner Weise
zukommt. Ihrer Naturbedeutung nach ist die Tochter des Himmels und
der leichten Luft eine Personifikation der Jugendblüthe der Natur im
weitesten Sinne des Wortes. Es scheint aber, dass diese ihre ursprüngliche Bedeutung schon früh durch Kora, die Tochter des Zeus und der
Demeter, welche die Natur mehr von ihrer irdischen Seite als aufspros-
sende und wieder absterbende Vegetation bedeutet, verdunkelt wurde
und allmählich ganz zurücktrat. Nachdem sie aber einmal ihre Naturbedeutung abgestreift hatte, wusste man für sie in dem olympischen
Haushalte des Zeus keine rechte Beschäftigung ausfindig zu machen

und so blieb ihr nichts übrig, als diejenige Rolle zu spielen, welche
auch in den Häusern irdischer Könige den jüngern und unvermählten
Töchtern zukommt, der Mutter in allen Dingen hülfreiche Hand zu leisten, den männlichen Gliedern des Hauses, wenn sie zum Kampf aus-
ziehen oder aus der Schlacht heimkehren, den stärkenden Trunk zu
kredenzen, sowie den einkehrenden Fremdling mit einer Schale Wein
zu begrüssen. Mit Rücksicht auf solche altpatriarchalische Sitten kam
man dazu, der Hebe das Mundschenkenamt an der Tafel der Götter zu
vindiciren, aus welchem sie in der späteren Literatur vor dem Ganymedes zurücktritt, dessen Fabel der ionischen Sitte, sich bei Tische von
schönen Knaben bedienen zu lassen, ihren Ursprung verdankt. Nach
einer andern Version der Sage ist ihre Vermählung mit dem vergötterten und in den Kreis der olympischen Götter aufgenommenen Herakles
die Ursache, dass sie von ihrem Schenkenamt zurücktritt. Letztere
Sage ist den Homerischen Gedichten noch fremd (die bezüglichen Verse
der Nekyia sind interpolirt), dagegen ist sie in späterer Zeit desto mehr
ein Lieblingsgegenstand für Poesie und Kunst geworden. In der That
konnte die schwere irdische Laufbahn des vielgeprüften Helden keinen
schöneren und versöhnenderen Abschluss finden, als dadurch, dass
seine grimmige Verfolgerin Hera ihr die eigene Tochter, gleichsam ihr
eigenes blühendes Abbild, zur Gemahlin gibt.

Im Cultus nimmt Hebe eben keine bedeutende Stelle ein, sie scheint
meistens nur im Vereine mit ihrer Mutter Hera verehrt worden zu sein,
während sie sich auf der andern Seite auch an den verwandten Cult des
Dionysos, des Gottes der sich ewig erneuernden Naturkraft, anlehnt.
Auch mit Herakles wurde sie begreiflicher Weise gemeinschaftlich
verehrt. Beider Altäre standen z. B. im Kynosarges zu Athen neben
einander.

Was nun ihre Darstellung durch die Kunst betrifft, so scheint das
Alterthum nur wenige Rundbilder der Hebe gekannt zu haben, wenigstens
wissen wir nur von einer Marmorstatue des *Praxiteles* im Tempel der Hera
zu Mantinea und einer chryselefantinen Statue des *Naukydes*, welche neben
der berühmten argivischen Hera des Polyklet ihren Platz erhielt. Wie diese
Künstler das Wesen der Hebe zum Ausdruck gebracht haben, darüber
verlautet keine Nachricht. Es ist aber leicht zu vermuthen, dass sie in
derselben die vollendete Jugendschönheit, gewissermassen eine verjüngte
Hera, dargestellt haben werden. Denn schon Homer rühmt ihre ausserordentliche Schönheit und Pindar nennt sie „die schönste der Göttinnen, die
neben ihrer Mutter auf dem Olympos wandelt."

Am häufigsten begegnet man Darstellungen der Hebe noch auf Vasenbildern.*) Auf Vasen des strengeren Styles erscheint sie meist als Braut des Herakles auf dem Hochzeitswagen, geleitet von Athena, Alkmene und Iolaos, auf Vasen der fortgeschrittenen Kunst dagegen findet man sie als anmuthige und züchtige Jungfrau im Chiton und Diploïdion, einem Zeus, Poseidon, Ares oder Herakles aus einer emporgehaltenen Kanne Nektar einschenkend, auf unteritalischen Prachtvasen wiederum als festlich geschmückte Braut in einer Versammlung besonders weiblicher Gottheiten. Von diesem auf allen Vasenbildern festgehaltenen züchtigen und ehrbaren Charakter erlaubten sich nur die Gemmenschneider eine Abweichung, welche sie leichtbekleidet oder gar völlig nackt darzustellen wagten. So finden wir sie auf einigen antiken Gemmen, mit einer Trinkschale in der Hand den Göttern Nektar reichend.

Unter den erhaltenen Reliefdarstellungen ist in erster Reihe das Marmorrelief des korinthischen Puteal (im Besitze des Lord Guilford zu London) zu nennen. Man nimmt jetzt allgemein an, dass in demselben der Festzug dargestellt sei, durch welchen Hebe dem in den Olympos aufgenommenen Herakles entgegengeführt wird. Voran schreiten die Hochzeitsgötter Apollon und Artemis, dann folgt Hera als Mutter der Braut, dann Hermes als Opferherold, endlich die verschämte Braut, von Aphrodite und Peitho geleitet. Ihnen schreitet von der andern Seite der Bräutigam Herakles entgegen, geleitet von seiner Schutzgöttin Athena, die ihm voranschreitet, und von seiner Mutter Alkmene. (Abgeb. bei Müller-Wieseler Denkm. I., Taf. XI, 42). Hieran reihen sich noch eine Anzahl anderer Reliefdarstellungen, in Neapel, im Louvre, im Britischen Museum, in der Worsley'schen Sammlung u. s. w. an, neben denen wir nur noch ein aus der Villa Borghese stammendes, jetzt gleichfalls im Louvre, erwähnen, wo Hebe nach Art dorischer Jungfrauen mit einem an der Seite offenen und den grösseren Theil des rechten Beines unbedeckt lassenden Chiton bekleidet erscheint. Eine schöne Darstellung der Hochzeit der Hebe und des Herakles bewahrt das Berliner Museum auf einem Krater von Nola.

Statuen der Hebe sind bis jetzt nicht aufgefunden worden, so viele glückliche Ausgrabungen man auch in neuerer Zeit gemacht hat.**) Eine neuerdings im römischen Kunsthandel aufgetauchte kleine Marmorbüste griechischer Arbeit, welche den Heratypus in ganz jugendlichen Formen wiedergibt, ist von Kekulé mit grosser Wahrscheinlichkeit als Hebe gedeutet worden.***)

h. Ganymedes.

Einen ähnlichen Dienst wie Hebe versieht Ganymedes im Olympos, der von den Göttern in den Himmel erhobene und unsterblich ge-

---

*) Genaue Zusammenstellung der vorhandenen Denkmäler bei Reinh. Kekulé: Hebe, eine archäologische Abhandlung, Leipzig, 1867.
**) Einigen Ersatz für diesen Mangel antiker Marmorstatuen der Hebe bieten jedoch die bekannten herrlichen Schöpfungen von Canova und Thorwaldsen.
***) Zum ersten Male abgebildet als Beilage zu der erwähnten Abhandlung.

machte Sohn des Königs Tros zu Troja, nur dass er mehr zum besonderen Dienst des Zeus als dessen Mundschenk berufen zu sein scheint. Dass Zeus seinen Adler geschickt habe, um den Ganymedes zu rauben, wird weder von Homer noch von Pindar erwähnt, sondern dieser Zug der Sage, welcher von der späteren Kunst mit ganz besonderer Vorliebe ausgebeutet worden ist, findet sich erst bei Apollodor. Der römische Dichter Ovid ging dann noch weiter und liess den Beherrscher des Olympos sich selbst in einen Adler verwandeln, um seinen Liebling heraufzuholen.

Unter den statuarischen Darstellungen des Ganymedes, welche das Alterthum kannte, nahm durch ihre Schönheit unzweifelhaft die Gruppe des *Leochares* den ersten Rang ein. Dieser der jüngeren attischen Schule angehörende und nach Plinius um Ol. 102, also in der ersten Hälfte des 4. Jahrhunderts vor Christus blühende, sicher aber noch bis zum Jahre 328 thätige Künstler, löste die fast über die Grenzen der Plastik hinausgehende Aufgabe, die Entführung des Ganymedes durch den Adler darzustellen, was natürlich nur durch eine dem Auge verborgene Stütze auf der Rückseite möglich war. Plinius rühmt an diesem Werke, dass der Adler zu fühlen scheine, was er raube und wem er es bringe, und dass man wahrnehmen könne, wie der Adler sich sorgfältig hüte, die Haut des schönen Knaben mit seinen Krallen zu ritzen.

Für eine Copie dieses von Leochares in Bronze ausgeführten Werkes gilt die berühmte Statue der Pio-Clementinischen Sammlung im Vatikan (Fig. 61). Jedenfalls ist die Auffassung des Gegenstandes eines grossen Meisters würdig. Der schöne Knabe widerstrebt nicht im mindesten dem raubenden Adler, sondern als ob er wisse, dass es der Bote des Zeus ist, der ihn aufwärts trägt, so ist er in Mienen und Haltung ganz Hingebung und von dem Vorgefühl des seligen Götterlooses durchdrungen, welches seiner im Himmel wartet. Der ihm heulend nachblickende Hund dient dazu, die Vorstellung des Schwebens für den Beschauer noch mehr zu verstärken, die am Boden liegende Hirtenflöte deutet die Beschäftigung des Ganymedes vor seiner Erhebung zum Olympos an.

Affektvoller und mit Zugrundelegung des Mythos, dass Zeus selbst sich in einen Adler verwandelt habe, um den Ganymedes zu rauben, ist der Gegenstand behandelt in der ebenfalls vortrefflichen Gruppe in Venedig, welche Auffassung sich wiederholt auf eine Bronze-Münze des Kaisers Geta und einem Hautrelief der Halle zu Thessalonike (Müller Denkm. II, Taf. IV, Fig. 50 u. 51).

Eine schöne Gruppe ist das im Vatikan aufbewahrte Relief von einem Sarkophage, welches den Ganymedes darstellt, wie er dem Adler eine Trinkschale darreicht, um ihn zu tränken, worüber er eine unschuldige Freude zu empfinden scheint. Die am Boden sitzende weibliche Figur ist wohl schwerlich Hebe, sondern eine Ortsnymphe, welche den schönen Knaben zu warnen scheint, sich nicht in ein so gefährliches Spiel einzulassen.

Fig. 61. Ganymed nach Leochares. Vatikan.

Eine andere Gestalt hat diese Entführungsscene auf einer Gemme der
Berliner Gemmensammlung (Tölken, Erklär. Verz. S. 101 Nro. 119). Hier
sinkt Ganymedes über die Annäherung des Adlers erschrocken zu Boden.
Andere Gemmen zeigen noch andere Variationen dieses beliebten Gegenstandes, der uns ausserdem noch auf einer ganzen Anzahl Herkulanischer
und Pompejanischer Wandgemälde wiederbegegnet.

2. Die himmlischen Erscheinungen.

a. Helios.

Helios, der Sonnengott, gehört zu den wenigen griechischen Gottheiten, welche ihre Naturbedeutung unverändert beibehalten haben.
Obgleich zu den theogonischen Göttern gehörend, welche im Allgemeinen keine Cultusgötter waren, genoss er doch an verschiedenen Orten
Griechenlands bis in die späteste Zeit göttliche Verehrung und in Rom
wurde er später zur Zeit Aurelians und Heliogabals Hauptstaatsgottheit.
Bei Hesiod heisst er ein Sohn der Titanen Hyperion und Theia, während der neunzehnte Homerische Hymnos seine Mutter Euryphaëssa
(die Weitleuchtende) nennt. Beiden Genealogien liegt dieselbe Vorstellung zu Grunde: Erhabenheit und Glanz sind die Haupteigenschaften der
Sonne.   Aus demselben Grunde nennt auch Homer den Sonnengott
selbst Hyperion. Des Helios tägliches Geschäft ist es, Göttern und
sterblichen Menschen Licht zu bringen, indem er bei den östlichen
Aethiopen aus dem Meere auftaucht und an dem ehernen Himmelsgewölbe emporsteigt, bis er am Abend wieder in die Fluthen des Okeanos
am westlichen Ende der Erde hinabtaucht.   Nach der gewöhnlichen
Vorstellung, von welcher sich jedoch in der Ilias keine Spur findet,
macht er diese Reise vermittelst seines prachtvollen Sonnenwagens, der
von vier schnaubenden Rossen gezogen wird. Eine schöne Beschreibung
davon gibt der Homerische Hymnos auf den Helios.   Wie der Gott wieder nach dem Osten zurückgelangt, darüber findet sich weder bei Homer
noch bei Hesiod eine Andeutung.   Nach Stesichoros, Mimnermos und
andern spätern Dichtern besteigt Helios am Abend einen ihm von Hephästos gefertigten goldenen Kahn und lässt sich süss schlummernd auf
der heiligen Strömung des Okeanos um die nördliche Hälfte der Erde
wieder zurückfahren zum heiligen Wohnsitz der Nacht bei den östlichen

Aethiopen. Wie die Pferde und der Wagen nach dem Osten zurückkommen, bleibt dabei freilich ein Räthsel. Einen Palast verleiht ihm sowohl im äussersten Osten wie am Westende der Erde schon die siebente Orphische Hymne, die prächtige Beschreibung des ersteren aus Ovids Metamorphosen im Anfange des zweiten Buches ist bekannt. Fern im Westen hat Helios auch seine Gärten unter der Obhut der Hesperiden und sieben Rinderherden von je fünfzig Stück, nebst eben so vielen Schafherden. Bei Homer weiden diese Herden noch auf Thrinakia (Sicilien) und Helios Töchter Lampetie und Phaethusa bewachen dieselben; später, als diese Gegenden den Griechen bekannter wurden, verlegte man den Sitz der Rinder des Sonnengottes in den entfernteren Westen und machte den Geryon zu ihrem Wächter. Schon Aristoteles deutete die 350 Rinder und Schafe auf die Tage und Nächte des alten Mondjahres.

Man gab dem Helios die Okeanide Perse (die Verderbliche) zur Gemahlin, mit welcher er den Kolchierfürsten Aeetes und die aus der Odyssee bekannte böse Zauberin Kirke erzeugte. Auch Aeetes war ein Zauberer und vererbte seine Kunst auf seine mit der Okeanide Idyia (der Wissenden) erzeugte Tochter Medeia (Medea), welche in der Argonautensage eine Hauptrolle spielt. Mit der Klymene oder nach Andern mit der Rhode, einer Tochter des Poseidon, erzeugte er den Phaethon, dessen unglückliches Ende, als er versuchen wollte des Vaters Sonnenrosse zu lenken, aus Ovids Metamorphosen hinlänglich bekannt ist.

Dass die Verehrung des Sonnengottes aus Asien her nach Griechenland gekommen ist, kann wohl nicht bezweifelt werden. Tempel hatte er zu Korinth, Hermione in Argolis und andern Orten, vorzüglich verehrt aber wurde er in Rhodos, welche Insel in seinem besonderen Schutze stand und durch seine Gunst sich aus dem Meere erhoben haben sollte. Hier wurde ihm ein jährliches Fest mit gymnastischen und musischen Spielen unter grossem Pompe gefeiert. Angerufen wurde der Alles wissende und Alles schauende Helios, der deshalb auch die geheimsten Verbrechen entdeckt und deren Bestrafung veranlasst, vorzüglich bei Eidschwüren.

Geschildert wird der Sonnengott von den Dichtern als ein schöner Jüngling mit leuchtenden Augen, das Haupt umwallt von glänzenden Locken und mit goldenem Helme bedekt. Gegenstand der Kunst ist er abgesehen von der römischen Kaiserzeit fast nur in Rhodos gewesen. Hier wurde ihm jener berühmte Koloss errichtet, der bekanntlich zu den sieben

Wunderwerken der alten Welt gehörte.   Der Künstler, welcher dieses
kolossale Werk schuf, hiess *Chares*, war von Lindos gebürtig und ein
Schüler des Lysippos.   Nach wahrscheinlicher Annahme wurde der rho-
dische Koloss im Jahre 291 vor Christo vollendet.   Ueber die Gestalt desselben sind wir nicht genauer unterrichtet, wir wissen aber, dass er 70
griechische Ellen oder 105 rheinische Fuss hoch war und sich durch die
Richtigkeit der Proportionen auszeichnete.   Plinius, welcher selbst die
Trümmer desselben sah, berichtet uns, ein Daumen der Hand sei so dick
gewesen, dass ihn mancher Mann nicht habe umspannen können.   Die mit
einem Aufwand von 300 Talenten errichtete Statue stürzte schon 66 Jahre
nach ihrer Aufstellung in Folge eines Erdbebens um und die Trümmer
blieben liegen, bis die Araber sie nach Eroberung der Insel im Jahre 672
nach Chr. Geb. verkauften. Dass übrigens der Koloss mit gespreizten Beinen
über dem Eingange des Hafens gestanden habe, ist eine zwar schon häufig
widerlegte, leider aber immer noch wieder auftauchende Fiction.*)
     Ob der noch auf rhodischen Münzen erhaltene Helioskopf mit einer
Strahlenkrone dem Kopfe jenes Kolosses nachgebildet war, lässt sich nicht
feststellen. Uebrigens war die Strahlenkrone, gewöhnlich aus 12 Radien
(den zwölf Monaten entsprechend) gebildet, stehendes Attribut des Gottes,
den man als schönen Jüngling mit fliegendem Mantel um die Schultern,
meist auf einer Quadriga stehend abbildete, ausserdem gab man ihm eine
Peitsche und eine Weltkugel.   Was sich von diesen Darstellungen in
Büsten, Reliefs, Vasen- und Wandgemälden erhalten hat, ist ausserordentlich wenig.   Von wunderbarem Effekt muss der mit seinem wildschnauben-
den Gespann aus dem Meere auftauchende Helios auf dem östlichen Giebelfelde des Parthenon zu Athen gewesen sein.   Man sah nur das Haupt
und die nervigen Arme des Gottes, sowie die Köpfe der Thiere, von denen
die zwei am besten conservirten sich im Britischen Museum zu London
befinden.

b. Selene.

     Wie Artemis die Zwillingsschwester des Apollon ist, so Selene
des Helios.   Wie Helios die Sonne, so hat sie nie etwas anderes als den
Mond bedeutet. Homer kennt sie aber noch nicht als Göttin, auch hat sie
wohl schwerlich jemals in Griechenland besondere Tempel und Feste
gehabt.   Der auf sie gedichtete Homerische Hymnos schildert sie als
eine weissarmige, schöngelockte Göttin, die auf dem Haupte ein Strah-
lendiadem trägt und des Abends aus der heiligen Fluth des Okeanos

---

*) Das Genaueste über diesen Gegenstand findet man in einer Programm-
abhandlung des Johanneums in Hamburg von C. F. Lüders, 1865: Der Koloss
von Rhodos. Vgl. auch J. Overbeck, Gesch. d. griech. Plastik, II. p. 93.

emporsteigt, um auf ihrem von zwei weissen Rossen gezogenen Wagen am Himmelsgewölbe dahinzufahren. Der Grundzug ihres Charakters ist Sanftmuth und Schüchternheit, daher ihre verstohlene Liebe zu dem schönen Endymion, wovon seit der Sappho die Dichter so viel zu singen wussten. Nach der besonders in Elis und Karien sehr verbreiteten Sage war Endymion ein schöner Königssohn aus Elis, und Zeus verlieh ihm aus besonderer Liebe ewige Jugend und ewiges Leben in Gestalt eines ununterbrochenen Schlummers, oder Selene selbst verlieh ihm diesen ewigen Schlaf, um ihn unbemerkt küssen zu können. Der schöne Schläfer ruht in einer Felsengrotte des Berges Latmos, wo ihn Selene allnächtlich besucht und sich seiner Schönheit freut.

Selene wurde später vielfach mit der Artemis, Hekate und Persephone vermengt. Die Kunst pflegte sie mit Pferden oder Kühen fahrend, aber auch reitend darzustellen, mit einer Fackel in der Hand, das Haupt mit dem Halbmonde, seltener auch mit Hörnern geziert. Von der Artemis unterscheidet sie vollere Bekleidung und ein bogenförmiges Schleiergewand über dem Haupte. Sehr häufig wurde die Sage von ihrer Liebe zum Endymion zu Darstellungen sowohl der bildenden Kunst wie der Malerei benutzt, namentlich war der schlafende Endymion ein beliebter Gegenstand auf Sarkophagen. Reliefs dieser Art bewahrt das Capitolinische und Vatikanische Museum in Rom. Eine in der Villa Hadrians bei Tibur gefundene Marmorstatue des schlafenden Endymion ist in das Museum zu Stockholm gekommen.

c. Eos.

Eos, die Morgenröthe, ist gleichfalls eine Tochter des Hyperion und der Theia, also eine Schwester der Selene und des Helios. Ihr ursprünglicher Gemahl war der Titane Asträos, von welchem sie die Mutter der Winde Boreas, Zephyros, Euros und Notos wurde, was eben weiter nichts ist als eine mythische Einkleidung der bekannten Thatsache, dass beim Erscheinen der Morgenröthe der Wind sich zu erheben pflegt. Auch der Morgen- und Abendstern, wie überhaupt die Gestirne werden von der Sage als ihre Kinder bezeichnet. Nachdem Asträos, weil er mit den meisten übrigen Titanen gegen die Herrschaft des Zeus gekämpft hatte, in den Tartaros gestürzt worden war, suchte sich die liebebedürftige Eos durch den Raub schöner Jünglinge zu entschädigen. So raubte sie zuerst den Orion, bis die Götter, dieser Verbindung zürnend, ihn durch die Pfeile der Artemis erlegen liessen. Darauf holte sich Eos den Tithonos, einen Sohn des trojanischen

Königs Laomedon, der wie alle Glieder des Dardanidenstammes von
ausnehmender Schönheit war, und machte ihn zu ihrem Gemahl. Ihm
schenkte Zeus auf ihre Bitten die Unsterblichkeit; da sie aber vergessen
hatte, zugleich um ewige Jugend für ihn zu bitten, so wurde er zuletzt
ein hülfloser und gebrechlicher Greis und schrumpfte vollständig zusammen, so dass sie seiner überdrüssig wurde. Spätere Dichter liessen
ihn aus Mitleiden von ihr in eine zirpende Cicade verwandelt werden.
Die Söhne der Eos aus dieser Verbindung sind Memnon, der in dem
Trojanerkrieg auftretende Fürst der Aethiopier (der Sohn der Morgenröthe, weil er von Osten her kommt) und Emathion. Ein dritter Gemahl der Eos ist der attische Jäger Kephalos, dem sie den Phaethon
gebar, welchen Aphrodite entführte und zum Hüter ihres Tempels machte.

Geschildert wird Eos von den Dichtern als eine herrliche, schöngelockte, rosenarmige und rosenfingerige Göttin, das treue Abbild der
belebenden Frische der frühen Morgens, die stets munter und rüstig
sich schon zeitig von ihrem Lager erhebt und mit safranfarbigem Mantel
umhüllt ihre Rosse Lampos und Phaethon (Glanz und Schimmer) an-
schirrt, um dem Sonnengotte auf feurigem Wagen vorauseilend den Tag
zu verkündigen. Die Vorstellung, dass sie wie Helios die ganze Him-
melsbahn zurücklege und am Abend auf dem Okeanos zum Aufgange
zurückschifft, ist bei Homer noch nicht entwickelt, tritt aber bei späteren
Dichtern desto bestimmter bervor. Man gab ihr später ebenfalls ein
Viergespann oder liess sie sogar auf dem Pegasos reiten. Seit den
Tragikern wird sie auch als Hemera oder Göttin des Tages bezeichnet.
Eine besondere Verehrung hat sie niemals genossen.

Darstellungen dieser Göttin aus dem Alterthume hat man in grösseren
Kunstwerken gar nicht, nur auf einigen Vasen und geschnittenen Steinen
glaubt man sie zu erkennen. Sie erscheint entweder selbst auf einem
Viergespann, reichgekleidet, meistens mit grossen Schulterflügeln, eine
Fackel tragend, oder sie schirrt die Rosse des Sonnengottes an und führt
dieselben, oder sie schwebt geflügelt durch die Luft und schüttelt den
Thau aus einem Gefässe auf die Erde.

d. Die Sterne.

Auch unter den Sternen sind einzelne für die griechische Mythologie von Bedeutung. Namentlich gehört hierher der Morgen- und
Abendstern, Heosphoros oder Phosphoros und Hesperos, welche

ursprünglich als getrennte Wesen erscheinen, seit Ibykos aber identificirt werden. Die Kunst pflegt beide als schöne Knaben mit Fackeln zu
bilden. Ferner Orion, welches schöne Sternbild der Phantasie des
griechischen Volkes als ein kühner und riesiger Jäger erschien, von
dem viele Sagen umgingen. Die Kunst scheint aber wenig Gebrauch
davon gemacht zu haben. Als den Hund des Jägers Orion kennt schon
Homer den Seirios (Sirius), dessen Bild sich noch auf Münzen von
Keos und auf Gemmen erhalten hat. Weil der Aufgang dieses Gestirns
die heisseste Jahreszeit mit sich bringt, so hatte man an verschiedenen
Orten Griechenlands feierliche Gebräuche, um die verderblichen Wirkungen der sogenannten Hundstage abzuwehren. Auch von andern
Sternbildern, den Plejaden und Hyaden und von der Bärin dichtete
man allerlei Mythen, doch sind dieselben meist späteren Ursprungs und
erst in der Alexandrinischen Zeit entstanden. Von der Bärin, um diese
speziell für die Kunst anzuführen, wurde die Sage gedichtet, sie sei die
arkadische Nymphe Kallisto, welche Zeus unter die Sterne versetzt
habe, nachdem sie trotz ihres früher der Artemis geleisteten Gelöbnisses
ewiger Keuschheit von ihm einen Sohn, den Arkas, geboren hatte, um
sie den Verfolgungen entweder der Artemis oder der Hera zu entziehen.
Am bekanntesten ist die Darstellung der Sage, wie sie sich in Ovids
Metamorphosen findet.

e. Die Winde.

Von der Genealogie der vier Hauptwinde ist schon in dem Abschnitte über Eos die Rede gewesen (s. S. 117). Auch die Winde
sind göttliche Wesen, die man wie andere Götter mit Gebet und Opfern
ehrte, besonders beim Antritt von Seereisen, aber sie sind auf der
Stufe reiner Naturmächte stehen geblieben, und die Kunst hat ihnen
deshalb begreiflicher Weise nicht solche Beachtung schenken können,
wie andern Gottheiten ideellen Gehalts, welche der Mythos zu bestimmt
ausgeprägten und frei handelnden Persönlichkeiten gestaltet hat. Den
Wohnsitz der Winde verlegen die Dichter bald nach diesem, bald nach
jenem Orte. Gewöhnlich hausen sie in den Felsklüften der Gebirge,
entweder in dem ganz mythischen rhipäischen oder hyperboräischen
Gebirge, das man sich irgendwo im hohen Norden dachte, oder in dem
rauhen Thracien, wo z. B. Iris den Zephyros aufsucht, als Achill seiner

bedarf, um den Scheiterhaufen des Patroklos anzufachen, oder auf der
fabelhaften westlichen Insel Aeolia, wo sie unter der Obhut des
Aeolos stehen, der sie in dem aus der Odyssee und aus Virgils Beschreibung berühmten Windberge verschlossen hält.

Mythen gab es von den Winden nicht viele. Der Nordwind
Boreas soll nach einer alten attischen Sage die Oreithyia, des
Erechtheus Tochter, als sie am Flusse Ilissos spielte, entführt haben,
und sie dann von ihm Mutter der beiden durch ihre Theilnahme am
Argonautenzuge berühmten Brüder Kalais und Zetes geworden sein.

Auf attischen Vasenbildern, welche diesen Raub darstellen, erscheint
Boreas bald an Schultern und Füssen, bald auch blos an den Schultern
geflügelt, mit langem, struppigem Haar und eine Strahlenkrone auf dem
Haupte. Ebenso dachte man sich seine Söhne, die Boreaden, geflügelt.
Auf dem Kasten des Kypselos sah ihn Pausanias mit Schlangenfüssen abgebildet. Auf dem noch zum grössten Theil in Athen· vorhandenen von
Andronikos Kyrrhestes um die Mitte des 1. Jahrrhunderts v. Chr. erbauten
achteckigen Thurm der Winde sieht man ihn in winterlicher Kleidung mit
einer Tritonsmuschel in der Hand, wodurch wahrscheinlich das hohle Brausen des Nordwindes angedeutet werden sollte.

Die Sage machte den Boreas, nachdem einmal der Raub der
Oreithyia feststand, zu einem kecken Mädchenräuber überhaupt
und dichtete ihm noch andere Liebschaften an. Wenn er auch
als der Vater der Rosse des Erichthonius und anderer berühmter
Pferde des Alterthums genannt wird, so versteht es sich wohl von
selbst, dass damit die grosse Schnelligkeit dieser Thiere sinnbildlich
bezeichnet werden sollte. Weil Boreas im Perserkriege die Flotte
des Xerxes am Vorgebirge Sepias arg mitnahm, errichteten ihm die
Athener eine Kapelle und einen Altar. Sonst ist von einem Cultus
des Boreas nicht viel bekannt, ausser, dass die Megalopolitaner ihn
als Schutzgott verehrten, weil er einst die Belagerungsmaschinen der
ihre Stadt bedrohenden Spartaner zerstört hatte.

Wenn Boreas der Gott der winterlichen Stürme ist, so erscheint
dagegen Zephyros als der milde und freundliche Bote des Frühlings,
weshalb man ihm eine der Horen zur Gemahlin gab. Er hatte ebenfalls in Athen einen Altar, weil man ihn als einen Gott verehrte,
welcher die Fruchtbarkeit des Bodens durch seine milden Regengüsse
beförderte. Er soll ebenfalls geflügelt und mit einem Blumenkranze
dargestellt worden sein, doch lassen sich keine vorhandenen Kunst-

werke mit Sicherheit auf ihn beziehen*). Von den beiden anderen Hauptwinden, N o t o s (Südwind) und E u r o s (Ostwind), sind keine Mythen bekannt.

3. Geburts - und Heilgötter.

a. Eileithyia.

E i l e i t h y i a, die Geburtsgöttin, ist eigentlich nur ein Beiname der Hera (die kommende, nahende), welche wir als Göttin der Ehe und als Beschützerin der gebärenden Frauen kennen gelernt haben. Später löste man sie als besondere Gottheit von ihr ab und machte sie zu ihrer und des Zeus Tochter. Diese Vorstellung findet sich schon bei Homer, doch kommen bei ihm auch mehrere Eileithyien, Töchter der Hera, vor, welche von der letzteren nach ihrem Gefallen bald gesendet, bald zurückgehalten werden. Hesiod kennt dagegen nur eine Eileithyia. Diese Göttin hatte an vielen Orten Griechenlands Heiligthümer, ihr Dienst soll von Kreta hergekommen sein. In H e r m i o n e ward ihr sogar täglich geopfert, ihr Bild aber war nur für die Priester sichtbar. Grosse Verehrung genoss sie auch auf der Insel D e l o s wegen der guten Dienste, welche sie bei der Geburt Apollons geleistet hatte.

Ueber die Darstellungsweise dieser Göttin durch die Kunst lässt sich wenig sagen. Nach Pausanias befand sich in A e g i o n in A c h a j a, wo sie ein Heiligthum hatte, ein von *Damophon* verfertigtes Holzbild derselben, an welchem Gesicht, Hände und Füsse von pentelischem Marmor waren. Sie trug in der einen Hand eine Fackel, die andere war gerade ausgestreckt, die ganze Gestalt aber war vom Kopf bis zu den Füssen in ein leichtes Gewand gehüllt. Dieser Beschreibung scheinen noch auf Münzen von Aegion erhaltene Vorstellungen zu entsprechen. Ausserdem haben wir noch Abbildungen der Eileithyia auf alterthümlichen Volcentischen Vasen, welche die Geburt der Athena darstellen.

b. Asklepios.

In den Gedichten Homers kommt A s k l e p i o s als Gott nicht vor, sondern wird nur erwähnt als Vater der im Heere der Griechen

---

*) Das in der Archäol. Ztg. Jahrg. 1845 Nr. 31 besprochene und auf der zugehörigen Tafel abgedruckte Vasenbild hat indessen eine grosse Wahrscheinlichkeit für sich den Zephyros darzustellen. Er ist im Gegensatze zu Boreas jugendlich, bartlos, mild und freundlich blickend. Die ihm gegenüberstehende weibliche Figur ist nach Gerhards Vermuthung Thyia, die Tochter des Kastalios, die zuerst dem Dionysos geopfert und ihm Orgien gefeiert haben soll.

vor Troja kämpfenden Helden Machaon und Podalirios, welche
auch tüchtige Aerzte waren wie er. Hesiod nennt ihn einen Sohn des
Apollon und der Koronis (Krähe), einer Tochter des Lapithen
Phlegyas, ebenso Pindar, doch ist auch diesen Dichtern Asklepios
noch ein Heros. Seine Vergötterung scheint also ziemlich spät Eingang
gefunden zu haben und ist wahrscheinlich von Epidauros ausgegangen,
wo das berühmteste Heiligthum desselben sich befand. Ueber den
Zeitpunkt, wann dieses geschehen, lässt sich bei dem Mangel aller
positiven Zeugnisse keine Vermuthung wagen. Der Tempel zu Epidauros befand sich in einem in der Nähe der Stadt befindlichen Haine,
und es war mit demselben eine grosse Krankenheilanstalt verbunden,
zu welcher die Kranken in grossen Schaaren hinströmten, um an diesem
durch seine reine und gesunde Luft berühmten Orte Genesung zu suchen.
Die Kranken wurden dort von den Priestern behandelt, welche in den
ältesten Zeiten allein die Arzneiwissenschaft handhabten. Die Haupt-
heilmethode, deren man sich bediente, war die Inkubation oder der
Tempelschlaf, da den Kranken, während sie im Tempel schliefen,
der Gott im Traume erschien und ihnen selbst das rechte Heilmittel
angab. Wie wichtig den Griechen diese Cultusstätte des Asklepios
war, erhellt schon aus dem Umstand, dass in Epidauros alle vier Jahre
und zwar neun Tage nach den Isthmien grosse Kampfspiele gefeiert
wurden, gymnastische sowohl wie musische. Andere bedeutende Cultus-
und Heilstätten des Asklepios sind Messene, welches mit Epidauros
um die Ehre stritt, Geburtsort des Gottes zu sein, bis das delphische
Orakel den Streit zu Gunsten der Epidaurier entschied, dann Kyrene,
Sikyon, Trekka in Thessalien, die gleichfalls wegen ihrer gesunden
Luft berühmte Insel Kos, ferner in Kleinasien Knidos, Smyrna und
Pergamos. Bei den Ioniern scheint der Asklepiosdienst weniger Eingang gefunden zu haben, doch feierte man auch in Athen das Fest
der Asklepieen kurz vor den grossen Dionysien.

Die Kunst hat dem Asklepios grosse Aufmerksamkeit zugewendet,
wenigstens wissen wir von einer grossen Anzahl berühmter Tempelbilder
desselben aus der besten Zeit der griechichen Plastik. Die bemerkens-
werthesten darunter sind: eine aus Gold und Elfenbein verfertigte Statue
zu Kyllene von *Kolotes*, einem Schüler des Phidias; eine desgleichen
zu Mantinea, von *Alkamenes*, der ebenfalls des Phidias Schüler war; ein
unbärtiger Asklepios aus Gold und Elfenbein, der in der einen Hand ein
Scepter, in der andern einen Pinienapfel trug, zu Korinth, von *Kalamis;*
unbärtig bildete ihn auch *Skopas*, der Meister der jüngeren attischen Schule

aus pentelischem Marmor, zu Gortys und Tegea; hochberühmt, so dass man es für ein Werk des Phidias selbst hielt, war ferner das Tempelbild des Asklepios in Epidauros, von dem parischen Künstler *Thrasymedes* aus Gold und Elfenbein gebildet, halb so gross wie der olympische Zeus und auf einem Throne sitzend wie dieser; endlich ein sehr berühmtes Erzbild im Tempel des Asklepios zu Pergamos, von dem pergamenischen Künstler *Phyromachos*, welcher zur Zeit des ersten Attalus lebte. In den Statuen dieser Künstler begegnen uns zwei verschiedene Auffassungen des Heilgottes. Vorherrschend und zum Idealtypus geworden ist die auf Alkamenes oder Kolotes zurückzuführende Bildung, wonach Asklepios als ein gereifter, bärtiger Mann erscheint, mit ungemein edlen Zügen des Antlitzes, welches sich auf den ersten Blick als eine Modifikation des Phidiassischen Zeusideals zu erkennen gibt, nur dass aus diesen Mienen weniger der erhabene Ernst des Weltregieres, als das milde Wohlwollen des hülfebereiten Wohlthäters der Menschheit spricht. Diesem gegenüber steht eine jugendlichere Auffassung, welche in Kalamis und Skopas ihre Vertreter hat. Immer aber ist die Begleiterin des Asklepios, sei es nun, dass sie von ihm geliebkost oder gefüttert wird, oder, was die gewöhnliche Auffassung

ist, sich um seinen Keulenstab windet, die Schlange, das sprechende Symbol der sich stets verjüngenden Lebenskraft. Auch andere Attribute deuten den Heilgott an, die Schale in der Hand als Zeichen des heilenden Trankes, ein Kräuterbüschel oder ein Pinienapfel wegen des medizinischen Gebrauches, den man von dem Samen des letzteren machte. Auch wird ihm ein Hund beigegeben (so bei dem epidaurischen Tempelbilde, als Symbol der Wachsamkeit des die Krankheit beobachtenden Arztes). Kenntlich ist Asklepios ferner an der eigenthümlichen Draperie, welche man gewöhnlich mit dem Namen Philosophenmantel bezeichnet. Das Himation ist nämlich so umgelegt, dass es den Unterkörper und die linke Schulter völlig bedeckt, den rechten Arm und die rechte Schulter aber frei lässt. Was den Haarputz betrifft, so trägt Asklepios häufig

Fig. 62. Asklepios-Kopf. Britisches Museum.

einen Lorbeerkranz, gewöhnlich aber eine Binde, welche bisweilen turbanartig gefaltet ist. Als wandernder Arzt pflegt er nicht ohne Fussbekleidung zu sein.

Erhaltene Denkmäler gibt es vom Asklepios ziemlich viele. Den edlen an das Zeusideal erinnernden Ausdruck des Gesichts lernt man am besten kennen aus einem auf der Insel Melos gefundenen und mit der Sammlung Blacas in's Britische Museum gekommenen Colossalkopfe (Fig. 62), sowie ferner aus einer sehr schönen Büste im Louvre (Müller-Wieseler

II, Taf. LX Nro. 763 u. 764). Unter den erhaltenen Statuen ist besonders hervorzuheben eine in Florenz befindliche, in welcher man eine Nachahmung des pergamenischen Originals des *Phyromachos* erblickt, desselben

Künstlers, welcher mit an den berühmten Galliergruppen, welche König Attalus anfertigen liess, gearbeitet hat. Asklepios erscheint hier in der bekannten und vorzugsweise beliebten Auffassung, stehend, die rechte Hand auf den von der Schlange umwundenen Stab gestützt, die durch kunstreiche Draperie des Mantels verhüllte Linke in die Seite gestemmt, das volle Haar von einer turbanartigen Binde durchflochten (Fig. 63).

Eine zweite nicht minder schöne Statue des Asklepios befindet sich gleichfalls zu Florenz, im Palast Pitti. Hier stützt er mit der eine Rolle haltenden Linken nachdenklich das Kinn, der Ausdruck des Gesichts verräth ernstes Grübeln, die auf die Hüfte gelegte rechte Hand vervollständigt das Bild des sinnenden Weisen. Stab und Schlange fehlen, dagegen deutet der Omphalos an seiner Seite den durch Traumorakel sich offenbarenden Heilgott an.

Interessant ist ferner eine aus der Villa Albani stammende Statue im Louvre

Fig. 63. Asklepiosstatue. Florenz.

mit besonders majestätischem Ausdrucke des Gesichts. Hier windet sich die Heilschlange nicht um den Knotenstock, sondern zur Seite des Gottes um einen Baumstamm. Die Draperie des Mantels ist besonders zierlich, der rechte Arm aber schlecht ergänzt.

Eine Statue des unbärtigen Asklepios, wo der Gott also jugendlicher genommen ist, während die Stellung und Drapirung von den erwähnten Statuen nicht wesentlich abweicht, befindet sich im Museo Chiaramonti des Vatikan. Der Gott lehnt sich hier wie bei der Statue des Louvre mit der Achsel auf einen langen Knotenstock, die Schlange windet sich aber wieder um denselben.

In Bronzestatuetten, Reliefs und Gemmen sind uns endlich nicht wenige Darstellungen des Heilgottes erhalten. Auf Reliefs und Vasenbildern findet sich Asklepios häufig gruppirt mit seiner Tochter Hygieia (Gesundheit), die zu Athen und anderswo gleichfalls als göttliches Wesen verehrt wurde. Von letzterer haben sich auch noch einige schöne Einzelstatuen erhalten. Sie wird dargestellt als eine blühende Jungfrau von schlanker Gestalt, mit dem Ausdrucke der Milde und Güte in den Gesichtszügen; gewöhnlich hält sie in der rechten Hand eine Patere, von welcher sie eine Schlange fressen oder trinken lässt. So in der schönen Marmorstatue der Hope'schen Sammlung in London, wo die Schlange sich zutraulich über ihre linke Schulter gelegt hat und sie dem Fressen derselben mit ·innigem Vergnügen zusieht.

Zuweilen kommt neben Asklepios noch ein räthselhaftes, gnomenartig gebildetes Wesen vor, welches in einen dicken Capuzenmantel gehüllt ist und eine phrygische Mütze trägt. Es ist Telesphoros, der das Ende der Krankheit, d. h. die Genesung, bringende Dämon, der bei Einigen als ein Sohn des Asklepios gilt.

4. Schicksalsgötter.

a. Die Mören.

Die unter ihrem lateinischen Namen Parzen viel bekannteren Mören bezeichnen eigentlich den Antheil des Lebens und der Lebensgeschicke, der jedem Einzelnen von seiner Geburt an beschieden ist, denn das griechische Wort Μοῖρα heisst nichts weiter als Antheil. In diesem Sinne hat also jegliches Individuum, sei es Gott oder Mensch, seine eigene Μοῖρα, wie es in demselben Sinne auch ebensoviele Erinyen oder Furien, als freventliche Verletzungen geheiligter Rechte gibt. Aber die Griechen pflegten solche Vielheiten stets unter der geheiligten Dreizahl zu verehren, daher hatte man drei Mören, wie drei Erinyen, drei Horen und drei Chariten. Die Dreizahl der Mören kommt zuerst bei Hesiod vor, der auch ihre Namen: Klotho (Spinnerin), Lachesis (Erloosung) und Atropos (die Unabwendbare) angibt, Homer dagegen spricht in der Regel nur von einer Μοῖρα, doch schwankt der Begriff dieses Wortes bei ihm noch zwischen Appellativum und Eigennamen, wie denn auch das Verhältnis des Schicksals zu dem Willen der Götter und namentlich zu dem Willen des höchsten Himmelsbeherrschers keineswegs klar und fest bestimmt ist. Denn bald lesen wir, dass der Wille der Götter dem Schicksal untergeordnet sei, und Zeus selbst erscheint nur als Erforscher und Vollstrecker des ewigen Schicksalswillens, bald wiederum wird die Μοῖρα nur als ein Ausfluss des Wesens und Willens des Zeus und der übrigen Götter gedacht. Weil die Mören als Schicksalsgöttinnen dunkle und unerforschliche Mächte sind, so hat der Mythos sie zu Töchtern der Nacht gemacht; da sie aber auch von der andern Seite darüber wachen, dass

das ewige Gesetz der göttlichen Weltordnung nicht willkürlich durchbrochen werde, so heissen sie auch Töchter des Zeus und der Themis
und sind also Schwestern der Horen, welche dem regelmässigen und
gesetzlichen Gange der Natur vorstehen. Die Dichter stellen sie sich
gewöhnlich vor als ernste und betagte Jungfrauen, denken sie sich
aber vereint wirkend und unterscheiden nicht zwischen besondern
Funktionen derselben. Daher begnügte sich auch die ältere Kunst,
ihnen gleichmässige Attribute zu geben. So erscheinen sie alle drei
mit Sceptern, als den Symbolen ihrer Herrschermacht, auf dem bor-
ghesischen Altar im Louvre. Später gab man ihnen besondere Attribute.

Auf einem Sarkophag der Vatikanischen Sammlungen, wo die Schöp-
fung des Menschen durch Prometheus dargestellt ist (bei Müller - Wieseler,
Denkm. Taf. LXV No. 840), zeigt Atropos auf eine Sonnenuhr als das Sinn-
bild der Lebensdauer, Lachesis weist mit einem Griffel auf dem Globus die
Begebenheiten des Lebens nach, Klotho hält zwei Rollen in der Hand, um
daraus die künftigen Schicksale des eben geschaffenen Menschen zu weissagen.
Auf dem Humboldt'schen Marmorrelief in Tegel, welches durch Rauch und
Thorwaldsen restaurirt wurde, ist dagegen Klotho ihrem Namen entsprechend
als Spinnerin dargestalt, Lachesis zieht mit abgewandtem Gesichte ein
Loos und Atropos deutet auf eine entfaltete Rolle, welche über einem vom
Thierkreise umwundenen Globus liegt, womit angedeutet werden soll, dass
dieses Loos als ein im Buche des Schicksals und in den Gestirnen geschrie-
benes unabänderlich feststeht. In späterer Zeit liess man an dem Werke
des Spinnens ausser Klotho auch die beiden andern Mören sich betheiligen,
so dass der Lachesis die freilich ziemlich zwecklose Thätigkeit zugewiesen
wurde, den Faden zu halten, der Atropos, ihn abzuschneiden. Auf Kunstwerken lässt sich diese sehr verbreitete Vorstellungsweise jedoch nicht
nachweisen. Wohl aber findet man Atropos auch mit dem Attribute der
Nemesis, der Wage. Zu bemerken ist noch, dass in der älteren und ausgebildeten Kunst die Mören niemals als Greisinnen, sondern stets jung
dargestellt worden sind. In diesem Punkte den Vorstellungen der
Dichter sich anzuschliessen verbot den griechischen Künstlern ihr Schön-
heitsgefühl.

In Theben, Korinth, Sparta, Olympia und anderen Orten Griechen-
lands hatten die Mören besondere Altäre und Heiligthümer, in Delphi,
wo man sie als Zweiheit auffasste (Möre der Geburt und Möre des
Todes), lehnt sich ihr Dienst an die Verehrung des Zeus ($\mu o\iota\varrho\alpha\gamma\acute{\epsilon}\tau\eta\varsigma$) an.
Die Vorstellung, dass sie Geburts- und Todesgöttinnen zugleich sind,
findet auch in ihrer häufigen Zusammenstellung mit den Eileithyien und
Keren einen Ausdruck.
Zu derselben Klasse der Schicksalsgottheiten gehören auch

b. Nemesis, Adrasteia, Tyche und Agathodaemon.

Unter ihnen ist N e m e s i s bei Homer noch keine Gottheit, sondern das Wort wird als Appellativum gebraucht und bezeichnet eigentlich das Zutheilen des Gebührenden, daher den Unwillen über das Unge-bührliche. Personificirt erscheint dieser Begriff zuerst bei Hesiod, wel-cher die Nemesis unter den Kindern der Nacht aufzählt, und ist dann weiter entwickelt worden durch Pindar und die Tragiker. Sie ist die-sen Dichtern eine Göttin des Gleichmaasses, welche darüber wacht, dass das Gleichgewicht in der sittlichen Weltordnung nicht gestört, sondern Glück und Unglück den Menschen nach Gebühr zugetheilt werde, und weiterhin wird sie zu einer Rächerin und Bestraferin aller von den Menschen begangenen Frevelthaten und Verbrechen, so dass sie sich in dieser Auffassung den Erinyen nähert.

Die wichtigste Cultusstätte der Nemesis war der attische Flecken R h a m n u s, weshalb sie den Beinamen „die Rhamnusische" führte. Merk-würdiger Weise galt sie hier als die Mutter der Helena, welcher Mythos offenbar nichts ist als ein allegorischer Ausdruck des Gedankens, dass Helena ein Werkzeug in der Hand des Schicksals gewesen sei, um den Uebermuth der Trojaner zu strafen. Auch ihr dortiges Cultusbild hatte eine gewisse Berühmtheit. Es war von *Agorakritos*, einem Schüler des Phidias, einer freilich wenig glaublichen Sage nach aus einem Mar-morblock verfertigt, den die Perser zur Aufrichtung eines Siegeszeichens mit nach Marathon gebracht hatten. Plinius berichtet, diese Statue habe ursprünglich eine Aphrodite Urania vorgestellt, mit welcher Agorakritos gegen einen andern Schüler des Phidias, Alkamenes, concurrirt habe. Als aber die Athener dem Werke des Letzteren den Vorzug gaben, habe er seine Aphrodite in eine Nemesis umgewandelt. Diese Erzäh-lung würde kaum glaublich erscheinen, wenn nicht andere Anzeichen darauf hindeuteten, dass die Rhamnusische Nemesis der Aphrodite Urania nahe verwandt war. Diese Statue war zehn Ellen hoch und trug eine Krone mit Hirschen und kleinen Bildern der Nike verziert, das Fussgestell schmückten Darstellungen aus der Geschichte des Hauses der Atriden. Andere bekannte Cultusstätten der Nemesis sind Patrae und Smyrna, an welchem letzteren Orte man eine Zweizahl von Nemeses verehrte, die man sich als geflügelte Dämonen vorstellte, was ebenfalls auf einen Zusammenhang mit der Göttin der Liebe hinweist. In ihrem Heiligthume stellten die Smyrnäer die Bilder der Chariten von Bupalos auf.

Sehr nahe verwandt mit der Nemesis und daher sehr häufig gänzlich mit ihr identificirt ist die A d r a s t e i a, welcher Name schon von Dichtern und Mythographen des Alterthums als ein Beiwort der Nemesis
aufgefasst wurde, wodurch sie als die Unentrinnbare bezeichnet werden soll.

Bei Dichtern und Künstlern gehen offenbar zwei verschiedene Auffassungen der Nemesis neben einander her.　Entweder sie ist die gute
und milde Göttin alles Gleichmaasses der Dinge, dann wird sie dargestellt als ernste und sinnende Jungfrau mit Attributen des Maasses und
weiser Lenkung (Elle, Zaum, Steuerruder), ferner mit der einen Hand
das Gewand der Brust in die Höhe haltend und ernsten Blickes in den
Busen schauend oder auch den Arm zur Brust zurückführend, als wolle
sie von den Fingern bis zum Ellenbogen messen.　Oder sie ist die
strenge und unentrinnbare Straferin des Verbrechens, dann sieht man
sie geflügelt auf einem von Greifen gezogenen Wagen, eine Geissel oder
ein Schwert, auch wohl ein Rad zu ihren Füssen.

T y c h e, die Göttin des guten Glückes, nicht des Zufalls, wird in
einem Homerischen Hymnos und bei Hesiod als Tochter des Okeanos
und der Tethys erwähnt, aber nur gelegentlich, woraus man schliessen
kann, dass die Verehrung dieser Göttin nicht alt gewesen ist.　Alkman
nennt sie eine Tochter der Prometheia (d. i. göttliche Fürsorge) und
Pindar, der einen eigenen Hymnos auf sie gedichtet hatte, eine Tochter
des Zeus Eleutherios.　Man verehrte sie als Geberin des Glückes, insbesondere aber als Beschirmerin und Erhalterin der Städte.　Als solche
bildete sie *Bupalos* zuerst in Smyrna mit dem Polos, dem Sinnbilde
des Himmelsgewölbes, auf dem Haupte und dem Horn der Amalthea in
der Hand.　Auch in Athen hatte sie einen Tempel, ferner in Megara,
für welchen Praxiteles ein Bild derselben gefertigt hatte, in Argos, Hermione und Pharae.　In Messene stand ihre Statue, aus Marmor von
Damophon gebildet, im Tempel des Asklepios.　Wir kennen sie ferner
zu Elis, wo sie das Horn der Amalthea trug und neben sich einen geflügelten Eros hatte, zu Aegira in Achaia, zu Theben mit dem Plutos
auf dem Arme und zu Antiochia in Syrien, wo sich ein im Alterthum
hochgeschätztes Bild derselben von *Eutychides* aus Sikyon, einem
Schüler des Lysippos, befand.　Vermuthlich war sie dort Stadtgöttin,
denn sie trug eine Mauerkrone und Aehren in der rechten Hand, womit
die Fruchtbarkeit der Gegend angedeutet werden sollte.　Nach diesem
Bilde, welches wir aus Münzen und erhaltenen statuarischen Nachbil-

dungen kennen, sind später sehr viele Stadtgöttinnen Asiens gemacht
worden. Ein anderes altes Attribut der Tyche ist endlich noch das
Steuerruder, womit bezeichnet wird, dass sie das Schiff des Lebens lenkt.
Später bildete man sie auch wohl mit den Zehen auf einer Kugel stehend, um den raschen Umschwung des Glückes zu bezeichnen.

Fig. 64. Tyche. Vatikanische Sammlung.

Unter den erhaltenen auf Tyche bezüglichen Denkmälern ist das vorzüglichste die im Vatikan aufbewahrte Copie der erwähnten Antioche-
nischen Tyche des *Eutychides*. Die Göttin sitzt, mit der Linken sich
nachlässig aufstützend, auf einem Felsen, der den Berg Silpios bei Antiochia darstellt, ein Bild holder Anmuth und Lieblichkeit. Der zu ihren

Füssen mit dem nackten Oberleibe aus dem Wasser auftauchende schöne Jüngling ist der Flussgott Orontes (Fig. 64).

Gruppirt findet sich Tyche häufig mit Hermes (Beglückung durch Reichthum), so auf einem Pompejanischen Wandgemälde im Museum zu Neapel, wo Hermes mit einem vollen Beutel davoneilt, den ihm Tyche so eben überreicht hat, oder auch mit Eros (Beglückung durch die Liebe.)

Wie man in der späteren Zeit allmählich eine Menge einzelner Tychen als weibliche Schutzgeister der Städte annahm, so entwickelte sich auch mehr und mehr der Glaube an persönliche Schutzgeister der einzelnen Menschen und Völker, welche man gute Dämonen nannte. Schon bei Hesiod in dem Gedichte „Werke und Tage" tritt dieser Glaube bestimmt auf und zwar mit der Vorstellung verbunden, dass die Menschen des goldenen Zeitalters nach ihrem Tode zu solchen „Wächtern der sterblichen Menschen" geworden seien. Auch bei Pindar finden sich Hindeutungen auf diesen Glauben an persönliche Schutzgeister, recht entwickelt ist die Lehre von den Dämonen aber erst durch die griechischen Philosophen, namentlich durch Sokrates, welcher bekanntlich lehrte, dass jeder Mensch seinen persönlichen Schutzgeist (δαιμόνιον) habe, der ihm sage, was gut und böse sei, und ihn vor dem Unrechten warne. In derselben Weise nahm man Schutzgeister der einzelnen Völker, Länder und Städte an. In Elis verehrte man einen solchen Agathodämon unter dem Namen Sosipolis. Zur sinnlichen Darstellung des Agathodämon bediente man sich anfangs des einfachen Symbols der Schlange, die gebildetere Kunst aber stellte ihn als Jüngling dar, so Euphranor mit einer Schale in der Rechten, Mohn und Aehren in der Linken, Praxiteles mit Füllhorn.

Die Vorstellung desselben auf Gemmen ist noch ziemlich häufig erhalten. So auf einer Gemme des Museums in Berlin (Müller, Denkm. II, Taf. LXXIII No. 944), wo er zur Hälfte mit einem Himation bekleidet ist und in der Linken ein Füllhorn hält, welches unten in einen Ziegenkopf ausläuft (Anspielung auf die bekannte Sage von der Ziege Amalthea). Merkwürdig ist noch ein Relief des Britischen Museums auf einer Platte von Lapislazuli. Hier gleicht die Figur des Agathodämon auffallend dem bekannten Hermes mit dem Widder, während die Attribute dieselben sind, eine Schale in der Rechten und Aehren in der Linken.

II. Die Götter des Meeres und der Gewässer.

1. Poseidon.

Wie Zeus das Reich der olympischen Götter, so beherrscht sein Bruder Poseidon die Meere und Gewässer der Erde, doch fehlt es seinem Reiche an einem solchen Mittelpunkte, als für jene der Olympos ist, auch erscheint seine Herrschaft über die Meergötter keineswegs als eine so unbedingte, wie die Herrschaft seines Bruders, dem er selbst sich unterzuordnen genöthigt ist. Sein gewöhnlicher Aufenthaltsort, wenn er nicht den Olympos, zu welchem er ebenfalls Zutritt hat, besucht, ist sein goldener Palast bei Aegae in der Tiefe des Meeres *). Hier wohnt er mit seiner Gemahlin Amphitrite, die mit ihm die Herrschaft des Meeres theilt, wie Hera mit dem Zeus die Herrschaft des Himmels. Nach der bekannten, schon früher erwähnten Sage fiel ihm nach dem Sturze der Titanen die Herrschaft über das Meer durch das Loos zu. Hiernach wäre also seine Verbindung mit dem feuchten Elemente eine ganz zufällige gewesen. Doch muss man sich durch dergleichen Züge der Sage nicht irre machen lassen. Poseidon bezeichnet gewiss ursprünglich die Feuchtigkeit überhaupt, also nicht bloss das Meer, sondern auch alle Gewässer der Erde, ja selbst die innerhalb der Erde und in der Luft vorhandene Feuchtigkeit. Es weisen darauf nicht nur alte Beiwörter des Gottes hin, wie der „Befruchtende", der „Pflanzenernährer", sondern auch der mehrfach bezeugte Gebrauch, ihm die Erstlinge der Früchte darzubringen, noch mehr aber arkadische Lokalsagen, welche die Demeter (Erde) zu seiner Gemahlin machen, mit welcher er die Persephone (Vegetation) erzeugt. Bei Homer sind diese Naturbezüge schon insoweit abgestreift, dass Poseidon zu einer

---

*) Welches Aegae gemeint sei, ist durchaus zweifelhaft: man schwankt zwischen dem euböischen Aegae, einem andern an der Küste von Achaja und einer kleinen Felseninsel im aegäischen Meere in der Nähe von Chios.

freiwaltenden Persönlichkeit geworden ist. Er erscheint hier überall als der mächtige Beherrscher des Meeres, nirgends als das Meer selbst. Er ist der Sohn des Kronos und der Rhea und zwar bei Homer der jüngere Bruder des Zeus, so dass seine Unterordnung unter denselben aus dem patriarchalischen Rechte abgeleitet wird, wogegen nach der Theogonie Hesiods Zeus als der jüngste der Kronossöhne dargestellt wird. Beiden Dichtern ist Zeus der klügere und stärkere, die erhabene und imposante Ruhe des Himmelsbeherrschers geht dem Poseidon ab, er ist ungestüm und gewaltthätig, wie das Element, welches er vertritt, und gross ist seine Kraft. Wenn er mit seinem Dreizack, der seine stehende Herrscherwaffe ist, in das Meer stösst, so erheben sich die Wogen mit Ungestüm, zerschmettern die Schiffe und überfluten weithin das Land. Auch vermag er mit dem Stosse seines Dreizacks Felsen zu zerspalten, Erdbeben zu erregen und Inseln aus der Tiefe des Meeres sich erheben zu lassen. Ebenso genügt ein Wort, ja ein Blick des mächtigen Meerbeherrschers, um den wildesten Sturm zu besänftigen. Wenn er auf seinem goldenen Wagen, von starken erzhufigen Rossen gezogen, über die Fläche des Meeres mit Windesschnélle dahinsaust, so glätten sich vor ihm auch die mächtigsten Wellen und die Ungeheuer der Tiefe umtanzen spielend seinen Wagen. Auch hält und trägt er mit seinen mächtigen Armen die ganze Erde, denn die Alten dachten sich die Erde auf dem Meere ruhend.

Naturgemäss ist der mächtige Gebieter des feuchten Elements der Patron aller Schiffer und Fischer. Zu ihm beten sie um glückliche Fahrt und reichen Fischfang und versäumen nicht, ihm die gebührenden Opfer des Dankes darzubringen.

Die Verehrung des Poseidon war in Griechenland ziemlich allgemein, auch in solchen Gegenden, die mit dem Meere in keiner unmittelbaren Berührung standen. Sie scheint pelasgischen Ursprungs zu sein und von Westen nach Osten sich verbreitet zu haben. Am meisten trugen zu dieser Verbreitung die Wanderungen des ionischen Stammes bei, für welchen er eine Hauptgottheit war. Als uralte Cultusstätten des Poseidon sind zu bemerken: Aegae, Helike und Bura in Achaja; von dort nahmen die Ionier seinen Dienst mit nach Kleinasien, wo sie Mykale zum Mittelpunkte des Poseidondienstes machten und die sogenannten Panionien ihm zu Ehren feierten. Dann war Troezene, um welches er gleichfalls mit der Athena wie um den Besitz Attikas gestritten haben soll, und wo die Theseussage nachdrücklich auf ihn hinweist, ein uralter Sitz des Gottes; ferner hatte er Heiligthümer am Isthmos von Korinth, wo ihm zu Ehren die später zu einem allgemeinen Nationalfeste gewordenen Isthmischen Spiele gefeiert wurden, zu Kalauria, am Vorgebirge Taenaron, in Lakonien, wo ihm gleichfalls ein besonderes Fest, die Tänarien, an vielen Orten von Messenien und Elis und endlich im Innern der Halbinsel, zu Mantinea, Pheneos und Phigalia, wo die alten Sagen von der Liebe des Gottes zu der Demeter zu Hause waren. Nach Mittelgriechenland übergehend bemerken wir zuerst das alte Heiligthum des Poseidon Helikonios in Kolonos bei Athen, wo er mit der Athena gemeinschaftlich verehrt wurde. Sein Streit mit der Athena um den Besitz des Landes und der Burg von Athen wurde früher (S. 37) erwähnt. Sollte diese so häufig wiederkehrende Sage nicht der Ausdruck einer geologischen Thatsache sein, dass in der Urzeit noch manche Strecken des jetzigen Festlandes vom Meere bedeckt waren? Im Cultus erscheinen übrigens beide Gottheiten als durchaus versöhnt und nur die herrliche Gruppe auf dem Westgiebel des Parthenon mochte an ihren Streit erinnern. Einen gemeinschaftlichen Tempel hatten Poseidon und Athena auch auf dem Vorgebirge Sunion; man ehrte ihn dort durch jährliche Ruderwettkämpfe. Ausserdem feierten die Athener, wie auch die benachbarten Aegineten, ihm zu Ehren ein besonderes Fest, die Posidea oder Posidonia, und benannten mit allen ionischen Stammverwandten den Monat December nach seinem Namen Posideon. Auf der Attika gegenüberliegenden Insel Euböa treten uns Gerästos und Aegae als alte Cultusstätten des Poseidon entgegen, in Böotien namentlich Onchestos am kopaischen See. Endlich verdient Thessalien als ein alter Stammsitz des Poseidoncultus erwähnt zu werden. Die Thessalier verehrten ihn als den „Felsenspalter", der durch Auseinanderreissen der Berge Ossa und Olympos den Wassern des Flusses Peneios einen Ausweg zum Meere geschaffen hatte. Das grosse, schöne Thalbecken von Tempe war also gewissermassen ein Geschenk des Gottes. Hier in Thessalien weisen auch viele örtliche Sagen auf eine alte Verehrung des Poseidon zurück. Man erzählte von der Liebe des Gottes zu der schönen Tyro, der Tochter des Salmoneus, die von ihm Mutter der Helden Pelias und Neleus wurde. Die Zwillinge, welche die eigene Mutter nach der Geburt ausgesetzt hatte, wurden von einem Rosshirten aufgezogen und rächten später ihre Mutter Tyro an der grausamen Stiefmutter derselben, indem Pelias sie am Altare der Hera erschlug. Pelias bemächtigte sich dann des Königreichs Jolkos in Thessalien, welches seinem Stiefbruder Aeson gehörte, und vertrieb auch seinen Bruder Neleus, denn er war, wie alle Poseidonsöhne, ein harter und gewaltthätiger Mann. Neleus begab sich nach Messenien, wo er Pylos erbaute und der Stammvater eines blühenden Geschlechts wurde, bis er sich mit Herakles veruneinigte, der ihm sein ganzes Land verwüstete und alle Söhne, bis auf den aus der Trojanersage so bekannten riesigen Nestor, erschlug.

Unter den Inseln sind Kreta und Rhodos wegen ihres Poseidondienstes bekannt, letzteres jedoch hatte sich, wie in so vielen andern Culten, auch hier nicht frei von orientalischen Einflüssen gehalten. Von den kleineren Inseln verdient Tenos Erwähnung, wo ein berühmter Tempel des Poseidon mit einem heiligen Haine sich befand. Dorthin pflegten alljährlich die Bewohner der Insel zusammenzukommen, um bei festlichem Schmause ihre gemeinsamen Angelegenheiten zu berathen.

Es konnte nicht ausbleiben, dass ein in das Leben der seefahrenden Griechen so tief eingreifender Gott auch der Mittelpunkt vieler örtlichen und landschaftlichen Sagen war. In der trojanischen Sage tritt er als heftiger Feind der Troer auf, was auf eine von dem trojanischen Könige Laomedon erlittene Beleidigung zurückgeführt wird. Er hatte nämlich diesem Könige in Gemeinschaft mit Apollon die Mauern Troja's erbaut, wurde aber nachher von Laomedon um den bedungenen Lohn betrogen. Aus Zorn hierüber sandte Poseidon ein furchtbares Seeungeheuer, welches die Saaten verwüstete und die Menschen tödtete, so dass auf den Rath des Orakels ihm die Tochter des Königs, Hesione, zum Frass ausgesetzt werden musste. Hesione wurde aber noch zur rechten Zeit von Herakles gerettet. Das Aussenden solcher gefrässiger Ungeheuer, welche offenbar nur ein Sinnbild der sich verheerend über die angrenzende Flur ergiessenden Meeresfluth sind, wiederholt sich noch in vielen anderen Sagen, wie in der Perseussage, wo Andromeda, die Tochter des Aethiopenkönigs Kepheus, auf ähnliche Weise geopfert werden soll, in den Erzählungen von dem kretischen und marathonischen Stier, sowie endlich in der Sage von dem Untergange des Hippolytos, wo auch ein furchtbarer Stier auf Geheiss des Poseidon aus dem Meere hervorstürzt und die Pferde des Hippolytos scheu macht. Unter dem Bilde eines wüthenden Stieres scheint die Phantasie der Griechen

vorzugsweise gern die unter Gebrüll heranstürmende Sturzwelle aufgefasst zu haben.

Erscheint in den eben erwähnten Sagen das Meer als zerstörendes
Element, so stehen wieder andere mit der Vorstellung in Verbindung,
dass Poseidon in wasserarmen Ländern der Spender wohlthätiger,
bisweilen auch heilkräftiger Quellen ist. Zu dieser Klasse von Sagen
gehört die zu künstlerischen Darstellungen vielfach benutzte von der
Liebe des Poseidon zu der Amymone, einer der 50 Töchter des
Danaos. Ihr zu Gefallen liess der Gott den schönen Sprudel der
Amymone bei Lerna aus dem Schoosse der Erde emporspringen. Ihr
gemeinsamer Sohn ist Nauplios, der mythische Gründer der Stadt
Nauplia.

Zahllos ist diejenige Klasse von Sagen, nach welchen Poseidon
der Vater verschiedener Landesheroen ist. Die wichtigste darunter
ist die Theseussage, welche weiter unten ihre besondere Behandlung
finden wird. Es ist wohl kaum eine griechische Stadt oder Landschaft,
welche nicht ihrem Gründer oder Stammheros göttliche Abkunft beigelegt hätte. So finden wir den Poseidon erwähnt als Vater des
Pelasgos, Hellen, Achaios, Minyas, Boiotos, Doros, Taras,
Kalaurios u. a. m. Die Vorstellung von der wilden und stürmischen
Natur des Meeres machte ihn ferner zum Erzeuger verschiedener
Riesen und Ungethüme. Mit der Nymphe Thoosa erzeugt er den
wilden Polyphemos, dessen Begegnung mit dem Odysseus bekannt
genug ist. Auch der ungeheure Antäos, den Herakles tödtete, wird
ein Sohn des Poseidon genannt, ferner der gewalttthätige Bebrykerfürst
Amykos, welcher alle in sein Land kommenden Fremden zum Cästus-
kampfe aufforderte, aber von dem Argonauten Polydeukes (Pollux)
erschlagen wurde, des Prokrustes, Kerkyon, der Aloiden und
anderer Unholde nicht zu gedenken.

Das Lieblingsthier des Poseidon ist das Pferd, für dessen Schöpfer
man ihn hielt. Man mag zu dieser Vorstellung gelangt sein, weil die
Phantasie in den hüpfenden und tanzenden Wogen die Rosse des Poseidon erblickte. Andere wollen sie auf den Umstand zurückführen,
dass das Pferd ein Thier ist, welches die feuchte Wiesengründe liebt.
Die lokalen Sagen über den Ursprung des Pferdes sind sehr mannigfaltig. Bald lässt Poseidon dasselbe durch einen Stoss des Dreizacks
aus dem Felsen hervorspringen, bald gebiert es die von ihm befruchtete
Erde. Das so entstandene erste Ross hiess Areion und die thebanische

Sage machte es zu dem geflügelten Wunderpferde des Adrastos. In der korinthischen Sage ist Poseidon Vater des Flügelrosses Pegasos, welches er mit der Medusa erzeugt haben soll. Diese Sage bezieht sich auf die dem Poseidon zugeschriebene Bändigung des Rosses. Da auch der Athena die Erfindung des Zaumes beigelegt wurde, so führte dieser Umstand gleichfalls zu einer gemeinsamen Verehrung beider Gottheiten. Wegen seiner Beziehung zu dem Pferde und der Zähmung desselben ist nun Poseidon vorzugsweise der Vorsteher der Kampfspiele, besonders der hippischen Wettkämpfe, und hatte deshalb in allen Rennbahnen einen eigenen Altar, und die Theilnehmer des Wagenrennens riefen ihn vor dem Beginn desselben mit Gebeten an und brachten ihm Opfer dar.

Unter den Thieren war dem Poseidon noch besonders der Delphin heilig, unter den Bäumen die Fichte, wahrscheinlich weil sie Hauptmaterial für den Schiffbau war. Geopfert wurden ihm gewöhnlich schwarze Stiere, auch Pferde, Widder und Eber.

Die künstlerische Darstellung des Poseidon hat sich ziemlich genau an die Beschreibungen der Dichter angeschlossen. Nach diesen ist der mächtige Meerbeherrscher an Wuchs und Gestalt dem Zeus ähnlich, hat eine mächtig gewölbte Brust, dunkelwallende Locken und blitzende Augen. Der Idealtypus des Gottes ist zur Blüthezeit der griechischen Kunst dahin entwickelt worden, dass man ihm bei schlankerem Körperbau eine etwas kräftigere Muskulatur gab, als dem Zeus, das man ihm ferner eckigere Formen des Gesichts und ein mehr gesträubtes und verworrenes Haupthaar verlieh. Die ältere Kunst stellte ihn nur bekleidet dar, auch da wo er in heftiger Kampfesbewegung sich befindet, in späterer Zeit fand auch in der Darstellung dieser Gottheit das Nackte immer mehr Aufnahme.

Unter den im Alterthum berühmten Poseidonstatuen sind folgende zu erwähnen: der sieben Ellen hohe eherne Koloss, den die Griechen nach Beendigung der Perserkriege auf dem Isthmos von Korinth in der Nähe von Schoinos, der Hafenstadt am korinthischen Meerbusen, aufstellten; ferner die eherne Statue des Gottes zu Korinth von *Lysippos*, das colossale Erzbild auf dem Molo des Hafens von Kenchreae bei Korinth; endlich die neun Ellen hohe Statue in dem Heiligthume zu Tenos, von dem athenischen Bildhauer *Telesias*.

Erhaltene Darstellungen des Poseidon sind verhältnismässig selten. Besonders erwähnenswerth ist zunächst, weil sich in dem Gesichtsausdrucke das eigenthümliche Wesen des gewaltigen Meeresherrschers besonders scharf ausprägt, eine Büste des Museo Chiaramonti auf dem Vatikan in Rom (Fig. 65). Die Aehnlichkeit mit dem Zeustypus ist zwar unverkennbar vorhanden, aber es fehlt diesem Gesichte vor Allem die milde und ruhige Klarheit, welche dem Götterkönige eigen ist; der schärfere und strengere

Blick des Auges, der fester geschlossene Mund deuten auf einen Mann von herberem Wesen und trotzigerer Gemüthsart. Dieser Eindruck wird noch

verstärkt durch das verworren herab-hängende Haar und den sehr krausen und dichten Bart.

Derselbe Grundcharakter kehrt mit einigen Modifikationen wieder in zwei er-haltenen Marmorstatuen, welche gleichfalls sich in Rom befinden, die eine in der Villa Medici, die andere, aus dem Pa-last Altemps stammend, im Vatikan. An der letzteren gehören zwar die Attri-bute, der Dreizack in der Linken, der Delphin in der Rechten, neuerer Ergänzung an, auch die Beine sind nicht antik, aber der gebieterische Gesichtsausdruck, das schwer herabhängende Haupthaar, welches gleichsam von Nässe zu triefen scheint, endlich die hochgewölbte Brust lassen den Poseidon nicht verkennen.

Fig. 65. Poseidonbüste. Vatikan.

Hieran reiht sich eine im Museum zu Neapel aufbewahrte Bronzestatuette aus Herculanum; der Gott ist hier stehend und unbekleidet abgebildet wie in der Statue aus der Villa Altemps, die Rechte ist mit einem Ausdrucke unverkennbarer Energie in die Seite gestemmt, die Linke umfasst eine gewaltige Ruder-stange, die dem Körper zur Stütze dient. Der Audruck des Gesichts zeigt den Mann von entschiedenem Wesen und Wollen, das Haar ist auch hier wild durch einander geworfen.

Einen milderen Ausdruck und eine dem Zeus verwandte Bildung hat eine zwar aus später Zeit stammende, aber nach einem guten Vorbilde gearbeitete Statuette des Dresdener Museums. Der Gott steht hier in würdevoller Haltung, ein wenig zurückgelehnt und den linken Fuss auf einen Delphin stützend.

Einige interessante Darstellungen des Poseidon sind uns noch in Reliefs, Gemmen und Münzen erhalten. Auf dem sogenannten Zwölfgötter-Altar im Louvre sieht man ihn seinem Bruder Zeus so auffallend ähnlich gebil-det, dass fast nur die Verschiedenheit der Attribute einen Unterschied zwischen beiden begründet, davon kommt jedoch viel auf Rechnung des Restaurators, denn der ganze Oberkörper des Poseidon ist ergänzt. In hieratischem Style ist er ferner abgebildet auf der Basis eines Candelabers im Vatikanischen Museum. Hier wandelt er mit raschem Schritte über das von ihm beruhigte Meer, den Dreizack in der Rechten, einen Delphin in der Linken haltend. Unter den Gemmen ist die in Fig. 66 (nach Braun) wiedergegebene der Dolce'schen Sammlung von vorzüglicher Schönheit. Sie

zeigt den meerbeherrschenden Gott, wie er eben aus der Fluth emportaucht
und seinen scharfen und strengen Blick über die weite Fläche des Meeres
schweifen lässt. Bemerkenswerth ist, dass die Locken des Bartes wie auch
das Haupthaar hier zierlich geordnet erscheinen. Andere Gemmen zeigen
ihn auf einem von Hippokampen gezogenen Wagen über das Meer hinfahrend.

Fig. 66. Poseidon. Gemme Dolce.

Unter den Münzen zeichnet sich eine des Königs Antigonos, welche auf der
Vorderseite den Kopf des Poseidon mit einem Kranze von Meergewächsen,

auf der Kehrseite Apollon auf dem Vordertheil eines
Schiffes sitzend zeigt, durch grosse Schönheit aus; ebenso ein Kopf des Poseidon mit diademartiger Binde und
mildem Ausdrucke auf einer Goldmünze der Bruttier
(Müller, Denkm. II, Taf. VI, No. 68). Die Rückseite einer
böotischen Silbermünze (ebenda, Taf. VII, No. 77; vgl.
Fig. 67) bietet uns die Nachbildung einer Statue des thronenden Poseidon, mit einem Fisch in der ausgestreckten
Rechten und dem Dreizack-Scepter in der Linken.

Fig 67. Böotische Münze.

Auch Wand- und Vasengemälde, welche auf Poseidon Bezug haben, sind noch in bedeutender Anzahl vorhanden. Ein Pompejanisches Wandgemälde stellt die Amymone dar, wie sie von einem Satyr verfolgt sich in die Arme des am Gestade sitzenden Poseidon flüchtet. Für Vasengemälde ist vielfach der Kampf Poseidons mit den Giganten als Gegenstand der Darstellung genommen.

2. Amphitrite.

Seitdem in Poseidon die Bedeutung des meerbeherrschenden Gottes zur fast ausschliesslichen Geltung gekommen war, machte man die Amphitrite, eine Personifikation der rauschenden Meerfluth, zu seiner Gemahlin und Mitbeherrscherin seines Reiches. Sie ist eine der Nereiden, und der Sage nach sah sie Poseidon zuerst, als sie mit ihren Schwestern am Strande von Naxos Reigentänze aufführte, und entführte sie von dort. Eine andere Tradition lässt sie dem ungestümen Werben des Gottes ausweichen und zum Atlas entfliehen, wo der Delphin des Poseidon sie aber doch erspähte und ihm zuführte, wofür sein Bild unter die Sterne versetzt wurde. Homer kennt sie noch nicht als Gemahlin des Poseidon, wohl aber Hesiod, Pindar und die späteren Dichter. Ihre Kinder von Poseidon sind Triton, Rhode und Benthesikyme.

Plastisch dargestellt wurde sie als jugendlich schöne, schlanke Gestalt, gewöhnlich nackt oder halbbekleidet, auf dem Wagen Poseidons an seiner Seite oder allein fahrend, auch sieht man sie auf geschnittenen Steinen wohl auf dem Rücken eines mächtigen Tritonen thronend, oder reitend auf einem Meerpferde oder einem Delphin. Ihr Haar pflegt losgebunden ihr über die Schultern zu fallen. Sie hat die königlichen Attribute des Diadems und Scepters, auch schwingt sie wohl den Dreizack ihres Gemahls. Bisweilen ist sie durch Seekrebsscheeren an den Schläfen charakterisirt. Ein herrliches Relief mit dem Brautzuge des Poseidon und der Amphitrite befindet sich in der Münchener Glyptotek. (Abgeb. bei Jahn, Berichte d. sächs. Ges. d. Wiss. 1854, S. 160 ff.)

3. Triton und die Tritonen.

Triton (der Rauschende) wird zuerst in Hesiods Theogonie als Sohn des Poseidon und der Amphitrite genannt, der mit ihnen den schimmernden Palast zu Aegae bewohnt. Apollonius Rhodius lässt ihn dagegen den fabelhaften Tritonsee an der libyschen Küste bewohnen. Dieser Dichter beschreibt seine Gestalt schon, wie sie meistens auf Bildwerken zu sehen ist, die obere Hälfte menschlich gestaltet, die

untere Hälfte vom Bauche an in einen zweigabeligen Fischschwanz
auslaufend. Man glaubt, dass die Uebertragung solcher phantastischer
Formen auf die niederen Gottheiten des Meeres, welche übrigens in
Griechenland nirgendwo und niemals Gegenstand gottesdienstlicher
Verehrung gewesen sind, von *Skopas* ausgegangen sei, von dessen
herrlicher Gruppe, Achilleus durch die Gottheiten des Meeres nach
der Insel Leuke geleitet, Plinius mit grosser Begeisterung spricht.
Seit man den Triton zu einem Seeungeheuer herabgedrückt hatte,
befreundeten sich Künstler wie Dichter bald mit der Vorstellung eines

Fig. 68. Pompejanisches Wandgemälde. Neapel.

ganzen Geschlechtes gleichartiger Tritonen, unter welchen man sich
ein neckisches, übermüthiges Völkchen gleich den Satyrn, Panisken
und Kentauren des Festlandes dachte.

Das gewöhnlichste Attribut des Triton und aller Tritonen ist die
gewundene Muscheltrompete (buccina), welcher sie die mannigfaltigsten Töne zu entlocken vermögen. So erzählt Hyginus von den
guten Diensten, welche Triton seinem Vater Poseidon in der Gigantomachie durch sein Blasen geleistet habe, da die Riesen durch die gewaltigen Töne seiner Trompete in Schrecken und Furcht versetzt
worden seien. Zu anderen Zeiten weiss aber Triton seinem Instrumente

so liebliche Weisen zu entlocken, dass das aufgeregte Meer dadurch
beruhigt wird.

Die Tritonen sind als Seedämonen von phantastischer Gestalt für die
höhere Kunst nicht eben häufig Gegenstand der Darstellung gewesen, desto
beliebter war die Anwendung der Tritonmaske bei Wasserkünsten. Man
bildete die Tritonen bald jugendlich und bartlos, bald bärtig und mit
schmerzlich-wildem Gesichtsausdruck, meist mit Fischschwänzen,*) selten
mit Menschenbeinen, dagegen sehr häufig mit den Vorderbeinen eines
Pferdes (Ichthyokentauren). So auf dem nebenstehend wiedergegebenen
Pompejanischen Wandbilde des Museums zu Neapel, wo Triton der
Aphrodite Anadyomene zugleich als Reitthier und als Lautenschläger dient
(Fig. 68). Einen jugendlichen Triton in Marmor bewahrt die Pio-Clementinische Sammlung des Vatikan. Auch befindet sich daselbst eine ausgezeichnete Gruppe, den Raub einer Nymphe durch einen Ichthyokentauren
darstellend.

4. Pontos und sein Geschlecht.

Die Mehrzahl der Gottheiten oder Dämonen des Meeres, welche
hier noch zu besprechen sind, leiten ihren Ursprung her von dem
theogonischen Pontos, der nach Hesiod unmittelbar von der Mutter
Erde erzeugt wurde, um dann selbst wieder sie befruchtend der Stammvater eines weitverzweigten Göttergeschlechts zu werden. Ursprünglich
nichts als eine Personifikation des salzigen Urmeeres ist er auf der
Stufe der blossen Abstraktion stehen geblieben. Unter seinen Kindern
ist der älteste Nereus.

a. Nereus und die Nereiden.

Wir begegnen in Nereus, wenn er auch im Cultus wie alle übrigen
Meeresgottheiten zweiten Ranges nur eine unbedeutende Rolle spielt
einer bei den Dichtern sehr beliebten und daher in viele Mythen ver-
flochtenen Persönlichkeit. Er repräsentirt die freundliche und anmuthige Seite des Meeres und wird gedacht als ein wohlwollender und
freundlicher Greis, der namentlich als der gute Dämon des ägäischen
Meeres erscheint, dessen Tiefe er mit seinen fünfzig lieblichen Töchtern,
den Nereiden, bewohnt. Er besitzt, wie alle Wassergeister, die Gabe
der Weissagung und ist ein ausserordentlich kluger und erfahrener

---

*) Die Bildung ist meist so, dass von den Hüften abwärts die Gestalt in
zwei getrennte Fischschwänze übergeht, doch kommen auch Tritonen mit nur
einem Fischschwanze vor.

Mann, der schon manchem armen Schiffer mit seinem Rathe zu Hilfe
gekommen ist. Nicht gegen Jedermann freilich macht er von seiner
Gabe freiwilligen Gebrauch. Als Herakles auf der Fahrt nach den
Gärten der Hesperiden ihn aufsuchte, um von ihm zu erfahren, wie er
am besten in den Besitz der goldenen Aepfel kommen könne, verwandelte er sich, denn auch diese Eigenschaft theilt er mit allen Meer-
und Flussgöttern, in allerlei verschiedene Gestalten, um sich dem
Andringen des Herakles zu entziehen, aber dieser liess ihn nicht los,
bis er ihm die gewünschte Auskunft ertheilt hatte. Dagegen zeigte er
dem Paris freiwillig sein künftiges Schicksal an.

In den bildlichen Darstellungen, deren sich noch einige auf Vasengemälden und geschnittenen Steinen (ein besonders schöner in Florenz) erhalten haben, erscheint Nereus bald in ganz menschlicher Gestalt, als ein Greis
mit dünnen, grauen Locken; sein gewöhnliches Attribut ist dann der
Scepter, auch wohl der Dreizack, oder er wird tritonenartig gebildet.

Mit seiner Gemahlin Doris, einer Okeanide, hat er seine fünfzig,
nach Andern hundert Töchter erzeugt, in welchen man freundlich-
gesinnte und wohlthätige Nymphen des Meeres verehrte. Sie sind ein
zierliches und liebliches Geschlecht, die den Schiffer bald durch ihre
heiteren Spiele und Tänze erfreuen, bald auch in der Gefahr ihm
helfend und rettend zur Seite stehen. Ihr fröhlicher, lärmender Chor
bildet das stehende Gefolge des Poseidon und der Amphitrite. Ihre
Namen sind bei Hesiod verzeichnet und bedeuten meist gute Eigenschaften des Meeres, wie z. B. Galene, die Meeresstille, Glauke, die
blaue Meeresfläche, Galatea, die glänzende Meeresfläche, Kymothoe,
die schnelle Woge, u. a. m., oder auch Beziehungen zum Verkehr der
Menschen, wie Pherusa (die Tragende), Dynamene (die Mächtige).
Hin und wieder hatten sie an den Küsten Griechenlands, wenn wir dem
Berichte des Pausanias Glauben schenken dürfen, Tempel und Altäre.

Die Kunst pflegte den Nereiden stets menschliche Gestalt zu geben.
Sie wurden dargestellt als anmuthige Mädchengestalten, in der älteren
Zeit leicht bekleidet, später in der Regel nackt, meist in Gruppen, wo
dann die Künstler die grösste Mannigfaltigkeit der Stellungen und Lagen
hervorzurufen bemüht waren, häufig auch auf Tritonen, Delphinen oder
allerlei phantastisch gestalteten Seeungeheuern reitend.

Neben Amphitrite, der Gemahlin des Poseidon, ist unter den
Nereiden besonders Thetis, die Mutter des Achilleus, berühmt und

wird in der Regel als die Chorführerin unter ihnen bezeichnet. Ihre Schönheit und Anmuth war so gross, dass sowohl Zeus wie Poseidon um ihre Liebe warben. Als aber Zeus durch den Mund der Themis gehört hatte, der Sohn der Thetis werde grösser werden, als sein Vater, stand er nicht nur von seinem Vorhaben ab, sondern vermählte sie sogar aus Furcht vor diesem Orakelspruche, ganz gegen ihren eigenen Willen, mit dem Aeakiden P e l e u s. Die glänzende Hochzeit des Peleus und der Thetis ist oft von den Dichtern gefeiert worden, namentlich von dem römischen Dichter Catull. Reiche Gaben brachten alle Götter und Göttinnen dar und verherrlichten das Fest durch ihre Gegenwart. Denn alle waren geladen worden, mit alleiniger Ausnahme der Eris, welche sich nach einer bekannten Sage dafür durch den unter die Versammlung geworfenen Apfel rächte, um dessen Besitz sich nachher Hera, Athena und Aphrodite stritten.

Diese Hochzeit ist häufig auf Vasengemälden dargestellt worden, noch mehr aber gefielen sich die alten Künstler darin, die Thetis als sich gegen ihren Räuber wehrend darzustellen, wie dies schon an dem berühmten Kasten des K y p s e l o s zu sehen war, den dieser mächtige Tyrann des reichen Korinth nach Olympia als Weihgeschenk sandte.

Ferner ist unter den Nereiden noch hervorzuheben, G a l a t e i a oder Galatea, zu welcher der riesige Kyklop P o l y p h e m o s, ein Sohn des Poseidon, derselbe, welcher nachher von Odysseus geblendet wurde, eine unglückliche Liebe fasste, die ihm von Seiten der schönen Nymphe nur Spott und schnöde Zurückweisung eintrug. Es ist diese Liebe des Polyphemos ein Lieblingsgegenstand der bukolischen Poesie gewesen, namentlich hat sie der sicilische Dichter Theokrit mit vielem Humor behandelt. Ebenso fleissig hat die Kunst denselben zu Darstellungen auf Wandgemälden und geschnittenen Steinen benutzt.

b. Thaumas, Phorkys, Keto, Eurybia.

Repräsentirt Nereus mit seinen lieblichen Töchtern die freundliche und angenehme Seite des Meeres, so stellt sich dasselbe in T h a u m a s, dem zweiten Sohne des Pontos, als eine Welt der reichsten und herrlichsten Wundererscheinungen dar. Auch er ist indessen, wie sein Vater Pontos, ein Begriff, der in der Vorstellung der Griechen nicht weiter Fleisch und Blut angenommen hat. Thaumas erzeugte mit der Okeanide E l e c t r a (die Strahlende) die hurtige Götterbotin I r i s (s.

oben S.108) und die **H a r p y i e n**. Die letzteren sind eine Personifikation
der Sturmwinde.   Homer nennt nur eine derselben, **P o d a r g e**, welche
dem **Z e p h y r o s** sich vermählte und von ihm die beiden Götterrosse
des Achilleus, **X a n t h o s** und **B a l i o s**, gebar.   Es ist eben eine ganz
natürliche Vorstellung, dass man Rosse von ganz besonderer Schnelligkeit als von den Winden erzeugt hinstellte.   Bei Hesiod werden zwei
Harpyien erwähnt, **A ë l l o** und **O k y p e t e**.   Sie sind nach seiner Erzählung geflügelte, schönlockige Jungfrauen und schneller als der
Wind.   Im Uebrigen beschreibt er ihre Gestalt nicht genauer.   Weiter
entwickelt wurde die Vorstellung von den Harpyien durch verschiedene
Dichter, welche die Argonautensage behandelten.   Diese brachten sie
in Verbindung mit dem blinden Wahrsager **P h i n e u s**, dessen beständige
unliebsame Gäste sie waren, indem sie jedesmal, wenn er sich zu Tische
niedersetzen wollte, erschienen und die aufgetragenen Speisen theils
raubten, theils durch Besudeln ungeniessbar machten.   Erst durch die
Argonauten **Z e t e s** und **K a l a i s**, die Söhne des Boreas, wurde Phineus
von dieser Plage befreit.   Man beschrieb sie nunmehr als geflügelte
Jungfrauen mit bleichen, abgezehrten Gesichtern, immer hungrig und
gefrässig, am ganzen Leibe mit Geierfedern bedeckt und mit Geier-
klauen an Händen und Füssen.   Manche verwechselten sie auch mit den
Erinyen oder Furien und nahmen drei Harpyien an, wie z. B. Apollodor, dem auch Virgil gefolgt ist, bei welchem die dritte Harpyie
K e l ä n o heisst.   Die Harpyien galten den Alten auch als Genien des
schnellen Todes, weshalb man namentlich, wenn Jemand plötzlich
verschwunden oder spurlos verschollen war, sagte, die Harpyien hätten
ihn hinweggerafft.   Verehrung haben sie natürlich nie genossen.

Die Kunst hat sie bald als geflügelte Jungfrauen, bald mehr Vögeln
ähnlich dargestellt, die vorhandenen Denkmäler sind jedoch mehr oder
minder zweifelhaft.   Mit völliger Sicherheit glaubt man sie nur zu erkennen
an dem sogenannten **H a r p y i e n m o n u m e n t e** von **X a n t h o s**, einem von
dem Engländer Fellows im J. 1838 auf einer Reise durch Kleinasien entdeckten Grabdenkmal.   Die dasselbe schmückenden Marmorreliefs sind
sämmtlich in das **B r i t i s c h e M u s e u m** gewandert.   Auf den Flügeln der
beiden Schmalseiten des vierseitigen Monuments sind die Harpyien als
Gestalten mit weiblichem Oberkörper, grossen Flügeln und Vogelkrallen
gebildet, offenbar in der Bedeutung von Todesgöttinnen, die mit den
Seelen der Verstorbenen davoneilen.

In **P h o r k y s** und **K e t o**, den Geschwistern des Nereus und Thaumas, stellte man sich das Meer von seiner furchtbaren, grausenerregen-

den Seite vor. In diesem Geschwisterpaar, welches sich mit einander
verbindet und die grausigen Gorgonen, die Gräen und den Drachen der
Hesperiden erzeugt, personificiren sich alle Schrecknisse und Gefahren
des Meeres, so dass man consequenter Weise später auch die Skylla,
die Sirenen und Hesperiden auf dieses Elternpaar zurückführte.
Bei Homer, der ihn ausserdem noch als Vater der Nymphe Thoosa
(d. i. stürmische Meerfluth), der Mutter des Polyphemos, kennt, erscheint Phorkys ebenfalls als Meergreis, wie sein Bruder Nereus, und

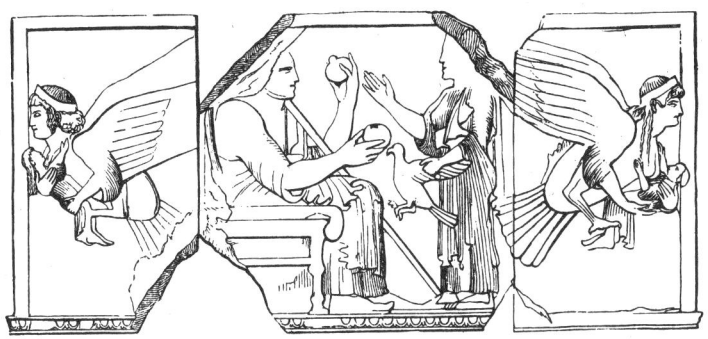

Fig. 69. Vom Harpyienmonumente von Xanthos.

als Beherrscher der grossen Ungeheuer der Tiefe (κήτη), worauf auch
der Name seiner Gattin Keto hinzudeuten scheint. Von den Gorgonen,
welche ursprünglich die Brandung des Meeres bedeuten, wird in der
Perseussage noch die Rede sein, ebenso von den Gräen, welche eine
Personifikation der stürmischen, weissgrauen Woge sind.

Endlich ist noch Eurybia eine Tochter des Pontos. Sie vermählte sich dem Titanen Kreios und erzeugte mit ihm den Asträos,
den Pallas und den Perses, den Vater der Hekate.

5. Proteus.

Dieselbe Rolle, welche Nereus in der Heraklessage spielt, sehen
wir mit völliger Wiederholung der einzelnen Umstände den Proteus in
der Menelaossage spielen. Menelaos, auf der Heimkehr von Troja nach
Aegypten verschlagen und in grosse Bedrängnis gebracht, beschleicht
den in einer Grotte der Insel Pharos schlafenden Gott und erpresst von
ihm, nachdem derselbe sich erst in einen Löwen, dann in einen Drachen,
in einen Panther, in ein Wildschwein, in fliessendes Wasser und endlich

in einen Baum verwandelt hat, eine untrügliche Weissagung. Homer
nennt die Insel Pharos in der Nähe der Nilmündungen den gewöhnlichen Aufenthaltsort des Proteus, bezeichnet ihn ebenfalls als einen
Meergreis und als Hirten der Seethiere. Eine Genealogie desselben
gibt er nicht an, Hesiod aber kennt ihn überhaupt gar nicht, weshalb
die Vermuthung nahe liegt, dass er nur eine lokale Bedeutung gehabt
habe. Sein Name bezeichnet ihn als Uranfänglichen, da nach einer
bekannten Vorstellung, welche auch in der Philosophie des Thales
wiederkehrt, das Wasser der Urgrund aller Dinge ist. Doch erscheint
er stets als ein Gott von niedererm Range, als Nereus und Phorkys,
wie ihn denn auch Homer ausdrücklich als Untergebenen und Diener
des Poseidon bezeichnet.

Die Kunst hat ihn ähnlich dargestellt wie Nereus, mit Schenkeln,
die in Fischschwänze auslaufen, als Hirten der See macht ihn ausserdem der Krummstab kenntlich.

6. Glaukos Pontios.

Eine dem Nereus und Proteus vielfach ähnliche Erscheinung ist
auch Glaukos, der als weissagender Meergott in der Argonautensage
eine Rolle spielt. Er ist eine Personifikation der Meeresklarheit und ein
Lokalgott der Anthedonier in Böotien. Homer und Hesiod kennen ihn
noch nicht, erst bei Pindar und Aeschylos wird dieser Gott erwähnt,
ja der letztere scheint sogar seine Geschichte dramatisch behandelt zu
haben. Diese wundersame Sage ist von den Dichtern vielfach variirt
worden und am meisten bekannt aus Ovids Metamorphosen. Glaukos
war, um nur das Wesentlichste daraus mitzutheilen, ein Fischer zu
Anthedon. Eines Tages, da er Fische gefangen und die schon halb-
todten Thiere neben sich auf den Rasen gelegt hatte, bemerkte er mit
Erstaunen, wie dieselben durch Berührung mit einem ihm unbekannten
Kraute wieder ganz lebendig wurden und in das Meer zurücksprangen.
Er ass nun auch von diesem Wunderkraute, dem nämlichen, welches
auch den Sonnenrossen als Speise zu dienen pflegte, und fühlte sich
davon so begeistert, dass er in seiner Ekstase in das Meer sprang, wo
ihn Okeanos und Thetis von allen noch an ihm haftenden menschlichen
Schlacken reinigten und unter die Meergötter aufnahmen. Nach Andern
stürzte er sich aus Verzweiflung ins Meer, weil das Kraut ihm wohl
Unsterblichkeit, aber nicht ewige Jugend zu verleihen vermocht hatte,

und der Schiffer vernimmt noch häufig in den Fluthen sein leises Wimmern und Klagen.

Je weniger Glaukos allgemeine Anerkennung und Verehrung in Griechenland gefunden hat, desto populärer war er bei den Anthedoniern. Er ist ein rechter Gott der fast nur aus Fischern und Seeleuten bestehenden niederen Bevölkerung von Anthedon, die auf ganz vertraulichem Fusse mit ihm stehen, und in zweifelhaften Fällen, wo sie seines Rathes und seiner Hülfe bedürftig sind, ihn mit derselben Ungenirtheit aus der See citiren, wie jener Fischer in einem bekannten Volksmärchen das Männeken Timpente. Und niemals weigert er sich zu erscheinen, denn er ist ein überaus freundlicher und hülfreicher Gott, der nicht nur mit seiner Gabe der Weissagung, die er natürlich wie alle Meerdämonen hat, den Menschen freiwillig und gern zu Diensten ist, sondern auch den Seeleuten in der Gefahr beispringt und Schiffbrüchige rettet. Die Geretteten pflegten ihm dafür Haaropfer darzubringen, wie wir aus einem schönen Epigramm der griechischen Anthologie *) lernen. Tempel, Cultusstätten oder Cultusbilder hat er nirgendwo gehabt, nicht einmal zu Anthedon, wo er Lokalgott war, doch genoss er auf vielen griechischen Inseln und Seeküsten Verehrung als ein freundlicher Schiffergott, so auf Delos, Naxos, am Vorgebirge Malea, in Korinth, wo man ihn zum Hüter und Pfleger des Melikertes machte, und an anderen Orten.

Dass von einer so populären Gottheit, wie Glaukos, viele Märchen und Sagen in Umlauf waren, versteht sich von selbst. Die wenigsten davon sind durch schriftliche Aufzeichnung überliefert worden. Viel erzählte man sich von den Liebschaften des Gottes, unter denen sein Verhältnis zur Skylla am berühmtesten geworden ist. Um die Liebe des sanften Meergottes zu der Unholdin zu erklären, dichtete man, dass Skylla zuerst eine schöne Jungfrau gewesen, aber von der Zauberin Kirke, weil sie selbst eine Neigung zu dem Meergotte empfand, aus Eifersucht in jenes Scheusal verwandelt worden sei. Auch die Ariadne soll Glaukos geliebt und sich um ihre Gunst beworben haben, als Theseus sie auf Naxos zurückgelassen hatte. Aber Dionysos züchtigte ihn dafür und fesselte ihn mit Weinreben. Dass Glaukos auch in die Argonautensage verflochten wurde, erklärt sich leicht aus dem Um-

---

*) Blumenlese kleiner, meist epigrammatischer Gedichte, herausgegeben von Fr. Jacobs.

stande, dass die Minyer, von welchem der Zug nach Kolchis ausging, ganz nahe bei Anthedon wohnten. Man dichtete später, dass er die Argo erbaut und gesteuert und im Kampfe gegen die Tyrrhener kräftig mitgewirkt habe, später aber sei er dem Jason als Meergott erschienen und habe ihm sein und seiner Gefährten Schicksal geweissagt.

Glaukos ist in hervorragender Weise ein volksthümlicher Gott, ein Gott der in Griechenland so zahlreich vertretenen Volksklasse der Fischer und Schiffer, die ihrem Patron vermöge ihrer geringen Mittel weniger durch Tempel und Statuen, Opfer und Feste ihre Verehrung zu bezeigen im Stande waren, wie denn nicht einmal in Anthedon ein Tempel desselben hat nachgewiesen werden können. Kein Wunder daher, dass die Zahl der Bildwerke, welche mit Sicherheit auf ihn bezogen werden können, sehr gering ist. Die Mehrzahl derselben sowie die Schriftsteller, welcher seiner erwähnen, stellen ihn dar als fisch-schwänzig, also zu dem Geschlechte der Tritonen gehörig. Sein Aeus-seres ist rauh und zottig, der Leib mit Muscheln und Seetang bewachsen. Haupthaar und Bart zeigen die üppige Fülle, welche den Meeresgöttern eigen ist. Was seine Jahre betrifft, so erscheint er gleich den übrigen Dämonen der See meistens als Greis, wie er denn auch im Volksmunde kurzweg der Alte ($\gamma\acute{\epsilon}\varrho\omega\nu$) genannt zu werden pflegte, doch wird ihm auch eine jugendlich kräftige Bildung zu Theil, sobald er in seinem Verhältnisse zu Skylla oder Ariadne gedacht wird. Wie die Tritonen alle, endigt er bald in einen, bald in zwei Fischschwänze, ja man bildete seine Gestalt allmählich seiner Geliebten Skylla ähnlich, indem man den Delphinenschwänzen noch Hundsköpfe oder Köpfe von Wölfen anfügte (Virg. Aen. III, 427: postrema immani corpore pistrix, delphinum cau-das utero commissa luporum), oder man gab ihm wegen seines Hinüber-greifens in den dionysischen Kreis eine sileneske Gestalt, Satyrohren bei spärlichem Haupthaar, neben welcher Mannigfaltigkeit von Bil-dungen dann noch schliesslich eine völlige Menschengestalt vorkommt.

Unter den Kunstdenkmälern, welche mit einiger Sicherheit auf Glaukos bezogen worden sind, ragt ein in der Villa Hadrians aufgefundenes Wand-gemälde der Worsley'schen Sammlung auf der Insel Wight hervor, welches ihn tritonartig gebildet darstellt, mit dem Oberkörper eines Mannes im kräftigsten Alter, aber nach unten in einen grossen Fisch-schwanz endigend, während Skylla merkwürdiger Weise vollkommen menschliche Gestalt hat. Die rechte Hand hat er, seine heisse Liebe be-theuernd, auf die linke Brust gelegt, welchem bedeutsamen Gestus auch der schmachtende Ausdruck des Gesichts entspricht. Weniger sicher ist eine schöne marmorne Hermenbüste aus Puzzuoli in der Pio-Clementinischen Sammlung des Vatikan, wo er, wenn die Deutung richtig ist, mit bakchischen Attributen erscheint, indem das lange Haupthaar mit Weinlaub und Trauben durchflochten ist. In vollkommen menschlicher Bildung sehen wir ihn nach der Deutung von R. Gaedechens *) auf einem Streifen der sogenannten Françoisvase in Florenz, der einen von den aus dem Labyrinth geretteten athenischen Knaben und Mädchen unter dem Vortritt des Theseus zu Ehren der Ariadne aufgeführten Festreigen darstellt.

7. Ino Leukothea und Melikertes.

Wie Glaukos, so erwarb sich auch Ino, die Tochter des Kadmos, durch einen Sprung in's Meer Unsterblichkeit und göttliches Wesen. Nach der bekanntesten Gestaltung der Sage war sie die Gattin des Königs Athamas von Orchomenos und eine Schwester der Semele, der Mutter des Dionysos. Nach dem unglücklichen Ausgange der Semele liess sie sich das Dionysoskind zur Pflege übergeben. Hera indessen rächte sich dafür, indem sie den Athamas rasend machte, der nun seinen erstgeborenen Sohn von der Ino, mit Namen Learchos, an einem Felsen zerschmetterte oder erschoss, und auch den zweiten, Melikertes, welchen Ino auf den Armen trug, zu tödten trachtete. In wilder Hast suchte die Unglückliche sich und ihr Kind zu retten. Als aber der rasende Gemahl sie bis zum Isthmos hin verfolgt hatte und sie keine Rettung mehr sah, stürzte sie sich mit ihrem Söhnchen von dem Felsen Moluris in's Meer, wo sie von den Nereiden freundlich empfangen und nebst ihrem Sohne unter die Seegötter aufgenommen wurde. Einige setzen hinzu, Aphrodite habe, weil Ino als die Tochter der Harmonia ihre Enkelin war, diese Vergötterung bewirkt. **) Ino erhielt nun den Namen Leukothea, Melikertes aber wurde als Palämon verehrt. Beide galten als wohlthätige Dämonen der stürmischen See, welche Bedrängten und Schiffbrüchigen zu Hülfe kommen. Schon bei Homer wird Odysseus, als er an Scheria's Felsenküste den gewissen Tod vor Augen sieht, durch Leukothea gerettet.

Die Sage, wie sie uns vorliegt, hat offenbar viele spätere Zusätze erfahren. Als äusserlicher Zusatz gibt sich sogleich das Motiv von der Eifersucht der Hera zu erkennen, welches so häufig in den griechischen Mythen wiederkehrt. In der älteren Gestalt der Sage ist Dionysos

---

*) In dessen vortrefflicher Monographie: Glaukos der Meergott, Göttingen, 1860, S. 149 u. flg.
**) Ovid Metam. IV, 530.

selbst die Ursache der Raserei des Athamas. Der Ursprung des Mythos ist freilich dunkel, denn Melikertes ist kein griechischer Name,
sondern phönicischer Herkunft (Melkart). Preller hat die Ino als eine
Mondgöttin erklärt, den Melikertes aber als den Morgenstern gedeutet,
zu welcher Erklärung der orgiastische Cultus desselben, wie er an der
Küste von Megara, auf dem Isthmos und an andern Orten Griechenlands
üblich war, indem bald der frühe Tod des lieblichen Knaben mit maasslosen Ausbrüchen des Schmerzes, bald seine Wiederbelebung und Vergötterung mit ausgelassener Freude gefeiert wurde, sehr wohl stimmt.

Darstellungen der beiden Gottheiten sind nur noch sparsam vorhanden.
Die sogenannte Ino-Leukothea der Münchener Glyptothek, eine
überlebensgrosse Figur aus parischem Marmor von wunderbarer Schönheit,
mit einem Knaben auf dem linken Arme, der ihr zärtlich die rechte Hand
entgegenstreckt, wird jetzt wohl richtiger als Eirene mit dem kleinen
Plutos erklärt. *) Man findet sie aber auf einer Mosaik des Vatikanischen Museums mit ihrem sicheren Abzeichen, dem dreimal um den
Leib gewundenen Schleiertuch, den Melikertes auf einer berühmten Gemme
des Wiener Cabinets, welche den Isthmos von Korinth darstellt (Müller,
Denkm. II, Fig. 75). In der Mitte erblicken wir Poseidon, den linken Fuss
auf einen von Wasser umströmten Felsen aufsetzend, von Pferden umgeben,
welche zum isthmischen Wettkampfe kommen. Darüber steht eine Statue
des Eros auf einer Säule, dem ein Meergott, wahrscheinlich Glaukos, den
geretteten Melikertes darreicht. Die von der rechten Seite heranschwebende
weibliche Figur wird gewöhnlich als Aphrodite Euploea erklärt.

8. Die Sirenen.

Zu den Meeresgottheiten müssen auch die Sirenen, die Musen der
See gerechnet werden. Am bekanntesten sind sie aus der Odyssee
durch das Abenteuer, welches Odysseus mit ihnen erlebte, der jedoch
mit seinen Gefährten glücklich an ihnen vorüber kam, ohne sich von
ihrem Gesange bethören zu lassen. Als ihre Eltern nennt man entweder
den Flussgott Acheloos und eine der Musen, oder Phorkys und Keto.
Bei Homer sind ihrer nur zwei, später nahm man drei oder vier derselben an und verflocht sie in verschiedene andere Sagen, wie die Argonautensage und in die sicilische Sage vom Raube der Persephone. Demeter soll ihnen nämlich den Vogelleib gegeben haben zur Strafe dafür,
dass sie ihrer Gespielin, der Persephone, nicht zu Hülfe kamen, als sie

---

*) Brunn, Abhandl. d. bayer. Akademie d. Wissensch. 1867, p. 1 fig.

von dem Herrscher der Unterwelt geraubt wurde. Noch Andere dichteten von einem Wettstreit zwischen den Sirenen und Musen, in welchem
die ersteren unterlagen und ihnen zur Strafe die Federn ausgerupft
wurden.

Die Kunst bildete sie meist als Jungfrauen mit Flügeln und Vogel-
füssen, bisweilen auch als vollständige Vögel mit Mädchenköpfen, oder
auch mit Armen und halbmenschlichem Oberleibe, wo sie dann musische
Instrumente zu halten pflegten. Weil ihr Gesang den Bethörten zum Tode
führte, so lag es nahe, sie als Genien des Todes auf Grabmonumenten anzu-
bringen. Sehr selten wurden sie als ganz menschliche Gestalten gebildet,
doch ist auch diese Art der Darstellung durch einen etruskischen Sarkophag
bezeugt. (Müller, Denkm. II, Fig. 757).

9. Das Geschlecht des Okeanos.

Schliesslich gehört zu den Wassergeistern noch das zahlreiche Geschlecht der Nachkommen des alten Okeanos, die Okeaniden oder
Okeaninen und die Flüsse, welche sich weithin über die Erde verbreiten. Denn auch diese letzteren gelten nach der Theogonie als die Söhne
des Okeanos und der Tethys, wogegen bei Homer der Fluss Xanthos
oder Skamandros als Sohn des Zeus bezeichnet wird und nach ihm alle
Flüsse vom Himmel gefallen, d. i. Zeussöhne sind. Ueber den Ursprung
der Flüsse hatte man also offenbar verschiedene Vorstellungen. Wenn
man sich den Okeanos als Vater aller Flüsse auf Erden, deren Zahl
Hesiod auf 3000 angibt, vorstellte, so dachte man sich den Ursprung
so, dass die Flüsse aus dem die Erdscheibe rings umfliessenden Okeanos
entsprängen und unter der Erde her fliessend in den Quellen zur Oberfläche gelangten. Consequenter Weise musste man dann auch dem
Okeanos zum Unterschiede von dem Pontos süsses Wasser geben.

Okeanos selbst ist nach der theogonischen Sage der älteste Sohn
des Uranos und der Gäa, also ein Titane, wie auch seine Gemahlin
Tethys. Da er aber nicht an dem Kampfe der übrigen Titanen gegen
die Herrschaft des Zeus Theil nahm, so theilte er auch nicht ihr furchtbares Schicksal, sondern durfte in Frieden und voller Unabhängigkeit
sein stilles Reich beherrschen. Homer und Hesiod weisen ihm seinen
Wohnsitz im fernen Westen an, wo er mit seiner ehrwürdigen Gattin in
stiller Zurückgezogenheit lebt, so dass er auch an den Versammlungen
der Götter keinen Antheil nimmt. Hier wohnen auch mit ihm seine
Töchter, die Okeaniden, deren Zahl sehr unbestimmt angegeben wird.

Homer nennt in der Ilias nur eine einzige, die Eurynome, bei
Hesiod dagegen werden 41 namentlich aufgezählt, unter denen ausser Eurynome, die schon als Mutter der Chariten aufgeführt wurde,
Klymene, die Gemahlin des Japetos, Perseis, die Gattin des Helios,
Metis, die älteste Gemahlin des Zeus und endlich die Styx die vornehmsten sind. Die Styx bildet nach Hesiods Theogonie den zehnten Arm
des Ckeanos, da neun derselben die Erde umgeben, und fliesst unmittelbar in die Tiefe der Unterwelt hinab. Bei ihr schwören die Götter den
grössten und furchtbarsten Eid, der sie unauflöslich bindet. Wer unter
ihnen aber falsch schwört, wird zehn Jahre lang von der Gemeinschaft
und den Mahlzeiten der Götter ausgeschlossen, während des ersten
Jahres nach seinem Frevel liegt er noch ausserdem ohne Speise und
Trank in sinnloser Betäubung da.

Für die Kunst sind weder Okeanos, von welchem es kaum eine sicher
nachweisbare Darstellung geben möchte, noch die Okeaniden, welche bald
ganz gegen die Quellennymphen oder Najaden zurücktraten, von irgend
welcher Bedeutung.

Wichtiger sind dagegen für die Sagenpoesie wie für die Kunst die
Flussgötter, deren Cultus natürlich ein mehr oder weniger lokaler war.
Nur Acheloos, der vornehmste aller griechischen Flüsse, scheint fast
allgemein verehrt worden zu sein. Als Fruchtbarkeit des Landes und
Segen jeglicher Art spendende Gottheiten, insonderheit aber auch als
Ernährer und Pfleger der Landesjugend standen die Flussgötter in hohem Ansehen und hatten an vielen Orten eigene Altäre und Heiligthümer.
Man dachte sich dieselben wohnend in der Tiefe des Flusses selbst oder
in einer Felsengrotte in der Nähe der Quelle und stellte sie sich je nach
der Grösse des Flusses und dem ganzen Eindrucke seiner Erscheinung
bald als zarte Jünglinge oder als jugendlich kräftige Männer oder als
Greise vor. Der Natur des flüssigen Elementes, welches sie vertreten,
entsprechend haben sie alle die Gabe der Verwandelung, die wir auch
schon an den Meergöttern wahrgenommen haben. Eine besonders beliebte Metamorphose für die Flussgötter ist die Verwandelung in eine
Schlange oder einen Stier, wie dies die Geschichte des Zweikampfes
zwischen Acheloos und Herakles lehrt.

Die Kunst pflegte daher gern die Flussgötter unter solchen Thier-
bildungen darzustellen, vorzugsweise aber unter der Stiergestalt, so dass
sie entweder in völliger Stierbildung erscheinen, oder in menschlicher Bildung mit Stierhäuptern, oder umgekehrt als Stiere mit Menschenhäuptern.

Daneben ging aber auch eine rein menschliche Bildung derselben, oder sie wurden höchstens durch kleine Hörner auf beiden Seiten der Stirn und mancherlei wechselnde Attribute von andern Göttergestalten unterschieden. Als Attribute für die Flussgötter dienten namentlich Urnen und Füllhörner, als Symbole des von ihnen ausgehenden Segens.

Die merkwürdigste uns erhaltene Darstellung eines Flussgottes ist jedenfalls selbst in der trümmerhaften Gestalt, in welcher sie auf uns ge-

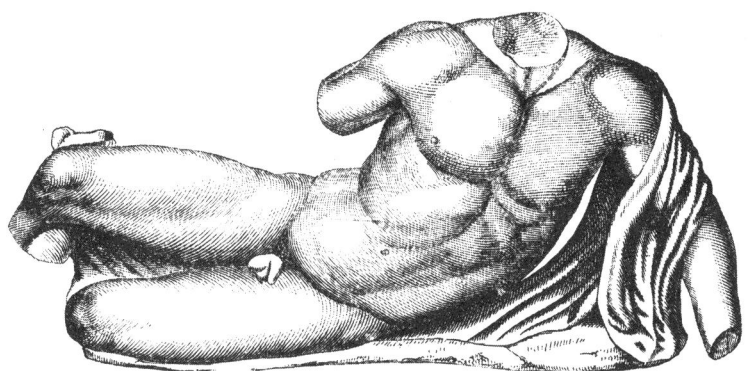

Fig. 70. Kephisos. Vom Parthenon.

kommen ist, die von dem westlichen Giebel des Parthenon in Athen stammende Figur des Kephisos (Fig. 70), in welcher wir vielleicht ein Werk von *Phidias* eigener Meisterhand zu bewundern haben. Der Gott ist hier der Natur des von ihm vertretenen Flusses angemessen als ein schöner Jüngling von ungemein zarten und weichen Formen des Körpers gebildet, und die Linien seines in behaglicher Ruhe hingestreckten Leibes gewähren das Bild der auf- und absteigenden Welle. Die meisten Abbildungen von Flussgöttern sind uns noch auf Münzen erhalten.

III. Die Gottheiten der Erde und der Unterwelt.

Wir kommen nun zu einer Reihe von Gottheiten, welche zu den in den beiden vorhergehenden Abschnitten beschriebenen Göttern des Himmels und des feuchten Elementes im entschiedensten Gegensatze stehen. Es sind diejenigen Götter, welche auf der Oberfläche der Erde und in dem tiefen Schoosse derselben unablässig schaffen und wirken und dadurch in die innigste Beziehung zu dem menschlichen Leben treten. Es konnte der Beobachtung eines Volkes, welches für die Erscheinungen der Natur so offene Augen hatte, wie die Griechen, nicht entgehen, dass die Erdtiefe, wie sie einerseits der fruchtbare Mutterschooss ist, aus welchem alles vegetative Leben der Natur seinen ewigen Ursprung nimmt und seine Nahrung empfängt, so auch andrerseits das immer offene Grab ist, in welches alles irdische Dasein, wenn es seine Zeit und seine Bestimmung erfüllt hat, wieder versinkt. Ist doch der Mensch selbst vom Staube genommen, um wieder zu Staube zu werden, und mahnt ihn jedes offene Grab, in welches er seine Todten hinabsenkt, mit nachdrücklichem Ernste an dieses ewige Gesetz der Natur, in welcher nichts beständig ist als der Wechsel. Aus dieser angedeuteten Doppelbeziehung der chthonischen Götter zu dem menschlichen Leben wird man es erklärlich finden, dass sich auch der Cultus derselben in einer eigenthümlichen Weise gestaltete, welche in den Mysterien ihre höchste Ausbildung erlangt hat und die man gewöhnlich mit dem Namen orgiastisch bezeichnet. Das Wesen des orgiastischen Cultus besteht darin, dass er jede ruhige Gleichmässigkeit der Stimmung ausschliesst, vielmehr ein beständiger Wechsel stattfindet zwischen den beiden Extremen des wildesten Schmerzes und der ausgelassensten Lustigkeit. Gegenstand der Klage ist in allen diesen Culten das Absterben, Gegenstand der Freude das Wiedererwachen des Lebens der Natur.

Leicht mischte sich in die Verehrung dieser Gottheiten etwas Geheimnisvolles, weil sie schon ihres Aufenthalts wegen ein grösseres Grauen zu verursachen im Stande waren, als die lichten Gestalten der Himmelsbewohner, sodann aber auch ihr Zorn, welcher sich in der Unfruchtbarkeit des Bodens äusserte, ganz besonders gefürchtet wurde. Damit ist aber keineswegs ausgeschlossen, dass nicht auch andere Gottheiten einen Geheimdienst hatten, wie dies in dem Abschnitte über den Götterdienst der alten Griechen näher gezeigt werden wird.

Wir behandeln nun unter den hierher gehörigen Gottheiten zunächst diejenigen, welche man sich auf der Oberfläche der Erde in dem keimenden und sprossenden Leben der Natur thätig und wirksam dachte, sodann die chthonischen Götter im engeren Sinne des Wortes, deren Wohnung in der Tiefe der Erde, in der Unterwelt ist.

1. Gäa.

An erster Stelle gehört hierher die Mutter Erde selbst, Gäa oder Ge, welche wir schon in der Kosmogonie als eine der zeugenden Urkräfte kennen lernten, und zwar als eine der ältesten, da sie unmittelbar aus dem Chaos hervorgeht und vermöge des ihr innewohnenden mächtigen Zeugungstriebes aus sich den Himmel, das Weltmeer und die Gebirge gebiert. Als kosmogonische Urpotenz hat sie natürlich noch keine plastische Gestalt gewonnen, und wenn man später auch anfing, sie sich als Person vorzustellen, so konnte sie doch nie im Cultus der Griechen zu einiger Bedeutung gelangen, weil sie schon frühe durch andere ihr ähnliche Götterwesen zurückgedrängt wurde, durch Rhea, Hestia, Demeter und Themis, welche sämmtlich nur als personificirte Ausflüsse jener göttlichen Urpotenz zu betrachten sind, oder wie Preller es treffend ausdrückt, Erdgöttinnen sind mit concreterer Beziehung auf Natur und menschliches Leben.

Die Bedeutung der Gäa ist eine dreifache. Zunächst ist sie als chthonische Göttin die Erzeugerin alles Lebens und Wachsthums in der Natur, die mit liebender Sorgfalt für alle ihre Geschöpfe sorgt und zu ihrer Nahrung die Früchte wachsen lässt. Als solche preist sie Hesiod in den Tagen und Werken und ein alter dodonäischer Hymnus bei Pausanias, in welchem es heisst:

„Früchte spendet die Ge, darum nennet Mutter die Gäa."

Als Segen und Gedeihen spendende Göttin ist sie aber wie Demeter und andere Gottheiten auch eine Pflegerin und Nährerin der Jugend, und als solche hat man sie häufig in antiken Bildwerken dargestellt.

Zwar die sogenannte Ino-Leukothea der Münchener Glyptothek, eine vorzügliche Statue aus der besten Zeit der griechischen Plastik, welche sonst gewöhnlich als Gäa Kurotrophos erklärt wurde, wird man nicht mehr hierher rechnen können, seitdem Brunn sie (wie oben S. 150 erwähnt) auf Grund einer aufgefundenen Münze mit überzeugenden Gründen als Eirene mit dem kleinen Plutos bestimmt hat, welches Werk Pausanias dem älteren *Kephisodot* zuschreibt. Man findet sie aber in dieser Eigenschaft

Fig. 71. Gäa Kurotrophos. Vasengemälde aus Volci.

einer kinderpflegenden Göttin als sitzende Figur auf einer Terracotta des Berliner Museums, mit einem kleinen Knaben auf dem linken Arm, tief verschleiert und in reicher Bekleidung (Panofka, Terracotten des königl. Museums zu Berlin, Taf. 54, 1). Auch eine Vase von Volci stellt sie so dar, den kleinen Erichthonios aus der Tiefe hervorlangend und der Athena darreichend, die ihn in ihre Aegis aufnimmt. (Fig. 71, nach Oesterley).

Dieselbe Heil und Segen verleihende Göttin, die nach einigen lokalen Mythen sogar unmittelbar Mutter der ältesten Urmenschen (Autochthonen) ist, vernichtet nun aber auch alles von ihr geschaffene Leben wieder und zieht es mit unerbittlicher Strenge hinab in ihren tiefen und finstern Schooss. Sie ist daher auch im eigentlichen Sinne

Todes- und Unterweltsgöttin. Als solche kommt sie in der Ilias vor, indem sie neben dem Zeus Horkios, dem Rächer des Meineides, und dem Alles schauenden Helios als Zeugin des feierlichen Schwures angerufen wird, durch welchen im dritten Buche der zwischen den Trojanern und Griechen aufzurichtende Vertrag bekräftigt werden soll. Auch wird ihr daselbst ein schwarzes Lamm geopfert, während Helios als Himmelsgott ein weisses bekommt.

Zweitens wurde Gäa als Urprophetin oder älteste weissagende Göttin verehrt. Als solche ist sie im ursprünglichen Besitze des Orakels zu Delphi, welches sie dann ihrer Tochter Themis überlässt, und soll auch in Olympia ein uraltes Orakel besessen haben. Da in Delphi der ekstatische Zustand der weissagenden Priesterin durch Dünste, welche aus der Orakelhöhle aufstiegen, bedingt war, so lag es nahe, die Gäa selbst als die Urprophetin zu denken.

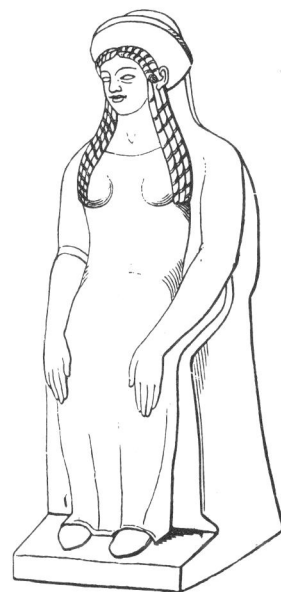

Drittens ist die Gäa aber auch olympische Göttin und Genossin des Zeus, dem sie bei der Besiegung der Titanen wichtige Dienste geleistet hatte. Als solche hatte sie zu Athen einen Tempel und ihr Cultus war noch in späterer Zeit mit Festspielen verbunden.

Das königliche Museum in Berlin bewahrt noch einige Terracotten, welche sie als Gäa Olympia in archaistischer Manier darstellen: eine thronende Figur, vollständig bekleidet

Fig. 72. Gäa Olympia. Museum zu Berlin.

mit einem langen, faltenlosen Chiton, worüber noch ein bis zu den Füssen reichender Peplos herabwallt, mit starken Brüsten, auf die Schultern zu beiden Seiten herabhängenden Haarflechten und einem Polos auf dem Haupte (Fig. 72).

Ausser dem erwähnten Tempel der Gäa Olympia in Athen werden noch Heiligthümer dieser Göttin in Sparta, Tegea, Olympia, Delphi und Paträ bezeugt.

2. Rhea Kybele.

Rhea ist uns aus der Theogonie als Tochter des Uranos und der Gäa, als Gemahlin des Kronos und Mutter des Zeus und der übrigen

Kroniden bekannt. Cultusgöttin scheint sie aber nur in sehr beschränktem Umfange gewesen zu sein, bis man sie mit der phrygischen Kybele identificirte. Diese war ein asiatisches Symbol der Fruchtbarkeit der Natur, wie die ägyptische Isis, die man namentlich in Phrygien und Lydien unter dem Namen der „Grossen Mutter" verehrte. Durch Berührung dieser Länder mit den griechischen Kolonien in Kleinasien kam dann der Dienst der Kybele nach Griechenland, wo man ihr an verschiedenen Orten Tempel erbaute. Als der älteste unter diesen galt das Metroon zu Athen, für welches nach einer Angabe des Pausanias das Tempelbild von *Phidias* angefertigt wurde, wogegen Plinius dasselbe Bild als ein Werk seines Schülers *Agorakritos* bezeichnet.

Die eigentliche Heimath des Kybeledienstes ist die Gegend von Pessinus in dem rauhen und wilden phrygischen Gebirgslande, und der Natur dieses Landes entsprechend war auch der Cultus der Göttin wild und rauschend. Man dachte sich dieselbe in den wilden Klüften und Höhlen des Hebirges hausend und nannte sie daher auch „Bergmutter." Im Gefolge der wilden Thiere des Gebirges, auf ihnen reitend oder auf einem von wilden Thieren, meist Löwen oder Panthern, gezogenen Wagen durchzieht sie unter wildem Halloh und lärmender Musik ihrer dämonischen Begleiter, der Korybanten oder Kureten, Wald und und Feld. Doch beschränkt sich ihre Bedeutung keineswegs darauf, blosse Erd- und Gebirgsgöttin zu sein, sie steht auch in näherer Beziehung zum menschlichen Leben als Urheberin des Ackerbaus und Weinbaus und Begründerin der ganzen darauf beruhenden Kultur der Menschen. Dadurch tritt sie der Bedeutung der griechischen Demeter ganz nahe und wurde desshalb auch häufig mit derselben gleich gesetzt. Ferner verehrte man sie als Städtegründerin und Erbauerin der ersten Burgen, weshalb auch die Thurmkrone auf den bildlichen Darstellungen der grossen Göttermutter ein charakteristisches Merkmal wurde.

Die Mythen, welche diese Göttin betreffen, tragen einen eben so wild phantastischen Charakter, wie ihr ganzer Cultus. Unter ihnen ist der wichtigste Mythos, da gewissermassen der ganze Kybeledienst auf demselben beruht, derjenige, welcher das Verhältnis der Göttin zu dem schönen Attis betrifft. Es wird aber diese Geschichte mit so vielen Variationen erzählt, dass wir uns hier nur darauf beschränken können, die gangbarste Tradition anzuführen. Hiernach war Attis ein phrygischer Jüngling von blendender Schönheit, ein Sohn der

Tochter des Flusses Sangarios, der nach seiner Geburt ausgesetzt und unter den Hirten aufgewachsen war. Ihn liebte die grosse Göttermutter und wurde von ihm wieder geliebt. Aber er wurde ihr untreu und gedächte sich mit der Königstochter von Pessinus zu vermählen. Dafür traf ihn die Rache der erzürnten Göttin. Denn als die Hochzeitsgäste beim festlichen Schmause versammelt waren, trat sie mitten unter sie und erfüllte die Anwesenden mit panischem Schrecken und Geistesverwirrung. Attis aber floh in das Gebirge und nachdem er im Zustande völliger Raserei sich selbst unter einer Fichte entmannt hatte, sank er entseelt zu Boden. Sein Grab zeigte man in Pessinus. Ihm zu Ehren verordnete die Göttin um die Zeit des Frühlings-Aequinoctiums ein grosses Trauerfest. Das Bild des Attis wurde an eine Fichte gehängt und der Verlust desselben unter maasslosen Ausbrüchen des Schmerzes betrauert. Hierauf hieb man die Fichte ab, trug sie mit wollenen Binden umwunden und mit Veilchenkränzen verziert in den Tempel der Göttin und suchte dann den verschwundenen Attis unter rauschendem Lärm von Handtrommeln und Pfeifen im Gebirge. Endlich wurde Attis wiedergefunden und nun überliessen sich die Priester einer eben so rasenden Freude, tanzten in wilder Begeisterung umher und versetzten sich selbst blutige Schnittwunden.

Die Erklärung dieses Mythos ist nicht schwierig. Attis bedeutet die Sonne, welche zur Winterzeit ihre Kraft verliert und gleichsam für die Erde verloren geht. Dies wurde unter dem Bilde des verlorenen Lieblings, der tief betrauert und endlich nach vielem ängstlichem Suchen wiedergefunden wird, vorgestellt. Ein ganz ähnlicher Naturmythos ist der ägyptische von Isis und Osiris.

Von berühmteren Darstellungen der Rhea-Kybele ist ausser der erwähnten im athenischen Metroon keine Ueberlieferung auf uns gekommen. Sie war dort auf einem Throne sitzend dargestellt, der von einem Löwenpaar gestützt wurde. In den Händen hielt sie wahrscheinlich die Handpauke (Tympanon), welche ein stehendes Attribut dieser Göttin und ein Zeichen ihres enthusiastischen Dienstes war.

Eine thronende Kybele, die vielleicht nach jener des Metroons gebildet worden ist, mit einem melancholischen Ausdrucke des Gesichts, wird noch im Vatikan aufbewahrt, sonst sind Statuen dieser Göttin, obgleich ihr Cult später in Rom eine gewisse Rolle spielte, selten. Dagegen findet man sie häufig auf Münzen und geschnittenen Steinen, meistens auf einem Löwen reitend oder auf einem Wagen von Löwen gezogen. Ausser den bereits erwähnten finden sich bei ihr auch die habituellen Attribute der Demeter, Aehrenbüschel und Mohn.

Dagegen sind Darstellungen des Attis, der in dem griechischen Cultus keine tiefeingreifende Bedeutung erlangt zu haben scheint, weniger häufig. Er pflegt als Hirt dargestellt zu werden, mit phrygischer Mütze, Hirtenstab und Hirtenflöte. Eine Marmorstatuette, welche ihn den Stab in der Linken, das Tympanon in der Rechten haltend, in der Tracht phrygischer Hirten darstellt, wird im Museo Chiaramonti des Vatikan aufbewahrt (Müller, Denkm. II, Taf. LXIII n. 811). Ein Elfenbein - Relief der Vatikanischen Bibliothek zeigt ihn auf einem Widder galloppirend, mit Stab und Syrinx, vor ihm die in seiner Geschichte so bedeutungsvolle Pinie.

3. Dionysos.

Dionysos, auch Jakchos oder Bakchos mit Hindeutung auf den lärmenden und enthusiastischen Charakter seines Cultus genannt, ist bei den Griechen der Gott des Weines und der Weincultur, in weiterer Bedeutung aber auch der Gott des Herbstsegens, der die Früchte zur Nahrung für die Menschen zeitigt und ihnen zugleich alle Wohlthaten der Kultur, höhere Gesittung und geordnete staatliche Verhältnisse, zu Theil werden lässt. In noch weiterer Bedeutung wurde er in den Mysterien als Symbol der Zeugungskraft der Natur, als der die ganze Natur belebende und ihre Keime weckende Gott aufgefasst. Schwerlich ist jedoch diese letztere Auffassung eine in Griechenland ursprünglich heimische gewesen, sondern sie ist den Griechen sammt den wilden und fanatischen Gebräuchen des Dionysoscultus, die nur zu sehr an den enthusiastischen Dienst der phrygischen Göttermutter erinnern, aus Thracien, Kleinasien und Aegypten, in letzter Instanz vielleicht aus Indien gekommen. Wie und wann jedoch dieses geschehen sei, darüber weichen die Meinungen der Forscher noch immer bedeutend ab, wie sich auch in der Deutung des vielgestaltigen Mythos dieses Gottes noch die verschiedensten Meinungen begegnen.

Nach der allgemeinsten und volksthümlichen Darstellung galt Theben für den Stammsitz und Geburtsort des Dionysos. Seine Mutter war Semele, eine der Töchter des Kadmos, welche das Glück hatte sich der Liebe des Zeus zu erfreuen, der sich ihr in der Gestalt eines Sterblichen zu nahen pflegte. Allein Hera, deren Eifersucht dadurch erregt worden war, sann auf Mittel, die schöne Kadmostochter sammt ihrem noch ungeborenen Kinde zu verderben. In der Gestalt ihrer Amme Beroë besuchte sie das unglückliche Weib, und ihr Glück preisend, dass sie dem erhabenen Donnergott gefalle, suchte sie den Argwohn derselben zu erregen, ob ihr Liebhaber auch wirklich derjenige sei, für welchen er sich ausgebe. Ihren schlauen Ueberredungskünsten gelang es endlich die Semele zu verleiten, dass sie ihren Geliebten auf die Probe stellte, indem sie die Bitte an ihn richtete, ihr in seiner göttlichen Gestalt und Majestät zu erscheinen. Da sie zuvor sich von ihm einen Eid hatte schwören lassen, dass er ihre Bitte erfüllen wolle, und keine Vorstellungen des Zeus sie zur Zurücknahme ihres thörichten Wunsches bewegen konnte, so musste er wider Willen denselben erfüllen. Doch das sterbliche Weib vermag die Flammen des im ätherischen Feuer des Blitzes sich ihr nahenden Gottes nicht zu ertragen, sondern wird von der Gluth zu Asche verzehrt. Aber die noch unreife Frucht ihres Schoosses rettet Zeus vom Untergange, indem er das Kind in seine Hüfte einschliesst, um es dort bis zur völligen Reife zu verwahren. Letzterer Zug ist jedoch augenscheinlich späterer Zusatz. Nach der älteren Tradition, welcher auch Euripides in seinen Bakchen folgt, sprang das Kind als ein schon lebensfähiges aus den Flammen, welche die Mutter verzehrten, und aus den Säulen des königlichen Saales sprosste blühender Epheu hervor, um es mit seinem kühlenden Schatten zu umfangen.

Zeus übergibt nun das gerettete Kind dem Hermes, um es den Nymphen von Nysa zur Auferziehung zu überbringen, und es ist spätere Dichtung, wenn dasselbe zuerst der Schwester der Semele, Ino, anvertraut wird (s. darüber unter Ino-Leukothea). Also in Nysa, unter der liebevollen Pflege der Nymphen, wächst das Dionysoskind heran. Wahrscheinlich hat von diesem fabelhaften Orte, den man bald in Thrazien, bald in verschiedenen Gegenden des eigentlichen Hellas, bald in Karien, Aethiopien, Arabien und endlich in Indien suchte, der Gott seinen Namen, wenigstens ist von den hundert andern Herleitungen, in denen der Scharfsinn der Sprachforscher sich versucht hat, keine einzige von überzeugender Kraft. Die meiste Wahrscheinlichkeit hat unter den vielen Nysas, welche man ausfindig gemacht hat, noch immer die quellenreiche und rosenduftende thrakische Bergflur an den Abhängen des Pangäos. Nach späteren Sagen findet das Kind auch dort noch keine Sicherheit gegen die Nachstellungen der feindlich gesinnten Hera, bis sich Rhea desselben annimmt und es aufzieht. Offenbar ist dies ein dem phrygischen Bakchosdienste entnommener Zug, und diese Sage entstand erst, als man den phrygischen Cultus mit dem hellenischen verschmolzen hatte.

In der Waldeseinsamkeit gross geworden und im Kampfe mit den wilden Thieren des Waldes erstarkt pflanzt nun Dionysos den Weinstock, berauscht sich mit seinen Pflegerinnen in dem daraus gewonnenen Getränk und schweift dann, dicht mit Epheu und Lorbeer bekränzt und gefolgt von einer zahllosen Schaar von Nymphen, Satyrn und andern Walddämonen, in den Wäldern umher, die von dem wilden Jubel seiner begeisterten Verehrer und Verehrerinnen wiederhallen. Die Erziehung des Dionysos lässt die Sage hierauf vollendet werden durch Silenos, den Sohn des Pan. Dann aber zieht er in Begleitung seines Lehrers und des ganzen übrigen Gefolges aus, um bei den Völkern der Erde seinen Dienst und die Kultur des Weinstockes zu verbreiten. Dieser phantastische Zug wurde durch die Dichter immer mehr ausgeschmückt und bis nach den entlegensten Ländern der Erde, nach Baktrien und Indien hin erweitert. Ueberall lehrte Dionysos die Reben anpflanzen, gründete Städte und brachte den Menschen mildere Sitten und ein fröhlicheres, geselligeres Leben, so dass er in demselben Sinne wie Demeter ein Wohlthäter der Menschheit ist. Wer ihn und seine Geschenke nicht annehmen wollte, wurde mit Raserei und schrecklichem Untergange bestraft. Es gab darüber mehrere alte Sagen, welche den Beweis liefern, dass der lärmende und rauschende Bakchos nicht gleich überall in Griechenland willige Aufnahme fand. So widersetzte sich ihm Lykurgos, der wilde König der Edonen, wurde aber dafür mit Blindheit und Raserei bestraft. Ein ähnliches Schicksal erlitt Pentheus, König von Theben, als er sich weigerte, die Göttlichkeit des Dionysos anzuerkennen. Denn der Gott machte Agaue, die Mutter des Pentheus, welche die jüngste Tochter des Kadmos und der Harmonia war, nebst andern thebanischen Frauen rasend, dass sie in ihrem wilden Taumel den König für ein wildes Schwein ansahen und ihn zerrissen. Euripides hat diese Bestrafung des Pentheus in seiner Tragödie „die Bakchen" behandelt. Die Töchter des Minyas in Orchomenos verschmähten seine Feste und wurden zur Strafe in Fledermäuse verwandelt. Unter den Mythen, welche die Wundermacht des Dionysos verherrlichen, ist die Bestrafung der tyrrhenischen Seeräuber eine der bekanntesten und häufig als Motiv für künsterliche Darstellungen benutzt worden. Der Gott oder Halbgott, denn mehr ist er als Sohn einer Sterblichen ursprünglich nicht, will von Ikaria nach Naxos übersetzen, aber die Schiffer, nach Beute lüstern, wollen ihn nach Italien entführen, um ihn dort als Sklaven zu verkaufen, und legen ihn in Fesseln. Jedoch auf einen Wink des schönen Götterjünglings fallen die Fesseln von seinen Gliedern, Weinreben und Epheuranken umschlingen Segel und Mast des Schiffes und zwingen es still zu stehen, während die Nymphen ihren Gesang ertönen lassen. Da gerathen die Schiffer in wilden Taumel und stürzen sich über Bord des Schiffes, worauf sie zu Delphinen werden. Nach einem Homeridischen Hymnos verwandelt sich Dionysos selbst in einen Löwen, der mit furchtbarem Gebrüll auf den Schiffspatron losspringt und ihn erwürgt, worauf seine Leute entsetzt ins Meer stürzen und in Delphine verwandelt werden.

Fig. 73. Vom Denkmal des Lysikrates.

Es sei hier bemerkt, dass sich eine herrliche Darstellung dieser Begebenheit in dem Basrelief des sogenannten choragischen Denkmals des Lysikrates zu Athen erhalten hat. Choragen nannte man solche Personen, welche bei öffentlichen Aufführungen die Ausrüstung und Verpflegung des Chores auf eigene Kosten übernahmen, wofür ihnen, wenn das Stück den Sieg davontrug, als Ehrenpreis ein eherner Dreifuss verliehen wurde, welchen man mit einer Inschrift versah und dann öffentlich aufstellte. Zur Aufstellung solcher Dreifüsse diente nicht selten das Dach kleiner Rundtempel, welche eigens zu diesem Zwecke erbaut wurden. Mit dem Friese eines solchen Rundtempelchens, das der Inschrift gemäss im J. 335 v. Chr. erbaut wurde, haben wir es hier zu thun. Die ganze Scene ist aus begreiflichen Gründen von dem Schiffe auf das Meeresufer verlegt und mit feinem künstlerischen Takt dahin modificirt, dass nicht Dionysos selbst die Bestrafung der frechen Räuber vollzieht, sondern dies Geschäft seiner Umgebung, den Silenen und Satyrn, überlässt (Fig. 73). Der Gott thront vielmehr in ruhiger Majestät auf einem Felsenstücke und spielt, nachlässig zurückgelehnt und mit der Miene heiterster Unbefangenheit, als wenn ihn die ganze Sache nichts anginge, mit seinem Löwen, dem er eine gefüllte

11*

Weinschale hinreicht (Fig. 74), während seine Begleiter mit Knitteln und
Fackeln auf die schon zum Theil zu Boden geworfenen Tyrrhener eindringen. An Widerstand wird von Seiten der letzteren nicht gedacht, vielmehr suchen die äussersten von ihnen sich schon durch einen Sprung in's
Meer zu retten. Aber noch ehe sie die Oberfläche des Wassers erreicht

Fig. 74.   Vom Denkmal des Lysikrates.

haben, vollzieht sich schon die verhängnisvolle Verwandlung. Die Mischgestalt derselben, da sie vorn schon völlig ausgebildete Delphinenköpfe
haben, während sie nach hinten noch ganz menschlich gestaltet sind, ist
mit ganz besonderem Glücke von dem Künstler ausgeführt, das Ganze
überhaupt ein glänzendes Denkmal genialer Conception und künstlerischer
Geschicklichkeit.

An den Namen Naxos knüpfen sich noch verschiedene andere
Sagen, unter denen wir als am meisten von Dichtern und Künstlern
ausgebeutet die Sage von der Vermählung des Dionysos mit Ariadne,
der Tochter des kretischen Königs Minos, hervorheben. Der attische
Heros Theseus hatte dieselbe, nachdem er mit ihrer Hülfe den Gefahren
des Labyrinthes entgangen war, von Kreta entführt, um sie zu seiner
Gemahlin zu machen, liess sie aber auf der Insel Naxos entweder freiwillig oder weil der Gott es ihm im Traume befohlen hatte, schlafend
zurück. Den Schmerz und die Verzweiflung der armen verlassenen
Braut zu schildern, war gewiss für Dichter und Künstler ein ebenso
dankbarer Stoff, wie die Verwandlung ihrer Trauer in die höchste
Wonne, als der von seinem indischen Zuge zurückkehrende Gott der
Freude sie dort findet und zu seiner Braut und Gemahlin erklärt, indem
er sie mit kostbarem Geschmeide schmückt. Dass Zeus ihr dann die
Unsterblichkeit verlieh, lesen wir nicht nur bei Hesiod und andern

Dichtern, sondern es scheint dies auch allgemeiner Volksglaube gewesen zu sein, da man sie sowohl auf Naxos wie zu Athen im Cultus neben Dionysos verehrte. In Athen feierte man im Oktober zu Ehren Beider die Oschophorien, eine Art von Erntedaukfest, an welchem dazu erwählte Bürgersöhne in altionischer Tracht Weinreben mit daran hängenden Trauben in feierlicher Procession durch die Strassen trugen. Als die Kinder des Dionysos und der Ariadne werden gewöhnlich Oenopion (Weintrinker), Staphylos (Weinstock) und Euanthes (der Schönblühende) genannnt.

Fig. 75. Schlafende Ariadne. Vatikan.

Die Auffindung der Ariadne durch Dionysos sowie die Vermählungs-feier des Paares ist im Alterthum häufig als Motiv künstlerischer Dar-stellung benutzt worden. Einige dieser Gruppirungen werden noch weiter unten Erwähnung finden, hier sei nur bemerkt, dass sich in der Pio-Clementinischen Sammlung des Vatikan eine aus dem Alterthum stam-mende in Marmor ausgeführte schlafende Ariadne befindet, welche das Hauptstück einer die Auffindung der verlassenen Theseusbraut durch Dio-nysos darstellenden Gruppe gebildet hat, wie die Vergleichung einer unter Severus Alexander geschlagenen Bronzemünze von Perinth lehrt. Diese überlebensgrosse, wegen der zierlichen Behandlung der Gewandmassen mit Recht gerühmte Statue wurde früher irrthümlich für eine Kleopatra gehalten (Fig. 75).

Für eine verlassene Ariadne hält man auch, wenngleich nicht mit derselben Zuversicht, wie bei der vorher erwähnten Statue, eine sitzende Marmorfigur des Augusteums in Dresden, von welcher eine Wiederholung sich im Palast Giustiniani befindet. Sie scheint mit wehmüthigen Blicken das vielleicht in der Ferne noch sichtbare Schiff des Geliebten zu verfolgen. *)

Nachdem Dionysos für seine Gemahlin Ariadne die Unsterblichkeit von Zeus erhalten hatte, wusste er auch seiner Mutter Semele zu dieser Würde zu verhelfen. In Argolis stieg er durch den Alkyonischen See zur Unterwelt hinab, um sie in den Olympos hinaufzuholen, wo sie nun als Göttin den Namen Thyone führt.

Dionysos selbst hatte sich die Unsterblichkeit, die ihm als Sohn einer Sterblichen ursprünglich nicht eigen war, erst durch seine glänzenden Thaten und die ausserordentlichen Wohlthaten, welche er dem Menschengeschlechte erwiesen hatte, erringen müssen. Nun liess man ihn auch an dem Gigantenkampfe Antheil nehmen und erfand die Fabel, dass die Götter ihn zu Hülfe gerufen hätten, worauf er in Gestalt eines Löwen oder Drachen, gefolgt von seinen auf Eseln reitenden Silenen und Satyrn, die Feinde angegriffen habe. Das Geschrei dieser Esel habe dann nicht wenig dazu beigetragen, die Giganten in Schrecken zu setzen und den endlichen Sieg der Götter herbeizuführen.

Eine von dieser Mythologie des thebanischen Dionysos ganz abweichende Sage hatten die Orphiker, welche den Naturspekulationen der Orientalen in Griechenland Eingang verschafften und zu der allmählich um sich greifenden Theosynkrasie oder Religionsmengerei viel beitrugen. In ihren Mysterien war Dionysos, oder wie sie ihn nannten, Zagreus ein Hauptgott und galt für einen Sohn des Zeus und der Persephone oder der Demeter. Da er ein Liebling seines Vaters war, der ihm die Weltherrschaft zugedacht und schon die Macht Blitze zu schleudern verliehen hatte, so erregte dies den Neid der Götter, und obwohl Zeus seinen Liebling durch die Kureten bewachen liess, so wusste Hera doch die Titanen gegen ihn aufzureizen, welche ihn auch überfielen

---

*) Zu Anfang dieses Jahrhunderts hat der geniale schwäbische Bildhauer Dannecker die Ariadne als Braut des Dionysos auf einem Panther reitend in Marmor ausgeführt. Dieses treffliche Kunstwerk ist im Besitze des Herrn von Bethmann in Frankfurt a. M.

und in Stücke rissen. Mit Mühe rettete Athena das noch zuckende
Herz und brachte es dem Vater, der es sammt den übrigen von den
Titanen nicht verzehrten Theilen des Zagreus durch Apollon auf dem
Parnassos bestatten liess, oder nach einer andern Version das Herz
verschlang und nun den Dionysos-Zagreus mit der Semele von Neuem
erzeugte. Die Titanen aber erschlug Zeus mit dem Blitze und verbrannte sie zu Asche. Aus dieser gingen dann die Menschen hervor
und es erklärt sich so die menschliche Doppelnatur, die sündhafte
titanische und die zur Wahrheit und sittlichen Reinheit strebende
dionysische Natur. Aus dem Blute des erschlagenen Zagreus aber
entstand der Wein, weshalb dieser als Reinigungsmittel in den mystischen Weihen eine bedeutsame Rolle spielte.

Der Cultus des Dionysos hatte die weiteste Verbreitung nicht nur
in Griechenland, sondern auch in Italien und Kleinasien, Thrazien und
Macedonien, kurz überall, wo von den Griechen Weinbau getrieben
wurde. Eine sehr wichtige Rolle spielt der Dienst dieses Gottes namentlich in Athen, wo sich seine Spuren bis in die älteste, mythische Zeit
verfolgen lassen. Sein ältestes Heiligthum war hier das Lenäon zu
Ehren des lenäischen, d. h. die Traube kelternden Dionysos. Ebenso
alt war auch das Heiligthum in dem attischen Demos Ikaria unweit
Marathon, an welches sich folgender Naturmythos anknüpft: Als
Dionysos zuerst nach Attika kam, wurde er von Ikaros (auch Ikarios),
dem Stammheros von Ikaria, freundlich aufgenommen. Diesem gab
er nun den Weinstock und lehrte ihn den Anbau desselben. Als nun
Ikaros den ersten Wein gewonnen hatte, füllte er ihn in Schläuche und
zog damit im Lande umher, den Hirten von dem wohlthätigen Getränk
spendend. Diese aber wurden schnell berauscht, und da sie sich nun
für vergiftet hielten, schlugen sie den Ikaros todt und begruben ihn
unter einem Baume. Seine Tochter Erigone sucht nun den Verschwundenen und findet endlich sein Grab mit Hülfe ihres Hundes Mära. In
ihrer Verzweiflung erhängt sie sich an dem Baume, welcher ihres
Vaters Grab beschattete. Dionysos aber, um den Tod seines Freundes zu
rächen, lässt eine Pest über das Land kommen und macht die attischen
Jungfrauen rasend, dass sie dem Beispiele der Erigone folgen, den
Ikaros aber versetzte er als Bootes unter die Sterne. Ebenso sollen
die Jungfrau und der Hundsstern die Tochter des Ikaros und deren
Hund bedeuten. Es bedarf wohl kaum der Bemerkung, dass in diesem
Mythos Ikaros eine Personifikation des Weinstocks ist, seine Tochter

Erigone (die Frühgeborene) aber die Rebe bedeutet. — Theben wurde
schon oben als Ursitz des hellenischen Dionysoscultus erwähnt. Von
hier verbreitete sich derselbe mit den äolischen Kolonien über verschiedene Inseln des Archipelagus und nach dem äolischen Kleinasien,
wo er mit dem phrygischen Sabazios zu einer Persönlichkeit verschmolzen wurde. Ferner blühte der Dionysosdienst auf der Küste
von Achaja, in Elis, Arkadien und Messenien, vorzüglich bildete das
Lakonien von Messenien scheidende Taygetos-Gebirge einen Mittelpunkt nächtlicher Feste. Das nüchterne Sparta war dem Cultus des
wilden Gottes weniger zugänglich.

In allen diesen Gegenden gab es verschiedene Feste des Dionysos
von verschiedenem Charakter. Allen Naturreligionen ist, wie schon
wiederholt angedeutet wurde, der Orgiasmus eigen, d. h. der Mensch
versenkt sich ganz in das Leben der Natur, sieht in dem Absterben
und Wiedererwachen derselben sein eigenes Schicksal symbolisch vorgestellt, und fühlt sich daher, wenn die Natur im Winter abstirbt und
unter Schnee und Eis erstarrt, zu sympathischer Trauer, wenn aber
der holde Frühling zurückkehrt und Wald und Flur mit frischem Grün
sich überdeckt, zu ebenso enthusiastischer Freude erregt. Dem entsprechend trugen die Feste des Dionysos einen doppelten Charakter.
Trauerfeste waren sie um die Zeit des Wintersolstitiums. Man dachte
sich dann, weil um diese Zeit die Rebe fast ganz abzusterben scheint,
den Gott leidend, von den bösen Dämonen des Winters verfolgt und
daher in das Meer oder in die Unterwelt sich flüchtend. Man litt mit
ihm und gab seiner Trauer um das Verschwinden des Gottes durch
allerlei wilde und fanatische Gebräuche Ausdruck. An diesen winterlichen Dionysosfesten, welche man, weil sie ein um das andere Jahr,
oder nach griechischer Art zu zählen jedes dritte Jahr stattfanden,
trieterische oder Feste des trieterischen Dionysos nannte, nahmen
ausschliesslich Frauen und Jungfrauen Theil. Sie wurden zur Nachtzeit
unter Fackelschein, am liebsten auf Berghöhen gefeiert. Thyrsosstäbe
(d. h. Stäbe mit Epheu und Weinreben umwunden, welche in einem
Fichtenzapfen ausliefen) und Fackeln in den Händen schwingend
rannten die von rasender Trauer erfüllten Weiber (Mänaden, Bakchantinnen), auch der rauhesten Witterung Trotz bietend, in den Bergen
umher, Alles zerreissend, was ihnen in den Weg kam, Rehkälber und
andere Thiere des Waldes, und das noch zuckende Fleisch derselben
roh verzehrend. Musik der Flöten und der dumpftönenden Handpauken

begleiteten diese wilden Aufzüge. Zweck des rasenden Lärms war, den im winterlichen Todesschlafe liegenden Gott zu neuem Leben zu erwecken, mit Hilfe der Fackeln wollte man ihn suchen. Hatte man ihn endlich gefunden, d. h. irgend einen neusprossenden Pflanzenkeim entdeckt, so zog man, denselben unter feierlichem Geleite in einem Korbe heimtragend, wieder nach Hause und feierliche Opfer und Tänze beschlossen das Fest. Eigentliche Freudenfeste waren dagegen die Feste des Gottes im Anfange des Frühlings, wenn man den neuen Wein der letzten Lese zu geniessen pflegte, wie die grossen Dionysien zu Athen. An solchen Festen wurde die Verjüngung der Natur mit ebenso maasslosem Jubel und ausgelassener Lust gefeiert. Man trieb dann allerhand Scherz und Neckereien und festliche Aufzüge wechselten mit theatralischen Aufführungen. Von den einzelnen Dionysosfesten der verschiedenen Länder und Landschaften sind uns die in Attika gefeierten noch am bekanntesten, obgleich auch in Betreff dieser manche Einzelheiten nicht ganz aufgeklärt sind. Man unterscheidet:

1. Die kleinen oder ländlichen Dionysien, das eigentliche Fest der Weinlese, welche in Attika, weil man die Trauben möglichst lange hängen liess, erst im December stattfand. Eine lebendige Anschauung von diesem Feste gibt Aristophanes in seinen Acharnern. Einem feierlichen Opfer, bei welchem der Bock das gewöhnliche Opferthier war, folgte ein festlicher Umzug mit den heiligen Geräthen des Gottes und dem ihm eigenthümlichen Symbole der Fruchtbarkeit, einem aus Feigenholz geschnitzten Phallos. Den Schluss machten allerlei ländliche Lustbarkeiten, Tanz und Mummenschanz und Schmausereien. Aus den bei dieser Gelegenheit üblichen Scherz- und Spottreden sollen sich die Anfänge der Komödie entwickelt haben. Eine Hauptbelustigung der Dorfjugend war der Schlauchtanz. Aus dem Felle des dem Gotte geopferten Bockes machte man einen Schlauch, blies ihn auf und tanzte dann, nachdem man ihn mit Oel bestrichen, auf demselben herum.

2. Die Lenäen, das Kelterfest, welches im Monat Januar in der Stadt gefeiert wurde, und zwar an der Stelle, wo nach einer alten Ueberlieferung die erste Kelter gestanden haben soll. Hier befand sich das schon erwähnte Lenäon, einer der beiden Haupttempel des Dionysos, von welchem der grosse Festzug, welcher den Hauptbestandtheil des Festes bildete, ausging. Auch hier wurden die Symbole des Gottes, deren man ausser dem eben erwähnten Hauptsymbole noch

verschiedene andere hatte, als Kreisel, goldene Aepfel, Bälle, Würfel, Pinienzapfen, Schlangen, in einer verschlossenen Kiste (cista mystica) herumgetragen. Ein grosser Festschmaus, für welchen der Staat das Fleisch lieferte, schloss sich daran, der junge Most, welchen man bei dieser Gelegenheit trank, erhöhte die fröhliche Stimmung, so dass es auch hier an allerlei Neckereien und Muthwillen nicht fehlte. Auch theatralische Aufführungen fanden an diesem Feste statt.

3. Die Anthesterien wurden im Februar gefeiert, am 11., 12. und 13. des Monats Anthesterion, und waren ein durchaus mysteriöses Fest, welches die Rückkehr des Dionysos aus der Unterwelt, d. h. das Wiedererwachen der Natur aus der winterlichen Erstarrung, feierte. Der erste Tag hatte seinen Namen von der Fassöffnung, weil man dann zum ersten Male den jungen Wein anzapfte. Den zweiten Tag, an welchem die Hauptfeierlichkeit stattfand, nannte man die Choen (Kannenfest). Es fand ein Festzug und ein grosser Festschmaus statt, an welchem die Gäste mit Blumen bekränzt Theil nahmen; auch den Sklaven wurde, wie an den römischen Saturnalien, bei dieser Gelegenheit manche Freiheit gestattet. Die Hauptsache aber war eine mystische Feier im Lenäon, dem schon mehrmals erwähnten ältesten Heiligthum des Dionysos am südlichen Fusse der Akropolis. Die Gemahlin des Archon Basileus nämlich, welcher in Athen die Aufsicht über den öffentlichen Gottesdienst führte, brachte mit vierzehn andern dazu gewählten und eidlich verpflichteten Frauen dem Gotte ein geheimnisvolles Opfer dar und liess sich ihm feierlich antrauen. Vermuthlich geschah Letzteres zur Erinnerung an die um diese Jahreszeit geschlossene Verbindung des Dionysos und der Ariadne. Der dritte Tag endlich hiess die Chytren (χύτροι), von einem dem Hermes als Seelenführer und den Geistern der Verstorbenen, welche nach gemeinem Glauben an diesem Tage wieder an die Oberwelt kamen, dargebrachten Opfer. Dieses bestand aus allerlei gekochten Hülsenfrüchten, welche man in Töpfen ausstellte. Ob auch theatralische Aufführungen an den Anthesterien stattfanden, ist ungewiss.

4. Die grossen oder städtischen Dionysien, das Hauptfest des Gottes, wurden im Monat März mit ausserordentlichem Glanze gefeiert und waren das eigentliche Frühlingsfest der Athener. Sie dauerten ebenfalls mehrere Tage und pflegten eine sehr grosse Menge von Fremden aus der Nähe wie aus der Ferne nach Athen zu locken. Dann strahlte die durch ihren feinen Kunstsinn wie durch den alle

Zeit schlagfertigen Witz ihrer Bewohner berühmte Stadt in vollem Fest-
schmucke und des fröhlichen Treibens der zahllosen Menschenmassen
auf allen Strassen und Plätzen war kein Ende. Die Hauptfeier war ein
grosser Festzug, durch welchen ein altes hölzernes Tempelbild des
Dionysos, welches von Eleutherä nach Athen gekommen war, vom
Lenäon aus nach einem kleinen Tempel im Kerameikos und wieder
zurück geleitet wurde. Nebenher gingen Festschmäuse und komische
Aufzüge mit Masken aller Art und grosse Aufführungen neuer Tragödien
und Komödien mit Preisvertheilungen an die Sieger machten den
Beschluss des Festes. Allen dionysischen Festzügen war eine sehr
lärmende Musik von Flöten und Pauken eigen, desgleichen der Dithy-
rambos, ein gewöhnlich in antistrophischer Form gedichteter, höchst
schwungvoller Lobgesang auf den Dionysos, als den das menschliche
Herz von Sorgen und Qualen befreienden, die Menschen zu Frohsinn
und brüderlicher Gesinnung stimmenden Gott. Die bedeutendsten
griechischen Lyriker pflegten solche Dithyramben zu dichten, wie
wir denn beispielsweise noch das Fragment eines solchen von Pindar
besitzen.

Ausser diesen attischen Dionysosfesten, deren Charakter ein vorwiegend heiterer war, gab es natürlich in anderen Theilen Griechenlands noch eine grosse Menge von Dionysosfesten, welche hier nicht
alle Erwähnung finden können. Durch besonders ekstatische Gebräuche
waren die Agrionien in Orchomenos und die thrakischen und makedonischen Feste merkwürdig.

Fassen wir die Bedeutung des Dionysos noch einmal kurz zusammen, so ist er seinem ursprünglichen Wesen nach eine Personifikation der treibenden und schwellenden Produktionskraft der Natur.
Wie Demeter den Menschen das Getreide und alle Feldfrüchte überhaupt verleiht, so schenkt ihnen Dionysos die Baumfrüchte und speciell
den Wein. Er ist ferner derjenige Gott, welcher mit den Wein- und
Baumpflanzungen den Menschen alle Segnungen der Kultur zu Theil
werden lässt, so dass er auch nach dieser Seite nur eine Ergänzung
des Begriffes der grossen Kulturgöttin Demeter bildet. Dagegen trifft
Dionysos nach einer andern Seite seines Wesens hin mit Apollon zusammen, da er das Gemüth des Menschen nicht nur heiter und frei
stimmt, sondern es auch zur musischen Begeisterung erweckt, weshalb
er neben Apollon als Freund und Führer der Musen verehrt wurde.
Endlich hat er mit Apollon die Mantik und Kathartik gemeinsam. Tritt

auch die erstere nicht sehr in den Vordergrund, so spielte die letztere eine desto wichtigere Rolle in den Mysterien.

Die Symbole und Attribute des Gottes sind, wie seine Namen, ausserordentlich mannigfaltig. Unter den Pflanzen ist ihm ausser der Weinrebe noch der Epheu und Lorbeer besonders heilig, unter den Thieren der Stier und der Bock als Symbole der Fruchtbarkeit, weshalb er auch selbst in Stiergestalt gebildet oder doch wenigstens mit Stierhörnern versehen wurde; ferner gehören Löwe, Tiger, Panther und Esel zu den Thieren des bakchischen Kreises.

Fig. 76. Der sog. Sardanapallos des Vatikan.

Nicht minder mannigfaltig sind die bildlichen Darstellungen des Gottes und zahlreiche Denkmäler aus allen Klassen der antiken Bildwerke sind auf uns gekommen. Ein grosser Unterschied besteht natürlich, wie bei fast allen Gottheiten, zwischen denjenigen Statuen, welche als Tempelbilder dienten, und denjenigen, welche die schöne Kunst zu profanen Zwecken lieferte. Die ältesten Tempelbilder des Dionysos waren höchst einfach, da sich der fromme Glaube der alten Zeit mit einem symbolischen Zeichen der Gegenwart des Gottes begnügte, gewöhnlich waren es hermenartig geschnitzte Holzbilder. Aus diesen entwickelte sich dann die majestätische Gestalt des ältern oder bärtigen Dionysos, welche schon der Kasten des Kypselos zeigte, und welche in den Cultusbildern die vorherrschende geblieben ist.

Die vorzüglichste erhaltene Statue dieser ältern Dionysosbildung ist der sogenannte Sardanapallos der Pio-Clementinischen Sammlung des Vatikan (Fig. 76) eine stattliche, königliche Figur mit edlen hoheitblickenden Zügen. Der aufgehobene rechte Arm, welcher freilich ergänzt ist, hält in der Hand den Regentenstab, das von einer Mitra zusammengehaltene Haar fällt in reichen Locken auf die Schultern herab, der lange

Bart ist im Gegensatze zu dem krausen und gelockten Barte des Zeus und
Poseidon weich und sanft herabfliessend, die aus einer bis auf die Füsse herabwallenden Tunika und dem darüber geworfenen Mantel bestehende Kleidung
ist reich und völlig. Den Namen Sardanapallos hat diese Statue von der
auf dem Saume des Mantels über der Brust eingegrabenen, nach allgemeiner
Annahme später hinzugefügten Inschrift.

Eine sehr schöne Bronzebüste dieses bärtigen Dionysos, 1753 in Herkulanum gefunden, mit nachdenklich gesenktem Haupte, welche ehemals für
einen Platon gehalten wurde, bewahrt
das Museum zu Neapel (Fig. 77). Das
Gesicht hat den diesem Gotte eigenthümlichen Ausdruck sanfter Melan-
cholie. Bart und Haupthaar sind auch
hier mit grosser Sorgfalt behandelt,
letzteres fällt aber nicht auf die Schultern herab, sondern ist in zierlichen
Wülsten aufgebunden und durch eine
breite Stirnbinde festgehalten. Zu erwähnen ist ferner noch eine vortreffliche Marmorbüste des geflügelten bärtigen Dionysos im Vaticanischen Museum zu Rom. Ausserdem findet man
noch schöne Köpfe des bärtigen Dionysos auf Münzen.

Fig. 77. Dionysosbüste. Neapel.

Sehr verschieden von dieser Vorstellungsart ist der jugendliche Dionysos
der jüngern, pathetischen Kunst, von dessen Bildung Hirt in seinem Archäologischen Bilderbuche ungefähr folgende Beschreibung macht: „Die Gestalt, die Gesichtszüge, der Haarwuchs, die Geberden und Bewegungen
des jugendlichen Bakchos kündigen eher das Rundliche, Weiche und Anmuthige einer schönen Jungfrau, als eines Jünglings an. Das Gesicht ist
ein längliches Oval, worin weder ein schöner Umriss, noch das mindeste
Anstrengen irgend eines Theiles vorkommt; die vollen Lippen sind mit
Anmuth umzogen; das Auge blickt nicht lüstern, sondern der Blick ist
eher gesenkt und schmachtend. Eine eigenthümliche Zierde ist die Stirnbinde; die langen, wellichten Haare sind hinten in einen Knoten geschürzt,
und nur einzelne Locken fallen von beiden Seiten über die Achseln vor.
Um die Haare windet sich eine Weinlaub- oder Epheuranke, der Kopf
macht immer eine leichtgeneigte Seitenwendung. Der Gesichtsbildung entspricht dem Körperbau. Bakchos ist weder untersetzt, noch schlank:
das erste nicht wegen der geringen Breite seiner Schultern und der mehr
fleischigen als muskulös gewölbten Brust, das letztere nicht wegen der
vollern, rundlichen Hüften. Die bakchischen Formen haben nicht die
Derbheit und das Starkgebildete, das die gymnastischen Uebungen geben;
scharfe, magere, eckige Umrisse kommen an seiner Gestalt nicht vor,

überall ein leichter Hauch von Schwellung und zarte Wellenlinien, so dass er gleichsam eine Aphrodite unter den Gestalten der männlichen Jugend ist. Diesem zarten, rundlichen Körperbau entsprechend drücken alle seine Geberden, mag er stehend oder gehend, sitzend oder liegend vorgestellt sein, Wahrheit, Anmuth und Bequemheit aus. Gewöhnlich ist er ganz nackt gebildet, manchmal hat er eine weite Palla nachlässig umgehängt, die meistens nur einen Theil der Schultern und Hüften, selten den grösseren Theil des Körpers einhüllt. Bisweilen hängt ihm auch ein Rehfell quer über die Brust; manchmal trägt er Schuhe oder Kothurne."

Den Idealtypus dieses jugendlichen Backchos schuf *Praxiteles*, der bekanntlich mit besonderer Vorliebe sich der Darstellung jugendlicher Gottheiten zuwandte. Eins seiner Dionysosbilder sah man in dem Tempel des Gottes zu Elis, ein anderes kennen wir aus der Beschreibung des Callistratus als eine jugendlich weiche, epheubekränzte, die Linke auf den Thyrsos stützende Gestalt. Ein dritter war mit Staphylos und Methe zu einer Gruppe verbunden. Seine Auffassungsweise ist trotz mancher Variationen im Einzelnen für die späteren Darstellungen der schönen Kunst maassgebend gewesen.

Unter den noch erhaltenen Kunstwerken dieser Art sind folgende hervorzuheben:

1. Einzelne Statuen und Köpfe.

Eine Marmorstatue des jugendlichen Dionysos im Museum des Louvre aus Schloss Richelieu mit nicht unbedeutenden Ergänzungen. Von besonderer Schönheit ist der Kopf wegen des ächt bakchischen Ausdruckes süsser Schwärmerei und träumerischer Selbstvergessenheit. Geschmückt ist er mit einem Kranze von Epheublättern und Epheutrauben, das weiche Haar fällt in schön geringelten Locken auf die Achseln nieder. Mit

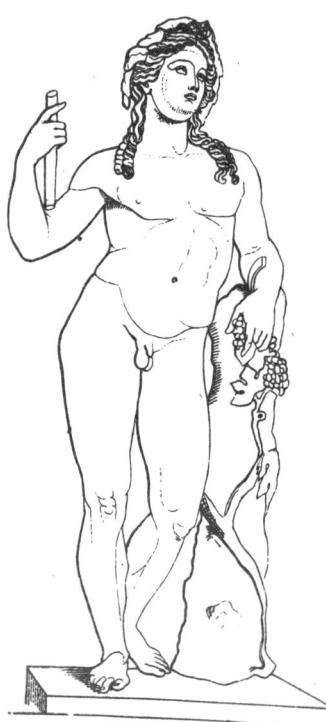

Fig. 78. Jugendlicher Dionysos aus Schloss Richelieu im Louvre.

dem linken Arm stützt sich der Gott in anmuthvoller Stellung auf einen von Wein umrankten Baumstamm, die Rechte hält den Thyrsos. Auf die Bildung des ganz unbekleideten Körpers passt die oben nach Hirt gegebene Beschreibung sehr genau (Fig. 78).

Ferner eine zweite Marmorstatue des Louvre, aus Versailles stammend, ebenfalls unbekleidet, nur dass ein Rehfell von der linken Schulter

quer über die Brust herabhängt. Das Gesicht hat einen trunken-melancho-
lischen Ausdruck, die Behandlung des Haarschmuckes ist wie bei der
vorhergenannten Statue, auch die Formen zeigen dieselbe Weichlichkeit,
die Stellung aber ist eine andere, indem er mit der Linken auf einen reben-
bekränzten Baumstamm sich stützend den rechten Arm über das Haupt
schlägt. Wiederholt findet sich dieser weichste und üppigste Bakchostypus
auch in einer Marmorstatue in Madrid.

Eine bei Salerno gefundene Marmorstatue des Museums zu Neapel
zeigt kräftigere Körperformen und einen weniger schwärmerischen Ausdruck des Gesichts. Der Thyrsosstab dient der mit dem linken Fusse sich
leise hebenden Gestalt zur Stütze, in der nachlässig gesenkten Rechten
hält er ein Trinkgefäss (Kantharos). Daneben
ein sitzender Panther mit Halsband aus Epheu-
laub, der zu dem Gotte aufschaut. — Dasselbe
Museum bewahrt eine Gruppe des neben Eros
stehenden jugendlichen Bakchos, dessen wein-
bekränztes Haupt wir in Fig. 79 veranschau-
lichen. Vielleicht war die gleiche Composition
von der Hand des *Thymilos*, welche Pausanias
im Dionysosheiligthum zu Athen beschreibt,
das Urbild dieser Gruppe (Gerhard, Antike
Bildw. XIX).

Fig. 79. Kopf des jugendlichen
Dionysos im Capitol.

Eine sehr ergänzte Marmorstatue des jugendlichen Dionysos in der Villa Albani zu Rom,
von Winckelmann ausserordentlich gepriesen, ist
in der Attitüde der erwähnten Versailler Statue
ähnlich, der Ausdruck des Gesichts aber härter, weshalb Winckelmann
geneigt war zu glauben, dass der Kopf ursprünglich einem Apollon angehört habe.

Als ein Werk von bedeutendem Kunstwerth gilt eine Bronze-Statuette
des jugendlichen Dionysos aus Herkulanum im Museum zu Neapel, 1760
gefunden. Die nackte Figur hält in der Linken einen Thyrsos mit dem
Pinien-Konos, in der hocherhobenen Rechten befand sich wahrscheinlich
ein Trinkgefäss.

Nicht minder werthvoll ist eine aus Aquileja stammende Bronze-Statuette im Museum zu Parma, welche ursprünglich einer Gruppe angehört
hat. Der Gott steht hier mit übergeschlagenen Beinen, nachlässig und
doch graziös. Seine einzige Bekleidung bildet das von der linken Schulter
quer über die Brust herabhängende Thierfell (Nebris). Die Züge sind von
weiblicher Weichheit, aber sie verrathen jene eigenthümliche Mischung
trunkener Lust und erhabenen Selbstgefühls, welche für den Dionysos
charakteristisch ist.

Hieran reiht sich noch ein ungemein schönes Brustbild des gehörnten
jugendlichen Dionysos aus Marmor im Capitolinischen Museum zu Rom.

Die Stierhörner sind nur angedeutet*) und werden von dem Haupthaar verdeckt, welches von der bakchischen Stirnbinde und einem Epheukranze zusammengehalten in reichen Locken auf die Schultern herabfällt. Der Ausdruck des fast weiblichen Gesichts ist weich und schwärmerisch, weshalb dieser Bakchos früher viel für eine Ariadne gehalten wurde.

Ferner eine Marmor-Herme des gehörnten jugendlichen Dionysos im Vatikanischen Museum zu Rom von eigenem, fast satyrhaften Ausdruck und bemerkenswerth durch die eigenthümliche Draperie des Haares, welches nicht in Locken herabfällt, sondern struppig um die Stirn liegt.

Endlich verdient noch erwähnt zu werden ein ursprünglich einer Statue angehörender Marmorkopf des jugendlichen Dionysos im Museum zu Leyden, welcher aus Kleinasien stammt. Dieser ausgezeichnet schöne, leider nicht unbeschädigte Kopf ist in manchen Zügen dem Apoll von Belvedere ähnlich, gibt sich aber als Bakchos kund theils durch die sein Haar durchziehenden Epheutrauben und die breite bakchische Stirnbinde, theils durch den Ausdruck wollüstiger Schwärmerei in seinem edelgeformten und hoheitblickenden Antlitz. Auch hier ist die Behandlung des Haares ganz eigenthümlich, es ist nämlich nicht wie sonst gewöhnlich in der Mitte gescheitelt, sondern steigt über der Stirn gerade empor, um dann nach den beiden Ohren zu in reichen Ringeln herabzufallen. Ein solcher Haarwuchs diente zum Ausdrucke stolzen und erhabenen Selbstgefühls (Fig. 80).

Fig. 80. Marmorkopf des jugendlichen Dionysos zu Leyden.

2. Gruppirungen.

Zahlreich vorhandene Gruppen in Statuen, Reliefs und Gemälden zeugen von der grossen Vorliebe der griechischen Künstler für Gegenstände des dionysischen Kreises und lassen uns das ganze an wunderbaren Begebenheiten so reiche Leben des Gottes von seiner Geburt an verfolgen. Wir müssen uns jedoch der grossen Menge dieser Kunstwerke wegen auf die für unsern Zweck wichtigsten beschränken.

Unter den Darstellungen der Geburt des Dionysos verdient hervorgehoben zu werden ein Wandgemälde der fürstlich Gagarin'schen Sammlung, auf welchem man die vom Blitze des Zeus getödtete Semele auf einem Polster ausgestreckt liegen sieht. Der junge Dionysos ist eben aus ihrem Schoosse hervorgetreten und schwebt in der gekrümmten Haltung des Embryo über ihr. Auf der Wolke fährt Zeus hernieder, in der Rechten den flammenden Blitzstrahl haltend, die Linke aber nach dem Kinde aus-

*) Die Stierhörner sind nicht ganz sicher. C. Friederichs behauptet, vergebens danach gesucht zu haben, Bausteine S. 364.

streckend. Sein Haupt umgibt ein Strahlenkranz, an seiner Seite befindet sich der Adler.

Eine andere interessante Darstellung der Geburt des Dionysos, wenn auch roh in der Ausführung, sieht man auf einem früher in Venedig befindlichen Sarkophag-Relief im Besitze des Grafen N u g e n t. Das Relief zerfällt in drei Theile: die rechte Ecke stellt den Untergang der Semele dar, die linke Ecke die Geburt des Dionysos aus der Hüfte des Zeus, um den eine Eileithyia hülfreich beschäftigt ist, in der Mitte sieht man Hermes mit dem eben geborenen Kinde davoneilen.

Weiterhin beschäftigen sich die Kunstwerke mit der Pflege und Erziehung des Dionysoskindes. Hierher gehört ausser einen merkwürdigen Sarkophag-Relief in M ü n c h e n besonders die berühmte Borghesische Marmorgruppe im L o u v r e, der alte Silen mit dem ihn liebkosenden Dionysoskinde auf dem Arme, worauf wir weiter unten zurückkommen werden. Ein zweiter Silen mit dem Bakchoskinde wurde im Jahre 1838 in der Nähe des athenischen Bakchostheaters gefunden. Silen trägt das ihm eigenthümliche Theaterkostüm, ein rauhhaariges Gewand, das Kind hält eine tragische Maske in der Hand.

Ein schönes Terrakottarelief des B r i t i s c h e n M u s e u m s, aus der Townleyschen Sammlung stammend, zeigt das Kind in der Wiege, ein Satyr und eine Bakchantin schaukeln.

Dass die Verbindung des Dionysos und der Ariadne vielfache Beachtung von Seiten der bildenden Kunst gefunden hat, wurde schon oben angedeutet, auch die schlafende Ariadne des V a t i k a n i s c h e n Museums bereits erwähnt, welche einer statuarischen Gruppe, die Auffindung der Ariadne durch Dionysos darstellend, angehört hat. Nachgebildet ist diese ganze Gruppe, wenn auch nur in dürftigen Umrissen, auf dem Revers einer Bronze-Münze der Perinthier. Sinnlicher gehalten ist die Behandlung des nämlichen Gegenstandes auf dem berühmten M a n t u a n i s c h e n C a m e o. Hier beleuchtet der offenbar im Zustande der Berauschtheit sich befindende und deshalb von Silen kräftig gestützte Gott die schöne Schläferin mit einer Fackel, während der ihn begleitende Pan deutliche Zeichen begehrlicher Lüsternheit verräth. Eine ähnliche, aber viel decentere Darstellung findet man auf einem P o m p e j a n i s c h e n W a n d g e m ä l d e von schöner Gruppirung. Der von seinem Thiasos umgebene Gott betrachtet staunend die Schönheit der holden Schläferin, deren Oberkörper völlig unverhüllt erscheint, da ein muthwilliger Eros das bedeckende Gewand hinweggezogen hat. Ariadne selbst ruht im Schoosse einer hinter ihr sitzenden weiblichen Figur mit grossen Flügeln, deren Deutung zweifelhaft ist. Das komische Element ist sehr wirksam durch den alten Silen vertreten, der mit ungeheurem Eifer bemüht ist, auf das Felsplateau zu gelangen, auf welchem die ganze Scene vor sich geht, und in diesen Bemühungen durch einen Satyr unterstützt wird.

Nicht minder häufig wird die Hochzeit des Dionysos und der Ariadne dargestellt worden sein. Ein interessanter Ueberrest einer solchen Compo-

sition ist noch auf der Vorderseite und den beiden Nebenseiten eines Sar-
kophags der München er Glyptothek zu sehen. Ferner hat auf die Vermählung des Dionysos Bezug eine schöne Borghesische Vase: Ariadne die
Leier spielend, Dionysos sich horchend auf sie lehnend, Nymphen und
Satyrn umhertanzend. Endlich ein Bas-Relief der Villa Negroni: Dionysos und Ariadne auf einem Wagen von Kentauren gezogen mit einem
glänzenden Gefolge von Bakchantinnen und andern zum Gefolge des Gottes
gehörenden Wesen. Auch von den Kämpfen des Dionysos findet man
ausser dem schon oben angeführten Hauptwerk von dem Denkmale des
Lysikrates noch häufige Darstellungen auf Reliefs und Vasenbildern. Hier
mögen schliesslich noch zwei Marmorgruppen Erwähnung finden, welche den
Gott als zärtlichen Liebhaber darstellen. Die eine davon befindet sich in
der Worsley'schen Sammlung auf der Insel Wight. Der jugendliche
Dionysos, mit Weinlaubkranz und Stirnbinde geschmückt, schlingt seinen
rechten Arm um die Schulter eines mit übergekreuzten Beinen neben ihm
stehenden geflügelten Eros. Die andere Gruppe, zwischen Rom und Florenz
gefunden, befindet sich im Britischen Museum: Dionysos, wieder geschmückt mit Stirnbinde und Epheukranz, legt seine Linke um die Schulter
des schönen Jünglings Ampelos, der unter seinen Händen sich in einen
Weinstock verwandelt, eine höchst schwierige, aber sehr glücklich gelöste
Aufgabe, da der Uebergang des menschlichen Leibes, von welchem Kopf,
Brust und Arme noch von der Verwandlung unberührt sind, in die Pflanzen-
gestalt auf eine ungezwungene Weise veranschaulicht ist. Der Künstler
ist hierbei freilich von der Sage abgewichen, nach welcher Ampelos, als
er von einem wilden Stier getödtet war, von Zeus, um den Schmerz des
Dionysos um den Verlust des Geliebten zu stillen, in einen Weinstock verwandelt wurde.

    Reliefs, welche einen sogenannten Bakchoszug mit tanzenden Bakchan-
tinnen, Satyrn, Silenen und dem ganzen übrigen Gefolge des holden Gottes
der Freude darstellen, sind noch ausserordentlich zahlreich vorhanden.

4. Die Nymphen.

    Es müssen nun zunächst einige niedere Erdgottheiten besprochen
werden, welche häufig im Gefolge des Bakchos erscheinen. Am zahl-
reichsten und verbreitetsten ist unter diesen das luftige Geschlecht der
Nymphen, anmuthige Mädchengestalten, welche den Griechen eine
Personifikation des rastlosen Lebens und Schaffens in der Natur waren.
Ihr Wirkungskreis erstreckt sich auf den ganzen Umkreis derselben,
sie offenbaren sich in dem Rauschen und Rieseln der Quellen und Bäche,
wie in der sprossenden Vegetation von Wald und Feld und Wiesenflur.
Sie sind zarte und anmuthige Jungfrauen, welche, wenn sie auch den
Menschen im Allgemeinen freundlich und hold gesinnt sind, doch nicht

die Nähe der menschlichen Wohnungen und der geräuschvollen menschlichen Thätigkeit lieben, sondern sich scheu davor zurückziehen in die träumerische Einsamkeit des Waldes und Gebirges. Da führen sie ein heiteres, geselliges Leben in Grotten und Klüften, welche sie bewohnen. Bald widmen sie sich nützlicher Thätigkeit, indem sie spinnen und weben, bald führen sie ihre anmuthigen Reigentänze auf und singen fröhliche Lustgesänge, oder sie tauchen ihre zarten Glieder in den perlenden Schaum der einsamen Quellen und Bäche. Gern auch schliessen sie sich höheren Gottheiten, namentlich solchen, welche auf das Leben der Natur Einfluss haben, als dienendes Gefolge an. Daher sehen wir sie vorzugsweise die bakchantische Lust theilend im Gefolge des Dionysos, der ja unter der liebenden Pflege der Nymphen gross geworden war, bald als Begleiterinnen der Aphrodite, oder sie bilden das fröhliche Jagdgefolge der Artemis.

Von diesen Nymphen im engeren Sinne des Wortes, welche schon von Homer Töchter des Zeus genannt werden, muss man jedoch gewisse Persönlichkeiten, wie Kalypso, die Tochter des Atlas, und Kirke, die Tochter des Helios, und andere ausnehmen, welche zwar auch Nymphen heissen, aber doch eine besondere Stellung einnehmen. Nach der älteren Vorstellung, welche wir von den Nymphen in der Ilias finden, sind sie den unsterblichen Göttern beigezählt, da sie unter Anderm auch an den Götterversammlungen Antheil nehmen und göttliche Verehrung Seitens der Menschen geniessen. Sie sind also ebenso der Unsterblichkeit theilhaftig und ebenso frei waltende Persönlichkeiten, wie die an Rang und Würde über ihnen stehenden Götter. Später kam, namentlich in Beziehung auf einen Theil der Nymphen, die Dryaden nämlich, die Vorstellung auf, dass ihre Existenz an die Lebensdauer der von ihnen bewohnten Bäume gebunden sei, so dass eine gewaltsame Zerstörung der letzteren auch ihren Tod zur Folge habe.

Nach den Naturgebieten, in welchen die Nymphen waltend gedacht werden, lassen sich folgende Klassen derselben unterscheiden:

1) Nymphen der Gewässer, zu welchen auch die Okeaniden und Nereiden (Meernymphen) gerechnet zu werden pflegen. Hier haben wir es nur mit den Nymphen der Landgewässer, der Bäche und Quellen, zu thun, welche im Allgemeinen den Namen Najaden führen. Als die wohlthätigen Ernährerinnen der Pflanzen, denen sie die Nahrung zuführen, und dadurch wieder der Heerden und Menschen, erfreuten sie sich besonders hoher Verehrung und man errichtete ihnen wohl eigene

Altäre an den Quellen. Von diesen Nymphen heisst es in verschiedenen Sagen, dass ihnen Götterkinder zur Erziehnng anvertraut wurden, wie noch in der Dionysossage von den Nymphen von Nysa berichtet wurde. Mit den Meernymphen theilen sie auch die Gabe der Weissagung und sind Freundinnen des Gesangs und der Dichtkunst, wie dies ganz besonders der Fall ist bei den Musen, welche ursprünglich blosse Quellnymphen waren. Unter den Najaden sind aus der argivischen Sage besonders berühmt die Danaiden, worüber unter Danaos.

2) Nymphen der Berge (Oreaden), zu denen auch die Nymphen der Thäler und Schluchten (Napæen) zu rechnen sind, ein weitverbreitetes Geschlecht, die auch nach besonderen Bergrevieren wieder besondere Namen führen. Sie sind hauptsächlich die Begleiterinnen der Artemis, mit welcher sie Reigentänze aufführen und der Jagd obliegen. Unter ihnen ist wegen ihres traurigen Schicksals besonders die böotische Nymphe Echo in Kunst und Dichtung gefeiert worden. Einsam in den Wäldern lebend entbrannte sie von Liebe zu dem schönen Jüngling Narkissos, einem Sohne des Flussgottes Kephisos, wurde aber von ihm verschmäht und verzehrte sich nun in stets wachsendem Liebesgram, bis endlich ihr ganz verschmachtetes Gebein zu Felsen ward und nichts von ihr übrig blieb als die Stimme. An Narkissos aber, der in stolzer Selbstgefälligkeit von keiner Liebe zu einem Weibe etwas wissen wollte, rächte Aphrodite das beleidigte Geschlecht. Als er einst am Helikon jagte und von Durst getrieben sich über eine silberhelle Quelle bückte, um zu trinken, machte die Göttin, dass er sich in sein eigenes Bild verliebte, welches der Wasserspiegel ihm zurückgab. Da ihm nun der Gegenstand seiner Sehnsucht ewig unerreichbar blieb, so verzehrte ihn der Gram darüber. Im Tode ward er zu der seinen Namen tragenden Blume, dem Bilde herzloser Schönheit.*) —

Die Selbstliebe der Narkissos war selbstverständlich, da die Abbildung der Quelle und das Zurückspiegeln der schönen Gestalt dabei wesentlich war, eher ein Gegenstand für die Malerei als für die Plastik. Das Museum zu Neapel bewahrt ausser einigen Gemälden, welche den Narkissos in das Anschauen seines Bildes versunken darstellen, auch eine Bronzestatuette desselben von wunderbarer Schönheit (Fig. 81).

3) Die Dryaden oder Hamadryaden (Baumnymphen), welche Homer freilich gar nicht kennt, und welche als der Unsterblichkeit

---

*) Eine ausführliche Erzählung dieser Sage findet man im dritten Buche von Ovids Metamorphosen.

nicht theilhaftig, nur uneigentlich zu den Gottheiten gerechnet werden könnèn.

Die Verehrung der Nymphen war in Griechenland uralt.   Tempel

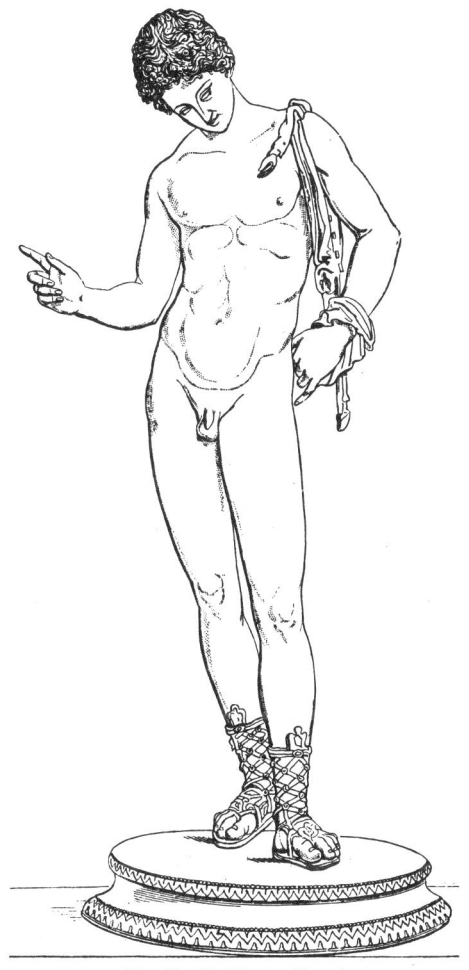

Fig. 81. Narkissos. Neapel.

haben sie freilich niemals gehabt, aber man heiligte ihnen Höhlen und Grotten, errichtete ihnen Altäre an den Quellen und erbaute ihnen auch in grösseren Städten sogenannte Nymphäen, d. i. schönverzierte Springbrunnen mit Säulengängen. Geopfert wurden ihnen Ziegen und Lämmer, zu Trankopfern nahm man Milch und Oel, aber niemals Wein.

Man stellte sich die Nymphen, wie ja schon ihr Name besagt, als anmuthige Mädchengestalten vor, es liegt aber in der Natur der Sache, dass sie als untergeordnete Gottheiten selten allein, sondern fast nur in Gruppirungen, namentlich mit Wesen des dionysischen Kreises, abgebildet wurden. Als Auszeichnung pflegte man ihnen Blumen und Kränze zu geben, die Najaden stellte man gern wasserschöpfend dar, oder Muscheln vor sich haltend, oder man charakterisirte sie durch sonstige auf ihr Element Bezug habende Attribute. Die Bekleidung ist seit der Zeiten der jüngeren attischen Kunst eine sehr leichte, wenn man es nicht vorzog, sie ganz unbekleidet darzustellen.

5. Die Satyrn.

Den Nymphen als den weiblichen Repräsentanten des Naturlebens stehen eine Anzahl niederer Wald- und Wasserdämonen männlichen Geschlechts gegenüber, nämlich die Satyrn, Silene und Pane, zwischen denen in der Mythologie wie in der bildenden Kunst nicht immer eine scharfe Grenzlinie gezogen worden ist. Gewöhnlich versteht man unter Satyrn die eigentlichen Berg- und Waldgeister und denkt sie sich unzertrennlich von Dionysos, dessen dienende Begleitung sie bilden. Ihre Genealogie wird sehr verschieden angegeben. Homer erwähnt ihrer nirgends, Hesiod nennt sie gleichen Geschlechts mit den Nymphen und bezeichnet sie als ein nichtsnutziges und leichtfertiges Völkchen. Euripides nennt als ihren Vater den Silenos, nach Andern wieder ist Hermes ihr Erzeuger. Derbe Sinnlichkeit und muthwillige Schalkhaftigkeit bilden die Grundzüge ihres Wesens. In ihrer halb thierischen Lüsternheit erscheinen sie als eine Carrikatur des Gottes, in dessen Umgebung sie aufzutreten pflegen. Auch dachte man sich ihre Gestalt halb thierisch: stumpfnasige und auch sonst unedel gebildete Gesichter, struppiges Haar, ziegenähnliche Ohren und ein Ziegenschwänzchen im Rücken, bei sonst menschlichen Gliedmaassen. Wie ihre Schwestern, die Nymphen, lieben sie Musik und Tanz. Ihre musikalischen Instrumente sind die Syrinx, die Flöte, Cymbeln und Castagnetten. Einen eben so ländlichen Charakter hat ihr Tanz, in welchem sich ihre derbsinnliche Natur durch ein bockartiges Springen äussert. Dem Weingenuss sind sie, wie ihr Herr und Meister, leidenschaftlich ergeben. Aber wie der Weinrausch bei jenem ein schwärmerisches Entzücken und eine weihevolle Stimmung hervorruft, so wirkt er bei ihnen als den unedleren Naturen nur nach der sinnlichen Seite hin und macht sie aufgelegt zu allerlei wilden und tollen Streichen. Kein Wunder daher, dass bei den Dionysosfesten die Satyrmaske so beliebt war, weil unter ihr die ausgelassenste Lustigkeit gewissermaassen privilegirt war. In dem Satyrdrama, welches sich an diesen Festen den ernsten Tragödien anschloss, bildeten sie den stehenden Chor und gaben hier durch ihre Schelmereien und muthwilligen Scherze den Festgenossen die heitere Stimmung wieder, welche durch den feierlichen Ernst der tragischen Muse so mächtig gedämpft worden war.

Dass die so charakteristischen und volksthümlichen Figuren der Satyrn, welche der schaffenden Künstlerphantasie das reichste Feld boten, auch ein Lieblingsgegenstand für die bildende Kunst der Griechen gewesen sind, bedarf wohl kaum der Erwähnung. In der älteren Zeit liebte man sie bärtig, mit abschrekenden Gesichtszügen und vielfachen Zeichen ihrer halbthierischen Herkunft darzustellen, seit Praxiteles aber gewinnt auch bezüglich der Satyrn die mehr jugendliche und zarte Bildung entschieden die Oberhand, und von jener thierischen Natur bleibt kaum noch ein äusserliches Merkmal übrig. Von *Praxiteles* selbst kannte das Alterthum mehrere berühmte Satyrn. Einer, den Welcker als Staphylos erklärt hat, bildete eine Gruppe mit Methe und Dionysos, ein zweiter befand sich in einem Tempel des Dionysos zu Athen, ein dritter in Megara. Welcher von diesen bei den Griechen den Beinamen Periboëtos (der Hochberühmte) führte, lässt sich nicht mit Sicherheit behaupten. Nach Brunn's Vermuthung war es der zweite, welchen nach einer freilich nicht verbürgten Anekdote des Pausanias der Künstler selbst neben seinem Eros für sein edelstes Werk hielt. Er war hier als Knabe gebildet, einen Becher darreichend. Auch von andern bedeutenden Künstlern gab es im Alterthum berühmte Satyrbilder, eine Bronzestatue von *Myron*, dessen Satyr die Flöte voll Bewunderung über ihren Ton an das Ohr hielt, eine Statue von *Lysippos* in Athen, ferner ein Gemälde von *Protogenes*, einem Zeitgenossen des Apelles, in Rhodos. Es war dies ein vom Flötenspiel ausruhender Satyr, der sich in lässiger Haltung an einen Pfeiler lehnte.

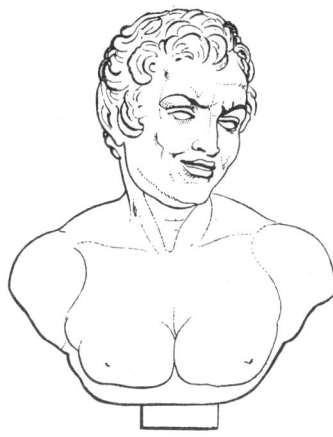

Fig. 82. Satyrkopf. Münchener Glyptothek.

Der erhaltenen Kunstdenkmäler, welche Satyrn vorstellen, gibt es noch eine sehr grosse Anzahl. Die ältere Vorstellungsart der bärtigen Satyrn findet man jedoch fast nur auf Gemmen, Münzen und Vasenbildern. Für den schönsten Satyrkopf hält man den aus der Villa Albani stammenden des lachenden Satyrs in der Münchener Glyptothek, den Rumohr jedoch

Fig. 83. Ausruhender Satyr. Capitol zu Rom.

für modern erklärt hat. Dieser unter dem Namen Faune à la tache (mit dem Flecken) bekannte Kopf bringt allerdings den höchsten Grad sinnlichen

Wohlbehagens in meisterhafter Vollendung zum Ausdruke (Fig. 82). Die vorhandenen Satyrstatuen geben uns ein deutliches Bild von der reichen Mannigfaltigkeit der Auffassung in der Behandlung dieses Gegenstandes. Eine besonders beliebte Art ist der vom Flötenspiel ausruhende Satyr, wozu wahrscheinlich der sogenannte Anapauomenos des Protogenes die Veran-

Fig. 84. Barberinischer Faun. Glyptothek zu München.

lassung gegeben hat. Ein besonderes schönes Exemplar dieser Art ist der durch Gypsabgüsse über alle Museen Europas verbreitete ausruhende Satyr des Capitolinischen Museums, die schönste aller vorhandenen Satyrstatuen (Fig. 83). Man hält ihn, freilich ohne hinlängliche Beweise dafür zu haben, für die Nachahmung eines Praxitelischen Vorbildes. Hier ist keine Spur mehr von cynischer Derbheit und Rohheit, nur ein leiser Zug muthwilliger

Schalkheit umspielt diese Lippen. Dem entsprechend sind auch die Formen des Körpers anmuthig und edel, und nur die gespitzten Ohren und die etwas stumpfe Nase verrathen den Satyr.

Hierher gehört auch der so häufig nachgeahmte borghesische Satyr, welcher, im Knabenalter dargestellt, sich behaglich an einen Cippus anlehnt und im Begriff ist, die Querflöte zu blasen (Müller und Wieseler, Denkm. II, Taf. 39, No. 460).

Eine zweite Gattung von Satyrstatuen sind diejenigen, welche im Zustande bakchantischer Aufregung erscheinen. Zu dieser gehört die vortreffliche Statue des tanzenden Faun in der Villa Borghese zu Rom, welchem nach einer Vermuthung Lübke's der Myronische Satyr als Vorbild gedient hat. Dahin gehört ferner der das Scabillum tretende Faun in der Gallerie der Uffizien zu Florenz mit ergänztem Kopfe. Auch die beiden Arme mit den Cymbeln in den Händen sind von demselben Meister (nach einer unbestimmten Vermuthung von Michel Angelo) ergänzt, jedoch augenscheinlich mit grossem Glück. Endlich ist hierher zu rechnen der in den Trümmern der Villa des Hadrian zu Tivoli gefundene Satyr aus rothem Marmor im Museum des Capitol.

Eine dritte häufig vorkommende Art von Satyrn sind die Wein einschenkenden. Hierher gehört der in Antium gefundene der Dresdener Gallerie, sehr jugendlich und von edlen Formen, mit den bakchischen Attributen der Stirnbinde und des Epheukranzes, ferner die mit dem Namen ihres Verfertigers *Apollonios* an dem zur Stütze dienenden Stamm versehene, ausgezeichnet schöne Statue der Egremont'schen Sammlung zu Petworth.

Viertens verdienen die in seligem Weinrausche hingestreckten und schlafenden Satyrn erwähnt zu werden. Das grossartigste und bewunderungswürdigste Exemplar dieser Gattung ist der sogenannte Barberinische Faun der Glyptothek in München, ein griechisches Originalwerk aus der Zeit der Nachblüte der griechischen Kunst (Fig. 84). Ein noch jugendlicher Satyr liegt schlafend, den vom Wein schweren Kopf auf den rechten Arm gestützt, über eine Wolfshaut hingestreckt. (Lützow, Münchener Antiken Taf. 30). Eine schöne lebensgrosse Bronzestatue in Neapel stellt einen trunkenen Satyr vor, der halb sitzend und halb liegend mit der erhobenen Rechten ein Schnippchen schlägt.

Traubenlesende und kelternde Satyrn sieht man häufig auf Reliefs, desgleichen Gruppen tanzender oder sich mit Nymphen und Bakchantinnen jagender und neckender Satyrn. Auch an idyllischen Scenen aus dem Familienleben fehlt es nicht, indem man zuletzt auch weibliche Satyrn und Satyrkinder in diesen Gruppirungen auftreten liess.

6. Silenos.

Silenos gilt in der gewöhnlichen Sage für einen älteren Satyr, welcher den Dionysos pflegte und erzog und später sein treuer Begleiter auf seinem grossen Eroberungszuge wurde. Ueber seine Herkunft gab es bei den Alten so verschiedene Traditionen, dass schon Diodor es nicht wagen mochte, etwas Bestimmtes darüber zu äussern. Alles, was man von ihm weiss, findet sich bei jüngeren Dichtern. Diese schildern ihn als einen schon alternden Mann, mit stumpfer Nase und einem Glatzkopfe, stark behaart an Brust und Schenkeln, ausserdem mit einem so dicken Bauche versehen, dass ihm schon deswegen das Gehen sehr beschwerlich fällt. Noch mehr aber bedarf er der Stütze und reitet daher fast immer auf einem Esel, weil er den Weingenuss unmässig liebt und in Folge dessen beständig in einem halbberauschten Zustande ist. So zieht er, oft von Satyrn gehalten, dem Bakchischen Zuge voran. Ausser dem Weine liebt er aber auch, gleich den Satyrn, Musik und Tanz und verkehrt gern mit den Najaden. Nachdem Dionysos zum Stifter der Mysterien geworden war, erhielt auch Silenos durch die Orphiker eine höhere Bedeutung: man sah in ihm, als dem Lehrer des Dionysos, die Quelle aller in den Mysterien verborgenen Weisheit, einen Weisen im wahren Sinne des Wo1 es, welcher dem eitlen und thörichten Treiben der Menschen seinen Spott und seine Verachtung entgegensetzt. Bei den griechischen Philosophen stand er daher in hohem Ansehen. Ob er jemals in Griechenland göttliche Verehrung genossen, erscheint zweifelhaft, wiewohl Pausanias berichtet, dass er in Elis auf dem Markte einen eigenen Tempel hatte, in welchem er dargestellt war, wie Methe (Trunkenheit) ihm einen Becher mit Wein darreichte. Seine Attribute sind der Weinschlauch, von welchem er sich gar nicht trennen kann, der Esel, der Thyrsos, der Epheukranz und der Kantharos (Weinkrug).

Auch Silenos gewährte der künstlerischen Phantasie reichlichen Stoff. Am liebsten bildete man ihn als Pfleger und Hüter des jungen Bakchoskindes. Die berühmteste aus dem Alterthum stammende Darstellung dieser Art ist die meisterhafte borghesische Gruppe in der Sammlung des Louvre (Fig. 85). Alles Komische ist hier in der Auffassung des Silenos geflissentlich gemieden, er erscheint als der würdige, seiner hohen Aufgabe sich vollkommen bewusste Pfleger und Erzieher des Götterkindes, auf welches er mit liebendem Ernst herniederblickt und das ihn hinwiederum freundlich anlächelt und mit der linken Hand streichelt. Zwar erscheint er als schon bejahrter Mann, aber keineswegs vom Alter geschwächt, seine Muskeln sind noch straff und sein ganzer Gliederbau athmet Kraft und Behendigkeit. Im Gegensatze zu der gewöhnlichen Vorstellung eines untersetzten und dickbäuchigen Mannes erscheint er vielmehr schlank und wohlproportionirt, so dass auch der Umfang seines Bauches das gewöhnliche Maass nicht übersteigt. Die Eigenthümlichkeit der Satyrbildung ist durch die Stumpfnase, die Ziegenohren und den kurzen Schwanz angedeutet. Wiederholungen desselben Originals finden sich die eine im Vatikan, die andere in München.

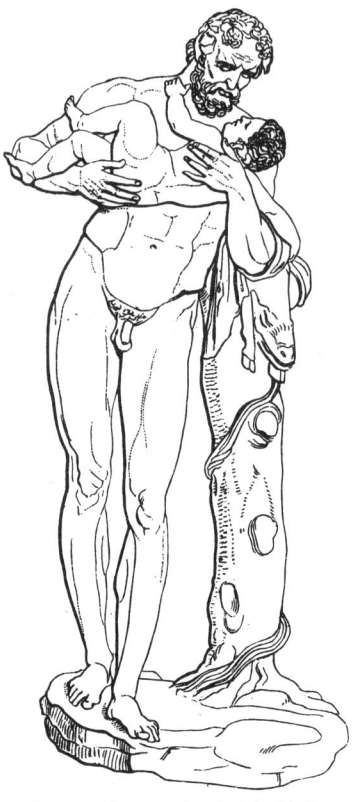

Andere Künstler suchten ihm freilich mehr die komische Seite abzugewinnen und den unersättlichen Weinschwelg zur Anschauung zu bringen. Berühmte Darstellungen dieser Art sind folgende.

Eine Marmorstatue der Dresdener Galerie: der augenscheinlich trunkene und in schlaffer Haltung stehende Silenos fasst mit der Rechten den auf einem Baumstumpfe ruhenden Weinschlauch und blickt zur Erde nieder, als suche er einen Platz, wo er sich mit seinem Schlauche niederlassen könne. Ein ähnliches Motiv zeigt die noch vorzüglichere Marmorstatue der Münchener Glyptothek (Lützow, Münchener Antiken, Taf. 21).

Sodann eine Marmorstatue der Villa Ludovisi in Rom: der trunkene Silenos hat sich auf ein Pantherfell hingestreckt und lehnt sich auf den noch nicht völlig geleerten Schlauch, vor ihm ein umgestülpter Trinkbecher.

Ferner eine Marmorstatue der Pio-Clementinischen Sammlung des Vatikan: Silenos in der linken Hand eine Traube haltend, die er im Begriff ist in ein untergehaltenes Trinkgeräss auszudrücken.

Fig. 85.   Silen mit dem Bakchoskinde.
Louvre.

Noch komischer erscheint er in der Darstellung einer Bronzestatue des Museums zu Neapel, wo er auf dem Weinschlauche reitet, der offenbar früher als Mündung einer Fontaine gedient hat. Die Verwendung der Silenstatue als Brunnendekoration ist überhaupt eine weit verbreitete.

Andere komische Situationen findet man auf den zahlreich noch vorhandenen Gemmen dargestellt.

Ausser diesem einen als Erzieher des Bakchos bekannten Silenos nahm man aber bald noch eine ganze Menge von Silenen an. Schon ein orphischer Hymnos spricht von einer Mehrheit derselben. Ob dies daher gekommen ist, dass man sich gewöhnte, die älteren Satyrn Silene zu nennen, oder ob sie, was wahrscheinlicher ist, eine besondere Art von Naturgottheit und zwar nach Preller's Vermuthung Dämonen des fliessenden und quellenden Wassers waren, lässt sich nicht mehr mit Sicherheit feststellen.

Einen Beleg für diese Ansicht scheint jedoch das unter dem Namen der fikoronischen Cista bekannte Metallkästchen im Museum des Jesuitencollegs zu Rom zu gewähren, auf welchem Silen offenbar als Quellgott dargestellt ist. Wir entnehmen eine verkleinerte Abbildung der

Fig. 86. Von der Fikoronischen Cista. Jesuitenkolleg zu Rom.

höchst lebendigen Gruppe (Fig. 86) der Schrift von O. Jahn über die fikoronische Cista (Leipzig 1852), mit dem Bemerken, dass nach allgemein angenommener Deutung die beiden Helden zur Rechten und Linken des Alten zwei Theilnehmer des Argonautenzuges sind, von denen der eine seinen Durst an der Quelle stillt, der andere an einem aufgehängten Sandsacke die gewöhnlichen Fechterkunstgriffe übt, was von Silen in höchst origineller Weise persiflirt wird.*)

---

*) Vergl. den Aufsatz von Conze über antike Satyrdarstellungen in der Zeitschrift für bildende Kunst, III. Jahrg. S. 157 ff.

Eine Nebenart, welche im Satyrdrama häufig vorkommt und auch hier und wieder von der Kunst berücksichtigt worden ist, bilden die sogenannten P a p p o s i l e n e, unter welchen man ältere Silene mit starkbehaartem Leibe von fast thierischem Aussehen verstand.

Zu dem Geschlechte der Silene werden auch gewöhnlich noch zwei Persönlichkeiten gerechnet, welche in dem Mythos des Dionysos eine Rolle spielen, nämlich M a r s y a s und M i d a s. Der erstere wird von Herodot ausdrücklich ein Silen, von Plato ein Satyr genannt.

Die Sage von seinem Wettkampfe mit dem Apollon ist bekannt genug, in ihrem Ursprunge aber sehr dunkel. Vermuthlich ist sie allegorischer Natur und bezieht sich auf den Widerstand, welchen die Kitharödik, d. h. der feierliche apollinische Cultus, anfangs der phrygischen Flöte, d. h. dem rauschenden und wilden Bakchosdienste, entgegensetzte. Sie hat im Laufe der Zeit ausserordentlich viele Zusätze und Variationen erfahren und ist von den Künstlern vielfach ausgebeutet worden.

So existirte ein berühmtes Gemälde des *Zeuxis*, welches die Bestrafung des Marsyas vorstellte: der besiegte Marsyas an einen Baum gebunden, die Satyrn im Chore traurig um ihn her stehend, Apollon triumphirend ihm gegenüber. Unter den zahlreichen erhaltenen Kunstdenkmälern, welche auf diese Vorgänge Bezug haben, ist ein H e r k u l a n i s c h e s W a n d g e m ä l d e merkwürdig, auf welchem Marsyas ebenfalls an einen Baum gebunden dasteht, um die schimpfliche Strafe durch einen schon mit dem Messer bereit stehenden Knecht zu erleiden. Apollon sitzt ihm gegenüber, mit der Linken die Lyra haltend, in der Rechten das Plektron, vor ihm kniet mit flehender Geberde O l y m p o s, der Schüler des Marsyas, welcher für das Leben seines Meisters bittet. Auch die zur Linken des Gottes stehende Muse blickt ihn bittend an.

Ein grosses Sarkophag-Relief, welches sich auf denselben Gegenstand bezieht, befindet sich im L o u v r e aus der B o r g h e s i s c h e n S a m m l u n g, eine Statue des Marsyas, die ihn mit am Handgelenk zusammengebundenen Armen an einer Fichte hängend darstellt, in der F l o r e n t i n i s c h e n G a l l e r i e.

Midas ist der mythische Gründer des phrygischen Reiches in Kleinasien, wohin er von Makedonien ausgewandert sein soll, und gilt für einen Sohn des Königs G o r d i a s und der grossen Göttermutter K y b e l e, als deren Liebling er von ihr mit fabelhaftem Reichthum überschüttet wird. In der Sage erscheint er auf's engste verflochten mit dem phrygischen Dionysos und dessen schwärmender Begleitung. Einst verirrte sich der trunkene Silen, so erzählt man, in die Rosengärten des Midas, wurde von Landleuten gefangen und mit Kränzen gebunden zum Midas geführt, der ihn gastlich zehn Tage lang bewirtete und sich von ihm den reichen Schatz seiner weisen Lehren erschliessen liess. Der Kern seiner Weisheit heisst: Es ist für den Menschen am besten nicht geboren zu werden, das nächst Beste, so bald als möglich zu sterben. Hierauf brachte ihn Midas selbst zum Dionysos zurück und der erfreute Gott gestattete nun dem letzteren einen Wunsch, von welcher Gnade der König jenen bekannten Gebrauch machte, zu wünschen, dass Alles, was er berührte, zu Gold werden möchte. Spätere machten ihn auch zum Schiedsrichter in dem Wettstreite zwischen Apollon und Marsyas, bei welcher Gelegenheit er, da er zu Gunsten des Marsyas entschied, von dem Gotte seine berühmten Eselsohren bekommen haben soll. Diese Fabel dient natürlich bloss zur Erklärung der silenartigen Bildung des Midas. Bei Ovid dagegen entscheidet Midas den Wettstreit zwischen Apollon und Pan.

7. Pan.

Pan, d. i. der Weidende (nach der jetzt allgemein angenommenen Ableitung von πάω oder παίω), ist ein uralter griechischer Wald- und Weidegott, der, anfangs nur unter den Bewohnern des arkadischen Berglandes und andern Hirtenvölkern verehrt, erst spät allgemeinere Anerkennung und höhere Geltung gewann. Homer wenigstens und Hesiod scheinen ihn nicht gekannt zu haben, da sie ihn gar nicht erwähnen. Der älteste chronologisch feststehende Schriftsteller, welcher ihn nennt, ist Epimenides, demnächst Pindar (geb. 522 v. Chr.). Man hatte über ihn verschiedene Genealogien. Die gewöhnliche Tradition folgt dem 19. Homerischen Hymnos, welcher dem Pan gewidmet ist. Diesem zufolge war er ein Sohn des kyllenischen Hermes und der Nymphe Penelope, einer Tochter des Dryops. Als seine Mutter ihn geboren hatte, erschrak sie nicht wenig über seinen Anblick, denn er war gehörnt, am ganzen Leibe behaart und hatte Ziegenfüsse. Sein Vater aber trug ihn in Hasenfelle gewickelt zum Olympos hinauf und zeigte ihn dort den übrigen Göttern, die über den seltsam gestalteten kleinen Waldteufel keine geringe Freude hatten. Nach Pindar war er ein Sohn des Apollon und der Penelope, nach Epimenides ein Sohn des Zeus und der Nymphe Kallisto, ein Zwillingsbruder des Arkas. Spätere Dichter verwechseln die Nymphe Penelope mit der bekannten Gattin des Odysseus, was zu allerlei unsinnigen Fabeln Anlass gab.

Was nun das Wesen und die Bedeutung des Pan betrifft, so verehrten ihn die Hirtenvölker Griechenlands von Alters her als den Beschützer ihrer Heerden und ihm waren deshalb auch die Gebirgshöhlen, in welche man zur Nachtzeit oder bei drohendem Unwetter das Vieh zusammentrieb, besonders heilig. Dergleichen Panshöhlen gab es in den arkadischen Gebirgen Mänalon, Lykäon und Parthenion, aber auch am Fusse der Akropolis von Athen, am Parnassos und anderen Orten. Man dachte sich ihn als einen Gott von grosser Munterkeit und Lebhaftigkeit des Wesens, der als Jäger mit vielem Geräusch in Gesellschaft der Bergnymphen in den Wäldern und auf den Bergen umherschweife. Deshalb stand auch Pan bei den Jägern, die ihm einen günstigen Erfolg ihrer Jagd zuschrieben, in nicht minderem Ansehen, als bei den Hirten. Ebenso standen Fischfang und Bienenzucht unter seinem Schutze.

Als Hirtengott ist Pan auch Liebhaber der Musik. Wenn er des Abends von der Jagd zurückgekehrt ist, heisst es in dem Homerischen Hymnos auf ihn, dann spielt er süsse Lieder auf der von ihm erfundenen Hirtenflöte (Syrinx) und die Oreaden singen dazu das Lob der Götter und führen muntere Reigentänze auf. Aus der Erfindung der Hirtenflöte haben die Fabeldichter in ihrer Weise eine Erzählung gemacht, indem sie eine Nymphe Syrinx annahmen, welche Pan heftig geliebt habe. Diese aber, seine Liebe nicht erwiedernd, sei geflohen, und als Pan sie nun verfolgte, habe sie den Schutz der Gäa angefleht, welche sie dann in ein Schilfrohr verwandelte. Aus diesem schnitzte und bildete Pan durch Aneinanderfügen von sieben Pfeifen die nach der Nymphe genannte Syrinx. Als Flötenspieler soll er sich später in einen Wettstreit mit Apollon eingelassen haben.

Auch den Tanz liebt Pan leidenschaftlich, er ist, wie Pindar sich ausdrückt, „der vollkommenste Tänzer der Götter". Am liebsten tanzt er auf blumigen Wiesen in Mitten der Oreaden, ohne deren Gesellschaft er nicht gut gedacht werden kann. Dann ergötzt er Alle durch seine possierlichen Sprünge, bei deren Ausführung ihm seine Bocksgestalt sehr zu Statten kommt.

Als Walddämon besitzt Pan auch die Gabe der Weissagung, die er nach Einigen sogar dem Apollon mitgetheilt haben soll. Gewiss ist, dass mit einem Heiligthum desselben bei Akakesion in Arkadien in alter Zeit ein Orakel verbunden war. Damit steht in Verbindung, dass er auch als Gott der Träume verehrt wurde.

Weil die einsame Gebirgslandschaft und der dichte Urwald etwas Geheimnisvolles haben und die Seele mit bangem Grauen erfüllen, so war man geneigt, jede Anwandelung von plötzlicher und unerklärlicher Furcht dem Pan zuzuschreiben (panischer Schrecken). Daher entstand später die Sage, dass er dem Zeus im Titanenkampfe wesentliche Dienste geleistet habe, denn als er angefangen habe, auf einer von ihm erfundenen Muscheltrompete zu blasen, seien die Titanen plötzlich von gewaltigem Schrecken befallen worden. Es ist das nur eine Wiederholung der Erzählung von den Leistungen des Triton in der Gigantenschlacht. Bekannt ist, dass die Athener aus Anlass der Schlacht bei Marathon, in welcher sie von Pan wesentlich unterstützt zu sein glaubten, den bis dahin ihnen noch fremden Cultus des Gottes einführten.

Dies sind die älteren und einfacheren Elemente, aus welchen das Wesen des Pan sich zusammensetzt. Eine höhere Bedeutung gewann er, als man anfing, ihn zu einem Begleiter der Grossen Mutter zu machen und in die Dionysischen Kreise hineinzuziehen. Nun sah man in ihm eine erzeugende Naturkraft, gleich dem phrygischen Attis, und die Orphiker schufen bald sein ganzes Wesen um, indem sie ihn zu einem Gott des Weltalls erhoben, wobei ihnen der Gleichklang des Namens mit dem Worte, welches im Griechischen „Alles" bedeutet (πᾶν), zu Hülfe kam. Die auf Pan bezüglichen Mythen wurden dieser Vorstellung gemäss gleichfalls umgedichtet. Sein Tanz wurde zu einem Symbol der Bewegung des Weltalls, sein Flötenspiel bedeutete die Harmonie der Sphären, seine aufsteigenden Hörner und sein herabwallender Bart wurden zu einem Symbol des Sonnenlichts, dessen Strahlen gleichmässig nach oben in die höheren Himmelsräume und nach unten zur Erde dringen, und was dergleichen künstliche Deuteleien mehr sind.

Mit Bezug auf den Dionysischen Thiasos begnügten sich Dichter und Künstler bald nicht mehr mit einem einzigen Pan. Man machte den alten Pan zu einem Vater von zwölf Söhnen und umgab diese wieder mit Frauen und Kindern (Panisken), bis man auf diese Weise endlich eine stattliche Pansfamilie bei einander hatte.

Der Cultus des Pan war besonders über Arkadien verbreitet. Sein berühmtestes Heiligthum war der schon erwähnte Tempel bei Akakesion,

in welchem ein ewiges Feuer unterhalten wurde. Auf dem Berge
Lykäon hatte er einen heiligen Hain, wo ihm zu Ehren Kampfspiele
gefeiert wurden. Auch in Lykosura und Heräea hatte er Tempel und
ausser Arkadien werden Heiligthümer desselben in Troezen, Sikyon,
Oropos, Athen, bei Marathon und auf der Insel Psyttalea bei Salamis
erwähnt. In Athen beging man sein Jahresfest, über dessen Zeit nichts
bekannt ist, mit einem Fackellauf. Es ist demnach ein abendliches Fest
gewesen; über den Charakter desselben steht jedoch nichts fest.
Ausserdem hatte Pan in Athen gemeinsame Opfer mit Acheloos und
den Nymphen, an andern Orten mit Dionysos und Kybele. Geheiligt
waren dem Pan die Steineiche und die Fichte, man schlachtete ihm
Kühe, Ziegen und Schafe, das Trankopfer bestand aus Milch, Honig
und Most.

In der Kunst unterscheidet man eine ältere und eine jüngere Pans-
bildung. Die ältere, der besten Zeit der Kunst angehörige Bildung ist mit
Ausnahme der keimenden Hörner zu beiden Seiten der Stirn eine rein
menschliche. Man findet ihn so noch auf älteren Vasengemälden und auf
Münzen, so z. B. auf einer Münze von Messana, wo er mit einem Hasen
spielend dargestellt ist. (Müller und Wieseler, Denkm. II, Taf. 42, No. 528).
Ferner gehört hierher die schöne Bronzestatue des schlafenden Pan im
Museum zu Neapel (Ebendas. Taf. 43, No. 529).

Später bildete man ihn mit mehr ausgebildeten Hörnern, langem Ziegen-
bart und Ziegenfüssen. Schon *Praxiteles* verfertigte einen ziegenfüssigen
Pan mit einem Schlauche, seit seiner Zeit scheint die Bildung des Pan
immer mehr einen thierischen Charakter angenommen zu haben, während

Fig. 87. Von einem herkulanischen Wandbilde. Neapel.

doch auf der andern Seite, wie wir sahen, seine mythologische Bedeutung
im Steigen begriffen war. Statuen dieser jüngeren Pansbildung sind noch
verschiedene vorhanden, wenn auch nicht gerade von vorzüglicher Schönheit. Am besten lernt man dieselbe kennen aus einer lebensgrossen Marmor-

gruppe in Neapel: Pan den Olympos im Spielen der Syrinx unterweisend, von welcher noch mehrfache Wiederholungen vorhanden sind, unter andern auch in einer Bronzegruppe aus Pompeji im Antikenkabinet zu Arolsen. Noch thierischer erscheint er auf einem herkulanischen Wandgemälde, Stosskämpfe zwischen Pan und einer Ziege darstellend (Fig. 87). In solchen Darstellungen, wie auch in der bekannten Marmorgruppe, wo Pan oder vielleicht irgend ein Pan einem jammernden Satyr einen Dorn aus dem Fusse zieht, ist natürlich der mythologische Charakter des Gottes gänzlich verwischt. Dass die Kunst aber auch von der höheren Auffassung des Pan als Lenker des Weltalls Notiz nahm, zeigt die in Hirts Bilderbuch abgebildete Gemme, auf welcher er die Flöte blasend von den zwölf Zeichen des Thierkreises umgeben ist. Vor ihm ist ein Stern und darunter ein brennender Altar, an welchem ein Ziegenbock hinaufspringt.

Die gewöhnlichen Attribute des Pan sind Syrinx und Hirtenstab, auch wohl ein Fichtenkranz.

8. Priapos.

Auch der bekannte Feld- und Gartengott Priapos wird von Homer und den älteren Dichtern nicht erwähnt. Sein Cultus scheint lange Zeit in Lampsakos, Kyzikos und anderen Orten am Hellespont ein lokaler gewesen zu sein, und erst später ehrte man ihn, wie Pausanias sagt, auch anderwärts, „wo Ziegen- und Schafweiden oder auch Bienenstöcke sind." Er war ein Dämon der Fruchtbarkeit der Natur, als solcher wohl ursprünglich mit Dionysos identisch. Nach der Sage der Lampsacener war er ein Sohn des Dionysos und der Aphrodite, wurde aber wegen seiner eigenthümlichen Misgestalt von seiner Mutter verstossen, worauf er zu Lampsakos Aufnahme fand. Man schrieb ihm Einfluss auf die Fruchtbarkeit der Ziegen- und Schafheerden zu, auch Bienenzucht und Fischfang standen unter seinem Schutze. Vorzugsweise aber wurde er als Beschützer der Weinberge und Gärten angesehen. Man opferte ihm Esel, was den Dichtern Anlass zu allerlei drolligen Erzählungen über die Feindschaft des Priapos gegen dieses Thier gegeben hat. Ausserdem brachte man ihm die Erstlinge der Garten- und Feldfrüchte und Trankopfer von Milch und Honig dar. Zum Vorsteher unkeuscher Ausschweifungen hat ihn erst eine späte sittenlose und verderbte Zeit gemacht.

Da Priapos ausserhalb des Hellesponts nie recht zu Ansehen gelangt ist, so hat sich begreiflicher Weise die höhere Kunst nicht viel mit ihm zu schaffen gemacht. Desto häufiger stellte man in den Gärten rohe, aus Holz geschnitzte Hermen des Gottes auf, welche mit Mennig roth ange-

strichen als eine Art Vogelscheuche dienten. Sie waren vom Mittelleibe
aufwärts in der Regel menschlich gebildet, der unförmliche Phallos das
charakteristische Merkmal. In die eine Hand gab man dem Priapos ein
Gartenmesser, in die andere eine Keule; oder man liess ihn Früchte in
einem Schurz tragen. Auch Trinkgeschirre und Thyrsos kommen in seiner
Heimath als Attribute dieses Gottes vor. Darstellungen solcher Priapos-
Hermen sind auf Münzen, Vasen, Terracottastatuetten und Reliefs noch
ziemlich häufig.

9. Demeter.

Den Uebergang zu den chthonischen Gottheiten im engeren Sinne
bildet die Ackergöttin Demeter mit ihrer, in der Sage ihr ·eng verbundenen, halb dem Gebiete der Lebenden, halb der Todten angehörenden Tochter Persephone. Ihrem Namen nach ist sie die Mutter
Erde *), dennoch aber bestimmt unterschieden von Gäa sowohl wie
von Rhea, wie schon oben gezeigt wurde. Sie ist für eine der ältesten
pelasgischen Urgottheiten Griechenlands zu halten, wenn auch das
Zeugnis Herodots dagegen zu sprechen scheint, der sie bekanntlich
mit der ägyptischen Göttin Isis identisch erklärt hat. Aber es war
nun einmal bei Herodot fixe Idee geworden, dass die Griechen alle
ihre Götter von den Aegyptiern bekommen hätten. Homer erwähnt sie
nur gelegentlich, was jedoch nicht gegen das Alter ihrer Verehrung
und frühe Verbreitung ihres Cultus spricht, sondern sich hinlänglich
aus der Natur des heroischen Epos erklärt. Hesiod bezeichnet sie als
eine der Töchter des Kronos und der Rhea, welche mit den übrigen
Kronoskindern ausser dem jüngstgeborenen Zeus das Schicksal theilte,
von dem grausamen Vater verschlungen zu werden. Die Hauptquelle
für die auf Demeter bezüglichen Mythen ist der auf sie gedichtete
homerische Hymnos, unter den Späteren Apollodor.

Hinsichtlich ihrer Bedeutung ist von der Vorstellung auszugehen,
dass sie eine concretere Gestaltung des alten Urbegriffes der Erdgöttin
mit einer spezielleren Beziehung zur Natur und menschlichen Kultur
ist. Sie ist nicht Mutter alles Lebens und Schaffens in der Natur
schlechthin, sondern ausschliesslich Mutter der Kulturpflanzen, für
deren Wachsen und Reifen sie Sorge trägt, insbesondere des Getreides.
Einmal zur Göttin des Ackerbaus geworden, konnte sie dann auch

---

*) Bei der Herleitung des Namens Δημήτηρ von Γῆ μήτηρ wird es wohl sein
Bewenden haben müssen, obgleich gegen die Richtigkeit derselben sich Zweifel
erheben lassen und auch erhoben sind.

leicht zur Vorsteherin solcher Geschäfte gemacht werden, welche im
weiteren Sinne ja auch zum Ackerbau gehören, als Baumkultur und
Viehzucht. Weil aber das Entstehen und die gedeihliche Fortentwick-
lung der Pflanzenwelt bedingt ist durch allerlei Einflüsse, theils durch
die ihr aus der Erdtiefe zugeführte Feuchtigkeit, noch mehr aber
durch atmosphärische Einwirkungen, durch Licht, Luft, Wärme und
Feuchtigkeit, so ist es leicht erklärlich, dass Demeter durch die Mythen
in die innigste Verbindung zu dem Gotte der Erdfeuchtigkeit (Poseidon)
und den lichten Himmelsgottheiten gebracht wird. Es ist erklärlich,
dass Demeter bald die Geliebte Poseidons, und Persephone, d. i. die
Vegetation, die Frucht dieser heiligen Ehe genannt wird, bald aber auch
die Gemahlin des hohen, die Erde mit mildem Regen befruchtenden
Himmelsgottes Zeus heisst. Doch hat diese letztere Vorstellung, wie
es scheint, die erstere allmählich in den Hintergrund zurückgedrängt,
da nach gemeinem griechischen Volksglauben Persephone als eine
Tochter des Zeus und der Demeter galt. Die Verbindung der Demeter
mit dem Licht- und Sonnengotte Apollon bezeugt das beiden gemeinsame Fest der Thargelien, welches sich ursprünglich auf die Zeitigung
der Feldfrüchte bezog.

Die Göttin des Ackerbaus musste dann weiterhin zu einer Vorsteherin aller derjenigen Geschäfte werden, welche auf den Ackerbau
Bezug haben. Sie wird daher nicht nur als Erfinderin aller derjenigen
Instrumente und Geräthe bezeichnet, welche beim Ackerbau ihre Anwendung finden, sondern sie lehrt den Menschen auch pflügen, säen,
mähen, Garben binden, dreschen, mahlen und endlich Brod backen.

Zu einer höheren, sittlichen Bedeutung erhebt sich Demeter dann
als eigentliche Kulturgöttin, welche den Menschen eben durch den
Ackerbau der niederen Kulturstufe der Jäger- und Hirtenvölker ent-
reisst, seine ursprüngliche Wildheit und Rohheit durch Gesetz und
Sitte bändigt, durch das heilige Institut der Ehe und sonstige bürgerliche
Ordnungen die unwandelbaren Grundlagen aller staatlichen und sittlichen Bildung legt. Nach dieser Seite ihres Wesens trifft sie mit dem
Dionysos zusammen, den wir ja gleichfalls als Begründer menschlicher
Kultur und Sitte kennen gelernt haben. Weinbau und Weinbereitung
ist ein eben so sicheres Merkmal des Kulturmenschen, als Ackerbau
und Verarbeitung der Brodfrucht. Daher der innige Zusammenhang
dieser beiden grossen Kulturgottheiten in den Mysterien, wo Dionysos-
Jakchos als der Sohn der Demeter und mystische Bräutigam der Korä-

Persephone erscheint. Als Begründerin der Kultur führt Demeter
den Namen Thesmophoros (die Gesetzbringende) und das grosse
Fest der Thesmophorien feierte das Andenken an die segensreichen
Stiftungen der Göttin. Eine weitere Consequenz dieser Auffassung
ist es, wenn sie namentlich auch als Beschützerin der Ehe erscheint,
da ohne den Begriff der Ehe und der Familie eine feste staatliche
Ordnung nicht gedacht werden kann, wenn ferner die Volksversammlungen unter ihren Schutz gestellt und die Heliasten in Athen neben
Zeus und Athena auf ihren Namen vereidigt werden.

Unter den Mythen, welche sich an den Namen dieser Göttin
knüpfen, ist keiner bekannter und für ihren Cultus bedeutungsvoller,
als der Mythos von dem Raube ihrer Tochter Persephone oder Kora,
wie man sie in Attika und in den Mysterien gewöhnlich nannte. Diese
spielte einst, so lautet die heilige Sage, mit den Okeaniden auf einer
blumigen Wiese, und vergnügte sich mit ihnen daran, Blumen zu
pflücken und Kränze daraus zu binden, als sie sich, von der Schönheit
eines von ihr bemerkten Narkissos verlockt, von ihren Gespielinnen
entfernte, um diese, nach dem Glauben der Alten verhängnisvolle
und den Todesgöttern geweihte Blume zu brechen. Da öffnete sich
plötzlich der Erdboden vor ihren Füssen, aus der Kluft stürzte auf
einem Wagen von schnaubenden Rossen gezogen Aidoneus oder
Hades, der Beherrscher der finstern Schattenwelt, und entführte die
ängstlich Schreiende mit Windeseile und ehe noch ihre Gespielinnen
wussten, was geschehen war, in seine unterirdische Behausung. Das
geschah aber mit Wissen und Genehmigung des Zeus, welcher die
Tochter ihm hinter dem Rücken ihrer Mutter zugesagt hatte. Alsbald
jedoch vermisste Demeter das geliebte Kind, und da sie von Niemandem
erfahren konnte, wo dasselbe geblieben, zündete sie Fackeln an und
durchirrte, ängstlich die Spur der Verlornen suchend, neun Tage lang
ohne Speise und Trank alle Länder der Erde, bis ihr endlich Helios,
der Alles schauende und Alles hörende, das Geschehene offenbart,
zugleich aber auch nicht verschweigt, dass Hades den gewaltsamen
Raub mit Genehmigung des Zeus verübt habe. Voll Gram und Zorn
meidet nun Deo, d. i. die Suchende, wie ihr Name im eleusinischen
Cultus lautet, die Gesellschaft der Olympischen Götter und zieht sich
in die tiefste Verborgenheit zurück, während inzwischen alle Fruchtbarkeit der Erde aufhört und eine allgemeine Hungersnoth das Menschengeschlecht zu vertilgen droht. Vergebens sandte Zeus einen Boten nach

dem andern an sie ab, um ihren Zorn zu besänftigen und sie zur Rückkehr in den Olymp zu bewegen, sie schwur, dass sie nicht eher wieder
Früchte wachsen lassen werde, als bis ihr theures Kind ihr zurück-
gegeben sei. Da musste sich denn Zeus wohl bequemen, den Hermes
in die Unterwelt zu senden, dass er die Kora wieder an das Licht der
Oberwelt hinaufführe. Freudig gehorcht diese der Botschaft, beim
Scheiden aber gibt ihr Hades einen Granatkern zu essen; nun ist sie
an ihn gebunden und kann nicht für immer zur Mutter zürückkehren.
Daher kommt durch Vermittelung des Zeus ein Vertrag zu Stande,
nach welchem Persephone zwei Dritttheile des Jahres auf der Oberwelt bei der Mutter verweilen darf, die übrige Zeit aber in der Unterwelt an der Seite ihres finstern Gatten zubringen muss. Und so steigt
sie denn jedes Jahr, wenn der Frühling sich erneut, aus der Tiefe
empor zur Lust und Freude ihrer göttlichen Mutter, um im Spätherbst
wieder hinabzusteigen in das Reich des Todes und der Unsichtbarkeit.

Der Sinn dieses Mythos ist nicht schwer zu errathen, er ist nichts
als eine allegorische Darstellung des sich alljährlich vor unsern Augen
vollziehenden Schauspiels der absterbenden und wieder auflebenden
Vegetation. Wenn Kora während der Wintermonate im Reiche des
Hades weilt, dann scheint die Natur Trauer anzulegen über die verlorene Tochter. In den eleusinischen Mysterien der Göttin wurde dieses
regelmässige Absterben und Sichwiederverjüngen der Pflanzenwelt als
das Bild einer höheren Idee, nämlich der Unsterblichkeit der Seele,
gefasst. Jedes einzelne Menschenleben theilt das Schicksal der Kora,
es wird die Beute des kalten und unerbittlichen Todes, aber nur, um wie
Kora dereinst desto schöner und herrlicher wieder zu erstehen.

In unmittelbarem Zusammenhange mit diesem schönen und sinnigen
Mythos steht ein anderer, welcher sich auf die Gründung der Mysterien
in Eleusis bezieht. Als Demeter nach dem Verluste ihrer geliebten
Tochter dem Zeus und allen Olympiern grollend in der Gestalt einer
armen alten Frau über die Erde wanderte, kam sie auch nach Eleusis.
Die Töchter des Keleos, des Fürsten dieser Stadt, trafen sie auf
einem Steine neben dem Jungfrauenbrunnen sitzend, als sie dorthin
gekommen waren, um Wasser zu schöpfen, und boten der Unbekannten
und Unerkannten einen Dienst im Hause ihrer Eltern an, wo sie die
Pflege ihres jüngst geborenen Bruders Demophon übernehmen sollte.
Die Göttin willigt ein und findet nun im Hause des Keleos freundliche
Aufnahme. Doch sitzt sie anfangs noch traurig und verhüllten Hauptes

da, bis die Scherzreden der Magd Jambe oder nach einer orphischen
Erzählung eine unanständige Geberde der alten Baubo *) ihr ein Lächeln
abnöthigen und sie dahin gebracht wird, einen Mischtrank von Wasser,
Mehl und Polei anzunehmen, welcher nachher auch in den Mysterien
als Zeichen der empfangenen Weihe den Neuaufgenommenen gereicht
wurde. Auch blieben die Scherzreden seitdem eine der Göttin angenehme
Zuthat des eleusinischen Festes. Demeter oder Deo übernimmt nun
die Pflege des jungen Königssohnes. Sie hatte es gut mit demselben
vor, denn sie salbte ihn am Tage mit Ambrosia und legte ihn Nachts
in die Gluth des Heerdfeuers, um ihn zu läutern und unsterblich zu
machen. Aber ihre wohlmeinende Absicht wird durch die Thorheit der
Mutter des Kindes, Metaneira mit Namen, vereitelt, welche die Göttin
heimlich belauscht und beim Anblicke ihres in den Flammen liegenden
Sohnes in ein lautes Jammergeschrei ausbricht und so das Werk der
Göttin stört. Diese zeigt sich nun in ihrer göttlichen Gestalt und befiehlt
dem Keleos, ihr bei Eleusis einen Tempel zu bauen, wo sie selbst ihre
Orgien und wie ihr Zorn gesühnt werden könne, lehren wolle. Als der
Tempel mit Hülfe der Göttin schnell vollendet war, weihete sie den
Keleos und andere Fürsten von Eleusis, Triptolemos, Eumolpos
und Diokles, in die heiligen Gebräuche ihres Dienstes ein. Dem
Triptolemos aber, welcher von Einigen auch ein Sohn des Keleos
genannt oder auch mit Demophon identificirt wird, übertrug sie das
Geschäft der weiteren Verbreitung des Ackerbaus und ihres Dienstes,
indem sie ihm ihren geflügelten Drachenwagen lieh, auf welchem er
durch die Länder der Menschen umherzog, überall die Segnungen der
erhabenen Göttin verbreitend und die Menschen zu geordneten staatlichen Verbänden vereinend. Er stiess dabei auf Widerstand und erfuhr
allerlei Nachstellungen, wie z. B. von Seiten des Getenkönigs Karna-
bon und des scythischen Herrschers Lynkos, doch liess ihn die Huld
seiner erhabenen Beschützerin über diese und andere Widerwärtigkeiten triumphiren.

Dieser attische Heros, dem auch von Einigen die Erfindung des Pfluges
zugeschrieben ward, ist in Poesie und Kunst vielfach gefeiert worden.
Sophokles widmete ihm ein eigenes Drama, Praxiteles meisselte ihn in

---

*) Dieser hat bekanntlich Göthe in der Walpurgisnacht (Faust 1. Th.) ein
Denkmal gesetzt:

> „Die alte Baubo kommt allein,
> Sie reitet auf einem Mutterschwein."

Marmor, und wir besitzen noch verschiedene schöne Vasengemälde, welche seine Aussendung darstellen. Unter diesen sind die Poniatowsky'sche und die Nolanische Vase besonders berühmt. Zu diesen auf Triptolemos bezüglichen Denkmälern gesellt sich noch ein im Jahr 1859 zu Eleusis ausgegrabenes, jetzt in Athen befindliches grosses Marmor-Relief, welches ihn als Knaben zwischen Demeter und Kora stehend darstellt, die eine heilige Weihehandlung an ihm vornehmen. (Abgebildet bei Schnaase, Gesch. der bildenden Künste, II S. 223).

Ein anderer Mythos von geringerer Bedeutung ist derjenige, welcher das Verhältnis der Demeter zum Jasion betrifft. Schon Homer in der Odyssee und Hesiod in der Theogonie erwähnen denselben. Jasion, dessen Genealogie ziemlich schwankend ist, da er bald ein Sohn des Zeus, bald des Minos, bald noch Anderer genannt wird, war ein Liebling der Demeter und erzeugte mit ihr den Plutos (Reichthum), Zeus aber, wie Homer hinzufügt, tödtete ihn mit dem Blitzstrahle. Auch dieser Mythos ist rein allegorisch und der Vorstellungsweise der Griechen nichts geläufiger, als das Säen des Getreides in den Schoos der Erde (Demeter) sich unter dem Bilde des Erzeugens vorzustellen. Die Frucht ihrer Verbindung ist Plutos, d. h. der Ackerbau begründet den Wohlstand der Menschen. An den Namen des Jasion, über dessen Etymologie bisher nichts Sicheres hat ermittelt werden können (Preller hat ihn, ohne für diese Meinung Gründe anzuführen, für einen Dämon der fruchtbaren Erdtiefe erklärt), knüpfen sich ähnliche Traditionen, wie an den Triptolemos. Auch er soll den Ackerbau und mit demselben die Mysterien der Demeter verbreitet haben, namentlich in Sicilien.

Auch von Verächtern der Demeter erzählt die Sage, die ihre Segnungen nicht annehmen wollten. Erysichthon, ein thessalischer Fürst, brach mit seinen Sklaven in einen heiligen Hain der Demeter und hieb die Bäume nieder. Dafür wurde er von der Göttin mit verzehrendem Heisshunger gestraft. Wenn diese Fabel einen Sinn haben soll, so kann man sich unter dem heiligen Haine der Demeter natürlich nur ein Saatfeld vorstellen.

Was nun die Verehrung der Demeter betrifft, so war dieselbe schon in alter pelasgischer Zeit in Griechenland allgemein verbreitet und lässt sich an allen ältesten Sitzen der Griechen nachweisen, wo Ackerbau getrieben wurde. So in Arkadien, Messenien, Lakonien (Amyklae und Helos), in Sikyon, Korinth, Phlius, Argos, Megara, Attika, Böotien und Thessalien. Von Megara und Korinth aus kam der Dienst der Demeter nach Grossgriechenland und Sicilien, welche Insel

sich als reich an Getreide ganz besonders dem Cultus der Demeter
hingab und deshalb im Mythos als Brautgeschenk des Zeus an dieselbe
gefeiert wurde. Hauptcultusstätte blieb das an der schönen Bucht von
Salamis gelegene Städtchen Eleusis, auch nachdem dasselbe in die
Herrschaft der Athener übergegangen war. Hier und in Athen wurden
ihr und den mit ihr in den Mysterien verbundenen Gottheiten die Eleusinien gefeiert, welche sich auf den Mythos von dem Raube der Persephone bezogen. Da sie das Hauptfest nicht nur der Demeter, sondern
aller religiösen Feste der Griechen überhaupt waren, so mögen einige
nähere Angaben darüber hier eine Stelle finden.

Man unterscheidet zwischen kleinen und grossen Eleusinien. Die
ersteren wurden im Monat Anthesterion (Februar) zu Athen gefeiert und
waren eine Art von Vorbereitung auf die grossen Eleusinien. Ihr Ursprung wird mythisch auf die Weise erklärt, dass man sie für Herakles,
der in die Mysterien eingeweiht zu sein wünschte, aber nach dem Gesetz
als Fremder an den grossen Eleusinien nicht Antheil nehmen konnte,
eigens eingerichtet habe. Die Feier der kleinen Eleusinien fand in der
athenischen Vorstadt A g r a e statt, doch ist über die dabei beobachteten
Gebräuche nichts Sicheres überliefert. Die grossen Eleusinien wurden
theils in Athen, theils in Eleusis von 16. Boëdromion (September) an
neun Tage lang gefeiert. Nur diejenigen konnten als Theilnehmer an
der geheimen Feier zugelassen werden, welche als Epopten (Schauende)
völlig in die Mysterien eingeweiht oder wenigstens als Mysten in die
kleinen Mysterien eingeführt waren und die im Frühjahr vorausgegangenen kleinen Eleusinien mitgemacht hatten. Die Ordnung der
einzelnen Tage war folgende. Das Fest begann mit einer Bekannt-
machung des Festprogramms und der Bedingungen der Zulassung durch
den Hierophanten (höchsten Priester der Demeter) und mit lärmenden
Umzügen. Am zweiten Tage fanden Reinigungsopfer, verbunden mit
Waschungen im Meere, statt. Letzterem schrieben die Alten bekanntlich
eine grosse reinigende Kraft zu. Dann folgten an den beiden nächsten
Tagen die feierlichen Opfer für die beiden Göttinnen Demeter und Persephone (gewöhnlich ein Schwein) und für Dionysos. Der Hauptfest-
tag war der 20. Boëdromion, welcher den Namen Jakchos führte, weil
das Bildnis dieses Gottes dem feierlichen Zuge vorangetragen wurde,
welcher sich an diesem Tage auf der sogenannten heiligen Strasse von
Athen nach dem vier Stunden weit entfernten Eleusis bewegte. An dieser
Procession sollen nicht selten an 30,000 Personen Theil genommen ha-

ben. Alle waren mit Myrten*) bekränzt und trugen, da der Zug erst mit eintretender Dunkelheit von Athen ausging, Fackeln in den Händen. Unterwegs erheiterte man sich durch allerlei Scherzreden und Neckereien und durch lärmende Gesänge. Die Fackeln hatten natürlich eine besondere Beziehung zu der Göttin Demeter, weil diese nach der heiligen Sage, als sie die verschwundene Tochter suchte, mit Fackeln in den Händen die Länder der Erde durchirrt hatte. Auf dieses Suchen der Persephone bezogen sich auch die nächsten in Eleusis stattfindenden Feierlichkeiten: nächtliche Umzüge auf dem thriasischen Felde an der eleusinischen Bucht, wobei natürlich wieder die Fackeln nicht fehlten, von deren hellem Schein das Meer weithin erglänzte, und eine geheime Feier der Eingeweihten in dem Mysteriengebäude von Eleusis, welches nach seiner Zerstörung durch die Perser Perikles prachtvoll wieder hatte aufbauen lassen. Die geheime Feier in dem Telesterion bestand einestheils in dem Vorzeigen der heiligen Symbole, anderentheils in der Aufführung heiliger Dramen, welche sich auf die Geschichte der Demeter, der Persephone und des Jakchos bezogen. Mit dem 22. Abends nahm das Fest, welches bis dahin dem Suchen der verschwundenen Kora gewidmet gewesen war und deswegen einen vorwiegend ernsten und feierlichen Charakter getragen hatte, eine plötzliche Wendung zu ausgelassener Freude. Das Fasten, welches sich die Theilnehmer an der heiligen Feier bis dahin zur Erinnerung an das Fasten der Göttin während ihres neuntägigen Umherirrens auferlegt hatten, hörte dann auf, und zum Zeichen, dass die Herzen sich nun wieder der Freude hingeben dürften, genoss man den heiligen Labetrunk, aus Wasser, Mehl und Polei gemischt, gerade wie ihn damals Demeter im Hause des Keleos genossen hatte. Die nun folgenden Gebräuche müssen freudiger Art gewesen sein, die Nachrichten darüber sind aber unzureichend. Gewiss ist, dass noch andere dramatische Aufführungen stattfanden, durch welche den Epopten die in den Mysterien niedergelegten Vorstellungen über die Unsterblichkeit der Seele und das Leben im Jenseits versinnlicht wurden. Durch diese Aufführungen oder lebenden Bilder müssen die Eingeweihten jene beseligenden Eindrücke empfangen haben, welche den Sophokles zu einer so begeisterten Lobpreisung

---

*) Die Myrte war der Demeter und ihrer Tochter ganz besonders heilig, weil sich Persephone dieselbe von Dionysos zum Geschenk ausgebeten hatte, als er in der Unterwelt erschienen war, um die Seele seiner Mutter Semele daraus zu befreien.

der Mysterien vermocht haben, wie wir in einem Fragment bei
Plutarch lesen:

> „wie dreimal selig die
> Der Menschen, die, nachdem sie diese Weihe geschaut'
> Zum Hades gehen; denn diesen ist allein verlieh'n
> Zu leben, und den Andern nichts als Elend dort."

Den Schluss der ganzen Feier bildete die sogenannte Plemochoë,
wovon der letzte Tag den Namen hatte, eine Art Todtenspende aus
eigenthümlich geformten thönernen Schalen, welche gefüllt die eine nach
Osten, die andere nach Westen aufgestellt und dann unter Aussprechung
mystischer Formeln umgestossen wurden. Wir sind aber weder über
die dabei angewendete Flüssigkeit, noch über die Bedeutung der ganzen
Ceremonie genügend aufgeklärt.

Von minderer Bedeutung als die Eleusinien war das im Monat
Pyanepsion (Oktober) der Demeter als Ehegöttin und Gesetzgeberin
gefeierte Fest der Thesmophorien. Es dauerte fünf Tage, vom 9—13
Pyanepsion, und nur verheirathete Frauen durften an demselben Theil
nehmen. Die zwei ersten Tage wurden in Halimus am Vorgebirge
Kolias, wohin die Frauen in gemeinsamer Procession unter Lachen und
Scherzen am 9. auszogen, mit Opfern und Reinigungen (Bad im Meere)
gefeiert. Am 11. erfolgte die Rückkehr zur Stadt und der Aufzug zum
Tempel der Göttin (Thesmophorion), welcher dort ein feierliches Opfer
gebracht wurde. Den 12. brachten die Frauen trauernd und fastend
zu, um damit die Trauer der hehren Göttin über den Verlust ihrer
Tochter zu ehren. Am 13. bildete den Schluss des Festes ein gemeinsames Mahl der Frauen. Dies war die Art der Feier in Athen. Unter
demselben Namen und mit ähnlichen Gebräuchen feierte man aber dasselbe Fest auch an vielen andern Orten Griechenlands. Geopfert wurden der Demeter meist Kühe und Schweine, aber auch Früchte und
Honigwaben.

Was endlich die bildliche Darstellung dieser Göttin anlangt, so sind
ihre gewöhnlichen Attribute die Fackel, Aehren, Mohn, Aehrenkranz und
der mit Blumen gefüllte Kalathos (Handkorb). Wie in dem Mythenkreise
dieser Göttin ihr Verhältnis zu ihrer Tochter Persephone den Mittelpunkt
bildet, an welchen, wie wir sahen, auch der ganze Cultus sich anlehnt,
so hat auch die Kunst dieses Verhältniss ganz vorzüglich in's Auge gefasst
und in ihr weniger die segensreiche Ackerbau- und Kulturgöttin als vielmehr die liebende, mit der ganzen Tiefe und Innerlichkeit eines reinen und
wahren Gefühls an der Tochter hängende Mutter darzustellen gesucht.
Leider ist von der schönen eleusinischen Göttergruppe der Demeter, der

Persephone und des Jakchos, welche den Westgiebel des Parthenon
schmückte, fast nichts erhalten, so dass sich nicht sagen lässt, ob der
Idealtypus der Demeter schon zu Phidias' Zeit zur völligen Ausbildung
gelangt war oder die jüngere attische Kunstschule daran einen wesentlichen Antheil hat. Dass auch *Praxiteles* die drei eleusinischen Gottheiten
für den Tempel der Demeter in Athen in Marmor gearbeitet hatte, steht
durch das ausdrückliche Zeugniss des Pausanias fest. Nach den wenigen
sicheren Denkmälern, welche erhalten sind, gab man der Demeter eine
ihrer Schwester Hera im Ganzen ähnliche Bildung, nur etwas breiter und
voller und im Gesicht einen weicheren, zärtliche Mutterliebe athmenden
Ausdruck.

In der Reihe der erhaltenen Denkmäler räumte man früher der aus
dem Besitze der Familie Mattei von Papst Clemens XIV. für den Vatikan
angekauften sogenannten Ceres unbedingt die erste Stelle ein. In der
That ist diese Statue, an welcher besonders der höchst elegante Faltenwurf
bewundert wird, von vorzüglicher Schönheit, doch sind jetzt alle Kunst-
kenner darüber einig, dass der Kopf, dessen Zusammengehörigkeit mit der
übrigen Figur ausserdem nicht einmal sicher ist, niemals eine Demeter vorgestellt haben kann, weil er dafür zu jugendlich ist. Die Meinung bedeutender Autoritäten auf dem Gebiete der Kunstmythologie, wie Visconti,
Gerhard und Braun, dass diese ernst und sinnig blickende Figur eine
Muse sei und die linke Hand, welcher der Restaurator willkürlich ein
Aehrenbüschel gegeben hat, ursprünglich eine Schriftrolle gehalten habe,
scheint das Richtige zu treffen.

Leider ist diese Vatikanische Ceres nicht die einzige, bei welcher an der
Richtigkeit der Restauration gezweifelt werden muss. Auch die vierzehn
Fuss hohe Colossalstatue der Pio-Clementinischen Sammlung, welche
bei Visconti II, 27, abgebildet ist, kann schwerlich, wiewohl ihr der Restaurator ein Aehrenbüschel und ein Scepter verliehen hat, für eine Demeter
passiren. Schon der Auffindungsort, das Theater des Pompejus, spricht
gegen diese Annahme, es hat aber auch der Ausdruck des Gesichtes nichts
dem Charakter der Demeter Entsprechendes. Auch diese angebliche Ceres
hat aller Wahrscheinlichkeit nach eine Muse vorgestellt.

Dagegen trägt den oben angedeuteten Charakter einer an Hera erinnernden Erhabenheit und Würde, verbunden mit einer herablassenden Milde
und Güte, eine schöne überlebensgrosse Marmorstatue des Capitolinischen
Museums, welche E. Braun zuerst mit Entschiedenheit für eine Demeter
erklärt hat (Fig. 88). Diese edel und kühn gedachte und ausgeführte Gestalt kann in der That nur die Vorstellung einer mächtigen und erhabenen
Göttin sein, so dass, da die Fülle der Formen jeden Gedanken an eine der
jungfräulichen Göttinnen ausschliesst, nur noch Hera in Betracht kommen
könnte. Allein man wird bei diesen von mildem Ernst beseelten Zügen viel
eher an die allnährende, der Menschheit gütig gesinnte Mutter, als an die
strenge Himmelsbeherrscherin denken. „Es ist nicht die Strenge," sagt
E. Braun, „der gebieterischen Herrin, welcher wir hier begegnen, sondern

Fig. 88. Demeter. Capitolinisches Museum.

die Langmuth und Geduld, welche dem Saatkorn Zeit gönnt, zu keimen, zu grünen und zu reifen, und welche des Gebens froh bleibt, obwohl Niemand die Hand erblickt, welche so köstliche Güter darreicht."

Fig. 89. Thronende Demeter. Pompejanisches Gemälde. Neapel.

In speziellerer Beziehung zu dem Segen, welchen sie als Göttin des Ackerbaus spendet, ist die grosse Göttin gedacht auf dem bekannten Pompejanischen Gemälde des Museums von Neapel, welches sie thronend auf goldenem Sessel darstellt, eine aus zwei Blüthenkelchen zusammengesetzte brennende Fackel in der Rechten, ein Aehrenbündel in der Linken haltend (Fig. 89). Auch das in reichen Locken auf die Schultern herabfallende Haar ist mit Kornähren durchflochten und zum Ueberfluss deutet noch ein neben dem Throne stehender mit Aehren gefüllter Korb die Spenderin des Erntesegens an. Bekleidet ist sie mit einem ärmellosen (dorischen) Chiton, der auf der rechten Schulter mit einer Agraffe zusammengehalten die linke Brust zum Theil frei lässt. Ein nachlässig übergeworfener Mantel vervollständigt den Anzug. Die auf goldenem Fussschemel ruhenden Füsse sind mit vollkommen geschlossenen Schuhen bedeckt, wodurch die rastlos wandernde Göttin angezeigt wird. (Mus. Borb. VI, 54).

Noch bekannter durch freilich nicht immer sehr gelungen ausgeführte Abbildungen ist ein zweites Pompejanisches Wandgemälde, welches Demeter in stolzer und würdevoller Haltung einherschreitend darstellt, in der Rechten eine lange verloschene Fackel nach Art eines Scepters, in der Linken ein Blumenkörbchen haltend, welches Blätter und Blüthen verschiedener Fruchtarten enthält. Durch das reiche und in üppigen Locken auf die Schultern herabfallende Haar schlingt sich neben einem bescheidenen Kranze von Blumen und Kornähren eine zierlich geknüpfte wollene Binde (infula), durch welche Demeter als die erhabene Priesterin des Menschengeschlechts gekennzeichnet wird, welche den in Rohheit und Wildheit versunkenen Sterblichen nicht nur die Segnungen des Ackerbaus bringt, sondern sie auch belehrt, wie man die Götter auf die rechte Weise zu verehren und ihnen zu dienen habe. Dass sie als eine die Menschheit erlösende Göttin auf Erden erscheint, deutet auch die Lichtscheibe an, welche ihr Haupt umgibt und zu der erloschenen Fackel in ihrer Rechten einen bedeutsamen Gegensatz bildet. Den Ausdruck des wunderbar schönen Gesichts hat der Künstler ganz dem Charakter der Demeter angemessen zu geben verstanden: es liegt die ernste Wehmuth der hart geprüften Mutter darin, verbunden mit dem süssen und freudigen Bewusstsein ihrer erhabenen, die Beglückung des Menschengeschlechts bezweckenden Mission, welche anzutreten sie im Begriff steht.

Allerlei eigenthümliche Darstellungen der Demeter geben noch die ziemlich zahlreich vorhandenen Münzen und Gemmen. Eine Bronze-Münze von Parion zeigt sie von einer Schlange umwunden (Symbol des Verjüngungsprozesses der Natur), eine Silbermünze des *C. Vibius* (Fig. 90) mit zwei vorgehaltenen Fackeln dahinschreitend, neben ihr eine Sau, eine Bronze-Münze von Athen mit halbentblösster Brust, den kleinen Jakchos auf dem Arm, ein geschnittener Stein bei Lippert auf einem

Fig. 90.   Fig. 91.

Stier reitend mit Fackel und Aehren, eine Silbermünze der delphischen Amphiktyonen (Fig. 91) mit dem hinten verschleierten, ährenbekränzten

Kopf der Demeter von Anthela (Pylä). Der Raub der Kora war ein Lieblingsgegenstand der Darstellung auf Sarkophag - Reliefs, worüber noch einiges Nähere im folgenden Abschnitt.

10. Persephone.

Ueber den Ursprung des Namens Persephone herrscht ein völliges Dunkel. Dass aber damit der Begriff einer Tod und Verderben sendenden Gottheit, einer Todesgöttin verbunden war, erhellt ziemlich deutlich aus einer Aeusserung des Platon, man habe sich der bösen Vorbedeutung wegen gescheut, diesen Namen auszusprechen. Die Attiker nannten sie lieber K o r a, d. i. die Jungfrau und liebliche Tochter der Demeter. Dieselbe Vorstellung verbanden die Römer mit dem ihnen geläufigen Namen Proserpina, welcher sie als die Hervorkeimende, also als die Pflanzenvegetation bezeichnet. Es ist klar, dass sich in dieser Göttin zwei ganz verschiedene Vorstellungen begegnen. Auf der einen Seite nämlich ist sie als Gattin des finstern Unterweltsgottes A i d o n e u s, des Unsichtbaren, aber gerade darum desto mehr zu Fürchtenden, mit diesem dem Begriffe nach übereinstimmend, sie ist die ebenfalls unsichtbare (daher K l y m e n e, von der man nur hört), finstere und dämonische Gewalt, welche alles Lebende hinabzieht in den dunkeln Schooss der Erdtiefe, aus welcher es hervorgegangen, weshalb man auch das Grab die Kammer der Persephone nannte. Diese Anschauung ist in den Homerischen Gedichten, in welchen die Vorstellungsweise der mystischen Kulte durchaus unberücksichtigt gelassen wird, die allein herrschende, wie denn auch auf den ganzen Mythos von dem Raube der Persephone bei Homer nicht ein einziges Mal angespielt wird. Ihm wie auch späteren epischen Dichtern ist sie nur die neben dem finstern Gatten freudlos thronende Herrscherin des weiten Reiches der Unterwelt, welche die dichterische Phantasie nicht müde wurde bis in's Einzelnste hinein auszumalen und in welcher weilen zu müssen als ein grausames und beklagenswerthes Geschick erschien. Auf der andern Seite aber ist sie eben Kora, das holdselige Kind der allnährenden, allgütigen und segenspendenden Mutter Erde, und mit dieser dem Begriffe nach übereinstimmend, weshalb sie auch in dem mystischen Cultus von ihr untrennbar gedacht und gleichzeitig mit ihr verehrt wird. Sie ist als solche die Personifikation jener nie versiegenden Triebkraft der Erde, welche jedes Jahr die üppigste Vegetation vor unsern Augen entfaltet, um dieselbe im Herbst wieder der Vernichtung anheim fallen zu lassen. Im engeren Sinne ist sie auch Symbol des Samenkorns, welches, in die Erde gesenkt, eine Zeit lang wie todt in derselben ruht, um dann neues vegetatives Leben aus sich emporwachsen zu lassen. Es ist leicht erklärlich, dass sich an diese letztere Vorstellung Ideen von der Unsterblichkeit der Seele anknüpften, und dass Persephone so in den Mysterien zu einem Symbole dieser Unsterblichkeit wurde. So wenig wir auch über die eleusinischen Geheimlehren im Einzelnen unterrichtet sind, so viel wissen wir aber genau, dass sie hauptsächlich bezweckten, bessere und gereinigtere Vorstellungen über das jenseitige Leben unter den Mysten zu verbreiten, als uns in der Homerischen Anschauungsweise entgegentreten. Während nach Homerischem Glauben die Seelen in der Unterwelt nur eine dumpfe und traurige Scheinexistenz als Schattenbilder führen, wurden die Mysten belehrt, dass der Tod nichts sei, als eine Palingenesie, ein Wiederauferstehen zu einem neuen schöneren und freudenreicheren Dasein, vorausgesetzt natürlich, dass der Mensch durch einen gerechten und den Göttern wohlgefälligen Wandel sich dieser Seligkeit würdig gemacht habe. Nichteingeweihte konnten aber auf keinen Fall zu derselben gelangen, weil sie ewig in der Irre gingen und ihnen nicht wie den Mysten ein himmlisches Licht den dunklen Pfad des Lebens erhellte, welche deshalb auch als Chor in Aristophanes Fröschen singen:

> Denn uns allein ist Sonnenschein
> Und frohe Tageshelle!

Von den auf Persephone Bezug habenden Mythen ist schon im vorigen Abschnitte die Rede gewesen. In den Zeiten überhandnehmender Religionsmengerei wurde sie vielfach mit andern mystischen Gottheiten, namentlich mit der Hekate und der aegyptischen Isis verwechselt. Ihr Cultus war überall verbreitet, wo man auch ihre Mutter Demeter verehrte, ausser Eleusis namentlich in Arkadien, Böotien, Lokris, Korinth, Megara und auf Sicilien, wo ihr besonders die Stadt Agrigent geheiligt war. Man opferte ihr als unterirdischer Gottheit schwarze unfruchtbare Kühe. Mit ihrer Mutter hat sie die gemeinsamen Attribute der Aehren und des Mohns, ferner die Fackel, das Symbol der eleusinischen Weihen, ausserdem auch den Granatapfel und die Narcisse, und als mystische Braut des Dionysos-Jakchos den Epheukranz. Als Herrscherin der Unterwelt wird sie durch Scepter und Diadem charakterisirt.

Für die Kunst hat Persephone nie eine grosse Bedeutung erlangt. Ihre Darstellung ist eine dreifache: entweder sie erscheint als die jungfräuliche und blühende Tochter der Demeter, namentlich auf grösseren Compositionen, welche ihren Raub darstellen, oder als die stygische Hera, als strenge und ernste Beherrscherin des Schattenreiches, oder drittens als die mystische Braut des mystischen Jakchos. Den Raub derselben bildete

Fig. 92. Persephone. Marmorstatue im Vatikan.

Praxiteles in Erz, und *Nikomachos*, ein ausgezeichneter griechischer Maler und älterer Zeitgenosse des Apelles, malte ihn; das Bild sah Plinius noch auf dem Capitol in Rom.

Statuen der Persephone sind fast noch seltener, als von ihrer Mutter Demeter. Eine sehr schöne Marmorstatue der jungfräulichen Persephone, bewahrt das Vatikanische Museum (Fig. 92, nach Braun). Nur der rechte Arm derselben gehört neuerer Ergänzung an. Der Künstler hat sie hier

14*

in der vollen Jugendblüthe der eben erwachsenen Jungfrau dargestellt mit
dem Ausdrucke mädchenhafter Schüchternheit und Schamhaftigkeit. Ihre
Gestalt ist schlank und edelgeformt. Das Haupt ist mit Aehren bekränzt,
zu diesem Schmucke gesellt sich ausserdem die auch bei Demeter vorkommende wollene Infula, welche durch das Haar geschlungen zu beiden Seiten
auf die Schultern herabfällt.

Fig. 93. Thronende Persephone. Pompejanisches Wandgemälde. Neapel.

Als stygische Herrscherin lernen wir die Persephone kennen aus einem
Pompejanischen Gemälde im Museum zu Neapel (Fig. 93). Wenigstens hat die Vermuthung Braun's, dass mit dieser majestätisch thronenden
Figur, welche auf dem Haupte ein Fruchtmaass (modius), theilweise bedeckt
von einem lang herabwallenden Schleier, in der Rechten einen flachen Korb
und in der Linken einen langen Stab trägt, eine Persephone gemeint sei,

einige Wahrscheinlichkeit für sich. Mehr lässt sich bei dem Fehlen aller sicheren Attribute nicht sagen.

Als Dionysosbraut findet man sie natürlich, ausser auf alten Münzen, nicht leicht einzeln dargestellt, wohl aber Doppelhermen und Gruppirungen. Um von den auf den Mythos der Persephone sich beziehenden Gruppen noch einige zu erwähnen, so stellt ein Sarkophag-Relief von Mazzara in Sicilien den Raub der Kora in drei Bildern dar (Fig. 94). In der Mitte der

Fig. 94. Raub der Kora. Sarkophagrelief von Mazzara.

Composition wird sie beim Blumenpflücken von dem erbarmungslosen Räuber überfallen. Zur Rechten sieht man sie schon von Hades ihres Sträubens ungeachtet auf den Wagen gehoben, den ein darüber schwebender Eros geleitet; zur Linken erscheint Demeter bereits auf ihrem Drachenwagen, den Räuber zu verfolgen begierig. Bloss den Raub stellt ein Sarkophag-Relief aus der Villa Borghese im Louvre dar. Pluton sitzt schon mit der geraubten Kora, die er quer über seinen Schooss gelegt hat, auf seinem Wagen. Pallas sucht ihn vergebens zurückzuhalten. Zur Linken sieht man Demeter auf einen Fruchtkorb gestützt sitzen, sie wendet aber der Scene den Rücken zu. Auf dem Relief Bartoli ist der Raub, die Verfolgung und die Zurückgabe zu einem Ganzen vereinigt. In der Mitte ist der Raub der Kora in ganz ähnlicher Weise dargestellt, wie auf dem Relief der Villa Borghese, zur Rechten sieht man den Herrscher des Schatten- reiches thronend, neben ihm seine tiefverschleierte Gemahlin, vor ihm Hermes, welcher wegen der Zurückgabe mit ihm verhandelt, und eine Hore des Frühlings, durch welche die Zeit der Rückkehr angedeutet wird. Zur Linken sieht man Demeter auf ihrem Drachenwagen mit der Fackel in der Hand.

Die Kora als stygische Königin stellt die schöne in einem Grabe zu Canusium (Canosa) gefundene Vase dar, welche sich bei Müller Denkm. I, Taf. 56 abgebildet findet und aus der letzten Zeit stammt, in der die Vasen- malerei bei den Alten blühte. In der Mitte sitzt Hades als stygischer Zeus anf prächtig geschmücktem Throne, Persephone mit Diadem und Schleier geschmückt, eine Fackel in der Hand tragend, steht neben ihm, ihr zur Linken Orpheus, der die Rückkehr der Eurydike von ihr zu erflehen scheint, zur Rechten des Pluton die drei Todtenrichter.

Den friedlichen Abschied der Persephone von ihrer Mutter in Folge des von der Letztern genehmigten Vertrags stellt ein anderes unteritalisches Vasengemälde der Hope'schen Sammlung in London dar. Sie hat den Wagen ihres Gatten bestiegen und streckt der Mutter zu einer letzten Umarmung die Hände entgegen. Hekate mit einer Fackel geleitet das Viergespann, ein Eros und die Taube der Aphrodite fliegen über dem bräutlichen Paare. Diese Vorstellung weist auf ein Werk des *Praxiteles* zurück, der schon eine ähnliche Scene in Erz bildete, wie nämlich Demeter ihrer zur Unterwelt hinabsteigenden Tochter das Geleite gibt.

Als Braut des Dionysos-Jakchos endlich erscheint Persephone auf einem berühmten Vatikanischen Cameo. Beide sitzen auf einem von Kentauren und Kentauriden gezogenen Triumphwagen, Dionysos mit der Nebris umgürtet und einen Becher in der Rechten schwingend, Kora Mohnköpfe und Aehren in der Linken haltend und das Haar mit Weinlaub geschmückt.

11. Hades (Pluton).

Dieselbe Doppelnatur, welche wir an der Persephone kennen lernten, findet sich auch bei ihrem Gemahl, dem Beherrscher der Unterwelt, Hades oder Aïdoneus, wie sein Name in der epischen Poesie gewöhnlich lautet, welcher eigentlich den Unsichtbaren bezeichnet, wegen des geheimnisvollen Dunkels, welches sowohl seine Person wie sein ganzes Reich einhüllt. Nach der älteren Vorstellung, welche Homer vertritt, ist er nämlich der unversöhnliche und unerbittliche Feind alles Lebens, an den man nicht ohne Grauen und Furcht zu denken vermag, von dem Homer deshalb auch sagt, er sei den Sterblichen unter allen Göttern der verhassteste. Bald jedoch bildete sich auch in Betreff seiner eine mildere Vorstellung, indem mit der zunehmenden geistigen Erkenntnis der jähe Schrecken, welchen der Tod dem rohen Naturmenschen einzuflössen pflegt, sich mehr und mehr verlor, und es trat nun die andere Seite des Gottes in den Vordergrund, nach welcher er alles vegetative Leben der Erde aus der dunkeln Tiefe hervorspriessen lässt und den Menschen aus den unterirdischen Schächten und Gängen auch die edlen Metalle spendet. In diesem Sinne nannte man ihn Pluton, wie die Form bei den Tragikern lautet, oder Pluteus, wie die Orphiker sagten, d. h. der reichmachende Gott.

Hades gehört als Herrscher der unterirdischen Welt zu den ältesten griechischen Gottheiten, er ist nach dem Mythos einer der Kronossöhne, welche den erfolgreichen Kampf gegen die Titanen begannen. In diesem Kampfe bediente er sich, wie Apollodor berichtet, einer unsichtbarmachenden Kappe, welche ihm die Kyklopen gebracht hatten, was natürlich ein erst später in die Sage verwebter Zug ist, da diese Kappe nichts ist als ein Symbol des in der Unterwelt, dem unsichtbaren Reiche, herrschenden Gottes. Bei der Theilung der Welt unter die drei Kroniden fiel nämlich, wie Zeus der Himmel und Poseidon das Meer, so ihm der dunkle Schooss der Erde als sein eigenthümliches und ihm ausschliesslich gehörendes Reich zu, dessen Pforten er fest verschlossen hält, damit ohne seinen Willen keine Seele wieder zurückkehren könne zu dem Lichte der Oberwelt. Weil er alle Menschen ohne Unterschied, wenn die ihnen bestimmte Lebenszeit verstrichen ist, in sein geheimnisvolles Reich hinabzieht, so heisst er auch wohl P o l y - d e g m o n oder P o l y d e k t e s, d. h. der Viele aufnimmt. Ueber die A r t und Weise, wie Hades diese seine Gewalt über die Sterblichen geltend macht, hatte man in der ältesten Zeit Vorstellungen, welche der düsteren Auffassung des Gottes selbst entsprachen. Man dachte sich ihn als einen gewaltthätigen, starken und schrecklichen Räuber, wie er auch in dem Mythos von der Persephone erscheint, der mit schnellen Rossen seine Beute entführt. Später trat auch hier eine mildere Vorstellung ein, man übertrug das Amt, die Seelen der Verstorbenen in die Unterwelt hinabzugeleiten, dem Hermes Psychopompos, der also in dieser Eigenschaft ein Diener des unterirdischen Zeus ist, wie er sonst im Dienste des Olympischen Zeus steht.

Wie sehr sich auch die ursprüngliche düstere Vorstellung von dem unerbittlichen Todesgotte im Laufe der Zeit gemildert hat, immer behielt dieser Gott für die Griechen etwas Unheimliches, weshalb ausser dem Raube der Persephone fast gar keine Mythen von ihm gedichtet worden sind. Auch in dem öffentlichen Cultus fand er kaum eine Stelle. Abgesehen von der Verehrung, welche er bei den Thesprotiern in Epirus genoss, weiss man von keinem Tempel des Hades ausser in E l i s. Dieser wurde nur einmal im Jahre geöffnet, nämlich an dem Tage seines Festes, und nur Geweihte hatten Zutritt. Einen Altar des Gottes unter dem Namen des chthonischen Zeus gab es in O l y m p i a und eine Bildsäule desselben stand im Hain der Eumeniden zu K o l o n o s bei Athen neben den Statuen der Gäa und des Hermes. Dagegen bildete seine Verehrung einen wesentlichen Theil des griechischen Geheimdienstes, wenn er auch hier nicht ein so hohes Ansehen hatte wie Demeter. Sein geheimer Name in den Mysterien war A x i o k e r s e s. Als man in der Alexandrinischen Zeit die Persephone der Isis gleichsetzte, wurde Pluton zum

Serapis, welcher Gott bei den Aegyptiern auch die doppelte Bedeutung eines Gottes der abgeschiedenen Seelen und der Fruchtbarkeit des Erdbodens hatte.

Ein solches Wesen, wie Hades, dessen Namen man nicht auszusprechen wagte, scheute sich die Kunst natürlich auch lange Zeit, plastisch darzustellen. Erst seitdem man ihn sich als Serapis dachte, scheint er häufiger gebildet worden zu sein. Man hat daher nur noch sehr wenige Köpfe und Statuen von ihm. Als ursprünglicher Bildner dieses Hades-Serapis ist neuerdings *Bryaxis*, ein Schüler des Skopas, bezeichnet worden. Für den einzigen ächten Plutonskopf ohne die Physiognomie des Serapis hielt Visconti einen bei den Ausgrabungen von Porcigliano gefundenen Marmorkopf von vortrefflicher Arbeit, welcher im Besitze des Fürsten Chigi in Rom ist (Fig. 95). In diesem Kopfe ist eine unverkennbare Aehnlichkeit mit der Zeus- und Poseidonsbildung vorhanden, aber Pluton unterscheidet sich von seinen beiden Brüdern deutlich genug durch den finstern Ernst, welcher aus seinen Zügen spricht. Zur Verstärkung dieses Eindrucks ist die Behandlung des Haars von grosser Bedeutung. Während dieses bei Zeus und Poseidon über der Stirn in die Höhe strebt, um dann in schönen Ringeln zu beiden Seiten sanft herniederzugleiten, fällt es bei Pluton verworren

Fig. 95. Hadeskopf. Palast Chigi. Rom

über die Stirn herab und zeigt keine Spur einer künstlichen Pflege. Die Stirnwölbung, welche über der Nasenwurzel stark hervorspringt und der festgeschlossene Mund charakterisiren die starre Unbeugsamkeit seines Sinnes. In ihm wiederholt sich am meisten der Typus seines Vaters Kronos.

Noch schärfer prägt sich das charakteristische Wesen des strengen Herrschers der Schatten in einem Gemmenabdruck der Dolce'schen Sammlung aus, den Braun (Vorsch. d. Kunstmyth. Taf. 21) reproducirt hat. Das Haar ist hier zwar nicht so verworren, aber das Vorspringen der Stirn desto deutlicher zu bemerken und die Lippen noch fester geschlossen.

Unter den vorhandenen Statuen ist keine von hervorragendem Kunstwerthe. Die von Braun (Vorsch. d. Kunstmyth. Taf. 22) durch einen Stich bekannt gemachte Statue der Antikensammlung in der Villa Borghese ist eine ganz rohe Arbeit der späteren Kaiserzeit, die Statue der Pio-Clementinischen Sammlung im Vatikan gehört ebenfalls den Zeiten der verfallenden Kunst an. Gleichwohl ist die erstere unter diesen Statuen, die den Pluton beide thronend darstellen, von grosser Wichtigkeit, weil sie unzweifelhaft nur den griechischen Gott, nicht den mit dem aegyptischen Serapis vermengten Pluton hat darstellen sollen. Charakterisirt ist der borghesische Pluton durch Herrscherstab und Opferschale, sowie durch den rechts zu seinen Füssen sitzenden Höllenhund, die beiden ersteren kommen jedoch auf Rechnung des Restaurators; der vatikanische Pluton hält dagegen in der Linken einen Zweizack, ein Attribut, welches auch sonst bezeugt wird. Der als Serapis gedachte Pluton trägt gewöhnlich ein Kornmaass (modius) auf dem Haupte und in der Hand ein Füllhorn. Beide sind Symbole des von ihm gespendeten Segens. Ein selteneres Attribut des Pluton ist der Schlüssel, durch welchen er als der strenge Hüter seines unterirdischen Reiches bezeichnet werden soll, dessen Vorkommen aber schon durch Pausanias bezeugt ist. Als chthonischer Zeus erhält er auch wohl Blitz und Adler, wie auf der Bentinck'schen Gemme. Manchmal hat Hades den Kopf verschleiert. Immer unterscheidet er sich von seinen Brüdern Zeus und Poseidon durch völligere Bekleidung.

12. Die Unterwelt.

Die Vorstellungen der alten Griechen von der Unterwelt und von dem jenseitigen Leben sind keineswegs zu allen Zeiten dieselben gewesen. In Beziehung auf den letzteren Punkt springt dies mit grosser Schärfe in die Augen, wenn man z. B. die düsteren Homerischen Vorstellungen darüber mit den Ansichten eines Sokrates vergleicht, wie sie uns in den Platonischen Dialogen entgegentreten. Doch davon soll noch weiter unten ausführlicher die Rede sein, hier mögen zunächst die verschiedenen Ansichten über Lage und innere Einrichtung der Unterwelt eine kurze Erwähnung finden.

Schon in den Homerischen Gesängen begegnen wir zwei ganz verschiedenartigen Vorstellungen von der örtlichen Lage des Reiches der abgeschiedenen Seelen. Nach der einen, welche sich durch die Ilias hinzieht, ist dasselbe tief unter der Erde gelegen, so dass die scheibenförmig gedachte Erde gleichsam wie eine Decke darüber liegt. Recht anschaulich wird dieses gemacht bei Gelegenheit der Beschreibung des grossen Götterkampfes im 20. Buche, V. 61—66:

„Bang erschrak dort unten der Schattenfürst Aidoneus
Bebend sprang er vom Thron mit Geschrei auf, dass ihm von oben
Nicht die Erd' aufrisse der Landerschütterer Poseidon,
Dass nicht Menschen erschien' und Unsterblichen seine Behausung,
Fürchterlich, dumpf, wustvoll, uud selbst den Göttern ein Abscheu.
Solch ein Getös' erscholl, da die Götter zum Kampf sich erhuben!"

(J. H. Voss.)

Dieser Ansicht gegenüber steht nun eine andere, welcher wir vor-
zugsweise in der Odyssee begegnen. Hiernach liegt das Reich des
Hades im fernen Westen der Erde jenseits des Okeanos oder auf einer
Insel in demselben. Deutlich geht dies hervor aus der Beschreibung
der Reise des Odysseus in das geheimnisvolle Reich der Todten.
Denn dieser ist, ohne in die Tiefe hinabsteigen zu müssen, nach seiner
Landung unmittelbar in den schauerlichen Bezirken, welche keinem
Lebenden zu betreten vergönnt ist. Zwar gräbt er eine Grube, aus
welcher nach Verrichtung des Todtenopfers die Seelen der Abgeschiedenen emporsteigen, auf der andern Seite aber erblickt er doch
den richtenden Minos und den unglücklichen Tantalos und sieht
andere bekannte Scenen des unterweltlichen Lebens, ohne sich weiter
von der Stelle zu bewegen. Die Vorstellungen von der Lokalität des
Hades sind eben noch ganz nebelhaft und unbestimmt. Auch bei Hesiod
finden wir dieselben noch wenig geklärt, später aber treten die Umrisse
immer schärfer und bestimmter hervor, man unterscheidet verschiedene
Räume der Unterwelt, einen Ort der Seligen oder Elysion, einen Ort
der Verdammten oder Tartaros und einen mittleren Raum für diejenigen, welche ein zwischen gut und böse schwankendes Leben geführt
haben. Homer kennt zwar den Tartaros auch schon, ebenso Hesiod,
aber bei diesen Dichtern ist er ein von der eigentlichen Unterwelt
ganz getrennter Raum, in welchem die gestürzten Titanen gefangen
gehalten werden. Auch von einem Elysion (eigentlich Ort der Heim-
gegangenen) ist schon bei Homer die Rede (Od. 4, 563), aber dasselbe bildet bei ihm nicht eigentlich einen Theil der Unterwelt, noch
weniger gelangt man dorthin in Folge eines Ausspruches unterwelt-
licher Richter, denn auch diese sind Homer noch unbekannt, sondern
es ist ein ganz nebelhafter Ort im fernen Westen, wohin aus besonderer
Vergünstigung des Zeus seine Verwandten und Lieblinge, Helden und
Halbgötter, mit ihrer ganzen Leiblichkeit verpflanzt werden. Dort
leben sie, von keiner Erdensorge und Erdennoth bedrängt, unter der
Herrschaft des blonden Rhadamanthys, und kein Regen oder Schnee
trübt jemals das ewig heitere und klare Wetter, welches durch
vom Okeanos her wehende Westwinde noch angenehmer gemacht
wird. Hesiod spricht statt des Elysions von Inseln der Seligen.
Ferner wird bei den späteren Dichtern die Unterwelt als ein von
grossen Strömen rings umflossener und dadurch völlig abgesperrter
Raum gedacht, während Homer nur die Styx als einzigen Unter-

weltsfluss*) kennt, die ihm ein Arm oder Ausfluss des Okeanos ist.
Die umfliessenden Ströme bedingten natürlich auch einen übersetzenden
Fährmann; dies gab der später so populär gewordenen mürrischen
und grämlichen Figur des alten Charon das Dasein, dem für das
Uebersetzen ein Fährgeld von einem Obolos entrichtet werden musste,
weshalb es Sitte ward, den Todten diese Münze in den Mund zu stecken.

Abgebildet wurde Charon als ein alter Mann mit struppigem Bart und
Haar (so sein Kopf auf einer Münze der Stadt Carrhae in Mesopotamien,
bei Müller-Wieseler Denkm. II, Nr. 868) bekleidet mit dem Hute und der
Exomis der griechischen Werkleute und Schiffer, oder auch mit einem
kurzärmeligen Chiton.

Auch Kerberos, der schreckliche Höllenhund, taucht jetzt als
Wächter der Unterwelt auf, der zwar Jedem Einlass in das Haus des
Hades gewährt, aber Niemanden wieder herauslässt. Er war nach
Hesiod, welcher den Typhon und die Echidna zu seinen Erzeugern
macht, mit 50 Köpfen versehen, die gewöhnliche Vorstellung begnügt
sich indessen mit drei Köpfen und gibt ihm ausserdem zur Vervollständigung des Schreckens Schlangenmähnen. Bei den älteren Dichtern,
namentlich auch bei Homer, der übrigens seinen Namen gar nicht
erwähnt, erscheint er einfach als Hund des Pluton in dessen unmittelbarem Gefolge, weshalb er auch häufig zu seinen Füssen sitzend abgebildet wurde, wie der Pluton der Villa Borghese zeigt, wo übrigens
nur zwei Köpfe des Kerberos sichtbar sind, ein grösserer mit zottigem
Haar und ein kleinerer im Charakter eines Windhundes.

Sehr vielen Stoff gaben den Dichtern die in der Unterwelt über
besonders grosse Verbrecher verhängten Strafen. Von diesen werden
Tityos, wegen seines an der hehren Leto verübten Frevels dazu
verurtheilt, dass ihm zwei Geier die stets wieder wachsende Leber
zerfrassen, ferner Tantalos und Sisyphos schon bei Homer erwähnt,
doch ist die Aechtheit der Stelle (Od. 11, 576—600) zweifelhaft. Bei
Pindar, Archilochos und anderen Dichtern ist Tantalos übrigens nicht
zu der bekannten ewigen Qual des Hungerns und Dürstens verurtheilt,
sondern ein über seinem Haupte schwebender Felsblock erhält ihn in
beständiger Angst. Zu diesen kommen noch die bei Homer nicht erwähnten Danaiden, der übermüthige Frevler Ixion und der die Blitze
des Zeus nachahmende Salmoneus.

---

*) Die Stelle Od. 10, 513, wo auch Acheron, Pyriphlegethon und Kokytos
erwähnt werden, gilt für interpolirt.

Die grösste bildliche Darstellung der Unterwelt, welche das Alterthum kannte, war ein grosses Gemälde des Thasiers *Polygnotos* (seit 463 in Athen eingebürgert und Freund des Kimon), welches die eine Seitenfläche der Lesche zu Delphi schmückte und mehr als 80 Figuren enthielt. Im Uebrigen waren Darstellungen derselben gerade nicht so sehr häufig. Die vollständigste, welche uns erhalten worden ist, enthält die schon oben (S. 213) angeführte schöne Vase von Canosa, welche jetzt in München sich befindet (Millin, Tomb. de Canose, Taf. 3—6). Ein in den Hauptfiguren ähnliches Bild, welches demnach einem beiden Vasen gemeinsamen Urbilde nachgebildet sein muss, befindet sich auf einer berühmten aus Ruvo in Unteritalien stammenden Vase der grossherzoglichen Sammlung in Karlsruhe, abgebildet und durch Welcker erläutert in der Archäol. Ztg. Jahrg. 1843 No. 11. Eine dritte interessante Darstellung der Unterwelt nach einer Vase in Neapel in der Archäol. Ztg. 1844 Taf. 13. Einzelne Scenen aus der Unterwelt sind schon häufiger. Eine Landung in der Unterwelt, wo Charon mit dem Ruder in der Hand im Kahne steht, die beiden ausgestiegenen Schatten von einer Möre und Lethe, welche ihnen aus einer Schale zu trinken gibt, empfangen werden, stellt ein Relief des Vatikanischen Museums dar (bei Visconti IV, 35). Ebendaselbst ist ein anderes Marmorrelief, welches die Strafe der Danaiden zeigt, verbunden mit einem schon von Polygnot auf seinem delphischen Bilde behandelten Gegenstande, Oknos einen Strick von grünen Binsen drehend, den ein hinter ihm stehender Esel auffrisst. Seine Arbeit ist auf diese Weise allerdings ebenso nutzlos, wie das Wasserschöpfen der Töchter des Danaos.

13. Die Erinnyen.

Als Dienerinnen des Hades und der Persephone erscheinen die drei Erinnyen (Furien), welche daher auch in der Unterwelt ihren eigentlichen und beständigen Wohnsitz haben. Ihre Namen sind Alekto (die unaufhörlich Verfolgende), Tisiphone (die rächend Tödtende) und Megära (die Grausige). Dass sie eine Dreizahl bilden, hat, wie schon oben gezeigt wurde, darin seinen Grund, dass sich der Grieche gern eine unbestimmte Vielheit unter der geheiligten Dreizahl vorstellte. Ursprünglich ist auch in der That die Zahl der Erinnyen eine ganz unbestimmte. Weder Homer noch Hesiod nennen Zahl oder Namen derselben. Da sie eigentlich die von der sittlichen Weltordnung ausgehende Repression gegen jedes begangene Unrecht und namentlich jede Verletzung geheiligter Rechte bezeichnen, so muss es der ursprünglichen Idee nach so viele Erinnyen geben, als es verletzbare geheiligte Rechte gibt. Ihre Bedeutung ist also eine sehr weit gehende, indem sie als Rächerinnen und Bestraferinnen jeder, von Göttern sowohl

wie von Menschen begangenen Störung der sittlichen Weltordnung
erscheinen. Als aber später die Idee der Homer noch gänzlich unbekannten Nemesis durch Pindar und die Tragiker ausgebildet
worden war, schrumpfte die Bedeutung der Erinnyen zusammen, und
es wurde ihnen nun als spezielles Gebiet, wo sie ihr rächendes Strafamt
auszuüben hatten, die Familie angewiesen. Als die unerbittlichen
Verfolgerinnen jeglicher Verletzung der von der Natur geheiligten
Bande des Blutes, namentlich des Verwandtenmordes, haben sie
besonders bei den Tragikern ihre weitere Ausbildung gefunden, von
denen sie nun auch häufig auf die Bühne gebracht wurden. Gewaltig
und ergreifend sind die Schilderungen, welche die griechischen Tragiker
von der Thätigkeit der Erinnyen entwerfen. Auf sie gründet sich die
herrliche Beschreibung in Schillers „Kraniche des Ibykus". Nichts
gleicht dem Scharfblicke, mit welchem sie das begangene Verbrechen
ausfindig machen, nichts der Schnelligkeit und Unermüdlichkeit ihrer
Verfolgung. Zur sinnbildlichen Bezeichnung der letzteren gaben ihnen
die Dichter eherne Füsse. Verzerrt und gorgonenartig sind die Züge
ihres Antlitzes, wilde Mordgier leuchtet aus den Blicken, und die
Schlangen, welche statt der Haare von ihren Häuptern sich ringeln,
speien Tod und Verderben auf den Unglücklichen, den sie sich zum
Opfer erlesen haben. Nichts hilft diesem seine wilde Flucht, es gibt
keinen Raum, wohin sie ihm nicht folgen, keine Entfernung, vor welcher
sie zurückschrecken würden. Mit hochgeschwungener Fackel sind sie
hinter ihm her, wie hurtige Jägerinnen der Spur des gehetzten Wildes
folgend und nimmer rastend, bis sie ihn in Wahnsinn und Tod getrieben haben.

Das ist das Bild der Erinnyen nach ihrer schrecklichen Seite und
nach der älteren Auffassung. Wie wir aber an Hades und Persephone
eine Doppelnatur kennen gelernt haben, indem sie auf der einen Seite
als unerbittliche und grausame Todesgottheiten, auf der andern als
milde und segenspendende Gottheiten des fruchtbaren Schoosses der
Erde erscheinen, so steht auch bei den Erinnyen jener finstern und
strengen Auffassung eine freundlichere und mildere gegenüber. So
lange die Menschen unter der Herrschaft des Gesetzes der Blutrache
standen, jenes furchtbaren „Auge um Auge und Zahn um Zahn", mochten
sie sich in dem Gedanken an die Unerbittlichkeit und Unversöhnlichkeit
der Erinnyen gefallen. Als aber jene rohen Urzustände milderen Sitten
wichen und die bürgerliche Gesellschaft sich mit Einrichtungen umgab,

welche das Leben des Einzelnen gegen willkürliche Angriffe schützten, da konnte auch die Idee der besänftigten und als solche milden Segen spendenden Erinnyen Eingang und Verbreitung finden. Die dichtende Mythologie hat diese Wandelung an ein spezielles Ereignis angeknüpft, an die Stiftung nämlich des Areopags in Athen und die durch diesen altehrwürdigen Gerichtshof bewirkte Sühnung des Muttermörders Orestes. Als dieser, so lautet die Sage, um den Mord seines edlen Vaters Agamemnon zu rächen, seine Mutter Klytämnestra sammt ihrem schändlichen Buhlen Aegisthos erschlagen hatte, irrte er lange Zeit, von den Erinnyen verfolgt und dem Wahnsinn nahe, auf Erden umher, bis sich Apollon und Athena, die milden Gottheiten des lichten Aethers, seiner annahmen. Apollon reinigte den Orestes an seinem Altare zu Delphi und vertheidigte dann seinen Schützling vor dem von Athena gestifteten Gerichtshofe des Areopag. Durch diesen wurde Orestes freigesprochen. Denn Athena führte, indem sie selbst mitstimmte und eine weisse Kugel in die Urne warf, Stimmengleichheit herbei. Zwar zürnten darob zuerst die Erinnyen und bedrohten das attische Land mit Unfruchtbarkeit der Mütter sowohl wie des Bodens, allein dem freundlichen und eindringlichen Zureden der Athena gelang es endlich, sie durch das Versprechen zu versöhnen, dass ihnen in Athen am Hügel des Areopag ein Heiligthum gegründet werden solle. Nachdem sie darauf den von ihnen geweihten Sitz eingenommen, wurden sie unter dem Namen Semnae (die Ehrwürdigen) oder Eumeniden (die Wohlgesinnten) von den Athenern als segenbringende Gottheiten verehrt, welche zwar noch immer fortfahren das Verbrechen zu verfolgen, aber den reuigen Sünder zu Gnaden annehmen und allen guten Menschen sich hülfreich und wohlwollend erweisen.

Ueber den Ursprung der Erinnyen gab es verschiedene Sagen. Nach Hesiod rief sie das erste fluchwürdige Verbrechen in's Dasein, welches seit Anbeginn der Dinge begangen wurde; sie waren nämlich Töchter der Erde und entstanden aus den Blutstropfen, welche von dem Leibe des grausam durch den eigenen Sohn verstümmelten Uranos herniederrannen, sind also gleichsam eine Verkörperung der Flüche und Verwünschungen, die der ergrimmte Vater auf das Haupt seines ruchlosen Sohnes herabbeschwor. Dagegen nennt sie Sophokles Töchter der Gäa und des Skotos (nächtliches Dunkel), Aeschylos aber bezeichnet sie kurz als Töchter der Nacht. Ausser dem erwähnten Heiligthume in Athen hatten sie ein zweites in der Nähe der Stadt, einen heiligen Hain im Demos **Kolonos**, welcher berühmt geworden ist als letzte Zufluchtsstätte des unglücklichen **Oedipus**. In Athen hatten sie auch ein jährliches Fest, an welchem ihnen, wie auch sonst bei aussergewöhnlichen Anlässen, Trankopfer von Milch und Honig dargebracht wurden. Auch in Sikyon wurden sie als Eumeniden verehrt, man opferte ihnen dort trächtige Schafe. Ferner wissen wir von einem Dienste derselben in Megalopolis, Troezen und anderen Orten des Peloponnes.

Bildliche Darstellungen der Erinnyen hat man ausser auf Vasengemälden und Sarkophag-Reliefs im Alterthum nicht viele gehabt. In ihrem Heiligthume zu Athen standen ihre drei Statuen aus parischem Marmor, von welchen zwei durch *Skopas* Meisterhand gemeisselt waren. Welches Künstlers Werk die dritte war, ist nicht sicher überliefert, noch weniger, welche Züge ihnen die Künstler geliehen hatten. Pausanias, der sie dort noch sah, begnügt sich mit dem allgemeinen Ausdrucke, dass ihr Aussehen nichts Furchtbares gehabt habe, wobei ihm ohne Zweifel die blutigen Schreckgestalten vor Augen schwebten, unter denen Aeschylos die Erinnyen auf die Bühne gebracht hatte. Die Künstler werden sie ihrem Charakter gemäss zwar ernst und streng, aber doch eben als die Eumeniden, als versöhnte und segnende Gottheiten dargestellt haben. Ueberhaupt durfte sich die Kunst, deren Aufgabe es nicht sein kann, das Hässliche darzustellen, von jenen entsetzlichen Zügen, welche die Phantasie der Dichter den Erinnyen aufgeprägt hatte, nichts aneignen, sie stellte sie lieber jugendlicher und als rasche Jägerinnen, mit Speer, Bogen und Köcher bewaffnet dar, oder man gab ihnen Fackeln und Geisseln in die Hände, oder auch grosse Schlangen, wie z. B. auf einem schönen Vasengemälde des **Museums zu Neapel**, welches den Orestes von zwei Furien verfolgt darstellt. Merkwürdig ist an diesem Bilde, dass eine der Schwestern dem Orestes einen Spiegel mit dem Bilde seiner Mutter hinhält. Auf diesem Bilde sind die Erinnyen ungeflügelt, während sie sonst auch wohl mit grossen Schulterflügeln, selten mit Kopfflügeln versehen werden.

14. Hekate.

Zu den räthselhaftesten Wesen der griechischen Mythologie gehört **Hekate**, eine mystische Göttin des nachhomerischen Alterthums. Sie kommt zuerst bei Hesiod vor, der ihr einen unverhältnismässig langen Abschnitt seiner Theogonie gewidmet hat, wenn die Stelle nicht, wie aus manchen Anzeichen geschlossen werden muss, interpolirt ist*).

---

*) Die für die spätere Einschiebung sprechenden Beweisgründe sind zusammengestellt von C. Göttling in seiner Ausg. des Hesiod zu Theog. V. 411.

Nach der verbreitetsten Annahme ist sie eine Tochter des Titanen
Perses oder Perseus, einer verderblichen Lichtgottheit, und der
Asteria (Sternennacht), einer Schwester der Leto, also ebenfalls eine
Titanin. Sie wurde aber, weil sie die Herrschaft des Zeus willig an-
erkannte und ihm sogar Beistand leistete, nicht mit den übrigen besiegten Titanen in den Tartaros hinabgestossen. Auch sie hat, wie die
übrigen chthonischen Gottheiten, eine Doppelnatur. Auf der einen Seite
nämlich ist sie eine Heil und Segen spendende, allen Ständen und Berufsarten sich hülfreich erweisende Göttin, die den Kriegern Sieg, den
Richtern Weisheit, den Schiffern eine glückliche Fahrt, den Fischern
einen reichen Fang, den Landleuten Fruchtbarkeit ihrer Heerden u. s. w.
verleiht, auf der andern Seite aber auch wieder ist sie eine schreckliche
Unterweltsgöttin, welcher alle geheimen Zauberkräfte der Natur zu
Gebote stehen. Sie ist besonders die Göttin nächtlicher Schrecknisse,
von welcher der Glaube herrscht, dass sie Schatten der Verstorbenen
und böse Gespenster aus der Unterwelt heraufsende. Namentlich fabelte
man viel von einem Schreckgespenst Empusa, welches die Hekate
schicken sollte oder mit welchem sie auch identificirt wurde. Dieses
Gespenst sollte Menschen fressen und sich in allerlei Gestalten verwandeln können. Auch erzählte man von ihr, dass sie Nachts mit den
Geistern der Verstorbenen herumschwärme, besonders an Kreuzwegen
und auf den Grabstätten. Wenn daher die Hunde in der Nacht heulen
und winseln, so geschieht dieses, weil sie die Nähe der Hekate spüren,
denn diese Thiere stehen nach altem Volksglauben in besonderem Rap-
port mit der Geisterwelt.

Was die Frage nach dem Wesen und der Bedeutung der Hekate
zu einer der schwierigsten macht, ist der Umstand, dass sie von den
Alten bald der Selene, bald der Artemis und bald der Persephone
gleichgesetzt wird, dass sie Züge von jeder dieser Gottheiten an sich
trägt und doch keiner von ihnen vollkommen gleich ist. Der Widerspruch löst sich aber am einfachsten, wenn man sie als ursprüngliche
Mondgöttin auffasst, und zwar als eine spezielle Erscheinungsform der Selene, nämlich als den Mond in der Phase der Unsichtbarkeit als Neumond.
Dadurch eben wird sie zur unterweltlichen Göttin, denn der unsichtbar
gewordene Mond scheint im Reiche des Hades zu weilen, und als solche
wird sie zur Persephone, zur Königin der Geister und Beherrscherin
des Schattenreiches. Artemis, die man auch der Selene gleichsetzte,
würde dann die lichte, freundliche Seite des Mondes repräsentiren, zu-

gleich aber erklärlich werden, wie durch Verwechselung der Artemis und Hekate mit einander bald die erstere von der schrecklichen und dämonischen Natur der letzteren, bald aber auch Hekate von dem holdseligen Wesen der Artemis sich den einen oder andern Zug aneignete.

Mit der mehr und mehr zunehmenden Verbreitung der mystischen Kulte wuchs auch die Bedeutung der Hekate. Ein orphischer Hymnos preist sie als Herrscherin in den drei Reichen des Himmels, der Erde und des Meeres, welche die Schlüssel des Weltalls trägt. Sie hatte nicht nur Antheil an den Eleusinien, und an den kabirischen Mysterien in Samothrakien und Lemnos, sondern auch ihre besonderen Mysterien, die wie alle andern Geheimdienste den Zweck hatten, von Schuld und Sünde zu reinigen und die schlimmen Folgen derselben abzuwenden. Ihre berühmtesten Mysterien waren zu Aegina, von denen jedoch Genaueres nicht bekannt ist. Der öffentliche Cultus dieser Göttin scheint nicht sehr verbreitet gewesen zu sein, da wir nur von wenigen Tempeln derselben hören. Pausanias erwähnt ausser dem aeginetischen Tempel eines andern in Argos, für welchen Skopas ein Marmorbild der Göttin gemeisselt hatte. Ein besonderes Fest hatte sie zu Athen, wo ihre Statue am Eingang der Burg als einer schützenden Gottheit (Epipyrgidia) stand. Berühmt war ferner noch ihr an den Tempel der Artemis stossendes Heiligthum in Ephesos wegen des von *Menestratos* verfertigten Marmorbildes der Göttin, von welchem Plinius erzählt, die Ausstrahlung des Marmors sei so stark gewesen, dass die Tempelwärter die besuchenden Fremden darauf aufmerksam machten, ihre Augen zu schonen.

Wenngleich aber von einem eigentlichen Tempeldienste der Hekate wenig die Rede ist, so war die Sitte desto allgemeiner verbreitet, ihr auf den Märkten der Städte Altäre zu errichten und vor den Stadtthoren und an den Hausthüren kleine Hausbilder der Göttin in einem eingehegten Raume aufzustellen. Wahrscheinlich dienten dieselben zur Abwehr bösen Zaubers, denn in dem Volksglauben war Hekate vorzugsweise Göttin der Zauberei, und verfügte über alle geheimen und magischen Kräfte der Natur. Deshalb wurde sie auch stets von allen Zauberern und Zauberinnen angerufen, und die berühmtesten Zauberinnen des mythischen Alterthums, Kirke und Medea, heissen in diesem Sinne ihre Töchter. Eine solche Anrufung der Hekate lesen wir z. B. bei Theokrit im zweiten Eidyllion:

Heute thu' ich's ihm an mit Zauber. Auf denn, Selene!
Leuchte mir freundlich! Es gilt, o Göttin, das Weihegebet dir
Und der Unterwelt Herrscherin, Hekate, dir, der die Hunde
Wenn du in Blut durch Gräber der Todten schreitest, erbangen.
Hekate, schreckliche, sei mir gegrüsst! Auf, segne das Werk mir!

Man ehrte die Hekate dadurch, dass man am Ende eines jeden
Monats vor ihrem bekränzten Bilde an der Hausthüre Speisen aussetzte,
welche dann von den Armen verzehrt wurden. Ein wesentlicher Bestandtheil dieser „Mahlzeiten der Hekate" war die Seebarbe, ein
ihr geweihter Fisch. Auch an Kreuzwegen pflegte man hölzerne Bilder
der Hekate mit drei Gesichtern aufzustellen und opferte ihr dort Hunde
als Sühnopfer für die Verstorbenen. Dies pflegte am 30. Tage nach
dem Tode zu geschehen. Man opferte ihr auch, wie andern unterweltlichen Gottheiten, schwarze Lämmer.

Weil Hekate, wie wir gesehen haben, ein dreifaches Wesen ist, so
liebte die Kunst dieses durch eine Dreigestalt derselben zu symbolisiren.
Die erste Anregung zu dieser so beliebten Darstellungsweise soll *Alkamenes*
gegeben haben, welcher die oben erwähnte Hekate Epipyrgidia am
Eingange der Akropolis von Athen in der Nähe des Tempelchens der
ungeflügelten Siegesgöttin so gebildet hatte. Ueber die Art und Weise
der Ausführung ist nichts Näheres bekannt, so dass keine der noch ziemlich
zahlreich erhaltenen Darstellungen der dreigestaltigen Hekate mit Sicherheit
auf das Vorbild des Alkamenes zurückgeführt werden kann. Daneben
bildete man sie aber auch als einfache menschliche Figur. Eine solche
war z. B. das von *Myron* verfertigte Tempelbild in Aegina. Oder man
bildete sie hermenartig mit drei weiblichen Köpfen.

Die Attribute, welche man der Hekate gab, sind ausserordentlich
mannigfaltig. Als Mondgöttin und mystische Göttin hat sie als Hauptattribut die Fackel, andere Attribute sind: der Kalathos auf dem Haupte,
Dolche, Stricke, Schlangen, Schlüssel und Aepfel in den Händen, am
Boden Hunde oder auch ein Stier, das bekannte Attribut der Artemis.

Die dreigestaltete Hekate ist in Marmorbildern, Bronzen, Gemmen
und Münzen noch ziemlich häufig. Die merkwürdigsten Denkmäler sind
folgende:

In der königl. Niederländischen Antikensammlung zu Leyden befindet sich ein fast lebensgrosses Marmorbild, aus drei vollständigen Figuren
bestehend, welche um eine hochragende Säule gruppirt sind. Jede trägt
auf dem Haupte den mystischen Fruchtkorb (Kalathos) und in der auf die
Brust gelegten Linken den Apfel, das Symbol der Persephone.

Im Capitolinischen Museum die aus Palast Chigi stammende Bronze-
Statuette, ebenfalls drei ganze Figuren, aber ohne verbindende Säule
(Fig. 96). Die eine dieser Gestalten hat auf dem Haupte eine phrygische
Mütze, an deren unterem Rande sich sieben Strahlen befinden, in der

Linken hat sie den Schwanz einer Schlange, in der Rechten ein Messer. Die Bedeutung dieser Attribute ist noch nicht aufgeklärt. Die zweite Figur hat über der Stirn den Halb-mond, oberhalb desselben eine Lotos-blume, das Symbol der Isis, in beiden Händen Fackeln. Die dritte Figur hat über der Stirn einen Diskos, in der einen Hand einen Schlüssel, in der andern Stricke (als Pförtnerin des Hades). Die Bekleidung der drei Figuren ist voll-kommen gleich.

Fig. 96. Dreigestaltige Hekate. Capito-linisches Museum.

Eine andere Marmorgruppe der Hekate unter Lebensgrösse, wo die drei Ge-stalten wieder um eine Säule gruppirt sind, ist mit dem Museum von Cattajo neuerdings nach Wien gekommen. Auch hier trägt jede der Figuren den Kalathos. Ferner ist bemerkenswerth eine Marmor-gruppe in der Bruckenthal'schen Sammlung in Hermannstadt wegen der auf dem Gewande der einen von den drei Gestalten angebrachten Relief-Dar-stellungen, welche sich auf den Dienst der Hekate beziehen. Andere Antiken ähnlicher Art hat man in Arolsen, München und Venedig. Dagegen sind Darstellungen der eingestalteten Hekate selten und nur vereinzelt auf Münzen, Reliefs und Vasengemälden erhalten.

15. Schlaf und Tod.

Schlaf und Tod sind nach der Vorstellung der Alten Zwillings-brüder, und zwar erzeugte sie nach Hesiod die Nacht aus sich selber; sie wohnen in der Unterwelt, von wo sie auf die Erde kommen, um die Sterblichen zu beschleichen, der erste ein sanfter und menschenfreund-licher Gott, der andere hart und grausam. Neben dieser namentlich von spätern Dichtern und Künstlern weiter ausgeführten Vorstellung dachte man sich aber den Tod auch ganz vom Schlaf gesondert in einer weniger freundlichen Weise, indem man entweder die gewaltsamen Todesarten als besondere weibliche Gottheiten von furchtbarer Erschei-nung, Keren genannt, personificirte, oder Apollon und Artemis unter den himmlischen, Pluton und Persephone unter den chthonischen Gott-heiten zu Todesgöttern machte. Indessen die Keren kommen nur in den

15*

epischen Dichtungen vor und die Kunst hat wenig Gebrauch von ihnen gemacht. Ebenso sind die genannten speziellen Todesgötter von keiner weitgreifenden Bedeutung für das Leben wie für die Kunst. Der grausame Räuber Hades, den Euripides noch in seiner Alkestis, wenn auch nicht unter seinem eigentlichen Namen, als ein finsteres, dämonisches Wesen mit schwarzen Flügeln und schwarzem Gewande erscheinen liess, trat immer mehr in den Hintergrund zurück, Thanatos wurde in der Vorstellung seinem Bruder Hypnos immer ähnlicher, wie man sich auch mehr und mehr gewöhnte den Tod euphemistisch als Schlaf zu bezeichnen. Seitdem bildete man Thanatos und Hypnos sehr ähnlich und zwar häufig zusammen gruppirt als schlafende Jünglinge oder als Genien, theils geflügelt, theils ungeflügelt, den Tod eine umgekehrte Fackel tragend, den Schlafgott Mohnstengel haltend oder ein Horn, aus welchem er eine Flüssigkeit auszugiessen scheint. Wo daher die Attribute fehlen, sind Schlaf und Tod unter den erhaltenen Denkmälern kaum noch zu unterscheiden.

Die berühmteste Gruppe, welche nach Lessings Erklärung das Zwillingspaar in traulicher Umarmung darstellt, während sie von Andern auf Narkissos und den Tod oder auf die Todesweihe des Antinous gedeutet wird, ist die sogenannte Gruppe von Ildefonso *) (Fig. 97). Beide erscheinen hier unbekleidet, im Alter kräftiger Epheben, Hypnos mit sanftem, melancholischem Blick zur Erde schauend und den Arm um die Schulter des Bruders schlagend, Thanatos ernst blickend und im Begriff, eine Fackel auf einem nebenstehenden niedrigen Altare auszudrücken, während er in der linken Hand eine zweite über die Schulter zurückgelegte Fackel hält.

Wie sehr die Vorstellungen von Schlaf und Tod in einander übergingen, lehrt am besten der schon von Lessing in seiner Abhandlung: „Wie die Alten den Tod gebildet haben" besprochene Grabcippus aus der Villa Albani. Hier ist Thanatos als Hypnos gebildet, ein schlafender Knabe mit Schulterflügeln, der mit übergeschlagenen Beinen und auf der Brust gekreuzten Händen, auf eine umgestürzte Fackel sich stützend, dasteht.

Eine unzweifelhafte Darstellung des Hypnos, obgleich früher als Merkur gedeutet, ist in einer schönen Bronze-Statuette der Gallerie zu Florenz erhalten, eine rasch hinschreitende, an den Schläfen beflügelte Gestalt im blühenden Jünglingsalter, welcher nur das künstlich geordnete, auf beiden Seiten in Flechten herabfallende Haar einen weibischen Ausdruck verleiht. In der Linken trägt der Gott den Mohnstengel, das Symbol der Einschläferung, in der vorgestreckten und etwas erhobenen Rechten ein Horn, aus welchem er eine Flüssigkeit (den Schlaf) auszugiessen scheint.

---

*) Schloss in der Nähe von Madrid, wo diese schöne Gruppe aufgestellt ist.

Diese Darstellungsart hat sich in vielfachen Wiederholungen erhalten, was auf die Nachahmung irgend eines statuarischen Werkes schliessen lässt. So kehrt dieselbe Figur, nur etwas jugendlicher und mit grösseren Kopf-flügeln, auf einem Grabmonumente der Pio-Clementinischen Sammlung des Vatikan, ferner in zwei Bronzen der Wiener Sammlung, endlich in der schönen Marmorstatue des königl. Museums der Skulpturen in Madrid wieder, von welcher das Berliner Museum einen Gypsabguss besitzt (abgebildet in der Archäol. Ztg. 1862, Taf. CLVII.). Auch diese Statue galt der Kopf-flügel wegen früher als Merkur, so wenig sonst dieses Attribut bei Hypnos auffällig sein kann. Die Aehnlichkeit dieser Marmorstatue mit der floren-

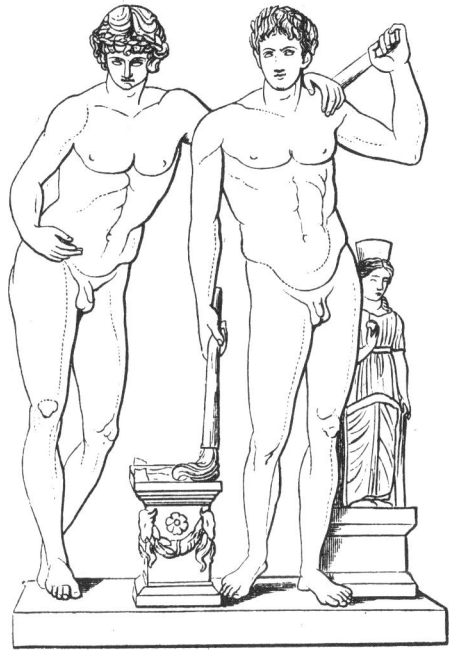

Fig. 97. Gruppe von Ildefonso.

tiner Bronze springt auf den ersten Blick in die Augen, es ist dieselbe weiche Jünglingsgestalt mit dem milden, lächelnden Blick, die mit vor-gebeugtem Vorderkörper raschen Schrittes halb wandelnd, halb schwebend dahingleitet, um dem müden Sterblichen die ersehnte Erquickung zu bringen.

Während in den eben erwähnten Antiken der Schlafgott als thätig dargestellt ist, bringt ihn eine andere Marmorstatue der Madrider Samm-lung als einen mit seitwärts geneigtem Haupte schlafenden Jüngling zur Anschauung, der sich mit dem rechten Arme auf einen Baumstamm stützt, über welchen er sein Gewand ausgebreitet hat, während er in der Linken ein Büschel Mohnköpfe hält.

Dieselbe Auffassung wiederholt sich in einer Marmorstatue der Pio-Clementinischen Sammlung des Vatikan, welche in Tivoli in der Nähe der neun Musen gefunden wurde, mit welchen die Alten den Hypnos gern zusammenstellten. Wunderbar erscheint dies keineswegs, wenn man bedenkt, dass der Mensch im Schlafe dem freien Spiele seiner Einbildungskraft überlassen ist, und welche wichtige Rolle die Traumorakel bei den Alten spielten.

Die Jünglingsgestalt ist aber für Hypnos keineswegs die einzige und ausschliessliche Form. Auch als schlafender Greis mit grossen Schulter- und Kopfflügeln, auf eine umgestürzte Fackel gelehnt, findet er sich auf einem Basrelief in der Villa Albani, sowie auf Sarkophagen. Bisweilen auch hat man ihn als Kind dargestellt.

Neben dem Schlaf und Tod nennt Hesiod auch noch die Träume Kinder der Nacht, bei andern Dichtern aber sind sie Söhne des Schlafes und wohnen im fernen Westen am Eingange des Reiches des Unterwelt. Zwei Pforten hat nach Homers bekannter Beschreibung diese Wohnung der Träume, eine elfenbeinerne, durch welche die schmeichlerischen und betrügerischen, eine andere von Horn, durch welche die wahren Träume kommen. Unter den Traumgöttern ist der bekannteste Morpheus, der in der Kunst ähnlich wie Hypnos bald als Jüngling, bald als Greis dargestellt worden ist.

DRITTER ABSCHNITT.

DIE HEROEN.

~~~~~

I. Einleitendes.

Eine noch weit wunderbarere und reichere Welt, als wir in dem vorhergehenden Abschnitte kennen gelernt haben, thut sich vor unsern Blicken auf, wenn wir zu der Heroensage übergehen. Der grössere Umfang dieses Sagenkreises erklärt sich leicht, wenn man bedenkt, in welch eine Menge von Sonderexistenzen das griechische Leben seit der urältesten Zeit aufgelöst erscheint. Da nämlich jede dieser unzähligen Landschaften, Inseln, Städte, und Städtchen ihre besonderen Ordnungen auf mythische Stifter und Stammväter der Bevölkerung zurückzuführen bemüht war, welche man sich als Göttersöhne oder doch Vertraute der Himmlischen dachte, so entstand schon hieraus eine ausserordentlich grosse Menge lokaler Heroensagen. Diese mythischen Städtegründer sind aber nicht die einzigen Heroen, welche die griechische Sage kennt. Das Bestreben, die dunkeln Uranfänge alles menschlichen Daseins zu erklären und die Kluft, durch welche eine im Lichte der geschichtlichen Erkenntnis wandelnde Zeit sich von dem räthselhaften Anfange des Menschenthums getrennt sah, zu überbrücken und mit Wesen auszufüllen, welche einen vermittelnden Uebergang bildeten von den hohen und hehren Gestalten der mächtigen Olympier zu den schwachen, dem Tode und allen möglichen Leiden des irdischen Daseins unterworfenen Menschen, dieses Bestreben musste einer ganzen Reihe von Heldensagen das Dasein geben, welche theils Gemeingut ganzer Stämme oder der gesammten hellenischen Nation geworden sind, theils einen lokalen oder landschaftlichen Charakter behalten haben. Wie man die gesammte Götterwelt eintheilte in eigentliche Götter und in Dämonen, d. h. den Göttern zwar ähnliche aber an Kraft und Weisheit nachstehende niedere

Geister, welche in der Luft, im Wasser oder auf der Erde thätig sind, gerade so dachte man sich den Unterschied zwischen Heroen und Menschen. Die Letzteren sind ihrer Natur nach von den Ersteren nicht verschieden, Beide sind sterbliche Wesen und müssen dem unerbittlichen Tode zum Raube fallen, aber die Heroen besitzen einen Grad von körperlicher Stärke und Gewandtheit, Muth und Ausdauer in Gefahren, wie er bei gewöhnlichen Menschenkindern nicht angetroffen zu werden pflegt. Diesen Heroen zählte man nun aber keineswegs alle Menschen der mythischen Vorzeit bei, sondern wie auch in der Genesis (1 Mos. 6, 2) unterschieden wird zwischen Kindern Gottes und gewöhnlichen Menschenkindern, so sind die Heroen eben nur die Gewaltigen dieser Zeit, die Herrschergeschlechter, welche durch kühne und staunenerregende Thaten die Hindernisse der Kultur hinwegräumten, sei es nun dass sie das Land von wilden Räubern und gefährlichen Thieren säuberten, sei es dass sie Sümpfe austrockneten, Wälder urbar machten und Ströme regulirten. Sie dokumentiren sich durch ihre Thaten als Menschen von ausserordentlicher Begabung und göttlicher Kraft und erschienen daher als Göttersöhne, mussten nothwendiger Weise einen andern Ursprung gehabt haben, als der grosse Haufen der gewöhnlichen Menschen, welche aus Lehm geschaffen oder aus Steinen und Bäumen entstanden sind. Ein Theil dieser Heroen mag wirklich gelebt haben, es mögen die Urahnen der späteren herrschenden Geschlechter gewesen sein, zu denen eine dunkle Tradition hinaufreicht, ein grosser Theil ist aber gewiss ein reines Produkt der schöpferischen Phantasie. Hierzu kommen drittens, und diese Klasse ist die bei weitem zahlreichste, solche Heroen, welche ursprünglich Personifikationen von Naturerscheinungen waren und als solche vergöttert und in lokalen Kulten verehrt wurden, später aber in Folge neuer Staatenbildungen aus dem öffentlichen Cultus verdrängt nur im Volksglauben fortlebten und so zu Heroen herabgesetzt wurden. Manche von diesen Heroen wurden später, wenn auch in veränderter Auffassung, wieder vergöttert (Herakles).

Eine eigentliche Verehrung der Heroen durch Gebet und Opfer hat schwerlich vor der Herakliden wanderung existirt, bei Homer wenigstens ist noch keine Rede davon, und auch späterhin war, abgesehen von denjenigen Heroen, welche man sich wegen ihrer ausserordentlichen Thaten zu den Göttern erhoben dachte und denen man daher einen eigentlichen Tempeldienst einrichtete, der Heroendienst von dem Todtendienste kaum verschieden. Was das Schicksal der Heroen nach dem Tode betrifft, so macht Homer keinen Unterschied zwischen ihnen und den gemeinen Sterblichen, sie müssen alle in das traurige Reich des Hades hinabwandern. Nur einige besondere Lieblinge und Verwandte des Zeus werden, wie schon oben erwähnt wurde, diesem traurigen Schicksale enthoben und mit ihrer ganzen Leiblichkeit nach der Insel der Seligen versetzt. Hesiod dagegen lässt alle Heroen, von welchen er zuerst den Namen Halbgötter gebraucht, nach den Inseln der Seligen entrückt werden, wo Kronos über sie herrscht. Hier taucht zuerst die Vorstellung von einer gerechten Vergeltung im Jenseits in unbestimmter Form auf, welche Homer noch nicht kennt. Denn Hesiod denkt sich offenbar den Aufenthalt im Elysion als eine Belohnung für verdienstliche Thaten, die auf der Oberwelt vollbracht worden sind. Diese Vorstellung gewann später immer weitere Ausbreitung und Ausbildung, besonders in den Mysterien. Man erhob sich nach und nach zu dem Glauben an eine Unsterblichkeit der Seele und dachte sich die Seelen der Verstorbenen noch fortwährend in geheimnisvoller Weise aus ihren Gräbern heraus wirksam, suchte sie deshalb durch Spenden sich geneigt zu machen, und hob damit jeden wesentlichen Unterschied zwischen Heroendienst und Todtendienst auf.

Von der grossen Anzahl Heroensagen können hier nur diejenigen besprochen werden, welche von den dichtenden oder darstellenden Künsten vorwiegend behandelt worden sind. Den Anfang mögen diejenigen machen, welche sich auf die Schöpfung und Kultivirung des Menschengeschlechts beziehen, dann die wichtigsten landschaftlichen Sagen folgen und endlich diejenigen den Schluss machen, welche auf grössere gemeinsame Unternehmungen der jüngeren Heldenzeit sich beziehen.

II. Menschenschöpfung und Urzeit.

Ueber den Ursprung des menschlichen Geschlechts gab es ganz verschiedenartige Sagen. Die ältesten sind ohne Zweifel diejenigen, wonach die Menschen aus Felsen oder aus Bäumen hervorgewachsen sein sollten. Diese Ansicht scheinen auch Hesiod und Pindar festzuhalten, indem sie sagen, dass die Erde die gemeinsame Mutter der Götter und Menschen sei. Nach einer andern Meinung war das Menschengeschlecht jüngeren Ursprungs und erst von Zeus und den Olympischen Göttern in's Dasein gerufen. Eine dritte Ansicht endlich machte den Titanen Prometheus, den Sohn des Japetos, zum Menschenbildner, wobei es unentschieden bleibt, ob dies uranfänglich oder erst nach der deukalionischen Fluth geschah. Prometheus schuf danach Menschen aus Lehm und Wasser, und Athena hauchte ihnen eine Seele ein.

Wie über den Ursprung, so war man auch über den Urzustand des Menschengeschlechts nicht derselben Meinung. Nach der Ansicht der Einen hat sich das Menschengeschlecht aus einem ganz rohen und hülflosen Zustande unter dem Beistande der Götter emporgearbeitet, worüber es eine grosse Anzahl von Sagen gibt, nach der Ansicht der Andern lebten die Menschen anfangs in einer seligen und glücklichen Gemeinschaft mit den Göttern (das goldene Zeitalter), und verwilderten erst, als sie durch ihren Uebermuth sich selbst dieses Glücks beraubt hatten.

Unter den Sagen, welche sich auf die Begründung der ersten Anfänge der menschlichen Kultur durch göttliche Hülfe beziehen, ist ausser den schon bei Dionysos und Demeter erwähnten keine bekannter und verbreiteter geworden, als die Prometheussage. Das älteste Zeugnis für dieselbe ist die Theogonie des Hesiod. Der Titane Japetos erzeugte mit der Okeanide Klymene vier Söhne, den starksinnigen Atlas, den übermüthigen Menötios, den schlauen Prometheus und den einfältigen Epimetheus. An den Namen des Prometheus nun knüpft sich die Vorstellung von den ersten Anfängen der menschlichen Kultur durch die Mittheilung des Feuers. Prometheus soll das Feuer vom Himmel gestohlen und die Menschen den Gebrauch desselben gelehrt haben. Durch diesen Gebrauch zu allerlei Zwecken des täglichen Lebens wird aber diese reine Himmelskraft profanirt, deshalb verhängte Zeus eine furchtbare Strafe über den Urheber dieses Frevels, indem er ihn an einen Felsen schmieden und ihm täglich von einem Adler die stets nächtlich wieder wachsende Leber (den Sitz aller böser Begierden) zerfressen liess. Am tiefsinnigsten fasste diesen Mythos der tragische Dichter Aeschylos in seiner grossen Prometheus-Trilogie auf, von welcher nur die zweite Tragödie, der gefesselte Prometheus, vollständig erhalten ist. Das Feuer wird hier mehr symbolisch gefasst als das göttliche Licht der Vernunft und jeglicher Erkenntnis, wodurch die vorher im Zustande thierischer Wildheit lebenden Menschen zu Kunst und Wissenschaft hingeleitet und von banger Todesfurcht befreit werden.

Den Gedanken, dass mit dem Eintritte der Kultur auch mancherlei
vorher nicht gekannte Uebel über das Menschengeschleeht gekommen
sind, drückt der Mythos von der Pandora aus. Zeus nämlich liess
zwar den Menschen das Geschenk des Prometheus, um sie aber dafür
heimzusuchen, liess er durch die Kunst des Hephästos ein reizendes
Frauenbild verfertigen, welches die Götter belebten und mit allerlei
Gaben ausrüsteten und beschenkten, daher Pandora (die Allbeschenkte)
genannt. Aphrodite gab ihr verführerischen Liebreiz, Athena unter-
wies sie in aller Kunstfertigkeit, Hermes verlieh ihr den Zauber
schmeichlerischer Rede und listige Verschlagenheit, die Horen und
Chariten schmückten sie mit Blumen und schönen Gewändern u. s. f.
Zeus aber gab ihr eine verschlossene Büchse, in welcher die verschiedensten Uebel eingeschlossen waren, und schickte sie so ausgestattet
unter dem Geleite des Hermes zu dem thörichten Epimetheus, der sie
trotz der Warnungen seines Bruders, kein Geschenk vom Zeus anzunehmen, bei sich aufnahm und zu seinem Weibe machte. Durch das
erste Weib aber kam das schrecklichste Leid über die armen Menschen,
da Pandora aus Neugierde jene Büchse öffnete und nun ein ganzes Heer
von Plagen und Leiden sich über die Welt verbreitete. Nur die täuschende Hoffnung blieb, da Pandora sich den Deckel wieder zu schliessen
beeilte, in der Büchse zurück. Wie in der Mosaischen Urkunde, so ist
also auch nach der griechischen Sage durch das erste Weib alles Unheil
und vor Allem der Tod in die Welt gekommen, auch sonst manche
Aehnlichkeit zwischen der griechischen Sage und der biblischen Tradition vorhanden. Man wird schwerlich irren, wenn man annimmt, dass
der allegorische Name Prometheus eine Personifikation des nach unge-
messener und unbeschränkter Erkenntnis trachtenden Menschengeistes
ist, der die zwischen ihm und der Gottheit aufgerichtete Schranke zu
durchbrechen trachtet und für seine Vermessenheit büssen muss. Der
an den Felsen geschmiedete Prometheus wird so zu einem Symbol der
für ihre trotzige Ueberhebung leidenden Menschheit, wobei der Zug der
Sage merkwürdig ist, dass seine Erlösung nur dann eintreten kann,
wenn ein Unsterblicher freiwillig statt seiner den Tod auf sich nimmt,
was vielleicht nur ein Nachklang biblischer Traditionen und Ver-
heissungen ist.

In einen ganz andern Kreis von Vorstellungen werden wir versetzt
durch die Sagen von den fünf Menschenaltern. Auch hierüber findet
sich bei Hesiod in den Werken und Tagen das älteste Zeugnis. Danach

haben die Götter zuerst ein g o l d e n e s Geschlecht der vielfach redenden
Menschen erschaffen. Dieses lebte frei von aller Noth und Sorge, da
die Erde alles zum Lebensunterhalt Nothwendige freiwillig darbot, und
wurde auch nicht von Gebrechen des Alters heimgesucht, ohne Schmerzen und ohne Krankheit sanken die Menschen wie vom süssen Schlummer
gebändigt in den Tod. Auf welche Weise das goldene Geschlecht ab-
tritt, wird nicht erzählt, sondern nur gesagt, dass diese Menschen seit
ihrem Verschwinden als gute Dämonen auf der oberen Erde thätig sind,
indem sie die sterblichen Menschen schützen und behüten. Hierauf
erschaffen die Olympier als ein zweites weit geringeres das s i l b e r n e
Geschlecht, dem goldenen weder an Wuchs noch an Gesinnung ver-
gleichbar. Diese Menschen lebten in Weichlichkeit und Trägheit und
wollten auch den Unsterblichen die gebührenden Ehren nicht erweisen.
Da vertilgte sie Zeus in seinem Unmuthe von der Erde und schuf
das dritte Geschlecht der redenden Menschen, welches das e h e r n e
(bronzene) genannt wurde. Diese Menschen waren schrecklich und gewaltthätig, dabei von riesigem Wuchs und grosser Stärke. Kampf und
Streit war ihre einzige Lust. Ihre Waffen und ihre Geräthe waren von
Bronze, das Eisen kannten sie noch nicht. Dieses böse Geschlecht zu
vertilgen hatte Zeus nicht nöthig, es vertilgte sich selbst in mörderi-
schem und blutigem Kampfe. Nun folgt bei Hesiod merkwürdiger
Weise wieder ein frömmeres und besseres Geschlecht, welches er auch
nicht wie die andern nach einem Metalle benennt, sondern als das Geschlecht der Heroen oder Halbgötter bezeichnet. Nach dem Abtritte
aber dieses vierten Geschlechtes folgte wieder eine neue Verderbnis
der Menschen mit dem Erscheinen des fünften oder e i s e r n e n Geschlechtes, welchem der Dichter sich selbst zurechnet. Es kann kaum
zweifelhaft sein, dass hier zwei verschiedene Sagen in einander geflossen
sind, die beide von der Grundidee ausgehen, dass eine allmähliche
Depravation des Menschengeschlechts Platz gegriffen habe. Apollodor
redet daher auch nur von drei Geschlechtern, dem goldenen, silbernen
und bronzenen. Dieses letztere sei dann durch die deukalionische
Fluth von der Erde vertilgt worden. Ebenso nimmt auch Aratos in
seinen Phaenomena nur drei Geschlechter an, wogegen Ovid das in
Hesiods Erzählung störende Heroengeschlecht ausgelassen hat und das
vierte (eiserne) Geschlecht von der grossen Fluth vertilgt werden lässt.
Deukalion ist nach der Sage ein Sohn des Prometheus, sein
Weib ist Pyrrha, welche Epimetheus mit jener Pandora gezeugt hatte.

Weil nun Zeus das verderbte Geschlecht des bronzenen Zeitalters durch
eine Wasserfluth zu vertilgen beschlossen hatte, so warnte Prometheus
seinen Sohn bei Zeiten, und dieser erbaute sich nun einen Kasten, in
welchen er mit seinem Weibe ging, als die Wasser zu steigen begannen.
Neun Tage und Nächte trieb er auf der Fluth umher, da blieb sein
Fahrzeug auf dem Berge Parnassos in Böotien hängen.   Er stieg aus
und brachte Zeus dem Erretter ein Dankopfer.   Dafür gewährte Zeus
seine Bitte um Erneuerung des Menschengeschlechts.   Deukalion und
Pyrrha erhielten durch Hermes den Befehl, Steine hinter sich zu werfen,
aus welchen dann ein neues Menschengeschlecht entstand.   So die
älteste Sage, in welche spätere Dichter immer mehr Züge aus der Mosaischen Urkunde aufgenommen haben, so dass der griechische Noah
zuletzt auch lebende Thiere mit in seinen Kasten nimmt und nach seiner
Landung auf dem Parnassos eine Taube ausfliegen lässt.

Für die bildenden Künste haben sich alle diese auf die Schöpfung
und Urzeit des Menschengeschlechts bezüglichen Sagen, denen noch manche

Fig. 98.   Gefesselter Prometheus.   Relief der Blundell'schen Sammlung.

andere angereiht werden könnten, wenig fruchtbar erwiesen.   Nur die Prometheussage scheint eine lebhaftere Anregung zu allerlei künstlerischen
Darstellungen gegeben zu haben, da sich Ueberbleibsel davon namentlich
auf Vasenbildern und Reliefs nicht eben selten finden.   Eine eigenthümliche Scene stellt ein von O. Jahn in der Arch. Ztg. von 1858, Nr. 114
bekannt gemachtes Sarkophag-Relief der Blundell'schen Sammlung dar,
wo Hephästos, der nach wahrscheinlich eben vollbrachter Fesselung des
Prometheus noch mit dem Hammer in der Hand neben ihm sitzt, von
fünf Okeaniden angefleht wird, den Unglücklichen wieder zu befreien
(Fig. 98). Neben dem Prometheus liegt am Boden eine Fackel als corpus

delicti, auf der Höhe des Felsens sieht man den Adler sitzen, der schon
bereit ist, sich auf sein wehrloses Opfer zu stürzen.

III. Landschaftliche Heroensagen.

1. Lapithen und Kentauren.

Wir beginnen wegen ihres hohen Alters und ihrer grossen Bedeutung für die darstellende Kunst mit der thessalischen Sage von den
Lapithen und Kentauren.

Die älteste Quelle für dieselbe ist Homer, bei welchem der greise
Nestor sich gelegentlich rühmt, in seinen jüngeren Jahren an den
Kämpfen der ihm befreundeten Lapithenfürsten Peirithoos, Käneus u. A.
gegen die wilden Kentauren Theil genommen zu haben. Offenbar sind
in der Vorstellung Homer's die Kentauren keine Dämonen, sondern ein
altes thessalisches Bergvolk von riesiger Stärke und fast thierischer
Wildheit, die ihre rohe, sinnliche Natur in keiner Weise bezwingen
können. Von einer halbthierischen Rossgestalt derselben ist daher auch
keine Rede, ebenso wenig bei Hesiod, in dessen Scutum Herculis des
Kampfes der Lapithen und Kentauren ohne irgend eine Hindeutung auf
eine abweichende Körperbildung der letzteren gedacht wird. Sie bewohnten das Bergrevier des Oeta und Pelion in Thessalien, von wo sie
durch die Lapithen vertrieben wurden und sich nun in die höher gelegenen Gebirgsgegenden des Pindos zurückzogen. Ob dieser Sage von
dem Kampfe der Lapithen und Kentauren Naturbezüge zu Grunde
liegen, wie der Gigantomachie, ist wegen der dunkeln Etymologie des
Wortes „Kentauros" eine schwer zu entscheidende Frage. Da Thessalien der Schauplatz heftiger Naturrevolutionen gewesen ist und der
Thalkessel dieses Landes den wilden Bergwassern, die ihn überflutheten
und mit Zerstörung bedrohten, gleichsam abgerungen zu sein scheint,
so wäre es leicht denkbar, dass man sich diese raschen von den auf den
Gebirgen lagernden Wolken erzeugten Waldbäche als ein wildes und
unbändiges Bergvolk vorgestellt hätte. Unterstützt wird diese Meinung
durch die Sage von dem Ursprunge der Kentauren. Da nämlich Ixion,
der König der Lapithen, wegen eines an seinem Schwiegervater Deio-
neus verübten Mordes von Zeus entsühnt und aus besonderer Gnade zur
Tafel der Götter zugezogen war, gelüstete es den Undankbaren nach

einer Umarmung der Hera. Zeus aber schuf ein der Hera ähnlich ge-
staltetes Wolkenbild (Nephele), dieses soll Ixion*) umarmt und mit ihm
die Kentauren erzeugt haben. Hiernach sind also die Kentauren
Kinder der Wolke, und die Rossgestalt derselben erscheint dann als
keine willkürliche Erfindung, da man es liebte sich die Wolken als
hurtige Rosse vorzustellen. Wenn dagegen die Kentauren in späteren
Kunstwerken unter dem Gefolge des Dionysos als den Panen und Silenen
verwandte Dämonen erscheinen, so hat dies wohl nichts mit ihrer
ursprünglichen Naturbedeutung zu thun. Es lag nahe, die Kentauren
in den bakchischen Kreis zu bringen, weil sie wegen ihrer über-
mässigen Vorliebe für den Wein und die Weiber übel berüchtigt waren,
ausserdem aber ihre phantastische Mischgestalt für die Künstler etwas
Anziehendes hatte.

Was nun speziell den Kampf der Lapithen mit ihnen betrifft, so
wurde dieser in der gewöhnlichen Vorstellung als ein Kampf des civi-
lisirten Hellenenthums gegen die naturwüchsigen und rohen Ueberreste
der pelasgischen Urzeit aufgefasst, und das mag auch der Grund sein,
weswegen zur Zeit der griechischen Kunstblüthe die Plastik sich dieses
Gegenstandes mit besonderer Vorliebe bemächtigte. Zurückgeführt
wird die Veranlassung dieses Kampfes auf die Hochzeit des Lapithenfürsten Peirithoos und der Hippodamia, zu welcher die vornehmsten
Kentauren geladen waren. Der Kampf brach aus, als der von Wein
berauschte Kentaur Eurytion die Braut gewaltsamer Weise entführen
wollte, und endigte nach schrecklichen beiderseitigen Verlusten mit einer
gänzlichen Niederlage der Kentauren, die man sich, wenn sie mit den
Lapithen zu Tische sitzen konnten, ursprünglich auch rein menschlich
gestaltet vorgestellt haben muss. An diesem Kampfe lässt die Sage
auch Theseus und Nestor, die Freunde des Peirithoos, thätigen
Antheil nehmen. Ein hervorragender Kämpe unter den Lapithen
ist der riesige, von Poseidon unverwundbar gemachte Käneus
(Würger), den die Kentauren in diesem Kampfe erschlugen, indem
sie ihn unter einer Masse von Baumstämmen und Felsblöcken vollständig begruben.

---

*) Dass Ixion für den an der Hera versuchten Frevel in der Unterwelt die
bekannte Strafe erlitten habe, an ein feuriges Rad mit Händen und Füssen ge-
heftet, rastlos umgetrieben zu werden, ist eine spätere Fabel, die zuerst bei Pindar
auftaucht (Pyth. II, 21). Dargestellt findet man diese Art der Bestrafung auf
dem Halse der Pacileo'schen Vase in Neapel, wo die nebenstehende Erinnye
das Rad zu drehen scheint.

In der Kunst spielen, wie schon erwähnt wurde, die Kentauren eine hervorragende Rolle. Seit der Zeit des Pindar scheint es aufgekommen zu sein, sie sich als Mischgestalten von Mensch und Pferd zu denken, was die bildende Kunst schnell sich aneignete. Doch stellte die ältere Kunst sie so dar, dass die Gestalt eines Menschen mit dem Leibe und den Hinterbeinen eines Rosses verwachsen war. Ueberreste dieser nicht eben schönen Bildung sind noch auf Gemmen und in alterthümlichen Reliefs von einem Tempel zu Assos, welche für die Antikensammlung im Louvre erworben sind, sowie auf zahlreichen Vasenbildern des alten Styls erhalten. Die ausgebildete Kunst seit Phidias setzte eine schönere Form an die Stelle jener älteren, indem sie an die Brust eines vollständigen Pferdeleibes den menschlichen Oberkörper vom Nabel aufwärts anfügte, so dass die also gebildeten Kentauren vier Pferdefüsse und zwei menschliche Arme und Hände haben. Diese Bildung ist aus unzähligen erhaltenen Kunstdenkmälern bekannt, von denen die wichtigsten hier Erwähnung finden mögen.

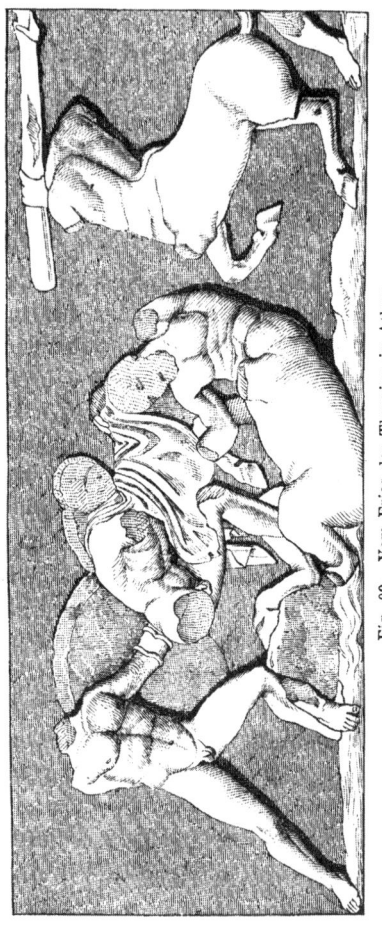

Fig. 99. Vom Fries des Theseion in Athen.

Zunächst gehören hierher die Reliefs vom Friese des sogenannten Theseion in Athen. Dieser im Mittelalter in eine Kapelle des heiligen Georg umgewandelte und noch wohlerhaltene Tempel soll auf Veranlassung Kimons erbaut worden sein, als dieser die Gebeine des athenischen Heros von der Insel Skyros zurückgebracht hatte. Ausser einigen andern wichtigen Skulpturen, welche weiter unten Erwähnung finden werden, enthält dieser Tempel auf dem westlichen oder hinteren Friese, in parischem Marmor ausgeführt, eine Darstellung des Kampfes der Lapithen und Kentauren auf der Hochzeit des Peirithoos. Dieselbe ist so gehalten, dass noch keineswegs ersichtlich ist, welche Partei schliesslich die Oberhand behalten wird, wodurch es dem Künstler, dessen Name übrigens nicht überliefert

ist, möglich wurde, eine lebendige Mannigfaltigkeit in die einzelnen Kampfes-
scenen zu bringen. Die als Probe (nach Overbeck) beigefügte Abbildung
(Fig. 99) zeigt einen Lapithen in heftigem Kampfe mit einem Kentauren
begriffen, den er zu Falle gebracht hat, und der auf dem Rücken seines
Pferdeleibes sich im Staube wälzt. Ein nackter, mit einem Schilde be-
wehrter Mann ist bereit, dem Lapithen Hülfe zu leisten, während von der
andern Seite ein Kentaur mit einem gewaltigen Baumstamm herbeieilt, mit
welchem er gegen den siegreichen Lapithen zu einem tödtlichen Schlage
aushölt. Ein besonderes Interesse gewährt auf diesem Fries-Relief auch
diejenige Gruppe, welche den Tod des Käneus darstellt. Zwei Kentauren
schleppen mit gemeinschaftlichen Kräften einen gewaltigen Steinblock heran,
um ihn auf das Haupt des Lapithenfürsten hinabzustürzen.

Eine weitere Reihe der herrlichsten Darstellungen voll Kraft und
Leben aus der Kentauromachie begegnet uns in einigen trümmerhaft erhaltenen Metopen vom Parthenon in Athen. Dieser herrliche, in einer
Breite von 101 Fuss und einer Länge von 227 Fuss in dorischem Styl
erbaute Prachttempel, welcher erst im Jahre 1687 während des Krieges
der Venezianer gegen die Türken durch eine mitten auf das Marmordach
niederfallende und die im Innern geborgenen Pulvervorräthe entzündende
Bombe zerstört wurde, enthielt auf einem grossen Theile der zweiund-
neunzig Metopen*) des äusseren Tempelfrieses eine Menge der anschau-
lichsten und lebendigsten Scenen aus der Gigantomachie und Kentauromachie. Von diesen Metopen sind neununddreissig noch am Tempel vor-

handen, die freilich meist
erheblich zerstört sind, siebzehn befinden sich im Britischen Museum, eine im Louvre
zu Paris. Verhältnismässig
am besten sind noch die von
der Südseite herstammenden
Metopen erhalten, welche
siebzehn an der Zahl (die
Gesammtzahl der Metopen-
platten auf der südlichen
Langseite betrug zweiund-
dreissig) ausschliesslich Scenen aus der Kentauromachie
zur Anschauung bringen.
Bald sieht man einen bärtigen
Kentauren mit einer geraub-

Fig. 100. Metope vom Parthenon.

ten Frau, die er kräftig umfasst hält, davonspringen, bald über den Leichnam
eines getödteten Gegners hinweggaloppiren, bald im wilden Kampfe mit einem

---

*) So nennt man die quadratischen Felder zwischen den zum Tragen des
Giebels bestimmten Triglyphen des Frieses, deren jede mit einer abgeschlossen
für sich dastehenden Reliefdarstellung geschmückt zu werden pflegte.

menschlich gestalteten Gegner begriffen, bald auch in diesem Kampfe unterliegen. Von der Schönheit und dem freien Wurf dieser herrlichen Compositionen mag die beigefügte Abbildung (Fig. 100) einen schwachen Begriff geben.

An diese beiden grossartigen Denkmäler griechischer Plastik reiht sich
als drittes würdig an der im Jahre 1812 aufgefundene Fries des Tempels
des Apollon Epikurios zu Bassae bei Phigalia in Arkadien, in dessen
Besitze sich das britische Museum befindet. Dieser Tempel wurde nach
der grossen Pest, welche zu Anfang des peloponnesischen Krieges in
Griechenland wüthete, von den dankbaren Einwohnern der Stadt Phigalia,
weil ihre Stadt und Gegend gänzlich verschont geblieben war, dem Heil-
gotte Apollon errichtet, zu welchem Ende sie den berühmten Baumeister
des Parthenon, *Iktinos*, von Athen kommen liessen. Der innere Cella-
Fries war ringsherum mit Reliefsculpturen geschmückt, welche, wenn
auch nicht ohne Beschädigungen, sämmtlich wieder aufgefunden sind*).
Der grössere Theil derselben, welcher die ganze vordere Schmalseite über
dem Eingange, die südliche Langseite und noch die Hälfte der hinteren
(westlichen) Schmalseite bedeckte, gehört der Amazonenschlacht an, während
der kleinere Theil, der die andere Hälfte der hintern Schmalseite und die
ganze nördliche Langseite bedeckte, eine Darstellung der Kentauromachie
enthält. Die Verbindung zwischen beiden Compositionen in der Mitte der
Westseite wurde hergestellt durch die hülfreichen Geschwister Apollon
und Artemis, welche auf einem von zwei Hirschen gezogenen Wagen,
nachdem sie eben den Griechen im Kampfe mit den Amazonen Beistand
geleistet, herbeieilen, um nun Theseus und den Seinigen gegen die Kentauren Hülfe zu bringen. Denn Hülfe scheint hier Noth zu thun, da die
Lapithen und ihre griechischen Freunde gegen die wilden Waldmenschen
einen schweren Stand haben. In den einzelnen Gruppen und Scenen des
wilden Kampfes, der sich hier vor unseren Augen vollzieht, herrscht eine
ebenso grosse Mannigfaltigkeit wie lebendige Charakteristik, so dass man
auf einen bedeutenden Künstler als Urheber dieser herrlichen Compositionen
zu schliessen genöthigt ist. Manche Scenen und Situationen der Kämpfenden erinnern natürlich an ähnliche Darstellungen auf dem Friese des Theseion und den Metopen des Parthenon. So kehrt hier der Untergang des
Käneus in einer von der Darstellung auf dem Friese des Theseustempels
kaum wesentlich verschiedenen Weise wieder. Dergleichen liess sich eben
nicht ganz vermeiden und thut der Originalität des Künstlers keinen Abbruch. Von besonders ergreifender Wirkung ist die Gruppe, welche einen
kräftigen Kentauren im Kampfe mit zwei Griechen zugleich begriffen darstellt: den einen sucht er mit einem kräftigen Schlage seiner Hinterfüsse,
wogegen der Grieche sich durch Vorhalten seines Schildes zu schützen
sucht, zu Boden zu strecken, den andern, welcher ihm sein Schwert
zwischen den beiden Vorderbeinen in den Leib gestossen hat, umfasst er
mit der ganzen Wuth der Verzweiflung, um ihn, in Ermangelung einer
andern Waffe, mit tödtlichem Bisse am Halse zu verwunden. Nicht minder

---

*) Die Länge des ganzen Frieses beträgt etwa 100 Fuss.

effektvoll ist die noch sehr gut erhaltene Platte, welche den Schlussstein der ganzen Composition bildete (Fig. 101, nach Overbeck). Ein. Weib hält mit ängstlichen Geberden das Bild einer Göttin umklammert, ein bärtiger

Fig. 101. Vom Fries des Apollo-Tempels zu Bassaë. Britisches Museum.

Kentaur von besonders wildem Aussehen ist auf sie eingedrungen und hat ihr das Gewand abgerissen, da naht sich ihm die rächende Vergeltung für seine Frevelthat in der Gestalt eines Jünglings von athletischem Gliederbau, in welchem wir, wie das an dem nebenstehenden Baumstamme aufgehängte Löwenfell zeigt, keinen Geringeren zu erkennen haben, als den edlen Freund des Peirithoos, den grossen attischen Nationalheros Theseus. Mit dem rechten Fusse noch den Boden berührend hat er sich mit seinem linken Schenkel, unter dessen wuchtigem Drucke der Kentaur sichtlich zu Boden zu sinken droht, auf den Rücken seines Gegners geschwungen und reisst nun mit einem mächtigen Ruck des linken Armes dessen Kopf rückwärts, während die Rechte drohend erhoben ist, um ihm einen tödtlichen Streich mit dem Schwerte zu versetzen. Dass die Schöne, welche er auf diese Weise aus den Händen des gewaltthätigen Räubers errettet, Hippodamia selbst sei, ist eine nahe liegende Vermuthung. Vervollständigt wird das Bild durch eine zweite weibliche Figur, wahrscheinlich eine Freundin oder Dienerin der Hippodamia vorstellend, welche durch ihre weit ausgebreiteten Arme ihr Entsetzen und ihre Verzweiflung kund gibt.

Später gingen, wie schon erwähnt wurde, die Kentauren in das bakchische Gefolge über, wo ihnen eine friedlichere Rolle zu spielen bestimmt war. Sie dienten namentlich als Zugthiere vor dem Wagen des grossen Weltbezwingers. Es sollte damit angedeutet werden, dass der Zaubergewalt des Dionysos nichts widerstehen kann, wenn selbst so rohe und wilde Naturen, wie die Kentauren, sich willig seinem sanften Joche fügen. Man sieht sie so auf zahlreichen Reliefs und Gemmen, welche den Triumph des Bakchos darstellen, meist paarweise, ein Kentaur neben einer Kentaurin, wobei sie häufig musikalische Instrumente in den Händen tragen. Reizende Gruppirungen von Kentauren und Mänaden, Kentaurinnen und Bakchanten findet man auch auf den Herkulanischen Gemälden des National-Museums zu Neapel.

Ausser den Reliefcompositionen, welche erwähnt wurden, haben sich auch noch einige vortreffliche Einzelstatuen von Kentauren aus dem Alterthume erhalten. Unter diesen nehmen den ersten Platz ein die beiden Kentauren des Capitolinischen Museums. Sie sind in schwarzem Marmor ausgeführt und wurden in der Villa des Kaisers Hadrian bei Tivoli gefunden, wo so viele alte Kunstschätze wieder an das Tageslicht gekommen sind. Die Künstler, welche diese Statuen gemeinsam arbeiteten, hiessen nach den auf der Plinthe angebrachten Inschriften *Aristeas* und *Papias* von Aphrodisias*), doch ist es zweifelhaft, ob diese zu Hadrians Zeiten lebenden Bildhauer ihre beiden Kentauren nach einem älteren Vorbilde gearbeitet haben oder ob es Originalwerke derselben waren. Die beiden in Rede stehenden Kentauren bilden eine Gruppe und trugen ursprünglich jeder einen geflügelten Eros auf dem Pferderücken. Dem älteren von ihnen hat der schelmische Liebesgott die Hände auf dem Rücken zusammengebunden, der Kentaur aber macht nicht einmal einen Versuch, die süssen Bande des Gottes zu zerreissen, er ergibt sich vielmehr mit völliger Resignation in sein Geschick, indem er mit halb trauriger, halb bittender Miene nach seinem Peiniger sich umschaut. Man hat bemerkt, dass der Kopf dieses Kentauren eine unverkennbare Aehnlichkeit mit dem Kopfe des Laokoon in der bekannten Gruppe des Vatikan an sich trägt. Sein Gegenstück bildet ein jugendlicher Kentaur, dessen schadenfrohe Miene verräth, dass er sich an den Qualen seines älteren Genossen mit innigem Vergnügen weidet und völlig ahnungslos ist in Betreff des auch ihm bevorstehenden kläglichen Schicksals (Fig. 102).

Wie beliebt diese Gruppe gewesen ist, beweisen die vielfachen Wiederholungen. So ist der berühmte borghesische Kentaur der Sammlung des Louvre nichts als eine Copie des älteren der capitolinischen Kentauren, nur dass hier der Liebesgott, von den abgestossenen Flügeln, Füssen und Armen, welche man hat ergänzen müssen, abgesehen, sich unversehrt auf

---

*) Ohne Zweifel ist mit diesem Namen die Hauptstadt Kariens gemeint, welche ursprünglich Ninoë hiess, aber den Namen Aphrodisias bekam von ihrem prachtvollen Aphrodite-Tempel, von welchem noch jetzt ansehnliche Ueberreste vorhanden sind.

Fig. 102. Statue des jüngeren der Capitolinischen Kentauren.

seinem Platze behauptet hat. Diese Statue wurde im 17. Jahrhundert in Villa Fonseca in Rom gefunden, das Gegenstück dazu aber scheint verloren gegangen zu sein. Dagegen hat man in Rom in der Nähe des Lateran eine Copie des jüngeren der beiden capitolinischen Kentauren gefunden, welche gegenwärtig sich im Pio-Clementinischen Museum befindet. Auch hier ist der geflügelte Eros erhalten, der Restaurator hat aber eigenthümlicher Weise dem Kentauren einen erbeuteten Hasen in die erhobene Rechte gegeben, um dem Ausdruck freudigen Entzückens in dem Gesichte desselben ein passendes Motiv unterzulegen.

Unter den Kentauren verdient als rühmlich bekannter Erzieher vieler Helden der Sagenzeit eine besondere Erwähnung der weise und heilkundige Chiron oder Cheiron. Weil er durch seine Bildung und Gesittung so gänzlich verschieden ist von seinen rohen Stammgenossen, glaubte man ihm auch einen andern Ursprung geben zu müssen, als den übrigen Kentauren, und nannte ihn einen Sohn des Kronos und der Philyra oder Phyllira, einer Okeanide. Homer, der jedoch von der Rossgestalt der Kentauren noch nichts weiss, bezeichnet ihn als den gerechtesten aller Kentauren und kennt ihn als den Freund des Peleus und Lehrer des jungen Achilleus, den er in der Heilkunde und Gymnastik unterrichtete. Mit diesen beiden Helden war er überdies verwandt, da seine Tochter Endeïs die Mutter des Peleus war. Später liess man immer mehr mythische Helden an seinem Unterrichte Theil nehmen, den Kastor und Polydeukes, Theseus, Nestor, Meleager, Diomedes u. A. Auch die Musik wurde nun ein Gegenstand seines Unterrichts, wozu vielleicht eine Misdeutung des Namens seiner Mutter den Anlass gegeben hat. Er wohnte in einer Höhle des Pelion; spätere Mythographen indessen versetzten ihn, als die Kentauren durch die Lapithen vom Pelion vertrieben waren, auf das Vorgebirge Malea. Hier soll er durch einen unglücklichen Zufall von seinem Freunde Herakles mit einem vergifteten Pfeile verwundet worden sein, und weil diese Wunde unheilbar war, als Stellvertreter für den Prometheus freiwillig den Tod gewählt haben (vgl. S. 235).

2. Thebanischer Mythos.

a. Kadmos.

Unter den thebanischen Sagen ist keine bekannter, als diejenige, welche sich auf die Gründung Thebens durch Kadmos bezieht. Ob sie freilich in der hergebrachten Form der Ueberlieferung auf ein hohes Alter Anspruch machen darf, ist eine andere Frage. Nach dieser war Kadmos ein Sohn des phönikischen Königs Agenor und wurde, als Zeus die Europa nach Kreta entführt hatte (s. kretische Sagen), von seinem Vater ausgesandt, um die verlorene Schwester zu suchen. Von seiner Mutter Telephassa begleitet kam er nach Thrakien, von dort nach Delphi, wo ihm der Befehl wurde, alle weiteren Nachforschungen nach der Schwester einzustellen, dagegen einer Kuh zu folgen, welche an beiden Seiten mit dem Zeichen des Mondes, d. h. halbmondförmigen Flecken, versehen sein werde, und an der Stelle, wo jene sich niederlegen werde, eine Stadt zu bauen. Kadmos gehorchte dem Befehle, und als er in Phokis die bezeichnete Kuh fand, folgte er derselben. Sie geleitete ihn nach Böotien und liess sich endlich auf einer Anhöhe nieder. Hier gründete Kadmos die nach ihm benannte Kadmea. Vorher aber hatte er noch ein gefährliches Abenteuer zu bestehen. Als er nämlich nach Anweisung des Orakels die Kuh opfern wollte, schickte er einige seiner Gefährten aus, um aus einem in der Nähe befindlichen Born Wasser zu holen. Diese wurden von einem Drachen des Ares, welcher denselben bewachte, getödtet. Da ging Kadmos selbst hin und erschlug den Drachen, die Zähne desselben aber säete er auf den Rath der Pallas. Da wuchsen aus dem Erdboden geharnischte Männer empor, welche alsbald ihre Waffen gegen einander kehrten und in blinder Wuth sich mordeten, bis nur fünf übrig blieben. Diese halfen dem Kadmos bei der Gründung der neuen Stadt und wurden die Stammväter der adeligen Geschlechter Thebens. Zur Sühne aber für den Mord des Drachen musste Kadmos dem zürnenden Ares acht Jahre lang dienstbar werden. Als diese Zeit verstrichen war, verzieh ihm Ares und gab ihm noch obendrein seine und der Aphrodite Tochter Harmonia zur Gemahlin, welche ihm vier sagenberühmte Töchter gebar, Autonöe, Ino, Semele und Agaue. Die Hochzeit des Kadmos und der Harmonia, zu welcher alle Götter des Olympos Gaben spendend sich einfanden, ist von den lyrischen Dichtern der Griechen oft besungen worden, wogegen darauf bezügliche Denkmäler der bildenden Künste bis jetzt nur sehr spärlich haben nachgewiesen werden können. Nachdem Kadmos nun lange Zeit über Theben geherrscht hatte, musste er im Alter mit seiner Gemahlin Harmonia zu den Encheleern in Illyrien auswandern, ob von Amphion und Zethos, wie Einige sagen, vertrieben, oder aus sonst einer Veranlassung, ist nicht recht klar. Zuletzt

wurden beide in Schlangen verwandelt und von Zeus in die elysischen
Gefilde entrückt.

So lautet der wunderbare Mythos, welcher den Alterthumsforschern
viel zu schaffen gemacht hat. Es gab eine Zeit, wo es für ausgemacht
galt, dass man es hier nur mit der mythischen Einkleidung einer
historischen Thatsache zu thun habe, nämlich der Begründung einer
phönikischen Kolonie in Böotien. Die Sache schien sonach ungemein
einfach. Kadmos ist ein semitisches Wort und bedeutet den Morgen-
länder, dieser sucht die Europa, d. h. er wandert nach Europa aus, er
heirathet in Böotien des Ares Tochter Harmonia, was natürlich nichts
anderes sagen will, als das nach anfänglichem Streit die eingewanderten
Phönikier mit den Eingeborenen Bündnisse und sogar Ehen schlossen.
Dieser Standpunkt kann jetzt als ein völlig überwundener angesehen
werden. Abgesehen von der grossen Unwahrscheinlichkeit der Annahme,
dass die seefahrenden Phönikier in Theben eine Kolonie angelegt haben
sollten, ist es schon höchst verdächtig, dass von keinem der älteren
Dichter bis auf Herodots Zeiten Kadmos als ein Tyrier bezeichnet wird.
Erst Herodot hat diese Behauptung aufgestellt, und es ist nur zu wahrscheinlich, dass man zu einer Zeit, „wo man es in Griechenland liebte,
die Völker durch gefabelte Genealogien in Verbindung zu setzen", sei
es aus Misdeutung des Namens, sei es aus willkürlicher Combination
den Kadmos zu einem Phönikier machte. Dagegen hat K. O. Müller
mit vielen Gründen wahrscheinlich zu machen gewusst, dass Kadmos
ursprünglich eine lokale Gestaltung des Hermes ist und dieser Beinamen
ihn als den Ordner und Begründer der ältesten Kultur in Böotien bezeichnet. Viele Züge des Mythos sind gewiss uralt, namentlich die
Tödtung des Drachen, durch welchen die natürlichen Hindernisse bezeichnet werden, die sich der Urbarmachung des Landes entgegen-
stellten. Böotien war in alten Zeiten ein sehr sumpfiges Land, Ares
aber, welchem der Drache heilig ist, galt als eine verderbliche, pest-
sendende Gottheit. Ebenso das Säen der Drachenzähne und das Emporwachsen der geharnischten Männer, wodurch die Thebaner sich als
Ureinwohner (Autochthonen) kennzeichneten.

Was wir von antiken Denkmälern, welche auf den Mythos des Kadmos
Bezug haben, besitzen, beschränkt sich auf einige Münzen, Gemmen und
Vasengemälde. Die Kunst war eben in Böotien nicht zu Hause, und für
die übrigen griechischen Landschaften hatte der thebanische Landesheros
zu wenig Interesse.

b. Aktäon.

Von den Schicksalen der drei jüngeren Töchter des Kadmos, Ino, Semele und Agaue ist schon oben (S. 145, 160 und 162) die Rede gewesen. Die älteste, Autonöe, erkor sich Apollons Sohn Aristäos zur Gemahlin und erzeugte mit ihr den Aktäon, welchen er dem Chiron zur Erziehung übergab, um einen rüstigen Jäger und Krieger aus ihm zu bilden. Allein eben zum blühenden Jüngling herangewachsen ereilte Aktäon ein jammervolles Geschick. Auf einer Jagd im Berge Kithäron wurde er nämlich von seinen eigenen Hunden zerrissen, nachdem ihn Artemis in einen Hirsch verwandelt hatte. Als Grund des Zornes der Göttin wird angegeben, entweder, dass er sich gerühmt habe, ein geschickterer Jäger zu sein, als jene, oder, dass er die jungfräuliche Göttin im Bade belauscht habe. Die letztere Auffassung behielt schliesslich die Oberhand, ja man zeigte sogar später auf dem Wege zwischen Megara und Platää den Felsen, von welchem aus Aktäon die Göttin gesehen haben sollte. Man verehrte ihn in Böotien mit heroischen Opfern und erflehte von ihm Schutz gegen die verderblichen Wirkungen der ausdörrenden Sonnengluth in den Hundstagen. Wahrscheinlich war der von Hunden zerrissene Aktäon nichts als ein Bild der unter der drückenden Sommerhitze hinwelkenden Natur.

Die bildende Kunst hat die Geschichte seiner Verwandlung und seines Todes mit einer gewissen Vorliebe behandelt, doch gehört die Badescene erst der späteren Kunst an. Es ist noch ein Pompejanisches Wandgemälde vorhanden, welches sie darstellt (Abg. b. Müller-Wieseler II, 17, 183). Denkmäler von bedeutendem Werth existiren sonst nur wenige. Im Britischen Museum bewahrt man eine im J. 1774 bei Civitâ Lavigna gefundene kleine Marmorgruppe, Aktäon sich zweier ihn angreifenden Hunde erwehrend (Fig. 103). Der rechte Arm und die linke Hand sind ergänzt, auch ist der Kopf, wie K. Friederichs aus Vergleichung eines im Besitze des Britischen Museums befindlichen Cameo nachgewiesen hat,[*) nicht zugehörig. Der Ausdruck des jetzigen Kopfes passt allerdings ebenso wenig wie die Richtung desselben zu der Situation des Aktäon.

Wichtiger und schon wegen ihres hohen Alterthums merkwürdiger ist die Darstellung der Zerfleischung des Aktäon auf einer der jüngeren Metopen von Selinunt, im Besitze des Museums zu Palermo. Diese unter den Trümmern des südlichsten Tempels der Unterstadt von Selinus gefundenen Reliefs, deren Alter sich nicht genau bestimmen lässt, zeigen zwar

---

*) Bausteine I, S. 122.

eine weit grössere Freiheit und Lebendigkeit als die hochalterthümlichen
sogenannten älteren Metopen von einem der Burgtempel jener Stadt, gleichwohl aber ist eine grosse Derbheit der Formen und eine gewisse Starrheit

Fig. 103.   Aktaeongruppe.   Britisches Museum.

des Ausdrucks nicht zu verkennen. Das hierher gehörige Relief zeigt
Aktäon, dem Artemis ein Hirschfell übergeworfen hat, im Kampfe mit drei
Hunden begriffen, welche die Göttin selbst auf ihn hetzt.

c. Amphion und Zethos.

Im Gegensatze zu dem Herrschergeschlechte der Kadmiden, welches
in Theben nach der Auswanderung des Kadmos durch dessen Sohn Polydoros fortgepflanzt sein soll, treten uns in Amphion und Zethos
die Sprösslinge eines andern thebanischen Herrschergeschlechts entgegen, welches aus Hyria oder Hysia in Böotien stammte. Gewöhnlich

wird die Herrschaft dieses Geschlechts in der Sage motivirt durch die
Minderjährigkeit eines Sprösslings der Kadmiden, doch kann man darin
nur einen Versuch erkennen, eine in der mythischen Tradition vorhandene Lücke so gut wie möglich auszufüllen. Also Nykteus (der
Nächtliche) war König in Theben und hatte eine ausserordentlich
schöne Tochter, mit Namen Antiope. Diese schenkte dem Zeus ihre
Gunst, der sich ihr unter der Gestalt eines Satyrs nahete. Als sie sich
nun Mutter fühlte, entfloh sie vor dem Zorne ihres Vaters nach Sikyon,
wo sie der König Epopeus aufnahm und zu seiner Gemahlin machte.
Dadurch gereizt unternahm Nykteus einen Kriegszug gegen Epopeus,
um ihn zur Herausgabe der Tochter zu zwingen. Allein er musste un-
verrichteter Sache wieder abziehen und hinterliess nun sterbend seinem
ihm in der Herrschaft nachfolgenden Bruder Lykos (dem Lichten)
die Vollstreckung der Rache. Lykos bezwang und tödtete den Epopeus,
zerstörte Sikyon und führte die Antiope als Gefangene mit sich fort.
Unterwegs gebar sie bei Eleutherae am Kithäron die Zwillinge Amphion und Zethos. Diese wurden sofort ausgesetzt, aber von einem
mitleidigen Hirten gefunden und aufgezogen. Antiope aber wurde
nicht nur im Hause des Lykos gefangen gehalten, sondern musste auch
noch von dessen Gemahlin Dirke sich die unwürdigste und härteste
Behandlung gefallen lassen. Endlich gelang es ihr, zu entfliehen; durch
einen wunderbaren Zufall findet sie ihre inzwischen zu starken Jünglingen herangewachsenen Söhne in der Einsamkeit des Kithäron und
reizt diese durch die Erzählung ihrer Leiden zu solcher Wuth, dass sie
eine grausame Rache an der Dirke zu nehmen beschliessen. Sie banden
nämlich, nachdem sie Theben erobert und den Lykos erschlagen hatten,
Dirke an die Hörner eines wüthenden Stiers und liessen sie so zu Tode
schleifen. Oder, wie auch erzählt wird, Dirke kam zur Feier eines
bakchischen Festes auf den Kithäron, fand ihre entlaufene Sklavin
und wollte sie zur Strafe von den Hirten an die Hörner eines Stiers
binden lassen. Da erkannten noch zur rechten Zeit Amphion und Zethos
ihre Mutter und vollzogen nun an der grausamen Dirke die jener zu-
gedachte Strafe. Ihren Leichnam warfen sie in den Quell bei Theben,
der nach ihr den Namen führt. So lautet die Sage in derjenigen Gestaltung, welche sie durch die Tragiker erhielt. Von der Antiope des
Euripides besitzen wir noch einige dürftige Fragmente.

Die Bestrafung der Dirke gab die Veranlassung zu zahlreichen Kunstwerken, unter denen das weitaus bedeutendste der sogenannte farnesische

Stier (Toro Farnese) des Museums zu Neapel ist (Fig 104). Diese weltberühmte Marmorgruppe gilt, von den Restaurationen einzelner Theile abgesehen, für das Originalwerk der Brüder *Apollonios* und *Tauriskos* aus Tralles
in Karien, welche der im dritten Jahrhundert v. Chr. blühenden rhodischen
Kunstschule angehörten. Die kolossale Gruppe (sie ist überhaupt die
grösste, welche wir aus dem Alterthume besitzen) war anfangs in Rhodos
aufgestellt und gelangte zur Zeit des Augustus in den Besitz des kunst-

Fig. 104. Der farnesische Stier. Neapel.

sinnigen Asinius Pollio in Rom. Wiederaufgefunden wurde sie im J. 1547
in den Thermen des Caracalla bei Rom und im Palast Farnese aufgestellt,
von wo sie 1786 mit der farnesischen Erbschaft nach Neapel wanderte.
Die zum grössten Theile schon im sechszehnten Jahrhundert vorgenommenen Restaurationen sind nicht unbeträchtlich. So sind am Stiere die
Vorder- und Hinterbeine neu, an Dirke der ganze Oberkörper vom Nabel
aufwärts sammt den Armen, an Amphion der Kopf, beide Arme und Beine

mit Ausnahme der Hände und Füsse, an Zethos gleichfalls Kopf, Arme
und Beine mit Ausnahme des linken Fusses, an Antiope der Kopf und
beide Arme mit der Lanze. Auch ist der Hund mit Ausnahme der Tatzen
völlig, der im Vordergrunde sitzende jugendliche Hirt zum Theil moderne
Restauration. Ob diese Restaurationen überall der Conception der Urheber
gemäss ausgeführt worden sind, erscheint indessen mehr als zweifelhaft.
Auf einem Cameo des Museums zu Neapel, von welchem man glaubt
annehmen zu dürfen, dass er nach der Gruppe der rhodischen Künstler
geschnitten sei, weil die Stellung des Amphion und die Art, wie er mit
der Rechten das eine Horn des Stiers, mit der Linken das Maul desselben
gepackt hält, genau mit der Anordnung unserer Gruppe übereinstimmt,
hält Zethos nicht mit beiden Händen den Strick fest, sondern nur mit der
Rechten, während die Linke bemüht ist, die Dirke an den Haaren zu sich
zu reissen, um sie dadurch zum Loslassen des von ihr mit der linken
Hand umklammerten Beines des Amphion zu nöthigen. Der Strick ist aber
bereits um den Leib der Dirke unter der Brust geschlungen. Dass die
Gruppe in dieser Weise restaurirt formell wie pathologisch gewinnen würde,
muss man mit Friederichs*) zugestehen. Die Vorbereitungen der grausamen
Bestrafung darzustellen würde kein ächt künstlerisches Motiv sein. Die
rhodischen Meister mussten den Moment zur Anschauung bringen, wo nach
Beendigung aller Vorbereitungen die schreckliche Katastrophe, welche dem
Leben der Dirke ein Ende machen wird, hereinzubrechen im Begriffe ist.
Der Ruck der nervigen Faust, womit Zethos die Schlinge des um die
Hörner des Stiers befestigten Strickes anzieht, ist eben der letzte Akt,
welcher noch zu vollziehen nothwendig ist. Keine Sekunde mehr, und das
Entsetzliche wird geschehen, mit grausamer Nothwendigkeit geschehen.
„Es ist, sagt ein geistvoller Alterthumsforscher sehr treffend in seiner Beurtheilung dieser Gruppe, wie eine Mine, die im Losgehen begriffen ist:
mit grösster Kunst ist die Gruppe wie gewaltsam in dem Augenblick zusammengefasst, wo sie sich auf die regelloseste, wildeste Art entfalten
soll. Der Contrast dieser Scenen, furchtbare, rascheste, endlose Bewegung
als unausbleibliche Folge eines durch Kraft und Gewandtheit herbeigeführ-
ten und glücklich benutzten flüchtigen Augenblicks des Stillhaltens geben
dem Bilde Leben und Energie in wunderbarem Maasse." Zum weiteren
Verständnisse der Gruppe, von welcher freilich auch der beste Zeichnung
immer nur ein sehr unvollkommenes Bild geben wird, diene Folgendes.
Die Scene geht vor sich auf der felsigen Höhe des Kithäron. Die ebenso
malerische wie gefährliche Stellung der beiden herrlichen Jünglinge auf
den Felsvorsprüngen dient einerseits dazu, der Gruppe eine dem Auge
wohlthuende pyramidalische Gipfelung zu geben, andererseits ihre überlegene Stärke in ein helleres Licht zu setzen. Denn sie müssen das furchtbare Thier mit absoluter Sicherheit zu halten im Stande sein, da eine
einzige gewaltsame Seitenbewegung desselben den Amphion wenigstens

---

*) Bausteine I, S. 318.

unfehlbar der Gefahr aussetzen würde, den Hals zu brechen. Dass die Handlung zur Zeit einer bakchischen Feier vor sich geht, an welcher auch Dirke Theil nehmen wollte, geht aus verschiedenen Anzeichen hervor: die geflochtene Cista mystica, welche bei dionysischen Festen üblich war, sagt es zuerst am allerunzweideutigsten, es deutet aber auch darauf das Rehfell, womit Dirke bekleidet ist, der zu ihren Füssen herabgeglittene Epheukranz und der zerbrochene Thyrsos, ferner der Umstand, dass der rechts zu den Füssen des Amphion sitzende Hirtenknabe, welcher dem Vorgange mit schmerzlicher Theilnahme zusieht, ebenfalls mit bakchischen Attributen versehen ist. Dass der Letztere eben ein Hirtenknabe und kein Berggott ist, wofür ihn einige Autoritäten auf dem Gebiete der Kunst- mythologie haben erklären wollen, ist wohl genugsam durch die ihm ent- fallene Syrinx und den Hund neben ihm angedeutet, den für einen Hund des Zethos zu halten gar kein Grund vorliegt. Die unmittelbar hinter Amphion an den Baumstamm gelehnte Lyra deutet auf dessen aus der Sage genugsam bekannte Musikliebe. Die im Hintergrunde stehende weib- liche Figur ist Antiope. Ob sie aber im Sinne der ursprünglichen Anlage restaurirt ist, kann nicht entschieden werden, da wir über die Gruppe keine aus dem Alterthum stammenden Nachrichten haben ausser einer dürftigen Notiz des Plinius.

Weitere Darstellungen der Bestrafung Dirke's besitzen wir noch auf zwei pompejanischen und einem herkulanischen Wandgemälde, drei etrus- kischen Sarkophagreliefs und einigen Gemmen.

Von den beiden Brüdern erzählt die Sage weiter, dass sie nach erfolgter Vertreibung oder Tödtung des Lykos die Herrschaft in Theben erhielten, doch erscheint Amphion als der eigentliche König. Zwischen Beiden herrscht die grösste Verschiedenheit des Wesens und Charakters. Zethos ist rauh und streng, ein leidenschaftlicher Jäger, Amphion da- gegen ein Freund der Musen, ganz der Musik und Poesie hingegeben. Wie gross seine Kunstfertigkeit war, zeigte er bald, als die Brüder nun anfingen, die bis dahin noch unbefestigte Unterstadt von Theben mit Mauern und starken Thürmen zu umgeben. Denn während Zethos mit riesiger Kraft die zum Bau nöthigen Steinblöcke heranbewegte und auf einander thürmte, durfte Amphion nur in die Saiten seiner Lyra greifen und seine süsse Stimme dazu ertönen lassen, so bewegten sich die gewaltigsten Steine von selbst und fügten sich gehorsam in einander. Deshalb pflegt auch Amphion auf Bildwerken stets durch die Lyra, Zethos durch eine Keule charakterisirt zu werden. Dass den thebanischen Dioskuren ursprünglich eine Naturbedeutung zu Grunde lag, wie den spartanischen Dioskuren Kastor und Poly- deukes, welche bekanntlich der Morgen- und Abendstern sind, kann kaum bezweifelt werden, doch ist dieselbe nicht mehr deutlich zu erkennen.

Amphion ist dann weiter in der Sage berühmt geworden durch den tragischen Untergang seiner zahlreichen Söhne und Töchter. Er heirathete nämlich des phrygischen Königs Tantalos Tochter Niobe, die Schwester des Pelops. Gross war das Glück dieser Ehe, des Segens reichste Fülle schienen die Götter ausgiessen zu wollen auf dieses erhabene Herrscherpaar. Eine grosse Schaar blühender und schöner Kinder wuchs ihnen auf im Palaste, die Freude ihres herrlichen Vaters, der Stolz ihrer überglücklichen Mutter. Aber aus diesem Himmel des reinsten und seligsten Glückes sollten sie hinabgestürzt werden in die Nacht der tiefsten Trauer, der grässlichsten Verzweiflung — durch Niobe's Uebermuth, durch denselben Uebermuth, der auch ihren Vater Tantalos gestachelt hatte, sein frevelhaftes Spiel mit den hohen Olympiern zu treiben. Die Unglückselige glaubte sich wegen der grossen Zahl ihrer herrlichen Kinder*) der Leto, die nur zwei Kinder geboren habe, gleichstellen zu dürfen, ja sie verbot sogar den Thebanern, der Leto und ihren Kindern Opfer zu bringen und verlangte für sich selber göttliche Ehren. Da ereilte sie die Rache der beleidigten Gottheiten. Alle Kinder des thebanischen Herrscherpaars erlagen an einem und demselben Tage den unfehlbaren Geschossen Apollons und seiner Schwester. In holder Jugendblüthe wurden sie geknickt, wie die zarten Kinder des Frühlings hinwelken unter den versengenden Strahlen der Sonne. Die Eltern aber mochten den grenzenlosen Jammer nicht überleben: Amphion tödtete sich selbst, und Niobe, welche der ungeheure Schmerz erstarren gemacht hatte, wurde von den mitleidigen Göttern in Stein verwandelt und nach ihrer alten phrygischen Heimath am Berge Sipylos zurückversetzt. Aber auch der Stein hört nicht auf, Thränen zu vergiessen.

Dies der einfache Kern der schönen Sage, welche in den einzelnen Nebenumständen von den alten Dichtern und Mythographen natürlich mit mancherlei Variationen vorgetragen wird. Am umständlichsten

---

*) Die Zahl der Kinder der Niobe wird sehr verschieden angegeben. Homer in der bekannten Stelle (Il. 24, 602 u. flg.) gibt ihr sechs Söhne und sechs Töchter, nach Hesiod und Pindar hatte sie zehn Söhne und ebenso viele Töchter, am meisten Verbreitung aber hat die Annahme der Tragiker von vierzehn Kindern gefunden. Immer ist die Zahl der Söhne und Töchter gleich. Die Tragiker haben diesen Stoff fleissig behandelt, sowohl von Aeschylos als von Sophokles gab es eine Tragödie Niobe.

und phantasievollsten findet man die ganze Geschichte erzählt in den Metamorphosen des Ovid. Die Dichter haben ihr immer mehr einen rein ethischen Gehalt zu geben gesucht, indem sie den Untergang der Niobiden als Folge der schweren Versündigung der Mutter hinstellen, aber ursprünglich lagen ohne allen Zweifel auch dieser Sage Naturbezüge zu Grunde. Dass die üppige und bunte Pracht der Frühlingsvegetation unter den heissen und verzehrenden Strahlen der Sonne erst erbleicht, dann gänzlich hinwelkt; diesen, so oft er auch wiederkehrt, das Gemüth jedes natürlich fühlenden Menschen stets von Neuem ergreifenden Vorgang ist der phantasiereiche Hellene nicht müde geworden in die schönsten Bilder zu kleiden. Wie aber die einen so ächt tragischen Stoff in sich schliessende Niobesage unter den Dichtern erst von den Tragikern recht ausgebeutet wurde, so hat sie auch in der bildenden Kunst erst dann volle Berücksichtigung gefunden, als letztere den einfachen epischen Charakter der älteren Zeit abgestreift und den ergreifenden Ausdruck der Leidenschaft, des innern Seelenlebens plastisch zu gestalten sich zur Aufgabe gesetzt hatte. Diese Richtung auf das Pathetische, Effektvolle hin nahm die bildende Kunst zur Zeit des Praxiteles und Skopas, in der sogenannten jüngeren attischen Schule.

Aus dieser Zeit (viertes Jahrhundert v. Chr.) stammte denn auch die im Alterthum so hochberühmte Niobidengruppe, welche Plinius im Tempel des Apollo Sosianus in Rom aufgestellt sah und von welcher man schon damals nicht bestimmt zu sagen wusste, ob sie von *Praxiteles* oder *Skopas* herrühre. Kein Geringerer aber als einer jener grossen Meister konnte diese in Stein gehauene Tragödie gedichtet haben. Sind auch die Originale der herrlichen Gruppe verloren gegangen, so haben sich doch wenigstens Copien derselben bis auf einige wenige noch fehlende Figuren erhalten. Denn dass wir es in der bekannten Florentiner Niobidengruppe nicht mit griechischen Originalen, sondern mit römischen Nachbildungen derselben zu thun haben, geht abgesehen von der Ungleichheit der Behandlung auch aus der Verschiedenartigkeit der dabei verwendeten Marmorarten unzweifelhaft hervor. Gefunden wurde diese Gruppe im J. 1583 in Rom in der Nähe der lateranischen Kirche und von dem Cardinal Medici angekauft, um seine Villa am Monte Pincio zu schmücken. Im Jahr 1775 brachte man die Gruppe nach Florenz, wo sie seit 1794 in der Gallerie der Uffizien aufgestellt ist.

Ueber die ursprüngliche Bestimmung der Niobidengruppe und die Anordnung der einzelnen Figuren ist viel gestritten worden*) und es sind

---

*) Vergl. K. B. Stark, Niobe und die Niobiden in ihrer literarischen, künstlerischen und mythologischen Bedeutung. Leipzig, 1863.

noch keineswegs alle darüber bestehenden Zweifel gelöst. Soviel ist indessen klar, dáss die durch ihre Grösse über das natürliche Verhältnis hinaus

Fig. 105. Kopf der Niobe Florenz.

hervorragende Niobe bestimmt war, die Mitte in der ganzen Aufstellung einzunehmen, und die Kinder sich zu beíden Seiten symmetrisch gruppirten.

Denn beweisend ist dafür schon der Umstand, dass alle Figuren ausser
Niobe eine Profilstellung einnehmen. Ueber die Vorzüglichkeit der Niobe-
gruppe hat es zu allen Zeiten nur eine Stimme gegeben. „Sie steht, sagt
Welcker mit Recht, dem Herrlichsten, das aus dem Alterthum auf uns
gekommen ist und dessen Geist und eigenthümlich edle Bildung am deutlichsten offenbart, würdig zur Seite, und ihr allein haben von allen antiken
Kunstwerken, die wir kennen, die in unsern Tagen der Betrachtung näher
gerückten und eigentlich erst entdeckten Werke des Phidias nicht geschadet.“
Die erste unter allen Figuren der Niobidengruppe nimmt nicht blos räum-

Fig. 106. Sohn und Tochter der Niobe. Florenz.

lich sondern auch in Beziehung auf künstlerische Vollendung Niobe selbst
ein. Eine so erhabene und edle Auffassung zeigt sich in dem Antlitz wie
in der ganzen Haltung der unglücklichen Königin, dass, wenn auch nichts
von den herrlichen Kunstschöpfungen des griechischen Meissels auf uns
gelangt wäre, als diese eine Figur, sie ein lautredendes Zeugniss ablegen
würde für die hohe Vollendung und schöpferische Kraft der griechischen
Kunst (Vergl. Fig. 105). Ueber die Anordnung der ganzen Gruppe entnehmen wir aus Lübke's Geschichte der Plastik Folgendes: „Apollo und
Artemis sind ausserhalb der Gruppe anzunehmen. Unsichtbar aus der
Höhe herab haben sie eben ihr rächendes Vertilgungswerk begonnen; dafür

spricht jede Bewegung, dafür die Wendung der fliehenden Gestalten, die erschreckt nach oben blicken oder sich mit ihren Gewändern zu decken suchen. Einer der Söhne ist bereits entseelt hingestreckt, ein anderer stützt sich zusammenbrechend auf einen Felsen und wendet den schon im Todeskampf starrenden Blick nach oben, von wo die Vernichtung ihn ereilt hat. Ein Bruder sucht zu spät die Schwester, die verwundet zu seinen Füssen niedergesunken ist, mit seinem Gewande zu schützen und in seinem Arme aufzufangen (Fig. 106); ein anderer ist in die Knie gesunken und greift schmerz-

durchzuckt mit der Hand nach der Wunde auf dem Rücken, während den Jüngsten der Erzieher zu decken versucht. Alle Uebrigen fliehen instinktartig zur Mutter hin, als könne sie, die so oft ihnen Schutz gewährt, sie vor dem rächenden Arm der Götter bewahren. So stürmen von beiden Seiten die Wogen dieser entsetzensvollen Flucht gegen die Mitte hin, wo sie an der erhabenen Gestalt der Niobe wie an einem Felsen sich brechen. Sie allein steht in all dem Leid unerschüttert, Mutter und Königin bis zum letzten Augenblick. Während sie ihr jüngstes Töchterlein, das die zarte Kindheit nicht vor dem rächenden Geschosse bewahrt hat, in ihrem Arme auffängt und sich wie schützend über den hinsinkenden Liebling beugt, wendet sie das stolze Haupt, ehe die Linke das schmerzerstarrte Antlitz mit dem Gewande bedecken kann, aufwärts und sucht mit einem

Fig. 107. Niobe. Florenz.

Blick, in welchem Schmerz und Seelenadel sich mischen, die rächende Göttin (Fig. 107). In diesem Blick des herrlichen Kopfes liegt weder Trotz noch Flehen um Mitleid; nur der schmerzdurchbebte und hoheitsvolle Ausdruck heroischer Ergebung in das unabänderliche Geschick, das die Götter verhängten, ist einer Niobe würdig. In dieser wunderbaren Gestalt liegt denn auch vor Allem der geistige Schwerpunkt der Composition, liegt die Versöhnung, welche in einer Scene voll Graus und Vernichtung das Gemüth zu tragischem Mitgefühl erschüttert. Und dieselbe Schönheit ist auch über die andern Theile der Composition, über alle Ge-

17*

stalten ausgegossen und verleiht ihnen einen Adel, in welchem sich selbst
das Entsetzen einer so furchtbaren Katastrophe läutert und mildert."
      Zu bemerken ist noch, dass der sogenannte Ilioneus der Münchener
Glyptothek, ein Marmortorso von vorzüglicher Arbeit, gewöhnlich als
zur Niobidengruppe gehörig angesehen wird. Bedenken hat nur die völlige
Nacktheit desselben erregt, die sonst bei keinem sichern Niobiden vorkommt.

      Nicht glücklicher als Amphion war Zethos in seinen häuslichen
Verhältnissen.   Er heirathete die Aëdon (Nachtigall), eine Tochter
des Pandareos, des Freundes und Genossen des Tantalos, der für
diesen einen ehernen, aber lebendigen Hund aus dem Tempel des Zeus
in Kreta stahl und dafür in Stein verwandelt wurde.   Aëdon nun,
neidisch und eifersüchtig auf das Glück der Niobe, welche so viele
schöne Kinder hatte, während ihr nur ein einziger Sohn, von Homer
Itylos, bei den Tragikern Itys genannt, zu Theil geworden war,
wollte zur Nachtzeit den ältesten Sohn ihrer Schwägerin ermorden,
traf aber aus Irrthum ihren eigenen Sohn.   Zeus erbarmte sich ihrer
und verwandelte sie in eine Nachtigall.   Als solche beweint sie noch
immer mit langgezogenen, schmerzlichen Tönen den herben Verlust.
Ueber das Ende des Zethos schweigt die mythische Ueberlieferung,
man zeigte jedoch in Theben das gemeinsame Grab der böotischen
Dioskuren.   Nach ihrem Tode soll in Laios, dem Sohne des Labdakos
und Enkel des Polydoros, das Geschlecht der Kadmiden wiederum
den thebanischen Königsthron eingenommen haben (Die mythische Geschichte der Labdakiden s. weiter unten).

---

3. Korinthischer Mythos.

a. Sisyphos.

      Als der mythische Erbauer von Korinth oder Ephyra, wie der
ältere Name lautet, gilt des Aeolos Sohn Sisyphos.   Da die Korinthier wegen der Lage ihrer Stadt zwischen zwei Meeren ganz naturgemäss zu einer Vergötterung dieser Elementarmacht hingeleitet wurden,
so ist es nicht unwahrscheinlich, dass Sisyphos ein uraltes Symbol der
rastlos sich wälzenden Meereswoge war.   Doch ist diese Deutung
keineswegs sicher und die Vorstellung von dem in der Unterwelt rastlos
einen Stein bis zur Höhe eines Berges wälzenden Sisyphos möchte

eher sich auf die Sonne beziehen lassen, welche, wenn sie zur Zeit der Sommersonnenwende ihren höchsten Stand am Himmel erreicht hat, wieder hinabgleitet, um am kürzesten Tage des Jahres das alte Spiel von Neuem zu beginnen. Auf jeden Fall ist das Steinwälzen ursprünglich keine Strafe gewesen, sondern erst später dazu gemacht worden, als man sich mit der Idee einer vergeltenden Gerechtigkeit in der Unterwelt vertraut gemacht hatte. Nun musste natürlich für Sisyphos auch ein besonderes Vergehen ausfindig gemacht werden. Dieses wird denn auch sehr verschiedenartig angegeben. Bald soll er auf Veranlassung des Zeus bestraft worden sein, weil er, als jener Aegina, die Tochter des Flussgottes Asopos, heimlich aus Phlius entführt hatte, durch seine Schlauheit das Geheimnis entdeckte und dem Vater verrieth, bald soll er Reisende räuberisch überfallen und unter grossen Steinen erdrückt haben u. s. w. Weil die Korinthier verschlagene Handelsleute waren, so dichtete man auch ihrem mythischen Stifter eine raffinirte Schlauheit an. Schon Homer nennt ihn den gewinnsüchtigsten aller Menschen, später wurde er gewissermaassen das Prototyp einer selbstsüchtigen, in der Wahl ihrer Mittel keineswegs bedenklichen Schlauheit. Aeschylos brachte diesen Charakter auf die Bühne und führte sein Bild sowohl nach der ernsthaften wie humoristischen Seite hin aus. Unter den Fabeln, welche über ihn im Schwange waren, ist keine bekannter, als diejenige, nach welcher Sisyphos selbst den Tod auf listige Weise zu fesseln wusste, so dass Ares abgeschickt werden musste, um denselben zu befreien.

b. Glaukos.

Glaukos wird in der Sage zu einem Sohne des Sisyphos von der Merope gemacht. Auch ihn hält man für ein symbolisches Wesen, welches ursprünglich mit Poseidon identisch war und erst später zum Heroen herabsank. Besonders berühmt geworden ist er durch sein unglückliches Lebensende. Als er nämlich bei Gelegenheit der zu Ehren des Pelias in Jolkos gefeierten Leichenspiele sich am Wagenrennen betheiligte, wurde er von seinen scheu gewordenen Pferden zerrissen. Andere verlegen den Schauplatz dieser Begebenheit nach Potniae bei Theben. Nach seinem Tode galt Glaukos als ein böser, die Pferde scheu machender Dämon.

c. Bellerophon und die Amazonensage.

Der dritte korinthische Nationalheros ist Bellerophon oder
Bellerophontes. Bei ihm ist die Beziehung zur Sonne eine so offen-
bare, dass über die Deutung seines Mythos kein Zweifel herrschen
kann. Wenn er der Sohn des Poseidon oder des Glaukos genannt
wird, so lag diese Genealogie Niemandem näher als den Korinthiern,
welche die Sonne täglich aus dem Meere emporsteigen sahen. Doch es
wird nöthig sein, zuerst den wesentlichen Inhalt der Bellerophonsage
mitzutheilen. In Korinth geboren und aufgewachsen musste er aus
irgend einer Ursache (denn dass er den edlen Korinthier Belleros getödtet habe, ist nichts als ein durch eine verunglückte Deutung des
Namens hervorgerufenes Märchen) sein Vaterland meiden und fand
freundliche Aufnahme bei dem Könige Prötos von Tiryns. Hier
entbrannte die Gemahlin des Prötos, deren Name verschieden angegeben
wird, in Liebe zu dem schönen und stattlichen Jünglinge. Diese, da
ihre Verführungskünste nicht verfangen wollten und Bellerophon ihre
Gefühle nicht erwiederte, verläumdete nun den Gast bei ihrem Gemahle.
In Folge dessen schickte ihn Prötos zu seinem Schwiegervater Iobates,
dem Könige von Lykien, mit einem Briefe, welcher in geheimer Runen-
schrift den Auftrag an Iobates enthielt, den Ueberbringer zu tödten.
Damit beginnt die Heldenlaufbahn des Bellerophon, denn Iobates sucht
sich nun des ihm gewordenen Auftrags dadurch zu entledigen, dass er
seinen Gast auf allerlei gefährliche Abenteuer aussendet. Zuerst
schickt er ihn aus, um die Chimära zu bezwingen, ein gefährliches,
das Land verwüstendes Ungethüm, welches vorn ein Löwe, in der Mitte
eine Ziege, hinten ein Drache war, oder wie Hesiod sagt, die drei
Köpfe eines Löwen, einer Ziege und eines Drachen hatte. Nach demselben Dichter war Chimära eine Tochter des Typhon und der
Echidna, besass grosse Schnelligkeit und Stärke und hatte einen feurigen Athem. Bellerophon aber bezwang das Ungeheuer mit Hülfe
seines Flügelrosses Pegasos, indem er sich auf demselben in die Luft
schwang und von oben her mit seinen Pfeilen die Chimära erlegte. Mit
dem Pegasos aber hatte es folgende Bewandnis. Er war von dem
Poseidon mit der Medusa gezeugt worden und sprang aus dem Rumpfe
derselben hervor, als Perseus ihr das Haupt abhieb. Bellerophon aber
fing dieses Wunderross, als es sich auf Akrokorinth niedergelassen

hatte, um aus der daselbst befindlichen Quelle Peirene zu trinken, mit Hülfe der Athena, welche Göttin ihn auch lehrte dasselbe zäumen und sich dienstbar machen. Danach hätte Bellerophon den Pegasos schon in Korinth besessen. Nach einer andern Tradition schickten ihm die Götter das Wunderpferd erst, als er zum Kampfe mit der Chimära ausgezogen war. Was nun die Bedeutung seines Kampfes mit der letzteren betrifft, so hat man an einen feuerspeienden Berg gedacht. Allein alle Drachen und drachenähnliche Ungeheuer der mythischen Vorzeit speien Feuer und Flammen, ohne dass man deshalb auf einen Vulkan zu schliessen berechtigt wäre. Es liegt darin nur eine sinnbildliche Bezeichnung der Wuth und Gefährlichkeit dieser Ungethüme, die durchaus nichts Auffälliges hat. Der Kampf der Bellerophon mit der Chimära bedeutet vielmehr die durch die Kraft der Sonne bewirkte Austrocknung gefährlicher, die Saatfelder überfluthenden Gebirgsbäche.

Der Kampf des Bellerophon mit der Chimära ist natürlich häufig von den Dichtern beschrieben und nicht minder häufig abgebildet worden. Wir haben noch verschiedene Reliefs, Vasenbilder und Gemmen, welche diesen Gegenstand behandeln. Am alterthümlichsten ist ein auf Melos gefundenes Relief, auf welchem sich Bellerophon abweichend von der sonst üblichen Darstellung zur Tödtung der Chimära des Schwertes bedient. Auch den Pegasos bändigend findet man ihn noch häufig auf korinthischen Münzen und Gemmen.

Der zweite Kampf, welcher dem Bellerophon durch Iobates aufgetragen wurde, war gegen die S o l y m e r gerichtet, ein den Lykiern benachbartes und feindlich gesinntes Gebirgsvolk. Als er auch diese glücklich bezwungen, schickte ihn Iobates gegen die kriegerischen A m a z o n e n aus, hoffend, dass er unter diesen sicher seinen Tod finden werde. Da wir hier zum ersten Male diesem merkwürdigen Weibervolke begegnen, mit welchem auch andere griechische Heroen, wie Herakles und Theseus, gekämpft haben sollen, so wird es zweckmässig sein, das Wichtigste über die Amazonen hier zusammenzustellen.

Die Amazonen, deren schon Homer, wenn auch nur flüchtig gedenkt, bildeten nach der Sage einen Weiberstaat, in welchem keine Männer, ausser soweit es zur Erhaltung des Geschlechts nöthig war, geduldet wurden. Dagegen trieben die Weiber von frühester Jugend an alle kriegerischen Uebungen, so dass sie sich nicht nur stark genug fühlten, ihr Land gegen fremde Angriffe wirksam zu beschützen, sondern auch selbst grosse Kriegszüge zum Zwecke des Raubens und

Plünderns unternahmen. Die Lokalität dieses Reiches, welche anfangs nur unbestimmt im hohen Norden oder im fernen Osten gesucht wird, fixirt sich allmählich mehr und mehr in engere Grenzen; man suchte die Amazonen entweder in Kappadokien am Flusse Thermodon und machte Themiskyra zu ihrer Hauptstadt, oder man liess sie im Lande der Skythen an den Ufern des mäotischen Sees wohnen und fabelte, dass aus ihrer Vermischung mit den Skythen später das Volk der Sarmaten entstanden wäre. Spätere Schriftsteller kannten aber auch ausserdem noch Amazonen im westlichen Libyen. Unter den Märchen, welche über die Amazonen verbreitet wurden, ist keines abgeschmackter, als dass sie sich die rechte Brust abgeschnitten oder abgebrannt hätten, um nicht beim Gebrauche des Bogens genirt zu sein. Entstanden ist es bekanntlich aus Misverstand des Namens, der ohne Zweifel nicht griechischen Ursprungs ist und bis jetzt noch keine sichere Erklärung gefunden hat. Glücklicher Weise aber hat sich die griechische Kunst zu keiner Zeit durch solche Albernheiten beirren lassen. Von Thermodon aus sollen die Amazonen grosse Heereszüge bis an die Küsten des ägäischen Meeres, welches nach Festus sogar den Namen von einer Amazonenkönigin Aegaea erhalten hätte, unternommen haben, ja man erzählte später von einem Einfalle der Amazonen in Attika, um den Theseus zu bekriegen. Ausserdem spielen sie noch eine Rolle in dem Mythos des Herakles, der sie mit Erfolg bekriegte, und in der Sage vom trojanischen Kriege, in welchem sie unter ihrer Königin P e n t h e s i l e a dem Priamos gegen die Griechen zu Hülfe kamen.

Der Ursprung des Amazonenmythos ist noch unaufgeklärt. Unter den neueren Forschern haben einige die Amazonen für ein blosses Symbol der mit Sturm und Hagel daherfahrenden Gewitterwolken gefasst, andere sehen in ihnen Mondpriesterinnen, deren Kriegszüge nur den Zweck hatten, den Cultus der Mondgöttin zu verbreiten, welche Ansicht hauptsächlich in den engen Beziehungen der Amazonen zu dem asiatischen Artemisdienste ihre Stütze findet; noch andere endlich nehmen eine historische Grundlage an und glauben, dass die eigenthümlichen Sitten gewisser in der Gegend des Kaukasus wohnender Völker, welche sich von Königinnen beherrschen liessen und eine Art von Weiberadel kannten, zu dieser Sage Veranlassung gegeben haben.

Die Amazonen sind von der griechischen Kunst sehr häufig und gern dargestellt worden, namentlich in grösseren Relief-Gruppen.*) Man bildete sie stets als kräftige und blühende Frauengestalten, der Artemis und ihren Nymphen ähnlich, doch mit noch gedrungeneren Schenkeln und Armen. Sie sind fast immer bewaffnet, charakteristisch ist für sie die lange Doppel-streitaxt (bipennis) sowie der halbmondförmige Schild. In der ältesten Kunst wurden sie niemals in ihrem nationalen Kostüm vorgestellt, welches später in der Malerei das herrschende wurde, während die Plastik nur einen sparsamen Gebrauch davon machte. Daher findet man sie auch selten in der phrygischen Mütze vorgestellt, sondern gewöhnlich tragen sie den kurzen attischen Helm. Im Uebrigen halten die Amazonen in der Gewan-dung mit den auch sonst in der Entwickelung der griechischen Plastik zur Geltung kommenden Gesetzen gleichen Schritt: sie vertauschten den schwer-fälligen Doppelchiton der älteren Kunst mit einem leichten und einfachen Gewande, welches die rechte Brust, Arme und Schenkel entblösst liess und dadurch der Kunst in der Darstellung schöner Formen einen freieren Spielraum gewährte. Wie sehr beliebt die Amazonen bei den griechischen Künstlern waren, dafür zeugt eine von Plinius erzählte Anekdote, wonach die berühmten Bildhauer *Phidias, Polyklet, Phradmon* und *Kresilas* sich in einen Wettstreit einliessen, wer die schönste Amazone zu liefern vermöge. Den Preis trug die Amazone des Polyklet davon, so dass man annehmen darf, es habe diese Statue das griechische Amazonen-Ideal auf der Höhe seiner Vollendung dargestellt. Leider wissen wir von derselben weiter nichts, als dass sie von Bronze war und nebst den Statuen der übrigen Künstler im Tempel der ephesischen Artemis stand. Von der Amazone des Phidias wissen wir, dass sie sich auf einen Wurfspeer stützte, dagegen hatte Kresilas eine verwundete Amazone dargestellt. Ausserdem wissen wir noch von einer wegen der Schönheit ihrer Schenkel berühmten Amazone des *Strongylion*, welche im Besitze Nero's war.

Wir besitzen noch eine ziemliche Anzahl von Amazonenstatuen, unter denen einige für Marmorcopien jener berühmten ephesischen Bronzen gelten. Namentlich glaubt man die in mehreren Widerholungen vorkommende verwundete Amazone auf die Statue des *Kresilas* zurückführen zu dürfen. Die nebenstehende Abbildung ist diejenige des Capitols in Rom (Fig. 106). Ergänzt sind an derselben nur die beiden Arme, der linke, welcher die Wunde von dem Gewande entblösst, unzweifelhaft richtig, während man in der Haltung des rechten Arms etwas Gespreiztes finden will. Der Kopf ist von vollendeter Schönheit, der ernste und herbe Ausdruck des Gesichts deutet die Gewissheit des nahen Todes an. Bemerkenswerth ist an dieser Figur das leise Emporziehen des rechten Fusses, so dass die Last des

---

*) Die berühmtesten unter den ganz oder theilweise erhaltenen Denkmälern dieser Art sind die Reliefs vom Cella-Fries des Apollotempels zu Phigalia, die Reliefs vom Mausoleum zu Halikarnass und diejenigen vom Tempel der Artemis zu Magnesia am Mäander.

Körpers ganz auf einem Schenkel zu ruhen scheint, was von Plinius sonst als eine Eigenthümlichkeit der Polykletischen Kunst bezeichnet wird.

Fig. 108. Verwundete Amazone. Capitolinische Sammlung.

Einen noch höheren Rang als die Capitolinische Amazone nimmt eine andere überlebensgrosse Marmorstatue ein, welche, früher in der Villa Mattei aufgestellt, seit Clemens XIV. sich in der Sammlung des Vatikans befindet. Ergänzt sind beide Arme, das rechte Bein mit Ausnahme des Fusses, Nase, Kinn und Unterlippe. Man ist geneigt auch diese Marmorcopie auf ein bedeutendes griechisches Original zurückzuführen. Visconti hat kein Bedenken getragen, in ihr eine Copie des ephesischen Meisterwerks des Polyklet zu sehen, obwohl bestimmte Anhaltspunkte für diese Vermuthung nicht vorhanden sind. Augenscheinlich haben wir eine vom Kampfe ermattete Amazone vor uns, welche im Begriff steht, den Bogen von sich zu legen, wie sie vorher schon Schild, Streitaxt und Helm abgelegt hat. Dass sie bei dieser Bewegung sich auf dem linken Fusse in die Höhe hebt, ist ebenso reizend als natürlich. Es darf jedoch nicht verschwiegen werden, dass einige neuere Archäologen die jetzige Restauration als unrichtig verwerfen und der Meinung sind, diese Amazone habe sich ursprünglich auf einen Wurfspeer gestützt, wodurch sie der Amazone des Phidias näher gerückt werden würde. Zu bemerken ist noch, dass das zierliche Band am linken Fusse zur Befestigung des Sporns dient, da die Amazonen in der Regel als Reiterinnen gedacht werden. Wiederholungen dieses Typus sind nicht selten.

Das Museum zu Neapel enthält allein drei werthvolle Amazonenstatuen. Die eine davon stellt eine getödtet daliegende Amazone dar und stammt vielleicht aus der Amazonengruppe, welche König Attalos II. von Pergamon mit noch drei andern Gruppen, den Kampf der Götter und Giganten, die

marathonische Schlacht und die Vernichtung der Gallier in Mysien durch
Attalos selbst darstellend, auf der Akropolis von Athen als Weihgeschenk
hatte aufstellen lassen.

Als Beispiel eines älteren Amazonen-Ideals, wie es in der Zeit von
Phidias ausgebildet war, ist eine Marmorstatue des Antiken-Cabinets zu
Wien merkwürdig, welche eine verwundete und im Tode zusammenbre-
chende Amazone darstellt.

Die auf Herakles' und Theseus' Kämpfe mit den Amazonen bezüglichen
Reliefs werden weiter unten bei der Geschichte dieser Heroen Erwähnung
finden.

Wir kehren jetzt nach dieser Abschweifung zu der Geschichte des
Bellerophon zurück. Nachdem dieser auch aus dem Amazonenkriege siegreich heimgekehrt, ergriff Iobates noch ein letztes Mittel, um den göttlichen Helden zu tödten. Er liess ihm nämlich einen Hinterhalt legen
und ihn unvermuthet überfallen. Allein Bellerophon erschlug alle seine
Angreifer, und nun liess Iobates von seiner Verfolgung ab und söhnte
sich mit dem Helden aus, dem er seine Tochter zur Gemahlin und einen
Antheil an der Herrschaft von Lykien verlieh. Kaum aber hatte Bellerophon den höchsten Gipfel seines Glückes erstiegen, da ereilte ihn
im Vollbesitze irdischer Macht und irdischen Reichthums, umgeben von
blühenden Kindern, ein jäher Wechsel des Schicksals. Von finsterem
Wahnsinn befallen irrte er einsam und die Nähe der Menschen fliehend
umher und kam endlich elendiglich um. Nach Pindar hatte er sich den
Hass der Götter zugezogen, weil er sich auf seinem Pegasos zum Olymp
emporschwingen wollte. Allein das von Zeus durch eine Bremse in
Wuth versetzte Wunderross warf ihn ab und schwang sich allein zu
den Krippen des Zeus empor, wo es nun den Donnerwagen des höchsten
Gottes zieht. Dieses traurige Ende des Bellerophon machte Euripides
zum Gegenstande einer ergreifenden Tragödie, von welcher noch einige
Bruchstücke vorhanden sind. In Korinth genoss Bellerophon heroische
Ehren und hatte ein Heiligthum in dem berühmten Cypressenhaine des
Poseidon.

4. Argivischer Mythos.

a. Io.

Auf der Schwelle der mythischen Vorzeit von Argos tritt uns Inachos
entgegen, eigentlich der Gott des gleichnamigen bedeutendsten Flusses
dieser Landschaft. Ihn verehrten die Argiver als den ersten Begründer

ihrer Kultur nach der deukalionischen Fluth. Seine mit der Okeanide
Melia erzeugte Tochter ist die durch ihre Schönheit berühmte Io, deren
uralter Mythos durch Dichter und Mythographen vielfach ausgeschmückt
worden ist. Der Kern derselben lautet folgendermaassen.

Io, die Priesterin der Hera, zog durch ihre grosse Schönheit die
Aufmerksamkeit Kronions auf sich. Als aber Hera dies merkte, verwandelte sie aus Eifersucht die Io in eine weissschimmernde Kuh und
liess sie durch den hundertäugigen Argos Panoptes (den Allsehenden)
bewachen. Aber Zeus schickte den Hermes, um die Kuh zu entwenden.
Dieser schläferte den Wächter mit seinem Zauberstabe ein und tödtete
ihn dann, daher Argeiphontes (Argostödter) genannt. Hera aber
rächte sich dafür, indem sie der Io eine Bremse schickte (sie wahnsinnig
machte) und in unstäter Flucht durch die nördlichen Länder Europas
und entlegene Gegenden Asiens trieb, bis sie endlich in Aegypten zur
Ruhe gelangte, wo sie von Zeus Hand berührt, ihre frühere Gestalt
wiedererhielt und den Epaphos gebar, welcher König von Aegypten
wurde und Memphis erbaute. — Diese Sage hat, wie erwähnt, später
viele Ausschmückungen erfahren, namentlich wurden die Irren der Io
mit der zunehmenden geographischen Kenntnis immer mehr erweitert.
Die erste ausführlichere Beschreibung derselben findet sich bei
Aeschylos, der in seinem gefesselten Prometheus Io mit seinem Helden
am Kaukasus zusammentreffen lässt, bei welcher Gelegenheit ihr der
letztere ihre weiteren Schicksale weissagt. Die richtige Deutung dieses
Mythos ist zuerst von dem um die griechische Mythologie so hochver-
dienten Forscher F. G. Welcker aufgestellt. Io (die Wandelnde) ist der
Mond, dessen scheinbar unregelmässiger Lauf und zeitweiliges Verschwinden den ältesten Völkern gewiss eine höchst merkwürdige Erscheinung war. Die Kuhgestalt ist ein uraltes, in der alten Welt weit
verbreitetes Symbol der Mondgöttin; auch die aegyptische Mondgöttin
Isis ist gehörnt. Der Wächter der Mondkuh ist der hundertäugige
Argos, ein Bild des Sternenhimmels. Ihn tödtet der Regengott Hermes,
d. h. er macht ihn unsichtbar durch Gewölk. Dass die scheinbaren
Störungen des Mondlaufes, für die Alten ein unerklärliches Phänomen,
unter dem Bilde einer Geistestörung gefasst wurden, ist nichts Merkwürdiges. Aehnliche Bilder kommen auch bei den Sonnenheroen Bellerophon und Herakles vor. Im Südosten, d. h. für die Griechen in der
Gegend Aegyptens, kommt dann Io in ihrer früheren Gestalt, als Voll-
mond, wieder zum Vorschein. In Aegypten wurde sie mit Isis identificirt.

Auf Bildwerken erscheint sie bald als gehörnte Jungfrau, bald ganz als Kuh, die von Argos bewacht wird. Letztere Darstellungsweise findet sich mehr auf Münzen, auch auf Gemmen und alterthümlichen Vasenbildern, erstere auf sonstigen Bildwerken. So bewahrt das Museum zu Neapel ein Herkulanisches Wandgemälde, welches den Moment darstellt, wo Hermes dem Wächter Argos, der hier als jugendlicher Hirt erscheint, die Syrinx hinreicht, als wolle er ihn veranlassen, darauf zu spielen.

b. Danaos und die Danaiden.

Danaos wird in der Sage als ein Nachkomme der Io bezeichnet. Epaphos nämlich, der Io Sohn, hatte eine Tochter Libya, welche vom Poseidon zwei Söhne gebiert, den Agenor und Belos. Jener herrschte über Phönikien, dieser über Aegypten. Belos aber erzeugte mit der Anchirrhoë, des Neilos Tochter, den Aegyptos und Danaos. Zwischen diesen Brüdern, von denen jener fünfzig Söhne, dieser fünfzig Töchter hatte, entstand Feindschaft, wodurch Danaos veranlasst wurde auszuwandern und das alte Heimathland seiner Stammmutter Io aufzusuchen. Auf einem fünfzigruderigen Schiffe, dem ersten, welches je gebaut worden war, kam er mit seinen fünfzig Töchtern nach Argos, wo ihm der dort herrschende Inachide Gelanor das Reich abtrat. Als Herrscher von Argos soll er nun eine höhere Kultur des Landes begründet haben, indem er das vorher wasserarme Land durch Graben von Brunnen und Kanälen bewässerte, auch soll er den Dienst des lykischen Apollon und der Demeter eingeführt haben. Die Sage erzählt dann weiter, dass die fünfzig Söhne des Aegyptos ihrem Oheim nach Argos folgten und ihn zwangen, ihnen seine Töchter zu vermählen. Danaos aber, um sich an ihnen zu rächen, gab seinen fünfzig Töchtern, als die Hochzeit derselben an einem Tage gefeiert wurde, Dolche mit, um ihre Männer in der Nacht zu ermorden. Alle gehorchten dem Befehle, mit Ausnahme der Hypermnestra, welche ihren Gemahl Lynkeus verschonte und auch später mit Hülfe der Aphrodite eine Aussöhnung desselben mit Danaos zu Stande brachte, so dass Lynkeus der Nachfolger des letzteren in der Herrschaft und durch seinen mit der Hypermnestra erzeugten Sohn Abas der Stammvater der beiden grossen argivischen Heroen Perseus und Herakles wurde. Später dichtete man, dass die Danaiden in der Unterwelt für ihren Frevel die Strafe leiden müssten, in ein durchlöchertes Fass Wasser zu schöpfen. Dass diese Strafe zu der That in gar keiner denkbaren

Beziehung steht, ist schon häufig bemerkt worden. Man muss aber nicht unberücksichtigt lassen, dass die Idee einer Bestrafung in der Unterwelt eine erst später auftauchende ist. Ursprünglich herrscht die Vorstellung, dass im Reiche des Hades die auf der Oberwelt getriebenen Beschäftigungen fortgesetzt werden. Darin liegt der Schlüssel zu der Erklärung des Mythos, dessen Beziehung auf die dem Danaos zugeschriebene künstliche Bewässerung des Landes unverkennbar ist.

Dargestellt wurden die Danaiden ihrer ursprünglichen Idee gemäss als wasserschöpfende Jungfrauen; die fünfzig Statuen derselben in Erz schmückten einst den Portikus des Apollo Palatinus. Ob aber die in den Thermen des Agrippa und auf dem Forum von Präneste gefundenen Marmorstatuen Wiederholungen dieser Palatinischen Danaiden gewesen sind, lässt sich nicht mehr mit Sicherheit entscheiden. Ein Altar-Relief, welches die nutzlose Beschäftigung der Danaiden vorstellt, besitzt das Vatikanische Museum (Abg. Mus. Pio-Clem. IV, 36).

c. Prötos und die Prötiden.

Akrisios und Prötos waren die Zwillingssöhne des Abas, des Sohnes des Lynkeus und der Hypermnestra. Sie sollen einander so feindlich gewesen sein, dass die Dichter ihren Zwist schon im Mutterleibe seinen Anfang nehmen lassen. Prötos, welchem nach Theilung des väterlichen Erbes Tiryns zugefallen war, musste endlich seinem Bruder weichen und floh nach Lykien zum Könige Iobates. Dieser gab ihm seine Tochter Periböa oder Stheneböa zur Gattin und setzte ihn wieder in Tiryns ein, wo ihm die mitgebrachten lykischen Werkleute (Kyklopen) eine gewaltige Burg erbauten, die ihm nicht nur den ruhigen Besitz von Tiryns sicherte, sondern ihm auch möglich machte, seine Herrschaft bis nach Korinth hin auszudehnen. Von den Töchtern dieses Prötos, den drei Prötiden, erzählt die Sage dann weiter, sie hätten, stolz auf ihre Schönheit und die Macht ihres Vaters, sich über die Götter erhoben und wären dafür mit einer garstigen Krankheit heimgesucht worden und in Raserei verfallen, so dass sie, die Gemeinschaft der Menschen fliehend, in den Bergen und Wäldern von Argos und Arkadien umherschweiften. Endlich gewann Prötos den berühmten Wahrsager und Weihepriester Melampus, von welchem die Sage erzählte, ihm hätten einst, während er schlief, Schlangen die Ohren ausgeleckt und in Folge dessen hätte er die Sprache der Vögel verstehen gelernt, dass er die Entsühnung und Heilung seiner Töchter unternahm. Nachdem ihm dies gelungen, erhielt er die Hand der Prötide I p h i a n a s s a und nebst seinem Bruder B i a s Antheil an der Herrschaft in Tiryns. So kam das Geschlecht der A m y t h a o n i d e n nach Argos, in welchem sich die Sehergabe vererbte, und aus welchem der berühmte Seher A m p h i a r a o s stammte.

Ein auf die Heilung der Prötiden durch Melampus bezügliches schönes Vasengemälde besitzt das B e r l i n e r M u s e u m.

d. Perseus.

Als eine Tochter des A k r i s i o s gilt in der mythischen Genealogie D a n a ë, welcher das Glück zu Theil ward, von dem hohen Beherrscher des Olympos geliebt zu werden. Und da ihr Vater Akrisios aus Furcht vor einem Orakelspruche, der ihm verkündigte, dass er durch seinen Enkel sterben werde, seine Tochter in ein unterirdisches Gewölbe einsperrte, verwandelte sich Zeus ihr zu Liebe in einen goldenen Regen und drang auf diese Weise zu ihr durch die Decke ihres Gefängnisses. So wurde der göttliche Held P e r s e u s geboren. Es kann nicht zweifelhaft sein, dass auch diesem Mythos das so oft wiederkehrende Naturbild von der bräutlichen Verbindung des Himmels und der Erde zu Grunde liegt. Denn Danaë bedeutet die argolische Landschaft, ihr Gefängnis ist der in der trüben, winterlichen Jahreszeit von Wolken umzogene Himmel. Ihre Frucht vom Zeus ist das im Frühjahr wiederkehrende Sonnenlicht, welches nun wie ein rechter Held den Kampf beginnt mit den Mächten der Finsternis und des Todes. Was für Apollon der scheussliche Drachen P y t h o n ist, das bedeutet in der Geschichte des Perseus die M e d u s a. Die Sage erzählt nämlich nun weiter, dass Akrisios, nachdem er von der Geburt seines Enkels Kunde erhalten hatte, Mutter und Kind in eine Kiste sperren und ins Meer werfen liess, um dem ihm vom Orakel angedrohten Schicksale zu entgehen. Aber was vermag menschliche Klugheit gegen die ewigen Rathschlüsse des Zeus? Der Kasten landet an dem Felseneiland Seriphos, wo ihn der Fischer D i k t y s vollends aus dem Meere zieht und mit seinem Bruder P o l y d e k t e s, dem Beherrscher der Insel, sich der Geretteten annimmt. Letzterer begehrt Danaë zu seinem Weibe und macht sie, da sie seine Anträge zurückweist, zu seiner Sklavin. Den Perseus, dessen Rache er fürchtete, sendet er, sobald derselbe herangewachsen ist, auf ein gefährliches Abenteuer aus, um ihn auf

diese Weise aus dem Wege zu schaffen. Er soll ihm nämlich das Haupt
der Gorgo Medusa holen, der schrecklichen geflügelten Jungfrau,
die mit ihren Schwestern, den Töchtern des Phorkys und der Keto,
am äussersten Westrande der Erde, an den Ufern des Okeanos wohnte.
Perseus macht sich auf den Weg dahin, ohne noch zu wissen, wie er ein
so gefährliches Abenteuer bestehen soll. Da kommt dem Rathlosen Hermes
zu Hülfe, und Athena, die Beschützerin aller Helden, haucht ihm Muth
ein. Zuerst zeigen sie ihm, wie er sich die für sein Abenteuer nöthigen
Schutzmittel zu verschaffen habe, nämlich eine unsichtbar machende
Nebelkappe, eine magische Reisetasche (Κίβισις) und ein Paar Flügelschuhe. Diese Wunderdinge sind im Besitze der Nymphen, unter welchen
hier Wassernymphen zu verstehen sind. Den Weg zu diesen Nymphen
kann man aber nur von den Gräen erfahren, welche gleichfalls drei
Töchter des Phorkys und der Keto sind. Ihre Hässlichkeit ist furchtbar, sie sind als Greisinnen zur Welt gekommen und haben zusammen
nur ein Auge und einen Zahn, deren sie sich abwechselnd bedienen.
Sie wohnen im fernen Westen, an der Schwelle des nächtlichen Bezirks
der Gorgonen, weshalb sie von Aeschylos auch deren Vorhut genannt
werden. Zu diesen Gräen wird Perseus von den ihn schützenden Gottheiten geführt. Er raubt ihnen mit Gewalt den Zahn und das Auge
und zwingt sie so, ihm den Weg zu den Nymphen zu zeigen. Von
diesen erhält er ohne Widerstand die gewünschten Gegenstände und
eilt nun, von seinen Flügelschuhen durch die Lüfte getragen, hin zu
dem Aufenthaltsort der Gorgonen. Zum Glück fand er sie schlafend.
Athena, welche dem Helden gefolgt war, zeigte ihm nun, welche von
den drei Schwestern die Medusa sei (diese allein war sterblich, die
beiden anderen, Stheino und Euryale mit Namen, unsterblich), wie
er sich vorsichtig, da der Anblick ihrer Gesichter jeden Sterblichen
unfehlbar in Stein verwandelte, rückwärts schreitend ihnen zu nähern
und mit Hülfe des spiegelblanken Schildes der Athena und des von
Hermes ihm überlassenen Sichelmessers, ohne sich umzusehen, der
Medusa das Haupt abzuschneiden habe. Perseus führt Alles nach dem
Rathe der Athena aus und entfernt sich mit dem Haupte der Medusa,
welches er mit Blitzesschnelle in seine Kibisis gesteckt hatte. Der
Verfolgung der beiden andern inzwischen erwachten Gorgonen entzog
ihn seine wunderbare Tarnkappe. Aus dem Rumpfe der getödteten
Medusa aber sprang das geflügelte Wunderross Pegasos (s. S. 262)
und Chrysaor, der Vater des Geryones, hervor. Nach Seriphos

zurückgekehrt versteinerte Perseus den ungerechten Polydektes durch
Vorzeigung des Medusenhauptes, welches er dann der Athena schenkte.
Seinen Wohlthäter Diktys aber setzte er als Beherrscher der Insel
Seriphos ein und ging dann selbst in sein Heimathland Argos zurück.

So lautet dieser Mythos in seinen wesentlichen Grundzügen, über
den wir, so alt er auch gewesen sein mag, doch kaum irgend welche ältere
Quellen haben. Denn Homer und Hesiod erwähnen desselben nur bei-
läufig und die erste etwas ausführlichere Stelle über Perseus hat der
Verfasser des Scutum Herculis, dessen Beschreibung der auf dem
Schilde des Herakles dargestellten Scene, wie Perseus von den über-
lebenden Gorgonen verfolgt wird, merkwürdiger Weise mit derjenigen
Darstellung übereinstimmt, welche Pausanias noch auf dem Kasten des
Kypselos sah. Ausführlicheres erfahren wir dann über Perseus bei
Pindar und in den Fragmenten des Pherekydes, am ausführlichsten
aber behandelten diese Sage die Tragiker, doch ist nicht viel mehr
davon übrig geblieben, als die Titel ihrer Werke. Eine anziehende
Erzählung der Perseussage findet man in den Metamorphosen des Ovid.

An diesen älteren Kern setzten sich später noch jüngere Sagen
an, welche von weiteren Abenteuern und Heldenthaten des Perseus
berichteten. Die bekannteste unter denselben ist die Errettung der
Andromeda, ein Gegenstand, welchen Euripides in einem berühmten
Drama bearbeitet hatte, und welcher auch nach ihm noch häufig von
Dichtern und Künstlern verwerthet worden ist. Der Inhalt ist kurz
folgender. Cassiopeia war die Gemahlin des Kepheus, Königs von
Aethiopien. Da sie sich vermass, schöner zu sein als selbst die Nereiden,
so baten diese den Poseidon sie zu rächen. Dieser willfahrte ihnen
und suchte nicht nur das Land durch Ueberschwemmung heim, sondern
sandte ausserdem noch ein grimmiges Seeungeheuer, welches Menschen
und Vieh verschlang. Das Orakel des Ammon verhiess Rettung, wenn
des Königs Tochter Andromeda dem Ungeheuer zum Frass ausgesetzt
würde. Widerstrebend gab der König den Bitten seines Volkes nach
und liess Andromeda an einen Felsen in der Nähe des Meeres fesseln.
In dieser Lage fand sie der von seinem Abenteuer mit der Medusa
zurückkehrende Perseus. Schnell zur Hülfe bereit stürzte er sich auf
das Ungethüm des Meeres, tödtete es und befreite die zitternde Andromeda, welche nun ihren Erretter heirathete. Noch Spätere, denen
dieses Abenteuer zu glatt ablief, dichteten hinzu, Perseus habe um
den Besitz der Andromeda noch einen Kampf zu bestehen gehabt mit

ihres Vaters Bruder Phineus, dem sie früher zugesagt gewesen war. Hier muss nun das Medusenhaupt zum ersten Male seine guten Dienste thun und den Phineus sammt seinen Kriegern versteinern.

Den Schluss der Perseussage bildet dann die Heimkehr des Helden nach Argos. Perseus söhnt sich nun zwar mit seinem Grossvater Akrisios, der aus Angst vor ihm in das feste Larissa geflohen war, aus, da aber doch das Orakel Recht behalten muss, so wird er später auf eine unfreiwillige Weise dessen Mörder. Bei Gelegenheit von Kampfspielen, welche die Larissäer ihm zu Ehren angestellt hatten, tödtete er den Akrisios durch einen unglücklichen Wurf mit dem Diskos. Auch in diesem Zuge der Sage liegt eine unverkennbare Beziehung zu der Naturbedeutung des Perseus, denn der Diskos bedeutet die Sonnenscheibe (vergl. die Sage vom Tode des Hyakinthos S. 45). Perseus vertauschte dann, weil er sich scheute, das Erbe des von ihm getödteten Grossvaters anzutreten, Argos mit Tiryns, welches ihm Megapenthes, der Sohn des Prötos, überliess. Er gründete hierauf die Städte Midea und Mykenä und wurde durch seine mit Andromeda erzeugten Söhne der Stammvater vieler Helden, unter andern auch des Herakles. Denn sein Sohn Elektryon wurde der Vater der Alkmene, und von einem andern seiner Söhne stammte Amphitryon. Perseus genoss nach dem Bericht des Pausanias nicht bloss in Argos, sondern auch in Athen und auf der Insel Seriphos heroische Ehren.

In der griechischen Kunst hat Perseus eine bedeutende Rolle gespielt. Sehr angesehen waren im Alterthum die Statuen desselben von *Pythagoras* und *Myron*, und in Rhodos gab es ein berühmtes Gemälde des *Parrhasios*, welches ihn mit Herakles und Meleagros zusammen darstellte. Andere bedeutende Maler, wie *Nikias*, malten die Befreiung der Andromeda. Auf diese Scene beziehen sich auch die meisten der noch erhaltenen Kunstdenkmäler. Die gewöhnlichen Attribute des Perseus sind die Flügelschuhe, die Harpe, welcher er sich zur Tödtung der Medusa bediente, und der Helm des Hades. In Körperbildung wie Costüm erscheint er dem Hermes sehr ähnlich. Unter den auf ihn bezüglichen Kunstwerken ist besonders werthvoll ein schönes aus der Villa Pamfili stammendes Marmorrelief des Capitolinischen Museums, welches die Befreiung der Andromeda vorstellt. Das Meerungeheuer liegt todt am Boden und Andromeda steigt in freudiger Eile von dem Felsen herunter, wobei ihr Perseus behülflich ist. Haltung und Ausdruck Beider sind sehr charakteristisch, jungfräuliche Befangenheit auf der einen, stolzes Selbstgefühl auf der andern Seite. Bemerkenswerth ist, dass Perseus ausser den Flügelschuhen auch noch Kopfflügel hat.

Eine ähnliche Darstellung, aber jedenfalls kein griechisches Originalwerk, ist die in Rom gefundene, im Casino des Georgengartens bei
Hannover aufgestellte Marmorgruppe, von welcher .K. F. Hermann die

Fig. 109. Perseus und Andromeda. Marmorrelief im Museum zu Neapel.

freilich nicht erwiesene Vermuthung aufgestellt hat, dass sie nach dem
oben erwähnten Bilde des Nikias copirt sei. Dasselbe Motiv kehrt mit
kleinen Veränderungen auf mehreren pompejanischen Gemälden und einem
Marmorrelief (Fig. 109) des Museums in Neapel wieder.

Dass die Tödtung der Medusa häufig dargestellt worden ist, bedarf
kaum der Erwähnung. Eine wegen ihres hochalterthümlichen Charakters
merkwürdige und interessante Darstellung dieser Scene ist uns erhalten
auf einer der von dem mittleren Burgtempel zu Selinunt stammenden,
in Palermo aufbewahrten Metopen (Fig. 110). Dieses Relief ist in tuff-
artigem Kalkstein ausgeführt und zeigt uns die griechische Kunst in
ihren ersten und rohesten Anfängen (zwischen 600 und 550 v. Chr.). Man
beachte, dass die drei Figuren, Athena, Perseus und die Medusa, mit ihren
Beinen eine Profilstellung einnehmen, während die Köpfe die volle Vorder-

18*

ansicht darbieten. Aehnliche Darstellungen hat man auf alterthümlichen
Vasen und Thongefässen.

Ein Wandgemälde aus Herkulanum im
Museum zu Neapel (Fig. 111) schildert
den Kampf des Perseus mit der Medusa
unter dem Beistande der Athena. Ein
häufig wiederkehrendes Motiv, namentlich auf pompejanischen und herkulanischen Gemälden, ist die Scene, wo
Perseus die Neugierde seiner geliebten
Andromeda, das Haupt der schrecklichen
Medusa zu sehen, befriedigt. Da dieses
wegen der versteinernden Wirkung des
letzteren nicht in direkter Weise geschehen kann, so sitzen die Beiden am
Rande einer spiegelklaren Quelle und
Perseus, indem er hinter dem Rücken der
Andromeda das Gorgonenhaupt empor-
hält, lässt sie so das Abbild desselben
in dem Spiegel der Quelle erblicken. Auch
Perseus dem Polydektes das Haupt der
Medusa bringend oder es der Athena übergebend war häufig Gegen-
stand künstlerischer Darstellung.

Fig. 111. Perseus die Medusa tödtend. Wandgemälde. Neapel.

Was die Abbildung der Medusa betrifft, so begegnet man derselben
noch häufiger als auf ganzen mythologischen Compositionen als blosser

Maske. Man brachte solche Gorgonenmasken, denen der Aberglaube eine Unglück abwehrende Kraft beimass, auf Panzern, Schilden, Thürflügeln und Geräthschaften jeglicher Art an. In der Bildung derselben unterscheidet man eine ältere und eine jüngere Auffassungsweise. Der älteren Kunst nämlich kam es nur darauf an, das Grässliche und Abschreckende des Medusenhauptes zum Ausdrucke gelangen zu lassen. Man bemühte sich daher, dem Gesichte einen möglichst starken Ausdruck von Wuth und Wildheit zu geben, dem man wo möglich durch die ausgereckte Zunge und das Fletschen der eberartig hervorspringenden Zähne zu Hülfe kam. Das interessanteste Beispiel dieser älteren Darstellungsweise ist das Medusenhaupt an einem Stirnziegel aus Terracotta, welcher im J. 1836 zu Athen im Unterbau des Parthenon gefunden wurde. Hier hat das Gesicht dieselbe breite, fast runde Form des Gesichts, welche man an der Medusa der oben

Fig. 112. Rondaninische Medusa. München.

abgebildeten selinuntischen Metope wahrnimmt. Bemerkenswerth ist an diesen älteren Gorgonenmasken, denen man auf Münzen, Gemmen und Thongefässen noch ziemlich häufig begegnet, dass das Haar gewöhnlich nicht schlangenartig gesträubt ist, sondern straff und glatt über die Stirn herunterfällt, wodurch die hässliche Breite des Gesichts nur noch auffallender hervortritt. Auch bemerkt man keine andern Schlangen an ihnen, als solche, welche wie ein Halsband um den Hals geknüpft zu sein scheinen. Sehr verschieden hiervon ist die jüngere Darstellungsweise der Gorgonenmaske. Der jüngeren, pathetischen Kunst war es hauptsächlich darum zu thun, das im Tode erstarrende Leben zum künstlerischen Ausdrucke zu bringen. Da konnte es zu Verstärkung des Effekts nur dienlich sein, wenn man das alte hässliche Medusenantlitz in ein Ideal vollendeter Schönheit umformte. Das vorzüglichste Beispiel dieser seit der Zeit des Praxiteles

eintretenden veränderten Auffassungsweise ist die sogenannte Rondaninische Meduse der Glyptothek zu München, eine aus dem Palast
Rondanini in Rom stammende Marmormaske von vorzüglicher technischer
Ausführung (Fig. 112). Diese Medusa hat, wie viele andere der späteren
Zeit, Kopfflügel. Ein noch weicherer Ausdruck mitleiderregenden Schmerzes
tritt uns auf den Medusengesichtern einer noch jüngeren Zeit entgegen,
so auf einem Marmorrelief der Villa Albani und auf der farnesischen
Onyxschale des Museums zu Neapel. Diese beiden Medusenköpfe
zeichnen sich durch äusserst kunstvolle Behandlung des schlangenförmig
nach allen Seiten emporstarrenden Haares aus. Auch bei ihm fehlen die
Kopfflügel nicht.

---

5. Die Dioskuren.

Nach den südlichen Landschaften des Peloponnes, Lakedämonien
und Messenien, übergehend, stossen wir auf den Mythos von den
Dioskuren. Tyndareos und sein Bruder Ikarios werden als Begründer der ältesten Herrschaft in Lakedämonien genannt. Von da
durch ihren Halbbruder Hippokoon vertrieben, fanden sie freundliche Aufnahme bei Thestios, dem Beherrscher der alten Stadt
Pleuron in Aetolien. Dieser gab ihnen seine Töchter zu Frauen, dem
Ikarios die Polykaste, welche ihm Penelope, des Odysseus
spätere Gattin, gebar, dem Tyndareos aber die herrliche Leda,
die Mutter der Dioskuren Kastor und Polydeukes (Pollux). Tyndareos wurde später durch Herakles wieder in seine lakedämonische Herrschaft zu Amyklä eingesetzt. Ausser den beiden genannten Söhnen gebar ihm Leda noch die aus der trojanischen Sage
hinlänglich bekannten Töchter Klytämnestra und Helena. Nun
war aber eine uralte Sage die von der Liebe des Zeus zu der schönen
Leda und dass er sich ihr in der Gestalt eines Schwans genähert habe.
Welche unter den Kindern der Leda aber göttlichen Ursprungs gewesen
seien, darüber herrscht in der sagenhaften Ueberlieferung die grösste
Verschiedenheit. Bei Homer ist die einzige Helena eine Tochter des
Zeus, Klytämnestra aber und ihre beiden Brüder Kastor und Poly-
deukes sind des Tyndareos Kinder (daher Tyndariden). Später kam
der Name Dioskuren auf und der Glaube, dass sie beide Söhne des
Zeus seien, noch später jedoch machte sich die Ansicht geltend, dass
Kastor sterblich und ein Sohn des Tyndareos, dagegen Polydeukes

der unsterbliche Sohn des höchsten Gottes gewesen sei. Als aber
Kastor im Kampfe mit den Söhnen des Aphareos gefallen war, wollte
sich sein Bruder Polydeukes nicht von ihm trennen und erwirkte von
seinem Vater Zeus, dass sie bei einander bleiben dürften unter der
Bedingung, abwechselnd einen um den andern Tag bald im Hades,
bald im Olympos zuzubringen. So führten sie ein zwischen Sterblichkeit
und Unsterblichkeit getheiltes Leben. Ueber ihre Heldenthaten gab es
folgende Sagen. Als sie erwachsen waren, zeichnete sich Kastor durch
die Kunst des Rosselenkens aus, Polydeukes aber wurde ein gefürchteter
Faustkämpfer, doch galt auch der letztere für einen geschickten Reiter.
Sie kriegten zuerst gegen Theseus, der ihre zehnjährige Schwester
Helena entführt hatte, und befreiten die letztere durch die Eroberung
von Aphidnä, dann nahmen sie am Argonautenzuge Antheil, wobei
Polydeukes sich durch seinen Sieg über den berühmten Cästuskämpfer
Amykos grossen Ruhm erwarb, und machten auch die kaledonische
Eberjagd mit. Ihre letzte Unternehmung war der Raub der Leukippi-
den, der Töchter des messenischen Königs Leukippos. Entweder
gab dies die Veranlassung zu ihrem Streite mit ihren Vettern, den
Aphariden, weil die Jungfrauen mit jenen verlobt gewesen waren,
oder der Kampf entstand bei Gelegenheit eines mit ihnen gemeinsam
ausgeführten Raubes einer Rinderheerde, indem sie sich über die
Theilung der Beute nicht einig werden konnten. Genug, Kastor wurde
von dem einen der Aphariden, mit Namen Idas, getödtet, worauf
Polydeukes voll Grimm über des Bruders Tod den Lynkeus erschlug,
während Idas durch einen Blitzstrahl des Zeus erlegt ward.

Die Deutung des Mythos von den Dioskuren ist nicht ohne
Schwierigkeit. Man nimmt aber ziemlich allgemein an, dass sie uralte
peloponnesische Lichtgottheiten waren, welche nach der Einwanderung
der Dorier zu Heroen herabsanken. Gewöhnlich werden sie als Morgen-
und Abendstern gedeutet, oder auch als die aus Tag und Nacht zusammengesetzte Dämmerung. Diese Naturbedeutung ist jedoch nach
ihrer später wieder erfolgten Apotheose nicht festgehalten worden.
Man verehrte sie nicht nur in dem heimathlichen Sparta, sondern auch
überall in Griechenland als wohlthätige Schutzgottheiten, namentlich
als Helfer in der Schlacht und als Retter in der Gefahr des Schiff-
bruchs. Schon ein Homerischer Hymnos preist sie in letzterer Eigenschaft, wie sie auf gelblichen Flügeln durch die Luft schiessend auf
das Gebet der geängstigten Seeleute erscheinen und den Sturm be-

schwichtigen. Dass diese auf gelblichen Flügeln heranschwebenden
Dioskuren nichts sind als das sogenannte St. Elmsfeuer, welches als
elektrisches Flämmchen bei Gewittern häufig an den höchsten Spitzen
der Masten sichtbar wird und noch jetzt von den Schiffern als ein
günstiges Vorzeichen für das baldige Aufhören des Sturmes angesehen
wird, ist schon häufig bemerkt worden und hat die grösste Wahrscheinlichkeit für sich. In Sparta galten die Dioskuren speziell als die Schutz-
götter des Staates, sowie als die Vorbilder kriegerischer Tüchtigkeit
und Tapferkeit für die Landesjugend. Ihre Heiligthümer waren
dort sehr zahlreich. Ihr uraltes Symbol, welches die Spartaner,
wenn sie in den Krieg zogen, stets mit sich führten, waren zwei
parallele, durch Querhölzer verbundene Balken. Aber auch ausserhalb Sparta's hatten sie Feste und Tempel, wie z. B. in Mantinea,
wo ihnen ein ewiges Feuer unterhalten wurde, ferner in Athen, wo sie
unter dem Namen Anakes verehrt wurden. Ihr Fest wurde dort mit
Pferderennen gefeiert, wie denn auch die olympischen Spiele unter
ihrem besonderen Schutze standen und ihre Bildnisse in den Palästren
aufgestellt zu werden pflegten. Ueberhaupt galten sie als äusserst
menschenfreundliche, den Verkehr mit den Menschen liebende und
alles Edle und Schöne unter ihnen pflegende Dämonen.

Die Kunst pflegte die Dioskuren darzustellen als edelgestaltete Helden-
jünglinge von schlanken, aber kräftigen Formen. Ihr charakteristisches
Merkzeichen sind die konischen (halbeiförmigen) Hüte, an deren Spitze
ein Stern glänzt. Gewöhnlich werden sie nackt gebildet oder mit einer
leichten Chlamys bekleidet. Fast immer erscheinen sie mit ihren Rossen
verbunden, entweder auf denselben reitend oder neben ihnen stehend und
sie bändigend oder am Zügel führend.

Die berühmteste aus dem Alterthum stammende Darstellung der
Dioskuren sind die sogenannten Kolosse von Monte Cavallo in Rom,
achtzehn Fuss hohe, in schönen Proportionen ausgeführte Marmorstatuen
nebst den zugehörigen Pferden. Sie sind auf dem Quirinal aufgestellt, der
von ihnen den Namen Monte Cavallo erhalten hat. Es sind zwar keine
Originalwerke der griechischen Kunst, aber nach griechischen Bronzen aus
der Zeit der Kunstblüthe wahrscheinlich unter Augustus gearbeitet.

Den Rossebändiger Kastor zeigt uns die nebenstehende Abbildung
eines herrlichen, aus der Zeit kurz vor Phidias stammenden Marmorreliefs
des Britischen Museums, welches in der Villa des Kaisers Hadrian bei
Tivoli gefunden wurde. Augenscheinlich sucht Kastor das in wildem Laufe
dahinsprengende kräftige Thier, welches er am Zügel gefasst hält, durch
einen mächtigen Ruck zum Stehen zu bringen. An dem Körper des Helden
hat Lübke (Gesch. d. Plastik, S. 111) mit Recht die meisterhaft ausgeführte

harmonische Verbindung der doppelten Bewegung des Vorwärtsstrebens und Zurückhaltens hervorgehoben (Fig. 113).

Wahrscheinlich, wenn auch nicht ganz zweifellos gewiss, sind die Gestalten der Zwillingsbrüder auch auf dem herrlichsten aller erhaltenen Denkmäler griechischer Kunst wiederzufinden, nämlich auf dem berühmten Cellafries des Parthenon zu Athen. Die vier Wände der Cella dieses Tempels umgab in einer Höhe von vierzig Fuss und in einer Längenausdehnung von 524 Fuss ein fortlaufendes Reliefband, eine grosse Festprozession darstellend, deren eigentlicher Zweck noch nicht genügend ermittelt ist*). Der grössere Theil dieser mit bewunderungswürdiger Genialität

Fig. 113. Marmorrelief des rossebändigenden Kastor.

erfundenen Composition, etwa zwei Drittel des Ganzen, ist noch erhalten und befindet sich theils im Britischen Museum, theils in Athen oder sonst zerstreut. In der Gruppe der Götter nun, welche auf der Ostseite des Frieses dargestellt waren, wie sie auf ihren Sesseln sitzend der Ankunft des Zuges harrten, befinden sich auch zwei Jünglingsgestalten, welche traulich Rücken an Rücken gelehnt, doch aber mit den Gesichtern

*) Gewöhnlich nimmt man an, dieser Fries stelle den Festzug dar, welcher am Schlusse der grossen Panathenäen zur Akropolis hinaufzuziehen pflegte, um der Göttin Athena einen neuen von athenischen Jungfrauen gewirkten und gestickten Peplos zu überbringen. Allein es erhebt sich hiergegen das Bedenken, dass jener Peplos der Athena Polias überreicht wurde, nicht aber der Göttin des Parthenon.

nach einer und derselben Richtung hingewendet, neben einander sitzen.
In diesen Jünglingen von edelster Bildung, von denen der am meisten
nach links sitzende eine Chlamys und einen thessalischen Reiterhut (Petasos)

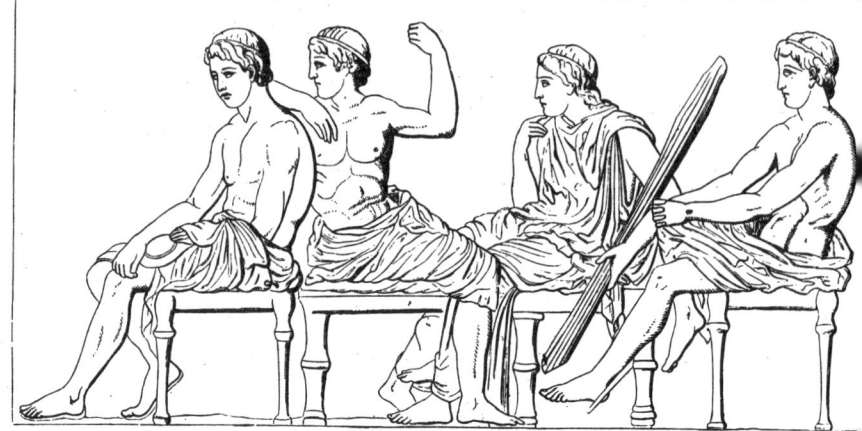

Fig. 114. Dioskuren. Vom Parthenonfries. Britisches Museum.

auf dem Schoosse liegen hat, der andere besonderer Attribute entbehrt, hat
man das göttliche Zwillingspaar erkennen wollen.

Unter den Begebenheiten, welche in dem Leben der Dioskuren Bedeutung haben, ist keine von der Kunst mit grösserer Liebe behandelt
worden, als der Raub der Leukippiden. Ein schönes Marmorrelief, zwar
aus der späteren römischen Kunstepoche stammend, aber doch gewiss nach
einem griechischen Original gearbeitet, welches sich in der Vatikanischen
Sammlung befindet, stellt diese Begebenheit in einer sehr figurenreichen
Gruppe dar. Eine weniger figurenreiche, aber künstlerisch bedeutendere
Composition auf einem Terracotta-Relief ist in der Arch.-Ztg. 10. Jahrg.
Taf. XL. veröffentlicht. Dass endlich die Liebe des Zeus zur Leda häufig
als künstlerisches Motiv benutzt wurde, bedarf kaum der Erwähnung.
Ausser verschiedenen herkulanischen und pompejanischen Wandgemälden
haben sich auch Marmorgruppen erhalten, welche die Leda von dem in
einen Schwan verwandelten Gotte umarmt darstellen. Diese Darstellungen
dokumentiren freilich theilweise eine bedenkliche Ausschreitung der antiken
Kunst ins üppig Sinnliche und Frivole.

6. Herakles.

An die Mythen der in der ältesten Zeit vorzugsweise von Aeoliern
bewohnten Landschaften schliesst sich hier am passendsten der Mythos
des Herakles an, weil dieser Heros, wenn sein Ansehen und seine Ver-

ehrung auch hauptsächlich durch die Dorier Verbreitung gefunden hat, doch von Haus aus ein gemeinsames Eigenthum aller aeolischen Stämme ist, so zu sagen ihr Stammheros, wie er in späterer Zeit, als man den Heraklesmythos mehr ethisch und allegorisch zu fassen anfing, zum Nationalhelden von ganz Hellas wurde. Es gibt keinen griechischen Mythos, bei welchem sich an den ursprünglichen Kern so viele spätere einheimische und fremdländische Zusätze angesetzt haben, als dieser. Er ist daher unter allen griechischen Mythen der umfangreichste und complicirteste. Kein Wunder, dass er in alter sowohl wie in neuer und neuester Zeit so häufig zum Gegenstande wissenschaftlicher Forschung gemacht worden ist. Wie ungeheuer gross der unter dem Namen Herakles angesammelte Sagenstoff ist, kann man schon aus der einzigen Notiz entnehmen, dass der wegen seiner umfassenden Gelehrsamkeit berühmte römische Schriftsteller Varro vierundvierzig verschiedene Herakles aufzählte. Es ist aber auch begreiflich, dass es eine fast unlösbare Aufgabe ist, ein solches Conglomerat von Mythen aller Arten und Gattungen völlig aufzuhellen, wiewohl schon die alten Mythographen bemüht gewesen sind, dieselben in einen pragmatischen Zusammenhang zu bringen. Wir müssen uns des Raumes wegen darauf beschränken, aus diesem so unendlich reichen Mythos die am meisten charakteristischen und für die Kunstgeschichte wichtigen Züge herauszuheben und den heutigen Standpunkt der Wissenschaft in Betreff der Deutung desselben kurz zu berühren.

Die älteste Quelle des Heraklesmythos ist für uns wiederum Homer, bei welchem die Grundzüge desselben schon ausgebildet vorliegen, die Feindschaft der Hera, die Dienstzeit bei Eurystheus und die Arbeiten, durch welche er sich befreit, wiewohl nur das Heraufholen des Kerberos namentlich angeführt wird, seine Feldzüge gegen Pylos, Ephyra, Oechalia und Troja. Dagegen sind die seiner Vergötterung und Vermählung mit Hebe betreffenden Verse der Odyssee (11, 602—4) muthmaasslich ein späteres Einschiebsel. Die Ilias spricht von ihm als einem gestorbenen grossen Helden der Vorzeit, „den die Moira bändigte und der schreckliche Zorn der Hera." Auch ist Herakles bei Homer noch rein griechischer Nationalheld, seine kriegerischen Unternehmungen führen ihn räumlich nicht über Troja hinaus, seine Bewaffnung unterscheidet ihn in nichts von anderen Helden. Im Einzelnen weiter ausgeführt wird dieses Bild in Hesiods Theogonie und im Schilde des Herakles, sonst stimmt Hesiod im Wesentlichen mit Homer überein.

Von wo die Vergötterung des Herakles ausgegangen, ob mit oder ohne phönikische Einwirkung, ist eine noch unaufgehellte Frage. Um das Jahr 700 v. Chr. erscheint sie als vollendete Thatsache. Die ältesten Zeugnisse dafür finden sich in dem sogenannten Homerischen Hymnos auf Herakles, in einem Fragment des Archilochos und in den bezüglichen interpolirten Stellen der Odyssee und Theogonie, welche eine gemeinschaftliche Quelle verrathen. Ein grösseres, den Herakles verherrlichendes Epos dichtete dann der Rhodier Peisandros (um 650 v. Chr.), von dessen Gedichte aber nur drei Verse erhalten sind. Er soll zuerst dem Herakles das später allgemein übliche Costüm, Keule und Löwenfell, gegeben haben. Seit dieser Zeit treten phönikische und ägyptische Elemente immer deutlicher in dem Heraklesmythos hervor. Die ausführlichste Zusammenstellung aller auf ihn bezüglichen Sagen findet sich bei Apollodor.

I. Geburt und Jugend der Helden.

Dieser Theil der Heraklessage ist hauptsächlich in Böotien ausgebildet worden. Amphitryon, ein Sohn des Alkäos und Enkel des Perseus, musste mit seiner Verlobten, Alkmene, welche gleichfalls durch ihren Vater Elektryon direkt von Perseus abstammte, einer Blutschuld wegen von Tiryns flüchten und fand Aufnahme in Theben bei dem dortigen Herrscher Kreon. Von hier aus unternahm er in Folge eines der Alkmene geleisteten Versprechens einen Kriegszug gegen die räuberischen Teleboer (Taphier), welche die Brüder der Alkmene erschlagen hatten. Nach dessen glücklicher Beendigung sollte die Hochzeit in Theben gefeiert werden. Inzwischen aber wurde der erhabene Herrscher des Olympos von unbezwinglicher Liebe zu der schönen Alkmene ergriffen. Die Gestalt des abwesenden Amphitryon annehmend näherte er sich ihr und zeugte mit ihr den Herakles, den sie gleichzeitig mit dem von Amphitryon erzeugten Iphikles gebar. Die dem Herakles von Zeus bestimmte Herschaft über alle Persiden entging ihm aber durch die Arglist der eifersüchtigen Hera, welche die Geburtswehen der Alkmene hemmte, dagegen die Niederkunft der Gemahlin des Sthenelos, eines Vatersbruders des Amphitryon, um zwei Monate zu früh eintreten liess. Nicht zufrieden damit, den Herakles auf diese Weise unter die Botmässigkeit des feigen Schwächlings Eurystheus gebracht zu haben, sandte Hera, nach einer später hinzugefügten Dichtung, als der junge Göttersohn acht Monate alt war, zwei Schlangen zu seiner Wiege, um ihn zu tödten. Allein dieser bewährte jetzt zum ersten Male seine göttliche Abkunft, indem er mit seinen Händen die Schlangen erwürgte. Die älteste Schilderung dieser Scene ist uns in einem herrlichen Gedichte Pindars erhalten. In Theben lässt dann die Sage den kräftig heranwachsenden Knaben durch vorzügliche Lehrer unterrichtet werden. Aber während er in allen ritterlichen Waffenübungen schnelle Fortschritte machte, blieb er in den musischen Künsten zurück und tödtete sogar seinen Lehrer Linos im Zorne über eine unsanfte Zurechtweisung, welche ihm seine Ungeschicklichkeit zugezogen hatte. Zur Strafe schickte ihn Amphitryon auf den Berg Kithäron, um dort die Heerden zu weiden. Dieses Hirtenleben setzte Herakles fort bis zu seinem vollendeten achtzehnten Jahre. In diese Zeit verlegte der Sophist Prodikos, ein Zeitgenosse des Sokrates, die von ihm erfundene bekannte Allegorie vom „Herkules am Scheidewege". Nachdem er völlig ausgewachsen (bei Apollodor ist er vier Ellen lang) und in den vollen Gebrauch seiner riesigen Kräfte gelangt war, verrichtete er seine erste grosse Heldenthat, indem er den kithäronischen Löwen erlegte. Ob es aber dessen oder des nemeischen Löwen Fell war, welches ihm später als stehende Bekleidung diente, ist nicht ausgemacht. Dann befreite er die Thebaner von einem schimpflichen Tribut, welchen sie dem Könige Erginos von Orchomenos zu leisten hatten, durch einen glücklichen Feldzug, bei welcher Gelegenheit Amphitryon das Leben verlor. Der dankbare Kreon aber gab dem Herakles nun seine Tochter Megara zur Gattin, sowie deren jüngere Schwester dem Iphikles.

II. Herakles im Dienste des Eurystheus.

(Die zwölf Arbeiten.)

Es folgt nun der zweite Abschnitt im Leben des Helden, seine im Dienste des zu Mykenä oder Tiryns herrschenden Eurystheus verrichteten Arbeiten. Die Zahl derselben ist erst in der alexandrinischen Zeit, als man den Herakles mit dem phönikischen Sonnengotte Baal identificirt hatte, bestimmt auf zwölf fixirt worden, weil man eine Analogie haben wollte zu dem Laufe der Sonne durch die zwölf Zeichen des Thierkreises. Was die Unterordnung des Herakles unter seinen ihm so unähnlichen Vetter Eurystheus betrifft, so stellen die

pragmatisirenden Mythologen dieselbe als eine Folge der durch Hera
dem letzteren arglistiger Weise zugewendeten Oberherrschaft dar.
Es scheint aber ein älterer Zug der Sage gewesen zu sein, dass Herakles
dieser Demüthigung sich unterziehen musste zur Sühne eines in der
Raserei an seinen mit der Megara erzeugten Kindern begangenen
Mordes. Später drehte man das Verhältnis um und liess den Herakles
rasend werden in Folge der Aufforderung des Eurystheus, sich seinem
Dienste zu stellen. Euripides, in der noch erhaltenen Tragödie Hercules
furens, setzt den Wahnsinn des Herakles erst in die Zeit nach seiner
Rückkehr aus der Unterwelt, worin ihm auch der römische Tragiker
Seneca gefolgt ist. Die Arbeiten des Herakles sind nun folgende:

1. Der Kampf mit dem nemeischen Löwen. Dieses vom Typhon
und der Echidna erzeugte Ungeheuer, dessen Fell jeder Waffe trotzte,
hauste in der Gegend von Nemea und Kleonä. Da Herakles demselben
weder mit seinen Pfeilen noch mit seiner Keule etwas anhaben konnte,
trieb er es in eine Höhle und erwürgte es in seinen Armen. Der Kopf
des Löwen diente ihm hinfort als Helm, das Fell als undurchdringlicher
Panzer.

2. Die lernäische Hydra. Auch dieses Ungethüm, eine grosse
Wasserschlange mit vielen Köpfen, deren Zahl natürlich bei den Dichtern
sehr variirt, während alte Gemmen in der Regel sieben Köpfe zeigen,
wird auch als eine Brut des Typhon und der Echidna bezeichnet. Sie
machte die Gegend von Lerna in Argolis unsicher, da sie Menschen und
Vieh raubte. Auf dieses Abenteuer nahm Herakles den Sohn seines Bruders
Iphikles mit, welcher Jolaos hiess und auch in anderen gefährlichen
Unternehmungen als treuer Gefährte des Herakles vorkommt. Nachdem
der Held mit Pfeilschüssen die Schlange von ihrem Lager empor-
getrieben hatte, ging er unerschrocken auf sie los, griff sie mit den
Händen und schlug ihr mit einem sichelförmigen Schwerte die Köpfe
ab. Allein zu seinem Schrecken wuchsen an Stelle jedes abgeschlagenen
Kopfes zwei neue hervor. Da liess er den Jolaos einen benachbarten
Wald anzünden und fuhr nun mit den von seinem Gefährten ihm dar-
gereichten Feuerbränden über die Hälse hin und her, bis er die Schlange
endlich getödtet hatte. Mit der Galle des giftigen Wurms bestrich er
seine Pfeile, die von nun an unheilbare Wunden verursachten.

3. Der erymanthische Eber. Dieser hauste in dem arkadischen
Waldgebirge Erymanthos, von wo aus er die Saatfelder von Psophis
verwüstete. Herakles trieb ihn hinauf bis zu dem schneebedeckten

Gipfel des Berges und fing ihn dann seinem Auftrage gemäss lebendig. Als er aber mit dem gewaltigen Thiere auf dem Rücken nach Mykenä kam, erschrak Eurystheus so heftig, dass er sich in ein Fass verkroch. Diese komische Scene liebte man auf Vasenbildern darzustellen. Mit dieser Jagd verbindet man die Kentauromachie des Herakles. Unterwegs nämlich kehrte der göttliche Held hungrig und durstig bei dem ihm befreundeten Kentauren P h o l o s ein, der offenbar unter den arkadischen Kentauren eine ähnliche Stellung einnimmt, wie Chiron unter den thessalischen. Pholos öffnet seinem Gast zu Ehren ein in seiner Höhle liegendes allen Kentauren gemeinsames Fass Wein. Der sich verbreitende Duft des Weines zog nun sofort die auf dem Gebirge Pholoë zerstreut wohnenden Kentauren herbei, welche dem zechenden Helden mit Felsblöcken und Baumstämmen zu Leibe gingen. Allein dieser trieb sie mit Pfeilschüssen und Feuerbränden zurück und überwand sie nach heftigem Kampfe. Zur Höhle des Pholos zurückgekehrt fand er seinen Freund todt. Der Unglückliche hatte aus dem Leibe eines der Getödteten den Pfeil herausgezogen, um ihn näher zu betrachten, liess ihn aber unversehens auf den Fuss fallen und starb an der dadurch erhaltenen Wunde. Scenen aus dieser Kentauromachie des Herakles finden sich auf Vasen von Volci und andern noch häufig. Ueber die Bildung der Kentauren s. oben S. 240.

4. **Die kerynitische Hindin.** Dieses der arkadischen Artemis geheiligte Thier mit goldenen Hörnern und ehernen Läufen (ein Symbol der Unermüdlichkeit) sollte Herakles lebendig fangen. Er verfolgte es über Berg und Thal mit der grössten Ausdauer ein ganzes Jahr lang, bis er es endlich, als es nach Arkadien zurückgekehrt war, am Flusse Ladon fing und nach Mykenä trug.

5. **Vertreibung der Stymphaliden.** Diese räuberischen und menschenfressenden Vögel mit ehernen Krallen, Schnäbeln und Federn, die sie nach Hygin's Bericht sogar wie Pfeile abzuschiessen vermochten, bewohnten die Gegend um den arkadischen See Stymphalis. Herakles tödtete einige von ihnen, die andern verscheuchte er durch das Geräusch einer ehernen Klapper, so dass sie nicht wiederkamen. Augenscheinlich ist dieser letztere Umstand ein späterer Zusatz, um es zu motiviren, dass die Stymphaliden in der Argonautensage wieder auftauchen.

6. **Reinigung der Ställe des Augeias.** Des durch seinen ungeheuern Reichthum an Heerden sprichwörtlich gewordenen Königs Augeias in Elis Viehställe in einem Tage zu reinigen war die sechste Auf-

gabe, welche Eurystheus unserm Helden stellte. Herakles begab sich
also nach Elis und machte dem König das Anerbieten, ihm seinen Vieh-
stall, in welchem 3000 Rinder standen, zu reinigen, wofern er ihm den
zehnten Theil der Heerde dafür gäbe. Augeias war damit einverstanden.
Nun leitete Herakles entweder den Peneus oder den Alpheus oder nach
einer dritten Annahme beide Flüsse über den Viehhof und schwemmte
so den Mist fort. Als aber Augeias nachträglich erfuhr, dass Herakles
diese Reinigung seiner Ställe im Auftrage des Eurystheus vorgenommen
habe, weigerte er sich den bedungenen Lohn zu geben, weshalb Herakles
später furchtbare Rache an ihm nahm.

7. **Der kretische Stier.** In der Minossage kommt die Geschichte
vor von einem Stier, welchen Poseidon auf das Gebet des Minos dem
Meere entsteigen liess, um als Opferthier zu dienen. Da jedoch Minos,
durch die Schönheit des Thieres bethört, dasselbe unterschlug und unter
seine Heerden steckte, so machte Poseidon den Stier rasend. Herakles
bemächtigte sich desselben dem Befehl des Eurystheus zufolge und
brachte ihn lebend nach Mykenä. Das von Eurystheus freigelassene
Thier taucht dann in der Theseussage als marathonischer Stier
wieder auf.

8. **Die Rosse des Diomedes.** Ueber die wilden und kriegerischen
Bistonen in Thrakien herrschte Diomedes. Dieser hatte die Grausamkeit,
alle an seine Küste verschlagenen Fremden seinen unbändigen menschenfressenden Rossen vorwerfen zu lassen. Diese Rosse zu bändigen und
gleichfalls lebend nach Mykenä zu führen, war die folgende Arbeit des
Herakles. Auch dieser Aufgabe entledigte sich der Held glücklich,
nachdem er zuvor dem sich widersetzenden Diomedes dasselbe Schicksal
bereitet hatte, welches vorher so viele Fremdlinge durch ihn hatten
erleiden müssen.

9. **Der Gürtel der Hippolyte.** Weil Admete, die Tochter des
Eurystheus, den Gürtel (Wehrgehenk) der Amazonenkönigin, ein Geschenk des Ares, zu haben wünschte, erhielt Herakles den Auftrag
denselben zu holen. Nach mancherlei Abenteuern landet der Held in
Themiskyra. Hippolyte ist anfangs bereit, den Gürtel freiwillig zu
überliefern. Jedoch Hera, in der Gestalt einer Amazone, verbreitete
das Gerücht, man wolle die Königin entführen, worauf die Amazonen
bewaffnet den Herakles und die Seinigen angreifen. In dem darauf
sich entspinnenden Kampfe wird Hippolyte von Herakles getödtet,
worauf der Held sich mit dem geraubten Gürtel entfernt. Auf der

Heimkehr soll ihm das bekannte Abenteuer mit der Hesione, der Tochter des trojanischen Königs Laomedon, zugestossen sein. Dieser König hatte den Poseidon und Apollon, welche ihm zur Ummauerung der Veste Pergamon behülflich gewesen waren, um den ausbedungenen Lohn betrogen. Aus Zorn darüber sandte Apollon eine Pest, Poseidon aber ein Meerungeheuer, welches Land und Leute weit und breit schädigte. Auf den Rath des Orakels ward nun Hesione dem Ungeheuer zum Frasse ausgesetzt. Herakles erbot sich zum Kampfe gegen dasselbe, wofern ihm Laomedon als Belohnung die Rosse geben würde, die sein Vater Tros als Entgeld für den geraubten Ganymedes von Zeus erhalten hatte. Da Laomedon mit der Bedingung einverstanden war, so erlegte Herakles das Ungethüm, Laomedon aber zeigte sich auch gegen ihn wortbrüchig, weshalb Herakles sich unter Androhung einer späteren Rache entfernte.

10. Die Rinder des Geryones. Hierauf wurde dem Herakles die Aufgabe gestellt, die Rinder des dreigestalteten und geflügelten Riesen Geryones oder Geryoneus herbeizuholen. Dieser war ein Sohn des Chrysaor und der Kallirrhoë, einer Okeanide (die Schönströmende), und bewohnte die im äussersten Westen in der Gegend des Sonnenuntergangs gelegene Insel Erytheia (die röthlich strahlende), wo ihm eine Herde der schönsten und fettesten Rinder weidete. Da man Herakles den weiten Weg nach dem mythischen Erytheia und von da zurück nach Argos doch nicht ohne besondere Reiseerlebnisse zurücklegen lassen konnte, so haben die Dichter dieses Abenteuer besonders reichlich auszuschmücken gewusst. Gewöhnlich lässt man ihn die Hinfahrt durch Libyen machen, dann in dem sogenannten Sonnenkahne, zu dessen Herausgabe er den Helios durch Pfeilschüsse zwingt, nach Erytheia übersetzen. Hier tödtet er zuerst den die Rinder bewachenden Hirten nebst dem Hunde, wird aber dann als er die Herde schon fortgetrieben hat, durch den Geryon eingeholt, mit welchem sich nun ein heftiger Kampf entspinnt, bis das dreiköpfige, schreckliche Ungethüm endlich den wohlgezielten Pfeilschüssen des mächtigen Helden erliegt. Die Rückfahrt lässt die ältere Sage den Herakles dann in der Weise machen, dass er zuerst wieder auf dem Sonnenkahne über den Okeanos zurückschifft und von Tartessos aus durch Iberien, Gallien, Italien den Weg zu Fuss fortsetzt. Wir übergehen seine Kämpfe mit den Kelten und Ligurern und erwähnen nur die auch von Livius berührte Bezwingung des Riesen Cacus in der Gegend des künftigen Rom, weil die römische Sage hieran die Einführung des Heraklescultus in Italien knüpft. Als er endlich nach vielen abenteuerlichen Erlebnissen zum Eurystheus gekommen war, opferte dieser die Rinder der argivischen Hera.

Zehn Arbeiten hatte Herakles jetzt vollendet, da aber Eurystheus, wie Apollodor erzählt, die Tödtung der lernäischen Hydra nicht gelten lassen wollte, weil Herakles sich dabei der Hülfe des Jolaos bedient habe, ferner die Reinigung der Ställe des Augeias nicht wegen des dabei ausbedungenen Lohns, so musste er noch weitere zwei Arbeiten übernehmen. Mit dieser Angabe stimmt freilich nicht, dass der Spruch des Orakels, nach welchem Herakles sich in die Dienstbarkeit begab, gleich von vorn herein zwölf Athlen in Aussicht gestellt hatte.

11. Die Aepfel der Hesperiden. Dieses Abenteuer ist noch mehr als das vorige durch allerlei spätere und ausländische Zusätze ausgeschmückt worden. Die goldenen, unter der Obhut der Hesperiden (d. i. Nymphen des Westens) stehenden Aepfel waren ein Hochzeitsgeschenk, welches Hera bei ihrer Vermählung mit Zeus von der Gäa erhalten hatte. Die Hesperiden liessen dieselben bewachen durch den schrecklichen Drachen L a d o n, der natürlich wie alle solche Ungethüme ein Sohn des Typhon und der Echidna war. Allein dieser Umstand war für Herakles weniger hinderlich, als vielmehr seine gänzliche Unkenntnis der Lage des Gartens der Hesperiden. Er macht daher viele Kreuz- und Querzüge, ehe er an das ersehnte Ziel gelangt.

Zunächst sucht er die Lage des Gartens der Hesperiden in Erfahrung zu bringen. Zu diesem Zwecke wanderte er durch Illyrien zum Eridanus (Po), um die an diesem Flusse wohnenden Nymphen nach dem Wege zu befragen. Von ihnen an den untrüglichen Meergreis Nereus gewiesen, beschleicht er denselben im Schlafe und hält ihn so lange fest, bis er die gewünschte Auskunft ertheilt hat. Dann geht Herakles zunächst über Tartessos nach Libyen, wo ihn der riesige A n t ä o s zum Ringkampf herausforderte. Dieser gewaltige Sohn der Erde, dessen Körperlänge in der ursprünglich nicht griechischen, sondern libyschen Sage in's Ungeheure vergrössert wird (nach Einigen war er 60 Ellen hoch), konnte von Herakles nur dadurch besiegt werden, dass er ihn in der Luft mit seinen Armen erdrückte. Denn sobald Antäos die mütterliche Erde berührte, zog er neue Kraft aus derselben.

Von Libyen gelangte Herakles nach Aegypten. Hier herrschte der grausame König B u s i r i s, welcher die Gewohnheit hatte, die

Fremdlinge, welche sein Land betraten, aufzugreifen und dem Zeus zu opfern. Auch Herakles sollte diesen Tod erleiden, aber er sprengte die Bande, welche man ihm angelegt hatte, und erschlug den König sammt seinem Sohne. Dass er es sich hierauf an der reichlich besetzten Tafel des Königs ausserordentlich gut sein liess, ist ein Zug der Sage, „in welchem die Komiker schwelgten", die es überhaupt liebten, gelegentlich über den gesunden Heldenappetit des Herakles zu scherzen.

Von Aegypten führte den Herakles sein Weg nach Aethiopien, wo er den Emathion, des Tithonos und der Eos Sohn, welcher die Fremdlinge grausam behandelte, erschlug, setzte dann über das Meer nach Indien und kam so zum Kaukasos, wo er den Prometheus befreite, indem er den die Leber des Unglücklichen zerfleischenden Geier erschoss. Nachdem ihm Prometheus den fernen Weg zu den Hesperiden beschrieben, kommt er endlich durch Skythien in das Land der Hyperboreer, wo Atlas die Säulen des Himmels auf seinen Schultern trägt. Hier ist er am Ziele seiner Fahrt. Auf seine Bitten holt ihm Atlas die Aepfel, während Herakles in der Zwischenzeit sich unter das Himmelsgewölbe stellt. Die Komiker fügten hier einen neuen Scherz ein. Atlas, nachdem er einmal die Annehmlichkeit geschmeckt, seine schwere Bürde los zu sein, bezeigte keine Lust, seinen Stellvertreter wieder abzulösen, sondern erbot sich, die Aepfel selbst zum Eurystheus hinzutragen. Aber Herakles war doch noch schlauer als er. Scheinbar auf die Sache eingehend bat er den Atlas, ihn nur noch so lange abzulösen, bis er sich zur grösseren Bequemlichkeit ein Polster für seinen Rücken zurecht gemacht haben würde. Als Atlas in seiner einfältigen Gutmüthigkeit sich dazu verstand, liess ihn Herakles natürlich stehen und eilte mit seinen Aepfeln davon. Nach einer andern Tradition soll er aber selbst in den Garten gestiegen und den hundertköpfigen Drachen, welcher des Baumes Hüter war, erschlagen haben.

12. Kerberos. Als das verwegenste unter allen Abenteuern des Herakles, welches allen übrigen gleichsam die Krone aufsetzt und daher auch stets an das Ende der zwölf Arbeiten gerückt wird, gilt schon bei Homer das Heraufholen des Höllenhundes aus der Unterwelt. Deshalb begleiten ihn auch bei diesem Unternehmen die beiden hülfreichen Gottheiten Hermes und Athena, deren Hülfe er bei seinen frühern Abenteuern noch entrathen konnte. Nach der gewöhnlichen Annahme stieg er beim Vorgebirge Tänaron in Lakonien zur Unterwelt hinab. Nahe an der Pforte des Hades findet er die kühnen Helden Theseus

und Peirithoos, welche hinabgestiegen waren, um die Persephone zu
rauben, an einen Felsen geschmiedet. Den Theseus befreit er glücklich,
aber den Peirithoos musste er zurücklassen, da die Erde, als er ihn
anfassen wollte, heftig erbebte. Nach mancherlei andern Erlebnissen
gelangt er endlich zum Beherrscher des unterweltlichen Reiches. Dieser
gibt ihm den Höllenhund preis, vorausgesetzt, dass sich Herakles desselben ohne Waffen bemächtige. Der Held bemächtigte sich nun auch des
wüthenden Thieres, fesselte es und brachte es dem Eurystheus, um es
dann sofort wieder seinem Herrn zurückzubringen. Mit dieser Arbeit
hatte sich Herakles aus der Dienstbarkeit des Eurystheus befreit.

III. Thaten des Herakles nach seiner Dienstzeit.

1. Ermordung des Iphitos und Kampf mit Apollon. Der seines
Dienstes frei gewordene Held begab sich nun zunächst nach Theben
zurück, wo er seine Gemahlin Megara an den Jolaos verheirathete, und
zog dann gegen Oechalia, dessen bogenberühmter König Eurytos
seine schöne Tochter, die blondhaarige Jole, demjenigen zum Weibe
bestimmt hatte, der ihn und seine Söhne in der Kunst des Bogenschies-
sens übertreffen würde. Die Lage dieses Oechalia ist wieder eine
schwankende, bald wird es in Thesalien, bald im Peloponnes an der
Grenze von Arkadien und Messenien gesucht, endlich verlegt man es
nach der Insel Euböa in die Nähe von Eretria. Obwohl nun Herakles
in dem angestellten Wettschiessen den glänzendsten Sieg davon trug, so
weigerte sich Eurytos doch, ihm seine Tochter zu geben, indem er ihm
den Mord seiner Kinder und die schimpfliche Dienstbarkeit unter Eurystheus vorhielt. Rache brütend entfernte sich Herakles und als er bald
darauf den Iphitos, einen Sohn des Königs, in seine Gewalt bekommt,
stürzt er ihn von dem hohen Thurme seiner Burg in Tiryns hinab.
Offenbar weil dieses etwas hinterlistige Verfahren mit dem sonstigen
Charakter des Helden nicht im Einklange zu stehen schien, dichtete
man später, Iphitos sei ein Freund des Herakles und Fürsprecher desselben bei seinem Vater gewesen, und nur in einem neuen Anfalle von
Raserei habe jener so an ihm gehandelt. Die blutige That sollte die
ernstesten Folgen haben. Nachdem Herakles zuerst bei Menschen vergeblich Reinigung und Entsündigung gesucht, kam er nach Delphi, um
beim dortigen Orakel Trost und Hülfe zu suchen. Allein Apollon, bei
welchem die oechalische Königsfamilie in hoher Gunst stand, wies ihn

ab. Da drang Herakles mit Gewalt in den Tempel und trug schon den heiligen Dreifuss hinweg, um auf eigene Faust ein Orakel zu errichten, als der erzürnte Gott erschien, um dies frevelhafte Beginnen zu hemmen. Nun wäre ohne Zweifel etwas Entsetzliches geschehen, wenn nicht der Vater der Götter und Menschen selbst den unnatürlichen Kampf seiner beiden geliebten Söhne verhindert und durch seinen schreckenden Blitzstrahl die Kämpfer von einander getrennt hätte. Herakles erhielt jetzt von der Pythia den Befehl, sich auf drei Jahre durch Hermes in die Sklaverei verkaufen zu lassen, um so den an Iphitos begangenen Mord zu sühnen.

2. **Herakles im Dienste der Omphale.** Dieser Theil des Herakles-mythos ist lydischen Ursprungs, aber später durch die pragmatisirenden Mythographen geschickt in die griechische Sage hineinverwebt worden. Die Lydier verehrten nämlich einen dem Herakles in manchen Stücken ähnlichen Sonnenheros, Namens Sandon, als den Stammvater ihres Königsgeschlechts. Der orientalische Charakter dieses lydischen Herakles zeigt sich auf der Stelle darin, dass er, ganz der Wollust und Sinnlichkeit hingegeben, in der Gesellschaft der Weiber selbst zum Weibe wird und von seiner Gebieterin Omphale sich sogar Weiberkleider anziehen lässt, während sie mit seinem Löwenfell behangen und die Keule tragend vor ihm auf und ab stolzirt. Doch nicht immer verharrte Herakles in dieser weichlichen Unthätigkeit, bisweilen trieb ihn die alte Thatenlust hinaus zu kühnen Wagnissen. So züchtigte und band er die Kerkopen, ein Geschlecht wegelagernder Kobolde, welche den Reisenden allerlei bösen Schabernack zuzufügen pflegten. Ferner tödtete er den bösen Syleus, welcher die vorüberziehenden Wanderer in seinem Weinberge zu graben zwang, wovon Euripides ein Satyrdrama dichtete.

3. **Zug gegen Troja.** Nachdem Herakles noch verschiedene Thaten im Dienste der Omphale verrichtet, wurde er wieder frei und soll nun im Verein mit vielen andern griechischen Helden, wie Peleus, Telamon, Oïkles, deren Zahl mit der Zeit immer mehr anwuchs, einen Rachezug gegen den treulosen König Laomedon von Troja unternommen haben. Die Stadt wurde erstürmt, wobei Oïkles fiel, andrerseits aber auch Laomedon mit allen seinen Söhnen, mit Ausnahme des Podarkes, den Pfeilen des Herakles erlag. Die Hesione schenkte der Held seinem Freunde Telamon, der mit ihr den Teukros erzeugte. Da Hesione von Herakles die Erlaubnis erhielt, einen der Gefangenen

mit ihrem Schleier zu lösen, so wählte sie ihren Bruder Podarkes, welcher seitdem den Namen Priamos (der Losgekaufte) führte und das Geschlecht der Dardaniden in Ilion fortsetzte. Dem heimkehrenden Helden aber erregte die über seinen wachsenden Ruhm eifersüchtige Hera einen gewaltigen Seesturm, wofür Zeus sie in der aus der Ilias *) bekannten drastischen Manier bestrafte. In die Zeit nach der Rückkehr von Troja verlegten die Dichter auch gewöhnlich die Theilnahme des Herakles an der Gigantomachie, wovon schon oben (S. 18) die Rede war. Namentlich schrieb man dem Herakles die Erlegung des Alkyoneus zu.

4. Peloponnesische Kriegszüge. Hierauf lässt die Sage den Herakles seinen lang aufgeschobenen Rachezug gegen den König Augeias unternehmen, aus welchem sich dann in weiterer Folge ein messenischer und lakedämonischer Krieg entwickelt. Nachdem er in Arkadien ein Heer gesammelt, dem sich viele tapfere griechische Helden anschlossen, rückte er in Elis ein. Aber seine Schaar wurde, während Herakles selbst krank war, von den Neffen des Augeias, den tapferen Aktoriden oder Molioniden (Söhnen der Molione), überfallen und mit grossem Verluste zurückgetrieben. Erst nachdem Herakles die zu den isthmischen Spielen ziehenden Molioniden bei Kleonae in einem Hinterhalte getödtet hatte, gelang es ihm, in Elis einzudringen, worauf er den König Augeias umbrachte und dessen ihm freundlichen Sohne Phyleus das Reich gab. Auch setzte er damals die olympischen Spiele ein. Dann zog er weiter gegen Pylos, entweder weil der König Neleus den Molioniden Hülfe geleistet oder weil er ihm nach der Ermordung des Iphitos die Entsündigung geweigert hatte. Dieser pylische Kampf des Herakles wurde später von den Dichtern ausserordentlich ausgeschmückt, man machte eine grosse Götterschlacht daraus, indem man einen Theil der Olympier für Neleus, einen andern für Herakles Partei ergreifen liess. Ein Hauptmoment in diesem Drama ist der Zweikampf des Herakles mit dem streitbarsten der Neliden, Periklymenos, welcher vom Poseidon, dem bekannten Schutzgotte der Pylier, die Gabe erhalten hatte, sich in allerlei Thiergestalten zu verwandeln. Der schliessliche Ausgang ist natürlich auch hier ein völliger Sieg des Herakles. Neleus wird mit elf blühenden Söhnen getödtet, nur der jüngste Sohn Nestor bleibt als Stammhalter des berühmten Geschlechts.

---

*) XV, 18—31.

An den pylischen Feldzug reiht sich der lakedämonische, so dass man geneigt sein möchte, mit Ottfr. Müller zu glauben, dieses Alles sei nur deshalb gedichtet, um für die späteren Eroberungszüge der Herakliden ein Vorbild zu schaffen. Dieses Mal geht es gegen Hippokoon, den Herrscher von Lakedämon, einen Halbbruder des Tyndareos, welcher letztere von jenem vertrieben worden war. Herakles erschlug ihn nebst seinen Söhnen und gab darauf die Herrschaft dem Tyndareos. Bei diesem Kriegszug hatte ihm der tegeatische König Kepheus mit seinen zwanzig Söhnen Beistand geleistet, was wir nur erwähnen wegen einer merkwürdigen Sage, welche die Tegeaten an den Aufenthalt des Herakles in ihrer Stadt knüpften. Dieser soll nämlich damals die Schwester des Kepheus, die schöne Auge, welche eine Priesterin der Athena genannt wird, im Rausch überwältigt und mit ihr den Telephos erzeugt haben, dessen höchst wunderbare Geschichte die Dichter sowohl wie die Künstler vielfach beschäftigt hat. Auge nämlich verbarg das heimlich geborene Kind in dem Haine der Athena. Allein die erzürnte Göttin sandte nun eine Hungersnoth, worauf Auge's Vater Aleos das entdeckte Kind aussetzen, die Mutter aber über das Meer verkaufen liess. Auge gelangte nach Mysien, wo der König Teuthras sie zu seiner Gemahlin erhob. Telephos, von einer Hirschkuh gesäugt, wird gerettet und findet später nach wunderbaren Schicksalen seine Mutter wieder. Als Nachfolger des Teuthras geräth er später bei der Landung der gegen Troja ziehenden Griechen mit denselben in Conflict und wird von Achilleus verwundet. Er soll unter allen Söhnen des Herakles dem Vater am ähnlichsten gewesen sein.

5. Acheloos, Nessos, Kyknos. Es folgt nun in der Geschichte des Helden seine Bewerbung um Deianira, die Tochter des ätolischen Fürsten Oeneus, der als ältester Pflanzer des Weinstocks in der dortigen Gegend gerühmt wird und auch als Vater der ätolischen Helden Meleagros und Tydeus bekannt ist. Bei dieser Bewerbung rivalisirte Herakles mit dem ätolischen Flussgotte Acheloos. Da keiner von ihnen zurücktreten wollte, so kam es zu dem von Dichtern so oft geschilderten*) Kampfe zwischen den beiden Nebenbuhlern. Nichts half es dem Acheloos, dass er verschiedene Gestalten annahm, er musste sich, nachdem er zuletzt in der Gestalt eines Stieres mit seinem Gegner gekämpft hatte und von diesem eines Hornes beraubt worden war, für

---

*) Am schönsten in einem Chorgesange in Sophokles' Trachinierinnen und in Ovids Metamorphosen.

besiegt erklären. Herakles gab ihm sein Horn zurück und empfing
dafür von jenem das Horn der Ziege Amalthea. Nachdem er die
Deianira geheirathet hatte, lebte nun Herakles einige Zeit glücklich bei
seinem Schwiegervater Oeneus, seine Gemahlin schenkte ihm einen
Sohn, welcher Hyllos genannt wurde. Dann wandte er sich in Folge
eines unvorsätzlich begangenen Mordes zu seinem Freunde Keyx zu
Trachis am Fusse des Oeta. Beim Uebersetzen über den Fluss Evenos
begegnete ihm das bekannte Abenteuer mit dem Kentauren Nessos.
Diesem hatte er, selber rüstig den Fluss durchwatend, die Deianira zum
Hinübertragen überlassen. Allein der Kentaur, von der Schönheit der
Reiterin zu bösem Anschlage gereizt, wollte mit der Beute entfliehen.
Von einem nachgesendeten Pfeile des Helden durchbohrt musste er
freilich sein frevelhaftes Beginnen mit dem Tode büssen, aber er rächte
sich furchtbar an seinem Mörder, indem er der Deianira von seinem
geronnenen Blute gab, um daraus eine Zaubersalbe zu bereiten, welche
ihr jeder Zeit die Liebe ihres Gatten sichern würde.

Zu Trachis angelangt und von Keyx wohl aufgenommen, bekämpfte
Herakles zuerst die Dryoper und stand dem dorischen Könige Aegi-
mios gegen die Lapithen bei, dann hatte er den berühmten Zweikampf
mit Kyknos, dem Sohne des Ares, bei Iton in der Nähe des pagasäi-
schen Meerbusens zu bestehen. Er tödtete nicht nur den Gegner, sondern verwundete sogar den seinem Sohne zu Hülfe geeilten Kriegsgott
selber. Dieser Kampf ist der Gegenstand des bekannten unter Hesiods
Namen gehenden Gedichtes „Scutum Herculis".

IV. Letzte Schicksale und Apotheose.

Das Ende des Herakles wird gewöhnlich mit seinem Rachezuge
gegen Eurytos in Verbindung gebracht; wir kennen es am besten aus
der meisterhaften Darstellung des Sophokles in seinen Trachinierinnen.
Von Trachis aus zog Herakles, der die schmähliche, ihm von Eurytos
widerfahrene Behandlung nicht vergessen konnte, mit einem Heere
gegen Oechalia. Stadt und Burg wurden erstürmt, Eurytos und seine
Söhne getödtet, die schöne Jole aber, welche noch unvermählt geblieben war, fiel in die Hände des Siegers. Der mit grosser Beute abzie-
hende Held machte nun am Vorgebirge Kenäon, der lokrischen Küste
gegenüber, Halt, um seinem Vater Zeus ein feierliches Dank- und
Siegesopfer darzubringen. Da glaubte Deianira, welche wegen der

Jole von eifersüchtigen Zweifeln gequält wurde, es sei nunmehr Zeit, von dem Zaubermittel des Nessos Gebrauch zu machen. Sie sandte deshalb ihrem Gemahl ein weisses Opfergewand, nachdem sie es zuvor mit der aus dem Blute des Kentauren zubereiteten Salbe bestrichen hatte. Ahnungslos bekleidete sich damit der Held. Aber kaum hatte die Flamme des Opferheerdes das Gift erwärmt, so drang dasselbe zerstörend in den Körper des Unglücklichen ein. Von wüthenden Schmerzen gepeinigt versucht er das Gewand abzureissen. Vergebens! es klebt fest wie ein Pflaster an seiner Haut und wo er gewaltsam daran zu zerren versucht, reisst er ganze Stücke Fleisch von seinem Körper ab. Da ergreift er in rasender Wuth den Ueberbringer des Unglücksgeschenkes, den Herold Lichas, und zerschmettert ihn in wuchtvollem Wurfe an einem Felsen des Meeres, dann lässt er sich hinüberbringen nach Trachis, wo inzwischen Deianira auf die Kunde des schrecklichen Ereignisses sich voll Reue und Verzweiflung das Leben genommen hatte. Ueberzeugt, dass er rettungslos verloren ist, zieht er von Trachis zum Oeta hinauf nnd errichtet sich hier einen Scheiterhaufen, um seine Qualen durch raschen Flammentod zu enden. Allein von seiner Umgebung will Niemand sich dazu verstehen, den Holzstoss in Brand zu stecken, bis zufällig Pöas, der Vater des Philoktet, des Weges daher kommt und ihm diesen Liebesdienst erweist, wofür ihm Herakles Bogen und Pfeile schenkt. Als aber die Flamme hoch emporlodert, siehe da senkt sich unter gewaltigem Krachen des Donners eine Wolke vom Himmel und ein Viergespann, von Athena gelenkt, führt den verklärten Helden zum Olympos empor, wo ihn die Unsterblichen freudig begrüssen und Zeus den zum Gott gewordenen und mit Hera ausgesöhnten Helden mit der Hand der lieblichen Hebe beglückt.

V. Herakles als Gott.

Wir haben unsern Lesern die am meisten charakteristischen Züge des Heraklesmythos vorgeführt. Ihn zu deuten und in allen Einzelheiten auf seine Grundanschauungen zurückzuführen ist, wie schon oben bemerkt, bei der grossen Masse sowohl landschaftlicher wie ausländischer Sagen, die sich hier zusammengefunden haben, fast unmöglich. Soviel ist unzweifelhaft, dass abgesehen von den Vorstellungen, welche von dem tyrischen und aegyptischen Herakles auf den griechischen übergegangen sind, in dem griechischen Herakles selbst sich Naturmythen mit historischen und allegorischen begegnen. Das historische Element ist zum Beispiel unverkennbar in den Kriegsthaten des Herakles gegen die Dryoper, gegen den Augeias, die Pylier und Hippokoontiden. Hier sind Thaten des ganzen dorischen Stammes auf den Stammheros einfach übertragen. Dagegen tritt in den meisten der sogenannten Athlen der Naturmythos unverkennbar hervor. Es scheint, dass Herakles ursprünglich ein Symbol der über die finstern Naturmächte triumphirenden Kraft der Sonne war, dann aber, durch den Kult der argivischen Hera aus Argos verdrängt, zum Heros herabsank. Nachdem er von Neuem vergöttert worden war, fasste man ihn zu einer Zeit, wo die griechischen Götter schon durchgängig ihre Naturbedeutung abgestreift hatten, natürlich vorzugsweise von der ethischen Seite. Herakles erscheint als das Sinnbild höchster moralischer Kraft, welche alle Schwierigkeiten und Hindernisse siegreich überwindet. Dichter und Philosophen der Griechen wetteiferten, ihn in dieser Beziehung der Jugend besonders als leuchtendes Vorbild hinzustellen, um ihr zu zeigen, wie man durch die Kraft und Stärke des moralischen Willens, trotz tausendfacher Hindernisse, Alles aus sich zu machen vermöge. In diesem Sinne ist auch die bekannte Allegorie des geistvollen Sophisten Prodikos*) „Herakles am Scheidewege" gedichtet. In der öffentlichen Verehrung der Griechen wurde der Gott Herakles daher vorzugsweise als der Vorsteher der Gymnasien gefeiert, wie ihm denn in Athen das Gymnasium Kynosarges ganz besonders geweiht war. Der zweite Grundbegriff des als Gott verehrten Herakles war der eines Heilands und Wohlthäters seiner Nation, der nicht nur während seines mühevollen und thatenreichen Lebens sich ein unendliches Verdienst um die Menschheit erworben, sei es durch Bekämpfung von Riesen und wilden Thieren, sei es durch die Bezwingung störender und verderblicher Naturmächte oder durch die Vertilgung der Menschenopfer und anderer barbarischer Sitten der Vorzeit, sondern der auch fort und fort als ein den Menschen freundlich und wohlwollend gesinnter Gott ihnen Beistand und Hülfe in Noth und Gefahr leistet. In diesem Sinne heisst er Soter (der Retter) und Alexikakos (der Unheilabwender). Tempel und Feste des Herakles gab es an verschiedenen Orten Griechenlands. In Marathon,

---

*) Prodikos, gebürtig von der Insel Keos, war ein älterer Zeitgenosse des Sokrates, lehrte wie dieser in Athen und hatte auch das gleiche endliche Schicksal. Er wurde nämlich wegen seiner der Volksreligion widersprechenden Ansichten als Verführer der Jugend angeklägt und zum Giftbecher verurtheilt.

wo man sich rühmte, die göttliche Verehrung desselben zuerst begonnen zu haben, feierte man ihm vierjährige Kampfspiele, bei welchen silberne Schalen als Kampfpreise vertheilt wurden. Der vierte Tag eines jeden Monats war ihm heilig, weil dieser Tag als sein Geburtstag galt.

Die alte Kunst suchte in Herakles vorzugsweise das Bild riesiger körperlicher Kraft darzustellen, daher hat man ihn am meisten als völlig ausgebildeten Mann, seltener als Kind und Epheben dargestellt. Will man sich klar machen, wodurch der vorwiegende Ausdruck physischer Kraft am meisten zuwege gebracht wird, so achte man nur bei den Heraklesstatuen auf die Hals- und Nackenbildung. Nichts erzeugt mehr die Vorstellung einer stierartigen Stärke, als ein kurznackiger Hals mit stark vorspringenden Muskeln, zumal wenn sich eine breite und mächtig gewölbte Brust daran anschliesst. Noch deutlicher springt diese Eigenthümlichkeit in die Augen, wenn man die Bildung des vorzugsweise idealen Gottes Apollon danebenhält: der Hals des letzteren erscheint dann auffallend schlank und lang. Zur weiteren Vervollständigung des Heraklestypus gehört dann ein im Verhältnis zu dem riesigen Leibe kleiner Kopf, krauses Haar, stark vorspringende Augenknochen, muskulöse Arme und Schenkel. Dieser Typus ist vornehmlich durch *Myron* und *Lysippos* entwickelt worden. Ein Herakles des Ersteren spielt eine gewisse Rolle unter den Kunsträubereien des Verres in Sicilien; der Letztere hatte sich durch mehrere Heraklesstatuen berühmt gemacht, unter denen keine berühmter war, als der Erzkoloss in Tarent, welchen die Römer nach der Einnahme dieser Stadt auf das Kapitol versetzten. Von da liess ihn Kaiser Constantin nach seiner neuen Residenz Constantinopel bringen, wo er im sogenannten lateinischen Kreuzzuge im J. 1202 eingeschmolzen ward. *Lysippos* hatte in dieser Statue, was noch von Niemandem vor ihm versucht war, einen trauernden Herakles dargestellt. Der Held sass ohne Waffen, den linken Ellenbogen auf den in die Höhe gezogenen linken Schenkel gestützt, während das Haupt trauernd und nachdenklich auf der geöffneten Hand ruhte. Derselbe bedeutende Künstler hatte auch· in einer grösseren Composition die zwölf Arbeiten des Herakles dargestellt, welche Gruppe, ursprünglich für ein Heiligthum der akarnanischen Hafenstadt Alyzia gearbeitet, später gleichfalls nach Rom kam.

Unter den erhaltenen Heraklesstatuen nimmt den ersten Rang ein die unter dem Namen des farnesischen Herakles bekannte kolossale Marmorstatue des Museums zu Neapel, welche 1540 in den Thermen des Caracalla gefunden wurde (Fig. 115). Der Held steht aufrecht, aber nicht stolz und siegesfroh, sondern er stützt sich mit der linken Achsel auf die mit dem Löwenfell überhangene Keule. Schon diese Haltung, sowie der halb auf die Brust gesunkene Kopf und der düstere Ernst seiner Mienen deuten genugsam an, dass dieser Herakles sich unter der Last seines mühevollen Lebens gebeugt fühlt. Selbst der Gedanke, dass er bald am Ende seiner schmählichen Dienstbarkeit angelangt sein wird (er trägt in der rückwärts

Fig. 115. Der farnesische Herakles. Neapel.

gehaltenen rechten Hand die drei Aepfel der Hesperiden als letztgewonnenen Siegespreis), vermag ihn nicht heiter zu stimmen, seine Gedanken scheinen nur rückwärts zu schweifen. Wegen dieses Motives und einer noch vorhandenen Copie, welche den Namen des Lysippos trägt, hält man die Statue für die Copie eines sonst nicht weiter bekannten Werkes von

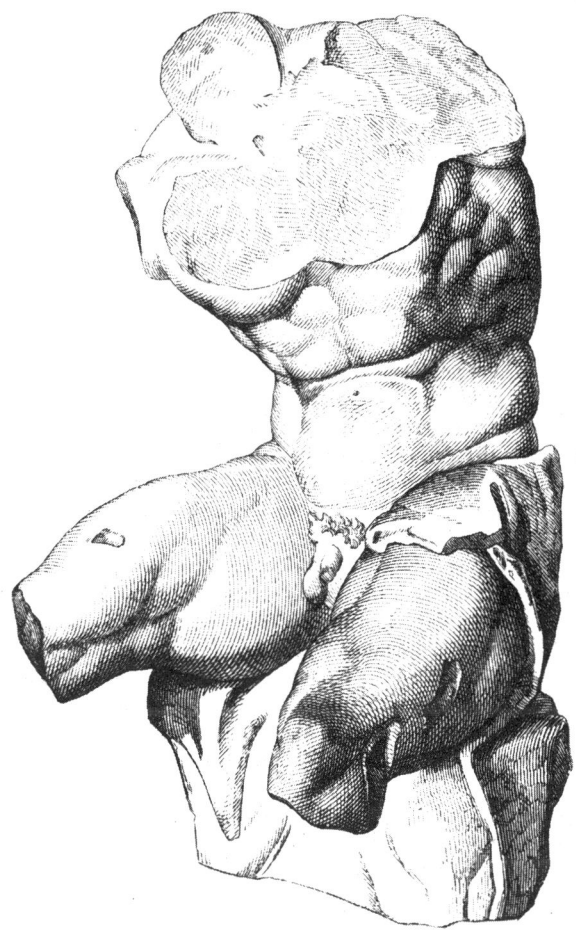

Fig. 116. Herakles-Torso vom Belvedere.

Lysippos. Als Verfertiger derselben ist an der Basis der Athener *Glykon* genannt, ein Künstler, welcher zu Anfang der Kaiserzeit in Rom gelebt zu haben scheint. Im Allgemeinen wird man den von Lysippos festgestellten Heraklestypus hier vor sich haben, wenn auch in einzelnen charakteristischen Merkmalen in manierirter Weise übertrieben. Ein ganz ähnlicher Kopf, wie der des farnesischen Herakles, wurde am Vesuv ausgegraben und befindet sich gegenwärtig im britischen Museum.

An Kunstwerth bedeutender als der farnesische Herakles, aber in arg verstümmelter Weise auf die Neuzeit gekommen, ist der berühmte Heraklestorso vom Belvedere des Vatikan, ohne Kopf, Arme und Beine (Fig. 116). Er wurde unter Papst Julius dem Zweiten in Rom an einer Stelle gefunden, wo früher das Theater des Pompejus stand, zu dessen plastischem Schmuck er gehört zu haben scheint. Als Urheber dieses Werkes hat sich vorn am Sitz der Figur der Athener *Apollonios*, Nestors Sohn, genannt, ein Künstler, welcher im 1. Jahrh. v. Chr. lebte. Man nimmt an, dass auch dieser Künstler nach einem lysippischen Vorbilde gearbeitet habe, und dass sein Herakles gleichfalls ein ausruhender war. Aber während der farnesische Herakles sich nur in momentaner Ruhe befindet, nach eben vorhergegangener übermenschlicher Anstrengung seiner Kräfte, wie die noch stark aufgetriebenen Adern und straff gespannten Muskeln zeigen, so wollte der Künstler des Torso wahrscheinlich einen allen irdischen Mühsalen enthobenen, im Zustande ewiger Ruhe befindlichen Herakles darstellen. An diesem gleichsam verklärten Leibe sieht man kein Zucken einer Muskel, keine Ader ist an demselben sichtbar. Die ungemein vortheilhafte Meinung, welche man früher, durch Winckelmanns begeistertes Lob verführt, von diesem Bruchstücke antiker Kunst hegte, ist erst durch die Auffindung der berühmten Parthenon-Sculpturen abgeschwächt worden. Das übereinstimmende Urtheil der neueren Kunstgelehrten über den Heraklestorso lautet jetzt dahin, dass die Anlage des Ganzen zwar die höchste Bewunderung verdient, dagegen in der Formgebung sich nur ein geringes Maass von lebensvollem Naturalismus und ein auf äusserlichen Effekt berechnetes Raffinement kundgibt.

Gruppirungen. Am liebsten stellte man den Herakles jedoch nicht ruhend, sondern thätig dar, indem man diese oder jene Scene aus seinem vielbewegten Leben zur Anschauung zu bringen suchte. Daher haben sich sowohl in Statuen wie in Reliefs, namentlich aber in einer endlosen Menge von Vasengemälden, eine Masse von alten Kunstdenkmälern, welche auf die Geschichte des Herakles Bezug haben, erhalten. Wir erwähnen hier, der chronologischen Reihenfolge der Thaten uns anschliessend, nur das Merkwürdigste.

a. **Schlangenkampf.** Schon der berühmte Maler *Zeuxis* hatte diese Scene dargestellt, Herakles die Schlangen würgend, während Alkmene und Amphitryon erschrocken dabeistehen. Wir haben den Schlangenkampf noch in verschiedenen Statuen, unter denen eine florentinische ausgezeichnet ist, sowie in einem herkulanischen Gemälde des Museums zu Neapel.

b. **Die zwölf Arbeiten.** Diese sind natürlich unzählig oft behandelt worden. Von den für Alyzia bestimmten Gruppen des Lysippos war oben schon die Rede. Ein noch vorhandenes Erzbild des Capitolinischen Museums, Herakles im Kampfe mit der Hydra, scheint diesem Cyklus anzugehören (Fig. 117). Zu den interessantesten Ueberresten dieser Art gehören die Metopenreliefs am Theseion in Athen. Sämmtliche zehn Metopen der Ost-

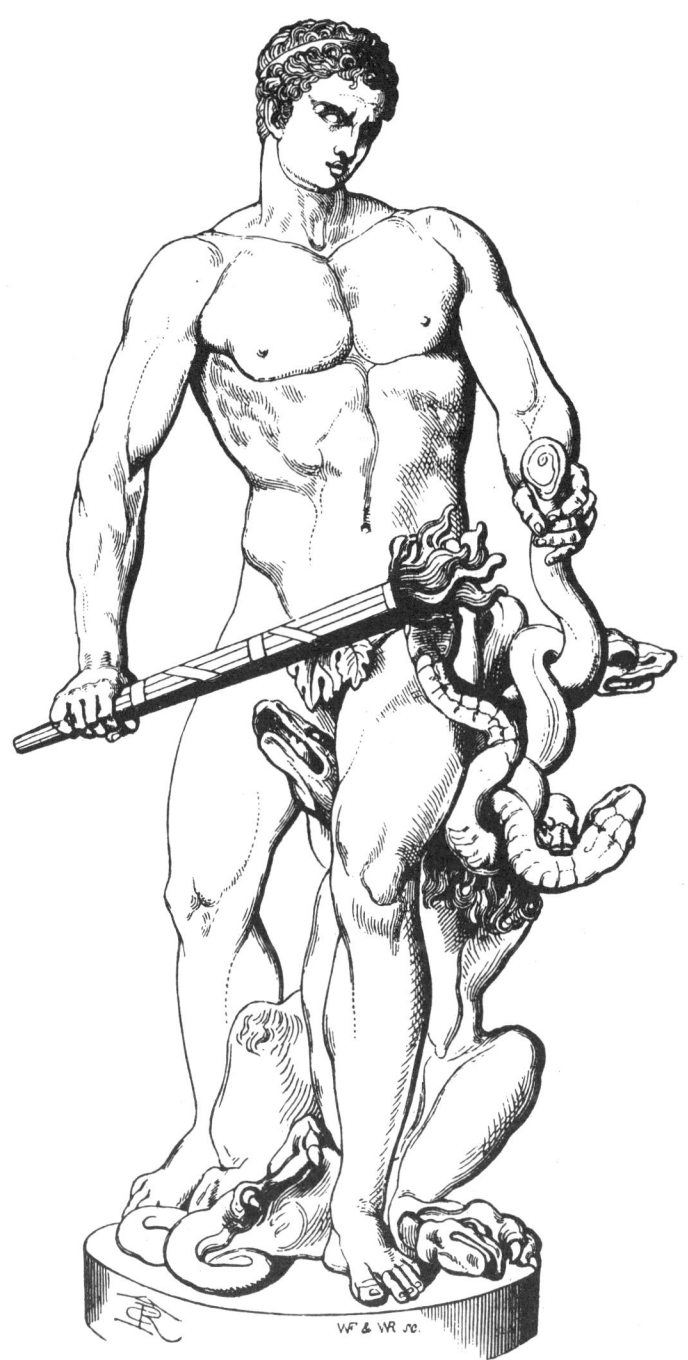

Fig. 117. Herakles mit der Hydra. Capitolinisches Museum.

seite dieses Tempels enthalten Scenen aus der Geschichte des Herakles, von denen neun zu den sogenannten zwölf Arbeiten gehören: Löwe, Hydra, Hirschkuh, erymanthischer Eber, Rosse des Diomedes, Kerberos, Gürtel der Hippolyta, Geryon und Hesperiden. An diese reiht sich auf der zehnten Platte der Kampf mit Kyknos. Weniger bedeutend sind die Ueberreste von dem herrlichen Zeustempel in Olympia, welcher gegen 435 v. Chr. vollendet worden war. Wir wissen aus *Pausanias*, dass die Metopen der Vorder- und Rückseite des Tempels je sechs Arbeiten des Herakles enthielten*). Davon hat man im Jahre 1829 den Kampf mit dem kretischen Stier, den sterbenden Löwen, ein Stück von dem Kampfe mit Geryoneus und einige andere Fragmente aufgefunden und in das Museum des Louvre zu Paris gebracht. Hiervon ist vollständig nur die höchst frische und lebendige Darstellung des Abenteuers mit dem kretischen Stier erhalten. — Das Vatikanische Museum in Rom besitzt eine Anzahl von Statuen, welche in Ostia gefunden wurden und den Kampf mit Diomedes, Geryon, Kerberos und den Eber darstellen, ebenso mehrere Bas-Reliefs, so wie bemalte Thon- und sculpirte Marmorvasen mit solchen Darstellungen.

c. Parerga. Unter den Parerga sind die Kentaurenkämpfe in erster Reihe häufig behandelt worden; erhalten sind davon Statuengruppen im Museum zu Florenz, Darstellungen auf Vasen von Volci und andern. Die Begegnung mit dem Kentauren Nessos ist eigenthümlich dargestellt auf einem pompejanischen Gemälde des Museums zu Neapel: Nessos liegt in demüthiger Stellung vor dem Herakles, welcher den kleinen Hyllos auf dem Arme trägt, und scheint ihn um die Erlaubnis zum Uebersetzen der Deianira anzuflehen. — Von der Befreiung des Prometheus haben wir eine interessante Darstellung an dem auch sonst merkwürdigen pamfilischen Sarkophage des Capitols. Dann hat man den Dreifussraub ausserordentlich fleissig zu künstlerischen Darstellungen benutzt. Wir haben diese Scene noch an einer marmornen Dreifussbasis des Museums zu Dresden, einem aus Villa Albani stammenden Marmorrelief im Louvre, an einer Candelaberbasis des Vatikanischen Museums u. a. m. Herakles und die Kerkopen sind in höchst alterthümlicher Manier behandelt auf einer der älteren Metopen von Selinunt. Der Held trägt sie, an einem Querholz mit den Beinen befestigt, mit sich fort.

d. Herakles und Omphale. Unter den Kunstdenkmälern, welche sich auf das Verhältnis des Herakles zur Omphale beziehen, ist das bedeutendste die schöne farnesische Marmorgruppe des Museums zu Neapel (Fig. 118). Omphale, die schönen Glieder mit dem Löwenfell umhüllt und in der Rechten die Keule des Herakles tragend, blickt den mit dem Gewande einer Magd bekleideten und mit dem Spinnrocken bewaffneten Helden lächelnd und triumphirend an (Mus. Borb. IX, 27).

---

*) Pausanias nennt zwar bloss elf Arbeiten, aber die Auslassung des Kerberos kann nur eine zufällige sein, da die Zahl der Darstellungen über den vorderen Thüren auf jeden Fall mit der Zahl der Darstellungen am Opisthodomos übereinstimmte.

e. Herakles und Telephos. Auch die romantische Geschichte des Telephos hat zu vielen künstlerischen Produktionen Anlass gegeben. Ein schönes Gemälde der Auffindung des von einer Hirschkuh gesäugten Telephos hat das Museum zu Neapel. Hier ist merkwürdiger Weise Herakles

Fig. 118. Herakles und Omphale. Neapel.

selbst anwesend. Eine schöne Marmorgruppe, Herakles mit dem kleinen Telephos (in welchem jedoch Winckelmann einen Aias sah) auf dem Arme, besitzt das Vatikanische Museum. Von Darstellungen der Heilung des Telephos sind durch die archäologischen Forschungen der letzten beiden Decennien gleichfalls manche bekannt geworden.

f. Apotheose. Von dieser sind zunächst mehrere schöne Vasengemälde vorhanden, auf denen man den Helden durch die ihn beschützen-
den Gottheiten mit einem Viergespann zum Olympos geführt sieht. Die
Bildung des Herakles ist dabei immer jugendlich, weil man die Apotheose
zugleich als einen Verjüngungsprozess ansah. Eine Darstellung der olympischen Hochzeit des Herakles und der Hebe findet sich auf einem grossen
Krater von Nola im Museum zu Berlin*). Im Vollgenuss der himmlischen
Freuden erscheint der Held auf einer berühmten Reliefdarstellung der
Villa Albani**)

---

7. Attischer Mythos.

a. Kekrops.

Was in der thebanischen Sage Kadmos, das ist für das attische
Land Kekrops, der älteste Begründer menschlicher Kultur in diesem
Lande. Wie den Kadmos, so hat man auch ihn später zu einem Ein-
wanderer und zwar aus Sais in Unteraegypten gemacht. Bei ihm jedoch
lässt sich mit noch viel grösserer Bestimmtheit der Ursprung dieser
irrthümlichen Annahme nachweisen. Die ächte altattische Ueberliefe-
rung kennt ihn daher auch nur als Autochthonen, als erdgeborenen
Urmenschen, von welchem deshalb gefabelt wurde, dass er wie die
Giganten oben Mensch und unten Schlange gewesen sei. Als mythischer
Gründer des athenischen Staates heisst er der Erbauer der Burg
(Kekropia), und das Institut der Ehe sowohl wie überhaupt die ersten
staatlichen Einrichtungen wurden auf ihn zurückgeführt. Vielleicht
war auch er wie Kadmos nur eine lokale Gestaltung des Regengottes
Hermes, der später zum Heros herabsank. Was sehr für diese Annahme
spricht, ist der Umstand, dass seine drei Töchter, die Thauschwestern
Herse, Aglauros und Pandrosos, als göttliche Wesen verehrt wur-
den. Unter Kekrops soll der berühmte Streit der beiden Gottheiten
Poseidon und Athena um den Besitz des attischen Landes vorgekommen
und durch ihn zu Gunsten der Letzteren entschieden worden sein.
Es ist über diesen Streit schon in dem von Pallas Athena handelnden
Abschnitte (Seite 37) berichtet worden. Wir bemerken hier nur noch,

---

*) Von dem korinthischen Relief, welches diese Vermählung darstellt, s. o.
unter Aphrodite.
**) Vergl. L. Stephani, der ausruhende Herakles, Petersburg, 1855.

dass diese Sage auf einer reinen Naturanschauung beruht. In Attika gibt es gewissermaassen nur zwei Jahreszeiten, eine nasskalte und regnerische Winterzeit (Poseidon) und eine warme und trockene Sommerzeit (Pallas). Diese scheinen beständig um die Herrschaft im Lande zu streiten. Von Kekrops soll das Königthum in Athen Kranaos geerbt haben, der nach Einigen sein Sohn, nach Anderen gleichfalls ein attischer Autochthon war. Unter dessen Regierung setzt die gewöhnliche mythologische Ueberlieferung den Eintritt der deukalionischen Fluth. Dann folgt nach Vertreibung des Kranaos in der Regierung Athens Amphiktyon, einer der Söhne Deukalions, von welchem auch weiter nichts Charakteristisches bekannt ist. Er soll durch Erechtheus der Herrschaft beraubt worden sein.

b. Erechtheus oder Erichthonios.

Erechtheus oder Erichthonios ist im Grunde nur der zweite Kekrops, der mythische Gründer des attischen Staats nach der Fluth, wie jener vor derselben. Da er ein Erdgeborener ist, so theilt er mit Kekrops auch die Schlangengestalt. Von ihm ging aber noch eine besondere heilige Sage, dass ihn Gäa nach seiner Geburt der Göttin Pallas zur Pflege übergeben habe. Diese vertraute ihn zuerst den Töchtern des Kekrops, ihren Dienerinnen und Priesterinnen, in einer verschlossenen Kiste an. Als diese aber, von Neugier getrieben, wider das Verbot der Göttin die Kiste geöffnet hatten, verfielen sie in Wahnsinn, Erichthonios aber wurde nun im Heiligthume der Göttin auf der Burg von ihr selbst grossgezogen und später König in Athen. Von ihm wird dann dasselbe erzählt, was auch von Kekrops berichtet wurde, dass er nämlich den athenischen Staat geordnet, den Cultus der Götter eingeführt und den Streit der Athena und des Poseidon entschieden habe.

Die Geburt des Erichthonios ist künstlerisch dargestellt in einem Marmorrelief des Vatikanischen Museums, welches in der Villa des Kaisers Hadrian bei Tivoli gefunden wurde. Die mit halbem Leibe aus dem Boden hervorragende Gäa übergibt den kleinen Erichthonios, der hier übrigens vollständig menschliche Bildung hat, seiner göttlichen Pflegerin. Das Relief ist leider arg beschädigt, so dass von Athena nur die untere Hälfte vorhanden ist, scheint aber aus der besten Zeit der griechischen Kunst zu stammen. Aehnliche Darstellungen geben verschiedene gute Vasenbilder, von denen wir eines bereits bei dem Mythos der Gäa (S. 156) mittheilten.

Gewöhnlich wird von diesem mythischen Gründer Athens noch ein
zweiter Erechtheus unterschieden, der vielleicht ursprünglich mit ihm
identisch war. Auf den älteren Erechtheus soll nämlich sein mit der
Nymphe Pasithea erzeugter Sohn Pandion gefolgt sein, unter dessen
Regierung der Bakchosdienst in Attika Eingang fand. Sein Sohn und
Nachfolger war der jüngere Erechtheus, der seinem Bruder Butes das
Priesterthum der Pallas auf der Akropolis überliess. Für Beidei
Schwestern galten Prokne und Philomele, die Schwalbe und Nachtigall, deren rührende Geschichte durch Aeschylos und Sophokles auf
die Bühne gebracht wurde und aus Ovids Metamorphosen hinlänglich
bekannt ist. Auserdem ist Erechtheus besonders bekannt durch seinen
Kampf mit den Eleusiniern unter Eumolpos, in welchem seine Töchter
sich in Folge eines Orakelspruches für das Vaterland aufopferten, um
ihrem Vater den Sieg zu verschaffen. Eumolpos ward besiegt und
Eleusis mit Athen vereinigt, womit gleichzeitig eine Verschmelzung der
eleusinischen und attischen Heiligthümer stattfand. Aber Poseidon,
des Eumolpos Vater, rächte sich dafür durch Vertilgung des ganzen
Geschlechtes der Erechthiden. Das Grab des Erechtheus zeigte man
in dem Erechtheion, dem alten heiligen Tempel der Athena Polias, wo
auch der von der Göttin geschaffene unvergängliche erste Oelbaum
bewahrt wurde.

Von den Töchtern des Erechtheus sind noch sagenberühmt die
von Boreas geraubte Oreithyia, die Mutter des Kalais und Zetes,
welche uns in der Argonautensage wieder begegnen werden (vgl. oben
unter dem Abschnitt „Winde") und Prokris, die Gemahlin des schönen
Jägers Kephalos, welchen man einen Sohn des Hermes und der
Kekropstochter Herse nannte. Ihn raubte, wie auch schon oben
erwähnt wurde, Eos, konnte ihn aber nicht in der seiner Prokris ge-
schworenen Treue wankend machen, bis die Letztere durch ihre Eifersucht die Ursache ihres Todes wurde. Da sie nämlich im Gebüsche
versteckt ihrem Gemahl auflauerte, wurde sie von diesem für ein Wild
gehalten und unversehens getödtet.

Nach dem Tode des Erechtheus lassen die attischen Tragiker den
Ion in Athen herrschen, den mythischen Stammvater des ionischen
Stammes. Dadurch soll nichts Anderes ausgedrückt werden, als dass
nun die pelasgische Urzeit in Attika ihr Ende nimmt und die Herrschaft
der Ionier beginnt.

c. Theseus.

Wie Herakles Stammheros der Aeolier, so ist Theseus der Held des ionischen Stammes. Man hat ihn nicht mit Unrecht den andern Herakles genannt, mit welchem er viele Züge gemein hat, da die Stammeseifersucht der Ionier Alles aufbot, um mit ihrem Helden gegen den Stammheros der Aeolier nicht zurückstehen. Man bemühte sich, ihn als einen ebenso durch die manigfachsten Kämpfe erprobten, im Dienste der Menschheit grossmüthig sich aufopfernden Helden darzustellen und dichtete ihm daher eine unglaubliche Menge der abenteuerlichsten Thaten an. Es ist keine grosse Unternehmung der mythischen Zeit, an welcher er nicht Theil genommen haben soll. Sogar eine Höllenfahrt muss er nach dem Muster des Herakles antreten.

Was zuerst die Geburt des Helden betrifft, so galt als der Vater desselben der athenische König A e g e u s, welcher der mythologischen Genealogie zufolge ein Urenkel des E r e c h t h e u s gewesen sein soll. Nachdem des Aegeus Vater P a n d i o n durch seines Bruders Söhne, die M e t i o n i d e n, vertrieben worden war, hatte er sich nach Megara begeben und gastliche Aufnahme bei dem dortigen Herrscher P y l a s gefunden. Von Megara aus unternahmen dann Pandions Söhne A e g e u s, P a l l a s, N i s o s und L y k o s einen Rachezug gegen Athen, welcher mit der Vertreibung der Metioniden und Einsetzung des Aegeus endigte. Soweit die mythische Tradition. Wahrscheinlich aber hat nie ein König dieses Namens in Athen geherrscht, sondern Aegeus (Wogenmann) bezeichnet nur einen Beinamen des Meergottes Poseidon, welcher der Hauptgott der seefahrenden Ionier war. Aegeus nun soll, da er, obgleich zum zweiten Male verheirathet, ohne Erben blieb, auf einer dieses Umstandes wegen zum Orakel in Delphi unternommenen Reise beim Könige P i t t h e u s in Trözen eingekehrt und mit dessen Tochter A e t h r a den Theseus erzeugt haben. Bei seinem Abschiede von Trözen versteckte er Schwert und Sandalen unter einen mächtigen Felsblock und trug der Aethra auf, ihm den Sohn nach Athen nachzusenden, sobald dieser im Stande sein würde, jenen Felsen fortzuwälzen und sich des Vaters Schwert zu holen. Unter der Leitung des weisen Pittheus, der ihn in musischen und gymnastischen Künsten wohl unterweisen liess, wuchs nun Theseus zu einem stattlichen Jüngling heran. Unter seinen Lehrern wird auch der Kentaur C h i r o n genannt, dessen Unterweisung genossen zu haben für einen ächten Helden der mythischen Urzeit nun einmal absolut nothwendig war.

Als Theseus sechzehn Jahr alt geworden war, führte ihn seine Mutter zu jenem grossen Steine, unter welchen des Vaters Schwert und Schuhe lagen. Er hob ihn mit leichter Mühe und trat nun seine Heldenlaufbahn an. Seine Jugendthaten bestehen in der Ueberwindung einer Reihe von gefährlichen Hemmnissen, welche sich ihm auf der Reise von Trözen nach Athen in den Weg stellten. Man nimmt gewöhnlich einen Cyklus von sechs solchen Abenteuern an.

1. Zwischen Trözen und Epidauros tödtete er den Periphetes, einen Sohn des Hephästos und wie sein Vater lahm, welcher die Reisenden angriff und mit einer eisernen Keule erschlug (daher Korynetes oder Keulenträger).

2. Auf dem Isthmos räumte er einen zweiten gewaltthätigen Räuber, Namens Sinis, aus dem Wege. Dieser schnellte die Reisenden vermittelst einer zur Erde gebeugten Fichte (daher Pityokamptes oder Fichtenbeuger) in die Höhe und tödtete die zerschmettert Herabfallenden dann vollends. Theseus liess ihn desselben Todes sterben.

3. In der waldigen Gegend von Krommyon erlegte er die wilde und gefährliche Krommyonische Sau.

4. Nicht weit davon auf dem skironischen Felsen an der Grenze von Megara hausete ein dritter Unhold, Skiron, welcher die Reisenden zwang ihm die Füsse zu waschen und sie dann durch einen Fusstritt von dem jäh abstürzenden Felsen ins Meer schleuderte. Theseus liess ihn denselben Sprung ins Meer machen.

5. In der Nähe von Eleusis bezwang er den Riesen Kerkyon, welcher alle Wanderer, deren er habhaft werden konnte, zu einem Ringkampf zu nöthigen pflegte.

6. Der letzte Kampf erwartete ihn am Ausgange von Eleusis. Hier wohnte der grausame Damastes, welcher die Leute in ein Bett legte, und wenn dieses sich als zu kurz erwies, ihnen die überschiessenden Gliedmaassen abhackte. Im entgegengesetzten Falle hämmerte und reckte er ihnen die Glieder auseinander (daher Prokrustes genannt). Auch dieser erlitt den verdienten Tod von Theseus Hand.

In Athen angelangt findet er seinen Vater Aegeus in den Netzen der gefährlichen Zauberin Medea, welche sich von Korinth nach Athen geflüchtet hatte. Schon will diese den unbequemen Ankömmling durch

Gift aus dem Wege räumen, als Aegeus noch zur rechten Zeit den Sohn an dem mitgebrachten Schwerte erkennt und das drohende Verderben von ihm abwehrt. Das war natürlich ein willkommener Stoff für die Bühne, welchen unter Andern auch Euripides in seiner verlorenen Tragödie Aegeus bearbeitet hatte.

Medea musste entfliehen. Aber neues Unheil drohte von den Pallantiden, den fünfzig Söhnen des Pallas, welche schon sicher darauf gerechnet hatten, den kinderlosen Aegeus zu beerben. Sie erheben einen Kampf, werden jedoch von Theseus theils erschlagen, theils vertrieben.

Hierauf unternimmt unser Held sein grösstes und gefährlichstes Wagstück, den Befreiungszug nach Kreta. Athen befand sich nämlich in schmählicher Abhängigkeit von dem knossischen Könige Minos. Weil dessen Sohn, der jugendliche Held Androgeos, von Athenern und Megarensern hinterlistig erschlagen oder nach einer andern Version von Aegeus gegen den marathonischen Stier ausgeschickt und von diesem getödtet worden war, so unternahm Minos einen Rachekrieg. Zuerst zog er gegen Megara, wo des Aegeus Bruder Nisos König war. Diesen bezwang er mit Hülfe der eigenen Tochter des Nisos, mit Namen Skylla, welche aus Liebe zu Minos ihrem Vater, während er schlief, das purpurne Haar ausriss, an welchem der Schicksalsbestimmung gemäss sein Leben hing. Nachdem er Megara eingenommen und den Nisos getödtet hatte, zog Minos weiter gegen Athen. Auch hier siegreich legte er den besiegten Athenern die Busse auf, dass sie alle acht Jahre (nach griechischer Weise zu reden, alle neun Jahre) sieben Knaben und sieben Mädchen zum Frass für den Minotauros, ein aus Stier- und Menschengestalt zusammengesetztes Ungeheuer, nach Kreta senden sollten. Zweimal war dieser Tribut bereits abgeliefert worden, als derselbe bald nach Theseus Ankunft in Athen zum dritten Male fällig wurde. Sofort erbot sich der kühne Heldenjüngling freiwillig, in die Schaar der durch das Loos bestimmten Opfer eingereiht zu werden. Er war entschlossen, mit dem Minotauros zu kämpfen und sein Leben an die Befreiung von diesem schmählichen Tribute zu wagen. Unter dem Geleite der Aphrodite fuhr er nach Kreta hinüber und bald sollte er erfahren, wie wirksam der Schutz gerade dieser Göttin für ihn war. Denn sie entzündete eine leidenschaftliche Liebe zu dem Helden in dem Herzen der Ariadne, der Tochter des Minos, so dass diese ihm bei seinem Unternehmen jeglichen Vorschub leistete und ihm namentlich den Knäuel gab, mit dessen Hülfe er sich wieder aus den verworrenen Gängen des Labyrinths, nachdem er den Minotauros dort getödtet, herausfand. Wie Ariadne dann den heimkehrenden Theseus begleitete, allein auf Naxos zurückgelassen wurde, um dort die Braut des göttlichen Sohnes der Semele zu werden, ist schon oben unter Dionysos (S. 164) erzählt worden. Weiter landete Theseus auf der Insel Delos, wo er den Kindern der dunkeln Leto das Fest der Delien einsetzte. Endlich nach Athen zurückgekehrt, zeigte er sich seiner göttlichen Beschützerin dankbar durch Einsetzung des Cultus der Aphrodite Pandemos, dem Dionysos aber und der Ariadne stiftete er die Oschophorien, an welchem auch Athena Antheil hatte, dem Apollon endlich die Pyanepsien am siebenten Tage des Monats Pyanepsion (Ende October).

Die glückliche Rückkehr des Theseus von der kretischen Fahrt soll zugleich die Ursache des Todes für seinen alten Vater Aegeus gewesen sein. Denn da dieser am Meeresufer harrend das Schiff seines Sohnes mit schwarzen Wimpeln, statt der für den Fall des Gelingens verabredeten weissen, zurückkehren sah, stürzte er sich in dem Wahne, dass Alles verloren sei, in das Meer. Diese Geschichte ist aber vielleicht nur erfunden, um den Namen des ägäischen Meeres zu erklären.

Ueber die Chronologie der weiteren Thaten des Theseus herrscht wenig Uebereinstimmung. Als König soll er zunächst die bis dahin politisch getrennten Ortschaften Attika's zu einer städtischen Gesammtgemeinde mit einem städtischen Prytaneum vereinigt und zur Feier dieses Ereignisses die Panathenäen gestiftet haben. Von seinen Thaten verdienen noch folgende hervorgehoben zu werden:

1. Er bändigte den sogenannten marathonischen Stier und opferte ihn in Athen dem Apollon Delphinios. Es soll dies derselbe Stier gewesen sein, den Herakles lebendig aus Kreta mitgebracht hatte.

2. Er half seinem Freunde, dem Lapithenfürsten Peirithoos, im Kampfe gegen die Kentauren (S. 239).

3. Er unternahm mit Peirithoos einen Zug nach Lakedämon und raubte für sich die Helena, die Schwester der Dioskuren.

4. Seinem Freunde Peirithoos zu Liebe zog er mit in die Unterwelt, um die Persephone zu rauben. Aber der ob dieses Frevels erzürnte Herrscher des Schattenreichs liess Beide durch die Erinnyen in Fesseln legen und an einen Felsen schmieden. Durch Herakles wurde dann, wie schon oben erwähnt wurde, Theseus wieder befreit.

Während seiner Abwesenheit hatten die Dioskuren ihre Schwester wieder aus Aphidnä, wo sie gefangen gehalten wurde, zurückgeholt.

5. Mit Herakles unternahm er zusammen den Zug gegen die Amazonen und erhielt als Siegespreis die Amazonenkönigin Antiope oder Hippolyte. Nach Andern folgte sie ihm freiwillig nach Athen und ward seine Gemahlin und von ihm die Mutter des durch sein tragisches Ende so berühmten Hippolytos. Wegen seiner grossen Schönheit verliebte sich nämlich die spätere Gemahlin des Theseus, Phädra, welche eine Schwester der Ariadne war, in den edlen und keuschen Jüngling. Als er aber ihren unehrenhaften Zumuthungen sich durch die Flucht entzog, da verläumdete sie ihn bei seinem Vater, als wenn er ihrer Tugend nachstelle, und Theseus in jähem Zorneseifer bat den Poseidon, den ungetreuen Sohn hinwegzuraffen. Dieser, welcher durch ein dem Theseus früher gegebenes Versprechen gebunden war, sandte nun, als Hippolytos mit seinem Wagen längs dem Meeresufer hinfuhr, einen wilden Stier (d. i. eine Sturzwelle) aus dem Meere und machte dadurch die Pferde scheu, so dass Hippolytos vom Wagen stürzte und zu Tode geschleift wurde. Diese Geschichte, deren Schauplatz nach Trözen verlegt zu werden pflegt, wohin Theseus wegen eines Mordes geflüchtet war, ist von den Tragikern in ergreifender Weise behandelt worden. Eine Tragödie Hippolytos des Euripides ist noch vorhanden.

6. Im Anschluss an die Entführung der Antiope dichtete man später noch einen zweiten, ausschliesslich von Theseus beendigten Amazonenkampf in der unmittelbaren Nähe Athens. Die Amazonen sollen nämlich in Attika eingefallen sein, um die Antiope zu befreien. Diese aber, von heftiger Liebe zu Theseus erfüllt, wollte nicht zurückkehren, sondern kämpfte an des Gatten Seite gegen ihre Schwestern, wurde aber getödtet.

Endlich soll Theseus noch an der kalydonischen Jagd und am Argonautenzuge Theil genommen haben, wovon weiter unten.

Das Ende des Theseus wird übereinstimmend so erzählt, dass er, der Herrschaft in Athen durch Menestheus mit Hülfe der Dioskuren beraubt, nach der Insel Skyros sich begab, von deren Beherrscher Lykomedes er anfänglich gastfreundlich aufgenommen, später aber verrätherischer Weise umgebracht wurde. Sein Sohn Demophon soll später die väterliche Herrschaft wieder erlangt haben. Seine Gebeine wurden bekanntlich auf Befehl des delphischen Orakels durch Kimon von Skyros nach Athen zurückgebracht. Kimon soll auch die Erbauung des noch in Athen vorhandenen und gegenwärtig als Kunstmuseum dienenden Theseustempels veranlasst haben. Dass Theseus in Athen als Gott verehrt worden sei, ist deswegen freilich noch nicht unbedingt anzunehmen, wenngleich wichtige Thatsachen dafür zu sprechen scheinen, indem einmal unter den Tempelschätzen der attischen Götter ein Antheil des Theseus war (Boeckh, Monatsber. d. Berl. Akad. 1853), sodann aber im dionysischen Theater u. a. auch der Sitz eines Priesters des Theseus gefunden ist. Jeder achte Tag des Monats war ihm heilig, am 8. Pyanepsion hatte er ein besonderes Fest, die Theseen genannt.

Die Kunst ist in der plastischen Darstellung des Theseus den Dichtern und Mythographen gefolgt, d. h. sie hat ihn gleichfalls als den andern Herakles anfgefasst. Nur kommt hier der charakteristische Unterschied zwischen dem dorischen und ionischen Stamme zur Geltung. Wie der letztere dem ersteren an Elasticität des Geistes und Körpers weit überlegen war, so verräth der ionische Nationalheros auf der einen Seite ein höheres geistiges Leben, auf der andern Seite hat er einen schlankeren, grössere Behendigkeit und Gewandtheit voraussetzenden Körper, als der dorische Held. Die leichteren und eleganteren Formen des Theseus athmen nicht die stierartige, durch sich selbst siegende Kraft des Herakles, sondern eine Kraft, welche zu ihrem Erfolge der Schnelligkeit und gewandten Handhabung bedarf. Die Gesichtsbildung ist angenehmer, das Haar weniger kraus, als beim Herakles, der Bart fehlt gewöhnlich ganz. So stellte ihn die ausgebildete griechische Kunst dar; die jüngere Kunst bestrebte sich, die Formen des Körpers noch leichter und zierlicher zu gestalten. Was endlich das Costüm des Theseus betrifft, so trägt er bald, wie sein Vorbild Herakles, Löwenfell und Keule, bald auch die Chlamys und den Petasos attischer Epheben.

Erhaltene Kunstdenkmäler sind weit weniger zahlreich vorhanden, als vom Herakles. Wenn die Erklärung richtig ist, so besitzt das Britische Museum freilich einen Theseus, dessen Werth viele Hunderte aufwiegt.

Fig. 119.   Theseus vom Parthenon.   Britisches Museum.

Unter den noch geretteten Giebelstatuen des Parthenon befindet sich nämlich eine lässig auf einem Löwenfell hingestreckte Figur, welche bis auf die Nase, die Hände und

Füsse noch wohl erhalten ist (Fig. 119). Sie gehörte der grossen Gruppe des Ostgiebels an, welche die erste Erscheinung der neugeborenen Athena unten den staunenden Göttern darstellte. Es ist eine blühende Jünglings-gestalt von grossartigen Formen, das wahrhafte Ideal männlicher Schönheit.*)

Zu den schönsten Kunstdenkmälern des griechischen Alterthums ge-hören ferner die auf Theseus bezüglichen Metopen am sogenannten The-seion. Es sind je vier Metopen der Nord- und Südseite des Tempels, und zwar diejenigen, welche an die den Thaten des Herakles gewidmete Ost-seite anstossen. Die Metopen der Westseite sowie die noch übrigen vierzig Metopen der Nord- und Südseite sind nie mit Reliefs verziert gewesen, sondern glatte Marmortafeln. Jene acht auf Theseus bezüglichen Reliefs sind in-dessen theilweise so verstümmelt, dass sich der Gegenstand der Darstellung

Fig. 120.   Theseus den Felsblock hebend.   Relief in der Villa Albani.

nicht mehr mit Sicherheit bestimmen lässt. Am deutlichsten ist noch zu erkennen die Besiegung des Minotauros, die Einfangung des marathonischen Stieres und die Bändigung der krommyonischen Sau. Von den fünf andern Metopen nimmt man mit grösserer oder geringerer Sicherheit an, dass sie die Bestrafung des Sinis, des Prokrustes, des Skiron, des Periphetes und den Ringkampf mit Kerkyon darstellen. Die Figuren geben, soweit sie noch erhalten sind, ein lebendiges Zeugnis von der vollendeten Meister-schaft der Kunst des fünften Jahrhunderts, da sie sich sowohl durch gross-artige Auffassung wie lebendige Naturwahrheit auszeichnen.

---

*) Es darf jedoch nicht verschwiegen werden, dass die Deutung der Figur als Herakles eine mindestens ebenso grosse Wahrscheinlichkeit für sich hat. Die von der sonstigen Heraklesbildung abweichende grössere Schlankheit und Jugend-lichkeit der Formen erklärt sich hinlänglich durch die Annahme, dass der Künstler nicht einen irdischen, sondern einen apotheosirten und deshalb verjüngten Herakles vorstellen wollte.

Der Kampf des Theseus gegen die in Attika eingefallenen Amazonen ist uns noch erhalten in einer grösseren Fries-Composition, welche zusammen mit der schon früher erwähnten Darstellung des Kampfes der Lapithen und Kentauren die Wand der Cella des Apollotempels in Phigalia schmückte und sich gegenwärtig im Britischen Museum befindet. Unter den kämpfenden Griechen ist Theseus deutlich zu erkennen an dem Löwenfell und der Keule, welche er gegen eine berittene Amazone, wahrscheinlich die Führerin des feindlichen Heeres, schwingt. Ebenso kenntlich erscheint er an demselben Friese im Kentaurenkampfe, wovon oben (S. 243) ausführlicher die Rede war. Theseus, das Schwert und die Schuhe seines Vaters unter dem Felsblocke hervorholend, findet sich häufig auf Vasen von Volci, auf einem Relief in der Villa Albani (Fig. 120) und einem Wandgemälde des Museums zu Neapel. Ausserdem gehören zu den Scenen, welche am häufigsten auf Gemmen, Vasen und Wandgemälden vorkommen, der Kampf mit dem Minotauros, die Entführung und Verlassung der Ariadne (s. oben bei Dionysos), der Raub der Helena und die Fesselung in der Unterwelt.

8. Kretischer Mythos.

a. Minos und der Minotauros.

Dunkel und schwierig sind die kretischen Mythen, weil hier schon früh phönikische und phrygische Einflüsse sich geltend machten, und die einheimischen Quellen fehlen. Als der älteste König des Landes gilt allgemein Minos, der Sohn des Zeus und der Europa, welche bei Homer eine Tochter des Phönix genannt wird. Später machte man aus diesem Phönix einen zu Sidon herrschenden phönikischen König Agenor und es entstand die Sage, dass Zeus sie in der Gestalt eines Stieres geraubt habe und mit seiner schönen Beute auf dem Rücken nach Kreta hinübergeschwommen sei. Dort soll sie von ihm den Minos und Rhadamanthys, nach Einigen auch den Sarpedon geboren haben und später die Gattin des Asterion geworden sein, welcher die Zeussöhne wie seine eigenen aufzog und dem Minos bei seinem Tode die Herrschaft hinterliess. Wie und wann diese Sage entstanden sein mag, ist völlig dunkel. Eben so wenig ist die Naturbedeutung der Europa klar. Gewöhnlich wird sie als Mondgöttin erklärt und ihre Entführung nach Kreta als Verpflanzung des syrischen Astartedienstes nach dieser Insel gedeutet.

Mit der Entführungsgeschichte der Europa haben sich Dichter und Künstler viel beschäftigt, am ausführlichsten findet man sie erzählt bei

Moschos und dem römischen Dichter Ovid. In Tarent hatte man eine berühmte Bronze-Gruppe des *Pythagoras*, welche den Raub der Europa darstellte. Das Britische Museum besitzt eine solche Gruppe von ziemlich roher Ausführung aus pentelischem Marmor, welche auf Kreta gefunden worden ist.

Minos herrschte dann auf Kreta, nachdem er seine Brüder, von denen Sarpedon nach Lykien, der fromme Rhadamanthys nach Böotien ging, vertrieben hatte, und vermählte sich mit Pasiphaë, welche eine Tochter des Helios und der Perseïs genannt wird. Ihre Söhne sind Katreus, der dem Vater in der Regierung folgte, Deukalion, Glaukos und Androgeos, von den Töchtern sind Ariadne und Phädra die berühmtesten. Minos gab den Kretensern weise Gesetze und begründete eine über die Inseln des ägäischen Meeres und selbst bis nach Attika sich ausdehnende Seeherrschaft.

Um sein Anrecht auf das Königthum darzuthun, bat Minos den Poseidon, einen Stier aus dem Meere emporsteigen zu lassen, welchen er ihm dann opfern würde. Der Gott erhörte sein Gebet, aber durch die Schönheit des Thieres geblendet, steckte Minos diesen Stier unter seine Herde. Zur Strafe dafür entzündete Poseidon in der Gattin des Minos eine unnatürliche Liebe zu demselben, und die Frucht ihrer Verbindung war der Minotauros, ein aus Menschen- und Stiergestalt zusammengesetztes Ungeheuer, welches Minos in das von Dädalos erbaute Labyrinth einsperren liess. Zum Frasse wurden ihm Menschen vorgeworfen, wozu man theils Verbrecher nahm, theils Jünglinge und Jungfrauen, welche unterjochten Ländern als Tribut auferlegt waren. Dies währte so lange, bis Theseus nach Kreta kam und mit Hülfe der Ariadne und des Dädalos den Minotauros tödtete. Soweit die räthselhafte mythische Ueberlieferung, welche man nach Movers' Vorgange am einfachsten durch die Annahme erklärt, dass der Minotauros ursprünglich nichts war, als ein altes Idol des phönikischen Sonnengottes Baal, welchen man sich in Stiergestalt vorstellte und welchem Menschenopfer dargebracht zu werden pflegten. Die Tödtung des Minotauros durch Theseus bedeutet demgemäss den Sieg der in Kreta eingedrungenen höheren griechischen Kultur über die Barbarei der phönikischen Menschenopfer.

Dargestellt wurde der Minotauros in der Regel als menschliche Gestalt mit einem Stierkopfe, wie die erhaltenen Gemmen und Wandgemälde bezeugen.

In engster Beziehung zu dem kretischen Königshause steht Dädalos, der berühmteste Künstler der mythischen Zeit. Er soll ein Sohn
des Metion und Urenkel des Königs Erechtheus gewesen sein und
aus seiner attischen Heimath wegen eines an seinem Schwestersohne
Talos aus Künstlereifersucht verübten Mordes nach Kreta sich geflüchtet haben. Hier erbaute er dem Könige Minos das Labyrinth, ein
überirdisches Gebäude mit vielen Irrgängen, als Wohnung des Minotauros, und schuf noch viele andere bewunderte Werke der Kunst.
Nachdem er aber dem Theseus zur Bekämpfung des Minotauros behülflich gewesen war, schloss ihn Minos mit seinem Sohne Ikaros in
das Labyrinth ein. Die Geschichte seiner Flucht ist aus Ovids Metamorphosen hinlänglich bekannt. Er bewerkstelligte sie mit Hülfe künst-
licher Flügel, die er für sich und seinen Sohn gemacht hatte. Ikaros
zwar stürzte in das nach ihm benannte Meer und ertrank, Dädalos aber
entkam nach Cumae und von da nach Sicilien, wo er bei dem Könige
Kokalos Aufnahme fand. Als Minos ihm hierhin nacheilte und die
Auslieferung des Flüchtlings verlangte, wurde er nicht nur abgewiesen,
sondern sogar auf Anstiften der Töchter des Kokalos getödtet.

Man hat die Beflügelung des Ikaros noch auf einer grossen Anzahl von
geschnittenen Steinen. Einen sehr schönen dieser Art besitzt das Museum
zu Neapel. Auch ein Relief der Villa Albani aus spätrömischer Zeit,
aber vielleicht nach einem griechischen Vorbilde gearbeitet und ein Sarkophag in Messina stellen diesen Vorgang dar.

Von den oben genannten Söhnen des Minos ist Deukalion bekannt
als Theilnehmer an der kalydonischen Jagd und als Vater des gegen
Troja kämpfenden Helden Idomeneus, Glaukos dagegen durch sein
unglückliches Ende, indem er als ein kleiner Knabe, als er im Begriffe
war eine Maus zu verfolgen, in ein offenes Honigfass stürzte. Er soll
aber durch den korinthischen Augur Polyidos oder nach Andern
durch den Heilgott Asklepios selbst wieder ins Leben zurückgerufen sein.

b. Talos.

Der Mythos von Talos, dem ehernen Manne, weist ebenfalls auf
phönikische Ursprünge und auf den grausamen Gebrauch der Menschenopfer zurück. Dieser Talos war ganz von Erz und unverwundbar.
Hephästos, oder nach Andern Zeus, hatte ihn dem Minos als Wächter
der Insel Kreta geschenkt, die er täglich dreimal umkreiste. Sah er

Fremde herannahen, so sprang er ins Feuer, bis er glühend geworden war, und drückte dann die Ankömmlinge an seine Brust, so dass sie unter sardonischem Lachen den Geist aufgaben. Als er die Argonauten durch Steinwürfe abhalten wollte, an der Insel zu landen, fand er seinen Tod durch die List der Medea. Talos hatte nämlich eine einzige Ader, die ihm vom Kopf bis zu den Füssen herunterlief und oben mit einem Nagel geschlossen war. Diesen Nagel wusste ihm Medea geschickt herauszuziehen, in Folge dessen Talos verblutete.

Münzen von Phästos, wo sein Cultus hauptsächlich einheimisch gewesen zu sein scheint, zeigen als ihn eine nackte Jünglingsfigur mit Flügeln, um ihn als hurtigen Läufer zu bezeichnen. Eine interessante Darstellung seines Todes enthält ein prächtiges Thongefäss der Jatta'schen Sammlung in Ruvo.

IV. Gemeinschaftliche Unternehmungen der jüngeren Heldenzeit.

1. Die kalydonische Jagd.

Auch die Sage von Meleagros und dem kalydonischen Eber ist gewiss ursprünglich nichts weiter als ein landschaftlicher Naturmythos in demselben Sinne, wie die vorher besprochenen landschaftlichen Sagen, aber die Naturbedeutung ist hier schon früh zurückgetreten durch die Behandlung, welche die epische und dramatische Poesie derselben zu Theil werden liess. Die Dichter wussten nämlich sehr wirksame sittliche Motive in die Handlung zu verflechten, denen sich nun das höhere Interesse zuwendete. Auch liess man im Laufe der Zeit immer mehr Helden aus den verschiedensten Theilen Griechenlands Antheil an dieser Jagd nehmen und verschaffte ihr so eine allgemeinere Bedeutung. Als Veranlassung zu dieser Jagd wird allgemein der Zorn der Artemis angegeben über eine Vernachlässigung, die ihr von Seiten des Oeneus, Königs von Kalydon in Aetolien, widerfahren war. Dieser hatte nämlich bei einem grossen Dankfeste, welches er nach vollendeter Weinlese veranstaltete, sei es zufällig, sei es absichtlich der Artemis zu opfern unterlassen. Zur Strafe für diese Misachtung sandte sie nun einen Eber von seltener Grösse und Wildheit, der die

Fluren von Kalydon weit und breit verheerte und nur durch Aufbietung
bedeutender Kräfte bezwungen werden konnte. Daher lud Meleagros,
der ritterliche und heldenmüthige Sohn des Oeneus, die besten und
tapfersten Helden Griechenlands zur Theilnahme an diesem Unternehmen ein. Es kamen unter vielen andern die Dioskuren Kastor und
Polydeukes, Theseus und sein Freund Peirithoos, die Apharetiden
Idas und Lynkeus, Admetos aus Pherä, Iason aus Iolkos, Iphikles
und Iolaos aus Theben, Peleus, der Vater des Achill, Telamon
aus Salamis, Ankäos und die schöne Jägerin Atalante aus Arkadien,
sowie der bekannte Seher Amphiaraos aus Argos. Nachdem der
alte Oeneus neun Tage lang die zahlreichen Gäste herrlich bewirthet
hatte, wurde die Jagd ins Werk gesetzt, das riesige Thier, welches die
Grösse eines Ochsen gehabt haben soll, umstellt und aus seinem Schlupf-
winkel aufgescheucht. Die erste Wunde brachte ihm die hurtige Jägerin
Atalante bei. Als aber darauf Ankäos sich mit seiner Streitaxt dem
wüthenden Thiere entgegenwarf, riss es ihm mit einem seiner schrecklichen Hauer den Leib auf, dass er sofort todt niedersank. Ein gleiches
Schicksal erfuhr Hyleus und viele der mitgenommenen Hunde, bis
endlich ein glücklicher Speerwurf von Meleagros kräftiger Hand das
Unthier tödtlich verwundete, welches nun mit Hülfe der Uebrigen bald
vollends erlegt wurde. Meleagros erhielt gebührender Weise den
Siegespreis, Kopf und Haut des getödteten Thieres. Als er aber aus
Liebe zu der schönen Atalante dieser seinen Ehrenpreis abtrat, indem
er als Grund vorgab, dass sie dem Eber die erste Wunde beigebracht
habe, erregt dies giftigen Neid in den Herzen der Brüder von Meleagros
Mutter Althäa, der Söhne des Königs Thestios zu Pleuron, Plexip-
pos und Toxeus. Sie lauerten also der Atalante auf und nahmen ihr
die Beute wieder ab. Ergrimmt darüber tödtete sie Meleagros und es
entbrannte nun ein Krieg zwischen den Aetolern und den Kureten von
Pleuron. Anfangs waren die Kalydonier siegreich, als aber Meleagros,
weil seine Mutter im Schmerze über den Tod ihrer Brüder ihm geflucht
hatte, sich zürnend aus dem Kampfe zurückzog, konnten sie sich nicht
mehr im Felde behaupten und sahen bald ihre Stadt aufs engste von
den Feinden eingeschlossen. Vergebens bestürmten in dieser Noth die
Aeltesten und Priester der Kalydonier den Helden Meleagros, vergebens bat ihn sein alter Vater, vergebens flehten seine Schwestern
und selbst seine Mutter, er möge sich der bedrängten Stadt annehmen.
Meleagros blieb unbeweglich, wie Achill im trojanischen Kriege, als

er dem Agamemnon zürnte wegen der geraubten Sklavin. Endlich aber gelang es der Gemahlin des Meleagros, der schönen Kleopatra, sein trotziges Herz zu erweichen. Er wappnete sich und machte an der Spitze der Seinen einen Ausfall gegen die stürmenden Feinde. Glänzend zwar war der Sieg, den die Kalydonier erfochten, aber der tapfere Held Meleagros kehrte nicht wieder heim aus der heissen Feldschlacht. Die grausame Erinnys, welche den Fluch der Mutter gehört hatte, raffte ihn hinweg durch die Pfeile Apollons.

Dies war die ältere Gestalt der Sage, wie sie schon die Ilias (9, 525—595) in grossen und kräftigen Zügen ausführt. Den Tragikern aber war dieses Ende des ätolischen Helden noch nicht tragisch genug, sie dichteten hinzu (der erste, bei welchem diese Vorstellung auftaucht, ist Phrynichos, ein Vorgänger des Aeschylos und von Plato der Erfinder der Tragödie genannt), die Mören seien kurz nach der Geburt des Meleagros bei seiner Mutter Althäa erschienen und hätten ihr verkündigt, ihr Sohn werde nicht länger leben, als bis das in der Gluth des Heerdfeuers liegende Scheit Holz verbrannt sei. Nun hatte Althäa nichts Eiligeres zu thun, als das Holz der Flamme zu entreissen und sorgfältig in einer verschlossenen Lade zu verwahren. Als nun Meleagros die Brüder der Althäa erschlagen hatte, da steckte sie im ersten Schmerze über diese That jenes Scheit wieder ins Feuer und so musste der stattliche Held in der Blüthe seiner Jugend und Schönheit elend dahinsterben. Althäa aber nahm sich, als sie des Sohnes unglücklichen Ausgang erfahren, voll Reue selbst das Leben.

Begreiflicher Weise bot die jugendliche Heldengestalt des Meleagros und sein tragisches Ende auch für die Plastik einen anregenden Stoff. Das Vatikanische Museum besitzt eine in mehrfachen Wiederholungen vorhandene Marmorstatue von vorzüglicher Schönheit, welche bis auf die fehlende linke Hand wohl conservirt ist (Fig. 121). Mit dieser Hand stützte er sich auf seinen Jagdspeer, von welchem der Ansatz noch am Postament sichtbar ist. Hierdurch erklärt sich auch die etwas nach der linken Seite geneigte Haltung der Figur. Der Held ist dargestellt in der ersten Blüthe jugendlicher Schönheit, bartlos, mit kräftigen, wenn auch nicht herkulischen Formen; im Ausdrucke des Gesichts liegt ein Anflug von Schwermuth. Als Meleagros ist er hinlänglich gekennzeichnet durch den auf einem erhöhten Postament zu seiner Linken befindlichen Kopf des kalydonischen Ebers. Zu seiner Rechten sitzt ein Jagdhund, welcher zutraulich zu seinem Herrn emporblickt.

Eine Darstellung der kalydonischen Jagd findet sich auf der sogenannten François-Vase der Gallerie zu Florenz in dem obersten den Rand des

Gefässes umgebenden Streifen, wie auch sonst häufig auf Vasen von Volci
und auf Reliefs, unter denen wir eines Thonreliefs im Besitze des Museums
zu Berlin erwähnen, welches von L. Ross auf Melos gefunden wurde.
Der Tod des Meleagros wurde gern auf Sarkophagen dargestellt. Ein schönes

Fig. 121. Meleagros. Marmorstatue im Vatikan.

Relief dieser Art ist in der Villa Albani zu Rom mit sieben Figuren, worin
man ausser dem sterbenden, auf einer Bahre liegenden Helden ohne Mühe
den alten Oeneus, Althäa, Kleopatra, Atalante und zwei Schwestern
des Meleagros erkennt. Atalante sitzt abgewendet, die Thränen sich aus
den Augen wischend, sie ist leicht kenntlich an dem Köcher, den hohen

Jagdstiefeln und dem zu ihren Füssen sitzenden Jagdhunde. Ein schönes, figurenreiches Skulpturenfragment des Vatikanischen Museums (abg. im 2. Jahrg. von Gerhard's Denkmälern, Taf. XX) ist ohne durchschlagende Gründe ebenfalls auf diesen Gegenstand bezogen worden.

2. Die Argonauten.

Mit der Argonautensage ist es ähnlich gegangen wie mit der Sage von der kalydonischen Jagd. Ursprünglich ein landschaftlicher Naturmythos, welcher bei den im südlichen Thessalien und nördlichen Böotien wohnenden Minyern entstanden war, ist sie nachher unter den Händen der Dichter zu einem grossen, allen Griechenstämmen gemeinschaftlichen Sagencomplex angeschwollen, dessen vollständigste Bearbeitung uns in den Argonautica des Apollonios Rhodios *) erhalten ist. Den Kern der Sage bildet die Geschichte des goldenen Vliesses. Athamas, Sohn des Aeolos und König der böotischen Minyer, war zuerst vermählt mit Nephele (Wolke) und erzeugte mit ihr zwei Kinder, Phrixos (Regenschauer) und Helle (Lichtglanz), verstiess sie aber und heirathete des Kadmos Tochter Ino, welche ihm den Learchos und Melikertes gebar (vergl. Ino-Leukothea). Aber nicht zufrieden damit, die Nephele verdrängt zu haben, verfolgt sie auch deren Kinder mit ihren Ränken und bewegt endlich den Athamas zu dem Entschlusse, wegen einer eingetretenen Dürre den Phrixos als Sühnopfer dem Zeus Laphystios (dem Gefrässigen) darzubringen. Aber Nephele sendet ihren Kindern einen von Hermes ihr gegebenen Widder mit goldenem Felle, auf welchem sie über das Meer entfliehen. Helle fällt unterwegs in den Hellespont, Phrixos aber gelangt glücklich nach Aea (Kolchis), wo er den Widder dem fluchtschützenden Zeus opfert, das Fell desselben aber als einen Hort des Segens in dem Haine des Ares von einem schrecklichen, nimmer schlafenden Drachen bewachen lässt. Diesen Hort wieder aus dem fremden Lande zurückzubringen und dadurch den auf dem Lande und Volke der Minyer lastenden Unsegen zu verbannen, ist nun die Aufgabe der Helden vom Stamm der Aeoliden. Soweit ist die Sage als reine Naturdichtung unverkennbar. Der goldvliessige Widder ist offenbar ein blosses Symbol des von der Regenwolke aus-

---

*) Dichter und Grammatiker, welcher um 200 v. Chr. blühte. Geboren zu Alexandria brachte er später den grössten Theil seines Lebens in Rhodos zu.

gehenden Segens, darum hat ihn auch der Regengott Hermes verliehen. Athamas hat durch Vertreibung der Wolke und ihrer Kinder sich und sein Land unglücklich gemacht, er verfällt darüber in Raserei und sucht die Ino mit ihren Kindern zu tödten. Und zwar den Learchos zerschmettert er, Ino aber springt mit ihrem jüngeren Sohne Melikertes in das Meer. Nachdem dann Athamas nach Epeiros entflohen, fällt die Aufgabe, das Geschlecht der Aeoliden zu entsühnen und das goldene Vliess wiederzugewinnen, den Nachkommen der Brüder des Athamas zu. Diese sind Kretheus, Sisyphos, der uns bekannte Erbauer von Korinth, und der durch seinen grenzenlosen Hochmuth bekannte Salmoneus, Herrscher in Elis. Des Letzteren Tochter Tyro heirathete ihren Oheim Kretheus und gebar ihm drei Söhne, Aeson, Pheres und Amythaon. Schon vor dieser Heirath hatte sie aber mit dem Meeresgotte Poseidon gebuhlt und von ihm die Zwillingssöhne Pelias und Neleus geboren. Von diesen war Pelias ein harter und hinterlistiger Mann, er vertrieb nicht nur seinen Bruder Neleus, so dass dieser nach Messenien entfloh und dort sich eine Herrschaft in Pylos gründete, sondern er verdrängte auch seinen Stiefbruder Aeson aus der Herrschaft von Iolkos in Thessalien. Dieser flüchtete hierauf seinen kleinen Sohn Iason zu dem edlen Kentauren Chiron, der ihn in seiner Höhle am Pelion erzog. Pelias aber herrschte nun in Iolkos. Unter seinen Kindern sind Akastos, der nachherige treue Freund des Iason, und Alkestis, deren treue Liebe zu ihrem Gemahle Admetos, für den sie freiwillig in den Tod ging, von Euripides in dem gleichnamigen Trauerspiele gefeiert worden ist, besonders berühmt. Der eigentliche Held des Minyerstammes ist aber Iason (der Heilbringende), ein Liebling der Götter und Menschen, der seinem Volke das goldene Vliess zurückerobert, zu welchem Unternehmen er wie Meleagros die tapfersten Helden von Hellas auffordert. Offenbar ist Iason ursprünglich ebenfalls ein symbolisches Wesen*), welches später zu einem menschlichen Heros umgedeutet wurde, als die Sage aus den engen Beziehungen zu einem bloss landschaftlichen Cultus heraustrat und aus der Argonautenfahrt eine glänzende ritterliche Unternehmung wurde, welche als eine gemeinschaftliche That aller hellenischen Stämme erscheint. Doch bleibt Iason stets, wie auch Meleagros, die Hauptperson, die übrigen Helden dienen ihm gleichsam nur als Staffage, und sie müssen daher,

---

*) „Ein Dämon des lichten Frühlings mit seiner milden Sonne und seinen befruchtenden Regengüssen." Preller, gr. Myth. 2, 216.

damit sie doch nicht ganz unnöthig sind, durch Abenteuer, welche sie auf der Hin- oder Rückfahrt bestehen, beschäftigt werden.

Doch wir kehren zu der Sage zurück, ohne weiter in das Detail derselben einzugehen, welches wir vielmehr hier, wie bei den thebanischen und trojanischen Sagen, als bekannt voraussetzen dürfen. Iason also forderte, als er nach vollendetem zwanzigsten Lebensjahre bei Chiron zu einem starken und in allen ritterlichen Künsten geübten Helden herangewachsen war, von seinem tückischen Oheim Pelias die Herrschaft in Iolkos zurück. Dieser versprach freiwillig zurückzutreten, wofern ihm Iason das goldene Vliess aus Kolchis bringe. Iason lässt nun im Hafen von Iolkos einen starken Fünfzigruderer erbauen aus Fichten vom Pelion. Das Schiff wurde Argo genannt, angeblich nach seinem Erbauer Argos, dem Athena dabei ihre Mitwirkung zu Theil werden liess, die auch ein Stück von der redenden heiligen Eiche zu Dodona in dasselbe einfügte.

Als Theilnehmer der Fahrt sind in der älteren Sage nur Helden vom Stamme der Minyer bekannt, als Akastos, Admetos, der Nelide Periklymenos aus Pylos, Erginos von Orchomenos, Peirithoos, Asklepios, Idmon und Euphemos, ein Sohn des Poseidon. Als man aber später die Zeit der Argonautenfahrt auf ungefähr ein Menschenalter vor dem trojanischen Kriege fixirte, durfte keiner der irgendwie namhaften Helden, die damals gelebt haben konnten, dabei fehlen. So fügte man denn später die Dioskuren, die Boreaden, den Telamon, Peleus, Meleagros, Tydeus, Iphitos, Theseus, Orpheus, Amphiaraos und selbst den Herakles hinzu. In Betreff des Letzteren mochte man jedoch bald fühlen, wie unpassend es für ihn sei, eine blosse Nebenfigur abzugeben, und liess ihn daher bald wieder zurücktreten. Es hiess, er sei in Mysien zurückgelassen, als er dort ans Land gestiegen wäre, seinen Liebling Hylas zu suchen, den die Quellnymphen geraubt hatten. Man vervollständigte die Zahl der Theilnehmer zuletzt auf fünfzig, übereinstimmend mit der Zahl der vorhandenen Ruder. Wir übergehen die bekannten Erlebnisse der Argonauten auf Lemnos und Kyzikos, den Zweikampf des Polydeukes mit dem Bebrykerfürsten Amykos, das Abenteuer mit dem blinden Phineus, der ihnen guten Rath gab, wie sie am besten die Symplegaden am Eingange in den Pontos Euxeinos passiren könnten, sowie die Vertreibung der diesen unglücklichen König plagenden Harpyien (s. über diese S. 144 unter Thaumas), und lassen die Helden direkt an das Ziel ihrer Fahrt gelangen. Dieses ist in der älteren Sage das ganz mythische Aea, welches man bald im fernen Osten, bald im äussersten Westen suchte. Erst bei Pindar, der in seinem vierten Pythischen Gesange die Argonautensage ziemlich ausführlich erzählt, taucht der Name Kolchis auf, als Wohnsitz des Aeetes, eines Sohnes des Helios, der den Phrixos bei sich aufgenommen und ihm seine Tochter Chalkiope zur Gemahlin gegeben hatte.

Nun tritt die zweite Hauptfigur der ganzen Argonautensage, des Aeetes Tochter Medea, in den Vordergrund. Nur durch ihre Liebe vermag der Held Iason die ungeheuern Schwierigkeiten zu überwinden, welche sich der Erwerbung des Vliesses entgegenstellen. Aeetes nämlich, von Iason aufgefordert ihm das Vliess zu überlassen, erklärte sich dazu bereit, wenn Iason ihm zwei Aufgaben zu lösen vermöge. Die erste ist, die dem Könige von Hephästos geschenkten feuerschnaubenden und erzhufigen Stiere an einen Pflug zu spannen und mit ihnen ein Brachfeld zu pflügen. Wäre ihm dies gelungen, so müsse er in die Furchen Drachenzähne säen, die ihm Aeetes geben werde, und die daraus hervorwachsenden geharnischten Männer bekämpfen. Iason's Herz erbebte ob solchem Verlangen des Aeetes. Aber Medea, die eine Zauberin war, wie ihres Vaters Schwester Kirke, wusste zu Allem guten Rath. Sie gab dem Helden eine Zaubersalbe, die ihn gegen den feurigen Athem der wilden Stiere schützte und ihm eine unüberwindliche Stärke verlieh. Also vollendete er die erste Aufgabe. Unter die geharnischten Männer aber warf er, wie einst Kadmos in gleichem Falle that, auf den Rath der Medea Steine, worauf sie in blinder Wuth sich gegen einander kehrten und sich aufrieben.

Des Königs Verlangen war erfüllt. Indessen Aeetes, welcher merkte, dass seine Tochter dem Iason Beistand geleistet hatte, verweigerte aus diesem Grunde die Auslieferung des Widderfelles. Da raubte es Iason in der Nacht aus dem Haine des Ares, nachdem Medea den hütenden Drachen durch ein Zaubermittel eingeschläfert hatte. In derselben Nacht noch begaben sich die Argonauten, denen Medea als Iason's künftige Gattin nach Griechenland folgte, wieder auf ihr Schiff und stachen in See. Vergebens lässt Aeetes die Flüchtigen verfolgen, oder er verfolgt sie selbst und wird nur dadurch aufgehalten, dass Medea ihren mitgenommenen Bruder Apsyrtos tödtet und den zerstückelten Leichnam ins Meer wirft. Ueber den von den Argonauten auf der Rückreise eingeschlagenen Weg existiren die verschiedensten

Angaben. Einige liessen sie den Phasis aufwärts in den östlichen Ocean schiffen, dann durch das rothe Meer und die libysche Wüste, wo die Argo zwölf Tagereisen getragen werden musste, zum Tritonsee und von da ins mittelländische Meer gelangen. Andere suchten einen Durchgang durch den Istros (Donau) und Eridanos in den westlichen Ocean, und die Argonauten hatten dann viele Abenteuer in dem westlichen Meere zu bestehen passirten die Insel der Kirke, welche ihre Verwandte Medea freundlich aufnimmt, die Insel der Sirenen, die Plankten, die Skylla und Charybdis u. s. w. Vom Peloponnes nach Libyen verschlagen, gelangen sie auch auf diesem Weg zum Tritonsee, dann über Kreta, wo sie das Abenteuer mit Talos bestehen, nach Iolkos zurück, wo Iason nach seiner Landung dem Pelias das goldene Vliess übergibt.

Ueber Iason's und Medea's letzte Schicksale herrschen wiederum sehr verschiedene Meinungen. Nach Hesiod, der übrigens wie Homer die Argonautensage nur ganz kurz berührt, blieb Iason in Iolkos, wo er sich mit der Medea vermählte. Ob er sein väterliches Reich je wieder erlangt habe, bleibt dunkel. Auf jeden Fall kann er es nicht lange besessen haben, denn er soll in Korinth sein Ende gefunden haben. Dadurch, dass die Tragiker sich dieses Theiles der Sage mit Vorliebe bemächtigten, die mit dem Stoffe ziemlich willkürlich schalteten, ist eine so grosse Verschiedenheit der Angaben entstanden. Die Hauptzüge blieben die Ermordung des Pelias durch Medea's Ränke, da diese nämlich die Töchter desselben überredete, ihren Vater zu zerstückeln und zu kochen, worauf er durch die von ihr hinzugegebenen Zauberkräuter verjüngt aus dem Kessel hervorgehen werde, dann die von Akastos zu Ehren seines Vaters veranstalteten Leichenspiele, die Vertreibung des Iason und der Medea aus Iolkos und ihr Aufenthalt in Korinth, endlich die Vermählung des Iason mit der Tochter des Königs Kreon und Medea's fürchterliche Rache. Der hochtragische Schluss der Geschichte ist bekannt genug aus der Medea des Euripides, welche unter den erhaltenen Tragödien dieses Dichters zu den besten zählt. Von Medea's Aufenthalt bei dem Könige Aegeus war schon früher (s. Theseus) die Rede, von da soll sie nach Kolchis zurückgekehrt sein. Iason entleibte sich entweder selbst, oder er kam durch die auf ihn stürzenden Balken der morsch gewordenen Argo um.

So weit die Hauptzüge dieser in ihren wesentlichen Bestandtheilen sehr alten, aber kaum wie eine andere durch spätere Zusätze ausgeschmückten Sage.

Für die bildende Kunst scheint dieselbe weniger anregend und frucht-
bringend gewesen zu sein, als man erwarten sollte. Eine sichere Statue
des Haupthelden Iason lässt sich nicht nachweisen, nachdem der sogenannte
Iason der Münchener Glyptothek, welcher in der Villa Hadrians bei Tivoli
gefunden wurde, und die ihm gleichgestalteten Figuren als Hermes bestimmt worden sind. Auch von den Abenteuern der Argonautenfahrt sind
ausser den berühmten Darstellungen der sogenannten Ficoronischen Cista

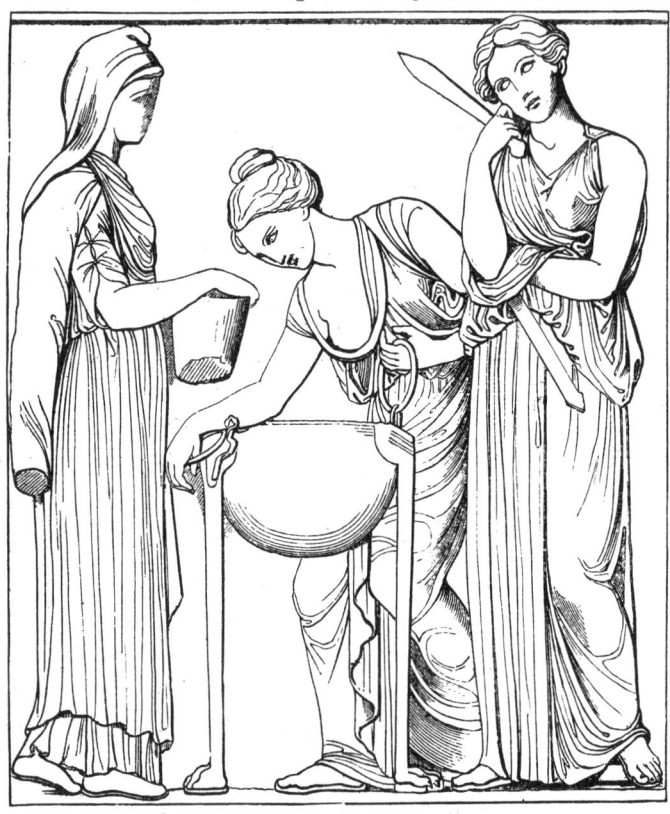

Fig. 122. Medea. Marmorrelief. Lateranisches Museum.

(Landung in Bithynien, Besiegung des Amykos), einigen Vasenbildern
(darunter eine Ruveser Prachtvase der Münchener Sammlung),
Gemmen und Reliefs keine antiken Bildwerke von Bedeutung vorhanden.
Mehr scheinen die Thaten der Medea die Künstler beschäftigt zu
haben. Ein Marmorrelief des lateranischen Museums von vorzüglicher
Schönheit der Composition stellt sie unter den Töchtern des Pelias dar,
die Vorbereitungen zu dem schrecklichen Morde des Königs treffend (Fig.
122). Sie erscheint hier in asiatischer Tracht, mit phrygischer Mütze und

persischer Aermeljacke. Dieselbe ausländische Tracht kennzeichnet sie auch
auf einer Prachtvase von Canosa, den Untergang der korinthischen Königstochter Kreusa darstellend, während sie sonst in Werken der Skulptur
auch in hellenischer Tracht vorgestellt wird. Auf einem pompejanischen
Wandgemälde ist sie mit dem Schwert in der Hand, sinnend auf den Mord
ihrer Kinder, dargestellt.

3. Der thebanische Cyclus.

Die hochtragische, an bedeutenden Charakteren und Ereignissen
so überreiche Geschichte des Hauses der Labdakiden in Theben hat
zu allen Zeiten die Dichter sowohl wie die Künstler Griechenlands viel
beschäftigt und einen ganzen Cyclus sowohl epischer wie dramatischer
Compositionen hervorgerufen. Leider sind von der ersteren Gattung,
welche uns für eine genauere Kenntnis der Sage ungleich wichtiger
sein würde, nur schwache Bruchstücke übrig geblieben, während von
den diesen Sagenkreis berührenden Dichtungen der grossen Tragiker
Aeschylos, Sophokles und Euripides bedeutende Werke erhalten sind.
Unter den epischen Gedichten, welche diesem Sagenkreise angehörten,
war das bedeutendste Werk die sogenannte kyklische Thebais, welche
im Alterthum als das beste Epos nächst der Ilias und Odyssee galt, so
dass sie von Einigen sogar für ein Homerisches Werk gehalten wurde.
Jedenfalls muss sie ein sehr hohes Alter gehabt haben. Sie erzählte
den Krieg der Sieben gegen Theben, stand also recht in der Mitte des
ganzen Sagencomplexes, wie die Homerische Ilias in der Mitte des
trojanischen Cyclus steht. Hieran schloss sich zunächst eine später
gedichtete Oedipodee eines gleichfalls unbekannten Verfassers, welche
also die dem Kriege der Sieben vorausgehenden Ereignisse und speziell
die Schicksale des Oedipus enthielt. Ueber dieses sonst spurlos unter-
gegangene Gedicht haben wir eine wichtige Notiz des Pausanias,
wonach in demselben die gräuelvolle Verbindung des Oedipus mit seiner
Mutter ohne Folgen blieb, vielmehr die bekannten Kinder desselben
Eteokles, Polyneikes, Antigone und Ismene von einer zweiten
Gemahlin desselben, mit Namen Euryganeia, stammten. Es scheint
also wohl, dass die Tragiker, von der älteren Sage abweichend, den
blutschänderischen Ursprung dieser Kinder erst erfunden haben, um
das Grausenhafte der ganzen Verwickelung noch zu erhöhen. Eine Fort-

setzung der Thebais gaben dann epische Gedichte, welche den Krieg
der Epigonen und die Schicksale des Alkmäon behandelten.

Weit reichlicher fliessen uns die Quellen über diesen Sagenkreis
in den erhaltenen dramatischen Dichtungen, weshalb die gewöhnliche
Erzählung sich in der Regel an diese anlehnt. Wieviel Tragödien des
Aeschylos demselben angehört haben, lässt sich nicht mehr mit Sicherheit bestimmen, erhalten ist nur eine davon, die Sieben gegen Theben.
Aeschylos scheint zuerst die Iokaste zur Mutter der Kinder des
Oedipus gemacht zu haben und auf der andern Seite auch darin von
der älteren Tradition abgewichen zu sein, dass er den auf dem Hause
der Labdakiden lastenden Fluch in wirksamerer Weise, als dies in den
alten Epen geschehen war, auf die schnöde Misachtung zurückführte,
welche Laios den Warnungen der Götter entgegensetzte, da er seinen
Sohn Oedipus gleichsam ihnen zum Trotz erzeugte. Von Sophokles
sind drei Tragödien, welche diesen Sagenkreis berühren, auf uns gekommen, König Oedipus, Oedipus auf Kolonos und Antigone. Die erste
zeigt uns Oedipus auf der Höhe seines Glückes und seinen jähen
schrecklichen Sturz, die zweite lässt uns in das tiefe Elend des blinden
Bettlers blicken und führt die Geschichte desselben fort bis zu seinem
durch die endliche Versöhnung der Erinnyen gleichsam verklärten Tode,
die dritte endlich schliesst sich unmittelbar an den Krieg der Sieben
gegen Theben an und schildert uns in ergreifenden Zügen den tragischen
Conflikt, in welchen die edle Antigone dadurch geräth, dass sie ihrem
natürlichen Gefühle und dem göttlichen Gebote folgend dem Macht-
spruch des Kreon zum Trotz ihren gefallenen Bruder Polyneikes be-
stattet. In den Hauptpunkten stimmt Sophokles mit Aeschylos überein,
wogegen sich Euripides, unter dessen erhaltenen Tragödien die Phöni-
cierinnen und die Schutzflehenden der Oedipussage angehören, einige
nicht unerhebliche Aenderungen erlaubt hat. Die wichtigste ist die,
dass die durch Laios geschehene Entführung des Chrysippos, eines
Sohnes des Pelops, zum Ausgangspunkte der ganzen tragischen Verwickelung gemacht wird.

Die gewöhnliche Erzählung ist nun folgende. Laios, ein Urenkel
des Kadmos, hatte vom Orakel des Apollon die Weisung erhalten,
keine Kinder zu erzeugen, weil sein Sohn ihn selbst erschlagen und
seine Mutter heirathen werde. Allein er achtete dieser Warnung
nicht, glaubte aber in seiner Kurzsichtigkeit durch Aussetzung seines
Sohnes das Orakel unwirksam machen zu können. Der mit durch-

stochenen Füssen auf dem Kithäron ausgesetzte Knabe wird indessen gerettet und, durch Hirten nach Korinth gebracht, von dem dortigen Könige Polybos aufgezogen. Von diesem und seiner Gattin Merope ganz wie ein eigenes Kind behandelt wuchs Oedipus in dem Glauben auf, dass sie seine rechten Eltern wären, bis ihm eines Tages Stichelreden korintischer Jünglinge, welche auf seinen geheimnisvollen Ursprung hindeuteten, Zweifel darüber einflössten. Sie zu lösen reiste er zum delphischen Orakel, erhielt aber dort nur die räthselhafte Weisung, nicht in sein Vaterland zurückzukehren, weil er seinen Vater tödten und seine Mutter freien werde. Er wandte sich daher, um diesem Schicksale zu entgehen, von Delphi aus nach Theben, auf diese Weise in seiner vermessenen Klugheit gerade den Ausgang herbeiführend, den er zu vermeiden so eifrig bestrebt war. Unterwegs begegnete ihm sein Vater Laios, der eben im Begriffe stand, zum delphischen Orakel zu reisen, um dasselbe wegen der Sphinx um Rath zu fragen. Diesen erschlug er, ohne ihn zu kennen, da er in einem engen Hohlwege zufällig mit ihm in Streit gerathen war. Dann nach Theben gelangt, bereitete er sich durch Befreiung des thebanischen Landes von der schrecklichen Sphinx den Weg zum Throne und zu der Hand seiner Mutter Iokaste (bei den Epikern Epikaste). Mit der Sphinx aber hatte es folgende Bewandnis. Hera, den Thebanern wegen des von Laios an dem Chrysippos begangenen Frevels zürnend, hatte dieses aus der Gestalt einer Jungfrau und eines Löwen zusammengesetzte Ungeheuer zur Plage des thebanischen Landes von Aethiopien her gesendet. Auf einem Felsen in der unmittelbaren Nähe der Stadt hausend hielt sie jeden Vorübergehenden an, um ihm ihr bekanntes Räthsel aufzugeben und, wenn er es nicht lösen konnte, von dem Felsen in eine tiefe Schlucht hinabzustürzen, so dass nach des Laios Tode sein Schwager Kreon sich veranlasst sah, den Thron und die Hand der verwittweten Königin demjenigen zu bieten, der das Räthsel der Sphinx lösen würde. Oedipus löste es und befreite so das Land von seiner schrecklichen Plage, da die Sphinx sich nun selbst in den Abgrund stürzte.

Der Ursprung des Sphinxmythos ist schon den Alten nicht mehr klar gewesen. Vermuthlich war die Sphinx ein aus der ägyptischen Religion übertragenes Symbol, dem man nur eine veränderte Bedeutung unterlegte. Während nämlich bei den Aegyptiern die Sphinxgestalt ein Symbol der königlichen Würde war und die Vereinigung von Weisheit und Stärke bedeutete, scheint durch die griechische Sphinx die pesthauchende Gluthhitze des Sommers symbolisirt worden zu sein. Die Gestalt, ein meistens ruhend gedachter Löwe mit dem Oberleibe und Haupte eines schönen Weibes, ist den ursprünglich männlichen Sphinxen der Aegyptier nachgebildet. Die alte ägyptische Kunst gefiel sich in der Hervorbringung grosser Sphinxkolosse, die man aus Granitfelsen meisselte, wovon noch ein grossartiges Beispiel vorhanden ist in der 89 Fuss langen Riesensphinx in der Nähe der Pyramiden von Gizeh. Kleinere Sphinxe pflegten reihenweise aufgestellt die Zugänge zu den ägyptischen Tempeln zu bilden. Die griechische Kunst hat dagegen nur weibliche Sphinxgestalten gekannt und weicht auch darin von der ägyptischen ab, dass sie dem Löwenrumpfe noch Flügel beilegt. Darstellungen derselben sind auf Gemmen, Vasen und Münzen noch ziemlich häufig vorhanden.

Nachdem nun Oedipus durch die glückliche Lösung des Räthsels der Sphinx sich die Herrschaft von Theben und die Hand der Iokaste erworben hatte, erfreute er sich lange Jahre eines ungetrübten Glückes, von vier blühenden Kindern umgeben, die er unwissend in blutschänderischer Ehe erzeugt hatte. Aber durch den verborgenen Rath der Götter wird endlich die grässliche Wahrheit ans Licht gebracht, Iokaste erhängt sich und Oedipus beraubt sich in seiner Verzweiflung selbst des Augenlichts. Nicht zufrieden mit dieser seiner freiwilligen Busse zwingen ihn die hartherzigen Thebaner noch, Stadt und Land zu verlassen, ohne dass die bereits erwachsenen Söhne Eteokles und Polyneikes sich des Vaters annehmen, der ihnen deswegen flucht. Geleitet von seiner treuen Tochter Antigone findet der Unglückliche nach langem Umherirren endlich eine Zufluchtstätte im Haine der Eumeniden in Kolonos bei Athen. Sein Grab wurde dort nach einem alten Orakelspruche ein Hort des attischen Landes.

An den unnatürlichen Söhnen aber ging der Fluch des gemishandelten Vaters in Erfüllung. Der ältere Eteokles vertrieb seinen Bruder Polyneikes, der sich nun Hülfe suchend an den König Adrastos in Argos wandte. Dieser Adrastos war ein Enkel des Bias vom Geschlechte der Amythaoniden (s. S. 271 unter Prötos) und durch Vermählung mit der Tochter des reichen Polybos zur Herrschaft von Sikyon gelangt. Er nahm den flüchtigen Polyneikes nicht nur freundlich auf, sondern machte ihn auch zu seinem Schwiegersohne und gab ihm das Versprechen, dass er ihm mit gewaffneter Hand zur Herrschaft in Theben verhelfen wolle. Zur Theilnahme an diesem Zuge suchte dann Adrastos die übrigen Helden von Argos zu gewinnen. Alle zeigten sich willig, nur Amphiaraos, der durch seine grosse Klugheit und Tapfer-

keit gleich ausgezeichnete Schwager des Adrastos, verweigerte seine
Mitwirkung. Er war ein Urenkel des berühmten Sehers Melampus,
des Bruders des Bias, und hatte von demselben die Gabe der Weissagung geerbt. Da er nun vermöge seiner Kunst wusste, dass der
Krieg ein unglückliches Ende nehmen würde, so suchte er denselben zu
hintertreiben, und als Polyneikes sowohl wie der ebenso heissblütige
Tydeus, gleichfalls ein Schwiegersohn des Adrastos, nicht nachliessen,
in ihren Schwiegervater zu dringen, so entzog sich Amphiaraos den
Zumuthungen seiner Verwandten durch die Flucht. Allein Polyneikes
bestach des Adrastos Gattin Eriphyle durch das prachtvolle Halsband, welches einst der Harmonia zur Feier ihrer Hochzeit mit Kadmos
von Hephästos geschenkt worden war, dass sie den Aufenthalt ihres
Gemahls verrieth, und er musste nun widerwillig sich dem Zuge
anschliessen. Dieser nahm einen Ausgang, wie Amphiaraos ihn vorher-
gesagt hatte. Der Angriff auf Theben wurde nicht nur vollständig
abgeschlagen, sondern alle argivischen Führer mit Ausnahme des
Adrastos, der sich durch die Schnelligkeit seines Rosses rettete, kamen
dabei ums Leben. Polyneikes selbst fiel im Zweikampfe mit seinem
Bruder Eteokles, den er seinerseits gleichfalls durchbohrte. Dass
Adrastos nach Attika geflohen und mit Hülfe des Theseus die Thebaner
gezwungen habe, in die feierliche Bestattung der gefallenen Helden zu
willigen, ist ein der älteren Sage unbekannter Zug, welcher seine Entstehung dem patriotischen Eifer der attischen Bühnendichter verdankt.

Zehn Jahre später sollen die Söhne der erschlagenen Helden sich
mit des Adrastos Sohn Aegialeus vereinigt haben, um ihre Väter an
den Thebanern zu rächen. Man nennt diesen Zug deshalb den Zug
der Epigonen (Nachkommen). Da sie nicht wie ihre Väter gegen den
deutlich ausgesprochenen Willen der Götter handelten, sondern unter
glückverheissenden Auspicien auszogen, so erreichten sie ihren Zweck.
Leodamas, der Sohn des Eteokles, welcher an seines Vaters Stelle als
König in Theben herrschte, wurde in einer entscheidenden Schlacht in
der Nähe von Theben geschlagen und fiel selbst, nachdem er den
Aegialeus getödtet hatte, von der Hand des Alkmäon, eines Sohnes des
Amphiaraos. Die Thebaner konnten die Stadt nun nicht mehr halten,
sondern zogen bei Nacht und Nebel auf Anrathen des alten blinden
Wahrsagers Teiresias, der unterwegs an der Tilphusischen Quelle
seinen Tod fand, aus, um theils in Thessalien, theils in Epeiros eine Zufluchtstätte zu suchen. Nachdem die siegreichen Argiverfürsten die

Stadt ausgeplündert und theilweise zerstört hatten, weihten sie einen grossen Theil der Beute, darunter Manto, die gefangene Tochter des Teiresias, nach Delphi, und verliessen dann die Stadt, in welcher sie Thersandros, den Sohn des Polyneikes, als König eingesetzt hatten. Dieser machte später den trojanischen Krieg mit und kam darin um.

Die bildende Kunst hat sich mit Ausnahme des Epigonenzuges, aus welchem nur das Schicksal der Manto Interesse erregt zu haben scheint, mit der thebanischen Mythologie recht viel beschäftigt. Es sind noch zahlreiche Vasenbilder, darunter namentlich einige ruvesische von grossem Werthe, und Gemmen vorhanden, welche sich auf die Schicksale des Hauses der Labdakiden und was damit zusammenhängt, beziehen.

---

4. Der trojanische Cyclus.

Wir werden uns auch in Beziehung auf die trojanische Heldensage, da wir den Inhalt derselben als allgemein bekannt voraussetzen dürfen, der grössten Kürze befleissigen, der Geschichte des Krieges und der Nosten aber nach Prellers Vorgange einen Ueberblick über die Geschichte der an dem Kriege betheiligten hervorragendsten Heldengeschlechter vorausschicken. Die Quellen fliessen hier reichlicher, als dies bei irgend einem Theile der mythischen Geschichte der Fall ist, da uns ausser den beiden epischen Hauptwerken, Ilias und Odyssee, welche den Mittelpunkt eines ganzen Cyclus von Heldengedichten über die trojanische Sage bildeten, in den dramatischen und lyrischen Dichtern, sowie bei den aus den ältesten Quellen schöpfenden Mythographen und Grammatikern eine Menge der detaillirtesten Angaben begegnen, wozu dann noch die bedeutende römische Literatur ergänzend tritt.

I. Die Heldengeschlechter des trojanischen Krieges.

a. Die Dardaniden.

Die trojanische Königsfamilie leitete ihren Ursprung her von Dardanos, einem Sohne des Zeus, den er mit Elektra, einer der Töchter des Atlas, erzeugte. Dardanos soll von Samothrake, nach Andern von Arkadien oder gar von Italien her nach dem nordwestlichen Theile von Kleinasien zwischen dem Idagebirge und dem Hellespont gekommen sein, wo er vom Könige Teukros Land zur Gründung einer

Ansiedelung erhielt. Später gab ihm dieser auch seine Tochter zur Ehe, mit welcher Dardanos einen Sohn, Namens Erichthonios, erzeugte, welchen Homer (Il. 20, 220) den begütertsten aller sterblichen Menschen nennt. Er war so reich, dass ihm allein 3000 Rosse auf seinen Wiesen weideten. Mit einer Tochter des Simois oder nach Andern des Skamander erzeugte er Tros, von welchem das Troervolk seinen Namen bekam. Dieser war der Vater des Ilos, Assarakos und Ganymedes. Den Letzteren, der wie alle Sprösslinge des Dardanidenstammes von wunderbarer Schönheit war, erhob Zeus zu seinem Mundschenken und machte ihn unsterblich, wie schon oben (S. 112) erzählt wurde. Mit Ilos und Assarakos theilte sich der dardanische Königsstamm in zwei Häuser. Assarakos blieb in dem Stammsitze Dardanien, sein Sohn war Kapys, sein Enkel Anchises, der Vater des Aeneas. Dagegen wanderte Ilos hinab in die Ebene des Skamander und gründete die Stadt Ilion oder Troja. Als die Stadt vollendet war, betete er zu Zeus um ein Zeichen seiner Gunst und am andern Morgen fand er vor seinem Zelte das berühmte Palladion, ein aus Holz geschnitztes Bild der Pallas Athena, an dessen Besitz hinfort das Glück und die Wohlfahrt Trojas geknüpft war. Nach des Ilos Tode herrschte in Troja sein Sohn Laomedon, dem Poseidon und Apollon die Burg Pergamon erbauten. Wie dieser König durch seine Wortbrüchigkeit endlich den Zorn des Herakles erregte und die Zerstörung Trojas durch diesen Helden herbeiführte, ist schon in der Heraklessage erzählt worden. Von allen seinen Söhnen blieb nur Priamos übrig, dem seine Gemahlin Hekabe (Hecuba) und andere Nebenweiber eine grosse Menge von Söhnen und Töchtern gebaren, so dass durch ihn der Dardanidenstamm von Neuem mächtig emporblühte.

b. Die Pelopiden.

Die Pelopiden, durch deren Geschlecht hauptsächlich der Untergang Trojas herbeigeführt werden sollte, leiteten ihren Ursprung her von dem durch sein beispielloses Glück wie durch seinen jähen Sturz gleich berühmten phrygischen Könige Tantalos. Dieser war ein Sohn des Zeus und der Pluto, d. i. der reichen Fülle, und wohnte in seiner Burg am Berge Sipylos, von wo sich seine reichen Triften und fruchtbaren Aecker zwölf Tagereisen weit bis zum Ida und zur Propontis erstreckten. Ihn würdigten die Götter einer solchen Freundschaft und eines so vertrauten Umgangs, dass sie ihn zu ihrer Tafel zuzogen. Durch dieses unerhörte Glück erzeugte sich in dem schwachen Sterblichen zuletzt ein solcher Uebermuth, dass er sich die ärgsten Frevelthaten gegen Götter und Menschen erlaubte. Als er endlich sogar, um die Allwissenheit der Götter auf die Probe zu stellen, seinen Sohn Pelops schlachtete und ihnen denselben zerstückelt und gebraten zum Mahle vorsetzte, schien dem Unsterblichen das Maass seiner Schuld erfüllt und ihre strafende Hand ereilte den Frevler. Auf welche Weise aber Tantalos Reich und Leben verlor, darüber lässt uns die mythische Tradition gänzlich im Dunkeln. Die gemeine Sage weiss nur von den bekannten Strafen des Tantalos in der Unterwelt, dass er von den herrlichsten Früchten umgeben und bis an den Hals im Wasser stehend doch ewig Hunger und Durst leiden musste, oder wie Andere angaben, durch einen über seinem Haupte schwebenden Felsblock in ewiger Angst erhalten wurde. Ursprünglich können diese Vorstellungen nicht gewesen sein, da die ältere griechische Mythologie, wie wir schon früher sahen, von unterweltlichen Strafen nichts kennt.

Als die Kinder des Tantalos werden Pelops und Niobe angegeben. Von dem unglücklichen Schicksale der Letzteren, welche den thebanischen König Amphion heirathete, war schon oben bei Gelegenheit der mythischen Geschichte Thebens die Rede. Den Pelops lässt die gewöhnliche Ueberlieferung von dem trojanischen Könige Ilos aus seiner phrygischen Heimath verdrängt werden und nach Pisa in Elis einwandern. Historisch begründen lässt sich diese Einwanderung nicht, doch hat sie mindestens eine grössere Wahrscheinlichkeit für sich, als die Einwanderungen des Kekrops, Kadmos und Danaos. Thukydides wagte es nicht, sie zu bezweifeln. Dagegen erscheint es, wie Preller richtig bemerkt hat, unwahrscheinlich, dass Pelops, wenn er ein Einwanderer war, gerade nach Pisa in Elis zuerst gelangt sein sollte, und der ganze pisatische Mythos von dem Wettkampfe mit Oenomaos, den auch Homer nicht gekannt zu haben scheint, ist wohl eine spätere Erfindung. Die Hauptquelle dafür ist Pindar. Hiernach soll der von seinem Vater geschlachtete Pelops durch die Kunst des Hermes wieder ins Leben zurückgerufen sein. Nur seine natürliche Schulter konnte ihm Hermes nicht zurückgeben, weil sie bereits von Demeter verzehrt worden war. Dafür setzte er ihm eine künstliche von Elfenbein ein, in Folge dessen allen Pelopiden ein weisser Fleck auf der Schulter als erbliches Abzeichen geblieben ist. Im Olympos, unter den seligen Göttern, soll

Pelops aufgewachsen, dann aber wieder zur Erde entlassen sein, worauf er sich nach Elis wandte, um die schöne Hippodameia, des Königs Oenomaos Tochter, als Braut zu gewinnen. Diese wollte Oenomaos nur demjenigen zu Theil werden lassen, der ihn im Wagenrennen besiegen würde. Wer aber von ihm besiegt wurde, musste den kühnen Muth mit dem Tode büssen. Denn Oenomaos durchbohrte ihn im Vorbeirennen unfehlbar mit seiner mächtigen Lanze. Schon hatten dreizehn edle Jünglinge auf diese Weise ihren Tod gefunden, als Pelops erschien und das gefährliche Abenteuer gleichfalls zu bestehen sich entschloss. Er ging siegreich aus demselben hervor mit Hülfe der ihm von Poseidon geschenkten unermüdlichen Flügelrosse und durch die Hinterlist des Myrtilos, des Wagenlenkers des Königs, welcher, entweder durch Pelops oder durch Hippodameia bestochen, vor dem Beginn der Wettfahrt heimlich die Radpflöcke aus dem Wagen seines Herrn zog oder durch wächserne ersetzte. Oenomaos kam in Folge dessen, da der Wagen während der Fahrt zusammenbrach, ums Leben oder er tödtete sich selbst, als er sich besiegt sah. Pelops kam nun in den Besitz der Hippodameia und der Herrschaft, dem Myrtilos aber lohnte er den erwiesenen Dienst schlecht, indem er ihn, um seiner Verpflichtungen gegen ihn ledig zu werden, ins Meer stürzte. Sein angeblicher Vater Hermes soll Letzteren hierauf als Fuhrmann unter die Sterne versetzt haben.

Die Söhne des Pelops von der Hippodameia waren Atreus und Thyestes, deren von grausenhaften Verbrechen erfüllte Geschichte von den Tragikern mit vieler Vorliebe bearbeitet worden ist. Diese scheinen aber die meisten der Gräuelthaten der Pelopiden erst erfunden zu haben, denn bei Homer findet sich noch keine Andeutung derselben. Gewöhnlich führt man den schrecklichen Fluch, der über diesem Hause waltete und es von Verbrechen zu Verbrechen trieb, auf den schnöden von Pelops an dem Myrtilos begangenen Mord zurück. Zuerst begingen Atreus und Thyestes gemeinschaftlich einen Mord an ihrem Stiefbruder Chrysippos, demselben, der nach der thebanischen Sage von Laios entführt sein sollte. Sie mussten deswegen mit ihrer Mutter Hippodameia flüchtig werden und fanden Aufnahme in Mykenä bei ihrem Schwager Sthenelos, dem Sohne des Perseus, oder bei dessen Sohne Eurystheus. Nach dessen Tode erbten sie die Herrschaft der Persiden in Argos, und Atreus wohnte nun in der stolzen Herrscherburg von Mykenä, von welcher uns merkwürdiger Weise in dem berühmten

Löwenthor das allerälteste Denkmal griechischer Skulptur erhalten ist. Aber bald entspann sich eine unversöhnliche Feindschaft zwischen ihm und seinem Bruder Thyestes. Der Letztere musste weichen, nahm aber aus Rache den jungen Sohn des Atreus, Pleisthenes mit Namen, mit sich, erzog ihn wie seinen eigenen Sohn und schickte ihn später nach Mykenä, um den Atreus zu tödten. Entdeckt und ergriffen, musste er seinen frevelhaften Vorsatz mit dem Leben büssen. Als nun Atreus erfuhr, dass er seinen eigenen Sohn hatte tödten lassen, sann er auf schreckliche Rache an dem tückischen Bruder. Er stellte sich zur Versöhnung bereit und rief den Thyestes mit den Seinigen nach Mykenä zurück. - Als dieser, dem Worte des Bruders trauend, wiedergekehrt war, liess Atreus heimlich die beiden jungen Söhne des Thyestes ergreifen, schlachtete sie und setzte dem Bruder das grausenhafte Mahl vor. Entsetzt über eine so unmenschliche und unnatürliche Grausamkeit wandte Helios sein Rossegespann und floh zum Aufgange zurück, und seit dieser Zeit geht die Sonne im Osten auf und im Westen unter, während es vordem umgekehrt der Fall war. Thyestes aber floh von Neuem, die grässlichsten Flüche über das ganze Geschlecht der Pelopiden herabbeschwörend, und ging nach Epeiros zum Könige Thesprotos. Später gelang es ihm mit Hülfe seines Sohnes Aegisthos sich an seinem Bruder zu rächen. Atreus wurde von dem Letzteren bei einem Opfer, welches er am Meeresstrande vollzog, erschlagen und nun gewann Thyestes die Herrschaft in Mykenä. Des Atreus Söhne oder nach andern Nachrichten Enkel Agamemnon und Menelaos mussten fliehen und fanden Aufnahme bei dem spartanischen Könige Tyndareos, der ihnen seine beiden Töchter Klytämnestra und Helena vermählte. Mit seiner Hülfe eroberte dann Agamemnon das väterliche Reich wieder, erschlug den Thyestes und vertrieb den Aegisthos. Menelaos aber blieb in Sparta, wo er des Tyndareos Nachfolger in der königlichen Herrschaft wurde, bis der von Paris ausgeführte Raub der Helena den Anlass zu dem trojanischen Kriege gab.

c. Die Aeakiden.

Nächst den Atriden haben den weitaus bedeutendsten Antheil an dem trojanischen Kriege die Aeakiden, so dass man berechtigt ist zu sagen, dieser Krieg sei wesentlich eine Grossthat jener beiden Heldengeschlechter und ihrer Völker, der Achäer in Argos und der Hellenen in Phthia, gewesen. Der Stammvater der Aeakiden ist der durch seine

Weisheit und Gerechtigkeit berühmte und daher später zum Richter in der Unterwelt gemachte Aeakos, ein Sohn des Zeus von der Tochter des Flussgottes Asopos. Er herrschte auf der Insel Aegina und hatte zur Gemahlin die Tochter des weisen Kentauren Chiron, mit Namen Endeis. Mit dieser erzeugte er zwei Söhne, Peleus und Telamon. Als diese erwachsen waren, mussten sie aus demselben Grunde wie die Pelopssöhne ihre Heimath verlassen, da sie nämlich aus Eifersucht ihren vom Vater vorgezogenen Stiefbruder Phokos erschlagen hatten. Peleus begab sich nach Phthia, wo ihn der im Spercheiosthale begüterte Eurytion aufnahm und ihm den dritten Theil seines Gebietes mit der Hand seiner Tochter gab. Später nahm Peleus mit Theil an der kalydonischen Eberjagd, bei welcher er das Unglück hatte, unfreiwillig seinen Schwiegervater zu tödten. Er verliess daher Phthia und begab sich nach Iolkos, wo er an den von Akastos zu Ehren seines durch die Ränke der Medea umgekommenen Vaters Pelias veranstalteten Leichenspielen Antheil nahm. Pindar und andere Dichter lassen ihn auch vorher den Argonautenzug mitmachen. In Iolkos erging es ihm ähnlich wie dem Bellerophon beim Prötos. Als ihn des Akastos Gemahlin Astydameia, welche ihn liebte, nicht zur Untreue verleiten konnte, verleumdete sie ihn bei ihrem Manne, worauf dieser dem Peleus nach dem Leben trachtete. Um seinen Tod herbeizuführen, liess er ihn, als sie einst am Pelion gejagt hatten und der ermüdete Peleus eingeschlafen war, allein und unbewehrt zurück. Dieser würde auch von den wilden Kentauren erschlagen sein, wenn sich die Götter nicht seiner angenommen und ihm durch Hermes ein Schwert von wunderbarer Kraft geschickt hätten, mit welchem er die Angriffe der Waldmenschen zurückschlug. Nachher tödtete Peleus den treulosen Akastos und die Astydameia, nachdem er Iolkos mit Hülfe der Dioskuren eingenommen hatte. Zur Belohnung für seine Keuschheit aber gaben ihm die Götter die herrliche Nereide Thetis zur Gemahlin, die unsterbliche Göttin dem sterblichen Manne (s. S. 141, Nereus und die Nereiden). Sie gebar ihm nur den einzigen Sohn Achilleus, den grössten und gewaltigsten Helden des trojanischen Krieges. Dass Thetis ihren Gemahl bald nach der Geburt des Achilleus wieder verlassen habe, weil er sie störte, als sie, ähnlich wie Demeter den Sohn des Keleos, ihr Kind im Feuer unsterblich machen wollte, ist spätere Sage, die Homer nicht kennt. Noch später dichtete man, dass sie ihren Sohn in das Wasser der Styx getaucht und dadurch mit Ausnahme der Ferse, wo sie ihn

angefasst hatte, unverwundbar gemacht habe. Auch ihm gab man, wie
allen hervorragenden Helden jener Zeit, den Chiron zum Erzieher,
unter dessen Leitung sich jene wunderbare körperliche Gewandtheit
bei ihm entwickelt, durch welche er alle seine Zeitgenossen weit überragt. Neben ihm nennt Homer auch den Amyntoriden Phönix als Erzieher des jungen Achilleus. Zu dem trojanischen Kriege zieht der
edle junge Held bei Homer, wiewohl er vorausweiss, dass es ihm nicht
beschieden sei, aus demselben zurückzukehren, und es ist wiederum
spätere Dichtung, wenn er von seiner Mutter, um ihn dem Schicksale
eines so frühzeitigen Todes zu entziehen, in Frauenkleidern nach
Skyros geschickt wird, um sich dort im Hause des Lykomedes ver-
borgen zu halten, aber durch die List des Odysseus ausfindig gemacht,
seinem einmal bestimmten Loose nicht entgehen kann.

Von dem zweiten Sohne des Aeakos, Telamon, stammt der fast
nicht minder bedeutende Held Aias. Telamon hatte nach der Flucht
der beiden Brüder aus dem väterlichen Hause eine neue Heimath in
Salamis gefunden, wo ihm der König Kychreus seine Tochter zur
Frau gab und bei seinem Tode die Herrschaft hinterliess. Telamon
heirathete dann nach dem Tode seiner ersten Gattin die Periböa,
eine Tochter des Pelopiden Alkathoos aus dem benachbarten Megara,
welche ihm den Aias gebar. Die Sage weiss viel zu erzählen von der
innigen Freundschaft zwischen Herakles und ihm, daher er auch Antheil nahm an dem trojanischen Heereszuge seines mächtigen Freundes,
bei welcher Gelegenheit ihm derselbe die gefangene trojanische Königstochter Hesione schenkte, die Mutter seines zweiten Sohnes Teukros.
Dass die Sage einen so bedeutenden Helden wie Telamon auch an der
kalydonischen Jagd und an der Argonautenfahrt Theil nehmen lässt,
versteht sich ganz von selbst. Hinter einem so ritterlichen und wackern
Vater steht nun sein Sohn Aias, den der gewaltige Herakles auf seinen
Armen gewiegt und auf den er den Segen seines Vaters Zeus herab-
gefleht hatte, in keiner Weise zurück. Unter den Kriegern des trojanischen Heerzuges ist er bei Homer sowohl wie bei den späteren
Dichtern nächst Achilleus der beste. Er ist riesiger von Wuchs und
gewaltiger von Kraft, als alle andern Helden, aber dem gewandten
und hurtigen Achilleus gegenüber hat er etwas Plumpes und Schwer-
fälliges. Sein ungeheurer Schild ist für ihn ebenso charakteristisch
wie für Achilleus die schwere, todbringende Lanze. Sein Halbbruder
Teukros steht ihm als der beste griechische Bogenschütz würdig zur Seite.

d. Nestor, der lokrische Aias, Diomedes, Odysseus.

Den vorher genannten Helden aus dem Stamme der Pelopiden
und Aeakiden reihen sich nun noch einige hervorragende Heerführer
an, über deren Genealogie noch Einiges vorauszuschicken sein wird.
Unter ihnen beginnen wir mit dem greisen pylischen Nestor, dessen
weiser Rath den Griechen vor Troja ebenso unentbehrlich war, als der
Heldenmuth und die unerschrockene Tapferkeit eines Achilleus und
Aias. Von seiner Abstammung ist schon gelegentlich die Rede gewesen
(s. S. 294). Er war der jüngste unter den zwölf Söhnen des Neleus.
Dieser war ein Sohn des Poseidon und der Tyro, ein Zwillingsbruder
des Pelias, von welchem vertrieben er in Messenien eine neue Heimath
suchte. Seine dort von ihm gegründete Herrschaft und der Glanz seines
Hauses erlitt einen gewaltigen Stoss durch die Feindschaft des Herakles,
welcher alle Söhne des Neleus bis auf den Nestor erschlug. Nach
diesem Falle erhob sich durch Nestor das Geschlecht der Neliden zu
neuem Glanze. Dieser kämpfte als Jüngling gegen die benachbarten
Epeier und Arkadier und stellte die Herrschaft seines Vaters in ihrem
ganzen Umfange wieder her. An dem Kampfe der Lapithen gegen die
Kentauren, an der kalydonischen Jagd und an dem Argonautenzuge
liessen ihn die Dichter gleichfalls Antheil nehmen. Obwohl schon
in so hohem Alter stehend, dass er bereits über das dritte Geschlecht
der Menschen herrschte, konnte er doch der Lust nicht widerstehen, an
dem trojanischen Kriege Theil zu nehmen.

Der lokrische Aias, auch der kleine genannt, im Gegensatze zu
seinem riesigen Namensvetter, war ein Sohn des lokrischen Herrschers
Oïleus, der auch unter den Argonauten gewesen sein soll, dessen
Geschlecht aber sonst in der Sage nicht weiter berühmt ist. Aias war
unter den Helden vor Troja hervorragend durch seine Gewandtheit im
Speerwerfen und durch seine grosse Schnelligkeit, worin er nur von
Achilleus übertroffen wurde. Er erscheint stets in einem leinenen
Panzer, wie auch seine Krieger, die opuntischen Lokrer, leicht-
bewaffnete Truppen waren.

Diomedes stammte aus dem schon vielfach genannten Geschlechte
der äolischen Amythaoniden. Sein Vater war der ungestüme Tydeus,
von dessen wilder und unbändiger Natur viel auf ihn übergegangen
zu sein scheint. Nachdem sein Vater im Kriege der Sieben gegen
Theben seinen Tod gefunden hatte, machte Diomedes den Zug der

Epigonen mit und folgte dann seinem Grossvater Adrastos in dessen
argivischer Herrschaft zu Sikyon. Dann setzte er seinen Grossvater
von väterlicher Seite, den alten ätolischen König Oeneus, der von
den Söhnen seines Bruders Agrios entthront worden war, wieder in
seine Herrschaft ein. In der Ilias erscheint er als ein besonderer Liebling der Athena und Homer räumt ihm in den Kämpfen der Griechen
vor Troja eine hervorragende Rolle ein. In der nachhomerischen
Dichtung erscheint er besonders bedeutsam als der Räuber des trojanischen Palladions.

Odysseus endlich, der populärste unter den Helden des trojanischen Cyclus, war der Sohn des Laertes und Enkel des Arkeisios,
durch seine Mutter Antikleia aber ein Enkel des am Parnass sess-
haften, durch seine Verschlagenheit berühmten Autolykos, der wohl
nur deswegen für einen Sohn des Hermes ausgegeben wurde. Späteren
Dichtern genügte aber dieser Umstand nicht mehr, um die grosse
Schlauheit des Odysseus und seine Lust an hinterlistigen Anschlägen
und Werken zu erklären; sie machten deshalb den bekanntlich wegen
seiner Schlauheit sprüchwörtlich gewordenen Sisyphos zu seinem Vater.
Wegen seiner Klugheit, Redefertigkeit, Gewandtheit in allen ritterlichen
Uebungen und seiner unerschrockenen Tapferkeit ist auch er ein
besonderer Liebling der Athena. Durch seine edle und fromme Gemahlin Penelope, die Tochter des Ikarios, welcher ein Bruder des
spartanischen Königs Tyndareos war, steht er in naher verwandt-
schaftlicher Beziehung zu den Atriden und folgt daher, wenn auch
widerstrebend, der Aufforderung des Menelaos, ihn auf dem Zuge
gegen Troja zu begleiten.

II. Der Krieg.

Die Ilias, die bedeutendste Quelle für die trojanische Heldensage,
behandelt bekanntlich die ersten neun Jahre des Krieges gar nicht
und auch aus den Ereignissen des zehnten Kriegsjahres nur die verhältnismässig kurze Episode von dem Zwiste zwischen Achilleus und
Agamemnon bis zum Tode Hektors. Von der Veranlassung des Krieges
und den voraufgegangenen Begebenheiten bis zum Ablauf der ersten
neun Jahre ist daher nur gelegentlich und andeutungsweise die Rede.
Hiernach zu schliessen kannte die ältere, in der Ilias uns vorliegende
Tradition schon den von Eris auf der Hochzeit des Peleus und der

Thetis erregten Streit um den Apfel, sowie das Urtheil des Paris und die Entführung der Helena als Ursache des Krieges, aber des Paris abenteuerliche Jugendgeschichte war spätere Ausschmückung der Sage. Diese fand sich zuerst in den verloren gegangenen Kyprien des Stasinos, einem Epos, welches die trojanische Sage bis zu demjenigen Zeitpunkte behandelte, mit welchem die Ilias beginnt, und wurde dann von den jüngeren Dichtern und den bildenden Künstlern begierig aufgegriffen. In gleicher Weise gehört der angeblich von Agamemnon gegen die Artemis begangene Frevel und die dadurch herbeigeführte Opferung der Iphigenia der jüngeren Dichtung an, so bekannt uns diese Geschichte auch durch die Tragiker und die bezüglichen Kunstdenkmäler ist. Homer kennt eine solche Tochter Agamemnons nicht einmal dem Namen nach. Ueber den Gang der Ereignisse bis zu dem Zeitpunkte, wo die Ilias schliesst, diene folgende kurze Uebersicht.

Die nicht zur Hochzeitfeier des Peleus und der Thetis geladene Eris rächte sich durch Erregung des Zankes um den mit der Inschrift „der Schönsten" versehenen Apfel. Zeus wies die um den Besitz desselben sich streitenden Göttinnen Hera, Athena und Aphrodite an das Urtheil des Paris. Dieser, ein Sohn des Königs Priamos, war wegen eines Traumes von böser Vorbedeutung, den seine Mutter Hekabe, als sie mit ihm schwanger war, gehabt hatte, nach seiner Geburt auf dem Idagebirge ausgesetzt, aber von Hirten gefunden und als Hirt aufgewachsen. Er entschied den Streit zu Gunsten der Aphrodite, welche ihm das schönste Weib der Erde als Gattin versprochen hatte. Als der durch seine Schönheit wie körperliche Gewandtheit gleich ausgezeichnete Jüngling bald darauf bei einem von Priamos veranstalteten Festspiele alle seine Brüder besiegte, wurde er durch die Seherin Kassandra erkannt und von Priamos wieder zu Gnaden angenommen. Nun folgt die Reise des Paris über das Meer, welche ihn unter andern auch an den Hof des Menelaos in Sparta führt, wo er auf das gastlichste empfangen und bewirthet wird. Da entzündete Aphrodite in dem Herzen der jungen Gemahlin des Königs eine verhängnisvolle Liebe zu dem durch den Zauber seiner Schönheit wie den orientalischen Glanz seines Auftretens gleich blendenden Gaste. Während Menelaos auf einer Reise nach Kreta abwesend war, ihre Brüder aber, die Dioskuren, der Streit mit den Aphariden (s. S. 275, Dioskuren) beschäftigt hielt, folgte Helena ihrem Verführer nach Troja. Da man dort die Herausgabe derselben

verweigerte, so wurde es Menelaos leicht, ganz Griechenland für den
Gedanken eines Rachekrieges zu entflammen, zumal ein grosser Theil
der griechischen Fürsten, welche ehedem um die Helena gefreit hatten,
von Tyndareos durch einen Eid verpflichtet waren, dem von der Helena
erkorenen Freier, sobald er von irgend einer Seite beleidigt oder angegriffen werden würde, Beistand zu leisten. In dem böotischen Hafen
Aulis versammelten sich die Schiffe der griechischen Helden und ihrer
Mannschaften, nach dem homerischen Schiffskatalog 1186 an der Zahl,
von denen Agamemnon, der zum Oberanführer erwählte König von
Mykenä, allein über hundert aufgebracht hatte. Als aber Agamemnon
die Artemis durch Erlegung einer ihr geweihten Hirschkuh beleidigt
hatte, erfolgte eine das Auslaufen der Flotte verhindernde Windstille.
Iphigenia sollte nun auf Befehl des Sehers Kalchas der Göttin geopfert
werden, jedoch diese entrückte sie nach Taurien und machte sie zur
Priesterin ihres dortigen Heiligthums. Der nun erfolgenden Abfahrt
nach Troja ging in den Kyprien die Fahrt nach Mysien, dessen Küste
die Griechen für die trojanische hielten, und das Abenteuer mit dem
Herakliden Telephos vorher; die durch einen Sturm zerstreute Flotte
musste sich dieser Ueberlieferung gemäss zum zweiten Male in Aulis
sammeln. In Tenedos, der trojanischen Küste gegenüber, machte man
hierauf Halt. Bei einem festlichen Schmause wurde Philoktetes, der
Sohn des Pöas, welcher die Pfeile und den Bogen des Herakles besass,
an die das Schicksal die Eroberung Trojas geknüpft hatte, von einer
Schlange in den Fuss gebissen und nun wegen seiner Klagen und des
üblen Geruchs seiner eiternden Wunde nach Lemnos gebracht, wo man
ihn seinem Schicksale überliess. Hierauf kam es zur Landung an der
trojanischen Küste, welcher die Trojaner unter Hektor und Aeneas sich
vergeblich widersetzen, nachdem Protesilaos sich für die Griechen
dem Tode geweiht hatte und zuerst ans Land gesprungen war. Auch
Kyknos, der gewaltige Sohn des Poseidon, welcher zu Kolonis in Troas
herrschte und den Trojanern zu Hülfe geeilt war, konnte das Vor-
dringen der Griechen nicht hemmen. Ihn erwürgte, da er am ganzen
Leibe fest und undurchdringlich wie Eisen war, Achilleus mit einem
um den Hals geschlungenen Riemen.

    Nachdem nun die Griechen ihr Schiffslager errichtet, beginnt der
eigentliche Krieg. Dieser beschränkt sich jedoch, da mehrere Versuche,
die Stadt zu erstürmen, von den Trojanern glücklich abgeschlagen
werden, auf Streif- und Plünderungszüge der Griechen in den benach-

barten Gegenden, wobei sich regelmässig Achill am meisten hervorthut. An bedeutungsvollen Ereignissen sind die ersten neun Jahre des Krieges arm und nur der im Zweikampfe mit Achill erfolgte Tod des jüngsten Priamiden Troilos, dem Sophokles eine eigene Tragödie gewidmet hatte, und der durch die Ränke des Odysseus bewirkte Untergang des an der Spitze der griechischen Friedenspartei stehenden Palamedes aus Euböa, bilden hervorstechende Episoden in dem ermüdenden Einerlei dieser Belagerung. Endlich nimmt im zehnten Jahre durch den um den Besitz einer erbeuteten Sklavin entstandenen Streit des Achilleus und Agamemnon die Sache eine andere Wendung. Hier beginnt bekanntlich die Ilias. Nachdem Achilleus sich, grollend und jede weitere Theilnahme am Kampfe versagend, in sein Zelt zurückgezogen, werden die durch seine ungestüme Tapferkeit eingeschüchterten Trojaner wieder kühner, und Zeus verleiht ihnen auf Bitten der Thetis den Sieg. Hektor treibt die Griechen in ihr Schiffslager zurück und ist schon im Begriff, die Schiffe durch Feuer zu zerstören, als Achill durch die Bitten seines Freundes und Waffengefährten Patroklos sich bewegen lässt, demselben zu erlauben, dass er in seiner Rüstung an der Spitze der Myrmidonen den bedrängten Griechen zu Hülfe eile. Die Trojaner weichen wieder zurück, aber der ihnen zu eifrig nachsetzende Patroklos wird im wilden Kampfgetümmel von Hektor erschlagen und seiner Waffenrüstung beraubt. Seinen Leichnam jedoch rettete Menelaos nach einem blutigen Kampfe mit Hülfe des grossen Aias und anderer Helden. Nun hatte Achill keinen andern Gedanken mehr als den Tod seines liebsten Freundes an Hektor und den Trojanern zu rächen. Er erschien von Neuem auf dem Kampfplatze und Hektor, der Hort und Schutz der Trojaner, erlag dem stürmischen Angriffe des zürnenden Göttersohnes. Hektors Leichnam war Achill jedoch grossmüthig genug auf Bitten des alten Priamos zurückzugeben.

Die feierliche Bestattung Hektors bildet den Schluss der Ilias. Die weiteren Begebenheiten bis zum Tode Achills und dem Streite um seine Waffen behandelte die Aethiopis des Arktinos von Milet, deren Inhalt uns aus der Chrestomathie des Neuplatonikers Proklos bekannt ist. Dieses Gedicht war wesentlich der Verherrlichung des Achill gewidmet, den es noch allerlei glänzende Thaten vor Troja verrichten liess, welche die ältere Sage offenbar nicht gekannt hat. Zuerst erscheint gleich nach Hektors Fall die Amazonenkönigin Penthesilea, um dem Priamos Hülfe zu bringen. Sie kämpft an der Spitze ihrer Schaar so tapfer, dass die Griechen ins Gedränge gerathen, bis Achilleus die heldenmüthige Tochter des Ares überwindet. Nach ihrem Untergange kommt den Trojanern eine neue Hülfe durch den Aethiopierfürsten Memnon, der, weil man sich die Aethiopier im äussersten Osten wohnend dachte, ein Sohn der Eos genannt wird. Durch die Hand dieses ebenso tapfern wie schönen Helden fiel unter andern auch Antilochos, der wackere Sohn des greisen Nestor. Als er dann aber auch mit dem gewaltigen Peliden sich zu messen wagte, musste er nach rühmlichem Kampfe unterliegen. Den Verlust des herrlichen Sohnes wurde Eos nicht müde zu beweinen und die Dichter sangen, dass der frische Morgenthau von ihren nie versiegenden Thränen herrühre. Jetzt sollte aber auch seinen Bezwinger das Todesverhängnis ereilen. Als er mit seinen Myrmidonen das skäische Thor erstürmen wollte, fällte den herrlichen Sohn der Thetis ein von Paris abgeschossener Pfeil, den Apollon lenkte. Die spätere Dichtung, der sich auch die Tragiker anschlossen, liess ihn meuchlings ermordet werden bei der Feier seines Verlöbnisses mit der schönen Polyxena, einer Tochter des Priamos. Um seinen Leichnam und seine Waffen entspann sich wieder ein wüthender Kampf, der den ganzen Tag währte, bis es Aias, durch Odysseus gedeckt, gelang, den Leichnam in Sicherheit zu bringen. Trauer und Bestürzung um seinen Tod herrschten im Lager der Griechen, Thetis aber und die ganze Schaar der Nereiden beklagten sein frühes Ende siebzehn Tage und Nächte lang mit so rührenden Klaggesängen, dass sich Götter und Menschen der Thränen nicht zu erwehren vermochten.

> „Siehe, da weinen die Götter, es weinen die Göttinnen alle,
> Dass das Schöne vergeht, dass das Vollkommene stirbt."

Ein trauriges Nachspiel zu diesem Ende des herrlichsten aller Griechenhelden ist der Streit des Aias und Odysseus um die Waffen Achills. Wohl hatte Aias als Verwandter des Gefallenen und wegen seiner verdienstlichen Thaten das nächste Anrecht an dieselben, Agamemnon aber erkannte sie auf den Rath der Athena dem Odysseus zu, über welche Kränkung sich Aias so grämte, dass er in Wahnsinn verfiel und sich selbst tödtete. Das Trauerspiel des Sophokles, welches diesen tragischen Ausgang des Telamoniers behandelt, ist uns noch vollständig erhalten.

Nachdem auch Aias vom Schauplatze abgetreten, wird Odysseus entschieden die Hauptperson unter den griechischen Helden, wenigstens führte die verloren gegangene kleine Ilias des Lesches, welche die Vorfälle von dem Streite um Achills Waffen bis zur endlichen Zerstörung Troja's erzählte, alle nun noch folgenden Veranstaltungen der Griechen auf ihn als den Urheber zurück. Er war es, der den trojanischen Seher Helenos gefangen nahm und von ihm das Geheimnis erpresste, dass Ilion ohne die Pfeile des Herakles nicht erobert werden könne, worauf Philoktetes, der noch immer an seiner Wunde krankend auf Lemnos verweilte, herübergeholt und durch Machaon geheilt wurde[*]. Durch Philoktetes wurde dann Paris getödtet. Odysseus führte ferner in Gemeinschaft mit Diomedes das gefährliche Abenteuer aus, sich verkleidet in Troja einzuschleichen und das Palladion, an dessen Besitz das Heil der Stadt geknüpft war, von der Burg zu rauben. Auch war er es, der den jungen Sohn des Achilleus, Neoptolemos, von Skyros in das griechische Lager holte, weil nach dem Schlusse des Schicksals auch dessen Anwesenheit zur Bezwingung der Stadt nothwendig war. Endlich wird auf Odysseus' Rath nach den Anweisungen der Athena das berühmte hölzerne Pferd erbaut und durch ihn der ganze listige Anschlag erdacht, welcher den schliesslichen Untergang der im Kampfe unbezwungenen Stadt herbeiführte.[**] Dreissig auserlesene Griechenhelden verbargen sich in dem Bauche des Pferdes, die übrigen verbrannten das Schiffslager und zogen zum Schein ab, worauf die durch Sinon bethörten Trojaner das unheilvolle Ross unter Jubelgeschrei in die Stadt zogen. Das berühmte Portentum des nebst einem seiner beiden Söhne von zwei Schlangen erwürgten Apollopriesters Laokoon lassen Einige erst der feierlichen Einholung des hölzernen Pferdes nachfolgen, während Andere dieses Ereignis für jenen Entschluss der Trojaner bestimmend sein lassen. Den Letzteren folgt Virgil in seiner lebendigen Darstellung der Begebenheit im zweiten Buche der Aeneide, wie er auch derjenigen Ueberlieferung sich anschliesst, nach welcher beide Söhne des Laokoon durch die Schlangen getödtet wurden.

---

[*] Sophokles lässt auch bei der Herbeiholung des Philoktet in dem erhaltenen Drama dieses Namens den Odysseus die Hauptrolle spielen.
[**] Die Schilderung dieses Untergangs war ein Lieblingsgegenstand der griechischen Dichtkunst. Arktinos und Stesichoros dichteten eine Iliu Persis, und viele Tragödien, unter denen die Hekabe und Troades des Euripides erhalten sind, bezogen sich gleichfalls darauf.

Wir lassen hier gleich einige Notizen über das weitaus bedeutendste aller auf die trojanische Sage bezüglichen Kunstdenkmäler, die berühmte Laokoongruppe folgen. Gefunden wurde dieselbe im Jahre 1506 durch einen römischen Bürger, in seinem Weinberge in der Nähe der Thermen des Titus, und gegen ein ansehnliches Jahrgeld dem damaligen Papste Julius II. überlassen, der sie im Vatikan aufstellen liess, dessen Belvedere sie noch heute ziert. Die Gruppe war merkwürdig gut erhalten, es fehlte

Fig. 123. Laokoongruppe. Vatikan.

nur der rechte Arm Laokoons, der rechte Arm des jüngeren und die rechte Hand des älteren Sohnes. Die Restauration der beiden letztgenannten Theile konnte keine Schwierigkeit darbieten, der Arm des Vaters aber ist, wie eine später aufgefundene Copie der Gruppe in Neapel lehrt, unrichtig ergänzt worden. Er war nicht gerade emporgestreckt, hielt auch nicht die eine Schlange gefasst, sondern griff, wie die nebenstehende Abbildung es zeigt (Fig. 123), in schmerzlicher Bewegung nach dem Hinterkopfe. Dass

die Gruppe so restaurirt an Schönheit ausserordentlich gewinnt, indem sie
nun im Kopfe Laokoons pyramidalisch zuläuft, lehrt ein flüchtiger Vergleich
mit der herkömmlichen Restauration. Ueber kein Kunstwerk des Alterthums ist so viel gestritten und geschrieben worden, wie über diese welt-
bekannte Gruppe. Zuerst hat man gezweifelt, ob wir in ihr das Originalwerk der rhodischen Künstler *Agesandoros*, *Athenodoros* und *Polydoros* besitzen, von welchem Plinius berichtet, dass es zu seiner Zeit im Hause des
Kaisers Titus aufgestellt war, weil nämlich die von Plinius dort gesehene
Gruppe aus einem Marmorblocke (ex uno lapide) gefertigt gewesen sein
soll, während die vatikanische offenbar zusammengesetzt ist. Da indessen
dieser Umstand dem eben nicht sehr kunstgeübten Auge des Plinius leicht
entgehen konnte, auf der andern Seite aber sowohl der Fundort wie die
meisterhafte Technik des vatikanischen Laokoon ein entscheidendes Zeugnis
ablegen für die Identität mit dem von Plinius so hoch bewunderten Kunstwerke, so hat dieser Zweifel bald schwinden müssen. Anders sieht es aus
mit dem Streite über die Entstehungszeit der Laokoongruppe und über
ihren Kunstwerth. In diesen beiden Punkten stehen sich noch immer die
Ansichten zum Theil in der schroffsten Weise gegenüber. Bezüglich des
ersteren Punktes ist die Frage diese, ob die Laokoongruppe zur Zeit des
Kaisers Titus und auf dessen Bestellung von den genannten rhodischen
Künstlern in Rom gemeisselt worden ist, oder ob wir in derselben ein Werk
der im dritten Jahrhundert v. Chr. blühenden rhodischen Kunstschule vor
uns haben, als deren Begründer der Lindier *Chares*, ein Schüler des Lysippos, gilt. Aus den Worten des Plinius, mit denen er der Laokoongruppe gedenkt, einen Beweis herleiten zu wollen, dass dieselbe erst zu
seiner Zeit und auf Bestellung des Titus gearbeitet worden sei, wird wohl
ewig ein vergeblicher Versuch bleiben*). Die Entscheidung beruht also
lediglich auf inneren Gründen und wird dadurch zu einer äusserst schwierigen,
da es ebenso gewagt erscheint, der römischen Kaiserzeit jede Möglichkeit
einer solchen Conception abzusprechen, als zu behaupten, dass dieselbe
dem Geiste griechischer Kunst fern stehe und „dem Geschmacke eines
Volkes entspreche, das an wilden Thiergefechten seine Freude hatte".

---

*) Die Worte des Plinius lauten: Ex uno lapide eum (Laocoontem) ac
liberos draconumque mirabilis nexus d e c o n s i l i s e n t e n t i a fecere summi arti-
fices Agesander et Polydorus et Athenodorus Rhodii. Die gesperrt gedruckten
Worte sollen hier nach Lachmanns Erklärung bedeuten: „nach dem Ausspruche
eines von Titus gewählten Rathes", was Ross mit Recht einen wunderlichen Einfall
genannt hat. Plinius will offenbar sagen, dass jene Künstler nach einem vorher
gemeinschaftlich festgestellten Plane gearbeitet hätten, welcher Zusatz, wie wir
uns gegen Friederichs (Bausteine, S. 431) zu bemerken erlauben, keineswegs
etwas ganz Selbstverständliches enthält. Wenn Plinius fortfährt: Similiter pala-
tinas domos Caesarum replevere probatissimis signis Craterus cum Pythodoro,
Polydeuces cum Hermolao u. s. w., so bezieht sich der Ausdruck similiter eben
auf die vorher erwähnte consili sententia, und Plinius will sagen, dass auch bei
den folgenden Künstlerpaaren nicht etwa der eine als Handlanger des andern
arbeitete, sondern dass die Erfindung der Composition ihr gemeinsames Verdienst war.

Im innigsten Zusammenhange mit diesem Streite über die Entstehungszeit des Werkes steht die Frage nach dem künstlerischen Werthe desselben. Auch in dieser Beziehung sind die Urtheile sehr verschieden und stehen sich theilweise schroff gegenüber. Zwar das überschwängliche Lob des Plinius, welcher die Laokoongruppe allen andern Werken der Malerei und Bildnerei vorziehen zu müssen glaubte, kann heutiges Tages nur Lächeln erregen, und auch die enthusiastische Bewunderung, welche Winckelmann ihr zollte, ist seit der Auffindung der Parthenonskulpturen und anderer bedeutender Werke der älteren griechischen Plastik auf das richtige Maass ästhetischer Würdigung zurückgeführt worden, aber von da ist noch ein weiter Schritt zu der kühlen und fast verwerfenden Beurtheilung, welche bei aller Anerkennung der technischen Vollendung manche Neuere über die Idee des Kunstwerkes ausgesprochen haben. Es muss gewiss zugegeben werden, dass der Laokoon, wie auch der Apoll von Belvedere, etwas stark Pathetisches und Affektvolles hat, dass die Gruppe ähnlich wie die des farnesischen Stieres vielleicht die der Plastik gesetzten Grenzen überschreitet, aber immerhin wird man der vollendeten Schönheit der Gestalten, der meisterhaften Gruppirung, deren glückliche, dem Auge wohlgefällige Symmetrie auf Göthe z. B. einen solchen Eindruck zu machen pflegte, dass das Grässliche der dargestellten Katastrophe davor ganz in den Hintergrund zurücktrat, endlich dem feinen Geschmacke und edlen Maasshaltung, mit welcher die Künstler den widerstrebenden Stoff zu behandeln gewusst haben, seine bewundernde Anerkennung nicht versagen können.

Die Handlung besteht eigentlich aus drei einzelnen Momenten, die geschickt von den Künstlern zu einer einheitlichen Gruppe verflochten sind. Der ältere Sohn ist noch völlig unverletzt und scheint erst so lose von den Schlangen umstrickt, dass man meint, er müsse noch dem drohenden Verderben entfliehen können, und ihn fessele mehr die liebende Theilnahme für seinen edlen Vater, zu welchem er mit kläglicher Miene emporblickt, als der äussere Zwang. Laokoon selbst, der naturgemäss die Mitte der Gruppe einnimmt, ist in dem Augenblicke abgebildet, wo er, tödtlich durch den Biss des wüthenden Ungeheuers verwundet, auf dem Altar zusammenbricht, von welchem sich wieder zu erheben er vergebens die letzte Kraft aufbietet, wie denn auch die Linke nur noch mechanisch die Schlange zurückzudrängen sucht. Sein bis dahin energischer Widerstand gegen die auf ihn eindringenden feindlichen Gewalten droht zu erlahmen, sein edles Haupt ist in schmerzlicher Resignation zum Himmel gerichtet, als wolle er die Götter fragen, warum sie ein so entsetzliches Geschick über ihn verhängt haben, und diese würdige und trotz alles auf ihn eindringenden physischen und Seelenschmerzes gefasste Haltung bildet den schönsten Contrast zu seinem offenbar von den heftigsten Schmerzen durchzuckten Leibe. Denn diese verrathen sich nur zu deutlich in dem convulsivisch zusammengezogenen Unterleibe, der durch das Stocken des Athems aufgetriebenen Brust und in den krampfhaft angespannten Muskeln des ganzen Körpers. Der jüngere Sohn endlich liegt bereits in den letzten Todeszuckungen. Wenn auch seine linke Hand noch instinktartig nach dem Kopfe der feindlichen Schlange greift, so ist doch von keinem Widerstande mehr die Rede, wie eine geknickte Blume sinkt er in sich zusammen und wird im nächsten Augenblicke seinen letzten Seufzer aushauchen.

In der Nacht, welche auf Laokoons schreckliches Ende und die Freudenfeste der Trojaner über den Abzug der Griechen folgte, kehrte nun auf ein von Sinon gegebenes Feuersignal die griechische Flotte in aller Stille von Tenedos zurück, und das Heer drang, nachdem inzwischen die im Bauche des hölzernen Pferdes versteckten Helden herausgestiegen waren und die Thore entriegelt hatten, in die Stadt ein. Ein schreckliches Plündern und Morden fand statt, dem die Trojaner noch einen letzten verzweifelten Widerstand entgegensetzten. Aber die Geschicke der heiligen Stadt hatten sich erfüllt, Priamos fiel am Altar des Zeus von der Hand des grausamen Neoptolemos, mit ihm sank Troja's Herrlichkeit in Schutt und Asche. Die Männer wurden getödtet, die Weiber und die Kinder mit der reichen Beute als Gefangene fortgeschleppt, um dem traurigen Loose der Sklaverei entgegenzugehen. Unter ihnen war auch die greise Königin Hekabe mit ihren zahlreichen Töchtern und Schwiegertöchtern. Die Anstifterin alles Unheils Helena fand man im Hause des Deiphobos, der nach seines Bruders Paris Tode ihr Gemahl geworden war, und Menelaos würde in seinem Grimm über das treulose Weib sie getödtet haben, wenn nicht ihre bezaubernde Schönheit ihn im entscheidenden Augenblicke doch wieder entwaffnet hätte.

III. Die Heimkehr.

Nachdem die Griechen noch die Polyxena auf dem Grabe des Achilleus geopfert hatten, schickten sie sich zur Heimkehr an. Aber nur wenigen von ihnen war es beschieden, ohne jeglichen Unfall in die Heimath zu gelangen oder dort angelangt erfreuliche Verhältnisse vorzufinden. Was zunächst das Schicksal der beiden Atriden betrifft, so landete Agamemnon, nachdem er einem Sturme an der Küste von Euboea glücklich entronnen war, an den heimathlichen Gestaden, wurde aber durch die Tücke seiner Gattin Klytämnestra, die sich inzwischen mit dem nach Argos zurückgekehrten Aegisthos vermählt hatte, mit Hülfe des Letzteren meuchlings ermordet. Sein Schicksal theilte auch die trojanische Seherin Kassandra, die bekannte Tochter des Priamos, welche ihm bei Theilung der Beute als Sklavin zugefallen war. Dieser

tragische Ausgang des Oberanführers der Griechen vor Troja mit seinen
daran sich knüpfenden verhängnisvollen Folgen hat natürlich den
griechischen Dichtern, namentlich den Tragikern, einen willkommenen
Stoff dargeboten. Was hätte sich auch besser zu ergreifenden Bühnenstücken verwerthen lassen, als die schreckliche Rache, welche O r e s t e s,
der überlebende Sohn Agamemnons, nachdem er, durch seine Schwester
E l e k t r a gerettet, in Phokis bei seinem Oheim S t r o p h i o s erwachsen
war, an seiner Mutter und dem tückischen Aegisthos nahm, die Verfolgung des Muttermörders durch die rächenden Erinnyen, seine Sühnung
durch den pythischen Apollon, in dessen Auftrage er das Bild der tau-
rischen Artemis sammt der in Taurien wiedergefundenen Schwester
Iphigenia nach Griechenland zurückbringt, endlich seine Freisprechung
durch den Areopag zu Athen*) unter Mitwirkung der Athena? Von
den hierher gehörenden Bühnenstücken sind von hervorragender Be-
deutsamkeit die zu einer Trilogie vereinigten Tragödien des Aeschylos,
welche Agamemnon, Choëphoren und Eumeniden betitelt sind, die
Elektra des Sophokles und die taurische Iphigenie des Euripides.

Agamemnons Bruder Menelaos wurde, beim Vorgebirge Malea
gleichfalls von einem Sturme überfallen, nach Kreta und Aegypten
verschlagen, und musste sieben Jahre umherirren, bis er endlich mit
Helena und seinen unterwegs gesammelten Schätzen glücklich nach
Lakedämon zurückkehrte.

Ein trauriges Schicksal ereilte auf der Heimkehr den lokrischen
Aias. Weil er bei der Zerstörung Troja's in den Burgtempel der Pallas
eingedrungen war und nicht nur die den Altar und das heilige Bildnis
der Göttin umfasst haltende Priesterin Kassandra bei den Haaren hin-
weggeschleift und freventlich mishandelt, sondern auch das Bild der
Göttin selbst umgestürzt hatte, so zürnte ihm die mächtige Pallas mit
unversöhnlichem Groll. Derselbe Sturm, aus welchem Agamemnon sich
glücklich rettete, machte sein Schiff am kaphareischen Vorgebirge
scheitern. Noch hätte er das nackte Leben gerettet, da es ihm gelungen
war, eine hervorragende Klippe des Meeres zu erklettern. Aber sein
übermüthiges Prahlen reizte den Zorn Poseidons so, dass dieser mit
seinem Dreizack den Felsen zerspaltete, worauf Aias ins Meer stürzte
und ertrank. Diomedes, Philoktetes und Idomeneus gelangten zwar
unversehrt nach Hause, wurden aber bald darauf aus ihrer Heimath

---

*) Das Nähere darüber wurde oben in dem von den Erinnyen handelnden
Abschnitte (Seite 222) mitgetheilt.

vertrieben und wanderten alle drei nach Italien, wo Diomedes viele Städte gegründet haben soll und noch lange als Heros göttliche Verehrung genoss. Den Teukros, als er nach Salamis zurückkehrte, wollte sein Vater Telamon nicht wieder aufnehmen, ihm zürnend, dass er das Leben seines Bruders Aias nicht besser behütet und dessen Tod nicht gerächt habe. Also floh Teukros und baute sich auf der Insel Kypros an. Die meisten Widerwärtigkeiten und Abenteuer aber liess die Sagendichtung den Odysseus erleben, während daheim seine treue Gattin durch die Freier arg bedrängt wurde. Erst im zehnten Jahre nach Troja's Zerstörung war es ihm vergönnt, das heimathliche Ithaka wieder zu schauen und sich an den unverschämten Freiern zu rächen. Da dieser Theil der Sage aus der Odyssee hinlänglich bekannt ist, so dürfen wir wohl darüber hinweggehen, und erwähnen nur von den letzten Schicksalen des Odysseus, dass die nachhomerische Dichtung ihn durch seinen eigenen mit der Kirke erzeugten Sohn Telegonos getödtet werden lässt.

Die Zahl der auf den trojanischen Cyclus bezüglichen erhaltenen Bildwerke ist natürlich ausserordentlich gross, man findet sie verzeichnet in Müllers Handbuch der Archäologie und bei Overbeck, Bildwerke zum troischen Heldenkreis. Wir müssen uns darauf beschränken, einige davon herauszuheben, dürfen aber auch nicht unerwähnt lassen, dass sehr bedeutende Kunstwerke dieses Sagenkreises, welche im Alterthum hochberühmt waren, untergegangen sind. Darunter sind in erster Reihe zu nennen die herrlichen Gemälde des im fünften Jahrhundert v. Chr. lebenden *Polygnotos*, des Begründers der griechischen Malerei des hohen Styles. Dieser malte in der Lesche der Knidier zu Delphi neben der früher erwähnten Darstellung der Unterwelt auch die Einnahme Ilions in demselben grossartigen Umfange; wir kennen dieses Bild aus der detaillirten Beschreibung des Pausanias ziemlich genau. Ein anderes, die Einahme Trojas und den Rath der Könige über den Frevel des Aias an der Kassandra darstellendes Gemälde desselben Meisters befand sich in der Gemäldehalle (Poikile) an der Agora zu Athen, es fehlen uns aber nähere Nachrichten über dasselbe. Endlich befanden sich noch in der Pinakothek der Propyläen einige Polygnotische Gemälde, welche Scenen aus dem trojanischen Sagenkreise verherrlichten, unter andern den Raub des Palladions durch Diomedes, die Opferung der Polyxena und die Anwesenheit des verkleideten Achill unter den Töchtern des Lykomedes.

Ein statuarisches Werk von sehr bedeutendem Umfange und grossem Ansehen war die Ueberbringung der von Hephästos für den Achill angefertigten Waffen durch Thetis und den ganzen Chor der Nereiden und Tritonen. Dieses vortreffliche Werk von der Hand des Skopas sah Plinius noch im Tempel des Neptun zu Rom. Derselbe berühmte Bildhauer hatte

an dem hintern Giebelfelde des Tempels der Athena Alea zu Tegea die
Schlacht des Telephos gegen Achilleus in der Ebene des Kaïkos in einer
grossen Statuengruppe dargestellt.

Bei Aufzählung der bekanntesten erhaltenen Denkmäler der Reihenfolge der Begebenheiten nachgehend, nennen wir zuerst eine Darstellung
der Hochzeit des Peleus und der Thetis auf einer unter dem Namen
Francois-Vase bekannten, aus den Gräbern von Clusium hervorgezogenen
Vase des Ergotimos und Klitias, welche sich im Museum zu Florenz befindet. Thetis sitzt hier verschleiert innerhalb eines geöffneten Gebäudes,
Peleus steht vor demselben, dem Iris den Chiron entgegenführt, um ihm
den Hochzeitsschwur abzunehmen. In feierlichem Zuge folgen dann die
Götter und Göttinnen, gehend, fahrend und reitend.

Das Urtheil des Paris ist noch auf zahlreichen Vasenbildern vorhanden, darunter einige sehr alterthümliche. Derselbe Gegenstand findet
sich auf Wandgemälden, etruskischen Sarkophagen und andern Reliefs,
Münzen, und Gemmen unzählig oft behandelt. Die ältere Kunst liess die
drei Göttinnen stets in züchtiger Umhüllung auftreten. Später nahm man
die Draperie leichter, namentlich in Beziehung auf Aphrodite, welche
z. B. auf einem pompejanischen Wandgemälde des Museums zu Neapel
fast unverhüllt erscheint. Immer spielt Hermes den Vermittler.

Die Stiftung des Liebesbundes zwischen Paris und Helena
vergegenwärtigt uns ein sehr schönes Marmorrelief des Museums zu Neapel,
früher im Besitze des Herzogs von Caraffa-Noja. Auf der linken Seite sitzt
Helena, neben ihr Aphrodite, welche ihren Arm traulich um die Schulter
der Helena gelegt hat und ihr eifrig zuzureden scheint, während jene eine
leise abwehrende Bewegung macht. Auf der andern Seite steht Paris, an
welchem sich ein Eros mit mächtigen Schulterflügeln anschmiegt, ihm ebenfalls freundlich zusprechend. Auch Paris scheint noch zu schwanken, denn
er weist mit der Linken nach oben, als wolle er sagen, die Götter würden
eine solche Verletzung des geheiligten Gastrechts nicht ungeahndet lassen.
Dass aber die Bemühungen der beiden Liebesgottheiten nicht ohne Erfolg
bleiben werden, lehrt die auf dem Pfeiler oberhalb der Aphrodite sitzende
kleine Figur der Peitho. Paris erscheint hier übrigens im gewöhnlichen
heroischen Costüm, während man ihm sonst die phrygische Mütze und
phrygische Kleidung gibt. So erscheint er in einer Marmorstatue des Pio-
Clementinischen Museums, wo er sitzend abgebildet ist, mit dem verhängnisvollen Apfel in der Hand, den er der Liebesgöttin darzubieten
scheint. Ein berühmtes Idealbild des Paris hatte *Euphranor* gebildet, in
ihm waren, sagt Plinius, alle anscheinend widerstreitenden Eigenschaften
des Helden vereinigt; er war ebenso der Richter über die Göttinnen, wie
der Liebhaber der Helena und der Tödter des Achill.

Die Opferung der Iphigenia ist von den alten Künstlern häufig
dargestellt worden. Es ist bekannt, dass *Timanthes*, ein berühmter Maler,
welcher sogar einmal den Parrhasios zu Samos in einem Künstlerwettstreit
überwand, diesen Gegenstand so dargestellt hatte, dass er den mitanwesen-

den Agamemnon sich verhüllten Hauptes von der Scene abwenden liess,
weil er der Meinung war, der unaussprechliche Jammer des Vaters lasse
sich durch keine Kunst ausdrücken. Demselben Gedanken gibt ein noch er-
haltenes pompejanisches Gemälde des Museums zu Neapel Ausdruck, ohne
dass man Ursache hätte, es für eine Copie nach Timanthes zu halten (Fig. 124).

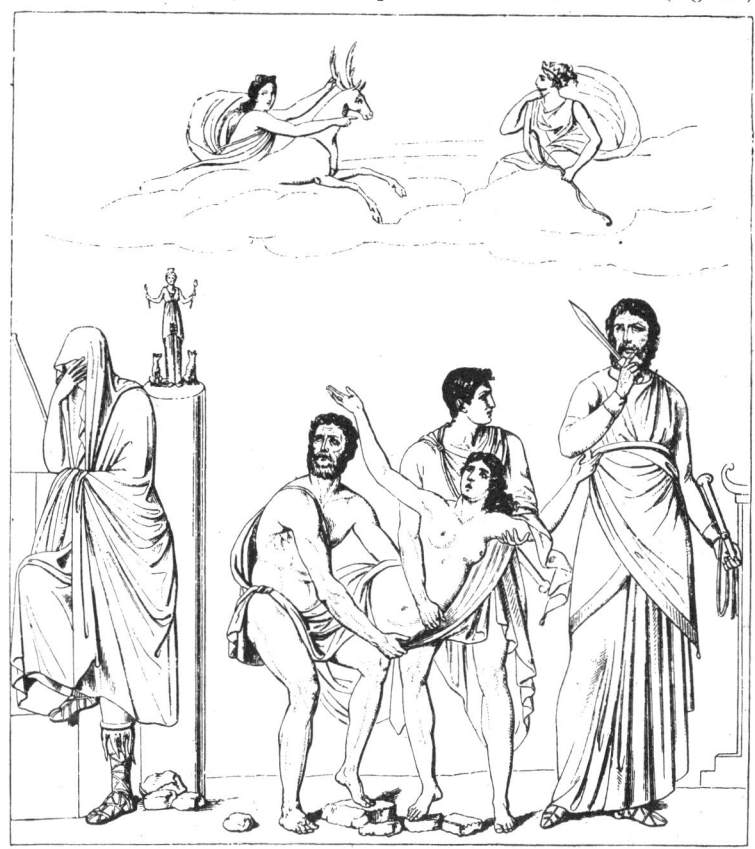

Fig. 124. Opferung der Iphigenia. Pompejanisches Wandgemälde. Neapel.

Der Priester Kalchas steht, das Opfermesser in der Rechten haltend, ernsten
und sinnenden Hauptes neben dem Altar, über welchen Diomedes und
Odysseus sich anschicken, das unglückliche Opfer zu heben, auf der andern
Seite Agamemnon abgewendet und mit verhülltem Haupte. Durch die Lüfte
eilt bereits eine der Nymphen der Artemis mit der stellvertretenden Hirschkuh herbei, während die Göttin selbst zuschaut.

Achilleus auf Skyros unter den Töchtern des Lykomedes, verkleidet
und durch die List des Odysseus entdeckt, war bekanntlich ein Lieblings-

gegenstand der lyrischen Poesie. Nicht minder hat aber auch die bildende
Kunst demselben ihre Aufmerksamkeit zugewendet, wie einige pompejanische Gemälde und verschiedene Sarkophagreliefs, darunter ein sehr
schönes des Vatikanischen Museums, bezeugen. Charakteristisch sind
für Achilleus: „das mähnenartig emporgebäumte Haar, die von Muth und
Stolz geblähten Nasenflügel, ein schlanker, steiler Nacken und durchaus
edle und gewaltige Körperformen." Eine völlig sichere Statue oder Büste
des Achilleus gibt es übrigens nicht.

Kampf um den Leichnam des Patroklos. Unter den vielen auf
die Kämpfe der Griechen vor Troja bezüglichen Denkmälern heben wir
zunächst zwei heraus, welche mit vieler Wahrscheinlichkeit auf den Kampf
um den Leichnam des Patroklos gedeutet werden. Im Jahre 1811 wurden
von einer Gesellschaft deutscher und englischer Forscher auf der Insel
Aegina bedeutende Ueberreste der Giebelgruppen entdeckt, welche den
dortigen Pallastempel geziert hatten. Durch den jüngst verstorbenen König
Ludwig I. von Bayern angekauft und von Thorwaldsen in höchst genialer
Weise restaurirt, bilden dieselben gegenwärtig einen Hauptschmuck der
Glyptothek zu München. Sowohl der Ost- wie der Westgiebel jenes
Tempels war zur Darstellung von Kämpfen äginetischer Heroen benutzt
worden, und zwar stellte die Gruppe des östlichen Giebelfeldes, von welcher
nur fünf Figuren einigermaassen vollständig gefunden wurden, aller Wahrscheinlichkeit nach eine Scene aus dem trojanischen Feldzuge des Herakles
dar, den Kampf um den Leichnam des gefallenen Oikles, der von Telamon
und Herakles gegen die Angriffe der Trojaner unter Laomedon vertheidigt
wurde. Vollständiger ist die Gruppe des Westgiebels erhalten, an welcher
nur eine einzige von den elf Figuren, aus welcher sie bestand, vermisst
wurde. Da jedoch die Anordnung der östlichen Giebelgruppe in allen
Hauptpunkten ganz dieselbe war, so konnte bei der Aufstellung die Lücke
durch die bezügliche erhaltene Figur des Ostgiebels ausgefüllt werden, so
dass, von einigen ergänzten Armen, Beinen und Köpfen abgesehen, wir die
westliche Giebelgruppe auf diese Weise völlig erhalten vor uns sehen.
Genau in der Mitte des Giebelfeldes steht Pallas Athena, mit Schild und
Lanze bewehrt, zu ihren Füssen liegt ein sterbender griechischer Krieger,
der sich durch Aufstützen des rechten Arms noch mit Mühe aufrecht hält,
während der Helm bereits seinem Haupte zu entfallen droht (Fig. 125).
Ein hinter ihm stehender Krieger mit hochgeschwungener Lanze sucht ihn
zu decken gegen den Angriff eines trojanischen Jünglings, der mit beiden
Händen nach ihm greift, um ihn fortzuschleppen. Ihm entspricht auf der
andern Seite ein trojanischer Krieger in genau derselben Stellung, der
augenscheinlich bemüht ist, den sich so kühn vorwagenden Jüngling mit
seinem Schilde zu decken. Dann folgt auf beiden Seiten je ein Paar knien-
der Krieger von gleicher Grösse, aus einem Bogenschützen und einem Lanzen-
träger bestehend. Es ist zweifelhaft, ob die vordere von diesen beiden
letzteren Figuren der Bogenschütz war, wie man nach Thorwaldsens
Restauration angenommen hat, oder ob die umgekehrte Reihenfolge die

ursprüngliche war. Letzteres hat Friederichs*) durch treffende Gründe wahrscheinlich gemacht. Die beiden Ecken des Giebels, welche natürlich nur für liegende oder doch halb liegende Figuren Raum boten, sind wiederum mit sterbenden Kriegern ausgefüllt. Der Grieche auf der einen Seite

Fig. 125. Mittelgruppe des Westgiebels vom Tempel zu Aegina. München.

ist bemüht, sich mit der rechten Hand einen Pfeil aus der Brust zu ziehen, der Trojaner auf der andern Seite greift mit der linken Hand nach der Wunde an seinem Schenkel. Sämmtliche Figuren, mit Ausnahme der Pallas und der beiden Bogenschützen, sind unbekleidet.

Die Gruppe wird, wie schon gesagt, gewöhnlich auf den Kampf um den Leichnam des Patroklos gedeutet, wiewohl einige hervorragende Archäologen dem widersprochen und den sterbenden griechischen Helden als Achilleus erklärt haben. In dem griechischen Vorkämpfer, dessen Kopf neu ist, sieht man den Telamonier Aias. Der Restaurator hat ihn unbärtig gebildet, was zu den sonst erhaltenen Darstellungen dieses äginetischen Helden nicht stimmt. In dem trojanischen Vorkämpfer dagegen, an welchem beide Beine und der rechte Vorderarm ergänzt werden mussten, glaubt man mit Sicherheit den Hektor zu erkennen. Die beiden Bogenschützen, welche dann nach der gegenwärtigen Anordnung der Gruppe folgen, erklärt man als Teukros und Paris. Der Kopf des Teukros, welchem der Restaurator wohl mit Unrecht einen Helm mit Federbusch gegeben hat, ist neu, desgleichen die beiden Vorderarme und die untere Hälfte des linken Beines. Dagegen ist die Figur des Paris fast völlig antik. Er hat das persische

_____

*) Bausteine, S. 50.

Bogenschützen-Costüm, enganliegende lederne Hosen und Jacke, seinen Kopf bedeckt eine gebogene Zipfelmütze, den Köcher trägt er nach asiatischer Sitte an der linken Seite. Für die beiden folgenden Krieger, von welchem der trojanische stark ergänzt ist, sowie für die beiden Eckfiguren fehlt jeder Anlass, sie auf bestimmte Personen zu beziehen.

Was das Alter der Gruppe betrifft, so nimmt man an, dass sie unmittelbar nach den Perserkriegen entstanden ist. Für die Annahme eines so hohen Alters spricht, ausser andern unverkennbaren Anzeichen, der Mangel eines wirklich geistigen Ausdrucks. Die Züge haben noch mehr oder weniger jenes starre Lächeln, welches ein charakteristisches Merkmal des alterthümlichen Styls ist. Am deutlichsten tritt dieses an der bis auf einige Stücke des Gewandes und der Aegis völlig erhaltenen Mittelfigur hervor. Was an den Aegineten besonders gerühmt wird, ist die ausserordentlich grosse Naturwahrheit in der Nachbildung des menschlichen Körpers. „Je mehr man", sagt in Beziehung darauf Lübke in seiner Geschichte der Plastik, „bei der Betrachtung ins Einzelne dringt, desto höher steigt der Begriff von der künstlerischen Bedeutung des Meisters dieser Gruppen. Die nicht ganz lebensgrossen Gestalten sind mit unübertrefflicher anatomischer Genauigkeit und Richtigkeit durchgeführt und zwar in einem Style, der das Leben der Muskeln, das Anschwellen der Adern, die organische Verbindung der Glieder deutlich und scharf angibt, die Umrisse in höchster Bestimmtheit und Feinheit zeichnet, die männliche Kraft eines athletisch durchgebildeten Körpers in jeder Linie darlegt. Wir haben es mit einem in sich vollendeten Naturalismus zu thun, der sein Gebiet mit Meisterschaft beherrscht, seine Technik zu hoher Vollendung entwickelt, aber freilich nicht zu idealem Schwunge sich erhebt".

Die äginetischen Statuen sind durchgängig etwas unter Lebensgrösse, die Figur der Pallas dagegen misst ohne den Helmbusch 5 Fuss 9¹/₂ Zoll. Das verwendete Material ist parischer Marmor, ausserdem war mehrfacher Metallschmuck angebracht. Die Körper selbst waren, mit Ausnahme der Haare, Augen und Lippen, ohne alle Farbe, dagegen die Waffen der Kämpfer und Brustharnisch, Sandalen und Gewandsaum der Athena bemalt.

Pasquino in Rom. Das zweite hier zu nennende Denkmal, welches man auf den Tod des Patroklos bezieht, ist die unter dem Namen Pasquino bekannte, im sechzehnten Jahrhundert in Rom ausgegrabene Gruppe, wo sie noch jetzt am Fundorte steht (Fig. 126). Zwei Wiederholungen dieser Gruppe, welche später in Rom ausgegraben wurden, befinden sich in Florenz, die eine im Palast Pitti, die andere in der Loggia de' Lanzi, endlich Fragmente einer dritten Gruppe, aus der Villa Hadrians bei Tivoli stammend, im Vatikanischen Museum. Da auch die ersterwähnten drei Exemplare in arg verstümmeltem Zustande aufgefunden wurden, so hat der florentinische Bildhauer Ricci mit Benutzung derselben eine neue vollständige Gruppe hergestellt, von welcher das Berliner Museum einen Abguss besitzt. Die Gruppe besteht aus zwei Figuren, einer stehenden und einer liegenden. Nach gewöhnlicher Annahme ist von dem Künstler der Moment dargestellt,

wo Menelaos seinem von Hektors Geschoss zu Boden gestreckten Freunde
Patroklos zu Hülfe eilt und ihn mit seinen Armen auffängt oder den bereits
gefallenen emporhebt. Der
jugendlich schöne Körper des
Letzteren ist völlig nackt,
seine schlaff herabhängenden Gliedmaassen zeigen
deutlich, dass alles Leben
aus demselben entflohen ist.
Er bildet so einen höchst
wirksamen Contrast zu dem
in höchster Fülle männlicher
Kraft und blühenden Lebens
vor uns stehenden Krieger,
welcher den Todten in seinen
Armen hält. Ob in dem-
selben Menelaos oder der
Telamonier Aias dargestellt
ist, darüber ist man bis jetzt
noch nicht einig. Die Ver-
theidiger der letzteren Ansicht, zu denen auch K. O.
Müller gehört, berufen sich
darauf, dass die derbe und
kräftige Gestalt des Helden
nur auf den Telamonischen
Aias passe, während die
Gegner in dem Gesichtsausdrucke einen Zug rührender
Klage finden wollen, der
ihnen nicht zu dem trotzigen

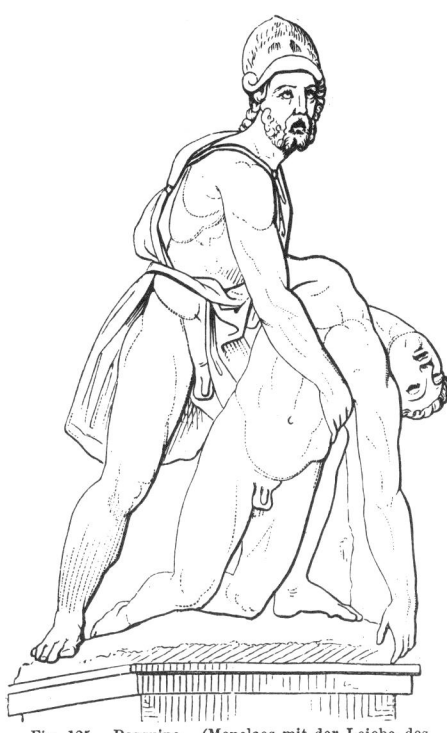

Fig. 125.   Pasquino. (Menelaos mit der Leiche des
Patroklos.) Rom.

und stählernen Charakter des Aias zu stimmen scheint. Wie dem auch sei,
die Composition ist von höchster Schönheit und vermuthlich ein Originalwerk aus der besten Zeit der griechischen Plastik.

Der Tod und die Schleifung Hektors ist der nächste durch häufige
Darstellungen ausgezeichnete Gegenstand. Bedeutendes ist indessen darüber nicht erhalten. Wir erwähnen einer Darstellung des Kampfes, der
Schleifung und des Leichenbegängnisses auf einer der Seitenflächen der
sogenannten Ara Casali im Vatikan, welche auch das Urtheil des Paris
enthält.

Der Tod der Amazonenkönigin Penthesilea findet sich auf
einem sehr grossen, durch geschmackvolle Gruppirung ausgezeichneten römischen Sarkophagrelief in der Pio-Clementinischen Sammlung des
Vatikan, wo Achilleus, von welchem die späteren Dichter sangen, dass
die grosse Schönheit der Amazonenkönigin nicht ohne Eindruck auf sein

Fig. 127. Der Tod der Amazonenkönigin Penthesilea. Sarkophag-Relief. Vatikan.

Herz geblieben sei, die Sterbende in seinen Armen hält, wie das auch auf einem Gemälde von *Panaenos* am Throne des Zeus zu Olympia der Fall gewesen sein soll (Fig. 127). Der Gegenstand ist auch sonst auf Reliefs und Gemmen nicht selten.

Der Raub des troischen Palladiums ist sehr häufig auf Gemmen. Merkwürdig ist ein lukanisches Vasengemälde, auf welchen jeder der beiden

Fig. 128. Des Aias Frevel an Kassandra. Vasengemälde.

bei diesem Raube betheiligten griechischen Helden, sowohl Odysseus als Diomedes, ein Idol der Göttin auf dem Arme trägt, welche Vorstellung sich noch wiederholt auf einem Terrakotta-Relief des Berliner Museums. Der von dem lokrischen Aias an Kassandra begangene Frevel scheint unter den Scenen aus der Zerstörungsgeschichte am meisten durch

die Künstler bearbeitet worden zu sein. Schon am Kasten des Kypselos
sah man seine Frevelthat, dass er nämlich die Priesterin, welche das Bild
der Göttin als Schutzflehende umklammert hielt, mit Gewalt von demselben
entfernte, abgebildet. Weiter geht ursprünglich der Frevel des Aias nicht,
und erst späte Dichter, wie Kalimachos und Quintus Smyrnaeus haben eine
gewaltsame Entehrnng der Kassandra inmitten des Heiligthums daraus
gemacht. Eine ganze Reihe alterthümliche Vasenbilder (Fig. 127) geben uns
noch eine Vorstellung davon, wie man sich die Scene dachte. Gewöhnlich
wird Kassandra, welche kniend oder stehend das Bild der Göttin umklammert hält, von ihrem Verfolger bei den Haaren zurückgerissen.

Die Ermordung des Aegisthos und der Klytämnestra ist
gleichfalls durch zahlreiche Denkmäler vertreten. Das Vatikanische
Museum besitzt zwei schöne Reliefs dieser Art. Auf dem einen liegt
Klytämnestra schon todt da, auf dem andern hält Orestes die auf ihre
Kniee gesunkene und mit der Rechten eine abwehrende Bewegung machende
Mutter mit der linken Hand fest, während seine Rechte das Schwert gegen
ihren halbentblössten Busen zückt. Dieser letztere Umstand erinnert an
einen Zug der Sage, wonach Klytämnestra absichtlich den Sohn die Brust
sehen liess, welche ihn einst gesäugt hatte.

Nicht weniger sind die Scenen der Odyssee noch ziemlich vollständig
in den erhaltenen Denkmälern vergegenwärtigt. Wir erwähnen hier nur
eine Marmorstatue des Vatikan von augenscheinlich hohem Alter, welche
mit einiger Wahrscheinlichkeit als trauernde Penelope erklärt wird (Müller-
Wieseler I, 9, 35).

V. Mythische Seher und Sänger.

Von den Sehern der mythischen Vorzeit haben die meisten schon
gelegentliche Erwähnung gefunden, namentlich der in den argivischen
Mythos hineinragende Amythaonide Melampus, der an dem Feldzuge
der Sieben gegen Theben betheiligte Nachkomme desselben Amphiaraos, der aus der Geschichte des Oedipus so bekannte Seher Teiresias
und der die Griechen nach Troja begleitende Kalchas. Ueber Teiresias, welcher in der thebanischen Sagengeschichte nur flüchtig berührt
wurde, sei hier noch nachgetragen, dass die Alten ihm ein fabelhaftes
Alter von sieben oder gar neun Menschenaltern beilegten, so dass er
auf diese Weise Zeuge aller die Stadt Theben berührenden Schicksale
bis zur Zeit ihrer Einnahme durch die Epigonen war. Mit seinem siebenten Lebensjahre verlor er das Gesicht, wie Einige sagen durch
Athena, weil er sie im Bade gesehen hatte, nach Andern, weil er die Ge-

heimnisse der Götter verrathen hatte. Er war, wie alle berühmten Seher des Alterthums, der Vogelsprache kundig und kannte die tiefsten Geheimnisse der Natur, weswegen er sich bis zu seinem Tode eines steigendes Ansehens bei den Thebanern erfreute. Dass er in seinem höchsten Alter, als das bedrängte Theben gegen die Epigonen sich nicht mehr halten konnte, das schmerzliche Schicksal der Flucht theilen musste, unterwegs aber an der Quelle Tilphossa bei Haliartos starb, wurde schon oben erwähnt. Zur Zeit des Pausanias zeigte man dort noch sein Grab. Da er in Orchomenos und vielleicht auch an andern Stellen Böotiens ein Orakel hatte, so entstand der Glaube, er sei nach dem Tode dadurch von den Göttern geehrt worden, dass er allein unter den Schatten der Unterwelt die volle Besinnung und seinen unge-schwächten Verstand bewahre. Deshalb verweist auch Kirke den Odysseus an ihn, um wegen der Heimkehr sich guten Rath zu erbitten.

Die Kunst pflegte ihn durch ein Scepter zu charakterisiren, seine Blind-heit wurde durch Geschlossensein der Augen angedeutet. Ein Marmor-relief der Sammlung des Louvre, aus der Villa Albani, stellt die Scene zwischen ihm und Odysseus dar. Der Kopf des Letzteren ist ergänzt, der Schifferhut, welchen man ihm gegeben hat, ist aber ein aus alten Denk-mälern vielfach bezeugtes Merkmal desselben. Die Verschleierung des Teiresias hat keine besondere Beziehung zu seiner Person, sondern dient nur dazu, ihn als Schatten kenntlich zu machen, und kommt auch sonst häufig auf römischen Denkmälern vor.

Unter den flüchtigen Thebanern, welche in die Kriegsgefangenschaft der Argiver geriethen, soll sich des Teiresias Tochter Manto befunden haben, welche im Alterthum ebenfalls im Rufe einer grossen Wahr-sagerin stand. Von den Siegern mit einem grossen Theile der übrigen Beute dem delpischen Apollon geweiht, wurde sie auf Befehl des Gottes nach Asien geschickt, wo sie das berühmte Orakel des klarischen Apoll bei Kolophon gründete. Hier vermählte sie sich mit dem Kretenser Rhakios, von welchem sie den berühmten Seher Mopsos gebar. Wie Kalchas der Prophet der gegen Troja ausziehenden Griechen ist, so Mopsos der Seher der Argonauten, an deren Zuge ihn schon Pindar Antheil nehmen lässt. Man hat, weil Mopsos erst nach Beendigung des Epigonenkrieges, den die mythische Chronologie schon dicht an den trojanischen heranrückt, geboren sein soll, also nicht am Argonauten-zuge Theil genommen haben konnte, die Existenz eines zweiten Mopsos angenommen, der auch ein Seher, wie der klarische, ein Sohn des

Lapithen Ampykos gewesen wäre. Allein das heisst doch den Fest-
setzungen der mythischen Chronologie zu viel Ehre anthun. Weiter
wird dann von Mopsos berichtet, dass er in Gemeinschaft mit Amphi-
lochos, dem Sohne des Amphiaraos, das berühmte Orakel zu Mallos
in Cilicien gestiftet, aber über den Besitz desselben mit jenem in einen
Kampf gerathen sei, der mit ihrem beiderseitigen Tode endigte.

In den Namen der mythischen Sänger, welche uns überliefert
worden sind, haben sich zum Theil wohl Erinnerungen an die ältesten
Pfleger der Dichtkunst erhalten, zum Theil aber sind dieselben reine
Personifikationen gewisser Richtungen und Weisen der Poesie. Letzteres
ist zum Beispiel unzweifelhaft der Fall mit dem mythischen Sänger
Linos, von welchem man in Argos, Theben und auf Euböa erzählte.
Nichts liegt einem Naturvolk näher, als die Trauerklage über das Hinwelken und Absterben des blühenden Lebens der Natur. Man dachte
sich dasselbe, wie der oben berührte Mythos vom Hyakinthos zeigte,
gern unter dem Bilde eines schönen Knaben, den ein Wurf der Diskos-
scheibe tödtet oder wüthende Hunde zerreissen, beides Symbole des
verzehrenden Sonnenbrandes. Aus solchen Gesängen, welche den Tod
des schönen Knaben Linos zum Inhalt hatten und namentlich bei der
Weinernte von Alters her gesungen wurden, bildete sich der Mythos,
welcher den Linos selbst zum Sänger machte.

Aehnliche wehmüthige Empfindungen knüpfen sich an den Namen
Orpheus, der häufig ein Bruder des Linos genannt wird, aber kein
äolischer Sängerheros ist, sondern den pierischen Thrakern ange-
hört. Am bekanntesten ist von ihm seine Liebe zu der Nymphe
Eurydike, welche ihm durch einen jähen Tod entrissen wurde, da eine
Schlange sie in den Fuss stach. Nun erfüllte er Berg und Thal mit
so gewaltig rührenden Klaggesängen, dass die wilden Thiere des
Waldes, von der Zaubermacht der Töne bezwungen, ihm folgten, ja
selbst Bäume und Felsen sich bewegten. Seine Sehnsucht nach der
Geliebten trieb ihn endlich in die Unterwelt hinab, um den finstern
Herrscher der Schatten zur Herausgabe der Geliebten zu bewegen.
Und in der That bezwang seine rührende Klage, welche selbst den
grausamen Erinnyen Thränen des Mitgefühls entlockte, die eherne Brust
des Unerbittlichen. Er hiess Eurydike ihm folgen, jedoch mit der Bedingung, dass Orpheus sich nicht nach ihr umsehen dürfe, bis er die
Oberwelt erreicht habe. Da er die Bedinguug nicht hielt, so wurde
ihm die Geliebte von Neuem genommen.

Die Scene der Trennung beider Liebenden durch den Seelenführer Hermes vergegenwärtigt uns ein schönes Marmorrelief in der Villa Albani, von welchem sich Wiederholungen in Paris und Neapel finden. (Fig. 129). Ihr Schmerz äussert sich in weiser Berücksichtigung der der Plastik gesetzten Grenzen nicht in wilden Bewegungen und leidenschaftlicher Umarmung, sondern nur in dem zärtlichen Blicke uud der leisen Berührung der Hand. Der würdevollen und gefassten Haltung der Liebenden entspricht auch

Fig. 129. Orpheus und Eurydike. Marmorrelief in der Villa Albani. Rom.

das ruhige Auftreten des Hermes. Nicht mit Gewalt zieht er die Eurydike hinweg, sondern nur ein sanfter Druck seiner linken Hand erinnert sie daran, dass der Augenblick der schmerzlichen Trennung gekommen sei. Bemerkenswerth ist, dass Hermes, den sein krauses Lockenhaar und der in den Nacken gesunkene Petasos auf der Stelle kenntlich machen, hier sein gewöhnliches Abzeichen, den Schlangenstab, nicht mit sich führt. Man hält dieses Relief für die Copie eines griechischen Originals aus der besten Zeit.

Die Deutung des Mythos von der Eurydike ist nicht schwierig; er ist allegorisch zu verstehen, ein Bild des aus der nächtlichen

Tiefe des finstern Erdschoosses auf kurze Zeit wiederkehrenden Reizes der Natur.

Orpheus selbst soll nicht lange darauf, als er verzweifelt in den thrakischen Gebirgen umherirrte, von nächtlich rasenden Bakchantinnen zerrissen worden sein. Auch er ist unzweifelhaft nur eine allegorische Figur, wenn auch eine um das Jahr 600 v. Chr. entstandene mystische Sekte ihn zu ihrem Stifter gemacht, und ihm allerlei mystische Schriften, denen man dadurch ein höheres Ansehen verschaffen wollte, untergeschoben hat.

DIE GOTTESDIENSTLICHE VERFASSUNG

DER GRIECHEN.

EINLEITUNG.

Es ist zwar im Verlauf der vorausgegangenen Darstellung der griechischen Mythen schon hin und wieder auf den im engsten Zusammenhange mit denselben stehenden Cultus Rücksicht genommen worden, gleichwohl aber dürfte dem Leserkreise, für welchen dieses Buch hauptsächlich bestimmt ist, eine übersichtliche Zusammenstellung aller auf die griechische Gottesverehrung Bezug habenden Einrichtungen und Gebräuche als eine nicht unwillkommene Zugabe erscheinen. Der Ursprung der Gottesverehrung bei den Griechen und die Gestaltung derselben zu conventionellen Formen verliert sich natürlich in ein ebenso geheimnisvolles Dunkel, wie die ältesten Vorstellungen von der Gottheit selbst. Denn in den Homerischen Gedichten, welche auch hier unsere älteste Quelle sind, treten uns die wesentlichsten Umrisse derselben bereits ebenso fertig und bestimmt entgegen, wie das System des griechischen Götterstaates der Hauptsache nach in denselben zum Abschlusse gebracht worden ist. So bleibt das Dunkel der pelasgischen Urzeit, von deren Kultur wir überhaupt nur schwache Ahnungen haben, auch in dieser Beziehung unaufgehellt. Als den ursprünglichen und ältesten Antrieb zur Gottesverehrung sieht man mit Recht die Furcht an. Der Mensch sah sich überlegenen, als göttliche Wesen betrachteten Naturmächten gegenüber, also musste ihn das Gefühl seiner Ohnmacht und Hülflosigkeit antreiben, sich um ihre Gunst zu bemühen, ihren Zorn abzuwenden oder zu sühnen. So entstand das Opfer, welches zusammen mit dem begleitenden Gebete, denn kein Opfer ist wohl je ohne Gebet dargebracht worden, die älteste Form der Gottesverehrung darstellt. Ebenso eifrig war man bemüht, den Willen der Gottheit zu erforschen, um nicht selbst durch ein unabsichtliches Zuwiderhandeln den Zorn derselben hervorzurufen. Daher erklärt sich das hohe Alter der Orakel, welche schon in der pelasgischen Zeit, wie das frühe Ansehen von Dodona und andern Orakelstätten zeigt, von bedeutendem Einflusse gewesen sein müssen.

Wie aber aus diesen Anfängen die in der historischen Zeit sich vorfindenden Cultusformen allmählich entstanden sind, lässt sich im Einzelnen nicht mehr nachweisen. Wir folgen in der Darstellung derselben hauptsächlich dem vortrefflichen Lehrbuche von K. F. Hermann.*)

I. Die Oertlichkeiten des Cultus.

Ob der häusliche Herd, oder Höhen, Haine und Quellen die ältesten Stätten der Gottesverehrung gewesen sind, darüber lässt sich mit Gewissheit nichts behaupten. Wahrscheinlich ist wenigstens, dass die pelasgische Periode noch keine Tempel kannte, sondern die Götter nur entweder am häuslichen Heerde oder an bestimmten Naturmalen verehrt zu werden pflegten. Die Wahl der letzteren war hauptsächlich durch das Wesen der zu verehrenden Gottheit bedingt: manche Gottheiten verehrte man lieber auf luftiger Bergeshöhe, andere im dunkeln Schatten hochwipfeliger Bäume oder in Grotten, noch andere in der Nähe eines fliessenden Wassers, mochten es nun Quellen, Flüsse oder das heilige Meer selbst sein. Es ist wohl als Regel anzunehmen, dass diese ältesten Cultusstätten durch eine Einfriedigung von der übrigen profanen Welt abgegrenzte (Τεμένη) waren. Als sichtbares Merkmal der Heiligkeit des Ortes dienten vor Allem die Feuerstätten, auf welchen das Brandopfer dargebracht wurde. Anfangs mochte man sich damit begnügen, diese Altäre kunstlos aus übereinander gelegten Steinen und Rasenstücken zu formen oder sich von selbst aus der Asche und den Ueberbleibseln der Opferthiere auf natürliche Weise bilden zu lassen, später, als der anfänglich rohe Naturdienst in den Tempeldienst überging, legte man immer höheren Werth auf eine künstlerische Ausschmückung der aus Stein und Erz in den mannigfaltigsten Formen errichteten Altäre. Ob ausser den Opferstätten in der ältesten Zeit noch sonstige äussere Merkmale für die Heiligkeit eines geweihten Bezirkes in Gebrauch waren, lässt sich schwer sagen. Bilder ihrer Götter haben die Pelasger auf keinen Fall gehabt; diese sind vielmehr erst aufgekommen, als man anfing, die alten Naturgötter anthropomorphisch zu gestalten. Dagegen mögen in

---

*) Lehrbuch der gottesdienstlichen Alterthümer der Griechen, von Dr. Karl Friedrich Hermann. Zweite Auflage, bearbeitet von Dr. Karl Bernhard Stark. Heidelberg, 1858.

dieser anikonischen Periode heilige Bäume, Steine, Holzpfähle, Lanzen u. dgl. als symbolische Zeichen der Anwesenheit des Gottes gedient haben.

Von den Tempeln nimmt man an, dass sie erst mit dem Bilderdienst entstanden sind. Denn der griechische Tempel hat im vollkommensten Gegensatze zu dem Zwecke unserer Gotteshäuser, einer grösseren Menge als Versammlungsort zur gemeinschaftlichen Verrichtung ihrer Andacht zu dienen, von vorn herein keinen andern Zweck gehabt, als dem Cultusbilde des Gottes ein schützendes Obdach zu gewähren, sowie sonstige den Göttern geweihte Gegenstände aufzubewahren. Hohle Baumstämme mögen in der ältesten Zeit für diesen Zweck genügt haben, zumal die ersten aus Holz geschnitzten Götterbilder puppenhaft klein waren. Dann ging man dazu über, aus Baumstämmen und Zweigen Hütten zu erbauen, bis diese rohen Formen künstlichen Holzbauten Platz machten. Von Holz erbaut blieben aber die Tempel, auch als sie mit dem zunehmenden Bedürfnisse grössere Dimensionen annahmen, Jahrhunderte lang. Kleine, mehr tabernakelähnliche Behälter für die Symbole und Geräthe des Cultus, aus vergänglichem Material erbaut, scheinen auch die bei Homer erwähnten Heiligthümer zu sein. Erst mit dem Anfange des sechsten Jahrhunderts v. Chr. wurden die hölzernen Tempel allgemein durch die Steinbauten verdrängt, die man mit der zunehmenden Vervollkommnung der Architektur immer glänzender und schmuckreicher herstellte.

Die Anlage des griechischen Tempels*) war im Grunde eine höchst einfache und konnte es sein wegen des einfachen Zweckes, dem Cultusbilde der Gottheit ein schützendes Obdach zu gewähren. Auf einem mächtigen Unterbau von drei oder mehreren Stufen wurde das eigentliche Tempelgebäude in der Regel in der Form eines Rechtecks aufgerichtet, dessen längere Seiten ungefähr das Doppelte der Schmalseiten massen. Da die Stufen des Unterbaus zu hoch waren, um zugleich als Treppen für die Besucher des Tempels zu dienen, so pflegte man an der vorderen wie an der hinteren Schmalseite kleinere Treppenstufen einzufügen; die Zahl derselben musste stets eine ungerade sein, damit man mit dem rechten Fusse die erste Stufe betretend auch wiederum mit dem rechten Fusse die Höhe der Platform erreichte. Das Gebäude selbst unterscheidet sich hauptsächlich durch zwei charakterische Merk-

---

*) Für das Studium des griechischen Tempelbau's ist das wichtigste Werk K. Bötticher's Tektonik der Hellenen. Vergl. auch Mauch, Architektonische Ordnungen der Griechen und Römer, 5. Auflage, bearbeitet von L. Lohde.

male von dem griechischen Privathause. Das erste dieser Merkmale ist
die Säulenreihe, welche entweder rings um das Gebäude herumläuft,
so dass dann der Tempel an allen vier Seiten mit einer offenen Halle
umgeben ist, oder bloss an beiden Schmalseiten, in seltenen Fällen nur
an der östlichen Schmalseite allein eine Halle bildet. Die Zahl dieser
Säulen war an den Schmalseiten stets eine gerade, weil sonst die in der
Mitte liegende Eingangsthür verdeckt worden wäre. Dagegen pflegte
man den Langseiten, die keine Thüren hatten, eine ungerade Säulenzahl

Fig. 130. Tempelgiebel von Aegina.

zu geben, so dass in der Regel einer Vorderseite mit sechs Säulen eine
Langseite mit dreizehn Säulen entsprach. Die Zwischenräume dieser
Säulen schloss man wohl durch eiserne Gitter ab, um Unbefugten den
Zutritt zu wehren. Die Decke der Säulenhalle wird aus Steinbalken
gebildet, welche einerseits auf dem Gebälke der Säulen, andrerseits auf
der Cellamauer aufliegen. Das zweite wesentliche Merkmal des griechischen Tempels ist das steinerne Giebeldach, durch welches die Möglichkeit gewährt wird, die vordere und hintere Aussenseite des Tempels mit
einem reichen Bilderschmuck zu versehen (Fig. 130).

Der Aufbau des Tempels vollzieht sich nun in folgender Weise.
Auf den Säulen, welche wiederum aus drei Theilen bestehen, der Basis,
dem Schaft und dem Kapitäl, ruht das mächtige Gebälk. Dieses besteht
zunächst aus dem Architrav oder Epistylion, mächtigen Steinbalken,
die von einer Kapitälmitte zur andern reichen. Der Architrav blieb in
der Regel ohne allen plastischen Schmuck, höchstens versah man ihn
mit Weihinschriften; oder man hing Weihgeschenke an demselben auf,
wie dies z. B. an dem Parthenon in Athen der Fall war. Ueber dem
Architrav erhebt sich durch ein vortretendes Plättchen oder schmales
Band mit demselben verknüpft der Fries, dessen Fläche mit einem für
die Bestimmung des Tempels bedeutsamen Bilderschmuck versehen zu

werden pflegte. In Beziehung auf den letzteren herrscht nur ein grosser
Unterschied zwischen den Tempeln des dorischen und des ionischen
Styls. Während nämlich im ionischen Style der Fries eine durchaus unge-
gliederte Fläche bildet und demgemäss auch mit einem ununterbrochenen
Relief versehen wird, ist im dorischen Style die Fläche des Frieses in
regelmässigen Zwischenräumen durch vorspringende Steinblöcke, die
mehr hoch als breit sind, unterbrochen und in ebenso regelmässige fast

Fig. 131. Dorischer Tempel. Façade.

quadratische Felder abgetheilt. Die vorspringenden Steinplatten führen
den Namen Triglyphen (Dreischlitze), weil sie durch Kanäle von
scharfen Austiefungen belebt sind, die zwischen den Triglyphen liegenden und gegen sie etwas zurücktretenden quadratischen Felder heissen
Metopen. Bei den älteren dorischen Tempeln, welche noch ohne Säulenumgang waren, sollen diese Felder ebensoviele Oeffnungen gewesen
sein, durch welche das Innere des Tempels erhellt wurde. Da sie

diesem Zwecke bei den immer häufiger werdenden Peripteraltempeln nicht mehr dienen konnten, so verschloss man die Oeffnungen mit Steinplatten, die entweder glatt blieben oder mit Reliefs verziert wurden. Von diesen Reliefs führte der ganze Fries auch wohl den Namen Bildträger (Ζωφόρος). Den Abschluss des ganzen Gebälks bildet endlich das Kranzgesimse oder Geison, eine über den Fries zum Schutze desselben und der untern Theile des Gebäudes gegen den Regen weit vorspringende Steinplatte. Auf ihm ruht an den Langseiten das Dach, an den Vorderseiten erhebt sich über demselben das Tympanon, ein durch die schräge Construction des Daches entstandenes dreieckiges Feld, welches an seinen beiden oberen Seiten von einem ähnlichen Gesimse begrenzt wird. In diesem Tympanon, dessen innere Wandfläche durch die starke Ausladung der begrenzenden Gesimse weit zurücktritt, brachte man einen grösseren Bilderschmuck an, der gewöhnlich bedeutsame Scenen aus dem Leben der betreffenden Gottheit darstellte. Wo die das Tympanon begrenzenden Gesimse im Dachfirst zusammenlaufen, pflegt eine Steinplatte (Plinthus) angebracht zu werden, welche irgend eine Verzierung, eine Giebelblume, einen Dreifuss oder auch eine kleine Statue trägt. Aehnliche Verzierungen schmücken die untern Enden des Giebels. Zum besseren Verständnisse des bisher Gesagten möge die in Fig. 131 abgebildete Façade des sogenannten Themistempels zu Rhamnus dienen, die uns zugleich eine Vorstellung von der einfachsten und ursprünglichsten Tempelanlage gibt, welche an der Vorderseite mit einer geschlossenen Vorhalle versehen ist und Templum in antis genannt zu werden pflegt. Wir bezeichnen mit a a a die Stufen des Unterbaus, mit b b die Säulen, mit c den Architrav, mit d die Triglyphen, mit e die Metopen des Frieses, mit f das Kranzgesimse, mit g das Tympanon, mit h das Dachgesims, mit i den auf dem Dachfirst ruhenden Plinthus.

Gehen wir nun, nachdem wir den äussern Aufriss des griechischen Tempels verfolgt haben, zur inneren Einrichtung desselben über, so bedarf es eigentlich nur eines von vier Wänden umschlossenen Raumes, um dem Bilde der Gottheit einen geschützten Standort zu geben, und aus Rücksichten des Cultus hätte man in der That niemals über dieses Erfordernis hinaus zu gehen brauchen. Man nennt diesen für die Aufnahme des Götterbildes bestimmten Raum Cella (ναός). Das Bild selbst wurde an der hintern, der Eingangsthüre gegenüberliegenden Wand auf einem Piedestal ((βάθρον) oder wenn es sitzend gebildet war, auf einem

Throne aufgestellt und schaute mit dem Gesicht nach Osten, wodurch natürlich auch eine nach Osten gerichtete Lage des Tempels bedingt war. Von dieser allgemeinen Regel machten nur solche Tempel eine Ausnahme, welche Heroen geweiht waren; bei diesen musste der Tempeleingang von Westen her sein. Die Wände der Cella muss man sich aus horizontal gelegten und genau auf einander passenden Steinblöcken gebildet denken. Der Anwendung des Mörtels bedurfte es auf diese Weise zu ihrer Herstellung nicht. In reicheren Tempeln waren die Innenwände der Cella wohl niemals ohne Wandgemälde. Die Decke der Cella ist niemals gewölbt, sondern flach, aber mit mancherlei Zierrathen versehen. Am liebsten nahm man zu ihrer Herstellung das dauerhafte Cedernholz. Fenster hat der griechische Tempel in der Regel nicht, es musste daher entweder das schwache Licht, welches durch die geöffnete Eingangsthür eindrang, zur Erhellung des innern Raumes genügen, oder man griff, wie es namentlich bei grösseren Tempelanlagen immer mehr Regel ward, zu dem Mittel, durch Hinwegräumung eines Theiles der Celladecke und des darüber befindlichen Tempeldaches das nöthige Licht zu schaffen. Solche Tempel führen den Namen Hypäthraltempel. Es ist anzunehmen, dass man zur Regenzeit die Oeffnung mit einem Bretterverschlage schloss. Das Götterbild war ausserdem, da es in einer Nische stand und für gewöhnlich durch einen Vorhang bedeckt war, gegen die Einflüsse der Witterung wirksam geschützt. Sitzbänke gab es natürlich in den griechischen Tempeln nicht, da man keine gottesdienstlichen Versammlungen in denselben abhielt. Doch kommen grosse, reichgeschmückte Priestersitze mehrfach vor. Alles, was der Tempel ausser dem Cultusbilde sonst noch enthielt, waren ein oder mehrere Altäre, doch waren die letzteren nur Rauchaltäre oder Tische zum Niederlegen von Weihegaben, der für die Darbringung des Brandopfers bestimmte Hauptaltar fand im Innern des Tempels keinen Platz, sondern stand draussen innerhalb des geweihten Tempelbezirks, auf der östlichen Seite des Tempels, dem Haupteingange gegenüber.*)

Zu der Cella kommt nun als zweiter innerer Raum die Vorhalle (Pronaos). Indem man nämlich zuerst, um dem Tempel auf seiner Hauptfront ein geschmückteres Aussehen zu geben, auf den Gedanken kam,

---

*) Diese Brandaltäre waren manchmal von erstaunlicher Grösse. Der Altar des Zeus zu Olympia hatte z. B. in seinem Unterbau 125 Fuss im Umfang, der eigentliche Altar aber erhob sich bis zu einer Höhe von 22 Fuss.

die östliche Cellamauer wegzulassen und durch eine Säulenstellung zu
ersetzen, führte die Rücksicht auf die Heiligkeit des Bildes von selbst
zu der Herstellung einer den Pronaos absondernden Wand, und da man
der Symmetrie wegen bald dazu überging, auch die westliche Cellamauer durch eine Säulenstellung zu ersetzen,
so entstand auf der hintern Seite durch Ein-
fügung einer zweiten Wand gleichfalls eine
Halle, welche den Namen Opisthodomos
(Posticum) erhielt. Beide Hallen pflegten mit
Bilderschmuck versehen zu werden und dienten
zur Aufnahme von Weihgeschenken. Im Pronaos
stand auch das Becken mit dem geweihten
Wasser, mit welchem es die fromme Sitte er-
heischte sich vor dem Eintritt in die Cella zu
besprengen. Diese im Allgemeinen bei allen
griechischen Tempeln wiederkehrende Eintheilung des innern Raumes versinnlicht uns
Fig. 132.

Fig. 132.   Tempel mit Anten.

Mit derselben ist zugleich der Grundriss des doppelten Antentempels gegeben, derjenigen Grundform, welche aus der ältesten,
bereits erwähnten des Antentempels sich gleich-
sam von selbst entwickelte. Zur Aufklärung
des Namens diene die Bemerkung, dass Anten
(antae, παραστάδες) der übliche Name ist für
die Stirnflächen der die Vorhalle und das
Posticum auf beiden Seiten einschliessenden
Mauer. Hier mussten natürlich starke Eckpfeiler
das Gebälk stützen. Das Charakteristische des
Antentempels besteht also, wie man leicht sieht,
darin, dass die beiden Hallen nur an je einer
Seite offen sind. Denkt man sich aber die
Seitenwände hinweg, so dass der Pronaos auch
an den Seiten offen ist, so erhält man, wenn
diese Anordnung auf die Hauptfront beschränkt

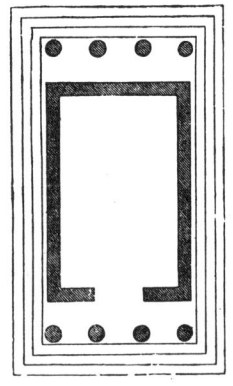

Fig. 133.   Amphiprostylos.

ist, den Prostylos, wenn sie auch auf die Rückseite ausgedehnt ist,
den Amphiprostylos (Fig. 133). Ein Beispiel der ersteren Art
bietet der kleine ionische Tempel zu Selinus, der zweiten der zierliche
kleine Tempel der ungeflügelten Siegesgöttin (Nike Apteros) auf der

Burg zu Athen, den man, nachdem er durch die Türken beim Bauen einer Batterie abgetragen worden war, neuerdings aus den vorhandenen Resten wiederhergestellt hat.

Die bis jetzt erwähnten Grundformen des griechischen Tempels finden sich aber im Ganzen nicht sehr häufig und nur bei kleineren Gebäuden; für grössere Tempel zog der ausgebildete Schönheitssinn des Volkes die peripterale Anlage vor, d. h. man ging dazu über, auch an den beiden Langseiten die todte Cellamauer durch Säulen-

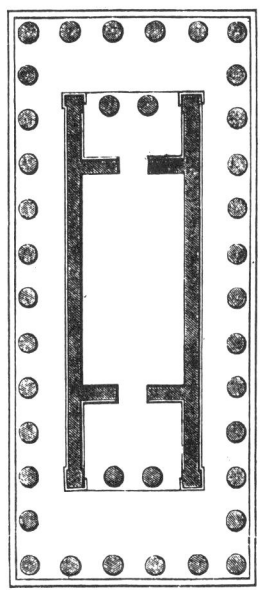

Fig. 134. Grundriss des sog. Theseions in Athen.

stellungen zu ersetzen, und erhielt so, da natürlich auch hier wiederum Scheidewände zum völligen Abschlusse des innern Heiligthums errichtet werden mussten, zwei neue Säulenhallen. Diese pflegten jedoch nicht so breit angelegt zu werden, wie die Hallen der Ost- und Westseite. Nun wird der Giebel ringsherum durch Säulen gestützt und man gewinnt, da die vier Hallen in direkter Verbindung mit einander stehen, einen vollständigen Säulenumgang. Offenbar unschön aber würde es nun gewesen sein, wenn das eigentliche Tempelhaus, so zu sagen der Kern dieser peripteralen Tempel aus vier einfachen Wänden construirt worden wäre. Dies geschah daher auch nicht, sondern man wählte für die Anlage des innern Tempelhauses eine der früher besprochenen vier einfachen Grundformen, entweder den einfachen Antentempel, den Doppelantentempel, den Prostylos oder den Amphiprostylos. Wie sich nach dieser Erweiterung die ganze Tempelanlage gestaltet, möge der Fig. 134 gegebene Grundriss des sogenannten Theseions in Athen zeigen. Es ist dieser noch ziemlich wohlerhaltene Tempel ein Peripteros, dessen inneres Tempelhaus auf beiden Schmalseiten mit je zwei Säulen zwischen den Anten versehen war. Das zu seiner Erbauung verwendete Material ist pentelischer Marmor. Im Mittelalter in eine Kirche des h. Georg umgewandelt und dadurch gegen zerstörende Angriffe wirksam geschützt, dient er gegenwärtig als Museum für athenische Kunstschätze. Seine Breite beträgt 45, seine Länge 104 Fuss.

Eine noch grössere Vollendung erreicht die peripterale Tempelanlage da, wo für das innere Tempelhaus der Amphiprostylos zu Grunde
gelegt ist. Dieses ist der Fall bei dem schönsten bekannten Bauwerke
des Alterthums, dem schon mehrfach erwähnten Parthenon auf der
Akropolis zu Athen. Von der Erbauung dieses herrlichen Tempels der

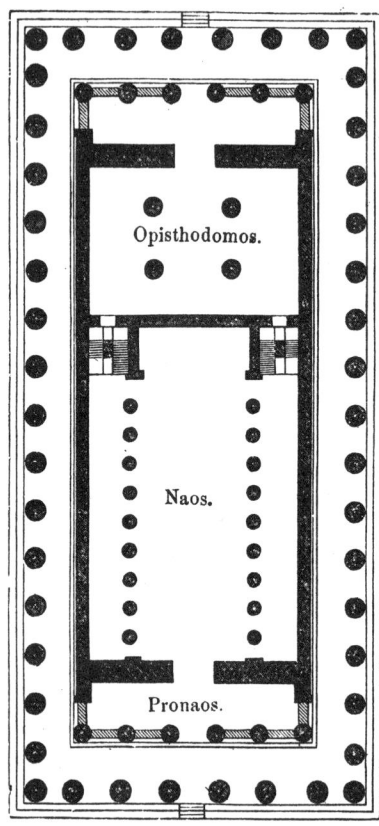

jungfräulichen Göttin unter Perikles und seiner beklagenswerthen
Zerstörung bei Gelegenheit der im
Jahre 1687 durch die Venetianer
vorgenommenen Beschiessung der
Akropolis ist schon früher die Rede
gewesen. Wir lassen daher unter
Beifügung des Grundrisses (Fig.
135) hier nur noch einige Notizen
über die Dimensionen desselben
folgen. Die Breite des im dorischen
Style erbauten Tempels betrug 101,
die Länge 227 Fuss. Je acht
Säulen auf den Schmalseiten und
je siebzehn auf den Langseiten
trugen das mit den schönsten
Metropenreliefs geschmückte Gebälk und bildeten einen vollständigen Säulenumgang von 15 Fuss
Breite. Die Säulen selbst waren
34 Fuss hoch und hatten einen
untern Durchmesser von 6 Fuss
2 Zoll, die Höhe des ganzen Tempels bis zur Spitze des Giebels
mass 65 Fuss. Was die Anordnung
der innern Räume betrifft, so ver-
mittelte den Zugang zu der Cella

Fig. 135. Peripteros. Parthenon zu Athen.

ein in der Front von sechs Säulen, auf beiden Seiten durch die vorspringenden Antenpfeiler begrenzter Pronaos, welcher durch ein die Säulen
verbindendes vergoldetes Gitter vollständig abgeschlossen war. Eine
gleiche Säulenstellung bildete auf der Westseite des Tempels das Posticum.
Der zwischen diesen beiden Hallen liegende innere Tempelraum war durch
eine Zwischenwand in zwei getrennte Räume geschieden, in die eigent-

liche Cella und den Opisthodomos. Die Cella, an deren westlicher Wand
die prachtvolle von Phidias' Meisterhand aus Gold und Elfenbein gebildete Statue der jungfräulichen Göttin thronte, mass in der Breite 63,
in der Länge 98 Fuss. Ihr Licht empfing sie aller Wahrscheinlichkeit
nach durch eine über ihre ganze Länge sich erstreckende Oeffnung
des Daches. Diese Vorrichtung, zufolge welcher der Parthenon in die
Reihe der sogenannten Hypäthraltempel gehört, bedingte die Aufstellung zweier innerer Säulenreihen zur Stütze der Decke und des
Daches. Dadurch wurden zwei innere Hallenräume oder wie wir sagen
würden Seitenschiffe gebildet, über welchen Emporen angebracht waren.
Der Opisthodomos, ein fast viereckiger, durch eine Thür mit der Hinterhalle verbundener, aber sonst unerleuchteter Raum, diente zur Aufbewahrung des Staatsschatzes, der Tempelschätze und aller nicht zur
öffentlichen Schaustellung im Pronaos und Posticum geeigneten Kost-
barkeiten; auch pflegte man dort wichtige Urkunden zu verwahren.
Vier Säulen stützten die Decke desselben.

Von den bewunderungswürdigen Skulpturen, welche die Metopen
des äusseren Frieses, den ununterbrochenen inneren Cellafries und die
beiden Giebelfelder schmückten, ist schon gelegentlich die Rede gewesen.
Wie der selbst in seinem jetzigen trümmerhaften Zustande noch Staunen
erregende Tempel sich vollständig restaurirt ausnehmen würde, möge
die Fig. 136 gegebene Abbildung zeigen.

Der Peripteros ist für die grösseren Tempelbauten der Griechen —
und ihnen haben sich auch die Römer angeschlossen — die beliebteste
und am meisten angewandte Form gewesen. Als seltnere Form erwähnt
Vitruv*) noch den Pseudoperipteros, den Dipteros und Pseudodipteros. Der erste entsteht, wenn der Säulenumgang wegfällt, dagegen
die das Gebälk tragende Cellamauer durch eine Reihe von Halbsäulen
verziert ist. Der Dipteros entsteht durch Verdoppelung der um das
Tempelhaus laufenden Säulenstellung, bedingt also einen bedeutenden
Mehraufwand, weshalb er sich auch vorzugsweise in den reichen und
prachtliebenden Städten der kleinasiatischen Griechen findet. Das bekannteste Beispiel dieser Gattung und zugleich das kolossalste aller griechischen Tempelgebäude war der prachtvolle Artemistempel zu Ephesus,
dessen erste Zerstörung durch den wahnwitzigen Einfall Herostrats herbeigeführt wurde. Er war ein achtsäuliger hypäthraler Dipteros von 225

---

*) Baumeister des Kaisers Augustus, welcher mit Benutzung griechischer
Quellen ein noch vorhandenes Werk über die Baukunst in 10 Büchern verfasste.

Fuss Breite und 425 Fuss Länge. An seiner Vollendung hatte man zwei-
hundert Jahre gearbeitet. Nachdem ihn Alexander d. Gr. wieder hatte

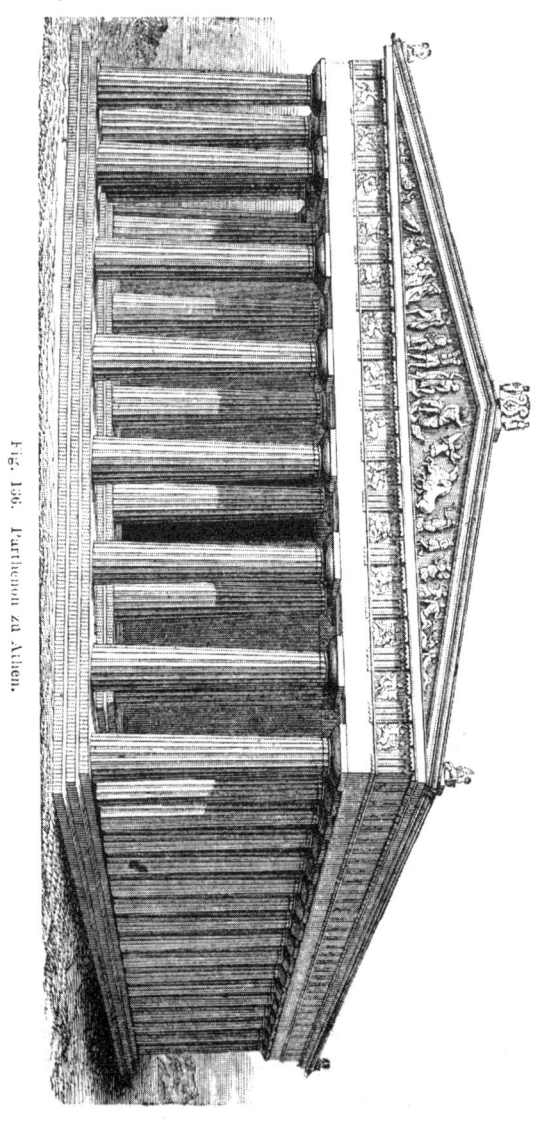

Fig. 136. Parthenon zu Athen.

herstellen lassen, wurde er später durch ein Erdbeben von Neuem
zerstört. Ein zweites Beispiel der dipteralen Tempelanlage, um anderer

nicht zu gedenken, ist der unter Pisistratos begonnene, nachher liegen gebliebene und erst durch Antiochus Epiphanes zur Vollendung gebrachte Zeustempel zu Athen mit 10 Säulen an den Schmalseiten und 20 an den Langseiten. Den Grundriss desselben zeigt die beigefügte Abbildung (Fig. 137). Was endlich unter einem Pseudodipteros zu verstehen sei, ergibt sich nach dem Gesagten schon von selbst. Er ist ein Gebäude mit vollständigem Säulenumgange und an die Cellamauer angelehnten Halbsäulen. Ein Beispiel dieser Anordnung liegt in einem der grossen Tempel vor, deren Ueberreste man in Selinus auf der Insel Sicilien entdeckt hat.

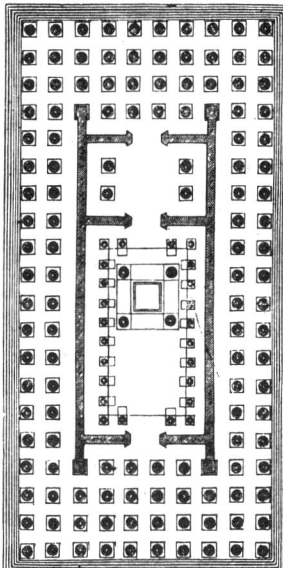

Fig. 137. Dipteros. Zeustempel zu Athen.

Als eine bei den Griechen äusserst seltene, bei den Römern desto häufiger vorkommende Form des Tempelbaues ist endlich der Rundtempel zu erwähnen, welcher in zwei verschiedene Gattungen zerfällt. Er besteht nämlich entweder bloss aus einer im Kreise aufgestellten Säulenreihe mit rundem Dach ohne Cella, und heisst dann Monopteros, oder er besteht aus einer kreisförmigen Cella mit Säulenumgang (Peripteros).

Wir haben in unserer bisherigen Darsellung des griechischen Tempelbaues nur auf die allgemeinen Verhältnisse Rücksicht genommen, ohne auf die besondern Eigenthümlichkeiten der verschiedenen Stylarten einzugehen. Nur hinsichtlich des Frieses musste einer durchgreifenden Verschiedenheit des dorischen und ionischen Styls gedacht werden. Es wird daher nöthig sein, ehe wir weiter gehen, noch auf einige Unterschiede der bei den Griechen zur Herrschaft gelangten Stylarten aufmerksam zu machen.

Man unterscheidet einen dorischen, ionischen und korinthischen Styl. Von diesen sind die beiden erstgenannten gleich original und spiegeln in getreuer Weise den eigenthümlichen Charakter dieser die politischen Geschicke Griechenlands vorzugsweise beherrschenden Stämme wieder, der korinthische Styl dagegen, welcher auch geschichtlich

am spätesten auftritt, scheint nur aus einer Mischung jener früheren
Stylarten hervorgegangen zu sein.

Nirgends zeigt sich der Unterschied dieser Stylarten durchgreifen-
der und charakteristischer als in der Säule. Die dorische Säule steigt
in scharfem Gegensatze zu der ionischen und korinthischen ohne den
vermittelnden Uebergang einer Basis aus der obersten Stufe des gemeinsamen Unterbaues kühn und energisch empor. Ihr runder, bis zu einem
Drittel der ganzen Höhe leise anschwellender Schaft erleidet von da
an eine allmähliche Verringerung seines Durchmessers, die sogenannte
Verjüngung, welche etwa ein Sechstel des untern Durchmessers aus-
macht. Die ganze Höhe der Säule, einschliesslich des Kapitäls, schwankt
zwischen vier und sechs untern Durchmessern, bei den Denkmälern der
besten Zeit jedoch erhebt sich die dorische Säule in der Regel zu einer
Höhe von fünf und einem halben untern Durchmesser. Der Abstand der
Säulen beträgt $1\frac{1}{4}$ bis $1\frac{1}{2}$ untere Durchmesser, so dass demnach beim
dorischen Tempelbau die Säulen ziemlich dicht neben einander zu stehen
kommen. Um den Schaft zu beleben und den Ausdruck der aufstreben-
den Kraft zu erhöhen, werden sechzehn bis zwanzig von unten nach
oben laufende Rinnen oder Vertiefungen in demselben angebracht, deren
Kanten sich in scharfen Stegen berühren. Man nennt diese parallelen
Vertiefungen der Säule jetzt Cannelirungen oder Cannelüren (im
Griechischen ῥάβδωσις). Nur in seltenen Fällen war der Schaft aus einem
einzigen Stücke gearbeitet (monolith), sondern er wurde aus mehreren

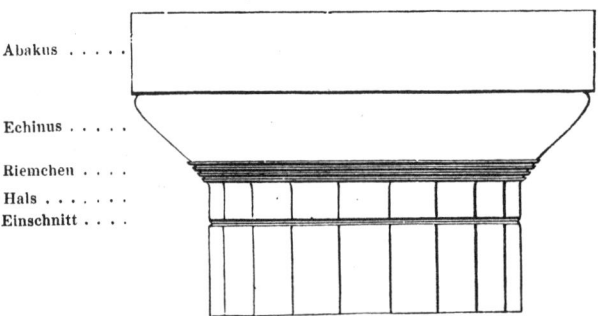

Fig. 138. Vom Theseustempel zu Athen.

Steintrommeln zusammengesetzt, welche sorgfältig auf einander ge-
schliffen waren. Die Cannelüren wurden erst nach Aufrichtung der
Säule angebracht. Auf dem Schafte ruht nun der zweite Theil der
dorischen Säule, das Kapitäl (Capitell), seiner wörtlichen Bedeutung

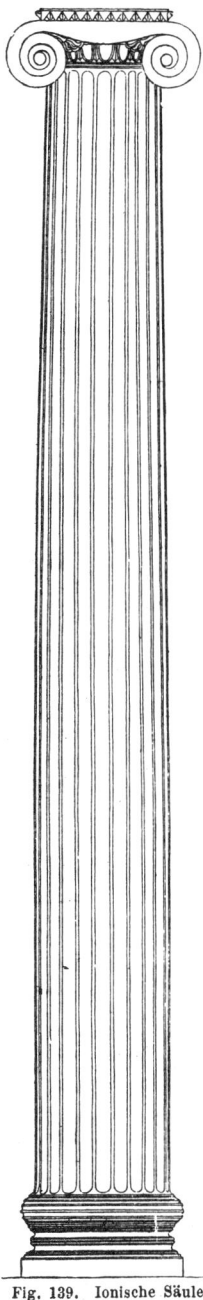

nach der Kopf (capitellum) derselben, zu
welchem Namen offenbar die Vergleichung mit
dem menschlichen Haupte geführt hat. Die
Vermittelung zwischen Schaft und Kapitäl bildet
der Hals der Säule, welcher mit dem Kapitäl
aus einem Stücke gefertigt zu werden pflegte.
An ihm wurden die Cannelüren zuerst ausgeführt, um dann später nach Aufsetzung des
Kapitäls für die Cannelüren des Schafts als
Richtschnur zu dienen. Man sieht hieraus, dass
der Hals mehr einem constructiven Bedürfnisse,
als einer ästhetischen Rücksicht seinen Ursprung
verdankt. Durch einen feinen Einschnitt, der
auch wohl in dekorativer Weise mehrmals
wiederholt wird, ist er von dem Schafte getrennt.
Ueber dem Halse folgen drei oder mehrere
schmale Riemchen oder Ringe (annuli), dann
aber quillt aus der Säule plötzlich das eigentliche Kapitäl als ein stark über den Schaft
ausladender, kreisförmig gebildeter Leisten
(Echinus) hervor, der sich mit scharfer Ein-
biegung nach oben wieder zusammenzieht. Auf
ihm ruht endlich, den Uebergang aus dem
Stützenden in das Gestützte in augenfälliger
Weise vollziehend, eine viereckige Deckplatte,
der Träger oder Abakus genannt, welche zur
Aufnahme des Gebälks bestimmt ist. Es besteht sonach das Kapitäl aus drei Theilen, dem
Halse, dem Echinus und dem Abakus, deren
Construction Fig. 138 deutlich macht.

Vergleichen wir nun die ionische Säule
(Fig. 139), so fällt zunächst in's Auge, dass
sie höher und schlanker ist, als die dorische.
Während diese, wie wir sahen, sich durchschnittlich nur bis zu einer Höhe von fünf
untern Durchmessern erhebt, ist bei jener einschliesslich des Kapitäls eine Höhe von $8\frac{1}{2}$
bis $9\frac{1}{2}$ untern Säulendurchmessern Regel.

Fig. 139. Ionische Säule.

Dieser Eindruck grösserer Schlankheit wird noch erhöht durch den
weiteren Abstand der Säulen von einander, der hier bis auf zwei
Säulendurchmesser wächst. Ein weiterer auffälliger Unterschied
besteht darin, dass die ionische Säule nicht plötzlich und unver-
mittelt mit ihrem Schafte aus dem gemeinsamen Unterbau aufschiesst,
sondern eine besondere Basis (spina) erhält. Der unterste Theil ist
eine viereckige Platte (Plinthus), von welcher aus sich der Uebergang
zu dem stützenden Schafte durch mehrere vorspringende Wulste (torus)
von halbkreisförmigem Profil, zwischen denen scharf eingezogene
Hohlkehlen (τρόχιλοι) liegen, vermittelt. Eine besondere Abart der
ionischen Basis ist die attische, welche sich wieder mehr dem dorischen Style nähert, indem sie den Plinthus ganz fortlässt und sich
mit einem einzigen Trochilos begnügt. Der Wulst der ionischen Basis
pflegte später wohl noch mit plastischen Ornamenten, als Blättern,
Knospen u. s. w. versehen zu werden. Der Schaft (scapus) der ionischen
Säule ist ebenfalls durch Cannelirungen belebt, aber mit dem Unterschiede, dass die Rinnen oder Cannelüren tiefer und runder gezogen
sind, wodurch bewirkt wird, dass sie nicht in scharfen Kanten an einander stossen, sondern zwischen sie sich glatte Stege (striges) legen.
Da die Cannelüren weit weniger flach gehalten sind, so lässt sich auch
eine grössere Zahl derselben anbringen: gewöhnlich findet man vier-
undzwanzig. Eine Verjüngung erleidet die ionische Säule gleichfalls
durchschnittlich um ein Sechstel des untern Durchmessers, doch ist
dieselbe wegen der grösseren Höhe der ganzen Säule weniger in's
Auge springend. Am meisten verschiedenartig ist endlich die Bildung
des Kapitäls, obwohl hier die analogen Theile unverkennbar vorhanden
sind. An Stelle des Halses tritt zunächst eine einfache Perlenschnur
(astragalus), dann folgt ein minder stark hervortretender Echinus,
welcher wegen der ihm eigenthümlichen skulpirten Verzierung auch
als Eierstab bezeichnet wird. Ueber diesen lagert sich nun statt des
dorischen Abakus der Hauptschmuck des ionischen Kapitäls, ein nach
beiden Seiten gleichsam unter dem Drucke des aufliegenden Gebälks
weit vorquillendes Polster, welches von zwei starken Säumen ein-
gefasst, sich in schneckenförmigen Windungen (Voluten) in sich selbst
zusammenzieht und zuletzt in dem sogenannten Auge, an dessen Stelle
auch wohl eine Rosette gesetzt wird, endigt. Eine kleine, zierlich
ornamentirte Deckplatte, welche zur unmittelbaren Aufnahme des
Architravs bestimmt ist, bildet den obern Abschluss des ganzen Ka-

pitäls. Es versteht sich nach dem Gesagten von selbst, dass das ionische Kapitäl nicht wie das dorische nach allen Seiten hin einen gleich-

mässigen Anblick ge-währen kann, sondern die Seitenansicht von der vordern und hin-teren wesentlich ab-weicht. Von der Seite her sieht man nur die beiden sich herunter-biegenden Enden des Polsters, welche in der Mitte durch ein sehr mannigfaltig ge-

Fig. 140. Ionisches Kapitäl. Athenatempel zu Priene.

staltetes Band zusammengehalten werden. Wir geben in Fig. 140 die Vorderansicht eines ionischen Kapitäls vom Athenatempel zu Priene, in Fig. 141 die Seitenansicht desselben.

Es ist klar, dass die besprochene Eigenthümlichkeit des ionischen Kapitäls ursprünglich nicht berechnet war auf freistehende Eckpfeiler,

wie sie durch die spätere peripte-rale Tempelanlage bedingt wurden. Hier musste man sich zu helfen suchen, so gut es eben gehen wollte, indem man an den beiden Aussenseiten zwei Vorderansichten zusammenlegte, was natürlich eine vollständige Entfaltung der zusam-menstossenden Voluten ausschloss, andererseits aber zu der höchst geistvollen und eigenthümlich wirk-

Fig. 141. Seitenansicht des ionischen Kapitäls. Vom Athenatempel zu Priene.

samen Erfindung des Eckkapitäls den Anstoss gab.

Die korinthische Säule endlich hat Basis und Schaft der Haupt-sache nach dem ionischen Style entlehnt, nur sind die Wülste der Basis regelmässig mit reichen Ornamenten versehen, der Schaft aber ist wo möglich noch höher und schlanker. Der Hauptunterschied beruht also in dem wesentlich veränderten Kapitäl. Dieses steigt nämlich über dem Astragalus in der Form eines geöffneten Blüthenkelches empor, auf dessen unter der Last sich beugenden Blattspitzen der Abakus zu ruhen scheint. Die Ausführung dieser höchst sinnreichen Idee lässt in ihren Details natürlich für die Phantasie des Architekten einen sehr weiten Spielraum, in der einfachsten Form besteht der Kelch aus zwei Blattreihen von je acht Blättern, deren untere, von Akanthusblättern

Fig. 142. Kapitäl vom Thurm der Winde.

gebildet, durch die zweite aus schilfartigen, auf derselben Basis entspringenden Blättern bestehend, überragt wird (Fig. 142). Eine reichere und complicirtere Kapitälbildung zeigt dagegen Fig. 143, welche dem choragischen Monument des Lysikrates in Athen*) entnommen ist. Hier ist eine dichte Reihe von Akanthusblättern von einer zweiten schwergeformter Schilfblättter umgeben. Aus den Zwischenräumen dieser Blättermasse erheben sich Blumenkelche, aus deren Oeffnung wiederum Blüthenstengel emporsteigen; diese theilen sich nach zwei Seiten, so dass der stärkere von ihnen mit einer kräftigen Volute die Ecken des Abakus stützt, der schwächere mit dem entsprechenden des folgenden Blumenkelches zusammen eine fächerförmige Blume hervortreibt, welche sich an die Mitte der etwas ausgeschweiften Seiten

*) Nach der mustergiltigen Restauration von Theophil Hansen. Vergl. C. v. Lützow, Das Choragische Denkmal des Lysikrates in der Zeitschrift für bildende Kunst, Jahrg. 1868.

des Abakus anlegt. Es ist dieses nur eine der vielen möglichen Variationen der nämlichen Grundform, welche den Vortheil einer nach allen Seiten hin gleichmässigen Ansicht vor der ionischen voraus hat.

Fig. 145. Vom Choragischen Monument des Lysikrates in Athen.

In der Säulenbildung macht sich der wesentlichste und durchgreifendste Unterschied der verschiedenen Stylarten geltend, einer andern wesentlichen Abweichung des ionischen Styles von dem dorischen, welche die Behandlung des Frieses betrifft, wurde schon oben gedacht. Die korinthische Bauart hat sich hier, wie fast überall, der ionischen völlig angeschlossen. Die übrigen Verschiedenheiten der Bauart können als unwesentlich und ein specielleres Interesse in Anspruch nehmend hier übergangen werden.

Als Material zu den Tempelbauten bediente man sich am liebsten des weissen Marmors. War derselbe nicht zu beschaffen und mussten daher geringere Steinarten angewendet werden, so überzog man die Mauern mit einem Ueberzuge von feinem weissen Stuck. Dass in beiden Fällen einzelne Theile bemalt wurden, steht wohl unzweifelhaft fest, so sehr auch über die Ausdehnung dieser Malerei die Ansichten getheilt sind. Von der Grundfläche des Giebel-

25*

feldes und des Frieses muss man dies schon deshalb annehmen, weil
die Skulpturen derselben sich sonst schlecht abgehoben hätten. Es
scheint, dass man kräftige Farbentöne, ein entschiedenes Roth oder ein
tiefes Blau zu diesem Zwecke besonders gern gewählt hat. Auch die
Triglyphen des dorischen Tempels sind wohl meistens blau gewesen.
Das Balkenwerk der Halle hatte rothe Bemalung, die zwischen den
Deckbalken liegenden Vertiefungen (Lakunarien) zeigten goldene Sterne
auf blauem Grunde.

Der ganze Tempelbezirk wurde stets durch eine denselben umge-
bende hohe Mauer (Peribolos) gegen die profane Aussenwelt abgeschlossen. Sie war mit einem Eingangsthore versehen, welches wohl
in der Regel der Vorderfront des Tempels gegenüber lag. Je höher
die Pracht und der Luxus in der Ausstattung der Tempel selbst stieg,
je weniger konnte man sich auch für die Pforte der Umfassungsmauer
mit einer schlichten Thür begnügen. Breit und prächtig angelegte
Thorhallen (Propyläen) traten an ihre Stelle, wenn auch nicht überall
ein so grosser Luxus dabei entfaltet wurde, wie bei dem berühmtesten
Hallenthore des Alterthums, den Propyläen der Akropolis von Athen.
Diese waren nämlich fast ein ebenso grosser Prachtbau als der Par-

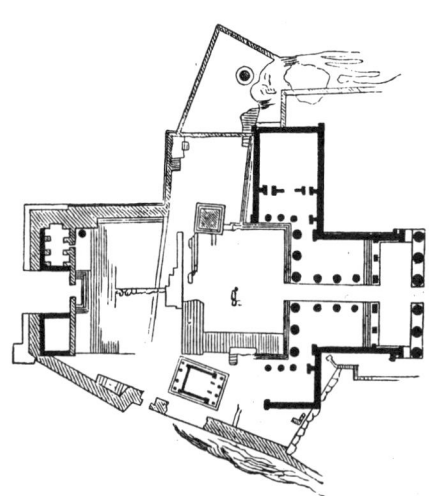

Fig. 144. Grundriss der Propyläen.

thenon selbst und wurden unmittelbar nach Fertigstellung
des letzteren (337 v. Chr.)
auf Veranlsasung des Perikles
unter der Leitung des Bau-
meisters Mnesikles mit
einem Aufwande von 2012
Talenten (2,766,500 Thlr.)
erbaut. Leider befinden sich
auch die Propyläen gegen-
wärtig in einer so trümmerhaften Gestalt, dass sie von
ihrer früheren Pracht und
Herrlichkeit nur eine schwache
Ahnung gewähren können, so
viel auch in neuerer Zeit geschehen ist, um sie von stören-
den Festungsmauern des Mittelalters zu säubern und wiederherzustellen.
Sie bestanden aus einer grossen Haupthalle von 58 Fuss Breite und 40

bis 50 Fuss Tiefe, die Front derselben schmückten sechs dorische, zu einer Höhe von 29 Fuss aufsteigende Säulen, von welchen die beiden mittelsten dreizehn Fuss von einander abstehend den Haupteingang bildeten, durch welchen an dem grossen Feste der Panathenäen sich Wagen und Reiter zur Akropolis hinaufbewegten. Der Abstand der übrigen Säulen betrug nur sieben Fuss. Sie bildeten vier neue Zugänge, durch welche die Fussgänger in die beiden rechts und links von dem Hauptthorweg liegenden, prächtig geschmückten Hallen gelangten. Je

Fig. 115. Vorderansicht der Akropolis.

drei ionische Säulen auf der rechten und linken Seite des Hauptthorweges stützten die Decke dieser Halle, die nach hinten durch eine mit fünf den Intercolumnien der Vorderseite entsprechenden Ausgangsthoren versehene Mauer aus pentelischem Marmor abgeschlossen war. An diese Haupthalle schlossen sich rechts und links um 26 Fuss vorspringend zwei Seitenflügel an, von denen der linke oder nördliche als Gemäldegallerie diente. Dieser ist der jetzt noch am besten erhaltene Theil der Propyläen, während der rechte oder südliche Seitenflügel, welcher

wahrscheinlich als Aufenthaltsort für die Burgwache diente, fast ganz
verschwunden ist, da man ihn im Mittelalter durch einen hässlichen
Festungsthurm überbaut hat. Eine kleinere, durch sechs den Säulen
der Façade entsprechende Säulen gebildete Hinterhalle gab dem Ganzen
einen harmonischen Abschluss. Zur besseren Veranschaulichung des
Gesagten fügen wir in Fig. 144 den Grundriss der Propyläen und in
Fig. 145 die Vorderansicht, wie sie sich muthmasslich dem Auge prä-
sentirt hat, bei.

Dass innerhalb des Tempelhofes ausser dem Hauptgebäude und
dem schon erwähnten Brandopferaltar auch noch andere Heiligthümer,
als Bildsäulen, Altäre, kleine Kapellen vereinigt waren, bedarf wohl
kaum der Erwähnung. Die ersteren pflegten zum Schutze gegen die
Witterung mit zierlichen Ueberdachungen versehen zu werden, waren
aber nicht wie das heilige Cultusbild in der Cella des Tempels Gegenstände der öffentlichen Verehrung, sondern dienten nur zur Ausschmückung des Ganzen.

Das Vorhandensein von dergleichen nur dem äusserlichen Zwecke
der Ausschmückung dienenden oder als Weihgeschenke aufgestellten
Götterbildern darf man nur nicht in eine zu frühe Zeit setzen. Denn
die Griechen haben nachweislich die Bearbeitung des Marmors zu
Statuen vor der 30. Olympiade noch nicht gekannt. Die ältesten Cultusbilder waren bekanntlich von Holz (ξόανα) und puppenhaft klein. Man
bildete sie aufrecht stehend, mit ungetrennten Beinen und geschlossenen
Augen, auch die Arme lagen fest geschlossen am Leibe oder sie waren
steif vorgestreckt. Diese ältesten Holzbilder wurden angestrichen und
völlig bekleidet, auch fehlte es nicht an reichem Schmuck von Kränzen,
Diademen, goldenen Spangen, Ketten und Ohrgehängen. Sie zu
waschen, anzukleiden und zu frisiren war Sache der Priester und Priesterinnen. Eine Vorstellung von ihnen geben, da nichts aus dieser
ältesten Periode erhalten ist, die Vasenbilder und die in griechischen
Gräbern sich häufig findenden Thonfiguren. (Vgl. die Abbildung einer
solchen Thonfigur Seite 157, Gäa Olympia). Ein weiterer Fortschritt in
der Darstellung dieser ältesten Cultusbilder knüpft sich an den mythischen Namen Dädalos. Man hat sich längst dahin geeinigt, in demselben keinen Eigennamen zu sehen, sondern den Repräsentanten einer
durch gemeinsame Abstammung und künstlerische Thätigkeit innig
verbundenen Zunft (Dädaliden), welche hauptsächlich in Attika und
auf Kreta verbreitet gewesen zu sein scheint. Dädalos soll zuerst den

Götterbildern die Augen geöffnet, die Beine von einander getrennt und den Armen eine freiere Bewegung eingeräumt haben. Es leuchtet ein, dass dadurch erst die Entfaltung individuellen Lebens ermöglicht wird, oder mit andern Worten, dass nun das rohe Handwerk aufhört und die Kunst beginnt. Unter den Dädaliden zeichnet sich der unzweifelhaft historische *Endöos* von Athen aus, welcher zur Zeit des Pisistratos gelebt haben soll. Von ihm werden bedeutende Holzbilder erwähnt, das der Athena Polias aus Oelbaumholz auf der athenischen Akropolis, der Athena Polias zu Erythrae, der Artemis in Ephesos u. a. Doch arbeitete dieser Künstler auch schon in Elfenbein und Marmor. Einen höheren Aufschwung nahm die Kunst erst dann, als man diese und andere geeignetere Stoffe an die Stelle des Holzes treten liess. Zwar in Anschung der Cultusbilder trat diese Umwandlung erst allmählich ein, dagegen sehen wir für profane Statuen aller Art seit der Zeit des Pisistratos die Marmorskulptur und den Erzguss immer mehr in Anwendung kommen. Die ersten Marmorstatuen sollen zuerst um Ol. 30 in Chios gemacht worden sein, wo *Melas* als der Erfinder dieser Kunst genannt wird, in welcher sich seine Nachkommen durch vier Generationen hindurch mit steigendem Ruhme auszeichneten. Den Erzguss dagegen sollen *Rhökos* und *Theodoros* von Samos zuerst erfunden haben um Ol. 35. Die Goldelfenbeinplastik endlich, deren man sich vorzugsweise gern für Cultusbilder bediente, fand ihre erste Anwendung durch *Dipönos* und *Skyllis* aus Kreta, welche um Ol. 50 lebten und gleichzeitig berühmte Marmorbildhauer waren. Doch sind die aus der Zeit vor den Perserkriegen stammenden Werke der griechischen Plastik ohne Unterschied des gewählten Stoffes nicht frei von einer gewissen Steifheit und Befangenheit (vgl. oben S. 53 die Abbildung des Apollon von Tenea). Zu einer wirklich künstlerischen Durchbildung gelangte die Plastik erst in der glänzenden Periode, welche bald nach den Perserkriegen beginnt und mit Alexander d. Gr. schliesst (460—336 v. Chr.). Vorbereitet wird diese höchste Blüthe der Kunst durch *Kalamis* aus Athen und *Pythagoras* aus Rhegion, welche zuerst die Götter in freihandelnder Thätigkeit auftreten liessen und zugleich durch genauere Beobachtung der Proportionen und lebensvollere Darstellung der Muskeln und Adern die Technik weiterförderten. Rasch erstieg dann die Kunst ihre höchste Höhe in den erhabenen Idealgestalten des *Phidias*, von dessen bedeutendsten Kunstwerken, der Athena Parthenos im Parthenon, der Athena Promachos auf der Akropolis von Athen, dem

Zeus zu Olympia schon oben ausführlich die Rede war. Mit ihm wett-
eiferte *Polyklet* in seiner argivischen Hera; an ihn schlossen sich eine
Menge von Schülern und Nachahmern an, um vorzugsweise die hohen
Ideale derjenigen Gottheiten zu schaffen, in deren Wesen Erhabenheit
und Würde sich ausprägt. Leider ist von der grossen Anzahl der
herrlichsten Bildwerke, welche diese ältere attische und peloponnesische
Schule hervorgebracht hat, nur wenig auf unsere Zeit gekommen.
Eigentlich statuarische Werke sind gar nicht oder nur in mangelhaften
Nachbildungen vorhanden, nur einige architektonische Skulpturen vom
Parthenon, Theseion, Erechtheion und vom Niketempel legen ein lautredendes Zeugniss ab von der nie wieder erreichten Grossartigkeit ihres
Styles und der staunenswerthen Vollendung ihrer Technik. Auf die
ältere attische Schule folgt nach dem peloponnesischen Kriege ohne
nachweisbaren Zusammenhang mit jener die jüngere attische Kunstschule, als deren Hauptrepräsentanten *Skopas* (aus Paros) und *Praxiteles* bekannt sind. Mit ihnen hebt die Herrschaft der Grazie in
der Kunst an. Man wendet sich nun mit Vorliebe der Darstellung derjenigen Gottheiten zu, in deren Wesen Anmuth und Liebreiz liegen.
Praxiteles schuf die liebliche Gestalt des eidechsentödtenden Apollon,
den thespischen und parischen Eros, die bei allem sinnlichen Reiz der
unverhüllten weiblichen Schönheit doch noch Adel und Würde bewah-
rende knidische Aphrodite. Mit ihm wetteiferte Skopas in ebenso
seelenvollen und ergreifenden Darstellungen, welche er vorzugsweise
dem Kreise des Apollon, des Dionysos und der Aphrodite entnahm.
Beide Künstler wandten fast ausschliesslich den Marmor an, weil sich
dieser Stoff noch am fügsamsten erwies für den von ihnen erstrebten
Ausdruck des wärmsten und innigsten seelischen Lebens. Leider sind
auch aus dieser Periode der anmuthigen Kunst die Hauptwerke ebenfalls verloren gegangen, doch ist uns von der hochberühmten Niobe-
gruppe, bei welcher schon die Alten zweifelhaft waren, ob sie dem Skopas
oder dem Praxiteles zugeschrieben werden müsse, eine Reihe trefflicher
Nachbildungen erhalten. Sehr gering ist die Zahl der aus dieser Zeit
stammenden architektonischen Skulpturen.

Mit der Zeit Alexanders d. Gr. beginnt bereits der Verfall der religiösen Kunst. Mit dem immer mehr schwindenden Glauben an die
Realität der Götter tritt auch das Bestreben zurück, den Bildern derselben einen religiösen Gehalt unterzulegen. Hatte schon die jüngere
attische Schule die Götter den Menschen näher gebracht, indem sie die-

selben, wie den eidechsentödtenden Apollor oder die zum Bade sich
rüstende Aphrodite, in natürlich menschliche Situationen versetzte, so
hört nun vollends jeglicher Unterschied auf und man scheute sich nicht,
selbst in sittlich anstössigen Situationen die Götter darzustellen. Die
Sucht, durch neue und überraschende Situationen zu imponiren und zu
gefallen, tritt immer deutlicher hervor, das Virtuosenthum setzt sich an
die Stelle ächter künstlerischer Begeisterung. Man braucht nur einen
Blick auf die sogenannte Mediceische Venus zu werfen, um diese Bemerkung zu verstehen und zu würdigen.

Es erübrigt nun noch, nachdem wir uns über die Anlage und Einrichtung der griechischen Tempel unterrichtet haben, eine Uebersicht
über die wichtigsten noch vorhandenen Tempelreste zu geben, wobei
wir am zweckmässigsten die chronologische Folge zu Grunde legen.

Von der einfachsten Form des griechischen Tempels, dem von vier
glatten Wänden umschlossenen Hause, welches des Säulenschmuckes
noch vollständig entbehrt, ist uns ein merkwürdiges Beispiel erhalten
in dem kleinen Heratempel auf dem Berge Ocha im Süden der Insel
Euböa.*) Mit ihm verwandt sind drei ebenfalls für Tempel erklärte Reste
auf dem Berge Kliosi bei Styra, ebenfalls auf Euböa. Man schreibt dieselben dem Stamme der Dryoper zu, der diesen Theil der Insel bewohnte.

Aus der ersten Periode der griechischen Tempelbaukunst, welche
man vom Anfange des sechsten Jahrhunderts bis auf die Zeit Kimons
rechnet, stammen die Ueberreste eines Pallastempels zu Korinth, sieben
dorische Säulen sammt Theilen des Gebälks. Der Schaft der Säule ist
nicht höher als vier untere Durchmesser, der Echinus hat eine sehr
starke Ausladung, das Material ist Kalkstein, über welchen eine Decke
von feinem Stuck gezogen ist. Als an der Grenze dieser Periode stehend
und wahrscheinlich erst nach den Perserkriegen erbaut bemerken wir
den Pallastempel zu Aegina, von dessen durch Thorwaldsen restaurirten
und in München aufbewahrten Giebelgruppen schon oben (S. 356) die
Rede war. Die vorhandenen Mauerreste sind von solchem Umfange,
dass die Verhältnisse des Tempels sich genau daraus erkennen lassen.
Er war ein sechssäuliger hypäthraler Peripteros von 94 Fuss Länge und
45 Fuss Breite, Dach und Gesims von Marmor, die übrigen Theile von
gelblichem Sandstein nnd gleichfalls mit Stuck überzogen, in dorischem
Style erbaut.

---

*) Eine ausführliche Beschreibung desselben findet sich bei Guhl und Koner,
Leben der Griechen und Römer S. 7—9.

Sehr wichtige Tempelreste aus dieser Periode finden sich in Unteritalien und Sicilien. Vor allen ist hier zu erwähnen der Poseidontempel zu Paestum (Poseidonia) an der Westküste von Lukanien, ein sechssäuliger hypäthraler Peripteros von 81 Fuss Breite und 193 Fuss Länge, als einer der schönsten Ueberreste altdorischer Bauart (Fig. 146).

Fig. 146. Innere Ansicht des grossen Tempels zu Paestum.

Er ist der einzige unter den Denkmälern des Alterthums, bei welchem die doppelte Säulenstellung der innern Cella, welche für die hypäthrale Anlage nothwendig war, noch erhalten ist. Die Säulen sind nicht höher als vier untere Durchmesser. Zahlreiche Tempelreste finden sich noch in Sicilien. Zu Selinunt allein sind noch die Trümmer von sechs Peripteraltempeln vorhanden, die ebenfalls dazu dienen, von den ein-

fachen und schwerfälligen Formen des frühzeitigen dorischen Styls eine
Anschauung zu geben. Unter ihnen ist der mittlere Burgtempel besonders merkwürdig wegen seiner auffallend schmalen Cella, deren lichte
Weite bei 75 Fuss Breite und 205 Fuss Länge der Platform nicht mehr
als 26 Fuss beträgt. Von den alterthümlichen Metopen-Reliefs dieses
Tempel war schon oben die Rede. Andere bemerkenswerthe Ueberreste
bedeutender Tempel sind von Agrigent und Segesta erhalten.

In der zweiten Periode, während welcher auch die griechische
Plastik sich zu ihrer höchsten Blüthe entfaltete, von Kimon bis auf die
Zeiten der makedonischen Herrschaft, wurden auf dem Gebiete der
Baukunst die edelsten und vollkommensten Werke geschaffen. Seinen
höchsten Ausdruck aber fand der durch die glücklich und ruhmvoll
beendigten Perserkriege entfesselte und mächtig gehobene griechische
Geist in den herrlichen Kunstwerken, welche unter Perikles weiser
Staatsleitung zu Athen entstanden. Der dorische Styl blieb in dieser
Zeit noch vorherrschend, aber sein strenger Ernst wurde durch eine
glückliche Verschmelzung mit den weicheren und zierlicheren Formen
des ionischen Styles bedeutend gemildert. In gleicher Weise gelangt
aber auch der letztere erst auf attischem Boden durch die Einwirkung
dorischer Formen zu einer vollkommenen und harmonischen Durchbildung. Neben beiden Stylarten taucht hie und da ein korinthisches
Motiv auf, der korintische Styl erlangt aber erst allmählich seine kano-
nische Form. Das älteste Denkmal desselben ist das schon mehrfach
erwähnte choragische Monument des Lysikrates in Athen aus der
zweiten Hälfte des 4. Jahrhunderts v. Chr. Doch wir kehren zur Zeit
des Perikles zurück. Aus dieser glänzendsten Periode der Architektur
der Hellenen sind uns glücklicher Weise höchst bedeutende Ueberreste erhalten.

An der Spitze steht hier der schon wiederholt besprochene Parthenon auf der Akropolis von Athen. Da bei der Belagerung des
J. 1687 eine Bombe die im Innern aufgehäuften Pulvervorräthe entzündete, so wurde durch die entstandene Explosion der mittlere Theil
des Tempels ganz hinweggerissen. Die beiden noch stehen gebliebenen
Theile desselben erfuhren eine weitere beklagenswerthe Demolirung
durch die Rohheit der Werkleute Lord Elgin's, als derselbe im J. 1801
mit Erlaubnis der türkischen Regierung die noch einigermassen erhaltenen Skulpturen ausbrechen und nach England transportiren liess.
Ueber die architektonischen Verhältnisse dieses Tempels s. S. 378.

Hieran reiht sich das der Zeit nach etwas frühere Theseion, eines
der wohlerhaltensten baulichen Monumente des Alterthums. Gegenwärtig, wie schon erwähnt wurde, dient dieser wahrscheinlich um 465
v. Chr. erbaute Tempel, welcher sich auf einem kleinen Hügel nord-
westlich von der Akropolis erhebt, als Museum für Kunstalterthümer.
Das Nähere über die Verhältnisse desselben S. 377.

Ebenfalls wie die beiden erwähnten Monumente dem dorischen
Style angehörig ist der zierliche sogenannte Nemesistempel zu
Rhamnus in Attika, ein sechssäuliger Peripteros von 33 Fuss Breite und
70 Fuss Länge, wahrscheinlich zur Zeit des Perikles begonnen, aber
vielleicht niemals ganz vollendet, wenigstens sind die Cannelüren der
Säulen nicht ausgeführt.

Zwar der dorischen Ordnung angehörig, aber doch in mancher
Beziehung von abweichender Anlage, als die bisher berührten Tempel,
war der grosse Weihetempel der Demeter zu Eleusis, von welchem
nur noch einige unbedeutende Mauerreste übrig geblieben sind. Auch
dieser Tempel wurde auf Veranlassung des Perikles erbaut und zwar
unter der Oberleitung des *Iktinos*, des Erbauers des Parthenon; der
von zwölf Säulen gebildete Prostylos wurde indessen erst um das Jahr
318 v. Chr. auf Veranlassung des Demetrius Phalereus hinzugefügt.
Seine ganze Länge einschliesslich dieses Prostylos betrug 212 bis 216
Fuss, die Breite 178 Fuss. Der innere Tempelraum bildete somit fast
ein Viereck und war durch vier querlaufende Reihen von je sieben
dorischen Säulen in fünf Schiffe abgetheilt. Die vier Seitenschiffe waren
durch Gallerien gleichsam in zwei Stockwerke abgetheilt, das bedeutend
breitere Mittelschiff von 60 Fuss lichter Weite dagegen ging ganz
durch und hatte zur Erhellung des innern Raums eine Oeffnung, die
wahrscheinlich durch eine künstliche Vorrichtung geschlossen werden
konnte. Diese auf den ersten Blick etwas befremdliche Anlage erklärt
sich aus der Bestimmung des Tempels. Er war nämlich ein sogenannter
Weihetempel (τελεστήριον), in welchem ein wichtiger Theil des grossen
Festes der Eleusinien gefeiert wurde. Wiewohl nur den Epopten
(Schauenden, d. h. denjenigen Theilhabern der Mysterien, welche den
letzten Grad der Weihe empfangen hatten) das Telesterion zugänglich
war, so bedurfte man doch bei der grossen Zahl der Eingeweihten um-
fassender Räume für diese Festfeier.

Die bisher genannten Tempel begreifen die wichtigsten attischen
Monumente dorischen Styles. Es sind aber auch nicht minder schöne

Beispiele der ionischen Architektur daselbst erhalten. Das Beste in dieser Art enthält wiederum die Akropolis. Gleich beim Aufgange zu derselben bietet sich das im J. 1835 unter Leitung des Prof. Ross aus seinen Trümmern aufgerichtete und bis auf das Dach und die Giebelfelder wieder fertig dastehende zierliche Tempelchen der Nike Apteros auf einem Mauervorsprunge vor dem südlichen Seitenflügel der Propyläen dar. Es ist ein viersäuliger Amphiprostylos von $18^1/_4$ Fuss Breite und 27 Fuss Länge, dessen Cella mithin nur die Dimensionen eines mässig grossen Saales hat. Die Säulen haben eine Höhe von $7^2/_3$ Durchmesser, erheben sich also noch nicht zu der Schlankheit der vollkommen ausgebildeten ionischen Säule. Das Gebälk ist ganz dem ionischen Style gemäss ausgeführt, der Architrav durch drei horizontale Streifen getheilt, der Fries aus einer ununterbrochenen Fläche bestehend. Die Skulpturen des alten Tempels sind theilweise, nämlich fast die ganze Nord- und Westseite, durch Lord Elgin nach London gebracht worden und mussten daher an dem restaurirten Tempel durch Abdrücke in Terrakotta ersetzt werden, dagegen sind auf der Süd- und Ostseite die ursprünglichen Skulpturen, wenn auch theilweise sehr beschädigt, wieder eingesetzt worden. Sie beziehen sich grösstentheils auf Kämpfe zwischen den Griechen und Persern, was sehr gut zu der Annahme stimmt, dass dieser Tempel im J. 469 v. Chr. zur Feier von Kimons Sieg über die Perser am Eurymedon errichtet worden sei, wenngleich andere, hier nicht näher zu erörternde Gründe für einen späteren Ursprung spreehen. Die gegen die Vorhalle nur durch ein Gitter abgegrenzte Cella enthielt das Bild der Siegesgöttin, die zum Zeichen, dass sie für immer ihren Sitz in Athen aufgeschlagen habe, der Flügel entkleidet (Apteros) war.

Zur höchsten Blüthe scheint sich der attisch-ionische Styl entfaltet zu haben in dem sogenannten Erechtheion auf der Burg von Athen, von welchem noch ansehnliche Reste vorhanden sind. Es war dieser Tempel nicht bloss seiner Bestimmung wegen eine grosse Merkwürdigkeit, da er die ältesten und wichtigsten Heiligthümer des athenischen Staates umschloss, nämlich das heilige, der Sage nach vom Himmel gefallene Holzbild der Athena Polias, den unvergänglichen Oelbaum nebst dem heiligen Salzquell, welche dem Streite Athena's und Poseidons um den Besitz des attischen Landes ihren Ursprung verdankten, endlich die Heiligthümer des Landesheros Erechtheus und der Nymphe Pandrosos; sondern er war noch mehr ein architektonisches Meister-

werk, da es sehr schwierig war, auf einem noch dazu völlig unebenen
Terrain ein Gebäude zu errichten, welches so verschiedenen Cultus-
zwecken diente. Wann der Neubau dieses Tempels, nachdem der ältere
von den Persern zerstört worden war, in Angriff genommen worden ist,
lässt sich nicht mit Bestimmtheit angeben, vielleicht schon unter
Perikles. Der peloponnesische Krieg, so empfindliche Verluste er für
die Athener in seinem Gefolge hatte, sah aber doch noch die Vollendung
desselben. Denn wir haben sichere Nachricht, dass im J. 408 v. Chr.
der Rohbau fertig war. In der byzantinischen Zeit wurde dieser schon
von den Alten wegen seiner Schönheit gepriesene Tempel in eine
christliche Kirche umgewandelt. Zur Zeit der Türkenherrschaft zu
allerlei profanen Zwecken benützt, scheint er wie der Parthenon erst
dem Bombardement der Venetianer im J. 1687 seine Zerstörung zu verdanken. Nach den in neuerer Zeit vorgenommenen sorgfältigen Untersuchungen der Tempelreste war der Hauptkörper des Gebäudes das
Heiligthum der Athena Polias, ein sechssäuliger ionischer Prostylos von
37 Fuss Breite und 65 Fuss Länge, welcher in Pronaos, Cella und ein
wohl acht Fuss tiefer liegendes Adyton zerfiel. Letzteres verband ihn
mit dem Heiligthum des Erechtheus, einer quer davor liegenden, also
von Norden nach Süden streichenden Cella von geringen Dimensionen,
deren westliche Wand zwischen den das Gebälk stützenden ionischen
Halbsäulen von Fenstern durchbrochen war. Den Hauptzugang zu
derselben bildete eine um mehrere Fuss tiefer liegende und nach Westen
über sie hinausragende nördliche Vorhalle mit vier äusserst schlanken
und zierlichen ionischen Säulen in der Front und je einer auf den beiden
Seiten zwischen den Ecksäulen und den Antenpfeilern. Eine prachtvoll
geschmückte Thür bildet den Zugang in diese nördliche Halle. Ihr
entspricht auf der entgegengesetzten, also südlichen Seite eine zweite
Vorhalle, deren durch das gänzliche Fehlen des Frieses bedeutend
erleichtertes Gebälk statt der Säulen von sechs Statuen athenischer
Jungfrauen, sogenannten Karyatiden, getragen wird. Diese Vorhalle
hat noch am meisten die Stürme der Zeit überdauert. Vier dieser
Karyatiden haben nämlich ihren Platz behauptet, freilich nicht ohne
Verlust ihrer Arme, eine fünfte war wahrscheinlich in Folge des Bom-
bardements zertrümmert worden, und die sechste endlich entführte Lord
Elgin mit den übrigen in Athen zusammengerafften Kunstschätzen nach
London. Nachdem man nun an Stelle der letzteren einen Abguss mit
eiserner Axe gesetzt, die andere aber aus den wieder aufgefundenen

Bruchstücken zusammengesetzt und an den alten Platz gebracht hat, steht die ganze südliche Vorhalle jetzt wieder, so weit es möglich war, in ihrem ursprünglichen Zustande da. Der Gedanke, an Stelle der Säulen den lebendigen Menschenkörper zum Ge-

bälkträger zu machen, taucht beim Erechtheion nicht zum ersten Male auf, ein älteres Beispiel dieser den Orientalen entlehnten Mischung von Skulptur und Architektur bietet schon der grosse Zeustempel zu Akragas. Die Karyatiden des Erechtheions (Fig. 147) kennzeichnen sich durch den auf ihrem Kopfe befindlichen Korb als soge- nannte Kanephoren, welche bei festlichen Auf- zügen die hohe Ehre genossen, die heiligen Opfer- geräthe in einem Korbe auf dem Kopfe zu tragen. Auf dem Kopfe liegt zunächst als nothwendige Unterlage für das zu tragende Geräth ein rundes Polster, dann folgt eine Perlenschnur und über dieser erhebt ein korbartig gebildetes Glied, welches zur grösseren Aehnlichkeit mit dem ionischen Kapitäl mit einem skulpirten Eierstabe versehen ist und unmittelbar den Abakus auf- nimmt. Die Figuren selbst zeichnen sich gleich sehr durch eine imponirende Würde wie durch

Fig. 147. Karyatide vom Erechtheion.

höchste Anmuth der Formen aus. Die ganze Anlage des Erechtheions möge Fig. 148 deutlich machen.

Als ein merkwürdiges Beispiel der Mischung des dorischen und ionischen Styls erwähnen wir noch den Tempel des Apollon Epi- kurios zu Bassae in Arkadien, um das J. 430 von *Iktinos* erbaut, von welchem noch ansehnliche Ruinen vorhanden sind. Er war ein hypäthraler Peripteros von 125 Fuss Länge und 47 Fuss Breite, das Pteroma wurde von je sechs dorischen Säulen auf den Schmalseiten und je fünfzehn auf den Langseiten gebildet. Eigenthümlich ist die Einrichtung des inneren Tempelraumes. Hier bilden fünf Paar stark vorspringende Wandpfeiler, welche nach vorn zu ionischen Halb- säulen abgerundet sind, ebenso viele Nischen, die wahrscheinlich zur Aufbewahrung von Weihgeschenken dienten. Das Kapitäl dieser Säulen zeigt ungemein kräftige und schöne Formen. Zu diesen ionischen Säulen, welche das Hypäthron der Cella umgaben, kommt nun noch der

Rest einer Säule mit korinthischem Kapitäl, welche das Hypäthron an der hinteren Schmalseite abgeschlossen haben könnte, wenn die Restau-

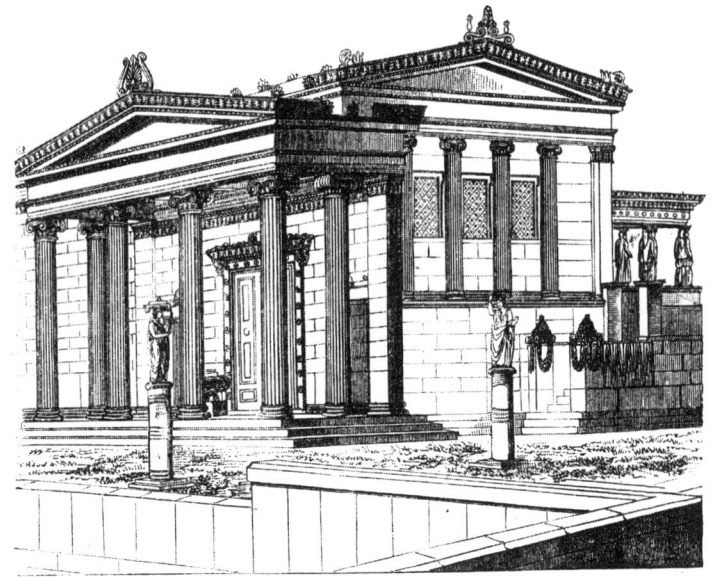

Fig. 148. Nordwestliche Ansicht des Erechtheions.

ration als Säule richtig ist. Man vermuthet, dass vor dieser Säule das Bild des Gottes stand.

Von andern berühmten peloponnesischen Tempeln aus dieser Epoche, wie dem Heratempel zu Argos, dem Zeustempel zu Olympia, berühmt durch die von Phidias verfertigte Kolossalstatue des Gottes, dem Tempel der Athena Alea zu Tegea, welcher der schönste im ganzen Peloponnes gewesen sein soll, haben sich entweder gar keine oder doch nur sehr geringe Ueberreste erhalten.

In der dritten Epoche der griechischen Architektur, welche man von der makedonischen Oberherrschaft bis zur Unterjochung Griechenlands durch die Römer rechnet, tritt der dorische Styl fast ganz zurück. Zu den wenigen Tempeln, welche von seiner Anwendung Zeugnis geben, gehört der Zeustempel zu Nemea im Peloponnes, von welchem noch jetzt drei Säulen und die untern Steinlagen der Cellamauer aufrecht stehen. Er war ein Peripteros von 6 zu 13 Säulen, deren übergrosse Schlankheit (sie sind über $6\frac{1}{2}$ Durchmesser hoch) zu dem würdigen Ernste des dorischen Styles nicht mehr passt. Ebendahin gehören, der kleine Artemistempel zu Eleusis von nur 21 Fuss Breite und 40 Fuss Länge, sowie der kleinere sogenannte Cerestempel von Paestum. Glänzendere Blüthen trieb in dieser Epoche noch der ionische Styl, aber mehr in den kleinasiatischen Städten, als in den verarmten Städten des Mutterlandes. Hier begegnen uns am Anfange dieser Epoche der von Alexander dem Grossen geweihte Tempel der Athena Polias zu Priene, ein Peripteros mit 6 zu 11 sch¹anken, durch besonders elegante Kapitäle ausgezeichneten Säulen; aus etwas späterer Zeit, nämlich dem Anfange des vierten Jahrhunderts, stammt das Hauptwerk der ionischen Tempelbaukunst dieser Epoche, der kolossale Tempel des Apollon Didymaeos bei Milet, ein hypäthraler Dipteros von 10 zu 21 Säulen, von denen jetzt noch drei sammt einem Stück des Gebälkes aufrecht stehen. Sie haben die bedeutende Höhe von 63 Fuss bei 6¹/₄ Fuss Durchmesser, weshalb auch der Architrav zur grösseren Erleichterung des Gebälkes nur zweitheilig gebildet ist. Von andern kleinasiatischen Werken dieser Zeit verdienen noch Erwähnung der zu Aphrodisias in Karien aufgefundene Aphroditetempel, ein stattlicher ionischer Pseudodipteros von 8 zu 13 Säulen, von denen noch ein grosser Theil aufrecht steht, ferner der Zeustempel zu Aizani in Phrygien mit monolithen Säulen von beinahe 10 Durchmessern, welcher noch ziemlich gut erhalten ist.

Am meisten jedoch sagte den Griechen in dieser Epoche der korinthische Baustyl zu, weil er eine grössere Entfaltung dekorativer Pracht gestattet. Derselbe kommt zwar weniger an Tempelbauten vor, weil diese überhaupt seltener zu werden anfingen, als an Privatgebäuden und choragischen Monumenten; wir erwähnen jedoch von Tempeln korintl ischen Styls den Tempel der Hekate zu Lagina in Karien, einen achtsäuligen Peripteros, von welchem ausser architektonischen Resten auch noch ein ziemlich verwitterter Fries vorhanden ist; ferner den grossen Tempel des Asklepios auf der Akropolis zu Pergamon, von welchem nur noch der Unterbau und einige Säulentrümmer erhalten sind; endlich den schon erwähnten, von Pisistratos begonnenen, aber erst von Antiochos Epiphanes mit höchster Pracht ausgebauten grossen Tempel des olympischen Zeus in Athen, dessen ansehnliche Reste noch heute eine Zierde der Stadt sind. Er war ein Dipteros von 173 Fuss Breite und 359 Fuss Länge.

II. Die Gebräuche des Cultus.

1. Das Gebet.

Der Gottesdienst der Griechen bestand theils in Gebet und Opfern, theils in Festzügen und Spielen, welche zu Ehren der Götter angestellt wurden. Wir reden zuerst von dem Gebet, als der einfachsten und natürlichsten Art des Verkehrs mit der Gottheit. Welche hohe Bedeutung man demselben beilegte und wie sehr es durch die gute Sitte geboten war, zeigen uns nicht nur die Gedichte Homers, der

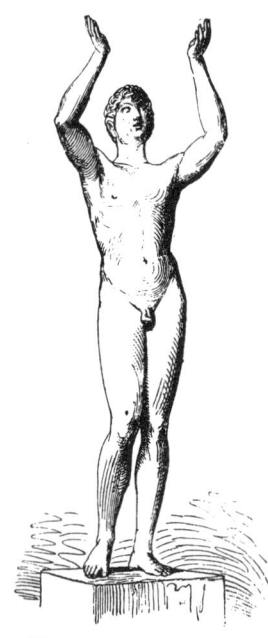

seine Helden nicht leicht irgend etwas Wichtiges ohne die Weihe des Gebets vornehmen lässt, sondern auch zahlreiche Aussprüche der übrigen griechischen Dichter und nicht minder der Philosophen. So sagt Platon im vierten Buche seiner Gesetze, „es sei für den guten Menschen das Schönste und Beste und ein glückliches Leben am meisten Fördernde, wenn er den Göttern opfere und durch Gebet, Weihgeschenke und jeglichen Gottesdienst Gemeinschaft mit ihnen habe." Wie aber das Alterthum überhaupt mehr Gewicht auf das Aeussere zu legen pflegte, so bewegten sich auch die Gebete einerseits mehr in bestimmten Formeln, andererseits waren sie mehr als bei uns durch Zeit und Ort bedingt, ja selbst die Stellung war dabei von der grössten Wichtigkeit. So erforderte es, um über die Stellung zuerst etwas zu sagen, die Sitte, dass man zu den olympischen Göttern aufrecht stehend und mit empor-

Fig. 149. Betender Knabe.
Berliner Museum.

gestreckten Armen betete. Die Hände wurden dabei rückwärts gebogen, so dass die innere Fläche derselben nach oben gekehrt war, wie es die Statue des betenden Knaben im Berliner Museum (Fig. 149) zeigt. Niemals aber durften dieselben gefaltet werden. Auch wurden nicht immer beide Hände, sondern bisweilen nur die rechte emporgehoben. Beim Gebete zu Fluss- und Meeresgottheiten ging man

selbst in's Wasser hinein und streckte die Hände gegen die Fläche desselben aus, wer aber die Götter der Unterwelt anrief, stampfte den
Boden mit den Füssen oder schlug ihn mit den Händen oder warf sich
ganz nieder. Sonst war eine niedergeworfene oder kniende Stellung im
Allgemeinen nicht üblich, ausser bei Schutzflehenden, welche ausserdem
das Standbild der Gottheit zu umschlingen und zu küssen pflegten.
Auch in Beziehung auf Zeit und Ort bewegte man sich im Ganzen
weniger frei, als wir dies zu thun gewohnt sind. Der Grieche betete
nicht im verborgenen Kämmerlein, sondern öffentlich, am häuslichen
Heerde, an den Altären der Götter und sonstigen geweihten Plätzen, er
betete aber auch nicht zu jeder Zeit und Stunde, sondern nur bei besonderen Anlässen, unter denen, als die täglich wiederkehrenden, Anfang
und Ende des Tages, sowie Schluss der Mahlzeit zu nennen sind. Die
Gebete waren in der Regel kurz und formelhaft, wie dieses die Homerischen Gebetsformeln zeigen. Denn dem Griechen war das Gebet nicht,
was es uns ist, die ungezwungene Sprache des Herzens, das Athmen
des inwendigen Menschen, sondern nur der schuldige Tribut, den er
der Gottheit darbrachte, womit er sie ehren wollte. Daher gibt es
auch durchaus kein leises oder gar stummes Gebet, worin die Sitte
vielmehr etwas Unanständiges erblickte. Zu welchen Gottheiten man
in besonderen Fällen betete, darin waltete natürlich die allergrösste
Verschiedenheit. Bald wurden alle Götter ohne Unterschied angerufen,
bald nur ein einziger, sehr beliebt war aber auch die Dreizahl. In den
täglichen Gebeten nimmt Zeus die erste Stelle ein als der mächtige
Lenker und Regierer der ganzen sichtbaren Welt. Apollon und Athena
finden sich am meisten mit ihm verbunden. Sonst waren natürlich allerlei
besondere Umstände bei der Wahl der anzurufenden Gottheit maassgebend. Erstlich die besondere Veranlassung. So z. B. betete, wer
eine Seereise antreten wollte, zum Poseidon, wogegen der Reisende zu
Lande sich dem Schutze des Hermes anvertraute. Ferner kam es darauf
an, welche Gottheit gerade an einem bestimmten Orte, in einer Gemeinde
oder Familie eine besondere Verehrung genoss. Die Athener beteten
vorzugsweise zu ihrer Schutzgöttin Athena, die Argiver zur Hera, die
Lemnier zu Hephästos. Auch der besondere Beruf des Betenden war
von Wichtigkeit, denn Jeder wandte sich vorzugsweise gern an diejenige Gottheit, unter deren besonderem Schutze sein Beruf stand, die
Krieger an Ares und Athena, die Jäger an Artemis, die Landleute an
Dionysos und Demeter, die Schiffer an Poseidon u. s. f.

Auch der Inhalt des Gebetes ist je nach der Veranlassung ein verschiedener. Die Eintheilung in Hymnen (Lobpreisungen einer Gottheit), Bitt- und Dankgebete gibt sich in dieser Hinsicht von selbst, doch nimmt das Bittgebet unter ihnen weitaus die hervorragendste Stellung ein. Und zwar bezieht sich dasselbe keineswegs bloss auf äusserliche Güter und Gaben. Schon bei Pindar finden wir Gebete um Wahrhaftigkeit, Reinheit, Zufriedenheit des Gemüthes u. s. w., und in der Tragödie kommen häufige Beispiele der innigsten und verständigsten Gebete um alle höheren und geistigen Güter vor. Bekannt ist auch das tägliche Gebet der Spartaner, die Götter möchten zum Guten auch das Schöne verleihen. Etwas Befremdendes hat es dagegen für uns, dass mit dem Gebete unter Umständen auch wohl ein F l u c h gegen die Uebertreter göttlicher und menschlicher Satzungen oder gegen die Feinde des Vaterlandes verbunden ist. Seltener von Einzelnen mit Beziehung auf ihre privaten Verhältnisse angewendet (Oedipus' Fluch über seine Söhne, Verwünschung des Atreus durch seinen Bruder Thyestes, des Meleagros durch seine Mutter), findet er sich desto häufiger in den öffentlichen Gebeten. In Athen war es Sitte, Personen, die sich eines besonders grossen Vergehens schuldig gemacht hatten, durch die Priester öffentlich verfluchen zu lassen, wie dies z. B. dem Alkibiades wegen Entweihung der Mysterien begegnete. Direkte Flüche scheinen an die Gottheiten der Unterwelt gerichtet worden zu sein, welche dann die Erinnyen zur Vollstreckung des erbetenen Uebels hinaufsendeten.

Die Vorstellung einer das Böse strafenden göttlichen Gerechtigkeit, welche uns bei den Flüchen begegnet, liegt auch dem E i d s c h w u r e zu Grunde, nur mit dem Unterschiede, dass der Schwörende auf sich selbst die rächende Vergeltung herabruft für den Fall, dass er unwahr rede, oder sein Versprechen nicht halte. Die gewöhnlichste Formel ist daher diese, dass man im Falle des Meineides das eigene und der Seinigen, ja sogar des ganzen Geschlechtes Verderben von den Göttern erfleht. Letzteres kann bei dem viel festeren Verbande, welcher im Alterthum zwischen dem Einzelnen und der ganzen Familie besteht, nicht auffällig erscheinen. Der Eid wurde stehend mit zum Himmel emporgehobenen Händen geleistet. Insofern Opfer damit verbunden waren, was bei feierlichen Eidschwüren immer der Fall gewesen zu sein scheint, war es Sitte, das Opferthier oder den Altar mit der Hand zu berühren. In Beziehung auf die bei der Eidesleistung anzurufenden Götter herrschte eine ebenso grosse, durch örtliche und persönliche

Verhältnisse des Schwörenden herbeigeführte Verschiedenheit, wie bei den Gebeten. Das Gewöhnlichste war auch hier eine Dreizahl von Gottheiten. So leisteten die athenischen Heliasten z. B. ihren Eid beim Apollon Patroos, der Demeter und dem Zeus. Letzterer wurde am meisten angerufen, weil er vorzugsweise als Eidesrächer (Horkios) galt. Die Götter selbst schwuren bei der Styx (vergl. S. 152). Bei Betheuerungen, welche man im gewöhnlichen Leben seiner Rede hinzusetzte, war es weniger gebräuchlich, sich ausschliesslich der Namen göttlicher Wesen zu bedienen, man griff hier auch zu allerlei leblosen Gegenständen oder auch zu Thieren. Auch bei Menschen, Lebenden wie Verstorbenen, wurde geschworen, bisweilen auch nur bei einzelnen ihrer Gliedmaassen, wie denn z. B. der Schwur bei dem Haupte des Vaters als ein besonders feierlicher galt.

Welches Gewicht die Alten in allen diesen Dingen auf das Aeussere legten, beweist der Umstand, dass jedem Gebete, natürlich auch jedem Opfer, Waschungen als Symbol innerer Reinigung vorausgingen. Daher standen nicht nur an den Eingängen der Tempel und heiligen Stätten Gefässe mit Sprengwasser, sondern auch beim häuslichen Gebete wird die vorherige äusserliche Reinigung niemals unterlassen; ja selbst der am einsamen Meeresstrande wandelnde Telemachos (Od. 2, 261) wäscht erst seine Hände in der heiligen Fluth, ehe er sie betend zur Athena erhebt.

2. Das Opfer.

Der wichtigste Bestandtheil des Götterdienstes der Alten ist das Opfer, dessen Ursprung in der kindlichen Vorstellung zu suchen ist, dass man durch Darbringung von Gaben an die Gottheit das Gebet wirksam unterstützen, auf den Willen derselben bestimmend einwirken oder den göttlichen Zorn beschwichtigen und eine verdiente Strafe von sich abwenden könne. Weiterhin erscheint dasselbe aber als einfacher Ausdruck der Verehrung, auf welche die Götter wegen der von ihnen gespendeten Wohlthaten gerechten Anspruch machen können, und der bekannte Mythos, wonach zu Mekone es zu einer förmlichen Auseinandersetzung zwischen Göttern und Menschen darüber gekommen sein soll, ist nichts als eine Fixirung dieser Vorstellung.

Die Opfer sind nun sehr verschiedenartig, je nach der Veranlassung derselben und dem dazu verwendeten Material. In ersterer Hinsicht galt es entweder, die Gottheit für irgend ein Vorhaben oder

den Ausgang eines Unternehmens gnädig zu stimmen, ferner, einer
bereits eingetretenen Gefahr glücklich zu entgehen, oder seinen Dank
auszusprechen für die bereits gewährte Hülfe, wobei zu bemerken ist,
dass solche Dankopfer in der Regel im Augenblicke der Noth gelobt
wurden. Zu diesen beiden Arten des Opfers gesellt sich als drittes das
Sühnopfer, welches dazu dient, den Menschen von der Befleckung
zu reinigen, die er sich durch Verletzung geheiligter Rechte und
Satzungen zugezogen hat. Zu den Sühnopfern gehören namentlich die
weiter unten zu besprechenden Menschenopfer. In Rücksicht der beim
Opfer zur Verwendung kommenden Gegenstände unterscheidet man
zunächst zwischen unblutigen und blutigen Opfern. Die unblutigen
Opfer, welche von Vielen für die älteste Form des Opfers gehalten
werden, sind entweder Speiseopfer, Trankopfer oder Rauchopfer. Das
unblutige Speiseopfer besteht in der Darbringung der Erstlinge des
Feldes, also von Früchten aller Art, welche zum Theil verbrannt
wurden, zum grösseren Theile aber zu dem Naturaleinkommen der
Priester gehörten. Ihnen schlossen sich allerlei daraus bereitete Speisen
an, namentlich Kuchen, deren man fast für jedes Fest besondere Arten
hatte. Auch diese dienten theils zur Nahrung der bei der Opferhandlung
Betheiligten, theils wurden sie den Göttern zu Ehren verbrannt, zu
welchem Zwecke der Teig reichlich mit Oel angemengt zu werden
pflegte. Solche Kuchen backte man bisweilen wohl in Gestalt von
allerlei Thieren, welche dann Aermeren dazu dienten, das wirkliche
Thieropfer zu ersetzen. Ebenso uralt wie das Fruchtopfer und gewöhnlich mit demselben verbunden ist das Trankopfer, welches als
die einfachste und bequemste Art des Opfers von den Alten auch gern
einzeln, namentlich bei häufig wiederkehrenden, kleineren Anlässen,
als vor dem Antritt einer Reise, vor dem Schlafengehen u. s. w. angewendet wurde. Das gewöhnliche Trankopfer für die olympischen
Götter war unvermischter Wein, d. h. bei einem wirklichen Opfer,
wovon wohl der Gebrauch zu unterscheiden ist, dass man das eigene
Trinken des bekanntlich nur gemischt genossenen Weins durch Ausgiessen einer Spende (libatio) heiligte. Dagegen durften den Göttern
der Unterwelt nur weinlose Opfer dargebracht werden. Man bediente
sich dazu verschiedener Mischungen aus Honig, Milch, Oel und Wasser.
Milch und Oel opferte man auch den Nymphen und ebenso erhielten
die Musen und die Lichtgottheiten Helios, Eos und Selene nur weinlose Opfer. Das Rauchopfer scheint in der älteren Zeit wenig üblich

gewesen zu sein, so lange man sich noch auf das Verbrennen einheimischen Rauchwerks beschränkt sah. Nach Einführung des orientalischen Weihrauchs, der dem Homer noch völlig unbekannt ist, wurde auch das Rauchopfer immer gewöhnlicher, sowohl in Verbindung mit anderen Arten des Opfers, als auch einzeln.

Wir gehen nun über zu den blutigen Opfern. Unter diesen nimmt die erste Stelle das Thieropfer ein. Hinsichtlich der Wahl der zu opfernden Thiere kommt es vor allen Dingen darauf an, welcher Gottheit sie geopfert werden sollen. So waren den olympischen Göttern weisse Opferthiere besonders angenehm, den Göttern des Meeres und den Unterweltsgöttern aber schwarze. Desgleichen opferte man den letzteren nur entmannte Thiere, was wiederum bei den übrigen Göttern als anstössig galt. Was die Thiergattungen betrifft, welche zum Opfer gebraucht wurden, so scheinen dabei zwei Rücksichten obgewaltet zu haben. Man wählte nämlich eine bestimmte Thiergattung, entweder weil man sich das Fleisch derselben dieser oder jener Gottheit als besonders willkommen dachte, oder weil man glaubte, dass ihnen das eine oder andere Thier verhasst sei. Aus dieser letzten Rücksicht erklärt man es wenigstens, dass dem Dionysos Böcke, der Demeter vorzugsweise Schweine geopfert wurden, weil der Bock die Weinreben benagt, das Schwein aber den Getreidefeldern besonders furchtbar ist*). Schweine wurden überhaupt nur den chthonischen Göttern geopfert, Pferde dagegen dem Poseidon, den Flussgöttern und an einzelnen Orten dem Helios. Die am häufigsten gebrauchten Opferthiere waren Rinder, Ziegen und Schafe, weil diese Thiere vorzugsweise zur Nahrung auch der Menschen dienten und der ursprüngliche Gebrauch, das ganze Opferthier zu verbrennen, bald aufgegeben wurde. Diesen Thieren gegenüber sind daher alle diejenigen, deren Fleisch nicht zur Nahrung der Menschen dient, als Pferde, Esel und Hunde, verhältnismässig selten geopfert worden. Noch seltener freilich Wildpret, Vögel und Fische, ein so häufiges Nahrungsmittel sie sonst auch sein mögen. Was das Geschlecht der Opferthiere betrifft, so opferte man im Allgemeinen den männlichen Gottheiten lieber männliche, den weiblichen weibliche Thiere, doch scheint dieses nicht absolut nothwendig gewesen zu sein. Bei manchen Opfern war es üblich, Thiere von drei ver-

---

*) Diese sehr verbreitete Ansicht erregt freilich gerechte Bedenken. Es scheint mir natürlicher, dass man ihrer Fruchtbarkeit we̶ ̶n die genannten Thiere jenen die üppige Produktionskraft der Erde repräsenti̶ ̶ ̶ Göttheiten opferte.

schiedenen Gattungen zugleich zu schlachten. Der bekannteste Fall
dieser Art ist das von Servius Tullius bei der alle fünf Jahre stattfindenden Sühnung (lustratio) des ganzen römischen Volkes eingesetzte
Opfer eines Ebers, eines Widders und eines Stieres (suovetaurilia).

Die Zahl der jedesmal geopferten Thiere schwankte natürlich
gewaltig je nach den Mitteln des Opfernden und der Wichtigkeit des
Anlasses. Reiche Gemeinden wie Privatleute liebten es bei solchen Ge-
legenheiten ihren Reichthum zu zeigen. So opferte Konon zur Feier
der vollendeten Wiederherstellung der athenischen Mauern hundert
Stiere, womit natürlich eine allgemeine Bewirthung des Volkes verbunden war. Eine volle Hekatombe von Stieren opferte ebenso
Kleisthenes, der Tyrann von Sikyon, bei Gelegenheit des Brautfestes
seiner Tochter, und so liessen sich noch viele Beispiele eines ähnlichen
Luxus namhaft machen. Wir begnügen uns aber noch darauf hinzuweisen, dass schon in der Odyssee (3, 8) ein Opfer von einundachtzig
Stieren vorkommt, welches Nestor im Namen der Pylier dem Poseidon
darbringt.

Aber nicht jedes Exemplar der gewöhnlich zum Opfer verwendeten
Thiergattungen war zu diesem Zwecke geeignet und brauchbar. Vielmehr, indem man von dem Grundsatze ausging, dass man nur das Beste,
das Vollkommenste, was man habe, zum Geschenk darbringen dürfe,
hielt man mit der grössten Strenge darauf, dass das Opferthier an allen
Gliedern vollkommen gesund und makellos sei, und in dieser Hinsicht
eine genaue und sorgfältige Untersuchung anzustellen, war eine der
wichtigsten Pflichten der Opferpriester. Man nahm deshalb auch am
liebsten junge Thiere, die weder zur Zucht noch zur Arbeit gebraucht
waren, wobei indessen auch das Interesse mit untergelaufen sein mag,
dass man selber das Fleisch solcher Thiere schmackhafter fand, als
alter und durch Arbeit und Strapazen abgetriebener.

Neben dem Thieropfer haben die Griechen bis spät in die historische
Zeit hinein auch das Menschenopfer gekannt, dessen hohes Alter
durch verschiedene Mythen verbürgt wird. Dasselbe ist aber wohl
nicht aus der Annahme zu erklären, dass die ältesten Bewohner
Griechenlands Menschenfresser gewesen wären, wie einige Alterthumsforscher wirklich angenommen haben, sondern aus der Ansicht, dass
man zur Abwendung grosser und allgemeiner Uebel kein Bedenken
trug, den Göttern auch das Theuerste und Liebste zu opfern. So opferte
Erechtheus seine Töchter, um den Zorn des Poseidon zu beschwichtigen,

dessen Sohn Eumolpos er im Kampfe mit den Eleusiniern erschlagen hatte, so opferte sich Menökeus, der Sohn des thebanischen Königs Kreon, selbst, um durch Sühnung des Ares die Gefahr von seiner Vaterstadt abzuwenden, als sie durch den Zug der Sieben bedroht wurde. Aber nicht bloss in solchen ausserordentlichen Fällen wurden Menschenopfer dargebracht, in gewissen Kulten waren dieselben stehend, wie z. B. in dem Dienste der Artemis Orthia auf Lemnos, des Zeus Laphystios zu Halos in Thessalien, des Apollon auf Leukas u. a. m. Solche Gebräuche mussten aber schon frühzeitig dem wachsenden Humanitätsgefühle weichen, indem man sich entweder mit einem stellvertretenden Thieropfer begnügte oder Verbrecher, die ohnehin dem Tode verfallen waren, opferte. Oder es genügte auch, dass überhaupt nur Menschenblut geflossen war, wie durch die Sitte der Geisselung spartanischer Knaben am Altare der Artemis Orthia bezeugt.wird.

Die bei dem Opfer zu beobachtenden Ceremonien lernt man am besten aus der Beschreibung Homers kennen (Hauptstellen Od. 3, 436 fg. und Il. 1, 458 fg.) Sie sind dem Charakter der Handlung gemäss, wonach es darauf ankommt, den Göttern ein festliches Mahl zu bereiten, welches dann der gereinigte und gesühnte Mensch mit ihnen theilt, besonders feierlich, und es bedarf grosser Vorbereitungen, ehe die heilige Handlung selbst vollzogen werden kann. Die Opfernden selbst bereiteten sich entweder durch ein Bad oder doch wenigstens durch die symbolische Handlung des Händewaschens; dann salbten und bekränzten sie sich und legten reine Kleider an und schmückten sich mit einer wollenen Binde ($\tau\alpha\iota\nu\iota\alpha$). Auch pflegten die Opfernden zum Zeichen einer innigen Gemeinschaft mit dem Gotte einen Zweig des demselben geweihten Baumes in den Händen zu tragen. Aehnliche Vorbereitungen nahm man auch mit dem Opferthiere vor. Es wurde gereinigt und mit Kränzen und Binden geschmückt, auch wohl die Hörner vergoldet. Bei den Hörnern führte man es dann zu dem als Opferheerd dienenden Altare, der bei den olympischen Gottheiten erhöht ($\beta\omega\mu\acute{o}s$), bei den chthonischen niedrig ($\acute{e}\sigma\chi\acute{\alpha}\rho\alpha$) war. Es galt als ein gutes Vorzeichen, wenn das Thier sich ohne Sträuben hinführen liess oder gar durch ein Kopfnicken gleichsam die Zustimmung zu seiner Schlachtung gab. Jetzt wurde das auf dem Altare nach einer ganz genauen Vorschrift aufgeschichtete und einem heiligen Haine entnommene Holz angezündet. Dann begann die eigentliche Opferhandlung damit, dass der opfernde Priester ein brennendes Scheit vom Altar in

das bereit stehende Weihwasser tauchte und die im Kreise umher-
stehenden Anwesenden der Reihe nach damit besprengte. Nachdem
dann feierliche Stille geboten war, bestreute der Priester den Nacken
des Opferthiers mit geschroteten Gerstenkörnern (οὐλαί oder οὐλοχύται),
die bei den Römern mit Salz gemischt waren (mola salsa), und warf
als eine Art Todesweihe die abgeschnittenen Stirnhaare in die Flamme.
Das Schlachten (ἱερεύειν) selbst geschah nun in folgender Weise. Man
schlug dem Thiere mit einer Keule oder einem Beile vor den Kopf,
hob dem zu Boden gestürzten dann den Kopf in die Höhe und durch-
schnitt die Kehle mit dem Opfermesser, worauf das herausströmende
Blut in Schalen aufgefangen wurde, um zunächst zur Besprengung des
Altars zu dienen. Dies geschah aber nicht, wenn das Opfer einer unterirdischen Gottheit oder einem Heros dargebracht wurde. In diesem
Falle drückte man den Kopf des Opferthieres zur Erde nieder und liess
das Blut in eine Grube laufen. Dem getödteten Thiere wurde dann die
Haut abgezogen, hierauf das Ganze zerlegt und die der Gottheit zu-
kommenden Stücke, nämlich die Schenkelknochen sammt dem Fett und
kleinere Stücke der übrigen Theile, sorgfältig abgesondert und in die
Flamme des Opferheerdes geworfen, wo es unter abwechselnder Begleitung von Gebeten und Musik verbrannte. Gewöhnlich wurden noch
Trank- und Rauchopfer damit verbunden, indem man Wein und Weih-
rauch in das Feuer schüttete. Letzteres geschah wahrscheinlich, um
den unangenehmen Geruch der verbrannten thierischen Substanzen zu
mildern. Die nicht für die Götter bestimmten Theile des Opferthiers
wurden entweder sofort zubereitet, währenddem sich die Theilnehmer
mit allerlei Spiel und Scherz die Zeit vertrieben, und dann gemeinschaftlich verzehrt, oder es nahm auch wohl Jeder seinen Antheil
mit nach Hause. Von Todtenopfern wurde aber niemals etwas genossen,
sondern das etwa nicht verbrannte Fleisch verscharrt.

Was endlich Zeit und Stunde des Opfers betrifft, so war es Regel,
wenigstens bei feierlichen Opfern, die heilige Handlung des Morgens
vorzunehmen, wenn das Opfer für eine der olympischen oder der Gottheiten des Meeres bestimmt war, wogegen man den chthonischen Göttern
und Heroen des Abends zu opfern pflegte.

Zu den Opfern im weiteren Sinne des Wortes gehören auch die
Weihgeschenke, welche als bleibender Besitz des Gottes, dem sie
dargebracht worden waren, an geweihter Stelle aufbewahrt wurden.
Gern drückte man auf diese Weise seinen Dank für einen gehabten

Erfolg oder eine erlangte Wohlthat aus. Die verschiedenartigsten Gegenstände wurden dazu verwendet, als goldene, silberne, bronzene und kupferne Gefässe, Dreifüsse, Waffen, Statuen, Gewänder, aber auch bisweilen Kleinigkeiten aller Art, als Münzen, Schmucksachen, seltene Muscheln und dergleichen, so dass manche Tempel zuletzt ganze Naturalienkabinette beherbergten. Auch das Darbringen des abgeschnittenen Haupthaars, welches in manchen Kulten üblich war, gehört hierher. Grössere Weihgeschenke pflegten in feierlichem Aufzuge ($\pi o\mu\pi\acute{\eta}$) dargebracht zu werden.

Den Opfern verwandt ist endlich das immerwährende Feuer, welches in manchen Kulten zu Ehren der Gottheit unterhalten wurde. So auf dem Altar der Hestia im Prytaneion zu Athen, im Tempel der Athena Polias daselbst, der Demeter in Mantinea u. a. m.

3. Feierzüge.

Festliche Aufzüge, Processionen und Wallfahrten sind nicht erst eine Erfindung des christlichen Cultus, sie finden sich schon in ausgedehntester Weise nicht nur bei den alten Griechen und Römern, sondern auch bei den Aegyptiern und in den verschiedenen Culten asiatischer Völker. Die Feierzüge bezweckten entweder die Aufführung von Chören oder das Absingen heiliger Lieder zu Ehren einer Gottheit und heissen dann Zuzüge ($\pi\varrho\acute{o}\sigma o\delta o\iota$), oder die feierliche Darbringung eines Opfers oder Weihgeschenks ($\pi o\mu\pi a\acute{\iota}$). Der grossartigste Festzug dieser Art, den das griechische Alterthum kennt, ist derjenige, welchen an den grossen von vier zu vier Jahren gefeierten Panathenäen die ganze Bevölkerung Athens veranstaltete, um der hohen und mächtigen Schutzgöttin der Stadt das übliche Geschenk darzubringen. Es bestand dieses in einem von den athenischen Jungfrauen gewebten und mit den prachtvollsten Stickereien geschmückten grossen Gewande ($\pi\acute{e}\pi\lambda o\varsigma$), welches, wenn auch über dessen Verwendung kein sicheres Zeugnis vorliegt, doch wahrscheinlich dazu diente, das alte ehrwürdige Holzbild der Athena Polias auf der Burg zu bekleiden. Da diese panathenäische Pompa wegen des auf sie bezüglichen und noch grösstentheils erhaltenen Parthenonfrieses unser Interesse im höchsten Grade in Anspruch nimmt und wir ausserdem bei keiner andern Pompa so genau über alle Einzelheiten unterrichtet sind, so mögen hier einige Notizen über diesen grossartigen Festzug, bei welchem das alte Athen seine ganze Macht

und Herrlichkeit zu entfalten pflegte, ihre Stelle finden. Im freien
Felde ausserhalb des Thores sammelte sich am 28. des Monats Heka-
tombäon (nach unserm Kalender um die Mitte des Monats August) früh-
morgens die zahlreiche Menge der Festtheilnehmer aus der Stadt und
vom Lande im schönsten Feiertagsschmucke, um sich hier zu ordnen
und dann durch die Hauptstrassen der Stadt und an den bedeutendsten
Heiligthümern vorüber zur Akropolis hinaufzubewegen. Ueber die
Anordnung selbst lassen sich bei dem Fehlen aller sichern Zeugnisse der alten Schriftsteller kaum Vermuthungen aufstellen, doch
gewährt der Cellafries des Parthenon einigen Anhalt. Voraus zogen
wahrscheinlich die Priester und Opferdiener mit der Festhekatombe,
ihnen folgten die Thallophoren (Zweigträger), auserlesene Greise mit

Fig. 150.   Vom Cellafries des Parthenon.

Oelzweigen in den Händen, und die Kanephoren (Korbträgerinnen),
attische Bürgertöchter, welche die heiligen Opfergeräthe trugen, in
Begleitung der ihnen Schirme und Sessel nachtragenden Frauen und
Töchter der Metöken (Fig. 150). Hinter ihnen kam unter Vorantritt
von Auleten und Kitharisten der Zug der Festtheilnehmer theils zu
Fuss, theils zu Pferde, nebst den Siegern der letzten Panathenäen,
endlich Festgesandtschaften anderer Staaten, besonders der attischen
Kolonien. Den Mittelpunkt des ganzen Zuges aber bildete ein auf
Rollen sich bewegendes Schiff, an dessen Mastbaum der zum Geschenke
für die Göttin bestimmte Peplos wie ein Segel befestigt war. Derselbe
hatte einen safranfarbigen Untergrund und zeichnete sich durch besonders
reiche Stickereien aus. Die Leitung und Ordnung des ungeheuern
Zuges hatten Herolde aus dem Geschlechte der Euniden. Sobald derselbe auf der Akropolis angekommen war, machte er auf dem Platze
zwischen dem Parthenon und dem Tempel der Athena Polias Halt, in
den letzteren wurde der heilige Peplos, in den ersteren die Weihgeschenke getragen. Das grosse panathenäische Opfer und die damit

verknüpfte allgemeine Speisung des Volkes beschlossen die Feierlichkeiten dieses Tages.

Von dem grossartigen Festzuge, welcher an den Eleusinien sich zu Ehren der Demeter von Athen nach Eleusis bewegte, sowie von den mehr den Charakter ungebundener Fröhlichkeit tragenden Feierzügen an den Dionysosfesten, deren Theilnehmer das Costüm von Satyrn zu tragen pflegten, ist schon oben bei Besprechung dieser Gottheiten die Rede gewesen. Wir können daher übergehen zu dem vierten wesentlichen Bestandtheile des griechischen Cultus, den Kampfspielen.

4. Die Kampfspiele.

Wie man die Zeit, welche zwischen der Darbringung des Opfers und der sich daran schliessenden Opfermahlzeit in der Mitte lag, schon früh durch allerlei Gesänge und Tänze, welche durch Chöre zur Ehre der Götter ausgeführt wurden, auszufüllen bemüht war, so hat man sich in ähnlicher Weise auch den Ursprung der religiösen Kampfspiele und Wettkämpfe vorzustellen. Später über ihre ursprüngliche Tendenz hinausgreifend, bildeten sie für verschiedene Nationalfeste der Griechen den Mittelpunkt und Hauptzweck der Zusammenkunft, ohne deshalb ihres religiösen Charakters entkleidet zu werden. Schon bei Homer lesen wir von Wettkämpfen, welche Achilleus bei Gelegenheit der feierlichen Bestattung seines Freundes Patroklos um ausgesetzte Preise anstellen liess, von den Wettspielen der Phäaken und andern, was auf ein sehr hohes Alter dieser Gebräuche schliessen lässt. Später waren alle irgendwie bedeutenden religiösen Feste mit einer oder mehreren Arten von Kampfspielen verbunden. Wir müssen uns jedoch, da eine vollständige Aufzählung derselben uns viel zu weit führen würde, damit begnügen, auf die vier grossen Nationalspiele zu Olympia, Delphi, auf dem Isthmos und zu Nemea näher einzugehen, nachdem wir zuvor eine Uebersicht über die verschiedenen Arten der bei den Griechen vorkommenden Spiele vorausgeschickt haben. Man theilt sie gwöhnlich ein in gymnische, hippische und musische Spiele. Die beiden ersteren von diesen beruhen lediglich auf körperlicher Kraft und Gewandtheit und bilden somit zu den letzteren, welche mehr geistiger Natur sind, einen deutlichen und entschiedenen Gegensatz. Die gymnischen Wettkämpfe zerfallen wieder in fünf verschiedene Arten, nämlich Lauf ($\delta\varrho\acute{o}\mu o\varsigma$), Sprung ($\ddot{\alpha}\lambda\mu\alpha$), Ringkampf (πάλη), Diskoswurf (δισκοβολία), und Speerwurf (ἀκοντισμός), welche zusammen den sogenannten Fünfkampf (πέντα&λον) bilden, der allmählich bei allen Nationalspielen üblich wurde. Um den Siegespreis zu erlangen, war es erforderlich, seinen Gegner wenigstens in dreien von den genannten Kampfarten überwunden zu haben. Hinsichtlich des Laufes unterscheidet man wieder verschiedene Unterarten. Die erste und älteste ist der einfache Lauf (στάδιον), bei welchem die abgesteckte Bahn nur einmal zu durchlaufen war. Die zweite, schon schwierigere Art ist der Doppellauf (δίαυλος), bei welchem die Kämpfenden die Bahn zweimal zu durchmessen hatten, indem sie, um das Ziel einen Bogen beschreibend, wieder zum Ausgangspunkte zurückkehrten. Am schwierigsten aber und grosse körperliche Kraft erfordernd war drittens der Dauerlauf (δόλιχος), in welchem die Bahn mehrmals hinter einander zu durchmessen war. Die Zahl der Umläufe schwankt zwischen sieben und zwölf. Im letztern Falle betrug der ganze durchlaufene Raum 24 Stadien, mithin, da man 40 Stadien auf eine geographische Meile rechnet, drei Fünftel einer Meile. Zu diesen völlig unbekleidet ausgeführten Arten des Laufes kommen nun noch die selteneren des Laufes mit Helm und Schild (ὁπλίτης δρόμος), welcher für die Erhöhung der Kriegstüchtigkeit von besonderer Wichtigkeit war, und der Fackellauf (λαμπαδοφορία), bei welchem es darauf ankam, die angezündete Fackel brennend an's Ziel zu bringen. Letztere Art von Wettspielen war an den Festen gewisser Gottheiten üblich, mit welchem eine nächtliche Feier verbunden war, wie z. B. in Athen an den grossen und kleinen Panathenäen, an dem Feste des Pan, des Hephästos u. a. m.

Beim Sprunge kam es darauf an, das durch eine in die Erde gezogene Furche angedeutete Ziel zu erreichen, beziehungsweise zu überspringen. Der Sprung wurde entweder mit oder ohne Anlauf ausgeführt. Eine eigenthümliche Einrichtung war es, dass die Springenden zur Vermehrung der Schnellkraft sich mit metallenen Sprunggewichten (ἁλτῆρες) belasteten, welche in den Händen getragen wurden und nicht selten eine unsern Hanteln ähnliche Form hatten.

Die wichtigste Stelle nahm im Fünfkampfe ohne Zweifel das Ringen ein, indem es hier keineswegs bloss auf überlegene Kraft ankam, sondern fast noch mehr auf geschickte Handhabung gewisser in den Ringschulen erlernter Griffe, Schnelligkeit der Bewegungen und ein festes Auge. Sehen wir doch schon bei Homer (Il. 23, 726),

Die Gebräuche des Cultus. 4. Kampfspiele. 415

wie Odysseus den ohne Zweifel stärkeren Telamonier Aias durch einen geschickt auf dessen Kniekehle ausgeführten Stoss zu Boden wirft. Die gewöhnliche Art des Ringens beschränkte sich auf den Versuch, den Gegner zu Boden zu werfen. War dieses einem der Kämpfenden gelungen, so begann nach einer kurzen Pause der zweite Gang. Wer zum dritten Male geworfen war, galt als besiegt. Daneben gab es eine zweite Art des Ringkampfes, wenn nämlich die Ringer, nachdem einer gefallen war, am Boden weiter kämpften, bis der Unterliegende, nachdem er vergeblich sich bemüht hatte, wieder aufzustehen, sich endlich für besiegt erklärte.

Diese Art des Ringkampfes versinnlicht uns die berühmte Ringergruppe in Florenz, früher in Villa Medici, welche gleichzeitig mit der

Fig. 151. Ringergruppe in Florenz.

Niobidengruppe in Rom gefunden wurde. Der unterliegende Ringer bemüht sich offenbar, durch Aufstützen seines linken Armes und rechten Knies in die Höhe zu kommen, aber die kräftige Umschlingung seines linken Beines durch den Gegner zeigt uns, dass ihm dieses schwerlich gelingen wird. (Fig. 151).

Auch die Ringkämpfe wurden seit der 15. Olympiade vollständig
nackt ausgeführt. Bekannt ist es, dass die Kämpfer sich vor dem Beginne des Kampfes den ganzen Leib mit Oel einreiben liessen, theils
um die Glieder elastisch und geschmeidig zu machen, theils um das
allzustarke Schwitzen zu verhindern. Die durch Staub und Schweiss
verursachte starke Verunreinigung des Körpers wurde nach beendigtem
Kampfe hauptsächlich durch An-
wendung des Schabeisens beseitigt,
dessen sich die Alten auch sonst
vielfach zur gründlichen Reinigung
der Haut zu bedienen pflegten.

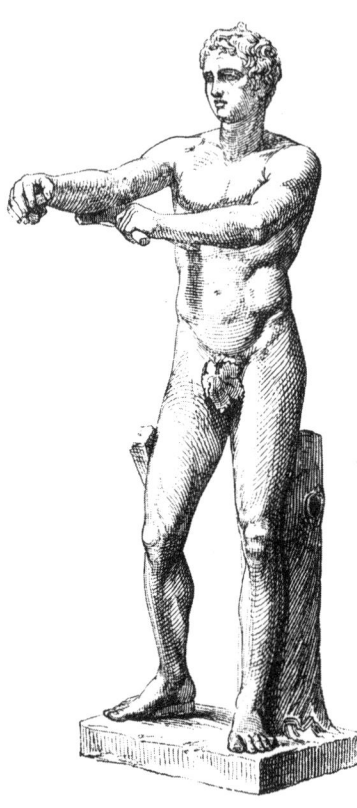

Die Art des Gebrauches dieses
aus Metall oder Horn verfertigten
Instruments zeigt am besten die unter
den Namen des Apoxyomenos bekannte Marmorstatue der Vatikanischen Sammlung (Fig. 152), welche
im Jahre 1849 in Rom gefunden wurde
und für eine Copie der unter demselben Namen im Alterthum berühmten, in Rom vor den Thermen des
Agrippa aufgestellten Erzstatue des
Lysippos gehalten wird. Sie stellt
einen Jüngling vor, der sich den
Körper in der angegebenen Weise
mit der Striegel reinigt. Das dadurch
erzeugte Gefühl des Behagens prägt
sich deutlich in seinen Mienen aus.

Die vierte Art des gymnischen
Wettkampfes ist das Diskoswer-
fen. Es handelte sich in diesem
Kampfe darum, die aus Stein, Metall
oder einer schweren Holzart ange-
fertigte linsenförmige Wurfscheibe

Fig. 152. Apoxyomenos. Vatikan.

von einer kleinen Erderhöhung aus
möglichst weit zu schleudern. Es geschah dies in der Weise, dass der
Diskobolos den mit den Fingerspitzen umklammerten Diskos auf der
innern Fläche der rechten Hand und dem Unterarme ruhen liess, dann
mit vorgebeugtem Oberkörper den rechten Arm rückwärts bis zur
Schulterhöhe erhob und nun mit voller Kraft im Bogenwurf die Scheibe

von sich schleuderte, indem er zugleich mit dem Wurfe sich aus seiner gebückten Stellung wieder erhob und den linken Fuss vorsetzend die stürmische Vorwärtsbewegung seines Körpers hemmte.

Mit überraschender und höchst lebensvoller Naturwahrheit war die schulgerechte Stellung des Diskoswerfers im griechischen Alterthum zur Anschauung gebracht worden durch die herrliche Erzstatue des *Myron* von Eleutherae, eines älteren Zeitgenossen des Phidias, dessen Hauptverdienst darin besteht, die Starrheit und Steifheit des alten Styls zuerst durch lebenswahre Darstellungen aus der Thier- und Menschenwelt durchbrochen zu haben. Wie sehr dieses Kunstwerk im Alterthume geschätzt wurde, beweisen nicht nur zahlreiche Stellen griechischer und römischer Schriftsteller, sondern auch die vielen noch vorhandenen Nachbildungen in Marmorstatuen und Gemmen. Unter den ersteren ragen besonders hervor: eine in der Villa des Kaisers Hadrian bei Tibur ausgegrabene Marmorstatue der Vatikanischen Sammlung, welche durch häufige Gypsabgüsse bekannt ist, und eine andere fast noch schönere in der Villa Massimi zu Rom, von welcher wir unsern Lesern nebenstehend eine Abbildung geben (Fig. 153). Es ist hier, wie man leicht sieht, der Moment fixirt, in welchem der Jüngling die hoch nach rückwärts geschwungene Scheibe ab-

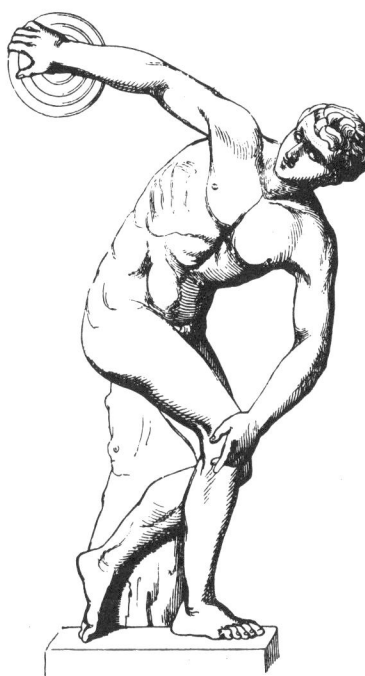

Fig. 153. Diskobol nach Myron. Rom.

zuschleudern im Begriff steht: das ganze Gewicht des vorn übergebeugten und halb nach rechts herumgerissenen Körpers ruht bereits auf dem fest aufgestemmten rechten Fusse, wodurch die freie Bewegung des rechten Arms und mithin auch die Wucht des vorzunehmenden Wurfes nicht wenig unterstützt wird, während er den linken Fuss nur noch auf den Zehen nachschleift, um ihn im nächsten Augenblicke, wo die Scheibe seiner nervigen Faust entsausen wird, mit einer energischen Bewegung vorzusetzen.

Eine ähnliche Uebung, wenn auch nicht so beliebt und in solchem Ansehen stehend, war das Speerwerfen, nur entschied hier nicht, wie beim Diskos, die relative Weite des Wurfes, sondern es musste ein

bestimmtes Ziel getroffen werden. Die Wurfstangen wurden bald
aus blosser Hand, bald vermittelst eines durch die Mitte gezogenen
Riemens geworfen.

Neben diesen das Pentathlon bildenden Wettkämpfen kam um Ol.
23 auch der Faustkampf (πυγμή) auf, der als eine rohere und mit
augenscheinlicher Lebensgefahr verknüpfte Kampfart in den besseren
Zeiten des griechischen Volksthums schon aus ästhetischen Rücksichten
sich keiner sonderlichen Aufnahme erfreute, sondern erst mit dem zunehmenden Verfalle der öffentlichen Sitte immer beliebter wurde und
durch Anwendung der schwersten Faustbekleidungen einen immer
grausameren Charakter annahm. Riemengeflechte (ἱμάντες) zum Schutze
der Hand und zur Verstärkung des Schlages kommen zwar schon bei
Homer vor (vgl. die Beschreibung des Faustkampfes zwischen Euryalos
und Epeios im 23. Buche der Ilias bei Gelegenheit der Leichenfeier
des Patroklos), allein sie hatten noch nicht die zermalmende Wirkung
der späteren Faustriemen, welche mit Nägeln und bleiernen Buckeln
versehen wurden, so dass diese Kämpfe häufig einen tödtlichen Ausgang
nahmen oder doch wenigstens arge Verstümmlungen der am meisten
gefährdeten Körpertheile in ihrem Gefolge hatten. Verschiedene erhaltene Fechterstatuen und Vasenbilder geben von der Einrichtung des
Faustriemens und der Stellung der Kämpfenden eine deutliche Vorstellung. Die Faustkämpfer legten sich beide Arme vorstreckend mit
etwas vorwärts gebogenem Oberkörper aus und suchten nun bald mit
der rechten, bald mit der linken Faust den Gegner zu treffen, indem
sie hauptsächlich nach dem Kopfe und der Brust desselben zielten. Es
erforderte keine geringe Gewandtheit und Behendigkeit, um den Schlag
des Gegners entweder mit dem Arme zu pariren oder durch rechtzeitiges
Beiseitespringen demselben ganz auszuweichen. Ohne eingeschlagene
Zähne, platt geschlagene Ohren und Nasen ging es selten dabei ab.

Eine Abart des Faustkampfes, nämlich eine Vermischung desselben
mit dem Ringkampfe, kam nach Pausanias' Angabe zuerst Ol. 33 zu
Olympia in Anwendung und führte den Namen Pankration. Dieses
schloss natürlich den Gebrauch des Caestus aus, da man mit demselben
den Gegner unmöglich hätte packen können. Neben dem Pankration
blieben aber der Ring- und Faustkampf als selbständige Kampfarten
bestehen.

Nachdem wir so die Hauptarten der gymnischen Wettkämpfe
betrachtet haben, gehen wir zu den hippischen Kampfspielen oder

Wettrennen über. Diese bildeten eigentlich den Glanzpunkt der öffentlichen Spiele in Griechenland, konnten aber naturgemäss nur von den Reichen und Mächtigen geübt werden. Sie bestanden in Wettfahren und Wettreiten. Das erstere war bei den Griechen das ältere, das letztere wurde erst Ol. 33 eingeführt. Man fuhr ursprünglich mit zweiräderigen Streitwagen und zwei Pferden, später auch mit einem Viergespann. Die Zahl der zum Wettfahren zugelassenen Gespanne war natürlich durch die Breite des Hippodrom beschränkt. Die Hauptschwierigkeit bestand darin, dass der Wagen geschickt um das Ziel herumgelenkt wurde, da der Wagen an dieser gefährlichen Stelle sehr leicht umschlug. Da aber auch abgesehen hiervon dieser Wettkampf nicht ganz ungefährlich war, so überliessen die reichen Besitzer der Gespanne die Lenkung derselben gern ihren Stallmeistern und Dienern, was gesetzlich gestattet war. Das Wettreiten geschah in ähnlicher Weise, wie dieses noch bei unsern heutigen Pferderennen üblich ist, auch verlegte man sich schon damals auf die Zucht edler Rennpferde (κέλητες).

Die musischen Wettkämpfe der Griechen umfassten gemäss dem weiten Begriffe, welchen man mit dem Worte Musik verband, ausser der eigentlichen Instrumental- und Vokalmusik alle schönen Künste und Wissenschaften, so dass hier eine ausserordentlich grosse Mannigfaltigkeit von Combinationen möglich war. Es versteht sich daher wohl von selbst, dass nicht an allen Festen alle möglichen Arten musischer Wettkämpfe vorgenommen werden konnten. Von manchen Festen, wie z. B. den Hermäen waren sie sogar ganz ausgeschlossen, an andern spielten sie wiederum die Hauptrolle. Als die am meisten üblichen nennen wir Gesang, Kitharspiel, Flötenspiel, Tanz, dramatische und lyrische Composition, Deklamation und Mimik.

Die Olympischen Nationalspiele. Indem wir nun zu den einzelnen grossen Nationalspielen der Griechen übergehen, beginnen wir billiger Weise mit denjenigen, welche in dem heiligen Tempelbezirke von Olympia im pisatischen Elis am Alpheiosflusse gefeiert wurden, da sie durch ihren Glanz wie durch die Menge der Festtheilnehmer alle andern weit überstrahlten. Der Ursprung der Olympischen Spiele verliert sich in ein mythisches Dunkel. Die Sage knüpft ihre Entstehung bald an den Namen des Pelops, des mythischen Stammvaters des achäischen Königsstammes, bald an den Herakles an, welcher sie zur Verherrlichung seines Sieges über den Augeias eingesetzt haben soll.

Gewiss ist, dass sie vor der Zeit des spartanischen Gesetzgebers Lykurgos keine allgemeinere Bedeutung hatten. Erst durch den Vertrag, welchen dieser mit dem Eleerfürsten Iphitos wegen gemeinsamer alle vier Jahre dem olympischen Zeus in dem alten Haine am Alpheiosflusse darzubringender Opfer schloss, erhoben sich die nun regelmässig mit diesem Opfer verbundenen Festspiele durch den überwiegenden Einfluss des dorischen Stammes zu nationaler Bedeutung. Seit dem Jahre 776 v. Chr., in welchem der Eleer Koröbos im Laufe siegte, wurde ein fortlaufendes Verzeichnis der Sieger geführt, und es kam bald die Sitte auf, nach den zu Anfang eines jeden fünften Jahres regelmässig wiederkehrenden Spielen die Zeit zu messen, indem man das Jahr, in welchem Koröbos gesiegt hatte, als das erste Jahr der ersten Olympiade festsetzte. Zu Ende des achten Jahrhunderts unserer Zeitrechnung waren bereits sämmtliche Staaten und Völkerschaften des Peloponnes dem heiligen Bündnisse der Spartaner und Eleer beigetreten, womit sie natürlich auch den Gottesfrieden anerkannten, der während des Festmonates auf der ganzen Halbinsel beobachtet werden musste. Rasch traten nun auch die Staaten des übrigen Griechenlands einer nach dem andern hinzu, so dass bereits vor dem Ende des siebenten Jahrhunderts v. Chr. die Spiele zu Olympia ein allgemeines Nationalfest aller Griechenstämme des Festlandes sowohl wie der Inseln und zahlreichen Kolonien geworden waren und dadurch eine weitgreifende Bedeutung für das gesammte Kulturleben der Helenen gewannen.

Was nun die Zeit der Olympischen Spiele betrifft, so gehörten dieselben, wie unser Osterfest zu den beweglichen Festen, indem sie sich gleichfalls nach dem Monde richteten. Sie begannen nämlich von vier zu vier Jahren mit dem Eintritte des ersten Vollmondes nach der Sommersonnenwende, fielen also in der Regel in die heissesten Tage des Juli und wurden zuletzt mit der wachsenden Zahl der Festtheilnehmer und der zugelassenen Wettkämpfe auf fünf volle Tag ausgedehnt.

Die Oertlichkeit, an welcher die Feier des grossen Nationalfestes vor sich ging, lässt sich mit Hülfe der von Pausanias gegebenen Beschreibung derselben noch heute ziemlich genau erkennen. Der heilige Bezirk von Olympia lag 300 Stadien von Elis entfernt am südlichen Abhange des Olympischen Gebirges und des Kronionhügels, im Süden vom Alpheiosflusse, im Westen von dem krystallhellen Bache Kladeos begrenzt, der sich hier in den Alpheios ergiesst. Den Mittelpunkt des Ganzen bildete die sogenannte Altis, der eigentliche Tempelraum, in welchem sich ausser dem berühmten Zeustempel noch eine Menge anderer Heiligthümer befanden. Die Altis war rings mit einer Mauer umschlossen und hatte nur ein grösseres Thor an der Südseite. Innerhalb derselben befand sich auch rechts vom Eingange der heilige, der Sage nach von Herakles gepflanzte Oelbaum, dessen Zweige zur Bekränzung der Sieger dienten. An diese Altis lehnten sich im Halbkreise die verschiedenen Räumlichkeiten für die Wettkämpfe, der Hippodrom und das Stadion, ferner die Schatzhäuser der griechischen Staaten und das Gymnasion, in welchem die Kämpfer sich monatelang vor dem Beginne der Festspiele zu üben pflegten. Da es Privatwohnungen zu Olympia nur in sehr beschränkter Anzahl gab, so blieb den Festtheilnehmern nichts übrig, als unter freiem Himmel oder unter Zelten sich zu lagern. Zur Befriedigung der mancherlei Bedürfnisse dieser grossen Menschenmenge zogen eine Menge von Händlern und Krämern herbei, deren Verkaufsbuden das lebendige Bild eines lebhaften Marktverkehrs vervollständigten.

Hinsichtlich der Kampfspiele selbst steht fest, dass nicht alle oben beschriebenen Arten derselben von Anfang an in Olympia gebräuchlich gewesen sind, doch ist wohl schwerlich anzunehmen, dass sich die Spiele längere Zeit hindurch auf den Wettlauf beschränkt hätten. Genaueres über die Reihenfolge der Wettkämpfe ist nicht bekannt. Zugelassen zum Kampfe wurden nur solche Personen, welche vor dem obersten Kampfrichter (Hellanodikes) nachgewiesen hatten, dass sie freigeborene Männer hellenischen Ursprungs und unbescholten seien, sowie dass sie während der gesetzlichen Frist von zehn Monaten sich den vorgeschriebenen Uebungen und der vorgeschriebenen Diät unterzogen hatten. Hatten sie sich in dieser Weise legitimirt, so mussten sie in die Hände des Hellanodikes den Eid ablegen, dass sie sich den Kampfregeln unterwerfen und keinerlei unerlaubte Kunstgriffe anwenden wollten. Die Leitung der Spiele war ein Ehrenrecht der Eleer, die Zahl der Kampfrichter, welche durch Purpurgewänder ausgezeichnet waren und zur Handhabung der Ordnung eine Menge von Herolden und Signalisten unter sich hatten, scheint nicht zu allen Zeiten dieselbe gewesen zu sein.

Der Kampfpreis bestand bekanntlich nicht in Geld oder geldeswerthen Dingen, sondern in einem ganz einfachen Olivenkranze, welchen der Vorsitzende der Hellanodiken dem Sieger vor der ganzen zahlreichen Festversammlung auf das Haupt drückte. Allein die Ehre, in

den Olympischen Spielen gesiegt zu haben, wurde so ausserordentlich
hoch geschätzt, den Sieger erwarteten, wenn er unter dem lauten Jubel-
rufe der begeisterten Menge einzog in seine Vaterstadt, so grosse
Ehrenbezeigungen und persönliche Auszeichnungen, dass es allerdings
wohl der Mühe werth scheinen konnte, um den olympischen Kranz zu
ringen.   Namentlich war es in allen griechischen Gemeinden stehender
Gebrauch geworden, die Olympioniken von allen Steuern und sonstigen
Staatsleistungen zu befreien und ihnen bei allen Spielen und Festen
Ehrensitze einzuräumen.   Wie tiefgewurzelt die Vorliebe der Griechen
für diese Spiele war, bezeugt wohl am besten der Umstand, dass sie
sich auch durch den Verlust ihrer politischen Unabhängigkeit nicht
abhalten liessen, denselben ihre ungeschwächte Theilnahme zu schenken.
Erst als die Stürme der grossen Völkerwanderung über Griechenlands
Fluren hinwegbrausten und Alarichs siegreiche Scharen auch den Peloponnes raubend und plündernd durchzogen, wurden die Spiele zu
Olympia eingestellt (um 395 n. Chr.).   Einige Jahre später sank der
herrliche Zeustempel in Schutt und Asche; Niemand dachte auch
nur daran, ihn wieder aufzubauen.

Die Pythien zu Delphi.   Beschränkten sich die Olympischen Festspiele unter dem vorwiegenden Einflusse der dorischen Spartaner fast
ausschliesslich auf die gymnischen und hippischen Wettkämpfe, so
traten dagegen auf den zu Ehren Apollons gefeierten Pythien die musischen Kämpfe in den Vordergrund.   Auch ihr Anfang verliert sich in
das Dunkel der mythischen Urzeit.   Nach der heiligen Sage soll
Apollon selbst, als er den Drachen Python erlegt hatte, sie zur Erinnerung an diesen Sieg eingesetzt haben.   Eine regelmässige Feier derselben scheint indessen erst seit Ol. 48, 3 (od. 586 v. Chr.) stattgefunden
zu haben, als nach Beendigung des krissäischen Krieges die delphischen
Amphiktyonen sich ihrer angenommen hatten.   Sie wurden nun alle
vier Jahre wiederholt und zwar in jedem dritten Olympiadenjahre in
der ersten Hälfte des attischen Monats Metageitnion (Mitte August).
Der Ort der Festspiele war die sogenannte krissäische Ebene zwischen
Delphi und dem später auf Befehl der Amphiktyonen zerstörten Hafen-
orte Krissa am korinthischen Meerbusen.   Hier befanden sich wenigstens das Stadion und der Hippodrom, die musischen Wettkämpfe
scheinen im Theater aufgeführt worden zu sein.

Auf letztere beschränkten sich ursprünglich die Kampfspiele. Man
wetteiferte in Hymnen und Päanen, die zum Preise des delpischen

Gottes unter Begleitung der Kithara gesungen wurden. Seit der Erneuerung der Spiele durch die Amphiktyonen kamen auch Wettkämpfe
im Kithar- und Flötenspiel ohne begleitenden Chorgesang hinzu, sowie
nach und nach alle Arten der zu Olympia üblichen Kampfspiele, mit
Ausnahme des Viergespanns. Auch diese Spiele erfreuten sich in der
Regel eines sehr zahlreichen Besuchs. Kampfrichter waren die Amphiktyonen, der Preis bestand in einem Lorbeerkranze.

Die Nemeischen Kampfspiele. Sie führten ihren Namen von N e -
m e a, einem engen Thale zwischen Kleonä und Argos, woselbst sich
ein heiliger Hain und Tempel des Zeus befand. Man schreibt ihre Einsetzung den argivischen Helden zu, welche unter Führung des A d r a s t o s
(vgl. S. 332) zum Kampfe gegen Theben auszogen. Als nämlich, so
erzählt die Sage, die streitbaren Helden durch die Thalschlucht von
Nemea gezogen kamen, würden sie von schrecklichem Durste geplagt,
zu dessen Stillung sie sich vergebens nach einer Quelle umsahen. Da
erbot sich H y p s i p y l e, die Wärterin des kleinen O p h e l t e s, eines
Sohnes des nemeischen Königs L y k u r g o s, ihnen einen Brunnen im
Walde zu zeigen. Da sie nun, um schneller und bequemer zu jener
Stelle gelangen zu können, das Kind mittlerweile in's Gras gesetzt
hatte, wurde dasselbe von einer Schlange getödtet. Die Leichenfeier
des Frühverblichenen ehrten nun die Argiverhelden durch Kampfspiele,
welche die Veranlassung gaben zur Begründung einer bleibenden Insti-
tution. Soweit die sagenhafte Ueberlieferung. In historischer Zeit
tauchen die Nemeen erst Ol. 51, 4 (573 v. Chr.) als ein ständiges Fest
auf, in welchem Jahre sie erneuert und dem Zeus geheiligt wurden.

Ueber die Zeit der Nemeen ist man nicht völlig im Klaren. Gewiss
ist, dass sie zweimal in jeder Olympiade gefeiert wurden, nämlich in
jedem zweiten und vierten Olympiadenjahre. Aber nur die Nemeen
des vierten Olympiadenjahres fielen in den Sommer, die andern waren
winterliche ($\chi\varepsilon\iota\mu\varepsilon\varrho\iota\nu\alpha$).

Die Spiele zu Nemea, von dessen Zeustempel noch einige dürftige
Ueberreste vorhanden sind, umfassten die bekannten Arten der Wettkämpfe, gymnische, hippische und musische. Die Ueberwachung und
Leitung der Spiele war Anfangs ein Ehrenrecht der Kleonäer,
später scheinen sich die Argiver mit dem Besitze Kleonä's desselben
bemächtigt zu haben. Der Ehrenpreis war ein Kranz von grünem Epheu,
womit an den traurigen Ursprung dieser Spiele erinnert werden sollte,
da man die Gräber der Verstorbenen mit Epheu zu schmücken pflegte.

Die Isthmischen Spiele. Auch diesen gab man einen mythischen Ursprung. Sie sollen nämlich zum Andenken des Melikertes gestiftet worden sein, als mit diesem seine Mutter Ino, um der Wuth ihres rasenden Gemahls Athamas zu entgehen, in der Nähe des Isthmos in's Meer gesprungen war (vgl. S. 145). Andere nennen Theseus als den mythischen Stifter derselben, was wohl durch die frühe und lebhafte Betheiligung der Athener an diesen Spielen hervorgerufen worden ist.

Die Isthmischen Spiele waren trieterisch, das heisst, sie wurden nach Verlauf von je zwei Jahren, nämlich in jedem ersten und dritten Olympiadenjahre gefeiert, doch sind die Angaben über die Zeit derselben bei den alten Schriftstellern vielfach widersprechend. Der Ort der Feier war ein rings umfriedigter Fichtenhain des Poseidon auf dem Isthmos von Korinth in der Nähe der korinthischen Hafenstadt Schoinos. Neben diesem Haine lag auch ein berühmter Tempel des Poseidon, dem zu Ehren die Spiele neben dem Melikertes-Palämon gefeiert wurden. Ihre Erhebung zu Nationalspielen fällt in Ol. 49, 3, ihren Hauptglanz entfalteten sie aber erst nach den Perserkriegen, da das mächtig emporblühende Korinth, welches die Leitung der Spiele hatte, seinen Reichthum bei dieser Gelegenheit zu zeigen liebte. Die äusserst bequeme Lage des Ortes mochte das Ihrige thun, um den Isthmischen Spielen stets eine zahlreiche Betheiligung zu sichern, so dass sie fast mit den Olympischen weiteiferten. Namentlich war Athen immer sehr stark vertreten, dessen Bürger einen Ehrenplatz hatten.

Auch hier wurden allmählich alle verschiedenen Kampfarten eingeführt, der musische Agon ist aber wahrscheinlich am spätesten hinzugekommen. Die Ernennung der Kampfrichter war ein Ehrenrecht der Korinthier. Die Belohnung des Siegers bestand, wie bei den übrigen öffentlichen Spielen, nur in einem Kranze, anfangs aus Epheu-, später aus Fichtenzweigen. Doch erhielten die athenischen Bürger, welche auf den Isthmien den Preis errungen hatten, einer Bestimmung Solon's gemäss, zu Hause eine Belohnung von 100 Drachmen. Wann die Isthmischen Spiele zum letzten Male gefeiert worden sind, ist unbekannt. Die Zerstörung Korinth's durch die Römer that ihnen keinen sonderlichen Abbruch, dazu war die angeborene Schaulust der Griechen (insitum spectaculi studium, Liv. 33, 32) zu gross. Zur Zeit des achäischen Bundes erhoben sie sich zu erneutem Glanze und erfuhren später von den römischen Kaisern manche Begünstigung.

5. Die Mysterien.

Wir haben zwar im Verlaufe unserer Darstellung der griechischen Götterlehre schon hin und wieder auf gewisse geheime Kulte Bezug nehmen müssen, welche neben dem öffentlichen Götterdienste und· dem öffentlichen Volksglauben einhergingen (vgl. besonders die Abschnitte über Dionysos und Demeter), es wird aber gleichwohl nöthig sein, an dieser Stelle das Wesentlichste darüber im Zusammenhange vorzutragen.

Zuvor sei hier bemerkt, dass die Untersuchung über die Mysterien zu den allerschwierigsten gehört, da die alten Schriftsteller und Dichter, wo sie derselben gedenken, immer nur andeutungsweise und mit einer gewissen Scheu von ihnen reden, so dass eine vollständige und zusammenhängende Mittheilung darüber aus dem Alterthume selbst nicht existirt und der Hypothese ein weites Feld eröffnet ist. Was namentlich die Frage nach dem Ursprunge der Mysterien betrifft, so hat die von Warburton, Creuzer und Andern mit grosser Zuversicht vorgetragene Hypothese von einer in den Mysterien fortgepflanzten Uroffenbarung lange Zeit gläubige Anhänger gefunden, kann aber als durch die gründlichen Untersuchungen Lobecks*) für immer abgethan und beseitigt erachtet werden. Ebenso hat die Ansicht K. O. Müller's, welcher die Entstehung der Mysterien dadurch erklären wollte, dass der Cultus und die religiösen Anschauungen der Pelasger von den einwandernden Hellenen unterdrückt worden seien, weshalb sie sich in das Dunkel des Geheimnisses hätten flüchten müssen, nicht durchdringen können. Es lässt sich nicht bestreiten, dass in den Geheimdiensten der Griechen ausländischer Einfluss eine bedeutende Rolle spielt, auf der andern Seite ist aber auch unverkennbar, dass die geheimen Kulte, welche von der Staatsgewalt theils förmlich anerkannt, theils wenigstens geduldet waren, nicht einen so bedeutenden Umfang gewonnen haben würden, wenn sie nicht einem tief empfundenen Bedürfnisse des gebildeteren Theiles des griechischen Volkes entgegengekommen wären. Offenbar nämlich gewährte die öffentliche Volksreligion in gewissen Lagen des Lebens keinen Trost und keine Stütze. Sie war eine Religion für glückliche und frohe Menschen, deren Lebenshorizont sonnig und

---

*) In seinem umfassenden, mit ebenso viel Geist als Gelehrsamkeit geschriebenen Werke: Aglaophamus, seu de theologiae mysticae Graecorum causis, Königsberg 1829.

freundlich war, wie der griechische Himmel zu sein pflegte, nicht für
den Unglücklichen, dem die Noth des armen Erdenlebens rauh und
schroff entgegentrat. Es konnten ferner die vorgeschriebenen Gebete,
Opfer und Sühnungen des öffentlichen Cultus contemplativeren und
tiefer angelegten Naturen keine Heilung der Sünde gewähren, noch
weniger endlich waren die trostlosen Vorstellungen der Volksreligion
über das jenseitige Leben danach angethan, die nach sittlicher Reinheit
Strebenden zu ermuntern und Beruhigung in der Todesstunde zu gewähren. Allen diesen Mängeln und Lücken der Volksreligion suchten
die geheimen Kulte zu begegnen, und es erklärt sich daraus zur Genüge,
dass der Zudrang zu den Weihen nicht nur zu allen Zeiten sehr gross
war, sondern auch die Mysterien sich einer hohen Achtung erfreuten,
wie die anerkennenden und erfurchtsvollen Aeusserungen so bedeutender Männer, wie Pindar, Sophokles, Plato, Isokrates, Cicero u. A.
bezeugen.*) Unter den Mysterien im engeren Sinne des Wortes (denn
im weiteren Sinne ist wohl kaum eine griechische Gottheit oder ein Heiligthum ohne geheimnisvolle Gebräuche gewesen, die nur von gewissen
durch Erbschaft oder Wahl dazu berechtigten Personen vollzogen
werden konnten und bei welchen alle Profanen (βέβηλοι) streng ausgeschlossen waren) heben wir als die wichtigsten die Eleusinischen, Samothrakischen, Dionysischen und Orphischen Mysterien hervor. Unter
diesen sind die Eleusinischen nachweislich die ältesten. Sie zerfallen
in die Thesmophorien und die eigentlichen Eleusinien. An den Thesmophorien, wie schon oben erwähnt wurde (vgl. S. 204), konnten nur
Frauen Theil nehmen, im Uebrigen waren sie kein eigentlicher Geheimdienst, insofern es zur Theilnahme an denselben keiner Weihen bedurfte.
In Attika wurden sie vom 9. bis 13. Pyanepsion gefeiert. Gewidmet
waren sie der Verehrung der Demeter Thesmophoros, als der fruchtbaren Erdmutter und Begründerin aller bürgerlichen Ordnung. Von
den Eleusinien ist oben (S. 202) ausführlicher die Rede gewesen, es
genüge daher hier, zu wiederholen, dass sie ihren Schwerpunkt darin

---

*) Um nur eine dieser vielen die Bedeutung und den Werth der Mysterien
für die Veredlung und Fortbildung der sittlichen Elemente des Volksglaubens anerkennenden Stellen anzuführen, so lässt Cicero de legibus II, 14, den Marcus
sagen: Cum multa alia eximia divinaque videntur Athenae tuae peperisse atque in
vita hominum attulisse, tum nihil melius illis mysteriis, quibus ex agresti imma-
nique vita exculti ad humanitatem mitigatique sumus: initiaque ut appellantur,
ita revera principia vitae cognovimus; neque solum cum laetitia vivendi rationem
accepimus, sed etiam cum spe meliore moriendi.

hatten, den Eingeweihten tröstlichere und beruhigendere Vorstellungen über das Leben im Jenseits zu gewähren, als der öffentliche Volksglaube darbot, weshalb es gar nichts Seltenes war, dass sich Personen noch auf dem Sterbebette in diese Mysterien einweihen liessen. Die Glanzzeit der Eleusinien fällt in die Zeit zwischen den Perserkriegen und dem peloponnesischen Kriege, doch behaupteten sie noch lange Zeit nach dem Untergange der politischen Selbständigkeit Griechenlands ihr Ansehen und scheinen erst zur Zeit Theodosius des Grossen, also um dieselbe Zeit, wo auch die Olympischen Spiele aufhörten, unterblieben zu sein.

Nächst den Eleusinien standen die Samothrakischen Mysterien der Kabiren im grössten Ansehen und Geruche der Heiligkeit. Sie sind benannt von der Insel Samothrake im ägäischen Meere, 38 Meilen von der thrakischen Küste entfernt, doch beschränkten sie sich keineswegs auf diese Insel, sondern der Dienst der Kabiren war auch auf Lemnos und Imbros zu Hause. Welche Gottheiten unter dem mysteriösen Namen der Kabiren verehrt wurden, darüber konnten schon die Schriftsteller des Alterthums zu keiner Klarheit kommen. Der Name weist entschieden auf phönizischen Ursprung hin. Gewiss ist, dass man sich von der Theilnahme auch an diesen Weihen eine innere Befriedigung, eine den Menschen über die Noth der gemeinen Wirklichkeit emporhebende geistige Kraft versprach, während das niedere Volk den Aberglauben damit verband, dass die Geweihten gegen Schiffbruch und alle Gefahren des Meeres wirksam geschützt seien.

Der Zeit nach folgen die dionysischen Mysterien, welche wahrscheinlich theils thrakischen, theils phrygischen Ursprungs sind. Denn den altattischen, in derber Lust gefeierten Dionysosfesten (s. Genaueres über dieselben S. 169 u. fg.) war ein eigentlicher Orgiasmus fremd und erst die aus Thrazien herübergekommenen Feste des trieterischen Dionysos wurden mit jenem wilden Taumel gefeiert, der sich in allerlei fanatischen Gebräuchen und Selbstverstümmelungen Luft machte und zu jenen Unsittlichkeiten führte, welche den ursprünglich höchst ehrbaren Namen der Orgien in solchen Verruf gebracht haben. An diesen Festen nahmen hauptsächlich Frauen und Jungfrauen, selbstverständlich aber nur Eingeweihte Theil. Und wenn diese Mysterien auch noch keineswegs nach allen Seiten hin aufgeklärt sind, so scheint doch auch bei ihnen der Zweck vorgewaltet zu haben, die Theilnehmer zu einem heiligeren und gerechteren Leben zu ermuntern und ihnen einen inneren Frieden zu gewähren, welchen der Ungeweihte nicht haben konnte, und der sie stark machte, die vielen Widerwärtigkeiten und Mühseligkeiten dieses irdischen Daseins mit Gleichmuth zu ertragen.

Die Orphischen Mysterien endlich sind unter den angeführten der Zeit nach die jüngsten,*) haben aber, obwohl sie nirgendwo in Griechenland öffentlich anerkannt worden sind, die allergrösste Verbreitung und Theilnahme gefunden. Ihren Namen führen sie von den Orphikern, einem religiösen Bunde, der sich nach dem mythischen Seher und Sänger Orpheus benannte. Da bei den Orphikern die Lehre vom jenseitigen Leben eine Hauptrolle spielte, in Beziehung worauf sie reinere und aufgeklärtere Vorstellungen zu verbreiten und der allgemein herrschenden Todesfurcht entgegenzuarbeiten bemüht waren, so liegt die Vermuthung nahe, dass sie den thrakischen Sänger deshalb zu ihrem Patron erkoren haben, indem dieser ja der bekannten Sage nach der erste Mensch war, welcher, um seine geliebte Gattin Eurydike wiederzugewinnen, alle Schrecken des Todes und der Unterwelt siegreich überwand. Die Orphischen Mysterien waren natürlich nicht wie die Eleusinischen und Samothrakischen an eine bestimmte Oertlichkeit gebunden, unterscheiden sich aber auch dadurch von allen andern Mysterien, dass, während bei jenen gewisse Cultusgebräuche, namentlich die sichtbare Darstellung der heiligen Cultuslegende in dramatischer Form, die Hauptsache waren, bei ihnen auf die lehrhafte Ueberlieferung und ein streng enthaltsames, durch Vorschriften des Bundes geregeltes Leben das grösste Gewicht gelegt wurde. Diese strengere Lebensweise, verbunden mit Weihen und Sühnungen, wurde als Vorbereitung betrachtet auf ein seliges Ende und ein glückliches Loos im jenseitigen Leben. Nach der Lehre der Orphiker nämlich wäre der Mensch eines ursprünglich reinen und vollkommenen Zustandes durch eigene Schuld verlustig gegangen, und die menschliche Seele befände sich nun gleichsam zur Strafe in dem irdischen Leibe als einem Gefängnisse. Von dieser Strafe gewähre der Tod an sich noch keine Befreiung, sondern diese letztere trete erst ein, nachdem die Seele durch innere Läuterung und Reinigung sich des ursprünglichen Zustandes wieder würdig gemacht habe. Bis dahin müsse sie wandern, d. h. nach dem Zerfalle der einen irdischen Hülle wieder eine andere, unter Umständen sogar

---

*) Den wesentlichsten Antheil an der Ausbildung der orphischen Lehren schreibt man dem Onomakritos zu, einem zur Zeit der Pisistratiden in Athen lebenden Weisen.

thierische, annehmen. Es erhellt hieraus, dass nach der Vorstellung der Orphiker jeder Mensch selbst Herr seines Schicksals ist, dass er diesem unseligen Wandern je eher ein Ende machen und in den früheren Zustand ungetrübter Seligkeit zurückkehren kann, je früher er sich dessen durch ein reines und tugendhaftes Lebens würdig macht. Als Vorgeschmack dieser Seligkeit galt bei den mystischen Festen der Orphiker der Weingenuss und die durch denselben erweckte Begeisterung. Der Wein hatte für sie nämlich, wie schon (S. 167) erwähnt wurde, eine absonderliche Bedeutung, weil er aus dem Blute des von den Titanen erschlagenen und zerrissenen Zagreus (Dionysos) entstanden war, und sie also durch den Genuss desselben in eine unmittelbare geistige Verbindung mit derjenigen Gottheit traten, deren Erbarmung sie zur Errettung aus ihrem sündhaften Zustande wesentlich bedurften.

III. Die Diener der Religion.

1. Priester.

Sehen wir uns endlich die Personen näher an, durch welche bei den Griechen der Verkehr zwischen den Menschen und der Gottheit vermittelt zu werden pflegte, so hat man zunächst zu unterscheiden zwischen Priestern und Wahrsagern, deren Berufsarten, wenn sie auch manchmal in einander übergreifen, doch in der Regel streng gesondert erscheinen. Die Priester (ἱερεῖς) sind die eigentlichen Organe des religiösen Cultus, insofern sie den Dienst des Tempels, bei welchem sie angestellt sind, theils selbst zu verrichten, theils die Verrichtung desselben durch untergebene Personen zu überwachen haben. Es folgt hieraus, dass es keine Priester schlechtweg gibt, sondern immer nur Priester einer bestimmten Gottheit oder eines bestimmten Heiligthums, welches ihrer Obhut anvertraut ist, so dass beide Theile sich nothwendig bedingen. Denn zur Vollziehung der wesentlichen Akte des griechischen Cultus, des Gebetes und des Opfers, bedurfte es an und für sich einer Mittelsperson nicht. Es galt in dieser Beziehung der Grundsatz des allgemeinen Priesterthums, d. h. Jeder konnte für sich sowohl beten als opfern, wie denn ja auch nichts gewöhnlicher war, als dass der Hausvater für die Seinigen, das Haupt eines geschlecht-

lichen Verbandes für das ganze Geschlecht, das Staatsoberhaupt oder
ein von demselben beauftragter Beamter für das ganze Volk zu
bestimmten Zeiten diese Gebräuche vollzog. Daher ist denn auch bei
Homer, dessen Gedichte uns von Zeiten Kunde geben, in denen Tempel
noch eine Seltenheit waren, von Priestern noch wenig die Rede, und sie
können sich weder an Zahl noch an Ansehen mit den Wahrsagern
(μάντεις) messen. In letzerer Hinsicht erinnere ich nur an das hohe
Ansehen des Sehers Kalchas im Lager der Griechen vor Troja. Später
freilich kehrte dieses Verhältnis sich um, indem die zunehmende Zahl
und Pracht der öffentlichen Tempel das Amt des Priesters immer wichtiger erscheinen liess, wogegen mit der steigenden Bildung der Massen
und dem immer mehr sichtbar werdenden Verfalle des alten Volksglaubens die Mantik allmählich ihren alten Einfluss und ihre alte Bedeutung ganz verlor.

Indem wir nach diesen Vorbemerkungen zu den einzelnen Punkten
übergehen, so unterscheiden sich die Priester zunächst äusserlich von
den Personen nichtpriesterlichen Standes durch eine eigenthümliche Art
von Kopfbinde (στρόφιον), wozu, wenn sie opferten, noch Kränze kamen,
meistens aus Lorbeerzweigen, aber in gewissen Fällen auch aus Blumen
und Blättern solcher Pflanzen gebildet, welche der betreffenden Gottheit
besonders heilig waren. So pflegten die Priesterinnen der Demeter
Aehren- oder Mohnkränze zu tragen. Im Uebrigen trugen die Priester
und Priesterinnen als auszeichnende Kleidung lange weisse Gewänder,
manche auch purpurne und safranfarbige, bei grösseren Festen
erschienen sie auch häufig in dem vollständigen Aufzuge des Gottes
oder der Göttin, denen sie dienten.

Die Erfordernisse zur Uebernahme eines priesterlichen Amtes
waren sehr mannigfach. An eigentlich theologische Kenntnisse, wie
wir sie von unsern Geistlichen verlangen, ist dabei natürlich nicht zu
denken, es genügte im Allgemeinen vollständig, wenn die betreffende
Person eine genaue Kenntnis aller zu vollziehenden Gebräuche des
Cultus besass, und nur einzelne priesterliche Aemter, wie das des
Hierophanten in Eleusis, setzten ein höheres Wissen voraus, waren aber
auch deshalb nicht Jedem zugänglich, sondern ein erblicher Familien-
besitz gewisser Geschlechter. Genauer aber nahm man es mit gewissen
äusserlichen Erfordernissen. Zunächst mussten die Priester (oder
Priesterinnen) ehelicher Abkunft und in der Gemeinde geboren sein, zu
deren Bezirk der Tempel, dem sie dienten, gehörte. Ferner mussten

sie sittlich makellos sein und im Vollbesitze aller bürgerlichen Rechte
sich befinden, wie auch ihre Eltern. Endlich war Freiheit von allen
körperlichen Mängeln und Gebrechen unerlässliche Vorbedingung der
Zulassung zur priesterlichen Würde. Denn man war der Meinung,
dass Personen, welche an irgend einem Gliede ihres Leibes verstümmelt
oder verkrüppelt oder sonst misgestaltet waren, der Gottheit nicht
würdig und also zum Priesteramte nicht tauglich sein könnten. In
Bezug auf Alter und Geschlecht der priesterlichen Personen herrscht
in dem Cultusgebrauche der verschiedenen Heiligthümer und Gottheiten
die grösste Verschiedenheit. Bei manchen Kulten war ein blühendes
Alter erforderlich, bei manchen ein reiferes, manche kannten nur männliche, manche wieder nur weibliche Diener. Das Gleiche gilt in Bezug
auf die Ehe. Die Priester und Priesterinnen mancher Gottheiten mussten
im ehelosen, andere wieder im verheiratheten Stande leben; nur war
die zweite Ehe wohl überall verboten.

Was die Art der Einsetzung betrifft, so konnte man entweder durch
Geburt, Wahl oder Erlosung zum priesterlichen Amte gelangen. Diese
drei Arten haben in den verschiedenen Cultusgebräuchen fortwährend
neben einander bestanden, und es ist schwer zu sagen, welche von
ihnen die älteste und welche die jüngste gewesen sei. Der erblichen
Priesterstellen gab es nicht wenige in Griechenland, wir erwähnen nur
beispielsweise das Amt des Hierophanten oder ersten Priesters der
eleusinischen Demeter, welches nur von einem Mitgliede der Familie
der Eumolpiden verwaltet werden konnte, sowie das Amt der Priesters
der Athena Polias in Athen, welches in der Familie der Eteobutaden
erblich war. Bei einer eintretenden Vakanz entschied zwischen mehreren Berechtigten derselben Familie entweder die Erstgeburt oder das
Loos. Gewählte Priester werden schon bei Homer erwähnt, doch soll
man im Ganzen das Loos vorgezogen haben, da auf diese Weise die
Gottheit selbst zwischen den verschiedenen Bewerbern die Wahl zu
treffen schien. Die Einsetzung selbst erfolgte durch einen feierlichen
Akt, bei welchem die Verleihung des Kranzes die Weihe bildete. Doch
scheint daneben auch Weihwasser angewandt worden sein.

Hinsichtlich der Dauer des priesterlichen Amtes darf man wohl
annehmen, dass sie in der Regel eine lebenslängliche gewesen ist,
wenigstens gilt dieses gewiss von den erblichen Priesterthümern. Bei
den übrigen wird dagegen eine jährige oder mehrjährige Amtsdauer
nicht selten bezeugt.

Die Obliegenheiten und Verrichtungen der Priester ergeben sich
aus der Natur ihres Amtes. Sie hatten Gebet und Opfer in ihren Tempeln nach einem genau bestimmten Ritual zu verrichten, für die Rein-
lichkeit und Instandhaltung der Gebäude zu sorgen, die darin etwa
niedergelegten Weihgeschenke, Urkunden oder Staatsgelder zu bewahren; insonderheit aber waren die heiligen Bilder der Götter ihrer
Obhut anvertraut, für deren zeitweilige Abwaschung und Reinigung,
wofern dieselben von Holz waren, sie ebenfalls Sorge zu tragen hatten.
Dafür wurden ihnen aber auch mancherlei Ehren und persönliche Auszeichnungen zu Theil: Unverletzlichkeit ihrer Person und ihres Eigen-
thums; Ehrensitz im Theater und bei öffentlichen Feierlichkeiten u. a. m.
Ihre Einkünfte bestanden in einem bestimmten Antheile an dem Ertrage
der Tempelgüter, an den geopferten Früchten und Thieren, von welchen
letzteren ihnen regelmässig die Häute zufielen, oder auch bei minder
reich dotirten Tempeln in Collektengeldern. Sie waren für eine gewissenhafte Führung ihres heiligen Amtes dem Staate verantwortlich, der
sie daher auch durch seine Beamten controliren liess. So stand bekanntlich in Athen das ganze Religionswesen unter der Leitung und Aufsicht
des jährlich gewählten Archon Basileus.

Unterstützt wurden die Priester in der Verrichtung ihrer amtlichen
Obliegenheiten durch eine Anzahl von Untergebenen, die je nach den
ihnen zugewiesenen Funktionen einen höheren oder niederen Rang bekleideten und deren Zahl von der Grösse und Bedeutung des Tempels
abhing. Die nothwendigsten Tempeldiener sind die Neokoren (Küster),
unter deren unmittelbarer Aufsicht das Tempelhaus mit allem Zubehör
stand. Ein wichtiges Amt ist ferner das der Parasiten, welche die
Einziehung des Pachtkorns und die Ausrichtung der Opfermahlzeiten
besorgten. Daneben fungirten noch eine Menge niederer Tempeldiener,
als die Herolde, denen unter andern Verrichtungen auch die Tödtung
des Opferthiers oblag, ferner der für den Tempeldienst unentbehrliche
Chor der Musiker und Sänger. Zu den niedrigsten Arbeiten endlich
verwandte man die Hierodulen oder Tempelsklaven.

2. Wahrsager.

Wenn die Aufgabe der Priester darin bestand, den Verkehr
zwischen der Götter- und Menschenwelt insoweit zu vermitteln, als sie
durch Gebet und Opfer, sowie überhaupt eine aufmerksame Wartung

des ganzen Tempeldienstes ihrer Gemeinde oder dem Staate, welchem
sie angehörten, die Gunst der Gottheit zu erhalten bemüht waren, so
sehen wir eine ganz andere Seite des zwischen Göttern und Menschen
möglichen Verkehrs durch die Wahrsager oder Seher vermittelt. Da
man nämlich sowohl annahm, dass die Zukunft den Göttern nicht ver-
borgen sei, als auch an eine Geneigtheit der Letzteren glaubte, in
gewissen Fällen durch Offenbarung derselben den Handlungen der
Menschen eine bestimmte Richtung zu geben, so war es nun die Aufgabe und der Beruf dieser Seher, jene göttliche Offenbarung den übrigen
Menschen zu vermitteln. Die Wahrsagekunst (μαντική) erscheint zwar
im Allgemeinen als eine von Jedem erlernbare Kunst, wie denn schon
in der Odyssee (XVIII, 383) der Wahrsager neben dem Arzte und
Baumeister als δημιοεργός, d. h. ein öffentliches und gemeinnütziges
Geschäft betreibender Mann bezeichnet wird, allein nach dem Ursprunge
des Wortes μάντις (von μαίνεσθαι, rasen, im Zustande leidenschaftlicher
Erregtheit sich befinden) zu schliessen, scheint man doch ursprünglich
die Wahrsager als gottbegnadigte Menschen angesehen zu haben, welche
ihre Kunst als ein göttliches Geschenk besässen, wie denn auch von
Teiresias und andern berühmten Sehern der heroischen Zeit ausdrücklich
berichtet wird, dass ihnen Zeus oder Apollon die Gabe der Wahrsagung
verliehen habe. Von einem eigentlich ekstatischen Zustande, wie er
später in der Apollinischen Mantik gewöhnlich war, ist dabei freilich
nicht die Rede. Wohl aber dachte man sich diese Seher mit ganz un-
gewöhnlich feinen Sinneswerkzeugen begabt, was die Sage in die Form
einer Thatsache zu kleiden liebt, indem sie berichtet, Schlangen hätten
ihnen, während sie schlafend lagen, die Ohren ausgeleckt, so dass sie
nun befähigt waren, die Sprache der Vögel und anderer Thiere zu
verstehen. Kurz, es ist eben eine Art höherer Weisheit, welche sie
befähigt, auch ohne die Beobachtung der gewöhnlichen Zeichen in die
Zukunft zu sehen und den Willen der Götter zu offenbaren. Solche Seher
im eigentlichsten Sinne des Wortes kennt freilich nur die mythische Zeit.
Aus dieser heraustretend begegnen wir nur zwei Arten der Mantik. Sie
ist nämlich entweder eine mittelbare, insofern sie sich auf die Beobachtung und Deutung gewisser von der Gottheit gesendeter Zeichen stützt, oder
eine unmittelbare, wenn die Gottheit entweder durch Traumerschei-
nungen oder durch Inspiration sich dem menschlichen Geiste offenbart.
    Wir betrachten zunächst die erstere Art, welche man auch künst-
liche Mantik oder Oeonistik nennt, da, wie einfach und jedem Laien

verständlich auch manche Zeichen sein mögen, doch das ganze Gebiet
der mittelbaren Mantik ein so ungeheuer weites ist, dass nur derjenige,
welcher sie zu seinem eigentlichen Lebensberufe gemacht hatte, hoffen
durfte, sich diese Kunst völlig anzueignen*). Was nun die Zeichen
(τέρατα, σημαῖα) selbst betrifft, durch welche die Gottheit den Menschen
Andeutungen über die Zukunft sendet, so sind dieselben der Veranlassung nach entweder ungesuchte oder gesuchte. Ungesucht sind
sie, wenn sie die Gottheit aus persönlichem Interesse an einer Person
oder Gemeinde zu gelegenen Zeiten unaufgefordert sendet, gesucht,
wenn man ausdrücklich, wie das bei Homer so oft vorkommt, um
Sendung eines Zeichens betet, oder, um über den glücklichen oder unglücklichen Ausgang eines Vorhabens Gewissheit zu erlangen, besondere Veranstaltungen zur Erforschung des göttlichen Willens trifft.
Hierher gehört insbesondere die Untersuchung der Eingeweide der
Opferthiere und die Beobachtung anderer das Opfer begleitender Erscheinungen. Ihrer Art nach sind die Zeichen erstlich solche, welche
am Himmel und in der Luft vor sich gehen. Zu den ältesten Zeichen
dieser Art gehört wohl das Erscheinen grosser Raubvögel, als Adler,
Falken, Habichte, weil diese Thiere wegen ihres gewaltig hohen Fluges
dem frommen Glauben in unmittelbarer Berührung mit den Gottheiten
des Himmels zu stehen schienen. Hier war vor Allem die Richtung
ihres Fluges wichtig. Ein glückverkündendes Zeichen war es, wenn
sie die Richtung von Osten nach Westen nahmen, die entgegengesetzte
Richtung deutete auf ein bevorstehendes Unglück. Da der griechische
Vogelschauer sich nun während der von ihm angestellten Beobachtung
mit dem Gesicht gegen den Olympos, d. h. gegen Norden, wendete,
mithin die Seite des Aufgangs zur Rechten, die entgegengesetzte zur
Linken hatte, so erklärt es sich hinlänglich, dass überhaupt alle von
rechts kommenden Zeichen für glückbedeutende gehalten wurden.
Bei den Römern galt in dieser Hinsicht die umgekehrte Praxis, weil
ihre Augurn das Gesicht nach Süden gewendet hielten, wenn sie den
Vogelflug oder sonstige Himmelserscheinungen beobachteten. Uebrigens
war nicht bloss der Flug der Vögel Gegenstand der Beobachtung,

---

*) Es kann an dieser Stelle nur das Wichtigste über diesen Gegenstand mit-
getheilt werden. Wer sich näher darüber zu unterrichten wünscht, den verweisen
wir auf die betreffenden Abschnitte in den Handbüchern von Hermann und
Schömann, sowie auf die vortreffliche Darstellung in Nägelsbachs Nachhomerischer
Theologie S. 163—191.

sondern aus ihrem ganzen Thun und Treiben, namentlich aber ihren
Stimmen entnahm der in die Wissenschaft der Oeonistik Eingeweihte
Andeutungen über die Zukunft. Zu den Lufterscheinungen im engern
Sinne (διοσημεῖαι) gehören vor Allem Donner und Blitz, namentlich bei
heiterem Himmel, Meteore aller Art, Sternschnuppen, Sonnen- und
Mondfinsternisse, auch plötzlich eintretender Wind und Regen und
was dergleichen Erscheinungen mehr sind.

Eine zweite Quelle der Weissagung bilden die sogenannten Stimmen
(φῆμαι, κληδόνες), wohin nicht bloss alle ungewöhnlichen Laute gerechnet wurden, deren Ursache man sich nicht zu erklären wusste,
sondern auch jedes absichtslos gesprochene, aber für den Augenblick
bedeutsame Menschenwort. Hier war es Sache des Betheiligten, sich
rasch des darin liegenden Heiles zu versichern, indem er laut erklärte,
dass er die gute Vorbedeutung annehme. Umgekehrt vermied man
nicht nur das Aussprechen gewisser ominöser Wörter, wohin z. B. das
Wort ἀρίστερος (link) gehört, und ersetzte sie durch sogenannte euphe-
mistische (einen guten Klang habende) Ausdrücke, sondern man suchte
auch die durch das zufällige Aussprechen derselben herbeigeführte böse
Vorbedeutung von sich abzuwehren.

Ein sehr weites Feld für abergläubische Befürchtungen und Hoff-
nungen boten alle zufälligen Erscheinungen ungewöhnlicher oder
widernatürlicher Art, welche man unter dem Namen Symbole
(σύμβολα) zusammenfasste. Unter den ersteren spielten namentlich die
Begegnungen eine wichtige Rolle, was um so mehr hervorgehoben zu
werden verdient, als diese Art von Aberglauben ja noch heutiges Tages
eine grosse Verbreitung hat. So galt es, um nur eins aus der unend-
lichen Menge von Beispielen hervorzuheben, für eine sehr üble Vorbedeutung, einem Schweine oder Hasen zu begegnen. Die Menge der
widernatürlichen Erscheinungen (τέρατα) ist so gross, dass manche
Zeichendeuter sie zu ihrem ausschliesslichen Studium machten (Terato-
skopen). Eine auch nur annähernd vollständige Aufzählung derselben
machen zu wollen, würde ein vergeblicher Versuch sein.

Die in der historischen Zeit üblichste Art, vermittelst äusserer
Zeichen den Willen der Götter zu erforschen, ist endlich die Unter-
suchung der Eingeweide der Opferthiere und die Beobachtung der beim
Verbrennen des Opfers sich ereignenden Besonderheiten und Zufällig-
keiten. Beide scheinen der älteren Zeit unbekannt gewesen und vom
Auslande entlehnt worden zu sein, doch ist über ihren Ursprung bis

jetzt nichts Sicheres ermittelt. Aeschylos erwähnt ihrer zuerst, indem
er den Prometheus sich ihrer Erfindung rühmen lässt. Beim Verbrennen
des Opfers gab es Vielerlei zu beobachten, die Richtung, welche der
Rauch nahm, die Art der Flamme, das Knistern des Holzes, endlich
die Gestalten, welche die Asche des Opferthieres hinterliess. Doch
wurde diese Art der aus dem Opfer entnommenen Weissagung bald
ganz in den Hintergrund gedrängt durch die Eingeweideschau
(ἱεροσκοπία). Kein griechisches Heer zog in den Kampf, ohne sich von
solchen Eingeweidebeschauern (Hieroskopen) begleiten zu lassen, und
es ward sicher nichts Wichtiges unternommen, bevor man sich nicht
auf diesem Wege des günstigen Erfolges vergewissert hatte. Jede
fehlerhafte und abnorme Beschaffenheit der Eingeweide galt dabei als
mehr oder minder ungünstiges Vorzeichen, vorzugsweise aber achtete
man auf die Beschaffenheit der Leber. Das unglücklichste Zeichen war
das Fehlen des grossen Leberlappens.

Die unmittelbare (natürliche) Mantik hat man sich im Gegensatze zu der mittelbaren (zeichendeutenden) als direkte Einwirkung
der Gottheit auf das ihr willenlos hingegebene Subjekt zu denken. Diese
Einwirkung findet erstlich statt während des Schlafes, wo die menschliche Seele in Folge der eingestellten Gehirnthätigkeit in einem Zustande
der Bewusstlosigkeit sich befindet. Das Medium, dessen sich die Gottheit zu dieser Einwirkung bedient, ist der Traum. Dem gemeinen
griechischen Volksglauben galten die Träume so sehr als göttliche
Offenbarung, dass selbst von Perikles erzählt wird, er habe im Traume
durch Athena ein Mittel offenbart erhalten, mit Hülfe dessen der von
den Propyläen heruntergestürzte und von den Aerzten bereits auf-
gegebene Baumeister Mnesikles gerettet werden konnte. Wie alt dieser
Glaube war, beweisen verschiedene Stellen bei Homer. So erscheint
in der Ilias (I, 63) dem Agamemnon ein von Zeus gesandtes Traumbild
in der Gestalt des alten Nestor und überbringt ihm den Befehl, von
Neuem den Kampf gegen die Trojaner zu beginnen. Dergleichen
Träume verstehen sich natürlich als direkte Offenbarungen der den
Traum sendenden Gottheit ganz von selbst und bedürfen keiner künstlichen Deutung. Aber nicht immer machen es die Götter den Menschen
so leicht, vermittelst des Traumes ihren Willen zu ergründen. Häufig
auch geben sie ihre Offenbarungen in symbolischer Weise, und es ist
dann nicht eben Jedermanns Sache, die richtige Deutung des Traumes
zu finden. Die Auslegung solcher Träume war natürlich Sache der

Wahrsager oder auch einer besondern Klasse von Menschen, welche die Traumdeutung zu ihrem besondern Geschäft machten (ὀνειροσκόποι). Dem niedern Volke genügten zu diesem Zwecke die Dienstleistungen herumziehender Marktschreier, welche für zwei Obolen jeden Traum auslegten. Nicht jeder Traum galt freilich für bedeutsam, es gab auch falsche und täuschende Träume. Für die glaubhaftesten und zuverlässigsten galten diejenigen, welche man in den Morgenstunden kurz vor dem Erwachen hatte.

Die zweite Art unmittelbarer Offenbarung geschieht auf dem Wege der Inspiration. Wir sehen hierbei völlig ab von den zu jeder Zeit und Stunde weissagenden Sehern und Seherinnen der mythischen Zeit, obwohl auch ihr Wissen von der Zukunft ein freiwilliges Geschenk der Götter ist, sondern wir reden hier von derjenigen Inspiration, welche nur in gewissen Momenten eintritt, indem die Gottheit durch den Mund des in einem Zustande der Verzückung (Ekstase) sich befindenden Subjects redet. Diese Art der Weissagung ist für die Apollinische Mantik charakteristisch (vgl. das S. 46 darüber Gesagte). Gewöhnlich wird der ekstatische Zustand durch irgend eine äussere Ursache hervorgerufen, wie das z. B. von der Pythia zu Delphi bekannt ist, oft aber tritt er auch ohne eine solche sichtbare Ursache ein, besonders bei krankhaften Körperzuständen (Hellseherei) oder auch im Augenblicke des Todes, wenn die Seele gleichsam schon losgelöst von den Banden, welche sie an ihre leibliche Hülle fesselten, in einen unmittelbaren Verkehr mit der Gottheit tritt (Hektor's Weissagung der Schicksale des Achilleus in der Ilias 22, 355, des sterbenden Patroklos Weissagung ebenda 16, 349 u. a. m.).

Je mehr diese und andere Arten der Mantik im Laufe der Zeit zu einem reinen Gewerbe wurden, indem habgierige Menschen sie zur Ausbeutung der Unwissenheit und des Aberglaubens ausnutzten, desto mehr sank auch das Ansehen der Wahrsager, und die ganze Wahrsagekunst würde allen Kredit beim Volke verloren haben, wenn nicht die Orakel gewesen wären, deren grosses Ansehen sich sowohl auf die Heiligkeit der Stätten gründete, an denen sie errichtet waren, als auch auf die höhere Bildung der bei denselben ansässigen Priesterschaft. Es sind zwar oben schon einige der bedeutendsten Orakelstätten erwähnt worden, bei der grossen Wichtigkeit dieser Institute für das griechische Volksleben wird es jedoch nöthig sein, an dieser Stelle eine übersichtliche Zusammenstellung derselben zu geben. Man unter-

scheidet dreierlei Arten von Orakeln: Zeichenorakel, Spruchorakel und endlich Traum- und Todtenorakel. Unter diesen
gründeten die zuerst genannten, wie auch schon aus dem Namen hervorgeht, ihre Enthüllungen der Zukunft auf gewisse äussere Zeichen,
die entweder selbstverständlich waren oder von der zum Orakel gehörigen Priesterschaft in derselben Weise kunstmässig ausgelegt
wurden, wie dies von den Privatpersonen geschah, welche die Zeichen-
deutung zu ihrem Lebensberufe oder Erwerbszweige gemacht hatten.
Zu den angesehensten Orakeln dieser Klasse gehörte das Orakel zu
Olympia, welches erbliche Priester aus dem Geschlechte der Iamiden
verwalteten. Diese weissagten aus den Eingeweiden der Opferthiere
und aus dem Verbrennen der Opfer auf dem Altare des Zeus. Aelter
aber und berühmter war das Zeusorakel zu Dodona, welches gleichfalls den Zeichenorakeln beigezählt werden muss, wenn auch die Erscheinungen, aus welchen an dieser altehrwürdigen Orakelstätte die
Zukunft geweissagt wurde, durch die unmittelbare Anwesenheit der
Gottheit bedingt zu sein schienen. Das Hauptzeichen bestand nämlich
in dem Rauschen der von dem Hauche der Gottheit angewehten heiligen
Eiche in dem Haine des dodonäischen Zeus, nicht weit von seinem
dortigen am Fusse des Berges Tomaros belegenen Tempel. Die Deutung
und Auslegung des Zeichens lag in den Händen eines ständigen Col-
legiums von Priestern, welche den Namen Sellen (Σελλοί) führten. Als
weiteres Zeichen, das vielleicht erst später hinzugekommen ist, wird
das Rieseln einer am Fusse der alten Zeuseiche entspringenden Quelle
erwähnt, woraus alte Frauen, welche neben den Sellen als Priesterinnen
fungirten, den Willen der Gottheit deuteten. Daneben weisen einige,
wenn auch nicht ganz verbürgte Nachrichten, darauf hin, dass man
den Flug der beim Tempel zu Dodona unterhaltenen Tauben be-
obachtete. Das Ansehen des dodonäischen Orakels behauptete sich bis
in die Zeiten Alexander's hinab, wenn es auch durch den höheren
Glanz des Orakels zu Delphi etwas in Schatten gestellt wurde. Am
meisten befragten es die anwohnenden Völkerschaften der Aetoler,
Akarnanen und Epiroten. Wann es seine Thätigkeit eingestellt habe,
ist nicht bekannt. Die heilige Eiche will Pausanias noch gesehen haben.
      Andere griechische Zeichenorakel von minderer Bedeutsamkeit und
Berühmtheit übergehend, erwähnen wir nur noch seines grossen Rufes
wegen das Orakel des Zeus Ammon in der libyschen Wüste, welches
zwar nicht hellenischen Ursprungs war, aber doch frühzeitig durch

die Kyrenäer hellenisirt auch in Griechenland hohes Ansehen genoss und namentlich von den Spartanern viel benutzt wurde. Bekannt ist die Befragung desselben durch Kambyses und später durch Alexander d. Gr. Die Antworten wurden theils durch Winke des Götterbildes ertheilt, theils aus andern Zeichen zusammengesetzt. Angesehener und an Zahl bedeutender sind die unter Apollons besonderer Obhut stehenden Spruchorakel. Ihr gemeinsamer Charakter besteht darin, dass Frauen oder Männer im Zustande der Ekstase Worte und Laute hören liessen, welche den Laien unverständlich blieben, aus denen aber die Orakelpriester die Antworten auf die jedesmal vorgelegten Fragen entnahmen. Man kann dies allerdings einen Betrug nennen, indessen es ist jedenfalls ein Betrug gewesen, der unendlich mehr Nutzen als Schaden gestiftet hat, da diese Orakelpriester in der Regel höchst intelligente und mit allen öffentlichen Verhältnissen wohl vertraute Männer waren, die frei von schnödem Eigennutz Jahrhunderte hindurch sich ihres grosses Einflusses mit Besonnenheit und patriotischer Gesinnung bedient haben. Die Ekstase war jedenfalls keine fingirte, sondern durch natürliche Reizmittel hervorgebracht, durch Trinken aus begeisternden Quellen, Einwirkung betäubender Dünste, Kauen von Lorbeerblättern u. s. w., welche Mittel auch nicht selten zusammen angewendet wurden. Das bekannteste und einflussreichste unter allen Spruchorakeln ist das oben (S. 49) schon erwähnte pythische Orakel zu Delphi, welches, wenn auch jünger als das Zeusorakel zu Dodopa, doch uralt gewesen sein muss, wie schon durch die über seinen Ursprung umlaufenden Sagen bezeugt wird. Dass es der mythischen Stiftungsgeschichte gemäss zuerst im Besitze der Gäa war, wurde schon gelegentlich erwähnt. Diese übergab es ihrer Tochter Themis, welche es wiederum dem Apollon entweder gutwillig überliess oder nach einer andern Version der Sage von ihm aus dem Besitze verdrängt wurde. Nach Diodors Erzählung gaben weidende Ziegen, welche dem Erdspalt, aus welchem die betäubenden Dünste aufstiegen, zu nahe gekommen, die seltsamsten Sprünge und Geberden machten, zu der Gründung des Orakels Veranlassung. Von der Form, in welcher die Orakel ertheilt wurden, war schon oben ausführlich die Rede, wir fügen daher hier nur noch hinzu, dass zum Dienste der weissagenden Priesterin (Pythia) anfänglich Jungfrauen, später über fünfzig Jahre alte Frauen aus Delphi genommen wurden. Ein besonderer Grad von Bildung wurde bei den Pythien nicht vorausgesetzt. Die Orakel wurden

in der älteren Zeit nur einmal in jedem Jahre ertheilt, später, als der
Andrang zu gross wurde, öffnete man das Orakel allmonatlich. Die
Reihenfolge der Anfragenden wurde durch das Loos bestimmt, doch
ertheilte man auch wohl Staaten und Fürsten ein Ehrenvorrecht. Mit
dem mehr und mehr zunehmenden Verfalle des griechischen Volkslebens
in dem Zeitalter nach dem peloponnesischen Kriege und mit der Ab-
nahme des Glaubens an die alten Götter sank auch das Ansehen des
delphischen Orakels zusehends, doch wurde es erst unter Kaiser Theodosius im J. 492 n. Chr. vollständig geschlossen, nachdem schon Constantin
der Gr. das Standbild des delpischen Gottes und den heiligen Dreifuss
nach Constantinopel geschleppt hatte.

Nächst dem Delphischen waren die berühmtesten Apollinischen
Orakel das zu Klaros bei Kolophon und das zu Didyme bei Milet,
welche auch schon oben im Vorbeigehen erwähnt wurden. Zu Klaros ertheilte der Priester selbst das Orakel, nachdem er sich durch einen Trunk
aus der heiligen Quelle in einen enthusiastischen Zustand versetzt hatte,
in Didyme dagegen bedienten sich die Branchiden, in derem erblichen
Besitze das Orakel war, wie in Delphi, eines Weibes als Mittelsperson.
Der ekstatische Zustand soll auch hier hauptsächlich durch aufsteigende
Dünste bewirkt worden sein.

Mit der Aufzählung anderer minder bedeutender Apollinischer
Orakel gedenken wir unsere Leser nicht zu ermüden, sondern wenden
uns gleich zu der dritten Art der Orakel, den Traum- und Todtenorakeln. Diese haben zwar für das öffentliche Leben der Griechen
geringere Bedeutung, als die beiden vorher besprochenen Arten,
wurden aber desto fleissiger von Privatpersonen in den verschiedensten
Lagen des Lebens um Rath oder Auskunft gebeten, namentlich von
Personen aus den geringeren Ständen. Inwieweit in diesen meist mit
dem Kult chthonischer Gottheiten oder Heroen verbundenen Instituten
gleichfalls physische Einflüsse berechtigter Natur wirksam waren,
oder ein beabsichtigter Betrug die Leichtgläubigkeit des Volkes aus-
beutete, ist in den einzelnen Fällen schwer zu entscheiden. Das Princip
der Traumorakel beruht darauf, dass der Rathsuchende sich selbst
nach vielen Vorbereitungen, Reinigungen, Fasten u. s. w. im Tempel
auf dem Felle des geschlachteten Opferthieres niederlegen musste, um
während des Schlafes (Inkubation) die gewünschten Offenbarungen zu
erlangen, die Todtenorakel dagegen behaupteten die Kunst zu besitzen,
Geister der Abgeschiedenen aus der Unterwelt heraufzubeschwören,

welche ihnen dann auf die vorgelegten Fragen Rede und Antwort gäben (Nekromantie). Unter den Traumorakeln erwähnen wir das des Amphiaraos zu Oropos auf der Grenze von Böotien und Attika. Es soll der Sage nach an der Stelle errichtet worden sein, wo Amphiaraos, bekanntlich einer der Sieben vor Theben und ein berühmter Seher, auf der Flucht mit Wagen und Rossen von der Erde verschlungen worden war. Ferner war besonders angesehen das Traumorakel des Trophonios zu Lebadea in Bootien, welches namentlich von kranken Personen vielfach aufgesucht wurde. Trophonios ist ein mythischer König von Orchomenos, der nach der Sage, wie Triptolemos, von Demeter aufgezogen wurde. Ueber die eigentliche Bedeutung dieses Heros herrscht noch ein tiefes Dunkel. Man hält ihn trotz seines Namens Zeus Trophonios für einen Dämon der fruchtbaren Erdtiefe.*) Die Rathsuchenden wurden hier nach den mannigfachsten Vorbereitungen, welche in Opfern, Fasten und Reinigungen bestanden, zur Nachtzeit in die unterirdische Höhle des Trophonios hinabgelassen, wo die vielfachen auf sie einstürmenden Schrecknisse, verbunden mit den vorausgegangenen Fasten und Bädern, sie in einen zwischen Schlafen und Wachen schwebenden Zustand der Betäubung versetzten, in welchem sie allerlei Offenbarungen vernahmen oder zu vernehmen glaubten. Unter dem Volke ging die Rede, dass derjenige, welcher einmal in der Höhle des Trophonios gewesen sei, für sein ganzes Leben das Lachen verlernt habe. Aehnlich eingerichtete Orakel gab es noch viele, es gehören hierher aber auch verschiedene Heiligthümer des Asklepios (Aesculap), von denen das zu Epidauros bereits oben (S. 122) erwähnt wurde, insofern auch hier den Kranken auf dem Wege der Inkubation das anzuwendende Heilmittel offenbart wurde.

Die eigentlichen Todtenorakel pflegte man an solchen Orten zu errichten, wo nach alten Traditionen sich Eingänge zur Unterwelt befanden, wie am Acheron in Thesprotien, am Vorgebirge Tänaron in Lakonien und an anderen Orten. Sie scheinen theilweise auch ein hohes Alter gehabt zu haben. Die Geister erschienen den Fragenden theils im wachen Zustande, theils aber auch während des Schlafes. Dass hierbei sehr viel absichtliche Täuschung des abergläubischen Volkes mit unterlief, bedarf wohl kaum der Erwähnung.

---

*) Nach K. O. Müller, Orchom. S. 155, und Preller, Gr. Myth. II. 346 ist Trophonios nichts weiter als eine besondere Erscheinung des chthonischen Hermes.

REGISTER.

KÜNSTLERVERZEICHNIS.

Druck von C. Grumbach in Leipzig.